Mediation im Gesundheitswesen

Recht und Medizin

Herausgegeben von den Professoren
Dr. Erwin Deutsch, Dr. Bernd-Rüdiger Kern, Dr. Adolf Laufs (†),
Dr. Hans Lilie, Dr. Hans-Ludwig Schreiber, Dr. Andreas Spickhoff

Bd./Vol. 124

Zur Qualitätssicherung und Peer Review der vorliegenden Publikation

Die Qualität der in dieser Reihe erscheinenden Arbeiten wird vor der Publikation durch Herausgeber der Reihe geprüft.

Notes on the quality assurance and peer review of this publication

Prior to publication, the quality of the work published in this series is reviewed by editors of the series.

Catharina Herzog

Mediation im Gesundheitswesen

Außergerichtliche Streitbeilegung bei Arzthaftungskonflikten

PL ACADEMIC RESEARCH

Bibliografische Information der Deutschen Nationalbibliothek
Die Deutsche Nationalbibliothek verzeichnet diese Publikation in der Deutschen Nationalbibliografie; detaillierte bibliografische Daten sind im Internet über http://dnb.d-nb.de abrufbar.

Zugl.: Kiel, Univ., Diss., 2015

D 8
ISSN 0172-116X
ISBN 978-3-631-66960-0 (Print)
E-ISBN 978-3-653-06074-4 (E-Book)
DOI 10.3726/978-3-653-06074-4

PL Academic Research ist ein Imprint der Peter Lang GmbH.

Peter Lang – Frankfurt am Main · Bern · Bruxelles · New York · Oxford · Warszawa · Wien

Diese Publikation wurde begutachtet.

www.peterlang.com

Danksagung

Die vorliegende Schrift wurde im Sommersemester 2013 von der Rechtswissenschaftlichen Fakultät der Universität zu Kiel als Dissertation angenommen.

Herausragender Dank gilt Herrn Prof. Dr. Rudolf Meyer-Pritzl für die Anregung des Themas und die Betreuung meiner Arbeit. Ihre stets offene freundliche Art und die Bereitschaft, jederzeit offene Fragen zu beantworten waren mir eine große Hilfe. Herrn Prof. Dr. Werner Schubert danke ich für die zügige Erstellung des Zweitgutachtens.

Zudem möchte ich dem Land Schleswig-Holstein für die Unterstützung meiner Arbeit durch ein Promotionsstipendium meinen Dank aussprechen.

Darüber hinaus danke ich meinen zahlreichen Interview-Partnern für Ihr Interesse und die hilfreichen Einschätzungen zum Thema Mediation im Arzthaftungsrecht. Sie haben mir die Arbeit in dieser Form erst ermöglicht.

Ganz herzlich danke ich meiner gesamten Familie und allen Freunden, die mich während der Zeit des Verfassens dieser Arbeit stets unterstützt und ermutigt haben. Mein größter Dank gilt meinen Eltern, Anke und Wolfgang Herzog, die mir beigebracht haben Dinge kritisch zu hinterfragen und immer meinen eigenen Weg zu gehen. Ganz besonderer Dank gilt auch meinen Geschwistern, Julia Kruse-Herzog und Andreas Herzog sowie Erna Vorderlage, Anna Sturm und Anne Börnsen. Ich danke euch allen für euer Vertrauen, eure Unterstützung, euren unerschütterlichen Humor und euren persönlichen Beistand. Besonders dir, Anne, danke ich für unzählige Stunden und Gesprächen in der Bibliothek, deine liebe- und humorvolle Art und den festen Glauben daran, alles gemeinsam schaffen zu können.

Nicht zuletzt danke ich meinem Mann Mathias Haunost, der mich während meiner gesamten Studienzeit, der Promotionsphase, dem Referendariat und beiden Staatsexamina unermüdlich unterstützt hat und stets für jegliche, auch juristische Diskussionen zu haben war. Danke für unsere gemeinsame Studienzeit, unser stetiges Zusammenwachsen und Raumlassen, deine Zuversicht und alles, was noch vor uns liegt.

Das Manuskript wurde im Mai 2013 abgeschlossen. Bis zu diesem Zeitpunkt sind Neuauflagen und einzelne Aufsätze berücksichtigt.

Kiel, im Juli 2015 Catharina Herzog

Inhaltsverzeichnis

Literaturverzeichnis

Althammer, Christoph: „Mediation als prozessuale Last“ In: JZ 2006, S. 69–76

Althoff, Gerd: Spielregeln der Politik im Mittelalter Darmstadt 1997 (zit.: *Althoff*, Spielregeln der Politik im Mittelalter)

Althoff, Gerd: „Compositio“ In: Verletzte Ehre Hrsg.: Klaus Schreiner, Gerd Schwerhoff Köln 1995, S. 63–76 (zit.: *Althoff*, Verletzte Ehre)

Althoff, Gerd: „Genugtuung (satisfactio)“ In: Modernes Mittelalter Hrsg.: Joachim Heinzle Frankfurt a.M./Leipzig 1994, S. 247–265 (zit.: *Althoff*, Modernes Mittelalter)

Bähr, Gunne /Bettermann, Carsten: „Konfliktbeseitigung durch alternative Streitbeilegung“ In: VW 1998, S. 56–58

Bargen, Jan Malte von: Gerichtsinterne Mediation Diss. Freiburg, Tübingen 2008

Bargen, Joachim von: „Außergerichtliche Streitbeilegungsverfahren (Mediation) auf verwaltungsrechtlichem Gebiet in rechtsvergleichender Perspektive“ In: EuR 2008, S. 200–221

Bartoszyk, Diana: Anwaltsberuf im Wandel – Modernisierungsprozess der deutschen Anwaltschaft als Amerikanisierung? Diss. Münster, Frankfurt a.M. 2006

Baumbach, Adolf: Zivilprozessordnung Kommentar 69. Auflage München 2011 (zit.: Baumbach-*Bearbeiter*)

Bäune, Stefan /Dahm, Franz-Josef: „Auswirkungen der Schuldrechtsreform auf den ärztlichen Bereich“ In: MedR 2004, S. 645–655

Becker, Ulrich /Kingreen, Thorsten: Sozialgesetzbuch V Kommentar 2. Auflage München 2010 (zit.: Becker/Kingreen-*Bearbeiter*, SGB V)

Beckmann, Roland Michael /Matusche-Beckmann, Annemarie: Versicherungsrechts-Handbuch 2. Auflage München 2009 (zit.: Beckmann/Matusche-Beckmann-*Bearbeiter*, Versicherungsrechts-Handbuch)

Berghuis-wan der Wijk, Irma J.: „Vermitteln oder Prozessieren? Faktoren, die die Häufigkeit gütlicher Streitbeilegung bei Rechtsanwälten beeinflussen“ In: Alternativen in der Ziviljustiz Hrsg.: Erhard Blankenburg, Walther Gottwald, Dieter Strempel Köln 1982, S. 65–93 (zit.: *Berghuis-wan der Wijk*, Alternativen in der Ziviljustiz)

Bergmann, Karl-Otto: „Leitlinien, Richtlinien und Empfehlungen in der Zahnheilkunde“ In: GesR 2006, S. 337–345

Bergmann, Karl-Otto /Wever, Carolin: Die Arzthaftung 3. Auflage Berlin/Heidelberg 2009

Berner, Barbara: „Rechtsfrieden durch eine gütliche Einigung sichern“ In: DÄBl 1999, A 2134–2137

Besemer, Christoph: Mediation – Vermittlung in Konflikten 12. Auflage Königsfeld 2007

Besemer, Christoph: Mediation in der Praxis. Erfahrungen aus den USA 2. Auflage Baden 1999

Blankenburg, Erhard/ Klausa, Ekkehard/ Rottleuthner, Hubert (Hrsg.): Alternative Rechtsformen und Alternativen zum Recht Jahrbuch für Rechtssoziologie und Rechtstheorie Bd. 6, 1980 Opladen 1980

Blankenburg, Erhard/ Gottwald, Walther/ Strempel, Dieter: Alternativen in der Ziviljustiz Köln 1982

Blankenburg, Erhard: „Thesen zur Umverteilung von Rechtschancen" In: Alternativen in der Ziviljustiz Hrsg.: Erhard Blankenburg, Walther Gottwald, Dieter Strempel Köln 1982, S. 29–39 (zit.: *Blankenburg*, Alternativen in der Ziviljustiz)

Böckstiegel, Karl Heinz: „Schlichten statt Richten" In: DRiZ 1996, S. 267–273

Bodenburg, Reinhard /Matthies, Karl-Heinz: „Ärztliche Gutachter- und Schlichtungsstellen – Theorie und Praxis eines Modells" In: VersR 1982, S. 729–735

Bogdanoski, Tony: „Medical negligence dispute resolution: A role for facilitative mediation and principles negotiation?" In: (2009) 20 ADRJ 77, S. 77–87

Boldt, Petra: Ethikregeln als verbindlicher Verhaltensmaßstab für die Arbeitsverhältnisse in deutschen Unternehmen Diss. Kiel, Frankfurt a.M. 2008

Bosbach, Franz /Kampmann, Christoph (Hrsg.): Dreißigjähriger Krieg und Westfälischer Friede Paderborn 1998

Breidenbach Stephan, Henssler, Martin, (Hrsg.): Mediation für Juristen Köln 1997 (zit.: *Bearbeiter*-Breidenbach/Henssler, Mediation für Juristen)

Breidenbach, Stephan: Mediation – Struktur, Chancen und Risiken von Vermittlung im Konflikt Köln 1995 (zit.: *Breidenbach*, Mediation)

Breidenbach, Stephan/ Peres, Holger: „Die DIS-Mediationsordnung" In: SchiedsVZ 2010, S. 125–130

Brennan, Troyen /Leape, Lucian L./ Laird, Nan M./ Hebert, Liesi /Localio, Russell / Lawthers, Ann G. /Newhouse, Joseph P. /Weiler, Paul C. /Hiatt, Howard: „Incidence of Adverse Events and Negligence in Hospitalized Patients – Results of the Harvard Medical Practice Study I" In: NEJM (New England Journal of Medicine) 324 (1991), S. 370–376

Bruhn, Isabella: „Collaborative Practice – Eine neue Alternative Streitbeilegungsmethode mit großem Potenzial" In: NJOZ 2008, S. 1726–1732

Bruton, James: Unternehmensstrategie und Verantwortung Berlin 2011

Buddenberg, Claus (Hrsg.): Psychosoziale Medizin 3. Auflage Berlin/Heidelberg 2004

Büchner, Georg: Der hessische Landbote Offenbach 1834

Bürger, Raimund: „Sachverständigenbeweis im Arzthaftungsprozeß" In: MedR 1999, S. 100–111

Bund-Länder-Arbeitsgruppe „Umsetzung des § 15 a EGZPO“: Abschlussbericht der Bund-Länder-Arbeitsgruppe „Umsetzung des § 15a EGZPO“ Berlin 2007

Dauer, Edward A. /Marcus, Leonard J.: „Adapting Mediation To Link Resolution Of Medical Malpractice Disputes With Health Care Quality Improvement“ In: Law And Contemporary Problems 1997, Vol. 60: No. 1, S. 185–218

De Marrón, Diana Circhetta : Alternative Streitschlichtung in Arzt- und Produkthaftungsfällen Berlin 2003

Deckenbrock, Christian /Jordans, Roman: „Novellierung der Ausführungsgesetze zu § 15a EGZPO“ In: MDR 2006, S. 421–423

Detter, Klaus: „Der Sachverständige im Strafverfahren – eine Bestandsaufnahme“ In: NStZ 1998, S. 57–61

Deutsch, Erwin: Medizinrecht 4. Auflage Berlin/Heidelberg 1999

Deutsch, Erwin /Spickhoff, Andreas: Medizinrecht 6. Auflage Heidelberg 2008

Deutsch, Erwin: „Schutzbereich und Beweislast der ärztlichen Aufklärungspflicht“ In: NJW 1984, S. 1802–1803

Deutsch, Erwin /Matthies, Karl-Heinz: Arzthaftungsrecht 2. Auflage Köln 1987

Deutsch, Erwin: „Schutzbereich und Tatbestand des unerlaubten Heileingriffs im Zivilrecht“ In: NJW 1965, S. 1985–1989

Deutsch, Erwin: „Aufklärungspflicht und Zurechnungszusammenhang“ In: NJW 1989, S. 2313–2314

Diering, Björn /Timme, Hinnerk /Waschull, Dirk, (Hrsg.): Sozialgesetzbuch X Kommentar 3. Auflage Baden-Baden 2011 (zit.: Diering/Timme/Waschull-*Bearbeiter*, SGB X)

Dierks, Marie-Luise /Seidel, Gabriele/ Horch, Kerstin /Schwartz, Friedrich Wilhelm: Bürger- und Patientenorientierung im Gesundheitswesen Aus der Reihe: Gesundheitsberichtserstattung des Bundes Heft 32 Hrsg.: Robert Koch-Institut Berlin 2006

Doms, Thomas: „Die ärztlichen Gutachterkommissionen und Schlichtungsstellen“ In: NJW 1981, S. 2489–2493

Dreier, Horst: Grundgesetz Kommentar Bd. III 2. Auflage Tübingen 2008 (zit.: Dreier-*Bearbeiter*)

Dunz, Walter: Zur Praxis der zivilrechtlichen Arzthaftung Karlsruhe 1974

Duss-von Werdt, Joseph: Homo mediator – Geschichte und Menschenbild der Mediation Stuttgart 2005

Duve, Christian: „Alternative Dispute Resolution (ADR) – die außergerichtliche Streitbeilegung in den USA“ In: BB 1998, Beilage 10, S. 9–14

Duve, Christian /Eidenmüller, Horst /Hacke, Andreas: Mediation in der Wirtschaft 2. Auflage Köln 2011 (zit.: *Bearbeiter*-Duve/Eidenmüller/Hacke)

Duve, Christian: Mediation und Vergleich im Prozeß Diss. München, Köln 1999

Duve, Christian: „Brauchen wir ein Recht der Mediation?“ In: AnwBl 2004, S. 1–6

Eberhardt, Lothar: „Zur Praxis der Schlichtung in Arzthaftpflichtfällen“ In: NJW 1986, S. 747–752

Egermann, Frank: „Medi(t)ation“ In: AnwBl 2003, S. 271–273

Ehlers, Alexander /Broglie, Maximilian: Arzthaftungsrecht 4. Auflage München 2008 (zit.: *Bearbeiter*-Ehlers/Broglie, Arzthaftungsrecht)

Eidenmüller, Horst /Prause, Matthias: „Die europäische Mediationsrichtlinie – Perspektiven für eine gesetzliche Regelung der Mediation in Deutschland“ In: NJW 2008, S. 2737–2743

Eisele, Jörg: „Außergerichtliche Streitbeilegung und Mediation“ In: Jura 2003, S. 656–663

Eissler, Manfred: „Auswertung der Ergebnisse der Gutachterkommissionen für Fragen ärztlicher Haftpflicht bei der Landesärztekammer Baden-Württemberg für das Jahr 2002“ In: MedR 2004, S. 429–433

Engel, Martin: „Collaborative Law in der deutschen Anwaltspraxis“ In: ZKM 2010, S. 112–115

Engel, Martin: „Neue Methoden in der Mediation“ In: ZKM 2007, S. 68–71

Engel, Martin /Hornuf, Lars : „Mediation als Verbraucherschutz – oder Verbraucherschutz vor Mediation?“ In: SchiedVZ 2012, S. 26–32

Engelhardt, Matthias: „ADR – Neue Leitmotive für den Zivilprozess“ In: ZRP 2004, S. 233–235

Ennis, Maeve /Vincent, Charles: „The Effects of Medical Accidents and Litigation on Doctores and Patients“ In: Law and Policy 1994, Vol. 16, Issue 2, S. 97–121

Eser, Albin (Hrsg.): Recht und Medizin Darmstadt 1990

Falke, Josef /Gessner, Volkmar: „Konfliktnähe als Maßstab für gerichtliche und außergerichtliche Streitbehandlung“ In: Alternativen in der Ziviljustiz Hrsg.: Erhard Blankenburg, Walther Gottwald, Dieter Strempel Köln 1982, S. 289–315 (zit.: *Falke/Gessner*, Alternativen in der Ziviljustiz)

Feix, Karina: Die Verankerung der einvernehmlichen Streitbeilegung im deutschen Zivilprozessrecht Diss. Köln, Bonn 2004

Fischer, Klaus: „Der Arzthaftungsprozess aus anwaltlicher Sicht“ In: SchlHA 2010, S. 301–308

Fisher, Roger, Ury, William, Patton, Bruce M.: Das Harvard-Konzept 23. Auflage Frankfurt/Main 2009

Flintrop, Jens /Korzilius, Heike: „Arzthaftpflicht: Der Schutz wird teuer“ In: DÄBl 2010, A 692–694

Flögel, Thomas: Die Mediation im nationalen und internationalen Wirtschaftsverkehr Diss., Köln 2002

Flucher, Thomas /Kochendörfer, Bernd /Minckwitz, Ursula von /Viering, Markus G. (Hrsg.): Mediation im Bauwesen Berlin 2003 (zit.: Bearbeiter-Flucher/Kochendörfer/v. Minckwitz/Viering, Mediation im Bauwesen)

Frahm, Wolfgang: „Einschränkung der Therapiefreiheit durch das Haftungsrecht" In: GesR 2005, S. 529–530

Francke, Robert /Hart, Dieter: „Rechtswissenschaftlicher Gutachtenteil" In: Bürgerorientierung des Gesundheitswesens Hrsg.: Bernhard Badura, Dieter Hart, Henner Schnellschmidt Baden-Baden 1999, S. 135–304 (zit.: *Francke/Hart*, Bürgerorientierung des Gesundheitswesens)

Francke, Robert /Hart, Dieter: Charta der Patientenrechte Baden-Baden 1999

Francke, Robert /Hart, Dieter: Bürgerbeteiligung im Gesundheitswesen Baden-Baden 2001

Francken, Johannes Peter: „Erforderliche Nachbesserungen im Mediationsgesetz und im Arbeitsgerichtsgesetz" In: NZA 2012, S. 249–253

Francken, Johannes Peter: „Der Entwurf des Gesetzes zur Förderung der Mediation und die gerichtsinterne Mediation im arbeitsgerichtlichen Verfahren" In: NZA 2011, S. 1001–1006

Franzki, Harald: „Von der Verantwortung des Richters für die Medizin – Entwicklungen und Fehlentwicklungen der Rechtsprechung zur Arzthaftung" In: MedR 1994, S. 171–179

Franzki, Harald: „Verhalten des Arztes im Konfliktfall" In: MedR 2000, S. 464–467

Franzki, Harald: „Gutachterkommissionen und Schlichtungsstellen – Anspruch, Praxis, Perspektiven" In: Gutachterkommissionen und Schlichtungsstellen Hrsg.: Arbeitsgemeinschaft Rechtsanwälte im Medizinrecht e.V. Berlin 1990, S. 69–75 (zit.: *Franzki*, Gutachterkommissionen und Schlichtungsstellen)

Friedrich, Fabian: „Die Anerkennung der alternativen Streitbeilegung durch die neuere Gesetzgebung im Zivil- und Zivilprozessrecht" In: JR 2002, S. 397–402

Fritz, Roland /Krabbe, Heiner: „Neue Entwicklungen in der anwaltlichen Mediationspraxis" In: NJW 2011, S. 3204–3207

Fritz, Roland /Krabbe, Heiner: „Gerichtsinterne Mediation – Der Faktor „Zeit". Verfahrensoptimierung durch Kurz-Zeit-Mediation – Teil 1" In: NVwZ 2011, S. 396–400

Fritze, Jürgen /Mehrhoff, Friedrich, (Hrsg.): Die ärztliche Begutachtung 7. Auflage Darmstadt 2008 (zit.: Bearbeiter-Fritze/Mehrhoff)

Fuchs, Maximilian: „Grundlagen und Probleme einer privatrechtlich gestalteten Arzthaftung – dargestellt am Beispiel der Bundesrepublik Deutschland" In: Arzthaftung – „Patientenversicherung" – Versicherungsschutz im Gesundheitssektor Hrsg.: Peter A. Köhler, Bernd Baron v. Maydell Baden-Baden 1997, S. 21–38 (zit.: *Fuchs*, Arzthaftung)

Galtung, Johan: "Institutionalized Conflikt Resolution: A Theoretical Paradigm" In: Journal of Peace Research, Vol. 2, No. 4, 1965, S. 348–397

Gamm, Ulrike /Patera, Mario: „Das Tabu lebt! – Verfehlt Wirtschaftsmediation die Zielgruppe der österreichischen KMU?" In: IDR 2005, S. 59–67

Gängel, Andreas: „Beratungshilfe für den Bürger – ein Juwel des Rechtsstaates?" In: Festschrift für Erhard Blankenburg Soziologie des Rechts Hrsg.: Jürgen Brand, Dieter Strempel Baden-Baden 1998, S. 625–633 (zit.: *Gängel*, FS für Blankenburg)

Gasche, Jürg: „Gesundheitsmediation: ernsthafter Dialog mit Patientinnen und Patienten" In: SÄZ 2007; 88: Nr. 26, S. 1150–1151

Gebauer, Martin: Hypothetische Kausalität und Haftungsgrund Tübingen 2007

Geigel, Reinhart: Der Haftpflichtprozess 25. Auflage München 2008 (zit.: Geigel-*Bearbeiter*, Der Haftpflichtprozess)

Geiß, Karlmann /Greiner, Hans-Peter: Arzthaftpflichtrecht 6. Auflage München 2009

Gerber, Wolf-Dieter /Kopp, Peter, (Hrsg.): Medizinische Psychologie und Medizinische Soziologie Stuttgart 2007

Gesamtverband der deutschen Versicherungswirtschaft e.V. (Hrsg.): Jahrbuch 2009 Die deutsche Versicherungswirtschaft Karlsruhe 2009

Giesen, Dieter: Arzthaftungsrecht 4. Auflage Tübingen 1995

Giesen, Dieter: „Arzthaftungsrecht im Umbruch (II)" In: JZ 1982, S. 391–403

Görres-Ohde, Konstanze: „Ein Jahr Gerichtliche Mediation in Schleswig-Holstein" In: SchlHA 2007, S. 142–145

Gottwald, Walther: „Verfahrensmäßige Bedingungen alternativer Konfliktregelungen" In: Festschrift für Erhard Blankenburg Soziologie des Rechts Hrsg.: Jürgen Brand, Dieter Strempel Baden-Baden 1998, S. 635–647 (zit.: *Gottwald*, FS für Blankenburg)

Gottwald, Walther: „Stadien, Strategien und Maximen in Verhandlungen" In: Verhandeln und Vergleichen als juristische Fertigkeiten Hrsg.: Walther Gottwald, Fritjof Haft 2. Auflage Tübingen 1987, S. 65–89 (zit.: *Gottwald*, Verhandeln und Vergleichen als juristische Fertigkeiten)

Gottwald, Walther: „Alternative Streitbehandlungsformen: Erprobungsspielräume für gerichtsverbundene Modellversuche" In: AnwBl 2000, S. 265–273

Gottwald, Walther: Streitbeilegung ohne Urteil Tübingen 1981

Graziano, Thomas Kadner: „Alles oder nichts" oder anteilige Haftung bei Verursachungszweifeln?" In: ZEuP 2011, S. 171–200

Greger, Reinhard: „Abschlussbericht zum Modell Güterichter" In: ZKM 2007, S. 180–183

Greger, Reinhard: „Runder Tisch statt Richterbank?" In: DRiZ 2005, S. 28–30

Greger, Reinhard: „Justiz und Mediation – Entwicklungslinien nach Abschluss der Modelprojekte" In: NJW 2007, S. 3258–3262

Greger, Reinhard: „Streitschlichtung, Schiedsverfahren, außergerichtliche und gerichtliche Mediation – wo liegen Stärken, Schwächen und Perspektiven alternativer Streitbeilegungsmodelle?“ In: SchlHA 2010, S. 30–32

Greger, Reinhard /Stubbe, Christian: Schiedsgutachten München 2007

Greger, Reinhard: „Mediation und Justiz“ In: Die Zukunft der Mediation in Deutschland Hrsg.: Reinhard Greger, Hannes Unberath München 2008, S. 89–97 (zit.: *Greger*, Die Zukunft der Mediation in Deutschland)

Greger, Reinhard: „Gerichtsinterne Mediation“ In: RabelsZ 74 (2010), S. 781–793

Greger, Reinhard: „Prozessinterne Mediation durch externe Mediatoren“ In: ZKM 2007, S. 142–144

Greger, Reinhard: „Die Reglementierung der Selbstregulierung“ In: ZRP 2010, S. 209–213

Greger, Reinhard: „Auf dem Weg zu einem deutschen Mediationsgesetz“ In: ZKM 2010, S. 120–124

Greger, Reinhard: Abschlussbericht zum Forschungsprojekt „Außergerichtliche Streitbeilegung in Bayern“ Erlangen 2004

Greiner, Ruth /Henkel, Charlotte /Kranich, Christoph: Wer soll schlichten zwischen Arzt und Patient? Hrsg.: Verbraucher-Zentrale Hamburg e.V. 4. Auflage 2003

Habermas, Jürgen: Theorie des kommunikativen Handelns Band 2 Frankfurt a.M. 1981

Hacke, Andreas: „Rechtsanwälte als Parteivertreter in der Wirtschaftsmediation“ In: SchiedsVZ 2004, S. 80–87

Haft, Fritjof: „Intuitives und rationales Verhandeln“ In: BB 1998, Beilage 10, S. 15–19

Haft, Fritjof: Verhandlung und Mediation 2. Auflage München 2000

Haft, Fritjof /Schlieffen, Katharina von, (Hrsg.): Handbuch Mediation 2. Auflage München 2009 (zit.: *Bearbeiter*, HB Mediation)

Haft, Fritjof /Schlieffen, Katharina von /(Hrsg.): Handbuch Mediation 1. Auflage München 2002 (zit.: *Bearbeiter*, HB Mediation/1. Aufl./2002)

Hager, Günter: Konflikt und Konsens Tübingen 2001

Hammacher, Peter /Erzigkeit, Ilse /Sage, Sebastian: So funktioniert Mediation im Planen + Bauen 2. Auflage Wiesbaden 2011

Hammacher, Peter: „Rechtsanwälte: Widerstand gegen Mediation abbauen“ In: SchiedsVZ 2008, S. 30–33

Hansis, Martin L. /Hansis, Dorothee E. : Der ärztliche Behandlungsfehler: Verbessern statt streiten 2. Auflage Landsberg/Lech 2001

Hansis, Martin L. /Hart, Dieter: Medizinische Behandlungsfehler Aus der Reihe: „Gesundheitsberichtserstattung des Bundes“ Heft 5 Hrsg.: Robert Koch-Institut Berlin 2001, Nachdruck 2007

Hattemer, Stefanie B.K.: Mediation bei Störungen des Arzt-Patient-Verhältnisses Diss. Köln, Berlin 2012

Hauck, Karl /Noftz, Wolfgang, (Hrsg.): SGB V Bd. 3 Kommentar Berlin 2010 (zit.: Hauck/Noft- *Bearbeiter*, SGB V, Bd. 3)

Hegenbarth, Rainer: „Die Staatliche Schlichtungsstelle [...]" In: RuP 1977, S. 168–172

Hellberg, Nils: „Mediation – und was sagt die Rechtsschutzversicherung?" In: SchlHA 2009, S. 37–38

Hellberg, Nils /Wendt, Domenik Henning: „Mediation in der Versicherungswirtschaft" In: ZKM 2010, S. 21–25

Helm, Ulrich /Bechtold, Anke F.: „Mini-Trail" In: ZKM 2002, S. 159–160

Hendel, Dieter: „Die Staatliche Schlichtungsstelle [...]" In: RuP 1977, S. 9–17

Henssler, Martin /Koch, Ludwig: Mediation in der Anwaltspraxis 2. Auflage Bonn 2004 (zit.: *Bearbeite-*/Henssler/Koch, Mediation in der Anwaltspraxis)

Herzog, Catharina /Hennig, Jonas: „Mediation – Aufbruch in eine neue Streitkultur" In: Jura 2011, S. 929–936

Hess, Burkhard: „Mediation und weitere Verfahren konsensualer Streitbeilegung – Regelungsbedarf im Verfahrens- und Berufsrecht?" In: Verhandlungen des siebenundsechzigsten Deutschen Juristentages Band 1, Gutachten F Hrsg.: Ständige Deputation des Deutschen Juristentages München 2008, F 1–146 (zit.: *Hess*, 67. DJT, Bd. 1)

Hoffmann, Roland: Verfahrensgerechtigkeit Diss. Freiburg, Paderborn 1992

Hoffmann-Riem, Wolfgang: „Mediation als moderner Weg zur Konfliktbewältigung" In: Festschrift für Erhard Blankenburg Soziologie des Rechts Hrsg.: Jürgen Brand, Dieter Strempel Baden-Baden 1998, S. 649–660 (zit.: *Hoffmann-Riem*, FS für Blankenburg)

Hoffmann-Riem, Wolfgang: „Konfliktbewältigung in einer angebotsorientierten Rechtsschutzordnung" In: ZRP 1997, S. 190–198

Hoffmann-Riem, Wolfgang: „Justizdienstleistungen im kooperativen Staat" In: JZ 1999, S. 421–430

Hohmann, Jutta: „Wege der Streitbeilegung aus Sicht der Anwaltschaft" In: FPR 2004, S. 168–176

Hommelsheim, Edgar: Cost Allocation in Civil Litigation – Konstentragung und -ausgleichung im amerikanischen Zivilprozeß Diss., Bonn 1990

Hommerich, Christoph, Prütting, Hanns /Ebers, Thomas, Lang, Sonja /Traut, Ludger: Rechtstatsächliche Untersuchung zu den Auswirkungen der Reform des Zivilprozessrechts auf die gerichtliche Praxis In: Bundesanzeiger 2006, Beilage Nr. 158a Köln 2006 (zit.: *Hommerich/Prütting/Ebers/Lang/Traut*, Rechtstatsächliche Untersuchungen [...])

Hommerich, Christoph /Kriele, Dorothea: Marketing für Mediation Bonn 2004

Hopt, Klaus J. /Steffek, Felix, (Hrsg.): Mediation. Rechtstatsachen, Rechtsvergleich, Regelungen Tübingen 2008 (zit.: *Bearbeiter*-Hopt/Steffek, Mediation)

Hückstädt, Gerhard: „Gerichtliche Mediation beim Landgericht Rostock" In: NJ 2005, S. 289–295

Hyman, Chris Stern /Schechter, Clyde B.: „Mediating Medical Malpractice Lawsuits Against Hospitals: New York City´s Pilot Project" In: Health Affairs, 25, no. 5 (2006), S. 1394–1399

Hyman, Chris Stern /Liebman, Carol B. /Schechter, Clyde B. /Sage, William M.: „Interest-Based Mediation of Medical Malpractice Lawsuites: A Route to Improve Patient Safety?" In: Journal of Health Politics, Policy and Law 2010, 35 (5), S. 797–828

Ileri, Atilay: „Das Schweizer Modell der Patientenklasse" In: Die Entwicklung der Arzthaftung Hrsg.: Adolf Laufs, Christian Dierks, Albrecht Wienke, Toni Graf-Baumann, Günter Hirsch Berlin/Heidelberg 1997, S. 269–279 (zit.: *Ileri*, Die Entwicklung der Arzthaftung)

Isele, Hellmut Georg: „Grundsätzliches zur Haftpflicht des Arztes" In: Die juristische Problematik in der Medizin 3. Band Hrsg.: Armand Mergen München 1971, S. 11–24

Jaeger, Lothar: „Kapitalisierung von Renten im Abfindungsvergleich" In: VersR 2006, S. 597–605

Jagodzinski, Wolfgang: „Rechtsschutzversicherung und Streitverhalten – Bericht über eine empirische Untersuchung im Auftrag des Bundesministeriums der Justiz" In: NJW 1993, S. 2769–2775

Jagodzinski, Wolfgang /Raiser, Thomas /Riehl, Jürgen: Rechtsschutzversicherung und Rechtsverfolgung Bonn 1994

Jahn, Belinda: Außergerichtliche Konfliktlösung im Gesundheitswesen Diss., Wien 2009

Jahn, Wolfgang /Kümper, Hans-Jürgen: „Aus der Praxis eines Haftpflichtversicherers: Der Medizinschaden aus rechtlicher und medizinischer Sicht" In: MedR 1993, S. 413–417

Jansen, Dorothea /Schwarz, Gabriele: „Das Güteverfahren vor dem Schiedsmann – ein alternatives Vermittlungsverfahren in zivilrechtlichen Streitigkeiten?" In: Das Güteverfahren vor dem Schiedsmann Hrsg.: Klaus F. Röhl Köln 1987, S. 1–540 (zit.: *Jansen/Schwarz*, Das Güteverfahren vor dem Schiedsmann)

Jansen, Nicola: Die außergerichtliche obligatorische Streitschlichtung nach § 15a EGZPO St. Augustin 2001

Jhering, Rudolf von: Der Kampf ums Recht Wien 1872

Jorzig, Alexandra /Feifel, Eckart: „Leitlinien und Standard – Grenzen einer Systematisierung im Arzthaftungsprozess" In: GesR 2004, S. 310–316

Jorzig, Alexandra: „Arzthaftungsprozess – Beweislast und Beweismittel In: MDR 2001, S. 481–485

Jost, Fritz /Neumann, Tobias: „Etablierung der Mediation durch die Anwaltschaft" In: ZKM 2009, S. 164–168

Jung, Hubert: „Die Arzthaftung aus der Sicht des Haftpflichtversicherers. Praktische Erfahrungen, Daten, Entwicklungen" In: Die Entwicklung der Arzthaftung Hrsg.: Adolf Laufs, Christian Dierks, Albrecht Wienke, Toni Graf-Baumann, Günter Hirsch Berlin/Heidelberg 1997, S. 85–94 (zit.: *Jung*, Die Entwicklung der Arzthaftung)

Kaiser, Peter: „Konflikte und Konfliktmanagement im Krankenhaus" In: ZKM 2000, S. 168–174

Kalchschmid, Gertrud: „Mediation im Gesundheitswesen aus Sicht der Patientenvertretung/-anwaltschaft" In: Patientenrechte und ihre Handhabung Hrsg.: Gerson Kern, Christian Kopetzki Wien 2006, S. 99–112 (zit.: *Kalchschmidt*, Patientenrechte)

Kamp, Hermann: Friedensstifter und Vermittler im Mittelalter Darmstadt 2001

Katzenmeier, Christian: „Zivilprozess und außergerichtliche Streitbeilegung" In: ZZP 115 (2002), S. 51–92

Katzenmeier, Christian: Arzthaftung Tübingen 2002

Katzenmeier, Christian: „Außergerichtliche Streitbeilegung in Arzthaftungssachen" In: AnwBl 2008, S. 819–823

Katzenmeier, Christian: „Mediation bei Störung des Arzt-Patient-Verhältnisses" In: NJW 2008, S. 1116–1120

Katzenmeier, Christian: „Schuldrechtsmodernisierung und Schadensersatzrechtsänderung – Umbruch in der Arzthaftung" In: VersR 2002, S. 1066–1074

Katzenmeier, Christian: „Aufklärung über neue medizinische Behandlungsmethoden – Robodoc" In NJW 2006, S. 2738–2741

Katzenmeier, Christian: „Arzthaftpflicht in der Krise – Entwicklungen, Perspektiven, Alternativen" In: MedR 2011, S. 201–216

Katzenmeier, Christian: „Qualität im Gesundheitswesen" In: MedR 1997, S. 498–503

Kern, Bernd-Rüdiger: „Das Spannungsverhältnis von Haftungsrecht und Kassenrecht" In: MedR 2004, S. 300–303

Kilian, Matthias: „Alternative Konfliktbeilegung in Arzthaftungsstreitigkeiten" In: VersR 2000, S. 942–947

Kilian, Matthias: „Die Haftung des gerichtlichen Sachverständigen nach § 839a BGB" In: VersR 2003, S. 683–688

Kletecka-Pulker, Maria: „Die Arzt-Patienten-Beziehung aus juristischer Sicht" In: Wege zur patientenorientierten Medizin Hrsg.: Hans-Joachim Fuchs Wien 2002, S. 220–245 (Zit.: *Kletecka-Pulker*, Wege zur patientenorientierten Medizin)

Koch, Bertram F.: „Kommission schafft Ausgleich zwischen Arzt und Patient“ In: Westfälisches ÄBl 09/2008, S. 18–19

Köhler Emmert, Claudia: Unternehmensethik – Schrittmacher zum legitimen Erfolg Diss. St. Gallen, Bern 2006

Kohnle, Edgar: „Entlastung der Gerichte und Staatsanwaltschaften durch die ärztlichen Gutachterstellen“ In: DRiZ 1983, S. 140–143

Köper, Roman: Die Rolle des Rechts im Mediationsverfahren Diss. Tübingen, Berlin 2003

Kothe-Pawel, Gisela: „Die Erfolgsaussichten von Klagen in Arzthaftungsprozessen anhand der Ergebnisse vor dem Landgericht Dortmund im Jahr 2009“ In: MedR 2010, S. 537–539

Krähe, Johannes: Diskussion um den ärztlichen Behandlungsfehler in der Medizin des neunzehnten Jahrhunderts Frankfurt a.M. 1984

Kranich, Christoph: „Patientenunterstützung in Deutschland“ In: Bürgerorientierung des Gesundheitswesens Hrsg.: Bernhard Badura, Dieter Hart, Henner Schnellschmidt Baden-Baden 1999, S. 305–348 (zit.: *Kranich*, Bürgerorientierung des Gesundheitswesens)

Krumpaszky, Hans Georg /Sethe, Rolf /Selbmann, Hans-Konrad: „Die Häufigkeit von Behandlungsfehlervorwürfen in der Medizin“ In: VersR 1997, S. 420–427

Kruse, Jürgen /Hänlein, Andreas (Hrsg.): SGB V Kommentar 3. Auflage Baden-Baden 2009 (zit.: Kruse/Hänlein-*Bearbeiter*, SGB V)

Kubella, Kathrin: Patientenrechtegesetz Diss. Köln, Berlin 2011

Küpper, Hans-Ulrich: Unternehmensethik 2. Auflage Stuttgart 2011

Laufs, Adolf/ Kern, Bernd-Rüdiger: Handbuch des Arztrechts 4. Auflage München 2010 (zit.: Laufs/Kern-*Bearbeiter*, HB des Arztrechts)

Laufs, Adolf: „Arzt und Recht im Wandel des Zeit“ In: MedR 1986, S. 163–170

Laufs, Adolf /Katzenmeier, Christian /Lipp, Volker: Arztrecht 6. Auflage München 2009

Laufs, Adolf: „Die Verletzung der ärztlichen Aufklärungspflicht und ihre deliktische Rechtsfolge“ In: NJW 1974, S. 2025–2030

Laufs, Adolf: „Zur deliktsrechtlichen Problematik ärztlicher Eigenmacht“ In: NJW 1969, S. 529–533

Laufs, Adolf: „Die Entwicklung des Arztrechts 1989/90“ In: NJW 1990, S. 1505–1513

Laum, Dieter: „Die außergerichtliche Erledigung von Arzthaftungsstreitigkeiten“ In: ZKM 2003, S. 163–167

Laum, Heinz Dieter /Beck, Lutwin /Smentkowski, Ulrich: „Schlichtung mit großer Akzeptanz“ In: Rh ÄBl 12/2003, S. 10–13

Laum, Heinz Dieter, Beck, Lutwin: „Im Interesse von Ärzten und Patienten“ In: DÄBl 2001, A 966–967

Laum, Heinz-Dieter: „Außergerichtliche Streitbeilegung in Arzthaftungssachen – Bilanz, Analysen, Prognosen der Gutachterkommission Nordrhein“ In: MedR 2011, S. 230–232

Laum, Heinz-Dieter /Beck, Lutwin: „25 Jahre erfolgreiche Streitschlichtung“ In: Rheinisches ÄBl 1/2001, S. 9–13

Leischner, Aline: Streitbeilegung in medizinischen Haftungsfällen Diss., Wien 2007

Leiss, Myrto: „Empirische Erkenntnisse zur Mediation im Wirtschaftsrecht“ In: SchiedsVZ 2007, S. 139–145

Leiss, Myrto: Zur Effizienz außergerichtlicher Verfahren im Wirtschaftsrecht Diss., München 2005

Lemke, Rainer: „Erfahrungen und Perspektiven des Medizinischen Dienstes der Krankenkassen bei der Unterstützung gesetzlich Versicherter bei Verdacht auf Heilbehandlungsfehlern“ In: Waffen-Gleichheit Hrsg.: Arbeitsgemeinschaft Rechtsanwälte im Medizinrecht e. V. Berlin 2002, S. 127–133 (zit.: *Lemke*, Waffen-Gleichheit)

Lester, Gregory W. /Smith, Susan G. : „Listening and Talking to Patients. A Remedy for Malpractice Suites?“ In: The Western Journal of Medicine 1993, 158, S. 268–272

Littbarski, Sigurd: AHB Kommentar München 2001

Löer, Lambert: „Richterliche Mediation – Möglichkeiten der Einbindung von Mediation in das Gerichtsverfahren am Beispiel des Zivilprozesses“ In: ZZP, 119 (2006), S. 199–210

Lücke, Wolfgang: Zivilprozessrecht 9. Auflage München 2006

Luhmann, Niklas: Legitimation durch Verfahren Darmstadt 1969

Luhmann, Niklas: „Kommunikation über Recht in sozialistischen Staats- und Gesellschaftsordnungen“ In: Alternative Rechtsformen und Alternativen zum Recht Jahrbuch für Rechtssoziologie und Rechtstheorie Bd. 6, 1980 Hrsg.: Erhard Blankenburg, Ekkehard Klausa, Hubert Rottleuthner Opladen 1980, S. 99–112 (zit.: *Luhmann*, Alternative Rechtsformen und Alternativen zum Recht)

Mähler, Gisela /Mähler, Hans-Georg: „Auf dem Weg in eine neue Konfliktkultur? Auch bei den Richtern hat die Mediation Halt gemacht“ In: ZRP 2011, S. 29–30

Mähler, Hans-Georg /Mähler, Gisela: „Cooperative Praxis“ In: ZKM 2009, S. 70–74

Maier, Hans Jakob: „Zur Tätigkeit von Schiedsgerichten“ In: Alternativen in der Ziviljustiz Hrsg.: Erhard Blankenburg, Walther Gottwald, Dieter Strempel Köln 1982 (zit.: *Maier*, Alternativen in der Ziviljustiz)

Martis, Rüdiger /Winkhart-Martis, Marina: Arzthaftungsrecht Fallgruppenkommentar 2. Auflage Köln 2004 (zit.: *Martis/Winkhart-Martis*)

Marx, Ansgar: „Das Prinzip der Freiwilligkeit der Mediation“ In: ZKM 2010, S. 132–136

Matthies, Karl-Heinz: „Die Göttinger Mediationslandschaft“ In: SchlHA 2007, S. 130–134

Matthies, Karl-Heinz: Schiedsinstanzen im Bereich der Arzthaftung: Soll und Haben Diss. Göttingen, Berlin 1984

Mayer, Barbara /Rieger, Martin: „Behandlungsfehler oder Komplikation?“ MDK forum 4/10, S. 17–18

Meinecke, Boris: Haftungskriterien für Injektionsschäden Diss. Bremen, Aachen 1997

Metzloff, Thomas B. /Peeples, Ralph A. /Harris, Catherine T. : „Empirical Perspectives on Mediation and Malpractice“ In: Law and Contemporary Problems 60, no. 1&2 (1997), S. 107–159

Metzloff, Thomas B. : „Alternative Dispute Resolution Strategies in Medical Malpractice“ In: Alaska Law Review Vol. 9:2 1992, S. 429–457

Meurer, Christina: Außergerichtliche Streitbeilegung in Arzthaftungssachen Diss. Köln, Berlin/Heidelberg 2008

Meyer, Felix: „Mediation im Gesundheitswesen“ In: ZKM 2000, S. 123–126

Meyer-Cabri van Amelrode, Klaus: „Die Mediation im Visier der europäischen Gesetzgebung oder: von Portugiesischer EU-Ratspräsidentschaft zu Portugiesischer EU-Ratspräsidentschaft (2000–2007)“ In: Die Zukunft der Mediation in Deutschland Hrsg.: Reinhard Greger, Hannes Unberath München 2008, S. 39–53 (zit.: *Meyer-Cabri van Amelrode*, Die Zukunft der Mediation in Deutschland)

Mnookin, Robert H. /Kornhauser, Lewis: „Bargaining in the Shadow oft he Law: The Case of Divorce“ 88 Yale Law Journal (1979), S. 950–997

Moltmann- Willisch, Anne-Ruth /Kraus, Anna-Maria /Hammerstein, Felicitas von: „Richterliche Mediation an Berliner Zivilgerichten“ In: ZRP 2011, S. 58–59

Monßen, Hans-Georg: „Die gerichtsnahe Mediation“ In: AnwBl 2004, S. 7–11

Montada, Leo /Kals, Elisabeth: Mediation 2. Auflage Weinheim 2007

Müller, Gerda: „Macht und Grenzen ärztlichen Handelns“ In: GesR 2004, S. 257–266

Müller, Gerda: „Beweislast und Beweisführung im Arzthaftungsprozeß“ In: NJW 1997, S. 3049–3056

Müller, Gerda: „Arzthaftung und Sachverständigenbeweis“ In: MedR 2001, S. 487–494

Müller, Konrad: Instrumenta Pacis Westphalicae Die Westfälischen Friedenverträge 1648 3. Auflage Bern 1975

Müller-Graff, Peter-Christian: „Verrechtlichung und Deregulierung“ In: 1945–1995, Zum Verhältnis von Staat und Gesellschaft in den letzten fünfzig Jahren Hrsg.: Max Vollkommer Erlangen 1996, S. 7–46 (zit.: *Müller-Graff*, 1945–1995)

Müller-Vahl, Hermann: „Arzthaftpflichtprozesse beim Landgericht Hannover“ In: Gutachterkommissionen und Schlichtungsstellen Hrsg.: Arbeitsgemeinschaft

Rechtsanwälte im Medizinrecht e.V. Schriftleitung: Hans Makiol, Dirk Radermacher, Thomas Ratajczak, Gabriela Schwarz-Schilling, Christoph-M. Stegers Berlin 1990, S. 43–46 (zit.: *Müller-Vahl*, Gutachterkommissionen und Schlichtungsstellen)

Münch, Ingo von /Kunig, Philip: Grundgesetz-Kommentar Band 3 4./5. Auflage München 2003 (zit.: v. Münch-*Bearbeiter*, GG-Komm.)

Mulcahy, Linda : Mediating Medical Negligence Claims: An Option For The Future? London 2000

Nesic, Miryana: „Mediation – On the Rise in the United Kingdom?" In: Bond Law Review, Vol. 13 (2001), Iss. 2, Art. 10, S. 1–18

Nestler, Claudia /Hammes, Michael /Gläßer, Ulla /Kirchhoff, Lars /Breidenbach, Stephan: Commercial Dispute Resolution. Konfliktbearbeitungsverfahren im Vergleich Frankfurt a.M. 2005

Neuenhahn, Hans-Uwe /Neuenhahn, Stefan: „Die Begleitung des Mandanten durch den Rechtsanwalt in der Mediation – Eine neue Dienstleistung des Rechtsanwalts" In: NJW 2005, S. 1244–1248

Neumann, Gerhard: „Gutachterkommissionen und Schlichtungsstellen. Eine Evaluation der Ergebnisse" In: MedR 1998, S. 309–315

Neumann, Gerhard: „Konsequenzen aus Entscheidungen von Gutachterkommissionen" In: MedR 2003, S. 326–330

Oberhammer, Paul /Domej, Tanja: „Ein rechtlicher Rahmen für die Mediation in Österreich" In: ZKM 2003, S. 144–149

Oehlerking, Jürgen: „Die Mediation im Visier der nationalen Gesetzgebung" In: Die Zukunft der Mediation in Deutschland Hrsg.: Reinhard Greger, Hannes Unberath München 2008, S. 55–64

Offermann-Burckart, Susanne: „Die Rolle des Anwalts in einem auf Einvernehmen ausgerichteten Verfahren" In: FPR 2010, S. 431–436

Palandt, Otto: Bürgerliches Gesetzbuch Kommentar 70. Auflage München 2011 (zit.: Palandt-*Bearbeiter*)

Palandt, Otto: Bürgerliches Gesetzbuch Kommentar 61. Auflage München 2002 (zit.: Palandt-*Bearbeiter*, 61. Aufl./2002)

Pampaluchi, Reto /Bono-Hörler, Caroline: „Mediation – ein Beitrag zur Konfliktlösung im Gesundheitswesen" In: Competence 07–08/2002, S. 37–39

Pech, Justinus C.: Bedeutung der Wirtschaftsethik für die marktorientierte Unternehmensführung Diss. Leipzig, Wiesbaden 2007

Pentz, Vera von: „Tendenzen der neueren höchstrichterlichen Rechtsprechung zur Arzthaftung" In: MedR 2011, S. 222–226

Peter, Jürgen: Das Recht auf Einsicht in Krankenunterlagen Diss. Bonn, Köln 1989

Pfeiffer, Christian: „Täter-Opfer-Ausgleich – das Trojanische Pferd im Strafrecht“ In: ZRP 1992, S. 338–345

Pieper, Helmut /Breunung, Leonie, Stahlmann, Günther: Sachverständige im Zivilprozeß München 1982

Ponsold, Albert: Lehrbuch der gerichtlichen Medizin 3. Auflage Stuttgart 1967

Poser, Märle /Schlüter, Wilfried: Mediation für Pflege- und Gesundheitsberufe Bern 2005

Probst, Martin: „Gerichtliche Mediation in Schleswig-Holstein“ In: SchlHA 2005, S. 317–322

Prölss, Erich R. /Martin, Anton: Versicherungsvertragsgesetz 28. Auflage München 2010 (zit.: Prölss/Martin-*Bearbeiter*, Versicherungsvertragsgesetz)

Prütting, Dorothea, (Hrsg.): Fachanwaltskommentar Medizinrecht Köln 2010 (zit.: Prütting-*Bearbeiter*, FAKomm-MedR)

Prütting, Hanns: „Mediation und gerichtliches Verfahren – ein nur scheinbar überraschender Vergleich“ In: BB 1999, Beilage 9, S. 7–13

Prütting, Hanns: „Schlichten statt Richten“ In: JZ 1985, S. 261–271

Quaas, Michael /Zuck, Rüdiger: Medizinrecht 2. Auflage München 2008

Radau, Hans J.: Ersetzung der Arzthaftung durch Versicherungsschutz Diss. Bayreuth, Karlsruhe 1993

Raiser, Thomas: Das lebende Recht Rechtssoziologie in Deutschland 3. Auflage Baden-Baden 1999

Raiser, Thomas: Grundlagen der Rechtssoziologie 5. Auflage (neue Auflage von „Das lebende Recht“) Tübingen 2009

Ratajczak, Thomas: „Gutachterkommissionen und Schlichtungsstellen – Anspruch, Praxis, Perspektiven – Verfahrensordnung und Richtigkeitsgewähr“ In: Gutachterkommissionen und Schlichtungsstellen Hrsg.: Arbeitsgemeinschaft Rechtsanwälte im Medizinrecht e.V. Berlin 1990, S. 3–35 (zit.: *Ratajczak*, Gutachterkommissionen und Schlichtungsstellen)

Ratzel, Ratzel /Luxenburger, Bernd : Handbuch Medizinrecht Bonn 2008 (zit.: Razel/ Luxenburger-*Bearbeiter*, HB Medizinrecht)

Rebmann, Kurt /Säcker, Franz Jürgen /Rixecker, Roland (Hrsg.): Münchener Kommentar Band 2 §§ 241–432 5. Auflage München 2007 (zit.: MüKo-*Bearbeiter*)

Rehbinder, Manfred: Rechtssoziologie 7. Auflage München 2009

Rehborn, Martin: „Aktuelle Entwicklungen im Arzthaftungsrecht“ In: MDR 1999, S. 1169–1176

Rehborn, Martin: „Aktuelle Entwicklungen im Arzthaftungsrecht“ In: MDR 2002, S. 1281–1288

Rehborn, Martin: „Aktuelle Entwicklungen im Arzthaftungsrecht“ In: MDR 2000, S. 1101–1110

Reutter, Helmut: Der Arzthaftungsprozess Diss., Regensburg 2006

Rieger, Hans-Jürgen: Lexikon des Arztrechts Berlin 1984

Riegger, Theresa: Die historische Entwicklung der Arzthaftung Diss., Regensburg 2007

Rimmelspacher, Bruno /Arnold, Stefan: „Fehlerhaft unterbliebenes Streitschlichtungsverfahren – unbeachtlich in der Berufungsinstanz?“ In: NJW 2006, S. 17–19

Risse, Jörg: „Wirtschaftsmediation“ In: NJW 2000, S. 1614–1620

Risse, Jörg: Wirtschaftsmediation München 2003

Risse, Jörg: „Against Settelment“ In: Alternative Streitbeilegung Hrsg.: Horst Eidenmüller München 2011, S. 133–151 (zit.: *Risse*, Alternative Streitbeilegung)

Risse, Jörg /Bach, Ivo: „Wie frei muss Mediation sein? – Von Politik, Ideologie, Gesetzgebern und Gerichten“ In: SchiedsVZ 2011, S. 14–20

Röhl, Klaus F.: Rechtssoziologie Berlin 1987

Röhl, Klaus F., Weiß, Matthias: Die obligatorische Streitschlichtung in der Praxis Münster 2005

Röhl, Klaus F. : „Beraten, Vermitteln, Schlichten und Richten“ In: SchlHA 1979, S. 134–141

Röhl, Klaus F.: „Verfahrensgerechtigkeit (Procedural Justice)“ In: ZfRSoz 14 (1993), S. 1–34

ROLAND Rechtsschutz-Versicherungs-AG: Roland Rechtsreport 2011 Köln 2011

ROLAND Rechtsschutz-Versicherungs-AG: Roland Rechtsreport 2010 Köln 2010

Römer, Wolfgang /Langheid, Theo: VVG-Kommentar München 2003 (zit.: Römer/ Langheid-*Bearbeiter*, VVG-Komm.)

Rosenberg, Leo /Schwab, Heinz, Gottwald, Peter: Zivilprozessrecht 17. Auflage München 2010

Rüssel, Ulrike: „Schlichtungs-, Schieds- und andere Verfahren außergerichtlicher Streitbeilegung – Versuch einer begrifflichen Klarstellung“ In: JuS 2003, S. 380–383

Rumler-Detzel, Pia: „Institutionalisierung von Chancengleichheit bei den Gutachter- und Schlichtungsstellen und Patientenberatungsstellen der Heilberufe“ In: Waffen-Gleichheit Hrsg.: Arbeitsgemeinschaft Rechtsanwälte im Medizinrecht e. V. Berlin 2002, S. 101–117 (zit.: *Rumler-Detzel*, Waffen-Gleichheit)

Saalfrank, Valentin (Hrsg.): Handbuch des Medizin- und Gesundheitsrechts Band 1 Stuttgart 2007 (zit.: Saalfrank-*Bearbeiter*, HB des Medizin- und Gesundheitsrechts)

Säcker, Franz Jürgen/ Rixecker, Roland (Hrsg.): Münchener Kommentar Band 5 §§ 705–853 5. Auflage München 2009 (zit.: MüKo-*Bearbeiter*)

Säcker, Jürgen /Rixecker, Roland (Hrsg.): Münchener Kommentar Band 4 §§ 611–704 5. Auflage München 2009 (zit.: MüKo-*Bearbeiter*)

Scheppokat, Klaus-Dieter /Neu, Johann: „Der Stellenwert von Schlichtung und Mediation bei Konflikten zwischen Patient und Arzt" In: VersR 2002, S. 397–404

Scheppokat, Klaus-Dieter /Neu, Johann: „Zur ärztlichen Begutachtung in Arzthaftpflichtsachen" In: VersR 2001, S. 23–28

Schlieffen, Katharina von /Ponschab, Reiner /Rüssel, Ulrike /Harms, Torsten: Mediation und Streitbeilegung, Verhandlungstechnik und Rhetorik Berlin 2006

Schlösser, Gernot: „Die Arzthaftpflichtversicherung – Daten, Fakten, Zahlen" In: MedR 2011, S. 227–229

Schlund, Gerhard H.: „31. Mai 1984 bis 31. Mai 1994 – Nicht nur eine Retrospektive –" In: VersR 1994, S. 657–658

Schlund, Gerhard H.: „Zu den juristischen Besonderheiten des Arzthaftungsprozesses" In: Medizin und Haftung Festschrift für Erwin Deutsch zum 80. Geburtstag Heidelberg 2009, S. 463–480 (zit.: *Schlund*, FS für Deutsch)

Schmidt, Frank: „Erfahrungen aus der anwaltlichen Mediation" In: Die Zukunft der Mediation in Deutschland Hrsg.: Reinhard Greger, Hannes Unberath München 2008, S. 121–132 (zit.: *Schmidt*, Die Zukunft der Mediation in Deutschland)

Schmidt-Bleibtreu, Bruno /Hofmann, Hans /Hopfauf, Axel: GG Kommentar zum Grundgesetz 12. Auflage Köln 2011 (zit.: Schmidt-Bleibtreu/Hofmann/Hopfauf-*Bearbeiter*)

Schmidt-Recla, Adrian: „Pränataldiagnostik und Arztpflichten im Schwangerschaftsbetreuungsvertrag" In: GesR 2003, S. 138–144

Schneeweiß, Wolfram: „Die außergerichtliche Streitbeilegung nach § 278 Abs. 5 ZPO" In: DRiZ 2002, S. 107–111

Schnorr, Thomas: „Teilabdankung des Richters? – Zur Nachvollziehbarkeit von medizinischen Sachverständigengutachten" In: DRiZ 1995, S. 54–57

Schöpflin, Martin: „Verhandeln und Mediation" In: JA 2000, S. 157–164

Schramm, Stephan: „Aufklärung über die Nebenwirkungen einer Strahlungstherapie – Zugleich Anmerkungen zum Urteil des BGH vom 12.12.1989 (VI ZR 83/89) VersR 90, 522" In: VersR 1991, S. 284–286

Schramm, Stephan: Der Schutzbereich der Norm im Arzthaftungsrecht Diss. Göttingen, Karlsruhe 1992

Schreiber, Alexander: Obligatorische Beratung und Mediation [...] Berlin 2007

Schweiter, Angela: „Mediation? Konfliktmanagement im Gesundheitswesen" In: SÄZ 2003; 84: Nr. 32/33, S. 1698–1700

Seehafer, Wilfried: Der Arzthaftungsprozeß in der Praxis Diss. Bremen, Berlin 1991

Seltrecht, Astrid: „Mediation im Gesundheitssystem" In: ZKM 2004, S. 210–212

Seybold, Jan: Mediation und gerichtliches Verfahren Diss. Hannover, Hamburg 2009

Sick, Ulrich: „Kritische Überlegungen zur gerichts-integrierten Mediation“ In: ZRP 2007, S. 203–204

Sikorski, Roland: „Die Begutachtung von Behandlungsfehlern durch den MDK“ In: MedR 2001, S. 188–190

Slobodenjuk, Dimitri: „Vertragliche Anwaltspflichten – überspanntes Haftungsrisiko?“ In: NJW 2006, S. 113–117

Soergel: Bürgerliches Gesetzbuch mit Einführungsgesetz und Nebengesetzen Band 12 13. Auflage Stuttgart 2005 (zit.: Soergel-*Bearbeiter*)

Spickhoff, Andreas: Kommentar zum Medizinrecht München 2011 (zit.: Spickhoff-*Bearbeiter*, Kommentar zum Medizinrecht)

Spickhoff, Andreas: „Das System der Arzthaftung im reformierten Schuldrecht“ In: NJW 2002, S. 2530–2537

Spickhoff, Andreas: „Die Entwicklung des Arztrechts 2003/2004“ In: NJW 2004, S. 1710–1720

Spickhoff, Andreas: „Die Entwicklung des Arztrechts 2008/2009“ In: NJW 2009, S. 1716–1723

Spindler, Gerald: Gerichtsnahe Mediation in Niedersachsen Göttingen 2006

Spindler, Gerald /Rieckers, Oliver: „Die Auswirkungen der Schuld- und Schadensrechtsreform auf die Arzthaftung“ In: JuS 2004, S. 272–278

Stadler, Astrid: „Außergerichtliche obligatorische Streitschlichtung – Chance oder Illusion?“ In: NJW 1998, S. 2479–2487

Staudinger, Julius von: Kommentar zum Bürgerlichen Gesetzbuch Buch 2 §§ 249–254 Neubearbeitung 2005 Berlin 2005 (zit.: Staudinger-*Bearbeiter*)

Staudinger, Julius von: Kommentar zum Bürgerlichen Gesetzbuch Buch 2 §§ 255–304 Neubearbeitung 2009 Berlin 2009 (zit.: Staudinger-*Bearbeiter*)

Steffen, Erich /Pauge, Burkhard: Arzthaftungsrecht – Neue Entwicklungen der BGH-Rechtsprechung 10. Auflage Köln 2006

Steffen, Erich: „Haftung des Arztes für Fehler bei der Risikoaufklärung – Zurechnungsbeschränkungen oder versari in re illicita“ In: Festschrift für Dieter Medicus zum 70. Geburtstag Hrsg.: Volker Beuthien Köln 1999, S. 637–650 (zit.: *Steffen*, FS für Medicus)

Stegers, Christoph-M.: „Der medizinische Sachverständige im Arzthaftungsprozess“ VersR 2000, S. 419–422

Stegers, Christoph-M.: „Zukunft außergerichtlicher Streitbeilegung in Arzthaftungssachen“ In: ZMGR 2006, S. 49–57

Steinbrück, Ralph: „Wirtschaftsmediation und außergerichtliche Konfliktlösung“ In: AnwBl 1999, S. 574–579

Stickelbrock, Barbara: „Gütliche Streitbeilegung“ In: JZ 2002, S. 633–643

Stock, Johannes: „Der Geschäftsanfall der Zivilgerichte und die Filterwirkung außergerichtlicher Konfliktverarbeitung“ In: Streitschlichtung Hrsg.: Walther Gottwald, Dieter Strempel Köln 1995, S. 113–137 (zit.: *Stock*, Streitschlichtung)

Streck, Michael: „Der Rechtsanwalt im 21. Jahrhundert“ In: AnwBl 2000, S. 335–337

Strempel, Dieter: „Außergerichtliche Streitbeilegung – Konjunktur, Hintergründe und Perspektiven“ In: Streitschlichtung Hrsg.: Walther Gottwald, Dieter Strempel Köln 1995, S. 187–198 (zit.: *Strempel*, Streitschlichtung)

Strempel, Dieter: „Alternativen in der Ziviljustiz“ In: DRiZ 1983, S. 86–90

Strempel, Dieter: „Außergerichtliche Konfliktlösung (Mediation)“ In: ZRP 1998, S. 319–322

Stubbe, Christian: „Schiedsgutachten als modernes ADR-Instrument“ In: SchiedsVZ 2006, S. 150– 155

Studer, Peter: „Zukunftsbewältigung von Konflikten“ In: VSAO-Journal Nr. 4/2004, S. 7–9

Sujecki, Bartosz: „Die Europäische Mediationsrichtline“ In: EuZW 2010, S. 7–11

Tacke, Andreas: „Die Versicherbarkeit des Heilwesensrisikos“ In: Arzthaftungsrecht – Rechtspraxis und Perspektiven Hrsg.: Arbeitsgemeinschaft Rechtsanwälte im Medizinrecht e.V. Berlin 2006, S. 93–99 (zit.: *Tacke*, Arzthaftungsrecht – Rechtspraxis und Perspektiven)

Taupitz, Jochen: „Das Berufsrisiko des Arztes: Entwicklung, Steuerung und Risikominimierung“ In: MedR 1995, S. 475–482

Taupitz, Jochen /Jones, Emily: „Das Alles oder Nichts-Prinzip im Arzthaftungsrecht – Quotenhaftung“ In: Waffen-Gleichheit Hrsg.: Arbeitsgemeinschaft Rechtsanwälte im Medizinrecht e. V. Berlin 2002, S. 67–83 (zit.: *Taupitz/Jones*, Waffen-Gleichheit)

Terbille, Michael (Hrsg.): Münchener Anwaltshandbuch Medizinrecht München 2009 (zit.: Terbille-*Bearbeiter*, AnwHB Medizinrecht)

Terbille, Michael (Hrsg.): Münchener Anwaltshandbuch Versicherungsrecht 2. Auflage München 2008 (zit.: Terbille-*Bearbeiter*, AnwHB Versicherungsrecht)

Teschner, Armin: „Mediation in der ordentlichen Gerichtsbarkeit in Schleswig-Holstein – ein Tagungsbericht“ In: SchlHA 2010, S. 385–389

Teubel, Alexander: „Aufklären, aber richtig“ In: DÄBl 2010, C 819–820

Thouvenin, André: „Das künftige Berufsbild der Anwälte aus Schweizer Sicht – Abschied vom Einzelkämpfer, der Anwalt als Unternehmer, Mediation als neues Tätigkeitsgebiet, anwaltliche Werbung“ In: Das künftige Berufsbild des Anwalts in Europa Hrsg.: DACH Europäische Anwaltsvereinigung e.V. Köln 2000, S. 111–137 (zit.: *Thouvenin*, Das künftige Berufsbild des Anwalts in Europa)

Tochtermann, Peter: „Alternative Dispute Resolution – Einführung in die alternative Streitbeilegung“ In: JuS 2005, S. 131–135

Tögel, Rainer /Rohlff, Daniel: „Die Umsetzung der EU-Mediations-Richtlinie – Erwartungen aus Sicht des Rechtsschutzversicherers“ In: ZRP 2009, S. 209–212

Trenczek, Thomas: „Fachgerechte Mediation – Qualitätsstandards in der Konfliktvermittlung“ In: ZRP 2008, S. 186–189

Trenczek, Thomas: „Stand und Zukunft der Mediation – Konfliktvermittlung in Australien und Deutschland“ In: SchiedVZ 2008, S. 135–142

Trenczek, Thomas: „ADR – Mediation: Faire Konfliktlösung ohne Gericht“ In: DS 2009, S. 66–72

Trossen, Athur: „Mediation ist DIE – oder KEINE Alternative!“ In: ZRP 2012, S. 23–25

Tyler, Tom R. : „The Quality of Dispute Resolution Procedures and Outcomes: Measurement Problems and Possibilities“ In: 66 Denver University Law Review(1989), S. 419–436

Ulrich, Jürgen /Vogt, Carl-Michael: „Mediation in der Praxis – Teil I: Alternative Streitlösungsmodelle und Grundzüge der Mediation“ In: DS 2009, S. 217–223

Ulrich, Jürgen /Vogt, Carl-Michael: „Mediation in der Praxis – Teil II: Gesetzliche Regelungen zur Mediation und typische Anwendungsfelder“ In: DS 2009, S. 263–267

Ulrich, Jürgen /Vogt, Carl-Michael: „Mediation in der Praxis – Teil III: Qualifikation des Sachverständigen als Mediator“ In: DS 2009, S. 305–309

Ulsenheimer, Klaus: „Zur zivil- und strafrechtlichen Verantwortlichkeit des Arztes unter besonderer Berücksichtigung der neueren Judikatur und ihre Folgen für eine defensive Medizin“ In: MedR 1992, S. 127–134

Ulsenheimer, Klaus: „Schadensprophylaxe durch Risk-Management“ In: Die Entwicklung der Arzthaftung Hrsg.: Adolf Laufs, Christian Dierks, Albrecht Wienke, Toni Graf-Baumann, Günter Hirsch Berlin/Heidelberg 1997, S. 321–332 (zit.: *Ulsenheimer*, Die Entwicklung der Arzthaftung)

Unberath, Hannes: „Der Zweck der Rechtsmittel nach der ZPO-Reform – Theorie und Praxis“ In: ZZP 120 (2007), S. 323–345

Unberath, Hannes: Einführung In: Die Zukunft der Mediation in Deutschland Hrsg.: Reinhard Greger, Hannes Unberath München 2008, S. 1–4 (zit.: *Unberath*, Die Zukunft der Mediation in Deutschland)

Vincent, Charles /Pincus, Tamar /Scurr, John Henry : „Patient´s Experience Of Surgial Accidents“ In: Quality in Health Care 1993/2, S. 77–82

Wacker, Ulf: „Mediation, Autonomie, Weisheit“ In: ZRP 2009, S. 239–242

Wagner, Gerhard: „Obligatorische Streitschlichtung im Zivilprozeß: Kosten, Nutzen, Alternativen“ In: JZ 1998, S. 836–846

Wagner, Gerhard: „Gerichtlich veranlasste Mediation: England als Vorreiter“ In: ZKM 2004, S. 100–103

Wagner, Gerhard /Thole, Christoph: „Die europäische Mediations-Richtlinie“ In: Die richtige Ordnung Festschrift für Jan Kropholler Hrsg.: Dietmar Baetge, Jan von Hein, Michael von Hinden Tübingen 2008, S. 915–943 (zit.: *Wagner/Thole*, FS für Kropholler)

Wagner, Gerhard: „Grundstrukturen eines deutschen Mediationsgesetztes" In: RabelsZ 74 (2010), S. 794–836

Wagner, Gerhard: „Das Zweite Schadensersatzrechtsänderungsgesetz" In: NJW 2002, S. 2049–2064

Wasilewski, Rainer: Streitverhütung durch Rechtsanwälte Köln 1990

Weber, Aleksandra: „Mediation trifft Medizin" In: Spektrum der Mediation 35/2009, S. 19–21

Weidinger, Patrick: „Aus der Praxis eines Heilwesenversicherers: Aktuelle Entwicklungen in der Arzt- und Krankenhaushaftung" In: MedR 2004, S. 289–295

Weidinger, Patrick: „Aus der Praxis der Haftpflichtversicherung für Ärzte und Krankenhäuser – Statistik, neue Risiken und Qualitätsmanagement" In: MedR 2006, S. 571–580

Weidinger, Patrick: „Gutachterkommissionen und Schlichtungsstellen aus der Sicht eines Arzthaftpflichtversicherers" In: VW 2003, S. 674–676

Weizel, Isabel: Gutachterkommissionen und Schlichtungsstellen für Arzthaftpflichtfragen Diss. Heidelberg, Hamburg 1999

Weltrich, Herbert: „Noch einmal: Schlichen statt Richten – Außergerichtliche Streitbeilegung in Arzthaftungssachen –" In: DRiZ 1996, S. 473–475

Weltrich, Herbert: „Gutachterkommission und Schlichtungsstellen – Anspruch, Praxis, Perspektiven" In: Gutachterkommissionen und Schlichtungsstellen Hrsg.: Arbeitsgemeinschaft Rechtsanwälte im Medizinrecht e.V. Berlin 1990, S. 107–110 (zit.: *Weltrich*, Gutachterkommissionen und Schlichtungsstellen)

Wenzel, Frank: Handbuch des Fachanwalts Medizinrecht 2. Auflage Köln 2009 (zit.: Wenzel-*Bearbeiter*, HB des FA Medizinrecht)

Wesche, Steffen: „Zwangsschlichtung oder Schlichtungsanreiz" In: ZRP 2004, S. 49–52

Weyers, Hans-Leo: „Empfiehlt es sich, im Interesse der Patienten und Ärzte ergänzende Regelungen für das ärztliche Vertrags- (Standes-) und Haftungsrecht einzuführen?" In: Verhandlungen des zweiundfünfzigsten Deutschen Juristentages Band 1 Gutachten A Hrsg.: Ständige Deputation des Deutschen Juristentages München 1978, A 1– 124 (zit.: *Weyers*, 52. DJT, Bd. 1)

Weyland, Petra Ulrike: Gemeinschaftsrechtliche Vorgaben im Arzthaftungsrecht Frankfurt a.M. 1999

Wilhelm, Mark: Verhandlung im Schadensfall – Interdisziplinäre und empirische Betrachtung zur Methodik des Verhandelns München 2002

Winckler, Hugo: Die Gesetze Hammurabis 4. Auflage Leipzig 1906

Wolf, Kathrin: „Der Patient muss dem Arzt in der Mediation sein Leid klagen können" In: Betrifft JUSTIZ, Nr. 101, S. 244–248

Wolff, Christian: Grundsätze des Natur- und Völckerrechts [...] Nachdruck der Ausgabe: Halle 1754 Königstein im Taunus 1980

Wulffen, Matthias von (Hrsg.): Sozialgesetzbuch X Kommentar 7. Auflage München 2010 (zit.: v. Wulffen-*Bearbeiter*, SGB X)

Zacher, Hans F.: „Verrechtlichung im Bereich des Sozialrechts" In: Verrechtlichung von Wirtschaft, Arbeit und sozialer Solidarität Hrsg.: Friedrich Kübler Baden-Baden 1985, S. 11–72 (zit.: *Zacher*, Verrechtlichung von Wirtschaft [...])

Zieglmeier, Christian: „Die neuen „Spielregeln" des § 280 I 2 BGB" In: JuS 2007, S. 701–705

Zöller, Richard (Hrsg.): Zivilprozessordnung Kommentar 28. Auflage Köln 2010 (zit.: Zöller-*Bearbeiter*)

Einleitung

Schlichten oder richten? Vor dieser Alternative stehen in der Gegenwart immer mehr Konfliktparteien. Nicht erst bei Klageeinreichung, sondern auch im Vorfeld wird ihre Aufmerksamkeit zunehmend auf Mediation als Streitbeilegungsmethode gelenkt. Die vielfältigen Hinweise auf die Möglichkeit zur Mediation anstelle einer Klage, das stetig wachsende Mediationsangebot und auch die Einführung des Mediationsgesetzes verstärken den Eindruck, dass dem mediativen Verfahren eine immer bedeutendere Rolle beim Interessenausgleich zukommt.

Verlässt die Jurisprudenz damit das Zeitalter der streitigen Auseinandersetzung? Bewegt sich die Rechtswissenschaft auf einen dialogischen und verständigenden Interessenausgleich zu? Ist die Streitlust der Bevölkerung am Ende oder ist sie in Zeiten überlasteter Gerichte gar zur Streitunlust geworden? So weit scheint die Entwicklung der Streitkultur und -praxis Deutschlands noch nicht vorangeschritten zu sein. Diese Annahme ergibt sich allein aus der noch immer hohen Inanspruchnahme des Gerichtswegs im Falle einer rechtlichen Auseinandersetzung.

Fest steht jedoch: Die Mediation gewinnt an öffentlicher Aufmerksamkeit und damit an Bedeutung. Stetig werden neue Anwendungsbereiche erschlossen. Der Laie dürfte sich kaum des Eindrucks erwehren können, dass die Mediation als *das* „Allheilmittel“ zur Konfliktlösung beworben wird. Allheilmittel? Für jede Art von Konflikt? Diese Annahme dürfte zu weit gehen. Zunächst einmal ein ausgewogenes Verhältnis zwischen gerichtlicher und außergerichtlicher Streitbelegung zu erlangen, wäre jedoch ein erstrebenswertes Ziel. Und der Versuch einer Ausweitung des Anwendungsbereichs der Mediation auch auf nicht klassische Mediationsgebiete könnte sich vor dem Hintergrund der steigenden Bedeutung dieses Verfahrens lohnen.

Die vorliegende Arbeit beschäftigt sich mit der Frage, ob die Mediation auch Einzug in das Arzthaftungsrecht halten kann. Ihre Ausformung und ihr Wert in diesem Bereich sind nicht abschließend geklärt[1]. Hat sie das Potenzial einer gleichwertigen Streitbeilegungsmöglichkeit neben den gerichtlichen Verfahren sowie den Verfahren der Gutachterkommissionen und Schlichtungsstellen der Landesärztekammern? Kann sie langwierige Prozesse vermeiden oder jedenfalls abkürzen und dennoch zu befriedigenden Ergebnissen führen? Welche Spielräume gibt es für die Möglichkeit einer außergerichtlichen Klärung von Arzthaftungsstreitigkeiten

---

1 Eine erste umfassende wissenschaftliche Auseinandersetzung findet sich in dem Werk von *Hattemer*, Mediation bei Störungen des Arzt-Patient-Verhältnisses. Siehe auch *De Marrón*, Alternative Streitschlichtung in Arzt- und Produkthaftungsfällen; siehe kürzere Ausführungen von: *Kilian*, VersR 2000, 942 ff.; *Scheppokat/Neu*, VersR 2002, 397 ff.; *Katzenmeier*, NJW 2008, 1116 ff.; *Meurer*, Außergerichtliche Streitbeilegung in Arzthaftungssachen, S. 152 ff; *Meyer*, ZKM 2000, 123 ff.; *Seltrecht*, ZKM 2004, 210 ff.

durch Mediation und welche Spielregeln haben für sie zu gelten? Dieses ist nur ein Ausschnitt der sich aufdrängenden Fragen, die Gegenstand der vorliegenden Untersuchung sind.

Um eine Beurteilung dieser Problematik vornehmen zu können, wird in einem ersten Schritt untersucht, wie sich die Streitkultur der Bevölkerung im Allgemeinen und zwischen Arzt und Patient im Besonderen in den letzten Jahrzehnten entwickelt hat (Kapitel 1). Anknüpfend an den Befund über das hohe Prozessaufkommen wird die Frage gestellt, inwieweit das Gerichtsverfahren den Anliegen der Parteien gerecht wird. Die Gründe des Patienten, gegen den Arzt ein Gerichtsverfahren anzustrengen, werden erläutert. Diesen Ausführungen schließt sich die Definition von Mediation an (Kapitel 2). Im Speziellen werden ihre Abgrenzungsfälle, Herkunft und Ausbildung sowie Anwendungsbereiche und unterschiedlichen Ausformungen thematisiert. Bereits vorhandene rechtliche Grundlagen sowie kürzlich erlassene und bevorstehende gesetzliche Regelungen werden eingehend dargelegt und diskutiert. Im Mittelpunkt steht die Frage: Reichen die vorhandenen Gesetze und die aktuellen Bestrebungen bzgl. einer rechtlichen Grundlage für Mediation aus, um sie als eine gleichwertige Streitbeilegungsmethode zu etablieren? Ausführungen zu den Chancen und Risiken eines Mediationsverfahrens schließen das Kapitel ab.

Im zweiten Schritt wird den Fragen nachgegangen, wie das Arzthaftungsrecht ausgestaltet ist und wie Behandlungs- und Aufklärungsfehler rechtlich behandelt werden (Kapitel 3). Da von Arzt-Patient-Streitigkeiten oftmals eine Vielzahl von Interessenträgern betroffen ist, wird auf die Rolle Dritter in dieser Art von Konflikten hingewiesen. Um den Bedarf von Mediation im Arzthaftungsrecht auszumachen, wird anschließend geklärt, welche Streitbeilegungsmöglichkeiten bei Arzt-Patient-Konflikten bereits bestehen und welchen Wert diese für die Parteien haben (Kapitel 4). Die Frage nach der Erweiterungswürdigkeit dieser Verfahrensarten wird durchgehend im Fokus behalten.

Durch diese vorangehenden Untersuchungen kann im dritten Abschnitt der Anwendungsbereich für Mediation in Arzt-Patient-Konflikten behandelt werden. Es stellt sich die Frage, ob unter Berücksichtigung der Wandlung des Arzt-Patient-Verhältnisses die starre Anwendung herkömmlicher Streitbelegungsmethoden noch zeitgemäß ist, oder ob ein Umdenken beim Ergreifen der Verfahrensart erforderlich wird.

Da es kaum praktische Erfahrungen mit Mediation im Arzthaftungsbereich gibt, wird zunächst ihre theoretische Eignung für dieses Gebiet untersucht (Kapitel 5). Das Hauptaugenmerk wird darauf gerichtet, ob die Mediationsprinzipien für Arzthaftungsstreitigkeiten nutzbar gemacht werden können. Hieraus ergibt sich, welche Chancen durch das Verfahren bestehen und welche Grenzen ihm gesetzt sind.

Sodann wird anhand der Einschätzungen von Praktikern – wie Rechtsanwälten, Richtern und Berufshaftpflichtversicherern – ihre praktische Durchführbarkeit diskutiert (Kapitel 6), um mit Hilfe dieser Erkenntnisse Umsetzungschancen und Institutionalisierungsmöglichkeiten aufzuzeigen (Kapitel 7).

Eine Zusammenfassung der Erfahrungen anderer Nationen mit Mediationen im Arzt-Patient-Verhältnis soll dazu beitragen, die Chancen und Grenzen dieses Verfahrens auch für den deutschen Rechtsraum zu bewerten (Kapitel 8).

Ein Fazit, das die wesentlichen Ergebnisse zusammenfasst und die Leitfrage, ob Mediation auch Einzug in das Arzthaftungsrecht halten kann, beantwortet, schließt die Untersuchung ab (Kapitel 9).

Kapitel 1: Zunehmendes Verlangen nach alternativen Konfliktlösungsmöglichkeiten

A. Einführung

Schon seit den 1970er und 1980er Jahren wird in Deutschland über alternative außergerichtliche Streitbeilegung intensiv diskutiert[2]. Die Unzufriedenheit über die gerichtliche Behandlung privater Konflikte wächst immer mehr[3]. Jedenfalls aus rechtlicher Sicht erhofft man sich mittels einer Hinwendung zu alternativen Konfliktlösungen einen besseren, schnelleren und leichteren Zugang zu rechtlichen Entscheidungen[4].

Das Gerichtsverfahren wird als zu teuer, langwierig und aufwendig kritisiert[5]. Es sei unpersönlich, unverständlich und unberechenbar. Darüber hinaus führe es in der Bevölkerung zu Angst vor justizförmigen Verfahren und Unkenntnis über gerichtliche Vorgänge[6]. Die Anklage Georg Büchners 1834 gegen den hessischen Polizeistaat – „[...] Diese Gerechtigkeit ist nur ein Mittel, euch in Ordnung zu halten, damit man euch bequemer schinde; sie spricht nach Gesetzen, die ihr nicht versteht, nach Grundsätzen, von denen ihr nichts wißt, Urteile, von denen ihr nichts begreift. [...]“[7] – sei noch heute im Bewusstsein vieler verankert[8]. Die Mehrzahl der Bürger würden ihr Gerichtsverfahren als einen Prozess erleben, in dem sie nichts verstehen und sich nicht verstanden fühlen[9]. Hinzu käme, dass das Gerichtsverfahren ein kontradiktorisches sei, welches die Parteien zu Gegnern mache und deren Beziehung zueinander endgültig zerstöre[10]. Die ZPO würde noch heute von der Vorstellung vom „Kampf ums Recht“ dominiert, wie es Rudolf von Jhering schon 1872 in einem

---

2 *Gottwald*, Streitbeilegung ohne Urteil; *Strempel*, Streitschlichtung, 187 ff. (188); *Prütting*, BB 1999, Beilage 9, 7 ff. (8). Im Rahmen der Arzthaftung: *Katzenmeier*, NJW 2008, 1116 ff. (1116); *Hendel*, RuP 1977, 9 ff.; *Hegenbarth*, RuP 1977, 168 ff.

3 *Blankenburg/Gottwald/Strempel*, Alternativen in der Ziviljustiz; *Blankenburg/Klausa/Rottleuthner*, Alternative Rechtsformen und Alternativen zum Recht; *Gottwald*, Streitbeilegung ohne Urteil; *Haft*, Verhandlung und Mediation, S. 1 ff.; *Katzenmeier*, ZZP 115 (2002), 51 ff. (61); *Katzenmeier*, NJW 2008, 1116 ff. (1116).

4 *Prütting*, BB 1999, Beilage 9, 7 ff. (8).

5 *Prütting*, BB 1999, Beilage 9, 7 ff. (8); *Katzenmeier*, ZZP 115 (2002), 51 ff. (61).

6 *Katzenmeier*, ZZP 115 (2002), 51 ff. (61); *Prütting*, BB 1999, Beilage 9, 7 ff. (8); *Trenczek*, SchiedsVZ 2008, 135 ff. (139).

7 *Büchner*, Der Hessische Landbote, S. 335.

8 *Katzenmeier*, ZZP 115 (2002), 51 ff. (61); *Prütting*, BB 1999, Beilage 9, 7 ff. (8); *Trenczek*, SchiedsVZ 2008, 135 ff. (139).

9 *Gängel*, FS für Blankenburg, 625 ff. (632).

10 *Katzenmeier*, NJW 2008, 1116 ff. (1116); *Risse*, NJW 2000, 1614 ff. (1614).

Vortrag vor der Wiener Juristischen Gesellschaft ausdrückte. Dort heißt es, dass „das Ziel des Rechts [...] der Friede, das Mittel dazu [...] der Kampf"[11] sei.

Ausgehend von dieser Kritik wurde ab den 1970er und 1980er Jahren zunehmend nach Alternativen zum gerichtsförmigen Verfahren gesucht. Im Fokus standen die Fragen: Wie können Gerichtsverfahren umgangen werden? Wie kann verhindert werden, dass Parteien zu Gegnern werden? Welche Vorgehensweise ist für sie zielführend? Mit diesen Fragen beschäftigte man sich vor allem im Bereich der Arzthaftungsauseinandersetzungen schon frühzeitig. Eine Lösung wurde hauptsächlich in der Arbeit der seit 1975 von den Landesärztekammern eingerichteten Gutachterkommissionen und Schlichtungsstellen der Ärztekammern (ärztliche Gütestellen) gefunden.

In Deutschland blieb es größtenteils jedoch – im Gegensatz zu anderen Staaten wie den USA und skandinavischen Ländern – bei einer Bestandsaufnahme und Analyse der bisherigen Alternativen[12]. Erst Ende des 20. Jahrhunderts strebte man eine qualitative Verbesserung rechtlicher Konfliktlösungen auch durch den Einsatz von Streitbeilegungsalternativen an. Seit den 1990er Jahren werden alternative Konfliktlösungsmöglichkeiten, darunter im Wesentlichen das Verfahren vor den Schieds- und Schlichtungsstellen sowie die Beratung und Vermittlung durch Rechtsanwälte und Notare, vermehrt gefördert und angewandt[13]. Auch die Mediation ist mehr und mehr in den Blickpunkt der Akteure gelangt, da sie – anders als die zuvor genannten Verfahren – ein Abrücken von dem adversialen Problemlösungsmechanismus bietet[14]. Die Judikative gibt nunmehr einer einvernehmlich getroffenen Lösung den Vorzug gegenüber einer richterlichen Streitentscheidung. Das Bundesverfassungsgericht führt hierzu in einem Beschluss vom 14. Februar 2007 aus: „Eine zunächst streitige Problemlage durch eine einverständliche Lösung zu bewältigen, ist auch in einem Rechtsstaat grundsätzlich vorzugswürdig gegenüber einer richterlichen Streitentscheidung."[15]

Die Motive, die hinter der Förderung alternativer Konfliktlösung stehen, haben sich im Laufe der Jahre erweitert. Der Dialog zwischen den streitenden Parteien soll gefördert sowie eine konsensorientierte, zwanglose Kommunikation und Lösungsfindung herbeigeführt werden[16]. Heute steht jedoch nicht mehr allein die Kritik am Zivilprozess im Vordergrund. Ziel alternativer Streitbeilegung ist ebenfalls die Entlastung der Gerichte unter Einsparung von Personal und Sachmitteln[17].

---

11 *v. Jhering*, Der Kampf ums Recht, S. 1.

12 *Rehbinder*, Rechtssoziologie, Rdnr. 155.

13 *Hoffmann-Riem*, FS für Blankenburg, 649 ff. (649); *Strempel*, Streitschlichtung, 187 ff. (188); *Katzenmeier*, ZZP 115 (2002), 51 ff. (65 ff).

14 *Köper*, Die Rolle des Rechts im Mediationsverfahren, S. 13; *Kilian*, VersR 2000, 942 ff. (942).

15 BVerfGE NJW-RR 2007, 1073 ff. (1074).

16 *Prütting*, BB 1999, Beilage 9, 7 ff. (8).

17 *Rehbinder*, Rechtssoziologie, Rdnr. 155.

In diesem Kapitel wird näher auf das Prozessaufkommen an den deutschen Gerichten und die Entwicklungen der Arzt-Patient-Streitigkeiten eingegangen. Es wird aufgezeigt, welche Kritik am Zivilprozess besteht und aus welchen Gründen insbesondere im Arzthaftungsbereich zunehmend geklagt wird.

B. Demographischer Hintergrund

Im Zusammenhang mit dem Prozessaufkommen an deutschen Gerichten hört man oft von einer sogenannten „Prozessflut" oder einem „explosionsartigen Anstieg gerichtlicher Entscheidungen"[18]. Je höher der Geschäftsanfall der Gerichte ist, desto größere Bedeutung kommen außergerichtlichen Konfliktbearbeitungsformen als Ausweg zu[19]. Tatsächlich leiden die deutschen Gerichte unter einer enormen Arbeitsbelastung[20]. Sowohl die ökonomischen, kulturellen sowie sozialen als auch die technologischen und politischen Rahmenbedingungen haben sich im Laufe der letzten Jahrzehnte dermaßen verändert, dass das Rechtssystem nicht wirklich mithalten konnte[21].

Aber ist es wirklich zu solch einer gefürchteten „Prozessflut" gekommen?

I. Prozessaufkommen an deutschen Gerichten

Um diese Frage beantworten zu können, muss eine Differenzierung vorgenommen werden. Bei einer kurzfristigen Betrachtung lässt sich feststellen, dass in den 1970er und 1980er Jahren der Geschäftsanfall an deutschen Gerichten tatsächlich erheblich angestiegen ist[22]. Langfristig gesehen ist die Gesamtzahl der Prozesse in der Bundesrepublik hingegen deutlich niedriger als im Deutschen Reich vor dem Ersten Weltkrieg[23]. 1881 wurden ca. 1,4 Mio. Zivilverfahren angestrengt. Fünfzig Jahre später, im Jahr 1931, wurde ein Anstieg auf ca. 7,8 Mio. Verfahren ermittelt[24]. Der Anstieg mit seinem Höhepunkt im Jahr 1931 lässt sich mit der Weltwirtschaftskrise erklären. Von dieser Prämisse ausgehend liegt die Prozessrate bei etwa gleicher

---

18 So z.B.: *Hoffmann-Riem*, ZRP 1997, 190 ff. (190); *Hager*, Konflikt und Konsens, S. 17.

19 *Stock*, Streitschlichtung, 113 ff. (113).

20 *Röhl*, Rechtssoziologie, S. 550 f., 554; *Hager*, Konflikt und Konsens, S. 17; *Katzenmeier*, ZZP 115 (2002), 51 ff. (53).

21 *Hoffman-Riem*, FS für Blankenburg, 649 ff. (649).

22 1970 gab es an den Amtsgerichten 855.279 Verfahren, 1980 waren es schon über eine Mio. Verfahren, wobei der Anstieg nur geringfügig auf die Erhöhung der amtsgerichtlichen Zuständigkeitsgrenze von 3.000 DM auf 5.000 DM im Jahr 1980 zurückzuführen ist. Die Anzahl der verwaltungsrechtlichen Verfahren vervierfachte sich sogar (1970: 48.279 / 1980: 211.428 Verfahren), wohingegen sich die Eingänge bei den Arbeitsgerichten verdoppelten (1970: 172.944 / 1980: 347.520 Verfahren), vgl.: *Röhl*, Rechtssoziologie, S. 554 ff.

23 *Röhl*, Rechtssoziologie, S. 555 f.

24 *Röhl*, Rechtssoziologie, S. 556.

Einwohnerzahl in der Zeit zwischen 1881 und 1931 viermal höher als in der Zeit ab 1950[25].

Besonders in den vergangenen Jahrzehnten ist eine steigende Inanspruchnahme der Justiz nicht festzustellen. Stieg von 1989 bis 1995 die Anzahl der Neuzugänge in Zivil- und Strafsachen an Amts- und Landgerichten als Eingangsinstanz noch um 9,2 %[26], so ist die Gesamtzahl der Neuzugänge in Zivilsachen seit 1995 leicht rückläufig. Während 1995 noch ca. 2,2 Mio. Neuzugänge zu bewältigen waren, so waren es 2008 ca. 1,7 Mio. und 2010 1,6 Mio. Verfahren[27].

Auffallend ist allerdings, dass nach einem Anstieg der Neuzugänge immer wieder rückläufige Phasen beim Geschäftsanfall von Gerichten registriert werden[28]. Der Rücklauf führt jedoch praktisch nie auf das ursprüngliche Niveau zurück. So vermochte der Rückgang der Jahre 1986–1991 nicht den drastischen Anstieg der Jahre 1977–1986 auszugleichen[29]. Dieselbe Entwicklung lässt sich in dem Zeitraum 1991–1995, in welchem wiederum ein drastischer Anstieg zu verzeichnen war, und in den Jahren 1995–2008 feststellen. Zwar sind die Zahlen seitdem rückläufig, halten sich jedoch auf einem Niveau von etwa 1,6 Mio. Neuzugängen. Es bleibt abzuwarten, wie sich diese Quote weiter entwickelt. Es ist somit nicht abwegig, dass es auf lange Sicht bei einem steigenden Geschäftsanfall – besonders im Bereich der Zivilsachen – bleiben wird, auch wenn die Situation an den deutschen Gerichten nicht zu dramatisieren ist.

Wenn in diesem Zusammenhang von einer „Prozessflut" gesprochen wird, könnte der Eindruck vermittelt werden, dass die Bereitschaft der Bevölkerung, Prozesse zu führen, und die Bewältigung dieser durch die Gerichte in einem völlig unausgewogenen Verhältnis zueinander stehen. Die Belastung der Gerichte ist jedoch nicht nur auf eine hohe Prozessbereitschaft zurückzuführen, sondern hängt auch damit zusammen, dass durch die Finanzkrise des Bundes und der Länder die Richterstellen nicht aufgestockt, sondern zunehmend abgebaut werden[30]. Besonders dieser Faktor führt zu einer hohen Belastung der Gerichte.

---

25 *Röhl*, Rechtssoziologie, S. 555 f; *Katzenmeier*, ZZP 115 (2002), 51 ff. (53).

26 *Rehbinder*, Rechtssoziologie, S. 140.

27 Die Geschäftsentwicklung der Zivilsachen in der Eingangs- und Rechtsmittelinstanz ist einsehbar unter: http://www.bmj.de/SharedDocs/Downloads/DE/pdfs/Geschaeftsentwicklung_der_Zivilsachen_Amts_Land_und_Oberlandesgerichte_1995_2010_pdf.pdf?__blob=publicationFile. (Stand September 2011, Zugriff am 24. März 2012).

28 *Stock*, Streitschlichtung, 113 ff. (115).

29 *Stock*, Streitschlichtung, 113 ff. (116).

30 *Strempel*, Streitschlichtung, 187 ff. (192); *Katzenmeier*, ZZP 115 (2002), 51 ff. (54 f.); *Hoffmann-Riem*, ZRP 1997, 190 ff. (190). Trotzdem besteht in Deutschland noch immer eine hohe Richterrate (25 Richter pro 100.000 Einwohner).

II. Entwicklung der Arzt-Patient-Streitigkeiten

1. Allgemeines

Speziell im Bereich der Arzthaftung lässt sich jedoch eine zunehmende Prozessbreitschaft feststellen. Die derzeitige Prozessquote wird im Vergleich zu früheren Zeiten überwiegend als hoch eingeschätzt[31]. Bis 1950 waren Patientenklagen eher die Ausnahme[32]. In den 1960er Jahren vermehrten sich die Klagen im Bereich der Arzthaftung. Diese Zunahme dauert fort[33]. Heute spricht man gar von „einer Haftungsexplosion im Heilwesen"[34], „einer lawinenartigen Zunahme der Auseinandersetzungen"[35], „einer Flut von Arzthaftungsentscheidungen"[36], „einem kalten Krieg zwischen Arzt und Jurist"[37], „einer Krise der Arzthaftung"[38] und „einem sprunghaften Anstieg der Arzthaftungsprozesse"[39], um nur einige Ausführungen wiederzugeben.

Die Klagebereitschaft besteht jedoch nicht nur auf Patientenseite. Auch die Grundtendenz der Berufshaftpflichtversicherer der Ärzte, die letztendlich als die Führer des Arzthaftungsverfahrens auf Seiten der Ärzte anzusehen sind, zielt oftmals auf einen Prozess ab[40].

Die meisten Landgerichte – so auch die Landgerichte in Schleswig-Holstein – haben spezielle Kammern eingerichtet, die sich mit Arzthaftungsstreitigkeiten auseinandersetzen. Diese Einrichtung wird von dem derzeitigen Patientenbeauftragten der Bundesregierung, *Wolfgang Zöller*, für alle Zivilgerichtsbarkeiten angedacht, um ein zügiges, transparentes und qualitativ hochwertiges Verfahren für die Betroffenen zu schaffen[41].

---

31 So z.B.: *Lauf/Kern*, HB des Arztrechts, § 93, Rdnr. 1; *Deutsch*, Medizinrecht, Rdnr. 173; *Eberhardt*, NJW 1986, 747 ff. (747); *Franzki*, MedR 1994, 171 ff. (173); *Francke/Hart*, Charta der Patientenrechte, S. 210, Fn. 932; a.A. sind bspw. *Krumpaszkey/Sethe/Selbmann*, VersR 1997, 420 ff. (425); *Meinecke*, Haftungskriterien für Injektionsschäden, S. 3; *Jahn/Kümper*, MedR 1993, 413 ff. (413).

32 *Franzki*, MedR 1994, 171 ff. (172); *Ehlers*/Broglie, Arzthaftungsrecht, Rdnr. 3.

33 *Franzki*, MedR 1994, 171 ff. (172 f.). Vgl. hierzu bezogen auf das Land Bremen die Untersuchungen von *Seehafer*, Der Arzthaftungsprozeß in der Praxis, insb. S. 60 f.

34 *Ulsenheimer*, Die Entwicklung der Arzthaftung, 321 ff. (322).

35 *Ileri*, Die Entwicklung der Arzthaftung, 269 ff. (269).

36 *Schlund*, VersR 1994, 657 ff. (658).

37 *Giesen*, JZ 1982, 391 ff. (401).

38 *Krumpaszkey/Sethe/Selbmann*, VersR 1997, 420 ff. (421); siehe auch *Katzenmeier*, MedR 2011, 201 ff.

39 *Deutsch*, Medizinrecht, Rdnr. 173.

40 *v. Hirschfeld/Stampehl*- Ehlers/Broglie, Arzthaftungsrecht, Rdnr. 207.

41 Siehe hierzu das Eckpunktepapier zum Patientenrechtegesetz, S. 5, einsehbar unter: http://www.patientenbeauftragter.de/upload/bilder/der_beauftragte/Eckpunkte_Patientenrechtegesetz_endg___2_.pdf (Zugriff am 01. Mai 2013).

Primär wird in einem Arzthaftungsprozess der Vorwurf auf eine fehlerhafte Behandlung gestützt[42]. In jüngerer Zeit wird jedoch in der Klage – im Falle der Ablehnung eines Behandlungsfehlers – hilfsweise zusätzlich ein Aufklärungsfehler gerügt[43]. Oftmals wird die Verletzung einer Aufklärungspflicht auch nachgeschoben[44]. Dadurch erscheint der Vorwurf einer fehlerhaften Aufklärung häufig als Auffangtatbestand im Verlauf eines Arzthaftungsprozesses[45]. Dies resultiert jedenfalls teilweise daraus, dass ein Behandlungsfehler und dessen Kausalität für einen eingetretenen Schaden in vielen Fällen schwer nachzuweisen ist[46].

2. Zahlenmaterial

Nach Schätzungen des Robert-Koch-Instituts gehen jährlich rund 40.000 Patienten gegen einen Arzt wegen Verdachts auf einen Behandlungsfehler vor[47]. Etwa 12.000 Behandlungsfehler werden pro Jahr nachgewiesen[48]. Über die genauen Zahlen der jährlich (gerichtlich und außergerichtlich) geltend gemachten Forderungen von Patienten gegen Ärzte und Krankenhausträger war für die Zeit vor 2004 keine statistische Auswertung verfügbar[49]. Daher muss für die früheren Jahre im Wesentlichen auf das Material der ärztlichen Gütestellen, das der Versicherer sowie Schätzungen zurückgegriffen werden[50].

Weyers schätzte in seinem Gutachten für den 52. Deutschen Juristentag (DJT) die jährlich erhobenen Haftpflichtansprüche Ende der 1970er Jahre auf insgesamt 5.500[51], wohingegen Anfang der 1990er Jahren schon von ca. 15.000 geltend gemachten Arzthaftpflichtansprüchen ausgegangen wurde. Bis zum Ende des 20. Jahrhunderts schätzte man einen Anstieg auf bis zu 20.000 bis 30.000 Schadensmeldungen[52] Der Marburger Bund nahm in dem Zeitraum von 1990 bis 2000 einen Anstieg der

42 *Franzki*, MedR 1994, 171 ff. (173); *Deutsch*, Arzthaftungsrecht, Rdnr. 44.
43 So auch schon: *Weyers*, 52. DJT, Bd. 1, A 43; *Deutsch/Matthies*, Arzthaftungsrecht, Rdnr. 44; vgl. auch Untersuchungen von *Seehafer*, Der Arzthaftungsprozeß in der Praxis, S. 62 ff (insb. S. 65).
44 *Weyers*, 52. DJT, Bd. 1, A 43.
45 *Laufs*/Kern, HB des Arztrechts, § 59, Rdnr. 3
46 Siehe hierzu auch: BGH NJW 1978, 587 ff. (588).
47 *Hansis/Hart*, Medizinischer Behandlungsfehler, S. 6 f. Wohingegen nach anderen Schätzungen etwa 400.000 Patienten in Deutschland jährlich falsch behandelt werden, vgl. *Greiner/Henkel/Kranich*, Wer soll schlichten zwischen Arzt und Patient?, S. 5.
48 *Hansis/Hart*, Medizinischer Behandlungsfehler, S. 6 f.
49 *Giesen*, Arzthaftungsrecht, Rdnr. 30.
50 *Ehlers*/Broglie, Arzthaftungsrecht, Rdnr. 9
51 *Weyers*, 52. DJT, Bd. 1, S. 39
52 *Krumpaszky/Sethe/Selbmann*, VersR 1997, 420 ff. (425); *Ulsenheimer*, MedR 1992, 127 ff. (127); *Deutsch/Spickhoff*, Medizinrecht, Rdnr. 159.

Verfahren auf 30.000 pro Jahr an[53]. Zuletzt ging man von etwa 2.000[54] bis 3.000[55] zivilrechtlichen *Arzthaftungsprozessen* vor Gericht aus.

Erst seit 2004 werden die Erledigungszahlen in Arzthaftungssachen durch das Statistische Bundesamt erfasst[56]. Für das Berichtsjahr 2004 wurden 7.659 *erstinstanzliche Erledigungen* (Amtsgericht und Landgericht in erster Instanz) festgehalten, sodass bei unterstellter Richtigkeit der Schätzungen ein enormer Anstieg im Rahmen der Arzthaftungssachen angenommen werden kann. Der Wert stieg 2005 leicht an auf 7.860 Verfahren. 2006 zeigte sich eine sprunghafte Steigerung auf 13.608 erledigte Arztprozesssachen. 2007/2008 verringerte sich die Anzahl wieder, blieb jedoch in beiden Jahren im Vergleich zu 2004/2005 auf einem hohen Stand (2007: 9.282/ 2008: 9.214 erledigte Verfahren).

Im Jahr 2009 wurden vor den Landgerichten in erster Instanz bundesweit 7.445 erledigte Verfahren in Arzthaftungssachen verzeichnet. Bei den Amtsgerichten lag diese Zahl bei 1.688, sodass man insgesamt von einer Anzahl von 9.133 erstinstanzlichen Verfahren ausgehen kann. Im Jahr 2010 wurden an den Amts- und Landgerichten 9.927 erledigte erstinstanzliche Verfahren im Arzthaftungsbereich verzeichnet.

Bezogen auf Schleswig-Holstein wird auch hier zwar nur ein leichter, jedoch kontinuierlicher Anstieg der Arzthaftpflichtprozesse bei den Amts- und Landgerichten (erster Instanz) registriert. 2004 lagen die Erledigungszahlen noch bei 283 Fällen. Zwei Jahre später, 2006, verzeichnete man eine Anzahl von 364 erledigten Verfahren. Diese Zahl war 2008 und 2009 leicht rückläufig, lag aber noch bei 315 (2008) und 283 (2009) Arzthaftungssachen. 2010 wurden 299 erstinstanzliche Verfahren an den Amts- und Landgerichten in Schleswig-Holstein erledigt. Insbesondere die Verfahren bei den Landgerichten unterliegen einem stetigen Zuwachs.

Auch bei den ärztlichen Gütestellen beobachtet man den steigenden Trend von Behandlungsfehlervorwürfen[57]. Innerhalb von zehn Jahren verdoppelte sich die Anzahl der Anträge auf Prüfung eines ärztlichen Behandlungsfehlers. Wurden 1991 noch 5.619 Anträge bei den ärztlichen Gütestellen gestellt, so waren es 2001 schon 10.739[58]. Die Zahl der Anträge hält sich seit 2001 jedoch auf diesem Niveau[59]. Im Jahr 2010 gingen bei den ärztlichen Gütestellen 11.016 Anträge ein[60].

---

53 *Kilian*, VersR 2000, 942 ff. (942).

54 *Giesen*, Arzthaftungsrecht, Rdnr. 31; *Ulsenheimer*, MedR 1992, 127 ff. (127).

55 *Krumpaszky/Sethe/Selbmann*, VersR 1997, 420 ff. (424).

56 Vgl. hierzu die Zivilgerichtsstatistik des Statistischen Bundesamts, Erledigungszahlen in Arzthaftungssachen, Fachserie 10, Reihe 2,1. Für das Jahr 2010 vgl. unter: https://www.destatis.de/DE/Publikationen/Thematisch/Rechtspflege/GerichtePersonal/Zivilgerichte2100210107004.pdf?__blob=publicationFile (Zugriff am 01. Mai 2013).

57 *Katzenmeier*, Arzthaftung, S. 41.

58 *Neumann*, MedR 2003, 326 ff. (326).

59 *v. Hardenberg*-Ehlers/Broglie, Arzthaftungsrecht, Rdnr. 511: 2005 waren es 10.482 und 2006 10.280 Anträge.

60 Vgl. die Gesamtstatistik der ärztlichen Gütestellen für das Jahr 2010: http://www.bundesaerztekammer.de/downloads/Gesamtstatistik_2010.pdf (Zugriff am 01. Mai 2013).

Die Anzahl der erstatteten Gutachten bzw. Schlichtungsbescheide steigerte sich dementsprechend. 1991 wurden noch 3.636 gutachterliche Bescheide erstattet, wohingegen 2001 die Anzahl der Bescheide bei 6.901 lag[61]. Von 2005 bis 2007 wurde wiederum ein Anstieg auf über 7.000 Gutachten bzw. Bescheide verzeichnet[62]. Auch dieser Wert hält sich konstant[63].

Die Erfolgsquote der Klagen ist nicht sonderlich hoch. Vielmehr wird die Hälfte der Schadensersatzforderungen abgewiesen. Die andere Hälfte der Verfahren wird größtenteils durch Vergleiche beendet. Nur jeder zehnte Prozess führt zu einer Verurteilung des Arztes[64], in nur 4% der Fälle wird ein Behandlungsfehlervorwurf bejaht[65].

Auch bei den ärztlichen Gütestellen werden weitaus mehr Behandlungsfehlervorwürfe erhoben, als im Ergebnis bestätigt werden. So wurde im Jahre 2006, in dem 10.280 Anträge vorlagen, nur in 1.562 Fällen ein Behandlungsfehler und dessen Kausalität für einen Schaden bejaht[66]. Im Jahr 2010 waren es 1.821 Fälle[67].

Mit den steigenden Verfahrenszahlen und dem Anstieg des durchschnittlichen Schadensaufwands – die Höhe des Schadensaufwands hat sich von 6.365 DM im Jahr 1981 über 12.216 DM im Jahr 1991[68] und 10.000 € Ende der 1990er Jahre[69] auf nunmehr 21.100 € (Jahr 2008) versiebenfacht[70] – geht auch eine Erhöhung der Berufshaftpflichtprämien für Ärzte einher[71]. Die Prämienerhöhung bewegt sich in dem Bereich zwischen 10 % und 100 % – je nach „Risikoprofil des Arztes"[72]. Chirurgen und Gynäkologen sind sowohl hinsichtlich der Schadenshäufigkeit als auch hinsichtlich des Schadensaufwands weit überdurchschnittlich betroffen[73].

61 *Neumann*, MedR 1998, 309 ff. (309); *Neumann*, MedR 2003, 326 ff. (326).

62 Vgl. die Gesamtstatistik der ärztlichen Gütestellen für das Jahr 2007: http://www.bundesaerztekammer.de/downloads/Statistische_Erhebung_2007.pdf (Zugriff am 01. Mai 2013); *v. Hardenberg*-Ehlers/Broglie, Arzthaftungsrecht, Rdnr. 511.

63 Im Statistikjahr 2010 wurden 7.355 Sachentscheidungen getroffen.

64 *Katzenmeier*, Arzthaftung, S. 41 f.

65 *Hansis/Hart*, Medizinischer Behandlungsfehler, S. 6.

66 *v. Hardenberg*-Ehlers/Broglie, Arzthaftungsrecht, Rdnr. 519; s. auch unter http://www.forum-patientensicherheit.de/service/portale/service/literatur/pdf/gutachterkommissionen_statistik_2006.pdf (Zugriff am 01. Mai 2013).

67 Vgl. die Gesamtstatistik der ärztlichen Gütestellen für das Jahr 2010.

68 *Giesen*, Arzthaftungsrecht, Rdnr. 61.

69 *Fuchs*, Arzthaftung, 21 ff. (30); *Jung*, Die Entwicklung der Arzthaftung, 85 ff. (93).

70 *Flintrop/Korzilius*, DÄBl 2010, A 692 ff. (692).

71 *Schlund*, VersR 1994, 657 f. (658).

72 *Flintrop/Korzilius*, DÄBl 2010, A 692 ff. (692).

73 *Jahn/Kümper*, MedR 1993, 413 ff. (413); *Weidinger*, MedR 2004, 289 ff. (290). Die jährlichen Haftpflichtversicherungsprämien für das Fachgebiet Gynäkologie mit Geburtshilfe sind auf über 40.000 € angestiegen und stellen damit die Ausübung dieser Fachrichtung als Ganzes in Frage, vgl. *Schlösser*, MedR 2011, 227 ff. (227).

Die Kostentreiber sind vor allem die „medizinischen Großschäden“[74], wie z.B. ein schwerer Geburtsschaden ab einer Größenordnung von 200.000 €. Diese sind zwar relativ selten (etwa 1 % aller Haftpflichtfälle), machen jedoch die Hälfte aller Schadensaufwendungen aus – Tendenz steigend[75]. Ein weiterer Grund anschwellender Berufshaftpflichtprämien ist auch der medizinische Fortschritt. Viele Patienten überleben etwaige Zwischenfälle, selbst Schwerstgeschädigte können eine durchschnittliche Lebenserwartung haben. Diese positiv zu beurteilende Entwicklung hat zur Konsequenz, dass der Haftpflichtversicherer möglicherweise mehrere Jahrzehnte Heilbehandlungs-, Pflege- und Rentenversicherungskosten übernehmen muss. Hinzu kommen Verdienstausfälle.

Es fällt auf, dass die zugesprochenen Schadensersatzbeträge recht konstant bleiben (meist unter 30.000 €). Es ist jedoch eine deutliche Anhebung der Schmerzensgeldforderungen auf nicht selten 200.000 bis 500.000 € zu verzeichnen[76].

Trotz dieser Annahmen wird jedoch immer wieder betont, dass die ärztliche Berufshaftung vergleichbar ist mit der aller anderen freien Berufe. Die Anzahl der Haftpflichtschäden und damit auch die Schadenshäufigkeit haben sich nicht wesentlich erhöht[77]. Die Gesamtzahl der Zivilverfahren gegen die etwa 350.000 praktizierenden Ärzte in der Bundesrepublik gemessen an der täglichen hohen Anzahl an haftungsrechtlich relevanten Eingriffen ist weder besorgniserregend noch außergewöhnlich[78]. Jährlich finden in Deutschland etwa 300 Mio. Patientenbehandlungen statt, aus denen in etwa 35.000 Fällen ein Schadensersatzanspruch – begründet oder unbegründet – abgeleitet wird. Allein die steigende Anzahl der im Krankenhaus zu behandelnden Patienten macht diese Relation deutlich: Wurden im Jahr 1991 noch 14,5 Mio. Patienten in den Krankenhäusern behandelt, so waren es im Jahr 2006 schon 16,8 Mio. und 2010 18 Mio.[79]. Dies ist immerhin ein Zuwachs von 3,5 Millionen Behandlungsfällen bei gleichbleibender Bevölkerungszahl.

---

74 Als medizinische Großschäden gelten solche ab einem Aufwand von 50.000 €. (*Ehlers/Broglie*, Arzthaftungsrecht, Rdnr. 390).

75 *Flintrop/Korzilius*, DÄBl 2010, A 692 ff. (692).

76 *Flintrop/Korzilius*, DÄBl 2010, A 692 ff. (693); *Katzenmeier*, Arzthaftung, S. 42.

77 *Schlösser*, MedR 2011, 227 ff. (227); *De Marrón*, Alternative Streitschlichtung in Arzt- und Produkthaftungsfällen, S. 43.

78 Nach Angaben des Statistischen Bundesamtes fielen im Jahr 2010 47 Mio. Operationen und medizinische Prozeduren bei stationären Patienten an, vgl. die fallbezogene Krankenhausstatistik (DRG-Statistik) – Operationen und Prozeduren der vollstationären Patientinnen und Patienten der Krankenhäuser 2010, einsehbar unter: https://www.destatis.de/DE/Publikationen/Thematisch/Gesundheit/Krankenhaeuser/OperationenProzeduren5231401107014.pdf?__blob=publicationFile (Zugriff am 01 Mai 2013); siehe auch: *Heidermann*-Ehlers/Broglie, Arzthaftungsrecht, Rdnr. 398; *Katzenmeier*, Arzthaftung, S. 43; vgl. zudem *Schlund*, VersR 1994, 657 f. (658), wonach die Schadens*häufigkeit* einen noch relativ undramatischen Verlauf zeige.

79 Vgl. Fachserie 12, Reihe 6.1.1., Gesundheit, Grunddaten der Krankenhäuser, S. 11, einsehbar unter: https://www.destatis.de/DE/Publikationen/Thematisch/Gesundheit/Krankenhaeuser/GrunddatenKrankenhaeuser2120611107004.pdf?__

Die Anzahl behandlungsbedingter Gesundheitsschäden – diese sind nicht gleichzustellen mit fehlerbedingten Gesundheitsschäden (iatrogene Schäden) – werden in Deutschland noch nicht erfasst. Die Haftpflichtversicherer in Deutschland verzeichneten jedoch im Jahr 1999 je 100 Krankenhausbetten vier Meldungen vermeintlicher Behandlungsfehler. Bei 565.000 Krankenhausbetten im Jahr 1999 entspräche dies rund 22.600 Behandlungsfehlervorwürfen im Krankenhaus (rund 4 %)[80]. Dieses Ergebnis wird von einer Harvardstudie untermauert, wonach behandlungsbedingte Gesundheitsschäden bei 3,7 % der stationären Krankenhausbehandlungen auftreten[81].

Die steigende Anzahl der Arzthaftungsverfahren sowie die Unzufriedenheit der Parteien mit den Gerichtsverfahren sollte trotzdem Anlass geben, über die künftige Lösung von solchen Streitigkeiten nachzudenken und alternative Konfliktlösungsmöglichkeiten in Betracht zu ziehen[82]. Um herauszufinden, ob die Mediation hierfür eine geeignete Lösungsmöglichkeit ist, soll ein Blick auf die Kritikpunkte am Gerichtsverfahren und die Ursachen für die Prozessbereitschaft der Bevölkerung geworfen werden.

III. Kritik am Zivilprozess

Der Zivilprozess wird häufig als zu lang, teuer und aufwendig sowie unverständlich, unpersönlich und unberechenbar beurteilt. Insbesondere die Kritik an der Dauer der Entscheidungsfindung und der fehlenden Flexibilität der Entscheidungsinhalte sticht heraus[83].

Oftmals wird jedoch auch kritisiert, dass sich das Gerichtsurteil nicht zur Lösung jedes Konfliktes eigne. Es verarbeite lediglich selektiv die Realität und gehe nicht auf die individuellen Verhältnisse der Parteien ein[84]. Das Umfeld eines Streits würde nur insoweit beachtet, als es normenrelevant sei[85]. Zwar werde dadurch die komplexe und mitunter komplizierte Lebenssituation in einen entscheidbaren Sachverhalt

---

blob=publicationFile (Zugriff am 01. Mai 2013); s. auch *Schlund*, FS für Deutsch, 463 ff (463f); *Laufs*/Kern, HB des Arztrechts, § 2, Rdnr. 6, der von einem sich vergrößernden Behandlungsvolumen – Inanspruchnahme ärztlicher Dienste – ausgeht.

80 Vgl. *Hansis/Hart*, Medizinischer Behandlungsfehler, S. 6. Da die Behandlungsfehlervorwürfe und Krankenhausbettbelegungen bis zum heutigen Zeitpunkt angestiegen sind, ist aktuell von einer höheren Anzahl auszugehen.

81 *Brennan/Leape/Laird/Hebert/Localio/Lawthers/Newhouse/Weiler/Hiatt*, NEJM 324 (1991), 370 ff.; *Scheppokat/Neu*, VersR 2002, 397 ff. (397).

82 So auch *Kilian*, VersR 2000, 942 ff. (945).

83 *Schneeweiß*, DRiZ 2002, 107 ff. (108).

84 *Galtung*, Journal of Peace Research Vol. 2, No. 4, 1965, 348 ff (356), (einsehbar unter: http://www.jstor.org/stable/422861?seq=1(Zugriff am 01. Mai 2013)); *Katzenmeier*, ZZP 115 (2002), 51 ff. (62).

85 *Löer*, ZZP 119 (2006), 199 ff. (200); *Hager*, Konflikt und Konsens, S. 46.

übersetzt, der Einzelne sei dabei jedoch lediglich Objekt des jeweiligen Verfahrens und könne nicht aktiv an der Lösung des zum Streit führenden Problems teilhaben[86].

Zudem richtet sich die Kritik gegen die Retrospektivität richterlicher Urteile, welche lediglich das Vergangene beleuchten, die Bedürfnisse der Parteien für die Zukunft jedoch völlig außer Acht ließen[87]. Sie würden kaum gestalterische, planerische Elemente aufweisen[88].

Außerdem würden die „Alles-oder-Nichts-Entscheidungen" der Richter, wonach es regelmäßig nur ein „entweder – oder" / „Ja oder Nein" zum Begehren der Klage gebe, nicht den Interessen der Beteiligten gerecht[89]. Das gelte insbesondere dann, wenn es von der Sache her möglich wäre, eine beide Seiten befriedigende Kompromisslösung zu finden[90]. Die Interessen einer Partei lägen nicht immer derart entgegengesetzt, dass nur eine den einen oder anderen begünstigende Entscheidung möglich sei[91].

Auch wird vertreten, der Zivilprozess habe eine konfliktverschärfende Wirkung und zerstöre nachhaltig soziale Beziehungen[92]. Er sei daher für die angestrebte Herstellung von Rechtsfrieden nicht geeignet. Dies wird unter anderem auf die fehlende Verantwortung der Parteien für den Inhalt der Entscheidung zurückgeführt[93]. Es sei zweifelhaft, ob durch eine hoheitliche Entscheidung die Akzeptanz der Lösung erreicht werde. Zwar kann man unter Heranziehen des Gedankens der „Legitimation durch Verfahren"[94] auf dem Standpunkt stehen, dass ein gerichtliches Verfahren zur Akzeptanz der Entscheidung beitrage. Schließlich wäre es widersprüchlich, sich erst auf ein Verfahren und die Prämissen der Entscheidungsfindung einzulassen, aber den späteren Ausgang abzulehnen[95]. Gleichwohl sollte in Betracht gezogen werden, dass eine Partei den Gerichtssaal als „Verlierer" verlässt und dass sich diese nicht selten gedemütigt fühlt. Diese Eskalationstendenz des Gerichtsverfahrens

---

86 *Löer*, ZZP 119 (2006), 199 ff. (200); *Hehn*, HB Mediation, § 8, Rdnr. 32.

87 *Falke/Gessner*, Alternativen in der Ziviljustiz, 289 ff. (294); *Risse*, NJW 2000, 1614 ff. (1614); *Löer*, ZZP 119 (2006), 199 ff. (200).

88 *Hager*, Konflikt und Konsens, S. 49.

89 *Falke/Gessner*, Alternativen in der Ziviljustiz, 289 ff (294); *Hager*, Konflikt und Konsens, S. 47 ff; *Schneeweiß*, DRiZ 2002, 107 ff. (108).

90 *Hoffmann-Riem*, ZRP 1997, 190 ff. (191).

91 *Schneeweiß*, DRiZ 2002, 107 ff. (108).

92 *Blankenburg*, Alternativen in der Ziviljustiz, 29 ff. (33); *Risse*, NJW 2000, 1614 ff. (1618); *Gottwald*, Verhandeln und Vergleichen als juristische Fertigkeiten, 65 ff. (87 f.).

93 *Schneeweiß*, DRiZ 2002, 107 ff. (108).

94 Siehe hierzu das gleichnamige Buch von *Niklas Luhmann,* Legitimation durch Verfahren.

95 *Luhmann*, Legitimation durch Verfahren, S. 82 ff., insb. S. 87 f.; *Raiser*, Grundlagen der Rechtssoziologie, S. 132 f.

wirkt nach seinem Abschluss fort, sodass Konflikte häufig auch nach gerichtlichen Lösungen weiter schwelen und in anderem Gewand wieder aufgegriffen werden[96].

IV. Hohe Prozessbereitschaft

Trotz dieser Kritik an dem Gerichtsverfahren steigen die Prozessraten insbesondere in Arzthaftungsstreitigkeiten.

Die Gründe für die hohe Bereitschaft, Arzthaftungsprozesse zu führen, sind vielfältig und greifen ineinander. Sie haben zum einen ihren Ursprung in allgemeinen Ursachen, aufgrund derer die Bevölkerung zunehmend ihre Rechte vor Gericht geltend macht. Zum anderen liegen sie in dem sich wandelnden Arzt-Patient-Verhältnis und den sich daraus ergebenden weitreichenden Veränderungen.

1. Allgemeine Gründe zunehmender Prozessbereitschaft

a) Verrechtlichung der Gesellschaft

Aus rechtssoziologischer Sicht ist ein Grund für die ansteigende Prozessbereitschaft die zunehmende Verrechtlichung der Gesellschaft[97]. Verstärkte Verrechtlichung bedeutet eine ständige Vermehrung rechtlicher Vorschriften und ihre Ausdehnung auf bisher nicht geregelte Lebensbereiche[98]. Sie hat verschiedene Kennzeichen: Die ansteigende Menge gültiger Rechtsnormen, die zunehmende Regelungsdichte sowie die wachsende Regelungstiefe[99]. Der Gesetzgeber bedient sich dabei zum einen höchst ausdifferenzierter Regelungswerke (z.B. die Verbraucher-, Arbeitnehmer- und Mieterschutzgesetze) und zum anderen Generalklauseln. Sozialbereiche und Sozialkontakte werden zunehmend in staatlich kontrollierbare und steuerbare Bahnen gelenkt, indem sie juristischen Normungen unterworfen werden[100]. Dieser Verrechtlichungsschub setzte zuletzt durch die Entstehung des sozialen Rechtsstaates ein[101]. Dem Bürger werden zwar mehr Ansprüche und damit auch Freiheiten gewährt, jedoch wirken diese Bereiche durch ihre Kontrolle und Steuerung gleichzeitig freiheitsverkürzend. Jürgen Habermas spricht in diesem Zusammenhang von der „Kolonialisierung der Lebenswelt durch das Recht“, da dieser Vorgang zugleich Freiheit entziehe und Freiheit verbürge[102]. Es bestehe die Gefahr, dass es zum einen zur Unübersichtlichkeit der Rechtsordnung kommt und dass zum anderen eine wachsende Abhängigkeit des Rechtsanwenders von Experten entstehe[103].

---

96 *Risse*, NJW 2000, 1614 ff. (1618); *Hoffmann-Riem*, ZRP 1997, 190 ff. (191).
97 *Röhl*, Rechtssoziologie, S. 550 f.; *Hager*, Konflikt und Konsens, S. 16.
98 *Raiser*, Grundlagen der Rechtssoziologie, S. 362.
99 *Katzenmeier*, Arzthaftung, S. 31.
100 *Müller-Graff*, 1945–1995, 7 ff. (13); *Katzenmeier*, ZZP 15 (2002), 51 ff. (53).
101 *Raiser*, Grundlagen der Rechtssoziologie, S. 367; siehe auch: *Zacher*, Verrechtlichung von Wirtschaft [...], 11 ff., insb. S. 48.
102 *Habermas*, Theorie des kommunikativen Handelns, Bd. 2, S. 522, 320 f.
103 *Hager*, Konflikt und Konsens, S. 17.

Zunehmende Komplexität und Überregulierung sowie häufige Änderungen der materiellen Rechtslage führen dazu, dass mehr Prozesse angestrengt werden, um die materielle Rechtslage zu klären[104]. Die Normenflut und damit ausgelöste Anzahl von Prozessen korrelieren mit einer hohen Richterrate in Deutschland (25 Richter pro 100.000 Einwohner[105]). Diese Faktoren führen dazu, dass man in Deutschland von einer spezifisch gerichtsbetonten Streitkultur sprechen kann[106].

Die Entstehung weiterer Rechte führt in der Gesellschaft zu einem erhöhten Anspruchsdenken und steigenden Selbstbewusstsein, sodass ihre Mitglieder eher gewillt sind, die ihr zustehenden Rechte vor Gericht auch geltend zu machen[107].

b) Erleichterter Zugang zum Recht

Der Ausbau des sozialen Rechtsstaates hat dazu geführt, dass die Zugangsbarrieren zum Recht erheblich abgebaut wurden. So wurden nicht nur umfangreiche Aufklärungskampagnen betrieben und die Rechtsberatungs- sowie Prozesskostenhilfe eingeführt, sondern auch die Expansion der Rechtsschutzversicherungen könnte zu der Häufigkeit der Anrufung von Gerichten beitragen. So hat sich die Anzahl der Rechtsschutzversicherungsverträge von 1980 bis 2008 nahezu verdoppelt[108]. Es gibt keine empirischen Beweise dafür, dass sich der Abschluss einer Rechtsschutzversicherung auf den Geschäftsanfall der Gerichte auswirkt, jedoch ist anzunehmen, dass sie auf die Prozessbereitschaft der Versicherten eine fördernde Wirkung hat, da diese leichter und kostengünstiger einen Rechtsstreit ausfechten können[109].

Die Ausgaben der Länder für die Prozess- und Verfahrenskostenhilfe steigen zudem stetig[110].

---

104 *Stock*, Streitschlichtung, 113 ff. (120); *Hager*, Konflikt und Konsens, S. 17.

105 Quelle: Statistisches Bundesamt „Gerichte und Personal“, einsehbar unter: https://www.destatis.de/DE/ZahlenFakten/GesellschaftStaat/Rechtspflege/GerichtePersonal/Tabellen/PersonalBund.html?nn=50824 (Zugriff am 01. Mai 2013); siehe auch: Spiegel 39/2006, Statistik einsehbar unter: http://www.spiegel.de/spiegel/infografik/infografik.html?url=http%3A%2F%2Fwissen.spiegel.de%2Fwissen%2Fimage%2Fshow.html%3Fdid%3D48990488%26aref%3Dimage036%2F2006%2F09%2F23%2FROSPG2006039005202.JPG (Zugriff am 01 Mai 2013).

106 *Hoffmann-Riem*, ZRP 1997, 190 ff. (191).

107 *Katzenmeier*, ZZP 15 (2002), 51 ff. (54); *Hoffmann-Riem*, ZRP 1997, 190 ff. (191).

108 Gesamtverband der deutschen Versicherungswirtschaft e. V., Jahrbuch 2009, S. 118: 1980 waren es noch 11.017 Verträge, 2008 belief sich die Anzahl auf 20.567 Verträge.

109 *Stock*, Streitschlichtung, 113 ff. (122); *Jagodzinski/Raiser/Riehl*, Rechtsschutzversicherung und Rechtsverfolgung, S. 12, die jedoch davon ausgehen, dass die Rechtsschutzversicherung lediglich im Bereich anonymer Sozialbeziehungen eine fördernde Wirkung auf die Prozessbereitschaft haben (siehe die zusammenfassende Darstellung bei *Jagodzinski*, NJW 1993, 2769 ff.).

110 BT-Drucks. 17/5335, S. 18.

Unzweifelhaft wurden durch diese Maßnahmen die selbstbewusste Wahrnehmung und Geltendmachung der positiv formulierten Rechte durch den Bürger selbst gestärkt[111], sodass es auch annehmbar ist, dass damit das Anspruchsdenken des Einzelnen gefördert und seine Erwartungshaltung beeinflusst wird. Manche Kritiker stellen daher die These auf, dass durch die niedrigeren Zugangsbarrieren die Kompromissbereitschaft des Einzelnen herabsinke[112].

c) Sonstige Einflüsse des Rechtssystems

Auch andere Faktoren in unserem Rechtssystem können zu einer hohen Prozessbereitschaft beitragen, wie z.B. die fehlende Akzeptanz des Rechts, wenn es als ungerecht, einseitig oder unangemessen empfunden wird[113]. Zudem sind deutsche Gerichte – insbesondere aufgrund der Unpopularität und der fehlenden Akzeptanz gegenüber alternativen Konfliktlösungsmöglichkeiten[114] – weiterhin die attraktivste Entscheidungsinstanz[115].

Trotz dieser Aspekte ist der Hang der Deutschen, eher ein Gerichtsverfahren anzustrengen als eine selbstverantwortliche Lösung anzustreben, geradezu überraschend, wenn man bedenkt, dass dem Trend zu mehr Eigenverantwortung und dem Grundsatz der Privatautonomie viel mehr durch autonome Konfliktbewältigung entsprochen würde[116]. Zudem hat man festgestellt, dass die Beteiligten eines Gerichtsverfahrens überwiegend unzufrieden mit diesem sind, wohingegen 80 % der Beteiligten eines Mediationsverfahrens mit diesem „sehr zufrieden“ sind[117]. Eine Studie des Meinungsforschungsinstituts Allensbach hat erst kürzlich herausgefunden, dass fast jeder zweite Bundesbürger in der Mediation eine Alternative zum herkömmlichen Gerichtsverfahren sieht[118].

d) Gesellschaftliche Ursachen

Durch den Abbau nichtrechtlicher Arten und Mittel der sozialen Kontrolle geht das Selbstregulationsvermögen verloren[119]. Soziale Beziehungen werden durch die

---

111 *Katzenmeier*, ZZP 15 (2002), 51 ff. (54).

112 *Wasilewski*, Streitverhütung durch Rechtsanwälte, S. 83 f.

113 *Stock*, Streitschlichtung, 113 ff. (120).

114 *Stock*, Streitschlichtung, 113 ff. (123); *Köper*, Die Rolle des Rechts im Mediationsverfahren, S. 13.

115 *Stock*, Streitschlichtung, 113 ff. (118 ff.); *Hoffmann-Riem*, ZRP 1997, 190 ff. (192); Die Effektivität und Berechenbarkeit der deutschen Rechtsprechung ist hoch, die durchschnittliche Verfahrensdauer ist niedrig und die Kostenintensität hält sich im Vergleich zu anderen europäischen Ländern in Grenzen, vgl. *Trenczek*, SchiedsVZ 2008, 135 ff. (139).

116 *Haft*, BB 1998, Beilage 10, 15 ff. (19).

117 *Trenczek*, SchiedsVZ 2008, 135 ff. (139).

118 Roland Rechtsreport 2011, S. 40; Roland Rechtsreport 2010, S. 45.

119 *Katzenmeier*, ZZP 15 (2002), 51 ff.(54).

Individualisierung der Gesellschaft anonymer[120]. Die zunehmende Auflösung konfliktbewältigender Sozialbeziehungen – wie der Funktionsverlust von Familien, Gemeinden und Vereinen – haben hierbei eine große Bedeutung. Durch die schwindende Bindekraft von Idealen und sozialen Beziehungen nimmt die Bereitschaft, Konflikte umgehend vor Gericht zu bringen, zu[121].

Auch andere gesellschaftliche Ursachen führen zu einer höheren Prozessrate. Hier kann nur eine beispielhafte Aufzählung erfolgen wie die steigende Komplexität der Lebensbedingungen, die Veränderung der wirtschaftlichen Konditionen, die Einführung neuer Techniken sowie demographische und sozialstrukturelle Veränderungen[122].

2. *Gründe zunehmender Arzthaftungsprozesse*

Die Gründe für die wachsende Anzahl von Prozessen im Verhältnis Arzt-Patient haben in vielerlei Hinsicht ihren Ursprung in den soeben genannten Gründen. Auch im Arzt-Patient-Verhältnis findet eine Verrechtlichung statt. Zudem nehmen die Hinwendung zur Hochleistungsmedizin und eine sich wandelnde Arzt-Patient-Beziehung eine große Rolle bei den Gründen zunehmender Arzthaftungsprozesse ein.

a) Verrechtlichung des Arzt-Patient-Verhältnisses

Die verstärkten Verrechtlichungstendenzen sind auch im Verhältnis Arzt-Patient bemerkbar[123]. Sie begannen im Jahr 1883 mit der Sozialgesetzgebung Bismarcks, spätestens jedoch 1894, als das Reichsgericht den ärztlichen Heileingriff als tatbestandsmäßige Körperverletzung einstufte[124]. Heute ist sowohl der Alltag in einer Arztpraxis als auch der in einem Krankenhaus juristisch normiert und reguliert[125].

Dieser Verrechtlichungsschub schafft und sichert subjektive Rechte des Einzelnen[126], hat jedoch gleichzeitig eine Versachlichung und Entpersonalisierung zur Folge. Das Verhältnis zwischen Arzt und Patient stellt sich verstärkt als Geschäftsbeziehung dar. Die ursprüngliche Vertrauensbeziehung wird zunehmend anonymisiert[127]. Die Arbeitsweise und -situation des Arztes hat sich im Laufe der Jahrzehnte gewandelt. Er sieht sich durch die Budgetierung und Leistungsausgrenzung einem immer höheren Arbeitsdruck unter gleichzeitigem Autonomieverlust ausgesetzt. Durch das staatlich organisierte Gesundheitssystem, welches immer größere Kosten verursacht, steht er zwei verschiedenen Interessenträgern gegenüber: Zum einen

---

120 *Raiser*, Das lebende Recht, S. 406; *Gottwald*, Streitbeilegung ohne Urteil, S. 9 f.

121 *Hoffmann-Riem*, FS für Blankenburg, 649 ff. (649), *Hoffmann-Riem*, JZ 1999, 421 ff. (421).

122 *Stock*, Streitschlichtung, 113 ff. (118).

123 *Katzenmeier*, AnwBl. 2008, 819 ff. (819).

124 RGSt 25, 375 (377 ff.).

125 *Katzenmeier*, Arzthaftung, S. 32.

126 *Hattemer*, Mediation bei Störungen des Arzt-Patient-Verhältnisses, S. 76.

127 *Ehlers*/Broglie, Arzthaftungsrecht, Rdnr. 2; *Katzenmeier*, AnwBl. 2008, 819 ff. (819).

dem Patienten mit seinem Leiden und zum anderen der Solidargemeinschaft mit ihren beschränkten Mitteln[128]. Die schwindende Vertrauensbeziehung zwischen Arzt und Patient führt nicht nur dazu, dass sich der Patient durch die Hektik der überfüllten Sprechstunde und die Anonymität des arbeitsteiligen Klinikbetriebes im Rahmen einer ärztlichen Behandlung „nicht wohl fühlt". Darüber hinaus liegt die psychologische Hemmschwelle, einen Arzt für einen (vermeintlichen) Fehler verantwortlich zu machen, dadurch deutlich tiefer[129].

Des Weiteren trägt die Rechtsprechung selbst zu einem Anstieg der Arzthaftpflichtprozesse bei. So wurden die Sorgfalts- und Aufklärungspflichten des Arztes verschärft und – um Waffengleichheit zwischen klagendem Patient und beklagtem Arzt im Zivilprozess herzustellen – weitreichende Beweiserleichterungen zugunsten des Patienten zugelassen[130]. Zudem wurde die ärztliche Dokumentationspflicht zu einer vertraglichen Nebenpflicht ausgestaltet[131].

Die Aussage, dass patientenfreundlichere Urteile ergehen[132], kann hingegen nicht bestätigt werden. In der Mehrzahl der Fälle unterliegen Patienten in gerichtlichen Arzthaftungsauseinandersetzungen. Man ist zwar bemüht, die schwächere Stellung des Patienten durch eine Verschärfung der Pflichten des Arztes und Beweiserleichterungen zu kompensieren, sodass man von einer für den Patienten günstigen Fortentwicklung des Rechts ausgehen kann[133]. Dies hat jedoch keine patientenfreundlicheren Urteile zur Folge.

Die Rechtsprechung trägt durch die „Stärkung der Patientenseite" jedoch dazu bei, dass die Anspruchsmentalität der Patienten steigt und diese sich durch die Verschärfung der Pflichten des Arztes generell darin bestätigt sehen, häufiger auf ihr Recht zu pochen[134].

b) Spezialisierung, Technisierung und Verwissenschaftlichung der Medizin

Mit der Spezialisierung und Technisierung der Medizin nehmen die Behandlungsmöglichkeiten und die Heilungschancen nach einer Krankheit zu. Durch die Entwicklung therapeutischer Behandlungsmethoden können Krankheiten früher erkannt und die Krankenversorgung besser wahrgenommen werden.[135] Jedoch erhöhen sie auch die Eingriffsrisiken und die Gefahr von Delegationsfehlern und

---

128 *Katzenmeier*, Arzthaftung, S. 19; *Laufs*/Kern, HB des Arztrechts, § 2, Rdnr. 8.

129 *Franzki*, MedR 1994, 171 ff. (172).

130 *Laufs*/Kern, HB des Arztrechts, § 97, Rdnr. 3; *Katzenmeier*, MedR 2011, 201 ff. (203 f.).

131 *Laufs*/Kern, HB des Arztrechts, § 97, Rdnr. 3; *Franzki*, MedR 1994, 171 ff. (173).

132 *Tacke*, Arzthaftungsrecht – Rechtspraxis und Perspektiven, 93 ff. (94).

133 S. hierzu *Katzenmeier*, MedR 2011, 201 ff. (203 f.).

134 *De Marrón*, Alternative Streitschlichtung in Arzt- und Produkthaftungsfällen, S. 49.

135 Die durchschnittliche Lebenserwartung ist im 20. Jahrhundert um etwa zwanzig Jahre gestiegen, vgl. *Leischner*, Streitbeilegung in medizinischen Haftungsfällen, S. 6.

Fehleinschätzungen[136]. Zudem kann sich die Medizin nicht neuen Betätigungsfeldern zuwenden, ohne sich auch einem Zuwachs an Haftungsverantwortlichkeiten auszusetzen[137].

Auch die Medizin selbst trägt durch ihr hohes Niveau zur Überprüfbarkeit ärztlichen Vorgehens und zur Fehleraufdeckung bei[138]. Sie erleichtert dem Patienten seine Beweisführung für eine fehlerhafte Behandlung.

Durch die zunehmende Hinwendung zur Hochleistungsmedizin geht mit der Spezialisierung auch die Arbeitsteilung einher[139]. Dieses birgt neben den zahlreichen Vorteilen jedoch auch das Risiko, dass dem einzelnen Spezialisten der Gesamtüberblick fehlt. Es drohen die Gefahren von Koordinations-, Kommunikations- und Überwachungsmängeln[140]. Diese Mängel können zu vermehrten Schadensersatzforderungen gegen Ärzte führen.

Auch die zunehmende Verwissenschaftlichung birgt weiteres Konfliktpotenzial im Verhältnis Arzt-Patient. Der medizinische Fortschritt zeigt sich oft in übertriebenen Machbarkeitsvorstellungen – auch seitens des Arztes –, sodass häufig der Wissenschaft der Primat vor dem Handeln eingeräumt wird[141]. Dann steht nicht die Person des Kranken mit seiner psychosozialen Situation im Vordergrund, sondern die Wissenschaft. Wenn sich dieses für den Patienten bemerkbar macht, können weitere Konfliktfelder entstehen.

c) Wandlung des Arzt-Patient-Verhältnisses

Eine weitere Folge der modernen Hochleistungsmedizin ist die zunehmende Erwartungshaltung und das erhöhte Anspruchsdenken des Patienten gegenüber dem behandelnden Arzt[142]. Einerseits besteht die Forderung nach medizinischer Qualität und zum anderen nach persönlicher Betreuung[143]. Der Patient sieht seine Krankheit häufig nicht mehr als Schicksal an, sondern verlangt eine erfolgreiche Heilung.

---

136 *Meurer*, Außergerichtliche Streitbeilegung bei Arzthaftungssachen, S. 3; *Katzenmeier*, AnwBl. 2008, 819 ff. (819); *Laufs*/Kern, HB des Arztrechts, § 2, Rdnr. 11; *Franzki*, MedR 1994, 171 ff. (172).

137 *Katzenmeier*, Arzthaftung, S. 12.

138 *Franzki*, MedR 1994, 171 ff. (172).

139 *Ehlers*/Broglie, Arzthaftungsrecht, Rdnr. 2.

140 *Katzenmeier*, Arzthaftung, S. 14. Nach den Untersuchungen von *Hansis* und *Hart* ist eine ungenügende Absprache zwischen Ärzten – bspw. bei dem Übergang von der stationären zur ambulanten Behandlung oder die Kooperation zwischen niedergelassenen Ärzten – oftmals die Ursache für einen Behandlungsfehlervorwurf, vgl. *Hansis/Hart*, Medizinische Behandlungsfehler, S. 9.

141 *Ehlers*/Broglie, Arzthaftungsrecht, Rdnr. 4; *Katzenmeier*, Arzthaftung, S. 15.

142 *Tacke*, Arzthaftungsrecht- Rechtspraxis und Perspektiven, 93 ff. (94); *Katzenmeier*, AnwBl. 2008, 819 ff. (819); *Franzki*, MedR 1994, 171 ff. (172).

143 *Leischner*, Streitbeilegung in medizinischen Haftungsfällen, S. 6.

Die Akzeptanz von Krankheiten und deren Verlauf schwindet immer mehr[144]. Jede Schwierigkeit soll durch medizinisch und technisch Machbares behoben werden[145]. Das wachsende Sicherheitsbedürfnis des Menschen fordert auch von der medizinischen Versorgung stetig ein Mehr[146]. Diese erhöhte Anspruchsmentalität führt wiederum zu einer größeren Konfliktbereitschaft, sodass auch die Willigkeit steigt, einen missglückten Behandlungserfolg vor Gericht geltend zu machen. Dieser Schuldzuweisungsmechanismus setzt besonders bei den Patienten ein, die das eigene Schicksal mit einer Person in Verbindung bringen wollen[147].

Zudem bleiben körperliche Beeinträchtigungen für den Patienten – anders als bei der Beschädigung einer Sache – immer präsent und können daher auch emotional bedingt zu einem Anspruchsdenken führen[148].

Trotz der zunehmenden Anonymisierung der Arzt-Patient-Beziehung besteht weiterhin zwischen den Parteien ein intimes Vertrauensverhältnis, welches durch einen wirklichen oder vermuteten Behandlungsfehler nachhaltig erschüttert wird. Wenn der Arzt auf diese Vorwürfe nicht oder aus Sicht des Patienten nicht angemessen reagiert, führt dies zu Enttäuschungen und einer Verhärtung der Positionen[149].

Das beiderseitige Verständnis von Arzt und Patient für die jeweilige Lage des anderen (die Bedürfnisse des Patienten in seiner Situation und die Möglichkeiten des Arztes in einem hektischen Praxis- oder Krankenhausalltag) hat abgenommen. Hinzu kommt, dass die kommunikativen Kompetenzen der deutschen Ärzte im europäischen Vergleich relativ schlecht eingeschätzt werden. Nur etwa 29 % der Ärzte gelten als kommunikativ kompetent. In Großbritannien und der Schweiz wurden hingegen beinahe 50 % und in Italien und Spanien über 40 % der Ärzte als kommunikativ kompetent eingestuft[150]. Diese kommunikativen und informellen Defizite tragen zu einer Verschlechterung der Arzt-Patient-Beziehung bei. Ein funktionierendes und von Vertrauen sowie Respekt gekennzeichnetes Arzt-Patient-Verhältnis kann einen wichtigen Einfluss auf Krankheitsverlauf und Behandlungserfolg haben. Eine gestörte Arzt-Patient-Beziehung allerdings, welche von schlechter Kommunikation geprägt ist, trägt zum Andauern und Eskalieren eines Konfliktes bis hin zur Klageerhebung bei[151].

Zudem hat sich in den letzten Jahrzehnten eine Emanzipation der Patientenschaft vollzogen, die den Berufsstand des Arztes nicht mehr als unantastbare und die Person des Arztes nicht mehr als unfehlbare Autorität ansieht. Das Selbstbestimmungsrecht

---

144 *Franzki*, MedR 1994, 171 ff. (172); *Laufs*/Kern, HB des Arztrechts, § 2, Rdnr. 11; *Taupitz*, MedR 1995, 475 ff. (475).
145 *Katzenmeier*, Arzthaftung, S. 26.
146 *Laufs*/Kern, HB des Arztrechts, § 2, Rdnr. 3.
147 *Kilian*, VersR 2000, 942 ff. (943).
148 *Heidermann*-Ehlers/Broglie, Arzthaftungsrecht, Rdnr. 378.
149 *Eberhardt*, NJW 1986, 747 ff. (747).
150 *Dierks/Seidel/Horch/Schwartz*, Bürger- und Patientenorientierung im Gesundheitswesen, S. 16.
151 *Hattemer*, Mediation bei Störungen des Arzt-Patient-Verhältnisses, S. 81.

des Patienten hat enorm an Bedeutung gewonnen[152], was sich auch in einer veränderten Haltung des Patienten gegenüber der Medizin und dem Arzt äußert. Aus dem patriarchalischen Mediziner und einstigen „Halbgott in Weiß"[153] ist ein normaler Berufstätiger geworden[154]. Nicht nur dadurch wird der Vertrauensverlust immer größer[155]. Auch die wachsende, kaum zu bewältigende Eigenverantwortung des Patienten schlägt nicht selten nach Abschluss einer Behandlung in Misstrauen gegenüber dem Arzt um[156]. Die Wissensdistanz zwischen Laien und Ärzten hat sich im Laufe des 20. Jahrhunderts verringert. Durch den fortwährenden Demokratisierungsprozess werden gesellschaftliche Unterschiede laufend abgebaut[157] und die Bevölkerung wird zu mehr Konfliktbereitschaft animiert[158]. Zudem werden die Informationsmöglichkeiten mehr und mehr ausgeweitet. Der durchschnittliche Bildungsstandard der Bundesbürger ist als relativ hoch anzusiedeln. Die Öffentlichkeit und die Medien sind der Medizin gegenüber kritischer eingestellt[159]. So vergeht kaum ein Tag, an dem nicht in den öffentlichen Medien ein medizinrechtlicher Fall diskutiert wird. Auch die Zunahme von Einzelpublikationen wie Aufsätze und Monographien bestätigen diesen Trend[160]. Vorgehensweisen des Arztes werden zunehmend hinterfragt und kritisiert.[161]

All diese Faktoren tragen zu einer Veränderung der Arzt-Patient-Beziehung bei. Diese Gegebenheit hat wiederum jedenfalls mittelbar zur Folge, dass mehr Konfliktpotential entsteht und mehr Streitigkeiten auch ausgefochten werden.

---

152 *Laufs*, MedR 1986, 163 ff. (168).

153 *Ehlers*/Broglie, Arzthaftungsrecht, Rdnr. 2.

154 *Ehlers*/Broglie, Arzthaftungsrecht, Rdnr. 2.

155 *Taupitz*, MedR 1995, 475 ff. (475).

156 *Taupitz*, MedR 1995, 475 ff. (475).

157 *Katzenmeier*, Arzthaftung, S. 28; siehe auch *Franzki*, MedR 1994, 171 ff. (172), welcher vermutet, dass es früher seltener zu Arzthaftungsprozessen kam, da der Patient bei der Einsetzung eines Sachverständigen fürchtete, dass dieser sich letztlich doch mehr von Standeskollegialität als von dem Bemühen um Objektivität leiten ließe.

158 *Franzki*, MedR 1994, 171 ff. (172).

159 *Tacke*, Arzthaftungsrecht- Rechtspraxis und Perspektiven, 93 ff. (94).

160 *Ehlers*/Broglie, Arzthaftungsrecht, Rdnr. 7 f.; *Eberhardt*, NJW 1986, 747 ff. (747); *Franzki*, MedR 1994, 171 ff. (172).

161 Dies führt innerhalb der Ärzteschaft zu einer Hinwendung zur *defensive medicine* (Defensivmedizin). Unter diesem Phänomen versteht man, dass bestimmte Untersuchungen oder Behandlungsformen (nicht) angewendet werden, um nicht dem Risiko eventueller Haftungsansprüche ausgesetzt zu sein. Vgl. *Taupitz*, MedR 1995, 475 ff. (475); *Kilian*, VersR 2000, 942 ff. (943 f.). Dieses Phänomen beschreibt Laufs schon 1986 in seiner Tübinger Antrittsvorlesung „Arzt und Recht im Wandel der Zeit": „Aus der verrechtlichen droht eine defensive Medizin zu werden, die aus Scheu vor Klagen zu viel untersucht oder zu wenig an Eingriffen wagt." (*Laufs*, MedR 1986, 163 ff. (164)).

C. Bewertung

Mediation könnte insbesondere im Arzthaftungsbereich ein geeignetes Verfahren darstellen, das auf die Besonderheiten des Arzt-Patient-Verhältnisses eingeht. Allgemein für die außergerichtliche Streitbeilegung und im Besonderen für das Mediationsverfahren im Arzthaftungsrecht wird angeführt, dass es verspricht, schneller, billiger, unbürokratischer und vertraulicher zu sein. Gerichtsverfahren haben im Bereich der Arzthaftung oftmals keine befriedigende Wirkung für die Parteien. Neben den hohen Kosten und der langen Dauer justizförmiger Verfahren wirken sie nicht selten traumatisierend für den Patienten[162]. Eine Mediation in diesem Bereich könnte dazu beitragen, dass die Beziehung zwischen Arzt und Patient aufrecht erhalten und gegenseitiges Verständnis füreinander ausgebaut wird. Die Ausführungen machen deutlich, dass mehr darin investiert werden müsste, das Vertrauen in die Effektivität, Qualität und Durchsetzungsfähigkeit der Entscheidungen nichtgerichtlicher Stellen zu stärken.

Auf der anderen Seite birgt ein Mediationsverfahren im Bereich der Arzthaftung auch Risiken, insbesondere wenn es scheitert. Überspitzt formuliert: „Eine gute Mediation ist regelmäßig hilfreicher als ein Urteil, schlechte Mediation dagegen ungleich verhängnisvoller.“[163] So schließt sich ihr eine streitige Auseinandersetzung an, Dauer und Kosten steigen, die Fronten sind womöglich zunehmend verhärtet, die Parteien frustriert. Soweit eine Entscheidung eines Gerichtes qualitativ besser erscheint, gilt es für ihre Bewährung zu sorgen. So wird sich die Nützlichkeit eines Mediationserfahrens nur einstellen, wenn eine Chance zu einer kooperativen-konsensualen Problemlösung besteht[164]. Dazu braucht es vor allem die Bereitschaft der Parteien, an einer Problemlösung selbstständig zu arbeiten. Aber nicht alle Konflikte können – und sollen auch nicht – durch Konsens gelöst werden. Konflikte sind häufig der Motor des sozialen Wandels, der nicht durch eine übertriebene Ausgestaltung kooperativer und konsensualer Streitbeilegungsoptionen gestoppt werden sollte. Der Zivilprozess als „Eckpfeiler des Rechtsstaates“ ist notwendig, um die subjektiven Rechte des Einzelnen zu schützen[165]. Die Ersetzung traditioneller und bewährter Problembewältigungen soll nicht angestrebt werden. Die Mediation ist hierfür kein Ersatz und darf auch nicht als Gegenpol zu tradierten Konfliktlösungen heroisiert werden[166]. Ziel ist vielmehr eine An- und Bereicherung der bestehenden Möglichkeiten. Es stellt sich somit die Frage, wann und unter welchen Voraussetzungen das eine oder das andere Verfahren überlegen ist.

---

162 *Scheppokat/Neu*, VersR 2002, 397 ff. (397); *Katzenmeier*, NJW 2008, 1116 ff. (1116).

163 *Hager*, Konflikt und Konsens, S. 79.

164 *Hoffmann-Riem*, FS Blankenburg, 649 ff. (659); *Hager*, Konflikt und Konsens, S. 65 f.

165 Siehe hierzu nur: *Rosenberg/Schwab/Gottwald*, Zivilprozessrecht, § 1, Rdnr. 5; *Unberath*, ZZP 120 (2007), 323 ff.

166 *Hoffmann-Riem*, FS Blankenburg, 649 ff. (660).

Auch rechtspolitische Vorteile können durch die Förderung von Mediation entstehen. Insbesondere die gesellschaftlichen Ursachen höherer Prozessraten und die Wandlung des Arzt-Patient-Verhältnisses sind für die Rechtspolitik nicht zu beeinflussende, vorgegebene Größen. Ein Umschlagen ihres Einflusses auf den Geschäftsanfall der Gerichte ist daher nicht zu erwarten[167]. Ein Ausbau der Justizkapazitäten steht jedoch aufgrund der derzeitigen Haushaltslage an der Grenze seiner Finanzierbarkeit. Zudem kann eine Überforderung der Rechtspflege zu einer Unterversorgung der Bürger führen[168]. Wenn man eine dauerhafte Lösung finden will, muss dieses Problem strukturell angegangen werden[169]. Steuerbar ist die Verfahrenszahl durchaus, indem man die Einflüsse des Rechtssystems und der Filterebene ausarbeitet und optimiert. Es ist eindeutig, dass eine schlecht ausgebildete Infrastruktur vorgerichtlicher Institutionen der Streitbehandlung dazu beiträgt, dass häufiger prozessiert wird[170]. Auf der Filterebene befindet sich auch das Verfahren der Mediation. Ihr Ausbau könnte die Gerichte in erheblichem Maße entlasten, sodass ein hoher Bedarf an dieser alternativen Konfliktlösung besteht.

Wenn die Möglichkeit gegeben ist, dass die Parteien ihren Konflikt eigenverantwortlich und einvernehmlich selbst lösen können, so ist die außergerichtliche Streitbeilegung dem Verfahren vor dem Gericht vorzuziehen[171]. An dieser Stelle knüpft die Mediation an.

---

167 *Stock*, Streitschlichtung, 113 ff. (118).

168 *Stock*, Streitschlichtung, 113 ff. (116). Diese Annahme sollte jedoch nicht dramatisiert werden, schließlich ist zu berücksichtigen, dass je besser die Justiz arbeitet, desto mehr wird sie von den Rechtsuchenden auch in Anspruch genommen. Somit hat das Vertrauen der Bevölkerung in die Justiz auch Auswirkung auf die Prozesszahlen, so auch *Wagner*, JZ 1998, 836 ff. (838).

169 *Hoffmann-Riem*, ZRP 1997, 190 ff. (190).

170 *Gottwald*, FS für Blankenburg, 635 ff. (636).

171 *Unberath*, Die Zukunft der Mediation in Deutschland, 1 ff. (3).

Kapitel 2: Mediation

A. Einführung

Mediation als alternatives Konfliktlösungsverfahren ist über den Status eines amerikanischen Trends in der deutschen Streitkultur längst hinausgewachsen und hat sich inzwischen bei den Gerichten und in der Anwaltschaft etabliert[172]. Langsam gewinnt es auch in der Gesellschaft an Popularität. Für Juristen öffnet sich ein spannendes und lukratives Betätigungsfeld, was auch Ausdruck in der Juristenausbildung findet.

Dieses Kapitel soll einen Überblick über das Verfahren geben und aktuelle Entwicklungen aufzeigen. Dazu wird zunächst der Begriff der Mediation geklärt, die Verfahrensprinzipien werden erläutert, die einzelnen Phasen einer Mediation vorgestellt, eine Abgrenzung zu anderen Verfahren wird vorgenommen sowie ein Überblick über die Herkunft und die mannigfaltigen Anwendungsgebiete der Mediation gegeben. Anschließend wird der aktuellen Frage nach weiterem Regelungsbedarf, auch im Hinblick auf das nunmehr verabschiedete Mediationsgesetz nach- und auf die Typenbildung der Mediation eingegangen. Ausführungen über die Risiken und Chancen der Mediation schließen das Kapitel ab.

I. Definition des Begriffs „Mediation“ und Einführung in die Ziele eines Mediationsverfahrens

Das Verfahren der Mediation ist weder in der Wissenschaft noch in der Praxis einheitlich definiert. In der Literatur werden unterschiedliche Begriffsbestimmungen zu Grunde gelegt, die parallele Elemente aufweisen, aber auch Divergenzen offenbaren[173]. Mit dem neuen Mediationsgesetz (MediationsG) wird eine einheitliche Definition geschaffen werden. Nach § 1 Abs. 1 S. 1 MediationsG ist eine Mediation „[...]ein vertrauliches Verfahren, bei dem die Parteien mit Hilfe eines Mediators freiwillig und eigenverantwortlich eine einvernehmliche Beilegung ihres Konfliktes anstreben. [...]“. Diese verhältnismäßig junge Definition deckt sich größtenteils mit der Grunddefinition der Literatur, die weitgehend Anerkennung findet. Danach ist Mediation „ein außergerichtliches nichtöffentliches Konfliktlösungsverfahren, in dem ein neutraler und unparteiischer Dritter in den Konflikt eingeschaltet wird und die Parteien bei ihren Verhandlungs- und Lösungsversuchen unterstützt, jedoch über keine eigene (Konflikt-) Entscheidungskompetenz verfügt“[174].

---

172 *Herzog/Hennig*, Jura 2011, 929 ff. (929).

173 *Herzog/Hennig*, Jura 2011, 929 ff. (929).

174 *Breidenbach*, Mediation, S. 4; *Breidenbach*/Henssler, Mediation für Juristen, 1 ff. (1); *Katzenmeier*, ZZP 115 (2002), 51 ff. (69); *Schreiber*, Obligatorische Beratung und

Im Gegensatz zu einem Gerichtsverfahren soll eine Mediation bewirken, dass die Konfliktparteien selbst zur Konfliktlösung herangezogen werden[175] und eine kooperative sowie konsensuale Konfliktbewältigung herbeiführen. Diese soll den Interessen beider Seiten gerecht werden[176]. Im Zentrum des Mediationsverfahrens stehen demnach die Parteien, die eine sie zentral betreffende Entscheidung generieren[177].

Die Mediation zielt auf die Akzeptanz der Betroffenen für das Entscheidungsverfahren und für die von ihnen selbst erarbeiteten Ergebnisse ab. Für die Ergebnisse übernehmen sie die Verantwortung, ohne sie auf Dritte delegieren zu können.

Innerhalb einer Mediation sind nicht nur rechtliche Fragen des jeweiligen Konfliktes von Bedeutung. Darüber hinaus können nicht unmittelbar mit dem Streitgegenstand zusammenhängende, auch zukunftsgerichtete Interessen, Schutzgüter und Differenzen behandelt werden, sodass Konfliktstoff mitgeregelt wird, der über den eigentlichen Streitgegenstand hinausgeht[178]. So wird die Totalität des Konfliktes sichtbar und aufgearbeitet. Der Verrechtlichung des Streites wird vorgebeugt, indem man den Konflikt mit seinem gesamten Hintergrund erfasst und eine umfassende Bewältigung für die Parteien ermöglicht[179]. Es hat sich gezeigt, dass es den streitenden Parteien regelmäßig darum geht, ein nicht mit dem geltend gemachten Streitgegenstand identisches Interesse zu verfolgen – zumeist in Form von Wünschen, Bedürfnissen, Befürchtungen und Zielen[180]. Innerhalb einer Mediation wird zwischen diesen „Interessen" und den geltend gemachten „Positionen" unterschieden[181]. Die Konfliktparteien nehmen in einem Gerichtsverfahren regelmäßig eine bestimmte Position ein, um ihre dahinterstehenden jeweiligen Interessen zu befriedigen. Die Position ist das, was konkret durchgesetzt werden soll. Die Einnahme einer bestimmten Position führt innerhalb eines Gerichtsverfahren dazu, dass es in der Regel nur einen Gewinner und einen Verlierer gibt. Innerhalb eines Mediationsverfahrens wird versucht, dieses Nullsummenspiel zu optimieren, indem man nach einem Weg sucht, die Interessen, die hinter diesen Positionen stehen und oftmals den ausschlaggebenden Faktor für einen Konflikt darstellen, für beide Parteien zu befriedigen[182].

Mediation, S. 15; *Schöpflin*, JA 2000, 157 ff. (163); *Tochtermann*, JuS 2005, 131 ff. (131); *v. Bargen*, Gerichtsinterne Mediation, S. 15.

175 *Breidenbach*, Mediation, S. 55.

176 *Hoffmann-Riem*, FS für Blankenburg, 649 ff. (656); *Eisele*, Jura 2003, 656 ff. (659).

177 *Hager*, Konflikt und Konsens, S. 41.

178 *Hoffmann-Riem*, FS für Blankenburg, 649 ff. (659); *Tögel/Rohloff*, ZRP 2009, 209 ff. (210); *Trenczek*, ZRP 2008, 186 ff. (188).

179 *Stadler*, NJW 1998, 2479 ff. (2482).

180 *Hoffmann-Riem*, FS für Blankenburg, 649 ff. (657).

181 *Fisher/Ury/Patton*, Das Harvard-Konzept, S. 25 ff., S. 68 ff.

182 *Hoffmann-Riem*, ZRP 1997, 190 ff. (194 f.).

Ein Mediationsverfahren macht insbesondere dann Sinn, wenn es sich lohnt, hinter die Oberfläche eines Konfliktes zu sehen und zwischen den eingenommenen Positionen und den dahinterstehenden Interessen zu unterscheiden[183].

II. Andere Formen alternativer Konfliktlösung

Das Verfahren der Mediation ist nicht die einzige Möglichkeit, außergerichtlich zu einer Konfliktlösung zu kommen. Sie ist sowohl von anderen Formen alternativer Streitschlichtung als auch von durch andere Institutionen betriebene außergerichtliche Verfahren abzugrenzen.

Mediation heißt „Vermittlung". Dabei ist jedoch nicht jede Vermittlung als Mediation einzustufen. Sie ist abzugrenzen von Formen der Verhandlung und Moderation, von Schlichtungen und Schiedsgutachten sowie anwaltlichen Vermittlungs- bzw. Vergleichsbemühungen. Zudem ist sie von angewandten Formen der alternativen Konfliktlösung durch den Schiedsmann, die Schlichtungsstellen und die Schiedsgerichte zu unterscheiden.

1. Verhandlung

Grundform der Konfliktlösung ist die Verhandlung, die ausschließlich zwischen den beiden Konfliktparteien stattfindet.[184] Eine Einigung durch gegenseitiges Nachgeben ermöglicht einen Kompromiss oder – juristisch ausgedrückt –eine Vergleich nach § 779 BGB. Sollte es hingegen nicht zu einer Einigung kommen, führt dies in der Regel zu der Notwendigkeit, einen Dritten einzuschalten, um den Konflikt beizulegen oder eine Instanz den streitigen Fall entscheiden zu lassen[185].

2. Moderation

Im Rahmen einer Moderation wird ein Dritter eingeschaltet, der den Parteien dabei hilft, sachlich und zielgerichtet zu verhandeln. Der Dritte kann sich hier in die Lösungsfindung aktiv einschalten, indem er den Parteien Vergleichsvorschläge unterbreitet, er trifft jedoch keine verbindlichen Entscheidungen[186].

3. Schlichtung

Schlichtung und Mediation werden häufig gleichgestellt. Innerhalb einer Schlichtung greift der Dritte aktiv in die Lösungsfindung ein. Der Unterschied zur Mediation ist jedoch, dass der Schlichter aufgrund seiner besonderen sachlichen und persönlichen Qualifikation eine eigene Bewertung des Konfliktes abgibt. Er soll

---

183 *Hoffmann-Riem*, FS für Blankenburg, 649 ff. (657).
184 Siehe hierzu insbesondere *Haft*, Verhandlung und Mediation (2000).
185 *Greger*, SchlHA 2010, 30 ff. (30).
186 *Greger*, SchlHA 2010, 30 ff. (30).

eine gütliche Einigung der Parteien erwirken. Der Schlichtungsspruch ist für die Parteien rechtlich nicht verbindlich. Ihm kommt aber aufgrund der Sachkunde des Schlichters eine hohe faktische Bindungswirkung zu[187]. Der Schlichter kann den Parteien also eine Konfliktlösung vorschlagen, wozu der Mediator hingegen nicht befugt ist[188].

Unter den Begriff der Schlichtung fallen die Tätigkeiten der Schiedsmänner und der Schlichtungsstellen. Der Schiedsmann wird ehrenamtlich aufgrund der Schiedsmannsordnungen der Bundesländer tätig und versucht, als Privatmann in einem Konflikt zu schlichten[189]. Sein Ziel ist es, die Konfliktparteien durch ein Schlichtungsgespräch zu einer Einigung zu führen. Er darf den Parteien einen Einigungsvorschlag unterbreiten, hat jedoch keine Entscheidungsbefugnis[190]. Wenn sich die Parteien einigen, kann aus der im Protokoll aufgenommenen Einigung die Zwangsvollstreckung betrieben werden[191].

Für den Arzthaftungsbereich sind vor allem die Verfahren vor den ärztlichen Gütestellen der Ärztekammern relevant, welche auch unter die Kategorie der Schlichtung fallen. Sie versuchen, eine außergerichtliche Erledigung von Haftpflichtstreitigkeiten zwischen Arzt und Patient wegen einer fehlerhaften Heilbehandlung anzustreben.[192]

Auch andere Kammern der freien Berufe haben solche Gütestellen eingerichtet, wie z.B. die Architekten-, Landes-Apotheker-, Landes-Zahnärzte- und Rechtsanwaltskammern. Die Industrie- und Handelskammern haben Schlichtungsstellen für Verbraucherbeschwerden geschaffen. Man findet ähnliche Institutionen bei den Handwerkskammern, im Kfz-Gewerbe und bei den Banken sowie Versicherungen, um diese betreffende Konflikte außergerichtlich zu lösen[193].

Zuletzt sollen die Patientenombudsleute der Bundesländer erwähnt werden. Sie werden insbesondere bei Konflikten zwischen Arzt und Patient tätig, setzen sich jedoch auch bei Problemen mit Krankenhäusern, Krankenkassen, Rehabilitationseinrichtungen und Apotheken für den Patienten ein. Sie informieren, beraten und vertreten die Anliegen der Patienten. Auch die Patientenombudsleute haben keine eigene Entscheidungsbefugnis und treten lediglich als Vermittler auf. Sie sind jedoch eindeutig der Seite des Patienten zuzuordnen.[194]

---

187 *Greger*, SchlHA 2010, 30 ff. (30); *Rüssel*, HB Mediation (1. Aufl./2002), § 33, Rdnr. 32 ff.

188 A.A.: *Hess*, 67. DJT, Bd. 1, F 31, der die evaluierte Mediation hierfür anführt, in der der Mediator die Aufgabe hat, den Einigungsprozess der Parteien durch Vorschläge voran zu treiben.

189 *Böckstiegel*, DRiZ 1996, 267 ff. (268); *Prütting*, JZ 1985, 261 ff. (264).

190 *Rüssel*, HB Mediation (1. Aufl./2002), § 33, Rd. 40.

191 *Jansen/Schwarz*, Das Güteverfahren vor dem Schiedsmann, 1 ff. (11).

192 Auf diese wird in Kapitel 4 gesondert eingegangen.

193 *Prütting*, JZ 1985, 261 ff. (265); *Hoffmann-Riem*, ZRP 1997, 190 ff. (194).

194 Auch auf die Patientenombudsleute wird in Kapitel 4 gesondert eingegangen.

4. *Schiedsgutachten*

Im Gegensatz zum Schlichtungsspruch ist das Schiedsgutachten eines durch beide Parteien gemeinsam beauftragten Sachverständigen grundsätzlich verbindlich[195]. Der eingeschaltete sachkundige Dritte soll die zwischen den Parteien streitige Frage klären und ein abschließendes Votum abgeben, das typischerweise auch in einem sich anschließenden Gerichtsverfahren verbindlich bleibt[196]. Wenn diese weitreichenden Folgen nicht gewünscht sind, hat das Schiedsgutachten jedenfalls eine hohe faktische Wirkung[197]. Praktische Bedeutung hat dieses Verfahren z.B. im Versicherungswesen, in Bausachen, beim Kfz-Handel mit Gebrauchtwagen und im Mietrecht[198].

In neuerer Zeit haben sich Sonderformern des Schiedsgutachtens entwickelt, welche die Bindungswirkung modifizieren. Hierzu gehören insbesondere die neutrale Evaluation, in der die Bindungswirkung ausgeschlossen wird[199], die Adjudikation, in der die Bindungswirkung nur vorläufig eintritt, sowie die Variante, in der sie nur für eine Seite vereinbart wird[200].

5. *Anwaltliche Vermittlungs- bzw. Vergleichsbemühungen*

In ihrer Bedeutung nicht zu verkennen, sind die anwaltlichen Vermittlungs- bzw. Vergleichsbemühungen, die im Vorfeld eines gerichtlichen Prozesses angestrengt werden. Diese anwaltlichen Vergleichsverhandlungen sind insbesondere im Arzthaftungsrecht von enormer Bedeutung.[201]

6. *Verfahren vor den Schiedsgerichten*

Das Verfahren vor den Schiedsgerichten zählt streng genommen nicht zu den außergerichtlichen Konfliktlösungsmöglichkeiten, schließlich handelt es sich bei einem Schiedsgericht um ein privates Gericht, das an die Stelle der staatlichen Gerichte tritt. Durch seine Nähe zur richterlichen Streitentscheidung nimmt das Schiedsverfahren daher eher eine Sonderstellung unter den außergerichtlichen Alternativen

195 *Breidenbach/Peres*, SchiedsVZ 2010, 125 ff. (127f.); *Stubbe*, SchiedsVZ 2006, 150 ff. (153).

196 *Heussen*, HB Mediation, § 10, Rd. 4, *Prütting*, JZ 1985, 261 ff. (264); *Stubbe*, SchiedsVZ 2006, 150 ff. (153).

197 *Stubbe*, SchiedsVZ 2006, 150 ff. (153).

198 *Hoffmann-Riem*, ZRP 1997, 190 ff. (194); *Böckstiegel*, DRiZ 1996, 267 ff. (267).

199 Was die Frage auswirft, welchen Sinn ein Schiedsgutachten in diesem Fall noch hat, da es dann von der Akzeptanz der Parteien abhängt und annehmbar ist, dass i.d.R. die unterlegende Partei das Ergebnis nicht akzeptieren wird, siehe hierzu auch *Stubbe*, SchiedsVZ 2006, 150 ff. (153).

200 *Greger*, SchlHA 2010, 30 ff. (30). Siehe eingehend dazu: *Greger/Stubbe*, Schiedsgutachten, Rdnr. 28 ff.

201 Sie werden in Kapitel 4 ausführlich erläutert.

ein. Es tut letztendlich nichts anderes, als auf einen abgeschlossenen Sachverhalt rückwirkend das geltende Recht anzuwenden[202]. Eine Gemeinsamkeit mit dem Mediationsverfahren hat es insoweit, als auch das Schiedsgerichtsverfahren staatsfern durchgeführt wird und die Verbindlichkeit der erzielten Ergebnisse eine staatliche Anerkennung erfordern: in einer Mediation durch einen Vergleich, in einem Schiedsverfahren durch die Anerkennung des Schiedsspruchs (§§ 1059 Abs. 2, 1060 ZPO)[203]. Der bedeutende Unterschied zwischen den Verfahren liegt darin, dass die Schiedsgerichtsbarkeit ein entscheidungs- und die Mediation ein verhandlungsorientiertes Instrumentarium darstellt. Der angerufene Schiedsrichter soll aufgrund einer vertraglichen Abrede nach Maßgabe des objektiven Rechts eine verbindliche, nur eingeschränkt überprüfbare Entscheidung treffen. Letztere wird damit wie bei einem zivilgerichtlichen Verfahren von Dritten herbeigeführt und basiert auf einem förmlichen, prozessualen Zwängen unterliegenden Verfahren. Der Schiedsspruch substituiert das staatliche Urteil (§ 1055 ZPO).

Das Schiedsverfahren ist ausdrücklich durch §§ 1025 ff ZPO zugelassen, wo auch seine Rahmenbedingungen geregelt werden. Falls sich die Parteien nicht auf eine Schiedsordnung einigen, finden die Vorschriften der §§ 1025 ff ZPO Anwendung.

Im Rahmen eines Schiedsgerichtsverfahrens haben die Beteiligten ein hohes Maß an Einfluss auf den Prozess. Das Verfahren folgt u.a. den Prinzipien der Vertraulichkeit, Freiwilligkeit und der freien Richterwahl[204].

Ihre größte Bedeutung hat die Schiedsgerichtsbarkeit im internationalen Wirtschaftsverkehr[205].

B. Entstehungsgeschichte der Mediation – keine Erfindung der Gegenwart

Das Verfahren der Mediation wurde in den 1960er und 1970er Jahren in den USA als alternative Konfliktlösungsmöglichkeit herangezogen und weiterentwickelt[206]. Auch wenn die Form der Mediation, wie wir sie heute kennen, eine jüngere Entwicklung ist, so ist ihre Grundidee schon über 2000 Jahre alt. Man findet Elemente teilweise schon vor der Entstehung von Rechtsnormen und staatlichen Organisationen. Schon im zweiten Jahrhundert wird das Wort mediatio, mediator, mediatrix (weiblicher

---

202 *Ulrich/Vogt*, DS 2009, 217 ff. (218).

203 *Hess*, 67. DJT, Bd. 1, F 28.

204 *Maier*, Alternativen in der Ziviljustiz, 61 ff. (61); *Böckstiegel*, DRiZ 1996, 267 ff. (268 f.)

205 *Prütting*, JZ 1985, 261 ff. (264); *Böckstiegel*, DRiZ 1996, 267 ff. (268).

206 *Breidenbach*, Mediation, S. 11; *Katzenmeier*, ZZP 115 (2002), 51 ff .(59); *Hehn*, HB Mediation, § 8, Rdnr. 33 ff.

Titel) sprachlich bekannt, im neunten Jahrhundert jedenfalls verwendet[207]. Die Mediation hat ihre Wurzeln im Vermittlungs- und Ausgleichsgedanken[208].

I. Der Vermittlungs- und Ausgleichsgedanke

Insbesondere in Japan, China und Teilen Afrikas ist die Idee, einen Konflikt durch eine Verhandlungs- und Vermittlungsstrategie beizulegen, eine weit verbreitete jahrtausendealte Möglichkeit[209].

Der Vermittlungsgedanke wurde auch in Europa schon in der Antike angewandt. Die Bürger von Athen wählten im Jahr 594/593 v. Chr. Solon (ca. 640–561 v. Chr.) zum Vermittler, um den drohenden Bürgerkrieg in dem attischen Staat abzuwenden[210].

Zu einem speziellen Instrument der Konfliktbewältigung entwickelte sich die Vermittlung jedoch erst im Mittelalter[211]. Im zehnten und elften Jahrhundert stellte insbesondere in Frankreich die Verhandlung die Grundlage des Rechts dar. Sie kam bspw. zum Einsatz bei Konflikten zwischen Privaten im Zusammenhang mit Eigentums-, Grenz- und Nutzungsfragen[212]. Auch in der isländischen Gesellschaft hatte die Konfliktlösung durch Vermittlung in allen Streitigkeiten ihren festen Platz[213].

Ebenso hat die Idee des Ausgleichsgedankens eine lange Historie und ist im mitteleuropäischen Rechtskreis gut bekannt[214]. Er spiegelt sich insoweit in der Mediation wider, als auch sie sich um einen Ausgleich bemüht, der die Interessen beider Parteien berücksichtigen und gleichstark umsetzen möchte.

Die Ansätze des Ausgleichsgedankens finden sich schon in der Antike im Codex des babylonischen Königs Hammurabi[215] ca. 2000 v. Chr. und im Codex Diocletian[216]. Doch auch hier ist das Mittelalter die prägende Zeit. Von da an hatte der gütliche Ausgleich (compositio) zwischen den Konfliktparteien mithilfe von mediatores eine

207 Zitiert nach: *Duss-von Werdt*, homo mediator, S. 86.
208 *Hehn*, HB Mediation, § 8, Rdnr. 2 ff.
209 *Duss-von Werdt*, homo mediator, S. 20; Vgl. hierzu insb. *Besemer*, Mediation.
210 Nachweis bei *Duss-von Werdt*, homo mediator, S. 25
211 *Kamp*, Friedensstifter und Vermittler im Mittelalter, S. 6; *Hehn*, HB Mediation, § 8, Rdnr. 7 ff.; s. hierzu eingehend: *Althoff*, Spielregeln der Politik im Mittelalter; *Althoff*, Verletzte Ehre, 63 ff. (insb. 68 ff.); *Althoff*, Modernes Mittelalter, 247 ff.
212 *Althoff*, Spielregeln der Politik im Mittelalter, S. 8.
213 *Althoff*, Spielregeln der Politik im Mittelalter, S. 9.
214 *Hehn*, HB Mediation, § 8, Rdnr. 27.
215 Codex des Königs Hammurabi: z.B.: § 259: „Wenn jemand ein Wasserrad vom Felde stiehlt, soll er fünf Schekel Silber dem Besitzer geben."; § 260: „Wenn er einen Schöpfeimer oder einen Pflug stiehlt, soll er drei Schekel Silber geben."; *Winckler*, Die Gesetze Hammurabis, S. 37.
216 Codex Diocletian C 2, 4, 18 a 293: „Sich zu vergleichen oder Frieden zu schließen wegen eines Kapitalverbrechens ist mit Ausnahme des Ehebruchs nicht verboten. (...)". (Nachweis bei *Hehn*, HB Mediation, § 8, Rdnr. 21).

große Bedeutung. Man versuchte, durch Genugtuung (satisfactio) den Anlass des Konfliktes aus der Welt zu schaffen[217].

II. Erste Schritte – oder: Das Auf und Ab der Mediation

Erste Schritte machte die Mediation in der Politik, besonders zur Sicherung des Friedens. Hier wurde die Technik der gütlichen Streitbeilegung relativ früh durch – schon damals so bezeichnete – Mediatoren angewandt[218]. Im Völkerrecht wurde der Mediation über die Jahrhunderte hinweg ein hoher Stellenwert eingeräumt.

Im 17. Jahrhundert wandte man sich zunehmend der theoretischen Beschäftigung mit Mediation zu[219]. Neben den Ausführungen von Johann Friedrich Wilhelm Neumann und Ernst Friedrich Meurer – welche sich philosophisch-theologisch mit dem Thema Mediation in ihren Doktorarbeiten auseinandersetzten, indem sie insbesondere die Anforderungen an die Person des Mediators festlegten – widmeten sich auch die Völkerrechtler Samuel Rachel (1628–1691), der ab 1665 Völker- und Naturrecht in Kiel lehrte, und Johann Wolfgang Textor (1638–1701) aus Basel dem Thema Mediation. Diese Völkerrechtler sahen die Person des Mediators jedoch im öffentlichen bzw. militärischen Bereich angesiedelt. Rachel setzte sich für die Schlichtung als vorrangiges Instrumentarium der Friedensstiftung ein[220]. Aus den Erläuterungen dieser Autoren ergibt sich, dass sich die Vermittlung – ob im öffentlichen oder im privaten Bereich – seit jeher in allen Zeit- und Kulturkreisen als soziale Institution bewährt hat[221].

In demselben Jahrhundert finden sich im Schrifttum Hinweise, dass in die Verhandlungen zum Westfälischen Frieden vom 24. Oktober 1648 der venezianische Ritter Alvise Contarini (1601–1684) sowie der Kölner Nuntius und spätere Papst Alexander VII, Fabio Chigi (1599–1667) als Vermittler eingeschaltet wurden. Allerdings wurde nur Alvise Contarini als unabhängiger Mediator benannt und als derjenige bezeichnet, welcher am Ende wesentlich zum Abschluss der Friedenverträge beitragen konnte. Der Frieden sei möglich gewesen „[…] durch die Intervention und das Werk des berühmten und ausgezeichneten Legaten und Senators aus Venedig, des Herrn und Ritters Aloisius Contarini, der den Auftrag eines Mediators unabhängig von den Begehrlichkeiten der Parteien während beinahe fünf Jahren unverdrossen erfüllt hat […]“[222]. Beide Vermittler legten großen Wert auf den Aspekt der Selbstverantwortung der Parteien, indem sie hervorhoben, keine Entscheidungsbefugnis

---

217 *Althoff*, Spielregeln der Politik im Mittelalter, S. 8.
218 *Hehn*, HB Mediation, § 8, Rdnr. 9.
219 *Duss-von Werdt*, homo mediator, S. 52.
220 *Duss-von Werdt*, homo mediator, S. 52 ff. (insb. S. 55).
221 *Kamp*, Friedensstifter und Vermittler im Mittelalter, S. 1.
222 Präambel zum Friedensvertrag: *Müller*, Instrumenta Pacis Westphalicae, S. 82, Übersetzung von *Duss-von Werdt*, homo mediator, 33 ff. (siehe auch *Müllers* Übersetzung S. 156: […] durch Vermittlung und Mühewaltung des hoch- und wohlgeborenen venezianischen Gesandten und Senators, Herrn Alvise Contarini, Ritters,

in der Sache zu haben[223]. Damit grenzten sie ihre Tätigkeit als Mediatoren von der der Schlichter und Richter ab.

Auch im 18. Jahrhundert nahm die Beschäftigung mit Mediation – insbesondere im Völkerrecht, weil sie dort immer bedeutender wurde – nicht ab. Sie war allerdings eher theoretischer Natur[224].

Exemplarisch seien hier Samuel von Pufendorf (1632–1694), der in seinem Werk „De iure naturae et gentium" von 1672 die Unterscheidung zwischen Friedensvermittlern (mediatores pacis) und Schiedsrichtern (arbitri proprie dicti) traf, und der Naturrechtler Christian Wolff (1679–1754) genannt, der sich sowohl terminologisch als auch juristisch der Mediation am genauesten widmete[225]. Wolff definiert Mediation und die Person des Mediators in § 768 seines Werkes „Grundsätze des Natur- und Völckerrechts" von 1754 folgendermaßen: „Einen Mittler (mediator) nennt man eine Person, welche sich bemüht, den Streit zwischen anderen beyzulegen, ob sie gleich nicht das Recht dazu hat. Die Handlung aber, wodurch die Beylegung von einem Dritten entweder zu Stande gebracht, oder versucht wird, nennt man Vermittlung (mediatio). Der Mittler nimmt sich also der Sache von beyden Theilen an; bei dem aber, was ihm gutdüncket, dörfen die streitenden Partheyen es nicht bewenden lassen. Da er das Recht den Streit beyzulegen nicht hat; so ist seine Pflicht nur Bedingungen vorzuschlagen, unter welchen er vermeinet, daß die Streitigkeit beygelegt werden könne; der streitenden Parthyen Meinung davon zu vernehmen, und zu rathen, die entweder von ihm, aber von einem von beyden Theilen vorgeschlagene Bedingungen anzunehmenen. Und weil er sich der Sache von beiden Theilen annimmt; so darf er nicht mehr auf des einen Theils Seite, als auf des anderen seyn; folglich da man den, der dieses thut, partheyisch (studiosum partium, partialem), der dieses aber nicht thut, unparteyisch (impartialem) nennt; so muß er unparteyisch sein, und deswegen nach dem gemeinschaftlichen Nutzen und nach den Gründen der Forderungen eines jeden Theils die Bedingungen beurtheilen. Daher erhellet, daß es auch dem Mittler zukomme, von den Bedingungen, welche von einem, oder dem anderen Theil angeboten werden, zu verwerfen."[226]

Die Funktion des Mediators lag also im Beraten, Vorschlagen und Lenken. Insbesondere auf die „Unparteilichkeit" wurde scheinbar großen Wert gelegt, so wie wir heute auf die Neutralität oder auch „Allparteilichkeit" des Mediators achten. Auch wenn der Mediatorenbegriff Wolffs weiter geht als unser heutiges Bild vom Mediator, so sind Gemeinsamkeiten klar zu erkennen. Zwar hatte der Mediator nach Wolffs Vorstellung ein Lösungsvorschlagsrecht, musste aber trotzdem unparteiisch

der das Amt eines Mittlers ohne Parteilichkeit beinahe ganze fünf Jahre lang unverdrossen ausgeübt hat, [...]).

223 *Bosbach/Kampmann*, Dreißigjähriger Krieg und Westfälischer Friede, insb. S. 703.

224 *Duss-von Werdt*, homo mediator, S. 57.

225 *Duss-von Werdt*, homo mediator, S. 59.

226 *Wolff*, Grundsätze des Natur- und Völckerrechts, § 768.

bleiben. Er konnte folglich nur Vorschläge unterbreiten, die beiden Parteien von Nutzen waren.

Festzuhalten ist, dass die Mediationsdefinition Wolffs vornehmlich für den öffentlichen bzw. politischen Bereich gedacht war, wenn Streitigkeiten „den natürlichen Zustand des Friedens störten“[227]. Er stellte jedoch in seinen Ausführungen heraus, dass diese Streitigkeiten genau so wie die zwischen Privaten gelöst werden sollten, woraus sich die Anwendbarkeit seines Grundsatzes auch auf Streitigkeiten zwischen Privatpersonen schließen lässt.

III. Die Wiederentdeckung der Mediation im 20. Jahrhundert

Beispiele neuerer Mediationsansätze findet man sowohl im 19. als auch im 20. Jahrhundert.

Am 18. Oktober 1907 wird in Den Haag das Abkommen zur friedlichen Erledigung internationaler Streitfälle verabschiedet, womit auch die Inanspruchnahme von Mediation als friedliche Belegungsmöglichkeit gemeint ist[228].

Die USA nahmen in Sachen alternativer Konfliktlösung eine Pionierstellung ein. Exemplarisch für die Vermittlung zwischen verfeindeten Völkern stehen die Anfang des 20. Jahrhunderts getätigten Einwirkungen Theodor Roosevelts auf die Beendigung des russisch-japanischen Krieges und Jimmy Caters Bemühungen in den Jahren 1978/1979 um den Friedensprozess zwischen Ägypten und Israel. Beide Tätigkeiten wurden als erfolgreiche Vermittlungen und damit einhergehend als „Mediation“ bezeichnet[229].

Trotz ihrer großen Bedeutung im völkerrechtlichen Bereich büßte die Mediation in Zeiten der anwachsenden Verrechtlichung und Institutionalisierung von Konflikten im Laufe des 20. Jahrhunderts in Nordamerika immer mehr an Einfluss ein. Die Lösung von zivilrechtlichen Konflikten wurde den Bürgern zunehmend aus den Händen genommen. Konflikte unterwarf man Normen, deren Anwendung und Lösung man auf die Gerichte übertrug, was zu einer Überlastung amerikanischer Gerichte beitrug.

Trotz des dadurch entstandenen Gewinns von Rechtssicherheit, stieg die Kritik am Umgang mit Konflikten kontinuierlich an. Diese Kritik hat auch heute noch größtenteils ihren Ursprung in den Besonderheiten des amerikanischen Zivilprozesses, der teuer, langwierig und oftmals nicht zufiedenstellend für die Beteiligten ist. Zu der Unzufriedenheit tragen insbesondere der Zeit- und Kostenaufwand der vorgerichtlichen Untersuchungen (pre-trail discovery) und die nach Stundensatz abgerechneten oder als Erfolgshonorar vereinbarten Anwaltskosten bei. Zudem besteht keine Erstattungspflicht des Unterlegenen, sodass die obsiegende Partei ihre Kosten selbst zu tragen hat[230]. Hinzu kommen die langwierigen mündlichen

227 *Duss-von Werdt*, homo mediator, S. 62.
228 *Duss-von Werdt*, homo mediator, S. 115.
229 *Hehn*, HB Mediation, § 8, Rdnr. 15 f.
230 *Hommelsheim*, Cost Allocation in Civil Litigation.

Verhandlungen in einem Zivilprozess und die oftmalige Beteiligung einer Jury, was zu einem erheblichen Zeitaufwand führt. Zudem trägt die Laienbesetzung der Jurys in vielerlei Hinsicht zu schwer vorhersehbaren Entscheidungen bei[231].

Die wachsende Kritik am traditionellen Justizsystem, der mangelnde Zugang zum Gericht in small-claims-Verfahren sowie der Einfluss der Bürgerrechtsbewegung führten dazu, dass sich die Bevölkerung der USA in den 1960er Jahren alternativen Formen der Konfliktregelung vermehrt zuwandte. Es wurde nach Möglichkeiten zur Konfliktbewältigung auch außerhalb des staatlichen Autoritätensystems gesucht[232]. Mitglieder der Bürgerrechtsbewegung richteten 1975 im Rahmen eines Modellversuchs auf kommunaler Ebene in Atlanta, Los Angeles und Kansas City sogenannte „Communities" und „Neighborhood Justice Centers" ein[233]. Danach sollten Konflikte dort gelöst werden, wo sie entstehen: in der Gemeinschaft oder Nachbarschaft[234]. Die Tätigkeit dieser Institutionen konzentrierte sich vorerst auf strafrechtliche Vorfälle. In der Folgezeit kam es zur Einrichtung von einer nicht mehr überschaubaren Zahl von Schieds- und Schlichtungsstellen, welche sich durch verschiedene, flexible Verfahrensweisen auszeichneten[235]. Die „Community Mediation" hat sich Ende der 1970er und in den frühen 1980er Jahren geradezu boomartig ausgebreitet. Hierdurch erfuhr die Mediation einen enormen Aufschwung[236] und entwickelte sich langsam in die Richtung, wie wir sie heute als Konfliktlösungsmethode kennen.

IV. Bewegung der „Alternative Dispute Resolution"

Mediation gehört zu dem breiten Spektrum der ADR-Verfahren[237]. Unter dem Sammelbegriff „Alternative Dispute Resolution", kurz ADR, versteht man überwiegend jedes Alternativverfahren zum Gerichtsprozess, das nicht eine autoritative Kraft – wie einen Richter – sondern einen neutralen, unparteiischen Dritten in die Lösungsfindung oder Klärung einer Streitfrage einbezieht[238].

---

231 *Böckstiegel*, DRiZ 1996, 267 ff. (272); *Stadler*, NJW 1998, 2479 ff. (2482).

232 *Strempel*, DRiZ 1983, 86 ff. (86).

233 *Duve*, BB 1998, Beilage 10, 9 ff. (10), Fn. 13; *Katzenmeier*, ZZP 115 (2002), 51 ff. (59, Fn. 47).

234 *Strempel*, ZRP 1998, 319 ff. (321).

235 *Katzenmeier*, 115 (2002), 51 ff. (59).

236 *Duve*, BB 1998, Beilage 10, 9 ff. (10). Dieser Aufschwung vollzog sich auch im Öffentlichen Recht: In den 1970er Jahren fand das erste große Vermittlungsverfahren im Zusammenhang mit dem Bau eines Staudamms am Snoqualmie River im Bundesstaat Washington statt. Zwar scheiterte diese Art der Streitbeilegung letztlich an anderen Gründen, wurde jedoch aufgrund der Einschaltung eines unparteiischen Dritten als große Chance bei der Lösung derartiger Konflikte empfunden. Vgl.: *Hehn*, HB Mediation, § 8, Rdnr. 36.

237 *Breidenbach*, Mediation, S. 5.

238 Vgl.: Section 651 (a) of title 28 U.S.C., ADR Act of 1998; *Flögel*, Die Mediation im nationalen und internationales Wirtschaftsverkehr, S. 7; *Greger/Stubbe*,

Unter dem Begriff ADR werden damit verschiedene Formen einer außergerichtlichen Streitbeilegung zusammengefasst. Die vielen Verästelungen und Unterverfahren dieser Form der Streitbeilegung sind kaum zu überschauen. Grundsätzlich differenziert man nach dem Grad der Intervention des Dritten. Somit werden die Verfahren wesentlich in „unassisted negotiations" – nicht von einer dritten unparteiischen Person unterstützte Verhandlungen – und „assisted negotiations" – von einer dritten unparteiischen Person unterstützte Verhandlungen – eingeteilt[239].

„Unassisted negotiations" stellen die einfachste Form alternativer Konfliktlösung dar und gehören streng gesehen nicht zu den ADR-Verfahren, da kein Dritter in den Prozess einbezogen wird.

Die der zweiten Kategorie zugehörigen Verfahren, assisted negotiations, sind im Wesentlichen – ohne einen Anspruch auf Vollständigkeit zu erheben – „arbitration", Rent-a-judge" und „Med-Arb" sowie „facilation", „mediation", „conciliation", „Mini-Trail" und „Early Neural Evaluation"[240]. Diese Verfahren kann man wiederum in zwei Bereiche unterteilen: „arbitration", „Rent-a-Judge" und „Med-Arb" sind Verfahren, in denen ein entscheidungsbefugter Dritter eingeschaltet wird, wohingegen in den anderen fünf Verfahren die Rolle des Dritten sich auf die eines Begleiters reduziert.

Im Rahmen einer „(nonbinding) arbitration" arbeiten die Parteien mit der Unterstützung eines neutralen Schiedsrichters, der den Parteien einen Lösungsvorschlag unterbreitet, welchen sie jedoch nicht akzeptieren müssen[241]. „Binding arbitrations" hingegen binden die Parteien an die von einem dem Schiedsrichter vergleichbaren Dritten getroffene Entscheidung[242].

Im Rahmen des Verfahrens „Rent-a-judge" wird ein – meist pensionierter – Richter von den Beteiligten des Rechtsstreits beauftragt, die zwischen ihnen streitige Sache zur Erledigung zu bringen.

Das „Med-Arb-Verfahren" ist eine Kombination aus „mediation" und „arbitration". Hier entscheiden sich die Parteien, mit Hilfe eines neutralen Dritten eine Mediation durchzuführen. Sie halten sich allerdings die Möglichkeit offen, den Streit – bei Scheitern des Mediationsverfahrens – durch den Dritten, der dann in die Funktion eines Schiedsrichters wechselt, entscheiden zu lassen[243].

Das Verfahren der „facilation" hingegen stellt eine passive Konfliktvermittlung dar, bei welcher der neutrale Dritte das Verfahren zwischen den streitenden Parteien lediglich strukturiert, jedoch zum Streitgegenstand und dessen Lösungsmöglichkeit

---

Schiedsgutachten, Rdnr. 18; *Risse*, Wirtschaftsmediation, § 1 Rdnr. 10; *Tochtermann*, JuS 2005, 131 ff. (131).

239 *Hehn*, HB Mediation, § 8, Rdnr. 39.

240 *Bähr/Bettermann*, VW 1998, 56 ff. (57); *Katzenmeier*, ZZP 115 (2002), 51 ff. (59).

241 *Hehn*, HB Mediation, § 8, Rdnr. 41 f.

242 *Rüssel*, JuS 2003, 380 ff. (381).

243 *Gottwald*, AnwBl 2000, 265 ff. (270).

keinerlei Stellung nimmt. In Deutschland würde man dieses Verfahren „Moderation" nennen[244].

Das Verfahren der „mediation" stellt das Kernstück der ADR-Verfahren dar, in welchem der Konfliktmittler zwar keine Verfahrensmacht inne hat, jedoch aktiv – im Gegensatz zur „facilation" – auch inhaltlich in den Prozess eingreifen kann. Hier werden die Konfliktparteien somit sowohl verfahrens- als auch ergebnisorientiert unterstützt[245].

Mediation unterscheidet sich von „conciliation" (Versöhnung) dadurch, dass der Dritte im Rahmen einer „mediation" nicht das Problem löst, sondern den Parteien lediglich dabei hilft, eine für beide Seiten akzeptable Lösung zu finden. Am Ende eines „conciliation-Verfahrens" hingegen ist es Aufgabe des Conciliators, einen Vergleichsvorschlag zu unterbreiten[246]. Es weist eine stärkere Rechtsverbundenheit als die Mediation auf und wird häufig im Vorfeld administrativer oder (verwaltungs) gerichtlicher Entscheidungen herangezogen[247].

Das „Mini-Trail"[248] ist trotz seiner Namensgebung kein Gerichtsverfahren, sondern vielmehr eine strukturierte Vergleichsverhandlung. An das Vortragen von Argumenten und Beweisen durch die Rechtsanwälte beider Seiten gegenüber einem neutralen Dritten schließt sich eine Verhandlung der Parteien an, in der ein Kompromiss herbeigeführt werden soll. Dabei nimmt der Dritte auf Wunsch der Parteien entweder die Stellung eines Moderators oder die eines Bewertenden ein, indem er seine Einschätzung der Sach- und Rechtslage vorträgt[249].

In der „Early Neutral Evaluation" bewertet ein neutraler Dritter – meist ein erfahrener Anwalt – frühzeitig die Prozessaussichten der Parteien[250]. Er hört sich in einer vertraulichen Sitzung mit den Parteien und ihren Vertretern die wechselseitigen Sachdarstellungen und Rechtsansichten an, um anschließend die Streitpunkte herauszuarbeiten. Am Ende kann er auf Wunsch der Beteiligten seine Einschätzungen zum möglichen Prozessverlauf bekannt geben (Prognose). Die Parteien können dann entscheiden, wie sie weiter verfahren möchten[251].

Insbesondere das Verfahren des „Mini-Trial" und die „Early Neutral Evaluation" werden auch schon in Deutschland vereinzelt angewandt[252].

Die Weiterentwicklung des Verfahrensansatzes der „Alternative Dispute Resolution" wurde bereits in den 1970er Jahren aktiv betrieben. Besonders der Rechtsprofessor Frank E. Sander von der Harvard Law School rückte 1976 die

244 *Rüssel*, JuS 2003, 380 ff. (381); *Hehn*, HB Mediation, § 8, Rdnr. 43 f.
245 Vgl.: Section 2 Abs. 1 of Uniform Mediation Acts v. 17.10.2001; *Hehn*, HB Mediation, § 8, Rdnr. 45.
246 *Bähr/Bettermann*, VW 1998, 56 ff. (57).
247 *Trenczek*, DS 2009, 66 ff. (67).
248 Vgl. hierzu *Helm/Bechtold*, ZKM 2002, 159 ff.
249 *Duve*, BB 1998, Beilage 10, 9 ff. (12).
250 *Breidenbach*, Mediation, S. 16.
251 *Gottwald*, AnwBl 2000, 265 ff. (269 f); *Risse/Wagner*, HB Mediation, § 23, Rdnr. 105 f.
252 *Risse/Wagner*, HB Mediation, § 23, Rdnr. 97 ff.

verschiedenen Möglichkeiten alternativer Streitbeilegung in das Bewusstsein der Fachöffentlichkeit[253]. Nach seiner Vorstellung von einem „Multi-Door-Courthouse" werden in einem Gericht – neben dem traditionellen Prozess – auch andere Formen der Streitbeilegung angeboten. Es soll nach einer sorgfältigen Prüfung immer das Verfahren zur Anwendung kommen, welches zur Beilegung des Konfliktes am geeignetesten erscheint. Mit seinen Vorstellungen trägt Sander dazu bei, dass heute ADR-Verfahren sowohl außergerichtlich als auch innerhalb des staatlichen Gerichtssystems genutzt werden.

Fünf Jahre später wurde die alternative Streitbeilegung durch das Konzept des kooperativen Verhandelns von den Wissenschaftlern Robert Fisher und William Ury noch populärer. Ihr Buch „Getting to yes" und die darin entwickelte interessenorientierte Verhandlungslehre – das sogenannte „Harvard-Konzept" – wird noch heute als die theoretische Grundlage der Mediation und aller anderen ADR-Verfahren angesehen.[254]

Diese Bewegung ist auch bei uns in Deutschland angekommen. Auf der Suche nach alternativen Konfliktlösungsmöglichkeiten, die einerseits dem Bürger bei seinen Anliegen besser zur Seite stehen und auf der anderen Seite zur Justizentlastung beitragen können, hat sich die Mediation als das am meisten gewählte Verfahren auch bei uns herausgebildet.

C. Prinzipien der Mediation

Die Mediation folgt sechs, grundlegenden Prinzipien, deren Einhaltung für den Erfolg eines Mediationsverfahrens unabdingbar ist.

I. Freiwilligkeit

Bei dem Entschluss, ein Mediationsverfahren anzustrengen, muss es sich bei beiden Parteien um eine autonome Entscheidung handeln, § 1 Abs. 1 MediationsG[255]. Daran knüpft unmittelbar an, dass auch die Weiterführung oder Beendigung der Mediation in den Händen der Betroffenen liegt, § 2 Abs. 5 MediationsG. Sie können somit nach einer angefangenen Mediation nicht dazu gezwungen werden, diese weiterzuführen und die Anstrengung eines streitigen Verfahrens zu unterlassen. Verknüpft mit dem Prinzip der Freiwilligkeit ist die Vorstellung, dass diese einer durch die Parteien gefundenen Lösung zuträglich ist und eine angenehme Verhandlungsatmosphäre schafft.

---

253 *Duve*, BB 1998, Beilage 10, 9 ff. (10).

254 Das Harvard-Konzept folgt bspw. folgenden Aspekten: Trennung von Person und Sache; Entwicklung von der Position zum Interesse; Optionenentwicklung ohne Festlegung; durch Vergleich der Alternativen Entscheidung für oder gegen eine bestimmte Verhandlungsübereinkunft (*Fisher/Ury/Patton*, Das Harvard-Konzept).

255 Vgl. auch: *Breidenbach*, Mediation, S. 272 f.; *Kracht*, HB Mediation, § 12, Rdnr. 99 ff.

II. Vertraulichkeit

Ein grundlegendes Prinzip und eine wesentliche Bedingung für den Erfolg der Mediation ist ihre Vertraulichkeit. Sie soll durch die Nicht-Öffentlichkeit des Verfahrens sowie die Verschwiegenheit aller Beteiligten abgesichert werden.

Dieser Grundsatz hängt wesentlich mit dem Prinzip der Informiertheit zusammen und trägt dazu bei, dass zwischen den Beteiligten einer Mediation ein offener Informationsfluss einschließlich der Aufdeckung der tatsächlichen Beweggründe, Absichten und Ziele stattfindet[256]. Der Vertraulichkeit unterliegt grundsätzlich der gesamte Inhalt eines Mediationsverfahrens, soweit dies von den Beteiligten gewünscht ist und die andere Partei von den Informationen nicht bereits Kenntnis hatte oder sich in zulässiger Weise anderweitig Kenntnis verschaffen kann[257].

Der Mediator selbst und die in der Durchführung eingebundenen Personen werden durch § 4 MediationsG zur Verschwiegenheit verpflichtet. Sie haben diese sowohl gegenüber Dritten als auch gegenüber den Konfliktparteien zu wahren, wenn sich eine der Parteien ihnen anvertraut hat oder Einzelgespräche geführt wurden und auf die Geheimhaltung dieser Aussagen Wert gelegt wird[258]. Zwischen mehreren Mediatoren – bspw. im Rahmen einer Co-Mediation – sollte allerdings gewährleistet sein, dass diese sich untereinander über den jeweiligen Kenntnisstand informieren und austauschen können[259].

Die Vertraulichkeit der Medianten untereinander und im Verhältnis zu weiteren Beteiligten, wie bspw. einem Sachverständigen in einer arzthaftungsrechtlichen Mediation, ist in einer Vertraulichkeitsabrede zu vereinbaren.[260] Die Medianten könnten im Falle des Scheiterns der Mediation in einem sich anschließenden Gerichtsverfahren die unter der Vertraulichkeit erlangten Informationen verwenden. Eine Vertraulichkeitsverabredung zwischen den Medianten hat lediglich privatrechtlichen Charakter. Wenn die Informationen von einer oder beiden Parteien verwendet werden, dürften diese verwertbar sein[261].

III. Partizipation

Beide Medianten werden von Anfang an gleichstark in den Mediationsprozess einbezogen (§ 2 Abs. 3 S. 2 MediationsG) [262]. Damit wird ein Kräfteungleichgewicht

256 *Ulrich/Vogt*, DS 2009, 217 ff. (222).
257 *Hartmann*, HB Mediation, § 44, Rdnr. 6.
258 *Hager*, Konflikt und Konsens, S. 83; *Hartmann*, HB Mediation, § 44, Rdnr. 5 f.
259 *Hartmann*, HB Mediation, § 44, Rdnr. 8.
260 § 4 MediationsG gilt lediglich für den Mediator und in das Verfahren einbezogene Personen. Dieser Kreis soll nach der Gesetzesbegründung eng verstanden werden und beschränkt sich bspw. auf Bürokräfte und andere Hilfskräfte, vgl. BT-Drucks. 17/5335, S. 17.
261 *Ulrich/Vogt*, DS 2009, 217 ff. (222).
262 *Ulrich/Vogt*, DS 2009, 217 ff. (222).

vermieden und die Interessen beider Parteien kommen bei der Kompromissfindung gleichermaßen zum Ausdruck.

IV. Informiertheit

Beide Parteien brauchen, um in einem fairen Verfahren gute Entscheidungen treffen zu können, alle relevanten Informationen – sowohl in tatsächlicher als auch in rechtlicher Hinsicht. Nur aufgrund einer umfassenden Informiertheit ist eine Lösung des Konfliktes möglich[263]. Dies bedeutet, dass alle Parteien über die entscheidungserheblichen Tatsachen – und hierbei jedenfalls in Grundzügen auch über die rechtliche Seite des Falles – informiert sein müssen[264]. Dem Mediator kommt diesbezüglich die Aufgabe zu, den Informationsfluss in Gang zu setzen, Informationsdefizite unterstützend auszugleichen und die Gesprächsbereitschaft und den Gesprächsablauf während des Verfahrens aufrechtzuerhalten.

V. Eigenverantwortlichkeit

Die Parteien sind für den Inhalt der Gespräche und die Lösung ihres Konfliktes selbst verantwortlich (§ 1 Abs. 1 MediationsG). Die Mediation gibt ihnen nur den Rahmen, in dem sie den Konflikt aufarbeiten und gemeinsam lösen können[265]. Sie sind selbst die Experten ihres Konfliktes[266]. Zum einen soll durch die eigenständige Lösungsfindung eine größere Befriedungswirkung erzielt werden, sodass – zum anderen – die Lösung dadurch bedingt zu einer erhöhten Akzeptanz bei den Beteiligten führt und damit Bestand hat[267]. An diesem Prinzip lässt sich auch die Aufgabe des Mediators verdeutlichen.

VI. Allparteilichkeit des Mediators

Unabdingbar ist die Allparteilichkeit (Äquidistanz) des Mediators. Dessen Pflicht zur Unabhängigkeit und Neutralität wird im MediationsG mehrmals normiert, vgl. §§ 1 Abs. 2, 2 Abs. 3 S. 1, 3 MediationsG. Dabei hat er nicht nur neutral zu sein, sondern er muss sich darüber hinaus in besonderer Weise um beide Parteien bemühen, ohne eine von ihnen zu bevorzugen. Die Besonderheit des Mediators besteht darin, dass er ständige Empathie offenbart. Er hat für die jeweilige subjektive Sicht jedes Einzelnen offen zu sein, ohne sie zu bevorzugen[268].

Im Gegensatz zum Rollenverständnis des Richters vermittelt der Mediator nur in dem Konflikt. Die Konfliktparteien sollen selbst an einer Lösungsfindung arbeiten.

---

263 *v. Schlieffen*, HB Mediation, § 1, Rdnr. 89.
264 *Kracht*, HB Mediation, § 12, Rdnr. 114.
265 *v. Schlieffen/Ponschab/Rüssel/Harms*, Mediation und Streitbeilegung, S. 25.
266 *Hattemer*, Mediation bei Störungen des Arzt-Patient-Verhältnisses, S. 30.
267 *Haft*, HB Mediation, § 2, Rdnr. 37.
268 *Ulrich/Vogt*, DS 2009, 217 ff. (222).

Dieses Prinzip der Selbstregulierung durch die Parteien birgt eine Gefahr, die von rollenbezogenen oder verfahrensimmanenten Macht- und Wissensasymmetrien ausgeht[269]. Das eventuelle Ungleichgewicht auszugleichen, ist die Aufgabe des Mediators, der dabei hilft, den Prozess so zu steuern, dass eine chancengleiche Interessenoptimierung möglich wird[270]. Seine Hauptaufgabe besteht darin, das gegenseitige Verständnis für- und die Kommunikation untereinander zu verbessern. Er soll Unterstützung für die Erforschung der Interessen der Medianten durch professionelle kommunikative Fähigkeiten, psychologische Kenntnisse sowie besondere Sachkunde bieten[271]. Er unterstützt die Medianten bei der Offenlegung und Darstellung ihrer auf den Streit bezogenen Interessen. Er achtet darauf, dass die Gegenseite die so bekannt gemachten Standpunkte nachvollziehen und verstehen kann[272]. Er darf den Parteien jedoch in keinem Fall eine Lösung aufzwingen, sondern hat die Privatautonomie der Parteien zu achten[273].

Der Mediator kann hierbei verschiedene Funktionen im Mediationsverfahren übernehmen. Zum einen kann er eine zurückhaltende Stellung beziehen, indem er lediglich auf das Zustandekommen und den Ablauf des Verfahrens hinwirkt. Er kann jedoch auch Verantwortung für die Verhandlungsführung, das Zustandekommen von Entscheidungen und interessengerechten Lösungen übernehmen[274]. In beiden Fällen versteht sich der Mediator lediglich als unterstützende, unparteiische und neutrale, nicht in den Konflikt involvierte Person.

Besonders im Falle von Macht- und Wissensasymmetrien kann sich für den Mediator ein Dilemma zwischen den Anforderungen der Informiertheit beider Parteien und dem Prinzip der Neutralität ergeben[275]. Dies wird in Arzthaftungsstreitigkeiten besonders deutlich, da der Patient in der Regel Wissensdefizite aufweist, welche der Mediator ausmachen und abbauen soll. Zugleich ist er jedoch beiden Parteien – Arzt und Patient – gleichermaßen verpflichtet.

D. Verfahrensablauf

Die Abfolge eines Mediationsprozesses ist von den Beteiligten frei gestaltbar und vereinbar. Aufgrund der Autonomie der Parteien ist der Ablauf einer Mediation daher nicht kodifiziert. Sie teilt sich jedoch in der Regel in fünf Phasen[276]. Im Rahmen

---

269 *Hoffmann-Riem*, FS für Blankenburg, 649 ff. (656).
270 *Hoffmann-Riem*, FS für Blankenburg, 649 ff. (656); *Haft*, Verhandlung und Mediation, S. 249 f.
271 *Haft*, Verhandlung und Mediation, S. 252; *Katzenmeier*, ZZP 115 (2002), 51 ff. (69); *Trenczek*, ZRP 2008, 186 ff. (188).
272 *Ulrich/Vogt*, DS 2009, 217 ff. (222).
273 *Hager*, Konflikt und Konsens, S. 80 ff.; *Stickelbrock*, JZ 2002, 633 ff. (640 f).
274 *Hoffmann-Riem*, FS Blankenburg, S. 649 ff. (656); *Hoffmann-Riem* nennt den Mediator im ersten Fall „Verfahrensmittler“ und im zweiten Fall „Konfliktmittler“; s. auch Ausführungen bei *Breidenbach*, Mediation, S. 149 ff.
275 *Hattemer*, Mediation bei Störungen des Arzt-Patient-Verhältnisses, S. 31.
276 *Probst*, SchlHA 2005, 317 ff. (318); *Risse*, NJW 2000, 1614 ff. (1615).

der Darstellung dieser Phasen werden noch keine Bezüge zu einer möglichen arzthaftungsrechtlichen Mediation gezogen. Die intensive Auseinandersetzung hiermit soll zu einem späteren Zeitpunkt erfolgen.[277]

Phase 1: Eröffnung des Mediationsverfahrens

Die erste Phase beginnt mit der Initiierung, indem in der Regel zunächst eine der Parteien an den Mediator herantritt[278]. In dieser Vorbereitungsphase muss der Mediator prüfen, ob sich der Konflikt überhaupt für eine Mediation eignet[279]. Im Anschluss wird der Kontakt zur anderen Konfliktpartei aufgenommen. Neben der Mediationsgeeignetheit der Streitigkeit prüft der Mediator dann, ob die Konfliktparteien die notwendige Gesprächsbereitschaft mitbringen[280]. Zudem muss er abklären, ob in das Mediationsverfahren weitere Dritte einbezogen werden müssen, wenn auch ihre Interessen von dem Konflikt betroffen sind. Bei komplexen Fällen ist es möglich, eine vorbereitende schriftliche Stellungnahme der Parteien einzuholen[281].

Die erste Sitzung beginnt mit der Vorstellung der Teilnehmer[282]. Grundcharakter und Struktur eines Mediationsverfahrens werden bekannt gemacht, die zugrunde liegenden Prinzipien erklärt und die Unterschiede zu sonstigen Streitbeilegungsmodellen dargelegt. Die organisatorischen Rahmenbedingungen werden festgelegt. Diese betreffen besonders die Dauer, Kosten und Gesprächsregeln. Auch die Teilnahmeberechtigung von Anwälten, die Akzeptanz der formalen Gesprächsleitung durch den Mediator, die Vertraulichkeit der Mediation im Verhältnis zu Dritten und die Unverwendbarkeit von im Mediationsverfahren erlangten Informationen in einem möglichen Anschlussprozess sowie die Hemmung laufender Verjährungsfristen müssen festgelegt werden[283].

Die Eigenverantwortlichkeit der Parteien wird schon an dieser Stelle hervorgehoben, da ihnen von Beginn an klar sein muss, dass das inhaltliche Ergebnis der Mediation durch sie selbst zu erarbeiten ist und nicht in der Verantwortlichkeit des Mediators liegt[284].

Diese Ergebnisse werden in der Regel am Ende der ersten Phase durch den Abschluss eines Mediationsvertrages schriftlich fixiert[285]. Spätere Modifikationen sind durchaus möglich, erfordern aber immer die Zustimmung beider Parteien. Zudem wird ein Mediatorenvertrag über dessen Dienstleistung geschlossen, in dem die

277 Zu einem möglichen Verfahrensablauf einer arzthaftungsrechtlichen Mediation vgl. Kapitel 7, D.
278 *Herzog/Hennig*, Jura 2011, 929 ff. (930).
279 *Eisele*, Jura 2003, 656 ff.(660).
280 *Herzog/Hennig*, Jura 2011, 929 ff. (930 f.).
281 *Risse*, NJW 2000, 1614 ff. (1615).
282 *Risse*, NJW 2000, 1614 ff. (1615).
283 *Eisele*, Jura 2003, 656 ff. (660).
284 *Herzog/Hennig*, Jura 2011, 929 ff .(930).
285 *Ulrich/Vogt*, DS 2009, 217 ff. (223).

essentialia, insbesondere Vertraulichkeit und Vergütung des Mediators, geregelt werden. Die Kosten fallen je nach Umfang des Konflikts und Person des Mediators unterschiedlich aus, müssen den Parteien aber transparent dargelegt werden[286]. Auch ist zu klären, wie hoch der Anteil für die einzelnen Konfliktparteien ausfällt. Die Vergütung haben die Medianten bei nicht entgegenstehender Vereinbarung in der Regel als Gesamtschuldner nach den §§ 421, 427 BGB zu leisten.

Phase 2: Erfassen des Konfliktes

In der darauffolgenden Phase wird eine Art „Bestandsaufnahme" durchgeführt, innerhalb derer jede Partei die Gelegenheit hat, im Beisein der anderen Seite ihre Sichtweise des Streits zu erörtern. Der Mediator hat in diesem Stadium lediglich die Stellung eines Evaluators, indem er den Parteien bei der Verständlichmachung ihrer Sichtweise hilft, am Ende der Parteivorträge die Streitfragen mit eigenen Worten zusammenfasst sowie Streitiges und Unstreitiges differenziert[287]. Hierdurch wird ein konkretes Verständnis sichergestellt und die darstellende Partei zum vollständigen Vortrag ihrer Sachverhaltswahrnehmung angehalten[288]. Eine inhaltliche Diskussion zwischen den Parteien erfolgt idealiter zu diesem Zeitpunkt noch nicht. Die Sichtweise der Gegenpartei soll verstanden und nicht durch Streitgespräche behindert werden. Es ist Aufgabe des Mediators, einer Eskalation des Streites entgegenzuwirken[289]. Am Ende dieser Phase soll für die Beteiligten klar sein, wo Divergenzen bestehen und welche Gemeinsamkeiten vorliegen[290].

Phase 3: Konfliktbearbeitung, Interessenklärung

In der dritten, für den Erfolg der Mediation wesentlichen Phase versucht der Mediator, aktiv die Parteien zu einem Perspektivwechsel zu bewegen. Während in Phase zwei die Parteien ihre vordergründigen Positionen vertreten, geht es nun darum, das hintergründige Interesse, also das Motiv, was hinter einer Forderung steht, ausfindig zu machen[291]. Die Ermittlung der Interessen der Konfliktparteien ist dem Wesen der Mediation immanent[292]. Es ist die Aufgabe des Mediators, die Parteien zu einer Konzentration auf die jeweiligen Interessen hinzuführen.

Er hat den Parteien zu vermitteln, dass Forderung und dahinterstehendes Interesse durchaus unterschiedlich ausfallen können. Während eine Konfliktpartei zunächst für die gegnerische Forderung wenig Verständnis hat, kann die Erklärung des dahinterstehenden Wunsches zu einer Entspannung des Konflikts führen. Der

286 *Herzog/Hennig*, Jura 2011, 929 ff. (931).
287 *Ulrich/Vogt*, DS 2009, 217 ff. (223).
288 *Risse*, NJW 2000, 1614 ff. (1615).
289 *Eisele*, Jura 2003, 656 ff. (660).
290 *Herzog/Hennig*, Jura 2011, 929 ff. (931).
291 Anschaulich die Beschreibung bei *Kessen/Troja*, HB Mediation, § 13, Rdnr. 26.
292 *Herzog/Hennig*, Jura 2011, 929 ff. (931).

Mediator arbeitet hier häufig arbeitstechnisch, indem er die gemeinsam herausgearbeiteten Interessen zusammenfasst und für die Beteiligten sichtbar, bspw. auf einer Flipchart, festhält. Die Arbeitsweise trägt zum Vorankommen des Gespräches bei, da es das Blickfeld der Beteiligten erweitert[293]. Die dadurch erarbeitete „Agenda bestehender Themenkreise“ soll anschließend Schritt für Schritt abgearbeitet werden.

Hieran können sich getrennte Einzelsitzungen der Parteien mit ihren Anwälten – ggf. unter Zuziehung des Mediators – anschließen, in denen der bisherige Verhandlungsverlauf reflektiert und erste Lösungsalternativen angedacht werden sollen. Der Mediator, als neutraler Dritter, kann den Parteien ein Feedback für die entwickelte eigene Auffassung geben, die Sichtweisen des Einzelnen reflektieren und ggf. – bei entsprechendem Quellberuf – auch rechtlich hinterfragen. Er kann damit den Parteien die Prozessrisiken, aber auch -chancen frühzeitig klar machen.[294] Oft ergreift er die Rolle eines „advocatus diaboli“ ein, indem er die Position der Gegenseite einnimmt und bei den Medianten nochmals Verständnis für diese weckt. Einzelgespräche haben zudem den Vorteil, dass die Parteien dem Mediator ohne Hemmungen eigene, noch nicht ausgereifte Lösungsvorschläge unterbreiten und oft unterschwellig den Konflikt mitbeherrschende Aspekte offen mitteilen können. Aufgrund der Verschwiegenheitspflicht des Mediators besteht für sie die Möglichkeit, freimütig mit ihren Äußerungen und Wünschen umgehen[295]. Teilweise wird durch die Einzelgespräche erst die Grundlage für konstruktive Mediationsgespräche geschaffen[296]. Der Mediator hat hierbei darauf zu achten, dass seine Unabhängigkeit und Neutralität nicht in Gefahr gerät. Im Anschluss an die Einzelgespräche kann er so weit gehen, dass er den Parteien Lösungsvorschläge der Gegenseite überbringt. Dieses hat den Vorteil, dass die den Vorschlag empfangende Partei nicht gezwungen ist, spontan zu antworten, sondern sich in Ruhe mit dem Vorschlag auseinander setzen und auch mögliche Änderungsvorschläge entwickeln kann[297].

Bemängelt wird an den Einzelgesprächen jedoch immer wieder, dass dadurch das Misstrauen der Parteien geschürt würde[298] und die größtmögliche Verfahrensautonomie nur unter Einbezug aller Parteien gewährleistet wird[299].

Phase 4: Selbstständige Entwicklung von Konfliktlösungsoptionen und deren Bewertung

Anschließend leitet der Mediator die Verhandlung in die Lösungsfindung über. Um das Spektrum der Lösungsmöglichkeiten zu erweitern, sollen möglichst von beiden

293 *Ulrich/Vogt*, DS 2009, 217 ff. (223).

294 Über die Zulässigkeit dieses Vorgehens besteht Uneinigkeit, vgl. hierzu Kapitel 5, G, II.

295 *Risse*, NJW 2000, 1614 ff. (1616).

296 *Hattemer*, Mediation bei Störungen des Arzt-Patient-Verhältnisses, S. 32.

297 *Risse*, NJW 2000, 1614 ff. (1616).

298 *Risse*, NJW 2000, 1614 ff. (1616).

299 *Hattemer*, Mediation bei Störungen des Arzt-Patient-Verhältnisses, S. 32.

Parteien viele Lösungsvorschläge unterbreitet werden. Diese werden durch sortiertes Aufschreiben fixiert, um später die für beide optimale Lösungsidee auszuwählen. Es geht darum, Gemeinsamkeiten zu finden und Divergenzen auszugleichen, um anschließend eine für beide Parteien interessengerechte Lösung zu finden (sog. „win-win-Lösung")[300]. Die einzelnen Lösungsideen werden anschließend bewertet, um dann die vorzugswürdige Lösung für beide Parteien herauszufiltern. Falls sich eine Emotionalisierung der Verhandlungen abzeichnet, leitet der Mediator diese Phase so, dass die verschiedenen Lösungsvorschläge an ihn gerichtet werden und damit die Kommunikation über ihn läuft.

Je nachdem, wie komplex Lösungsoption und Konflikt sind, muss eine fachliche Überprüfung der Lösungsoption von außen stattfinden. So kann es erforderlich sein, dass – wenn der Mediator nicht aus einem juristischen Quellberuf stammt – ein Jurist prüfen muss, ob die gefundene Lösung überhaupt rechtlich möglich ist[301].

Phase 5: Eine abschließende Mediationsvereinbarung

Die vierte Phase geht meist nahtlos in die letzte über, in welcher die erzielte Einigung schriftlich festgehalten wird. So kommt es zum formalen Abschluss des Verfahrens durch Festlegung der Verhandlungsergebnisse in einer Mediationsvereinbarung[302]. Diese wird – wenn sie rechtlich verbindliche Regelungen beinhaltet – regelmäßig in Form eines Vergleichs nach § 779 BGB ausgestaltet. Die Parteien werden in der Regel in die schriftliche Fixierung der Einigung miteinbezogen. Sie müssen dispositionsbefugt sein. Dieses ist bei Arzthaftungssachen von großer Relevanz. Forderungsübergänge auf den Sozialversicherungsträger sind hier zu beachten. Das Ergebnisprotokoll gibt auch die Schritte zur Lösungsfindung kurz wieder[303]. Sollte sich eine der Parteien nicht an die Vereinbarung halten, kann auf Grundlage dieses Vertrages Klage erhoben werden. Nach den §§ 794 ff ZPO besteht die Möglichkeit, die Vollstreckungsfähigkeit einer Mediationsvereinbarung herzustellen.[304]

E. Anwendungsbereiche und Verbreitung der Mediation in Deutschland

Mediationsgeeignet sind fast alle Konfliktarten, bei denen durch eine außergerichtliche Lösung ein Mehrwert gegenüber einer gerichtlichen Entscheidung erwartet werden kann, besonders bei durch Beziehungsgeflechte überlagerten

300 *Hager*, Konflikt und Konsens, S. 76; *Eisele*, Jura 2003, 656 ff. (661).
301 *Herzog/Hennig*, Jura 2011, 929 ff. (931).
302 *Hager*, Konflikt und Konsens, S. 76.
303 *Ulrich/Vogt*, DS 2009, 217 ff. (223).
304 Der im Zuge des Mediationsgesetzes vorerst vorgesehene § 796d ZPO wurde gestrichen; vgl. BT-Drucks. 17/8058, S. 21. Zu der ursprünglichen Fassung des 796d ZPO vgl. BT-Drucks. 17/5335, S. 21 f.

Streitigkeiten[305]. Die Anwendungsbereiche der Mediation haben sich auf nahezu alle Rechtsgebiete ausgeweitet.

Im Bereich des Zivilrechtes wird sie im Wesentlichen bei Erbschafts- und Familienstreitigkeiten sowie Miet- und Nachbarschaftskonflikten eingesetzt. Vor allem Familienmediationen, die schon seit 1989 praktiziert werden[306], sind in einem Scheidungskonflikt ein häufig beschrittener Weg. Die Beteiligten wollen hier häufig – besonders im Hinblick auf die leidtragenden Kinder – die Lösung des Konflikts autonom gestalten[307]. Zivilrechtliche Streitigkeiten haben oft die Gemeinsamkeit, dass es sich um Langzeitbeziehungen handelt, die über die Beendigung des Streites hinweg bestehen bleiben[308]. Diese Streitigkeiten sind prädestiniert für ein Mediationsverfahren, da man hier darauf bedacht ist, die persönliche Bindung zwischen den Parteien nicht endgültig zu zerstören, sondern durch eine zukunftsorientierte Lösung des Konflikts eine Aufrechterhaltung der Beziehung zu erreichen. Aber auch Gebiete der Wirtschafts- und Arbeitswelt werden im Bereich dauernder Geschäftsbeziehungen und bei innerbetrieblichen Konflikten zunehmend von dem Verfahren erfasst[309].

Im Strafrecht finden sich Elemente des Mediationsverfahrens im Rahmen des Täter-Opfer-Ausgleichs im Zusammenhang mit Wiedergutmachungsversuchen.

Und auch das Öffentliche Recht wendet sich zunehmend dieser Verfahrensart zu, insbesondere im Bereich von Raumordnungs-, Planfeststellungs- und Genehmigungsverfahren sowie im Vorfeld der Realisierung umweltrelevanter Vorhaben[310]. Hinzu kommt, dass im Schulrecht, im Gesundheitsrecht im Rahmen der Krankenhausplanung, im Sozialverwaltungs- und Telekommunikationsrecht Mediation vermehrt eingesetzt wird[311].

Es ist abzusehen, dass sich das Anwendungsfeld der Mediation weiter ausweitet. Mediation ist nicht nur im Bewusstsein vieler Rechtsanwender wie Rechtsanwälte und Richter angekommen – auch das Bundesverfassungsgericht gibt einer einvernehmlich getroffenen Lösung den Vorzug gegenüber einer richterlichen Streitentscheidung[312] – ebenso nicht-juristische Berufsgruppen wie Psychologen, Lehrer, Sozialarbeiter und Pfarrer wenden sich dieser konsensorientierten Konfliktlösung verstärkt zu. Die Akzeptanz und das Vertrauen der Bevölkerung in alternative Konfliktlösungsmodelle wachsen. Im Rahmen eines Pilotprojekts einer Rechtsschutzversicherung waren im Bereich des Familien-, Erb-, Nachbarschafts-,

---

305 *Görres-Ohde*, SchlHA 2007, 142 ff. (143).

306 *Flögel*, Mediation im nationalen und internationalen Wirtschaftsverkehr, S. 99.

307 *Breidenbach*/Henssler, Mediation für Juristen, S. 1.

308 *Ulrich/Vogt*, DS 2009, 263 ff. (265); *Hager*, Konflikt und Konsens, S. 75.

309 *Stickelbrock*, JZ 2002, 633 ff. (641); *Katzenmeier*, ZZP 115 (2002), 51 ff. (70 f.).

310 *Katzenmeier*, ZZP 115 (2002), 51 ff. (71).

311 *v. Bargen*, EuR 2008, 200 ff. (205).

312 BT-Drucks. 14/4722, S. 62; BVerfG, Beschluss vom 14.2.2007 – 1 BvR 1351/01, BVerfG NJW-RR 2007, S. 1073 ff. (1074): „Eine zunächst streitige Problemlage durch eine einverständliche Lösung zu bewältigen, ist auch in einem Rechtsstaat grundsätzlich vorzugswürdig gegenüber einer richterlichen Streitentscheidung."

Miet- und Immobilienrechts rund 25% aller Befragten bereit, den Weg der Mediation zu beschreiten[313]. Im Bereich des Arbeitsrechts waren es 15%. Die Quote der Verfahren, die letztendlich doch in einem streitigen Prozess endeten, war mit unter 20 % sehr gering.

Dass es sich bei der Mediation um mehr als eine Modeerscheinung handelt, spiegelt sich auch in der Etablierung verschiedener Verbandsstrukturen wider. Hier soll nur eine beispielhafte Aufzählung erfolgen:

Die Deutsche Gesellschaft für Mediation (DGM), die 1998 von Wissenschaftlern und Praktikern gegründet wurde, hebt die Mediation als professionelles Verfahren außergerichtlicher Streitbeilegung hervor. Die Gesellschaft hat es sich zur Aufgabe gemacht, die Bevölkerung über Mediation aufzuklären, um die Akzeptanz in der Öffentlichkeit für das Verfahren zu fördern[314].

Auch der 1992 gegründete Bundesverband Mediation (bmev) ist ein in ganz Deutschland aktiver, interdisziplinär wirkender Fachverband für Mediation mit dem Hauptziel der Verbreitung und der Weiterentwicklung der Verständigung in Konflikten[315]. Auch die Centrale für Mediation (CfM) hat sich als fachübergreifende Mediationsvereinigung etabliert[316].

Des Weiteren haben sich verschiedene fachspezifische Verbände entwickelt, wie z.B. die 1992 gegründete Bundes-Arbeitsgemeinschaft für Familien-Mediation e.V. (BAFM)[317], der Bundesverband Mediation in Wirtschaft und Arbeitswelt e.V. (BMWA)[318] sowie das Europäische Institut für Conflict Management e.V. (EUCON) als Organisation der Wirtschaftsmediation[319] und der Förderverein Mediation im öffentlichen Recht (FMöB)[320].

F. Typenbildung von Mediationsverfahren

Im Laufe der Zeit haben sich verschiedene Typen der Mediation herausgebildet. Diese kann man danach bestimmen, ob die Mediation gerichtsbezogen oder außerhalb der staatlichen Rechtpflege eingesetzt wird.

I. Gerichtsbezogene Mediation

Das Verfahren der Mediation, das ursprünglich eine Alternative im Bereich der außergerichtlichen Streitbeilegungsmöglichkeiten darstellte, wird immer mehr auch von Gerichten rezipiert.

313 *Tögel/Rohlff*, ZRP 2009, 209 ff. (210).
314 http://www.dgm-web.de/ (Zugriff am 01 Mai 2013).
315 http://www.bmev.de/ (Zugriff am 01. Mai 2013).
316 http://www.centrale-fuer-mediation.de/ (Zugriff am 01. Mai 2013).
317 http://www.bafm-mediation.de/ (Zugriff am 01. Mai 2013).
318 http://www.bmwa.de/ (Zugriff am 01. Mai 2013).
319 http://www.eucon-institut.de/ (Zugriff am 01. Mai 2013).
320 http://www.umweltmediation.info/ (Zugriff am 01. Mai 2013).

Die gerichtbezogene Mediation wird nach Rechtshängigkeit der Klage durchgeführt. Erscheinungsformen der gerichtsbezogenen Mediation sind zum einen die gerichtsnahe Mediation und zum anderen die nunmehr von einem Güterichter innerhalb einer gerichtsinternen Streitschlichtung durchgeführte Mediation. Letzteres Verfahren wurde bislang in nahezu allen Bundesländern als „gerichtsinterne Mediation" angeboten. Durch das Inkrafttreten des MediationsG wurde sie ursprüngliche „gerichtinterne Mediation" in das Güterichtermodell überführt[321].

1. *Gerichtsnahe Mediation*

Nach § 278a ZPO hat der Richter die Möglichkeit, den Parteien ein Mediationsverfahren außerhalb des Gerichts vorzuschlagen.[322] Dieses Verfahren nennt man gerichtsnahe Mediation. Bei Inanspruchnahme eines Mediationsverfahrens handelt es sich dann um eine im klassischen Sinne durchgeführte Mediation, in die kein Richter einbezogen, sondern nur von diesem angeregt wird[323]. Mit § 278a ZPO hat das Gericht also die Möglichkeit, gerichtsanhängige Konflikte auf ein außergerichtliches Verfahren umzulenken. Die Erfahrungen mit § 278 Abs. 5 S. 2 ZPO a.F. haben zum einen gezeigt, dass von dieser Möglichkeit bislang nicht allzu viel Gebrauch gemacht wurde. Zum anderen stößt sie auf erhebliche Akzeptanzprobleme – sowohl auf Richter- als auch Parteienseite. Sollten sich die Parteien darauf einlassen und außergerichtlich die Konfliktlösung betreiben, ruht das Verfahren, § 278a Abs. 2 ZPO.

2. *Güterichtermodell / Gerichtsinterne Mediation*

Im Zuge des MediationsG wurde die gerichtsinterne Mediation durch das „Güterichtermodell" abgelöst[324]. Die gerichtsinterne Mediation wurde von einem speziellen „Richtermediator" und wird spätestens ab dem 1. August 2013 von einem „Güterichter" durchgeführt, § 278 Abs. 5 ZPO. Das Güterichtermodell konzentriert sich inhaltlich nicht ausdrücklich auf das Mediationskonzept. Der Güterrichter wendet bei seinem Verfahren jedoch genauso die mediativen Techniken an wie der ursprüngliche Richtermediator[325]. Ihm stehen alle Methoden der Konfliktbeilegung zur Verfügung, einschließlich der Mediation. Da aber die gerichtsinterne Mediation über mehrere Jahre hinweg in einer Vielzahl von Bundesländern praktiziert wurde, zahlreiche Erkenntnisse gesammelt wurden und die Modalitäten im Kern der von einem Güterichter angewandten Techniken im Rahmen einer gerichtsinternen Streitschlichtung entsprechen, werden an dieser Stelle die Erfahrungen mit der gerichtsinterne Mediation näher dargestellt.

---

321 Siehe ausführlich hierzu in diesem Kapitel unter G, III, 6, d und 7, g.

322 Auf dieses Vorschlagrecht und dessen Wahrnehmung wird in diesem Kapitel unter G, II, 1. ausführlich eingegangen.

323 *Trossen*, HB Mediation, § 40, Rd. 7.

324 Das Modell des Güterichters stammt aus Bayern und Thüringen.

325 Siehe hierzu z.B. *Greger*, ZKM 2007, 180 ff.

Der Trend zur gerichtsinternen Mediation ist wiederum auf den Gedanken des „Multi-Door-Court-Houses“ aus den USA zurückzuführen. Durch zahlreiche Modellprojekte in nahezu allen Bundesländern sollte die aus den USA stammende Idee auch in die deutsche Realität – jedenfalls vorübergehend, um die konsensuale Streitbeilegung zu fördern[326] – transformiert werden[327].

Den Anfang machte 2002 Niedersachsen mit dem „Göttinger Modell“[328], dessen positive Erfahrungen[329] von zahlreichen anderen Zivilgerichten aufgegriffen wurden wie etwa in Berlin, Bayern, Mecklenburg-Vorpommern, Nordrhein-Westfalen, Sachsen und Schleswig-Holstein[330]. Es sollte geprüft werden, in welche gerichtlichen Prozesse und inwieweit das Mediationsverfahren in das gerichtliche eingebunden werden kann[331]. Auch Schleswig-Holstein startete 2006 ein Projekt zur „Gerichtlichen Mediation“[332].

Diese Form der Mediationsverfahren findet zwar im Gericht statt, jedoch wird der die Mediation durchführende Richter nicht streitentscheidend, sondern mediativ tätig. Als ihre Vorteile werden insbesondere gepriesen, dass sie auf einen anhängigen Streit aufbaut sowie den schon erarbeiteten und gefilterten Vorrat an Sachinformation, die justizielle Professionalität des aus der Justiz stammenden (Richter-)Mediators und die Möglichkeit der raschen Schaffung von Vollstreckungstiteln nutzt[333].

Die Einigungsquote liegt im Bereich um die 70 % bis 85 %. Nach der Bundesstatistik für Gerichtsmediationen 2010 liegt die Erfolgsquote bei 6.551 bundesweit durchgeführten Zivilgerichtsmediationen bei 70,02 %[334]. Auch die Zufriedenheitsquote ist bemerkenswert hoch: Bei den Parteien liegt sie bei 83 %[335]. Die Befragung der Prozessbevollmächtigten fiel noch besser aus: 91%ige Zufriedenheit.

Der Trend zur gerichtlichen Mediation spiegelt sich auch in den an Schleswig-Holsteinischen Gerichten durchgeführten Mediationsverfahren wider[336]: Im Jahr 2006 – zum Start der Modellprojekte – waren 37 Mediatoren am Oberlandesgericht in Schleswig und an den Landgerichten Flensburg, Itzehoe, Kiel und Lübeck sowie an den Amtsgerichten Kiel und Pinneberg tätig. Es wurden insgesamt 860 Verfahren an die Mediationsabteilungen abgegeben, wobei in rund der Hälfte der Fälle

---

326 Beschluss der 76. Konferenz der Justizministerinnen und Justizministern vom 29. bis 30. Juni 2005 in Dortmund.

327 Vgl. hierzu bspw.: *Spindler*, Gerichtsnahe Mediation in Niedersachsen; *Greger*, ZKM 2007, 180 ff.; *Probst*, SchlHA 2005, 317 ff.

328 Vgl. hierzu *Spindler*, Gerichtsnahe Mediation in Niedersachsen.

329 In Göttingen erlangte das Modellprojekt „Gerichtsnahe Mediation in Niedersachsen“ eine Einigungsquote von 88,5 %, *Matthies*, SchlHA 2007, 130 ff. (131 f.).

330 *Hess*, 67. DJT, Bd. 1, F 51.

331 *Löer*, ZZP 119 (2006), 199 ff. (199).

332 Vgl.: *Probst*, SchlHA 2005, 317 ff.; *Görres-Ohde*, SchlHA 2007, 142 ff.

333 *Görres-Ohde*, SchlHA 2007, 142 ff.(142).

334 Gerichtsmediation Bundesstatistik 2010.

335 *Greger*, RabelsZ 74 (2010), 781 ff. (784 f.).

336 Vgl. Statistik bei: *Görres-Ohde*, SchlHA 2007, 142 ff. (144 f.).

die Zustimmung der Parteien zur Durchführung einer Mediation erfolgte. In 280 und damit in ca. 80 % Verfahren und wurde zwischen den Beteiligten eine Einigung erzielt[337]. Die Laufzeit der Verfahren belief sich auf rund acht Wochen und eine Mediationssitzung dauerte durchschnittlich drei Stunden.

Mittlerweile sind weitere Amtsgerichte hinzugekommen, sodass es nun 14 Amtsgerichte mit eingerichteten Mediationsabteilungen gibt[338]. 80 richterliche Mediatoren sind derzeit insgesamt im OLG-Bezirk tätig[339]. Zudem wird Mediation flächendeckend in der Arbeits-, der Verwaltungs- und der Sozialgerichtsbarkeit angeboten. 2009 wurden 1.829 Verfahren an die Mediationsabteilungen abgegeben. Dies spiegelt sich auch in der Anzahl der durchgeführten Mediationsverhandlungen innerhalb der Gerichte wider: Insgesamt wurden im Jahr 2009 863 Mediationen realisiert. Davon wurden rund 80 % erfolgreich abgeschlossen[340]. Im Jahr 2010 haben die Gerichte in 1.013 Verfahren eine Mediation durchgeführt und konnten diese in 798 Verfahren, das heißt in über 78 % aller Fälle, mit Erfolg – einer endgültigen Einigung der Parteien – abschließen[341]. Und auch im Jahr 2011 riss dieser Trend nicht ab: Zwar ist ein leichter Rückgang auf 968 Verfahren zu verzeichnen. Die Erfolgsquote ist jedoch unverändert: 740 Fälle (76 %) wurden mit einer endgültigen Einigung abgeschlossen[342].

Zwischen 2006 und 2011 hat sich der Anteil der durch eine Mediation erledigten Sachen nahezu verdoppelt. Auch die durchschnittliche Verfahrensdauer eines Mediationsverfahrens, acht bis neun Wochen, gegenüber der eines Gerichtsverfahrens (acht Monate), kann sich sehen lassen. Dies bewirkt einen deutlichen Rückgang der Langzeitverfahren (mit einer Verfahrensdauer von über einem Jahr) von noch rund 3000 Verfahren im Jahr 2006 auf rund 2400 Verfahren im Jahr 2009[343]. Für eine

---

337 Die Einigungsquote für den zweiten Rechtszug (OLG) lag bei 72,22 %: *Görres-Ohde*, SchlHA 2007, 142 ff. (144).

338 Im Jahr 2007 kamen die Amtsgerichte Neumünster und Norderstedt hinzu. Im Jahr 2008 führte auch der Landgerichtsbezirk Lübeck, mit Ausnahme des Amtsgerichtes Lübeck, Mediationsabteilungen an seinen Gerichten ein. Hinzu kamen im Jahr 2009 die Amtsgerichte Flensburg, Itzehoe und Bad Segeberg. Mittlerweile sind auch die Amtsgerichte Ahrensburg, Eutin, Husum, Schleswig und Schwarzenbek Mediationsgerichte, vgl. die jeweilige Justizinterne Statistik Gerichtliche Mediation in der ordentlichen Gerichtsbarkeit Schleswig-Holsteins – Stand 31. Dezember 2007 / 2008 / 2009 / 2010 / 2011.

339 Vgl. hierzu die Justizinterne Statistik Gerichtliche Mediation in der ordentlichen Gerichtsbarkeit Schleswig-Holsteins – Stand 31. Dezember 2011.

340 Justizinterne Statistik Gerichtliche Mediation in der ordentlichen Gerichtsbarkeit Schleswig-Holsteins – Stand 31. Dezember 2009; *Teschner*, SchlHA 2010, 385 ff. (385).

341 Vgl. hierzu die Justizinterne Statistik Gerichtliche Mediation in der ordentlichen Gerichtsbarkeit Schleswig-Holsteins – Stand 31. Dezember 2010.

342 Vgl. Justizinterne Statistik Gerichtliche Mediation in der ordentlichen Gerichtsbarkeit Schleswig-Holsteins – Stand 31. Dezember 2011.

343 *Teschner*, SchlHA 2010, 385 ff. (385).

Mediation wird auch im Jahr 2011 nur eine Sitzung benötigt, die rund drei Stunden dauern kann[344].

Parteien, die nach einer gerichtsinternen Mediation zu ihrer Zufriedenheit mit der Verhandlungsführung und -atmosphäre sowie dem Verhandlungsergebnis befragt wurden, gaben sehr positive Rückmeldungen. Oftmals kommt es zu einer Einigung, obwohl der Streitstoff höchst komplex, die Parteien aufs Äußerste zerstritten oder vorangegangene Vergleichsbemühungen gescheitert sind. Es stellte sich heraus, dass die Parteien mit dem Verfahren auch dann sehr zufrieden waren, wenn sie ihre Vorstellungen nicht voll durchsetzen konnten[345].

Trotzdem leidet auch diese Mediationsvariante noch immer unter Akzeptanzproblemen. Besonders innerhalb der Richterschaft besteht eine verbreitete Ablehnung gegenüber innovativen Methoden der Konfliktbewältigung[346]. Die Anregung, ein Verfahren zum Zwecke der einvernehmlichen Streitbeilegung an einen Kollegen, der als Richtermediator bzw. Güterichter tätig ist, abzugeben, stößt vielfach auf Unverständnis bis zur totalen Ablehnung[347]. Dieses gilt im Übrigen erst recht für die Abgabe des Falles an einen externen Mediator.

II. Autonom vereinbarte Mediation

Die „klassische Form" der Mediation findet außerhalb und ohne Beteiligung des Gerichts statt. Sie ist ein professionelles, strukturiertes, zeit- und ergebnisoffenes Konfliktlösungsverfahren, welches durch speziell dafür ausgebildete Mediatoren betrieben wird[348]. Die Parteien können nach Entstehung des Konfliktes die Durchführung eines Mediationsverfahrens vereinbaren, um diesen beizulegen.

Die Schwerpunkte praktischer Anwendbarkeit autonomer außergerichtlicher Mediationen scheinen sowohl in Ehe- und Kindschaftskonflikten als auch in der Wirtschaftsmediation zu liegen[349]. Über die Akzeptanz und Erfolge autonomer außergerichtlicher Mediationen liegen keine Zahlen vor. Es bestehen jedoch auch bei dieser ursprünglichen Mediationsform Akzeptanz- und Informationsdefizite. Vielen ist dieses Verfahren noch weitgehend fremd. Zudem befürchten viele Anwälte, dass es von einem Mandanten als Schwäche ausgelegt werden könne, wenn dieser statt eines Gerichtsprozesses ein vermittelndes Verfahren vorschlägt[350].

---

344 Vgl. Justizinterne Statistik Gerichtliche Mediation in der ordentlichen Gerichtsbarkeit Schleswig-Holsteins – Stand 31. Dezember 2011.

345 Vgl. hierzu Angaben von *Greger*, Die Zukunft der Mediation in Deutschland, 89 ff. (91 f).

346 So auch *Hess*, 67. DJT, Bd. 1, F 44, Fn. 212.

347 *Greger*, Die Zukunft der Mediation in Deutschland, 89 ff. (96).

348 *Greger*, NJW 2007, 3258 ff. (3259, 3262).

349 *Hess*, 67. DJT, Bd. 1, F 55.

350 *Greger*, Die Zukunft der Mediation in Deutschland, 89 ff. (95).

G. Stand der Mediation in Deutschland

I. Bedeutung des Mediationsverfahrens

Die Bedeutung des Mediationsverfahrens hat in den letzten Jahren immer mehr zugenommen.

Bis Mitte 2012 war das Verfahren jedoch weitgehend ungeregelt. Dies sollte durch die am 21. Mai 2008 in Kraft getretene Richtlinie 2008/52/EG des Europäischen Parlaments und Rates über bestimmte Aspekte der Mediation in Zivil- und Handelssachen und deren Umsetzung durch die Mitgliedstaaten bis zum 20. Mai 2011 geändert werden. Die Bundesrepublik Deutschland hat auf dieser Grundlage ein nationales Mediationsgesetz (MediationsG) erlassen sowie zahlreiche bestehende nationale Regelungen wie z.B. aus dem Gerichtsverfassungsgesetz, der Zivilprozessordung und dem Arbeitsgerichtsgesetz geändert bzw. ergänzt. Damit wurde die Mediation auf eine einheitliche rechtliche Grundlage gestellt.

Obwohl sich die Mediation als das wohl bekannteste Verfahren der alternativen Konfliktlösung in ganz unterschiedlichen Rechtsgebieten als anspruchsvolles Verfahren bewährt, hat sich dieses Instrument als Alternative zum Gerichtsverfahren in Deutschland noch nicht nachhaltig etabliert. Während die Nachfrage auf dem Ausbildungsmarkt boomt, schlagen die Konfliktpartner weiterhin häufig den Gerichtsweg ein, um unter Inkaufnahme von oftmals langen Verfahrenslaufzeiten im vertrauten kontradiktorischen Verfahren eine Lösung anzustreben.

Die Bemühungen, Mediation in den Rechtsalltag einzubinden, finden schon länger statt. Die Entwicklung hat nicht in Deutschland ihren Ursprung, sondern wird weltweit beobachtet. Zunehmend wurde mit der rechtlichen Institutionalisierung der Mediation begonnen. So haben die United Nations Commission on International Trade Law (UNICITRAL) mit dem „Model Law International Commercial Conciliation“[351] von Juni 2001 auf internationaler Ebene und die National Conference of Commissioners on Uniform State Laws mit dem „Uniform Mediation Act“ (UMA)[352] vom August 2001 auf nationaler Ebene der USA die ersten Modellgesetze geschaffen. Auch in Europa war dieser Trend schon früher zu beobachten. England nahm bereits 1999 mit seinen reformierten „Civil Procedure Rules“ (CPR) eine vorbildliche Rolle ein[353]. Darauf folgte Österreich, welches am 6. Juni 2003 ein Zivilrechts-Mediations-Gesetz beschlossen hat[354]. Und auch Deutschland folgt

351 Einsehbar unter: http://www.uncitral.org/pdf/english/texts/arbitration/ml-conc/03-90953_Ebook.pdf. (Zugriff am 01. Mai 2013).

352 Einsehbar unter: http://www.law.upenn.edu/bll/archives/ulc/mediat/UMA2001.htm (Zugriff am 27. März 2012).

353 Vgl. *Greger*, DRiZ 2005, 28 ff.; *Wagner*, ZKM 2004, 100 ff.

354 Vgl. hierzu: *Oberhammer/Domej*, ZKM 2003, 144 ff.

diesem Trend mit der Förderung von Modellprojekten zur gerichtsverbundenden Mediation und der Einführung des nationalen MediationsG[355].

II. Rechtsgrundlagen der Mediation – Erste Schritte des Gesetzgebers?

Nicht erst durch die Umsetzung der EuMedRL durch das nationale MediationsG rückt die außergerichtliche Streitbeilegung – und besonders die Mediation – in das Blickfeld des nationalen Gesetzgebers. Weiteres gesetzgeberisches Tätigwerden spiegelt den Trend zur außergerichtlichen Konfliktlösung wider. Insbesondere mit den Regelungen der § 278 Abs. 5 S. 2 ZPO a.F., welche nunmehr in der Regelung des § 278a ZPO aufgeht, und § 15a EGZPO ist das justizielle Verfahren auch in Deutschland für die außergerichtliche Streitbeilegung geöffnet worden.

Fraglich ist insoweit, ob die gesetzgeberische Tätigkeit den gewünschten Effekt der Förderung der außergerichtlichen Streitbeilegung herbeigeführt hat. Werden die zur Verfügung gestellten Regelungen angenommen und angewandt oder ist es bei dem bloßen Wunsch, diese Art der Streitbeilegung in der deutschen Rechtspraxis zu fördern, geblieben?

1. Freiwilliges außergerichtliches Verfahren nach § 278a ZPO bzw. § 278 Abs. 5 S. 2 ZPO a.F.

Schon mit dem am 1. Januar 2000 in Kraft getretenen Gesetz zur Förderung der außergerichtlichen Streitbeilegung und der ZPO-Reform von 2001 (Zivilprozessreformgesetz) setzte sich der Gesetzgeber den Ausbau alternativer Streitbeilegung als erklärtes Ziel.

Durch die Regelung des § 278 ZPO wird darauf hingewirkt, dass die unstreitige Erledigung des Verfahrens vorrangiges Ziel des Zivilprozesses ist[356]. Das Gericht hat danach stets auf eine einvernehmliche Konfliktbeilegung hinzuwirken. Die Regelung sollte nicht nur eine Entlastung der Gerichte bezwecken, sondern fußte zudem auf der Erkenntnis, dass eine gütliche Streitbeilegung dem Rechtsfrieden nachhaltiger dienen kann als eine streitige Entscheidung[357].

So ist im Rahmen der streitigen Verhandlung nicht nur eine gütliche Streitbeilegung anzustreben (§ 278 Abs. 1 ZPO), sondern der streitigen Verhandlung ist nach § 278 Abs. 2 ZPO grundsätzlich eine besondere Güteverhandlung vorzuschalten[358].

---

355 Vgl. zur gerichtsnahen Mediation insb. *Spindler*, Gerichtsnahe Mediation in Niedersachsen; *Greger*, NJW 2007, 3258 ff.

356 *Rosenberg/Schwab/Gottwald*, Zivilprozessrecht, § 94, Rd. 2 f.

357 Siehe BVerfG, Beschluss vom 14.2.2007 – 1 BvR 1351/01, Fn. 112.

358 Dieses Erfordernis kann nach § 278 Abs. 2 S. 1 ZPO entfallen, wenn schon ein außergerichtlicher Einigungsversuch nach § 15a ZPO stattfand. Die ärztlichen Schlichtungsstellen fallen unter § 15a Abs. 3 EGZPO. Bei Durchführung eines Einigungsversuchs vor einer ärztlichen Gutachterkommission oder Schlichtungs-

Für diese können die Parteien nach Abs. 5 S. 1 vor einen beauftragten oder ersuchten Richter verwiesen werden. Über die analoge Anwendung von §§ 278 Abs. 5 S. 1, 326 ZPO wurde bis zum Inkrafttreten des Mediationsgesetzes die gerichtsinterne Mediation betrieben.

Nach § 278a ZPO, welcher § 278 Abs. 5 S. 2 ZPO a.F. entspricht, kann das Gericht den Parteien eine außergerichtliche Streitbeilegung vorgeschlagen.

Da die Regelung des § 278 Abs. 5 S. 2 ZPO a.F. nunmehr in der Regelung des § 278a ZPO aufgeht, werden im weiteren Verlauf die Erfahrungen mit der alten Regelung dargestellt, welche gleichwohl für den neuen § 278a ZPO Geltung haben dürften.

Wichtig bei der Regelung des § 278 Abs. 5 S. 2 ZPO a.F war, dass es sich erstens um ein Recht und nicht eine Pflicht des Richters handelte, und zum zweiten, dass der Richter eine außergerichtliche Streitbeilegung lediglich vorschlagen und nicht anordnen durfte.

Welche Fälle sich genau für ein außergerichtliches Verfahren eignen, wird durch die Regelung des § 278a ZPO und wurde auch durch die Regelung des § 278 Abs. 5 S. 2 ZPO a.F. nicht beantwortet.

Einigkeit bestand darüber, dass sich dieses Verfahren sowohl persönlich als auch sachlich eignen muss. Zum einen müssen die Parteien einigungsfähig und -bereit sein. Zum anderen muss der Streitgegenstand überhaupt verhandelbar sein[359].

Wenn der Richter die Parteien von einem außergerichtlichen Streitbeilegungsversuch überzeugen konnte, ruhte das Gerichtsverfahren nach § 251 ZPO. Das Ruhen des Verfahrens wird nunmehr nach § 278a Abs. 2 ZPO angeordnet.

Es wurde allerdings immer wieder der Vorwurf laut, die Gerichte würden von ihrem Vorschlagsrecht zu wenig Gebrauch machen und dieses „Fenster“ zur außergerichtlichen Streitbeilegung weitgehend als Fremdkörper empfinden[360]. Die gewünschte Entlastung der Gerichte würde über § 278 Abs. 5 S. 2 ZPO a.F. nicht erreicht.

Diese Annahme bestätigt der Abschlussbericht des Forschungsprojekts Außergerichtliche Streitbeilegung – Modellprojekt „a.be.r“ in Nürnberg aus dem Jahre

---

stelle beschränkt sich der Prüfungsumfang dieser Stellen auf die Anspruchsvoraussetzungen dem Grunde und nicht der Höhe nach, sodass diesbezüglich noch kein Einigungsversuch unternommen wurde und ein Güteverfahren nach § 278 Abs. 2 ZPO noch erforderlich ist. Dieses kann jedoch nur für den Fall gelten, dass die Haftung dem Grunde nach von beiden Parteien akzeptiert wurde und nur noch über die Höhe des Haftungsbetrages gestritten wird. Wurde schon der Einigungsvorschlag hinsichtlich des Haftungsgrundes abgelehnt, so kann von einem schon stattgefundenen Einigungsversuch ausgegangen werden, sodass eine Güteverhandlung vor Gericht nicht mehr erforderlich ist, vgl. *Deutsch/Spickhoff*, Medizinrecht, Rdnr. 579.

359 *Schneeweiß*, DRiZ 2002, 107 ff. (107 f.); *Monßen*, AnwBl 2004 7 ff. (7 f.).

360 *Engelhardt*, ZRP 2004, 233 ff. (234); *Althammer*, JZ 2006, 69 ff. (69).

2004[361]. Aus dem Bericht geht hervor, dass § 278 Abs. 5 S. 2 ZPO a.F. bei der Entlastung der Zivilgerichte völlig bedeutungslos war. Knapp die Hälfte der befragten Richter gab an, seit dem Inkrafttreten der Regelung noch in keinem einzigen Fall einen entsprechenden Vorschlag unterbreitet zu haben. Selbst wenn ein Hinweis erfolgte, wurde dieser von den Parteien nur in seltenen Fällen befolgt. Zudem hatte zum Zeitpunkt des Modellprojektes keine der durchgeführten Schlichtungen Erfolg. Die Untersuchungen haben gezeigt, dass in der Richterschaft eine verbreitete Ablehnung gegenüber innovativen Methoden der Konfliktbewältigung besteht[362]. Vergleichs- oder mediationsgeeignete Verfahren werden nur ungern abgegeben.

Auch zwei Jahre später, 2006, gaben im Rahmen der Evaluation der ZPO-Reform 86 % der Amtsrichter und 81 % der Richter der Landgerichte an, noch nie von dem Vorschlagsrecht des § 278 Abs. 5 S. 2 ZPO a.F. Gebrauch gemacht zu haben[363]. Auch wenn die Resonanz der Parteien bei Durchführung der wenigen außergerichtlichen Verfahren meist positiv war, fällt auf, dass nur 17 % dieser Verfahren zum Zwecke einer Mediation ausgesetzt wurden. Etwa ein Drittel der Richter gab an, dass die außergerichtliche Streitbeilegung scheiterte.

Darauffolgend wurde mit verschiedenen Modellprojekten erprobt, das Verfahren nach § 278 Abs. 5 S. 2 ZPO a.F. zu aktivieren. Sowohl das Land- als auch das Amtsgericht Köln und das Landgericht Bielefeld bieten seit 2007 als Pilotprojekte die gerichtsnahe Mediation durch Anwälte an. Nach Eingang der Klageerwiderung informieren sie die Parteien über die Möglichkeit dieses Verfahrens. Bei Zustimmung der Parteien wird die Mediation von einem Anwaltsmediator durchgeführt. Auch das Amtsgericht Göttingen bietet den Parteien alternativ zur Richtermediation die Mediation durch einen Rechtsanwalt an, dessen Honorar von der Rechtsanwaltskammer übernommen wird[364]. Ähnliche Initiativen gibt es auch am Landgericht Hildesheim und am Landgericht Stade. Über die Akzeptanz dieses Angebots und dessen Erfolg bei Durchführung eines Mediationsverfahrens bestehen keine belastbaren Zahlen. Die berichteten Fallzahlen erreichen jedoch nicht annähernd die der (früheren) gerichtsinternen Mediationen[365]. Vielmehr entscheiden sich die Beteiligten bei der Wahl zwischen einem Richter- und einem Anwaltsmediator fast ausnahmslos für die erste Alternative[366].

361 *Greger*, Abschlussbericht zum Forschungsprojekt, vgl. insb. S. 91 f, einzusehen unter: http://www.reinhard-greger.de/aber/abschlussbericht.pdf (Zugriff am 01. Mai 2013).

362 *Greger*, Die Zukunft der Mediation in Deutschland, 89 ff. (95).

363 Vgl.: *Hommerich/Prütting/Ebers/Lang/Traut*, Rechtstatsächliche Untersuchungen [...], S. 84 ff.

364 *Matthies*, SchlHA 2007, 130 ff. (133).

365 *Hess*, 67. DJT, Bd. 1, F 50.

366 *Greger*, ZKM 2007, 142 ff.

Diese Ergebnisse werden oft damit begründet, dass der Zeitpunkt des Hinweises auf eine außergerichtliche Streitbeilegungsmöglichkeit ungünstig sei[367]. Es kann mitunter sehr schwierig sein, die Parteien von einem außergerichtlichen Mediationsverfahren zu überzeugen. Schließlich haben sie ihre vorprozessual gefassten Positionen nun schon in eine Klage verpackt und den Weg zum Gericht beschritten. Bei Anrufung des Gerichts sind die Positionen der Beteiligten meist festgefahren und kommen erst durch die Verhandlungen vor Gericht wieder in Bewegung. Vorprozessuale Gesprächsmöglichkeiten sind zu diesem Zeitpunkt häufig gescheitert. Der Verweis auf einen außergerichtlichen Mediator bedeutet dann für viele eine Rückdelegation der Streitentscheidung auf die Parteien[368]. Die Beauftragung eines Anwaltsmediators erscheint zu diesem Zeitpunkt wie ein Fremdkörper zur gerichtlichen Streiterledigung.

Im Vergleich zu der – früheren – gerichtsinternen Mediation, die zum selben Zeitpunkt einsetzen kann wie die gerichtsnahe, erscheint diese Annahme zunächst überraschend. Bei der gerichtlichen Mediation ist jedoch zu beachten, dass es sich bei dem Mediator um einen Richter handelt, welchem die Parteien, wenn sie nun schon den Weg zum Gericht gegangen sind, mehr Vertrauen entgegenbringen. Sie setzen bei Gericht auf die Kompetenz und Autorität des Richters, auch wenn sie diesem in einer gerichtlichen Mediation gegenübersitzen[369].

Eine frühere Überleitung solcher Konflikte in eine Mediation wäre erstrebenswert, ist jedoch Aufgabe der Rechtsberater der Parteien[370]. Die Bereitschaft der Anwaltschaft, Mediationen einzusetzen und einen Streit gar nicht erst vor Gericht zu bringen, scheint jedoch nur gering ausgeprägt zu sein. Vielmehr wird aus der Praxis berichtet, dass mit der Klageerhebung sogleich ein Antrag auf gerichtliche Mediation verbunden wird[371].

Der Gesetzgeber täte gut daran, wenn er in dem vorgerichtlichen Stadium mehr Anreize für eine alternative, außergerichtliche Konfliktlösung schaffen würde. Als einen ersten Schritt in diese Richtung ist das MediationsG zu bewerten. Es wird darauf verwiesen, dass, wenn es schon zu einer gerichtlichen Auseinandersetzung gekommen ist, ein Hinweis auf außergerichtliche Streitbeilegungsmöglichkeiten erst in einem späteren Stadium der Gerichtsverhandlung Sinn ergäben, nämlich dann, wenn die Parteien ihre Chancen und Risiken klarer erkennen können, was meist nach einer Beweisaufnahme oder der Erörterung der Rechtslage der Fall sei[372].

---

367 *Greger*, NJW 2007, 3258 ff. (3261); *Prütting*, BB 1999, Beilage 9, 7 ff. (10); *Stadler*, NJW 1998, 2479 ff. (2482).

368 *Monßen*, AnwBl 2004, 7 ff. (7).

369 *Hess*, 67. DJT , Bd. 1, F 46.

370 *Hess*, 67. DJT, Bd. 1, F 50, Fn. 252.

371 *Hückstädt*, NJ 2005, 289 ff. (291).

372 *Prütting*, BB 1999, Beilage 9, 7 ff. (10); *Stadler*, NJW 1998, 2479 ff. (2482). Diese Kritik wird auch bzgl. der der mündlichen Verhandlung vorgeschalteten obligatorischen Güteverhandlung nach § 278 Abs. 2 ZPO vernommen. Vor dessen Einführung konnte der Richter den richtigen Zeitpunkt für Vergleichsverhandlungen (vor

Als Fazit kann damit festgehalten werden, dass § 278 Abs. 5 S. 2 ZPO a.F. den Weg eröffnete, gerichtsanhängige Verfahren auf ein außergerichtliches Verfahren umzuleiten und damit auch der Mediation die Chance gab, eingesetzt zu werden. Bedauerlicherweise litt die Regelung unter Akzeptanzproblemen, auf welche auch der neue § 278a ZPO treffen wird.

Vorteil der Regelung ist die betonte Freiwilligkeit der Parteien, eine außergerichtliche Streitlösung anzustreben. Fehlt es an dieser Bereitschaft, sollte den Parteien der Zugang zum gerichtlichen Verfahren nicht durch eine zwangsweise durchzuführende gütliche Streitbeilegungsmöglichkeit verwehrt werden.[373] Zudem fallen nur für einen außergerichtlichen Einigungsversuch geeignete Fälle unter das Vorschlagsrecht. Fälle, in denen keine Einigungschance besteht, sind somit von Anfang an aus dem Anwendungsbereich ausgeschlossen.

2. *Obligatorisches Vorverfahren nach § 15a EGZPO*

§ 15a EGZPO wurde im Rahmen des Gesetzes zur Förderung der außergerichtlichen Streitbeilegung vom 15. Dezember 1999 geschaffen[374].

Hiernach darf der Landesgesetzgeber ein obligatorisches Schlichtungsverfahren einführen für: vermögensrechtliche Streitigkeiten bis zu 750 €, für Streitigkeiten aus dem privaten Nachbarrecht, für Streitigkeiten wegen privater Ehrverletzungen und für Streitigkeiten über Ansprüche aus den §§ 19–21 AGG. Eine Klage vor Gericht ist in diesen Fällen erst zulässig, nachdem der Versuch, eine Schlichtung vor einer eingerichteten oder anerkannten Gütestelle durchzuführen, gescheitert ist[375]. Der erfolglose Schlichtungsversuch ist insoweit Prozessvoraussetzung[376]. Eine Möglichkeit der außergerichtlichen Schlichtung ist das Verfahren der Mediation.

---

oder nach der streitigen Verhandlung, vor oder nach der Beweisaufnahme) selbst bestimmen.

373 Dieses hat eher die gegenteilige Wirkung, siehe sogleich Ausführungen zu § 15a EGZPO.

374 BGBl. I S. 2400.

375 Ärztliche Schlichtungsstellen und Gutachterkommissionen sind keine anerkannten Gütestellen i.S.v. § 15a Abs. 1, 4 EGZPO, da sie nach unterschiedlichen Verfahrensordnungen vorgehen. Sie sind jedoch sonstige Gütestelle i.S.d. § 15a Abs. 3 EGZPO, sodass das Erfordernis eines Einigungsversuchs vor einer eingerichteten oder anerkannten Schlichtungsstelle entfällt, wenn die Parteien einen Einigungsversuch vor einer ärztlichen Gutachterkommission bzw. Schlichtungsstelle unternommen haben. Zöller-*Gummer*, § 15a EGZPO, Rdnr. 21; Baumbach-*Albers*, § 15a EGZPO, Rdnr. 16; *Reutter*, Der Arzthaftungsprozess, S. 22 f. Anzumerken ist jedoch, dass es in den meisten Arzthaftungsprozessen aufgrund eines höherer Streitwertes nicht auf das obligatorisches Verfahren nach § 15a EGZPO ankommt.

376 Von dieser Regel bestehen jedoch gleichzeitig Ausnahmen: So ist ein dem Gerichtsverfahren vorgeschaltetes Schlichtungsverfahren in den Fällen des § 15a Abs. 2 EGZPO nicht erforderlich. Desweiteren findet § 15a EGZPO keine Anwendung wenn die Parteien nicht in demselben Land wohnen oder dort ihren Sitz bzw. eine

Ziel der Regelung soll die Entlastung der Ziviljustiz und eine kostengünstige Konfliktbereinigung durch ein schnelles Verfahren sein, das den Rechtsfrieden dauerhafter sichert als die gerichtliche Entscheidung[377].

Gebrauch gemacht haben von dieser Regelung Baden-Württemberg, Bayern, Brandenburg, Hessen, Nordrhein-Westfalen, das Saarland, Sachsen-Anhalt und Schleswig-Holstein, die entsprechende Landesgesetze mit teilweise erheblichen inhaltlichen Unterschieden erlassen haben. § 15a EGZPO sollte als Einstieg in die obligatorische außergerichtliche Streitschlichtung in Deutschland und als Wegbereiter einer „neuen Streitkultur" aufgefasst werden[378].

Diese Erwartungen sollten bis heute nicht erfüllt werden. Die Regelung ist weder zur Erzielung qualitativ hochwertiger Streitlösungen noch zur Entlastung der Zivilgerichte ein probates Mittel. Eine obligatorische außergerichtliche Streitschlichtung wird von den Betroffenen vielmehr als Belastung und Erschwerung der Rechtsdurchsetzung empfunden. So wird der häufig betonte Abbau von Zugangsbarrieren zum Recht in sein Gegenteil verkehrt[379].

Der Fehler der Regelung liegt in ihrem angeordneten Zwang[380]. Die Pflicht, vor einem Gerichtsverfahren eine außergerichtliche, einvernehmliche Lösung („Zwangsdialog") anzustreben, steht im krassen Widerspruch zu dem leitenden Prinzip außergerichtlicher Streitbeilegung und insbesondere der Mediation: der Freiwilligkeit. Wenn streitende Parteien dazu gezwungen werden, eine einvernehmliche Lösung ihres Konfliktes herbeizuführen, ohne die Bereitschaft zur Mitwirkung zu solch einer Lösung zu haben, kann dies in vielen Fällen nur zu einer Prozessverzögerung, zusätzlichen Kosten und zunehmend verhärteten Positionen führen. Im Rahmen einer Mediation soll der Konflikt mit seiner gesamten sozialen und psychologischen Bandbreite erfasst werden, um so wiederum eine befriedigende Lösung des Streits für alle Beteiligten zu ermöglichen. Die Eigenbemühungen der Parteien, die auf der Freiwilligkeit des Mediationsverfahrens beruhen, sollen einer Verrechtlichung des Streits entgegenwirken. Die Freiheit der Beteiligten, jederzeit Anfang und Ende der Mediation selbst bestimmen zu können, ist eines der Erfolgsgeheimnisse dieses Verfahrens. Durch einen verordneten Dialog können sich die Vorzüge des Mediationsverfahrens nicht verwirklichen.

Niederlassung haben (§ 15a Abs. 2 S. 2 EGZPO), vgl. *Rosenberg/Schwab/Gottwald*, Zivilprozessrecht, § 108, Rd. 12; *Deckenbrock/Jordans*, MDR 2006, 421 ff. (421).

377 BT Drucks. 14/980, S. 5; *Jansen*, Die außergerichtliche obligatorische Streitschlichtung [...], S. 46.

378 *Katzenmeier*, ZZP 115 (2002), 51 ff. (57).

379 *Katzenmeier*, ZZP 115 (2002), 51 ff. (86 f.); *Prütting*, BB 1999, Beilage 9, 7 ff. (10).

380 Man könnte sogar so weit gehen, dass man durch die Verpflichtung zum außergerichtlichen Streitbeilegungsversuch in den Justizgewährungsanspruch, der für private Streitigkeiten aus dem Rechtsstaatsprinzip nach Art. 20 GG folgt, eingegriffen wird, s. *Risse*, Alternative Streitbeilegung, 133 ff. (139 ff.). a.A. *Marx*, ZKM 2010, 132 ff. (136).

Ein weiterer Kritikpunkt ist die Anknüpfung an den Streitwert, welcher die Pflicht zum außergerichtlichen Streitbeilegungsversuch begründet. § 15a EGZPO birgt die Gefahr, dass, wenn die Schlichtung gerade bei kleinen Streitwerten zur Pflicht gemacht wird, in der Öffentlichkeit der Eindruck eines „Verfahrens für kleine Leute" entsteht. Während die Inhaber größerer Ansprüche direkten Zugang zum Gericht haben, müssen die Gläubiger kleiner Beträge den Umweg über eine – zweifelhafte – außergerichtliche Streitlösungsmöglichkeit gehen[381]. Immer wieder wird betont, dass die Anknüpfung für die außergerichtliche Streitbeilegung an den Streitwert willkürlich sei, da der Streitgegenstand – unabhängig davon, ob er sich für eine Schlichtung überhaupt eignet – dieser Verfahrensart zugordnet wird[382].

Weithin bietet die obligatorische Durchführung eines Schlichtungsversuchs einem zahlungsunfähigen Schuldner die Gelegenheit, die Eintreibung der Forderung weiterhin hinauszuzögern[383].

Hinzu kommt, dass im Rahmen der normalen Zahlungsklagen das Erfordernis eines vorgerichtlichen Einigungsversuchs oft durch die Durchführung eines Mahnverfahrens – auch bei sicherer Erwartung eines Widerspruchs – umgangen wird[384].

Es wird befürchtet, dass die durch § 15a EGZPO erhoffte Justizentlastung zu Lasten des Rechtssuchenden und seines Anspruchs auf effektiven Rechtsschutz geht[385]. Das Ziel der Justizentlastung ist bei fehlender Einigungsbereitschaft gleichwohl nicht zu erreichen, sodass die gerichtliche Rechtsverfolgung lediglich verzögert wird. Nicht einigungsbereite Parteien „durchlaufen" damit nur eine weitere vorgeschaltete Instanz.

Diese Annahme wird durch eine von der Rechtsanwaltskammer München durchgeführte Befragung bestätigt, in der sie sich bei den als Gütestelle anerkannten Rechtsanwälten ein Jahr nach Inkrafttreten der Regelung nach ihren Einschätzungen erkundigte[386]. Auch die beauftragte Bund-Länder-Arbeitsgruppe zur Evaluierung des § 15a EGZPO kam durch einen länderübergreifenden Vergleich zu dem Ergebnis, dass sich die mit der Einführung einer obligatorischen vorgerichtlichen

381 *Hess*, 67. DJT, Bd. 1; F 32; *Wesche*, ZRP 2004, 49 ff. (50); *Risse*, Alternative Streitbeilegung, 133 ff. (140).

382 *Deckenbrock/Jordans*, MDR 2006, 421 ff. (422); *Hess*, 67. DJT, Bd. 1, F 32.

383 *Feix*, Die Verankerung einvernehmlicher Streitbeilegung im deutschen Zivilprozess, S. 195, Fn. 10.

384 *Röhl/Weiß*, Die obligatorische Streitschlichtung in der Praxis, S. 280 f.; siehe zum Zweck des obligatorischen Schlichtungsverfahrens auch *Rimmelspacher/Arnold*, NJW 2006, 17 ff. (18).

385 *Friedrich*, JR 2002, 397 ff. (401); a.M.: BVerfG NJW-RR 2007, 1073 ff. (siehe insb. 1074). Das BVerfG geht davon aus, dass die gesetzliche Erschwerung des Zugangs zu den Zivilgerichten rechtsstaatlichen Anforderungen entspricht und insbesondere nicht den Verhältnismäßigkeitsgrundsatz verletzt. Die Regelung stelle keine unangemessene Belastung des Rechtssuchenden dar, da auch Vorteile für den Rechtssuchenden gegenüber stünden.

386 Vgl.: *Stickelbrock*, JZ 2002, 633 ff. (638); *Wesche*, ZRP 2004, 49 ff. (50).

Streitschlichtung in Zivilsachen verbundenen Erwartungen in den Bundesländern in weiten Teilen nicht erfüllt haben. Dem Zwischenbericht der Arbeitsgruppe aus dem Jahr 2005 und den Gutachten der Länder Baden-Württemberg, Bayern[387], Nordrhein-Westfalen[388] und Hessen zufolge hat sich die obligatorische Streitschlichtung speziell bei vermögensrechtlichen Streitigkeiten nicht bewährt.

Trotzdem sprach die Bund-Länder-Arbeitsgruppe die Empfehlung aus, auch die vermögensrechtlichen Streitigkeiten von der obligatorischen Streitschlichtung nicht auszunehmen[389]. Dieser Empfehlung wurde teilweise gefolgt. Für Nachbar- und Ehrstreitigkeiten ist die obligatorische Streitschlichtung hingegen grundsätzlich geeignet[390]. Die Mediationstauglichkeit dieser Streitigkeiten wurde von Gesetzgeber gesehen und berücksichtigt. Dies kann jedoch nur unter der Prämisse geschehen, dass sie zielgerichtet und nicht willkürlich eingesetzt wird, wie es bei den Bagatellstreitigkeiten der Fall zu sein scheint[391]. Zwar sind die Erledigungsquoten bei Nachbar- und Ehrstreitigkeiten hoch, die erwartete Entlastung der Gerichte ist dennoch ausgeblieben. Anzahl und Erfolg der durchgeführten Schlichtungen sind verschwindend gering und ein Rückgang der anhängigen Verfahren vor den Zivilgerichten ist nicht zu verzeichnen.

Dies bestätigen auch empirische Untersuchungen zur obligatorischen Streitschlichtung in der Praxis aus dem Jahr 2005. Demnach erfasst die obligatorische Streitschlichtung jährlich etwa 10.000 Fälle. 5.000 Klagen werden dadurch von den Gerichten ferngehalten, sodass es sich bezogen auf alle amtsgerichtlichen Zivilprozesse um weniger als 2 % handelt[392].

Auch für den rechtsberatenden Anwalt stellt das Regelungsgeflecht, welches durch die unterschiedlichen Umsetzungen der einzelnen Länder entstanden ist, eine missliche Lage dar. Er muss bei jedem Fall die landesrechtlichen Gegebenheiten ganz genau prüfen[393]. Eine Besonderheit, die dem ansonsten bundeseinheitlich ausgestalteten Prozessrecht weitgehend fremd ist[394].

Die Hoffnungen einer schnelleren und kostengünstigeren Beilegung des Konflikts und der Justizentlastung haben sich nicht erfüllt. Die Nachteile des Verfahrens,

---

387 *Greger*, Abschlussbericht zum Forschungsprojekt, siehe insb. S. 41 ff., einzusehen unter: http://www.reinhard-greger.de/aber/abschlussbericht.pdf (Zugriff am 01. Mai 2013).

388 *Röhl/Weiß*, Die obligatorische Streitschlichtung in der Praxis, siehe insb. S. 277 ff.

389 Siehe die Empfehlung der Bund-Länder-Arbeitsgruppe in ihrem Abschlussbericht „Umsetzung des § 15 a EGZPO", insb. S. 17.

390 Siehe den Abschlussbericht der Bund-Länder-Arbeitsgruppe, S. 4.

391 *Hess*, 67. DJT, Bd 1, F 133 f.

392 *Röhl/Weiß*, Die obligatorische Streitschlichtung in der Praxis, S. 279.

393 Hier drohen ansonsten Haftungsfallen: Ein vergessenes Schlichtungsverfahren ist nach der Rechtsprechung des BGH nicht nachholbar, vgl. BGH v. 23.11.2004 – IV ZR 336/03, BGHZ 161, 145.

394 *Deckelbrock/Jordans*, MDR 2006, 421 ff. (421).

wie der Verlust von Rechtssicherheit und Rechtseinheitlichkeit, treten in den Vordergrund.

Praktisch alle Bundesländer, die § 15a EGZPO umgesetzt haben, sind den Empfehlungen der Praxis gefolgt und verzichten in Forderungsangelegenheiten auf die obligatorische Streitschlichtung[395]. So haben beispielsweise Schleswig-Holstein[396], Nordrhein-Westfalen[397], Hessen[398], Brandenburg[399], Bayern[400] und das Saarland[401] die vermögensrechtlichen Angelegenheiten wieder vom Erfordernis der Schlichtung befreit. Die meisten übrigen Bundesländer haben gänzlich auf eine gesetzliche Regelung der obligatorischen Schlichtung verzichtet[402].

Es wäre überlegenswert, § 15a EGZPO aufzuheben. Für eine vorgerichtliche Streitbeilegung geeigneten Fälle könnten auf die gerichtsbezogene Mediation verwiesen werden, bei der in jedem Einzelfall – sowohl in Vermögens- und Nachbarschaftsstreitigkeiten als auch bei Persönlichkeitsrechtsverletzungen – geprüft wird, wann sich eine Mediation lohnen würde.

III. Die Europäische Mediationsrichtline (EuMedRL)

Die Entwicklungen bzgl. alternativen Konfliktlösungen und im Speziellen bzgl. der Mediation hat auch der europäische Gesetzgeber wahrgenommen, sodass er für eine einheitliche Regelung des Mediationsverfahrens Handlungsbedarf sah. Am 21. Mai 2008 erließen das Europäische Parlament und der Rat der Europäischen Union die „Richtlinie 2008/52/EG über bestimmte Aspekte der Mediation in Zivil- und Handelssachen" (EuMedRL). Den Mitgliedsstaaten wurde eine Umsetzungsfrist bis zum 21. Mai 2011 gesetzt (Art. 12 EuMedRL). Sie gilt in allen Mitgliedstaaten mit Ausnahme Dänemarks (Art. 1 Abs. 3 EuMedRL).

1. Der Weg zur EuMedRL

Die ersten Schritte zu der EuMedRL gehen bis in das Jahr 1997 zurück. An dieser Stelle werden die wesentlichen Aktivitäten der Europäischen Gemeinschaft kurz wiedergegeben.

---

395 Eine Besonderheit stellt hierbei jedoch Niedersachsen dar. Der Niedersächsische Landtag hat 2004 gegen ein Schlichtungsgesetz gestimmt, hat jedoch die obligatorische Streitschlichtung zum 1.01.2010 eingeführt. Vgl.: http://www.recht-niedersachsen.de/32230/nschlg.htm (Zugriff am 01. Mai 2013).

396 GVOBl. Schl.-H. Nr. 22/2008 S. 831.

397 LT-Dr NRW 14/4975 vom 10. September 2007.

398 GuVBl Hessen Teil I Nr. 28/005 S. 782.

399 Presseinformation vom 13. September 2005 des Landes Brandenburg.

400 LT-Dr Bay 15/3993 vom 15. September 2005.

401 LT-Dr Saar 13/1320 vom 19. April 2007.

402 *Deckelbrock/Jordans*, MDR 2006, 42 ff. (421).

Den Anfang machten zwei Empfehlungen der EG-Kommission im Bereich des Verbraucherschutzes[403]: Die Empfehlung vom 17. April 1998 über die Grundsätze für Einrichtungen, die für die außergerichtliche Beilegung von Verbraucherrechtsstreitigkeiten zuständig sind[404] und die Empfehlung 2001/310/EG aus dem Jahr 2001 über die Grundsätze für an der einvernehmlichen Beilegung von Verbraucherrechtsstreitigkeiten beteiligte außergerichtliche Einrichtungen[405]. Zwar haben Empfehlungen nach Art. 249 Abs. 6 EG keine bindende Wirkung und bleiben auf den Bereich des Verbraucherrechts beschränkt, können jedoch beachtliche praktische Bedeutung haben.

Erwägungsgrund 18 der EuMedRL verweist ausdrücklich auf die Empfehlung 2001/310/EG. Diese ist aus dem Grund besonders wichtig, da sie leitende Prinzipien der Verbrauchermediation formuliert: Die Unparteilichkeit des Mediators, die Transparenz und Effizienz des Verfahrens sowie die Verfahrensfairness[406].

Die Unparteilichkeit des Mediators soll besonders dadurch gewährleistet sein, dass er in keinem Interessenkonflikt zu den Parteien steht. Mit der Verfahrenstransparenz ist speziell die Information über Verfahrenscharakter und -ablauf, Kosten sowie Dauer gemeint.

Die Effizienz des Verfahrens betrifft die Zugänglichkeit und Kostenfreiheit bzw. angemessene Kostenhöhe des Verfahrens etc.

Durch die Freiwilligkeit der Beteiligung, rechtliches Gehör und angemessene Bedenkzeit bei der Zustimmung angeregter Lösungen soll die Fairness des Verfahrens gesichert werden.

Parallel zu diesen ersten Anstößen legte 1998 der Wiener Aktionsplan fest, dass die Einsetzbarkeit außergerichtlicher Streitbeilegung insbesondere von grenzüberschreitenden Ehesachen überprüft werden soll[407].

Am 15./16. Oktober 1999 forderte der Europäische Rat die Mitgliedstaaten während einer Tagung in Tampere auf, alternative außergerichtliche Verfahren zu schaffen[408].

In diesen Fällen hatte der Europäische Rat seine Blickrichtung noch auf die Mitgliedstaaten und nicht auf den Gemeinschaftsgesetzgeber gerichtet. Dies änderte sich mit den „Schlussfolgerungen des (JI) Rates zu alternativen Streitbeilegungsverfahren"

---

403 *Hess*, 67. DJT, Bd. 1, F 91 f.

404 98/257/EG, Abl EU 1998 L 115/31 vom 17. April 1998.

405 2001/310/EG, Abl L 109/56 vom 19. April 2001. http://ec.europa.eu/consumers/redress/out_of_court/adr/acce_just12_de.pdf (Zugriff am 01. Mai 2013).

406 2001/310/EG, Abl L 109/59 ff.

407 Aktionsplan des Rates und der Kommission vom 3. Dezember 1998 zur bestmöglichen Umsetzung der Bestimmungen des Amsterdamer Vertrags über den Aufbau eines Raums der Freiheit, der Sicherheit und des Rechts (Wiener Aktionsplan), Amtsblatt C 19 vom 23. Januar 1999, S. 1.

408 Vgl. Schlussfolgerungen des Vorsitzes: B, V, 30, einsehbar unter: http://www.europarl.europa.eu/summits/tam_de.htm (Zugriff am 01. Mai 2013): B V; siehe auch Erwägungsgrund 2 der RL 2008/52/EG.

vom 29. Mai 2002, welche als „Startschuss“ für die Mediationsarbeiten auf Gemeinschaftsebene angesehen werden können[409].

Es sollten Beratungen über alternative Verfahren zur Streitbeilegung in Zivil- und Handelssachen eingeleitet werden. Letztendlich war damit jedoch klar, dass es nicht bei Beratungen bleiben, sondern, dass es zu Maßnahmen auf europäischer Ebene kommen würde[410]. Außergerichtliche Streitbeilegung wurde insbesondere unter den Stichworten verbesserter Zugang zum Recht, Justizentlastung, Verfahrensverkürzung und Kostenersparnis diskutiert.

Das am 19. April 2002 veröffentlichte Grünbuch „Alternative Verfahren zur Streitbeilegung im Zivil- und Handelsrecht“ war der erste Schritt der Europäischen Kommission, um dieses erklärte Ziel zu erreichen[411]. Das Bewusstsein für und das Vertrauen in die Mediation sollten geweckt werden[412].

Ein weiterer entscheidender Schritt war im Jahr 2003 die Regelung zur Prozesskostenhilfe. Nach Art. 10 der Richtlinie 2003/8/EG soll für die obligatorische, außergerichtliche Streitbeilegungsverfahren ein Anspruch auf Prozesskostenhilfe bestehen.[413]

Im April 2004 folgte der Richtlinienvorschlag zur Mediation in Zivil- und Handelssachen durch die Kommission.

Zugleich wurde ein Verhaltenskodex für Mediatoren („European Code of Conduct on Mediation[414]) erarbeitet, der am 2. Juli 2004 während einer Mediationskonferenz in Brüssel vorgestellt und angenommen wurde. Ziel der Einführung eines Verhaltenskodex war, die Selbstregulierung durch die Berufsvereinigungen europäischer Mediatoren im Bereich ethischer Standards zu fördern[415]. Verbindlich ist dieser Code nicht. Mediatoren und Verbände, die diese Standards einhalten, können sich in eine Liste auf der Website des Europäischen Justiziellen Netzes registrieren lassen[416]. Zur Zeit sind dort 98 Einträge vorhanden. Eine Kontrolle der Einhaltung des Kodex, der sich im Wesentlichen mit der Qualifikation des Mediators und Verfahrensgrundsätzen auseinandersetzt, erfolgt allerdings nicht[417].

Vier Jahre später folgte die Mediationsrichtlinie. Mit deren Zielen, Anwendungsbereich und Regelungsinhalt befassen sich die nächsten Abschnitte.

---

409 *Meyer-Cabri van Amelrode*, Die Zukunft der Mediation in Deutschland, 39 ff. (40).

410 *Meyer-Cabri van Amelrode*, Die Zukunft der Mediation in Deutschland, 39 ff. (40).

411 *Duve*, AnwBl 2004, 1 ff (1); *Sharma*, HB Mediation,§ 51, Rdnr. 11 ff, 17 ff.

412 *Meyer-Cabri van Amelrode*, Die Zukunft der Mediation in Deutschland, 39 ff. (43).

413 Eine deutsche Durchführungsgesetzgebung besteht hierzu bisher nicht. Siehe aber § 15a EGZPO, der allerdings auf grenzüberschreitende Streitigkeiten nicht anwendbar ist.

414 Der Verhaltenskodex ist einsehbar unter: http://ec.europa.eu/civiljustice/adr/adr_ec_code_conduct_de.pdf (Zugriff am 01. Mai 2013).

415 *Hess*, 67. DJT, Bd. 1, F 97.

416 Vgl.: http://ec.europa.eu/civiljustice/adr/adr_ec_list_org_en.pdf (Zugriff am 01. Mai 2013).

417 *Hess*, 67. DJT, Bd. 1, F 97.

2. Ziele der EuMedRL

Ein erklärtes Ziel der Europäischen Union ist es, den Zugang zum Recht zu erleichtern (Art. 1 Abs. 1 EuMedRL). Im Rahmen der EuMedRL soll dies durch gemeinsame Mindestnormen über wesentliche Aspekte der Mediation erreicht werden.

In den Erwägungsgründen zur Richtlinie heißt es, dass der vereinfachte Zugang zum Recht sowohl über gerichtliche als auch über außergerichtliche Verfahren angegangen werden soll (Erwägungsgrund 5 EuMedRL). Den außergerichtlichen Streitbeilegungsmöglichkeiten widmet sich diese Richtlinie, Art. 1 Abs. 1 EuMedRL. Sie möchte die wichtigsten Schnittstellen zwischen Mediations- und Gerichtsverfahren regeln, wobei die außergerichtliche Streitbeilegung nicht in Konkurrenz zu gerichtlichen Verfahren steht und diese nicht ablöst[418]. Ziel ist es, das Verfahren der Mediation für den Fall eines erfolgreichen Verlaufs zu fördern. Im Falle eines Scheiterns sollen den Beteiligten keine Nachteile entstehen.

Die Förderung der Attraktivität und Akzeptanz von Mediation als Mittel außergerichtlicher Streitbeilegung steht im Fokus der EuMedRL. Dieses Ziel wird durch drei Schwerpunkte angestrebt:

- zunächst durch eine Mindestharmonisierung des Rechtsrahmens, der Rechtssicherheit und ein ausgewogenes Verhältnis zwischen Mediation und Gerichtsverfahren garantiert,
- zweitens durch eine verstärkte Vernetzung von Mediations- und Gerichtsverfahren
- und zuletzt durch gezielte Maßnahmen zur Qualitätssicherung[419].

3. Räumlicher und sachlicher Anwendungsbereich

Nach Art. 1 Abs. 2 EuMedRL gilt die Richtlinie bei grenzüberschreitenden Streitigkeiten für Zivil- und Handelssachen einschließlich des Arbeitsrechts. Nach Art. 2 Abs. 1 EuMedRL liegt eine solche Streitigkeit vor, wenn die Parteien ihren Wohnsitz im Sinne der Art. 59, 60 EuGVVO[420] in verschiedenen Mitgliedsstaaten haben. Der Anstieg grenzüberschreitender Konflikte durch den zunehmenden Handel, die erhöhte Mobilität der Bürger sowie die wachsenden Verflechtungen der Wirtschaftstätigkeiten bilden den Hintergrund für die verstärkte Hinwendung zu alternativen Konfliktlösungsmöglichkeiten für diese Art von Streitigkeiten. Gerade die grenzüberschreitenden Konflikte leiden unter der Schwerfälligkeit der herkömmlichen Gerichtsverfahren und deren hohen Kosten, was den Parteien die effektive Rechtswahrnehmung erschwert[421]. Ein Vorteil des Mediationsverfahrens ist, dass

418 *Sharma*, HB Mediation, § 51, Rdnr. 11 ff., 21.

419 *Eidenmüller/Prause*, NJW 2008, 2737 ff. (2737).

420 Verordnung (EG) Nr. 44/2001 des Rates vom 22. Dezember 2000 über die gerichtliche Zuständigkeit und die Anerkennung und Vollstreckung von Zivil- und Handelssachen, ABlEG vom 16. Januar 2001 Nr. L 12, S. 1.

421 *Eidenmüller/Prause*, NJW 2008, 2737 ff. (2737).

es im Gegensatz zum Gerichtsverfahren nicht an nationale Verfahrensordnungen gebunden ist[422]. Somit können bestehende nationale Regelungen zur Mediation eine europäische Regelung weniger beeinflussen[423].

Nach Erwägungsgrund 8 zur EuMedRL ist es den Mitgliedstaaten ausdrücklich freigestellt, die Richtlinienbestimmungen auch auf interne Mediationsverfahren anzuwenden. Ein nationales Mediationsgesetz ist aus europäischer Sicht sogar wünschenswert, da es den Gesamtansatz „Mediation als Konfliktlösungsmöglichkeit" in der Europäischen Union ergänzen und vervollständigen würde[424]. Das Bundesministerium der Justiz hat in diesem Zusammenhang schon frühzeitig zum Ausdruck gebracht, dass es eine Ausdehnung der Bestimmungen zur Mediation auch auf nationale Streitigkeiten als vorzugswürdig ansieht, da die Mediation so insgesamt auf eine einheitliche Grundlage gestellt würde. Dadurch würde eine Rechtszersplitterung in den einzelnen Mitgliedstaaten verhindert, und den streitenden Parteien kämen die Vorzüge der Richtlinie in jedem Fall zu[425]. Durch die Schaffung eines nationalen Mediationsgesetzes hofft man, die Attraktivität und die Akzeptanz der Mediation für die Parteien zu steigern. Hierfür müssen verlässliche und transparente Standards zu allen qualitativen und quantitativen Aspekten geschaffen werden[426].

4. Regelungsinhalt

Die „Richtlinie über bestimmte Aspekte der Mediation in Zivil- und Handelssachen" strebt – wie schon ihr Name verrät – keine umfassende Regelung der Mediation an, sondern bezieht sich lediglich auf bestimmte Rahmenpunkte.

Neben einer Definition für den Begriff der Mediation und des Mediators (Art. 3 EuMedRL) sowie allgemeinen Aussagen zur Sicherung von Qualitätsstandards (Art. 4 EuMedRL) macht sie lediglich in den Art. 6 bis 8 bindende Vorgaben für die Mitgliedstaaten. In Art. 6 verpflichtet sie die Mitgliedstaaten, die Vollstreckbarkeit von Vereinbarungen, in Art. 7 die Vertraulichkeit der Mediation und in Art. 8 die Hemmung der Verjährung während eines Mediationsverfahrens zu regeln.

Nach Art. 3 lit. a EuMedRL ist unter Mediation ein strukturiertes Verfahren zu verstehen, bei dem die Streitparteien mit Hilfe eines Mediators auf freiwilliger Basis selbst versuchen, eine Vereinbarung über die Beilegung ihrer Streitigkeit zu erzielen. Dabei kann das Verfahren durch die Parteien selbst eingeleitet werden, durch ein Gericht vorgeschlagen oder angeordnet werden, aber auch nach nationalem Recht vorgeschrieben sein. Besonders Erwägungsgrund 11 zur Richtlinie ist hierbei zu beachten. Daraus wird deutlich, dass die Richtlinie nicht auf vorvertragliche

422 *Sujecki*, EuZW 2010, 7 ff. (7).
423 *Wagner/Thole*, FS für Kropholler, 915 ff. (916).
424 *Meyer-Cabri van Amelrode*, Zukunft der Mediation in Deutschland, 39 ff. (53).
425 Leitlinien des Bundesministeriums der Justiz zur Umsetzung der europäischen Mediations-Richtlinie, nachzulesen in ZKM 2008, 132 ff. (132); siehe auch BT-Drucks. 17/5335, S. 11.
426 *Tögel/Rohlff*, ZRP 2009, 209 ff. (210).

Verhandlungen, Schiedsverfahren, Schlichtungsverfahren – hierunter fällt auch die Tätigkeit der Gütestellen der Ärztekammern – sowie Schiedsgutachterverfahren anwendbar ist. Somit sind Verfahren ausgeschlossen, in denen die neutrale dritte Person aktiv das Verfahren gestaltet und somit mehr als nur eine unterstützende Rolle einnimmt. Auch Schlichtungsverfahren nach § 15a EGZPO sind damit nicht von der EuMedRL gedeckt. Zugleich fallen Vergleichsbemühungen des Streitgerichts nach § 278 Abs. 1 ZPO nicht unter den Mediationsbegriff der Richtlinie. Liegt hingegen ein Fall des § 278 Abs. 5 S. 1 ZPO (innerhalb eines Mediationsverfahrens tritt ein anderer Richter als Mediator auf) oder des § 278 Abs. 5 S. 2 ZPO vor – innerhalb eines Mediationsverfahrens tritt ein neutraler Dritter als Mediator auf – ist die EuMedRL anwendbar, da es sich dann um eine Person handelt, die vom streitentscheidenden Richter personenverschieden ist[427].

Ein Anliegen der EuMedRL ist es, den Zugang zu einem Mediationsverfahren auch dann zu gewähren, wenn sich die Parteien schon in einem streitigen Verfahren vor Gericht befinden.

Nach Art. 5 Abs. 1 EuMedRL haben die nationalen Gerichte daher das Recht, den Parteien die Durchführung eines Mediationsverfahrens vorzuschlagen. Sie können sie auffordern, an einer Mediation zur Streitbeilegung teilzunehmen oder jedenfalls eine Informationsveranstaltung über die Nutzung von Mediation zu besuchen. Hierbei handelt es sich nicht um eine bindende Verweisungsmöglichkeit. Den Mitgliedstaaten ist es nach Art. 5 Abs. 2 EuMedRL jedoch selbst überlassen, ob sie strengere Regelungen erlassen möchten, die eine obligatorische Inanspruchnahme von Mediation anordnen[428].

Kernanliegen der Richtlinie sind jedoch die Regelungen zur Vollstreckung von Mediationsvergleichen, zur Vertraulichkeit der Mediation und zu den Auswirkungen auf die Verjährungsfristen[429].

Die Mitgliedstaaten haben nach Art. 6 Abs. 1 EuMedRL die Pflicht, sicherzustellen, dass der Inhalt einer im Mediationsverfahren erzielten schriftlichen Vereinbarung auf Veranlassung der Parteien vollstreckbar gemacht werden kann.

Nach Art. 7 EuMedRL soll die Vertraulichkeit des Mediationsverfahrens garantiert werden. Die Richtlinie verfolgt einen personenbezogenen Ansatz bzgl. der Vertraulichkeitsregelung. Hiernach erhalten der Mediator sowie eine in die Durchführung des Mediationsverfahrens eingebundene Hilfsperson ein Aussageverweigerungsrecht, was jedoch durch Parteivereinbarung beschränkt werden kann. Dadurch wird keine Geheimhaltungspflicht des Mediators und der Hilfsperson begründet, sodass das Aussagerecht dieser Personen unberührt bleibt[430]. Durch Art. 7 Abs. 1 EuMedRL werden die Parteien nicht gehindert, die im Rahmen eines Verfahrens erlangten Informationen in einem sich anschließenden Gerichtsverfahren – wenn die Medi-

---

427 *Eidenmüller/Prause*, NJW 2008, 2737 ff. (2739).

428 *Eidenmüller/Prause*, NJW 2008, 2737 (2740); *Sujecki*, EuZW 2010, 7 ff. (9).

429 *Sujecki*, EuZW 2010, 7 ff. (9).

430 *Wagner/Thole*, FS für Kropholler, 915 ff. (936).

ation scheitert – zu verwenden. Eine Abrede, die dieses verhindert, ist vielmehr der Initiative der Parteien überlassen. Der Abs. 2 EuMedRL stellt allerdings klar, dass eine strengere Regelung durch die Mitgliedstaaten zum Schutz der Vertraulichkeit des Mediationsverfahrens möglich ist.

Art. 8 Abs. 1 EuMedRL verpflichtet die Mitgliedstaaten dazu, sicherzustellen, dass, wenn während eines Mediationsverfahrens die Verjährungsfristen ablaufen, die Parteien nicht daran gehindert werden, bei Scheitern der Mediation ein Gerichtsverfahren anzustrengen. Hierdurch soll den Parteien der Zeitdruck einer ablaufenden Verjährungsfrist genommen werden, sodass sich der Nutzen eines Mediationsverfahrens einstellen kann[431].

Neben diesen verpflichtenden Bestimmungen enthält u.a. Art. 4 EuMedRL die Aufforderung, einen freiwilligen Verhaltenskodex für Mediatoren einzuführen, die Aus- und Weiterbildung von Mediatoren zu regeln und zu fördern. Fakultative Regelungsbereiche sind weiterhin Vorschriften zur außergerichtlichen (unabhängig von einem Gerichtsverfahren durchgeführte), gerichtsnahen (während eines Gerichtsverfahrens außerhalb des Gerichts durchgeführte) und gerichtsinternen (während eines Gerichtsverfahrens innerhalb des Gerichts von einem nicht erkenntnisbefugten Richter durchgeführte) Mediation sowie Regelungen zur Verzahnung der verschiedenen Mediationsformen.

5. *Bewertung der EuMedRL*

Die zurückhaltende Gesetzgebung des europäischen Gesetzgebers ist grundsätzlich begrüßenswert. Auf der einen Seite soll das Mediationsverfahren nicht durch eine hohe Regelungsdichte seiner Flexibilität und der Selbstbestimmtheit der Parteien im Verfahren beraubt werden. Auf der anderen Seite birgt dieses Vorgehen auch Risiken – wie Rechtsunsicherheit und Rechtszersplitterung. Es stehen sich damit ein kohärenter Regelungsrahmen und die Gefahr der Überregulierung gegenüber.

Lobenswert ist, dass die Grundstrukturen des Mediationsverfahrens sowie einheitliche Regelungen zur Vollstreckbarkeit, Vertraulichkeit und Verjährung festgelegt wurden.

Bedauerlicherweise verweist der europäische Gesetzgeber in Art. 6 EuMedRL zur Titulierung der Mediationseinigungen auf die nationalen Verfahrensgesetze. Damit überlässt man den Mitgliedstaaten die Ausgestaltung des Maßstabes, wie die Einhaltung zwingenden Rechts durch die Abschlussvereinbarung kontrolliert werden soll[432]. Dieser Maßstab kann von Mitgliedstaat zu Mitgliedstaat sehr unterschiedlich bemessen sein.

In Art. 7 EuMedRL wäre eine Regelung wünschenswert gewesen, die jedenfalls ein Beweisverwertungsverbot von Urkunden und Augenscheinobjekten beinhaltet.

431 *Eidenmüller/Prause*, NJW 2008, 2737 ff. (2740).

432 *Hess*, 67. DJT, Bd. 1, F 96.

Viel mehr ins Gewicht fallen jedoch die mangelnden Ausführungen zur Qualitätssicherung und Öffentlichkeitsarbeit. So wären spezifische Erörterungen zum Berufsbild des Mediators wünschenswert gewesen. Art. 4 EuMedRL enthält lediglich allgemeine Vorgaben zur Förderungspflicht der Qualitätsstandards sowie Aus- und Fortbildungsangeboten. Welche Anforderungen ein Mediator im Besonderen zu erfüllen hat, bleibt offen.

Auch eine nachdrückliche Aufforderung zu mehr Öffentlichkeitsarbeit, um die Mediation als Verfahren populärer zu machen, wäre erstrebenswert gewesen. Fraglich ist, ob die getroffenen Regelungen einer größeren Akzeptanz von alternativen Konfliktlösungen in der Öffentlichkeit dienen. Die Bestimmungen, die die Richtlinie trifft, beziehen sich nahezu alle auf die Situation, in denen sich die Parteien schon in einer Mediationssitzung befinden oder bereits den Weg zum Gericht gegangen sind. Der Anknüpfungspunkt, um eine nachhaltige Etablierung der Mediation in der Streitkultur zu erreichen, ist jedoch viel früher anzusiedeln. Hier hätte Handlungsbedarf bestanden. Dies strukturell anzugehen, ist Aufgabe der Mitgliedstaaten geblieben.

6. Umsetzung durch den nationalen Gesetzgeber

Das Bundesjustizministerium hat schon 2008 in seinen Leitlinien zur Umsetzung der EuMedRL zwingende Regelungsbereiche für die Vollstreckbarkeit, Vertraulichkeit und Verjährung festgelegt.

Nach einem Referentenentwurf vom Juli 2010 ist am 26. Juli 2012 das MediationsG und zahlreiche Änderungen bestehender Regelungen aus dem GVG und der ZPO, dem FamFG, ArbGG, SGG sowie der VwGO, FGO in Kraft getreten. Mit diesen Neureglungen hat der nationale Gesetzgeber die Mediation auch bei innerstaatlichen Streitigkeiten auf eine einheitliche Grundlage gestellt. Die Mediationsrichtlinie zum Anlass zu nehmen, auch eine nationale Regelung der Mediation zu verabschieden, ist begrüßenswert. Der Bedarf nach einem Mediationsgesetz im Bereich der Binnenstreitigkeiten ist deutlich höher einzustufen als der auf Ebene internationaler Streitigkeiten. Diesen Bereich konnte die Europäische Union aus Kompetenzgründen in ihrer Richtlinie nicht erfassen.

Es ist auch das Ziel des nationalen MediationsG, die Mediation und andere Verfahren außergerichtlicher Streitbelegung zu fördern[433]. Sie sollen im Bewusstsein der Bevölkerung und der in der Rechtspflege tätigen Berufsgruppen stärker verankert werden[434]. Denn trotz der Vielzahl der bestehenden Möglichkeiten außergerichtlicher Konfliktbeilegung werden in Deutschland nach wie vor viele Streitigkeiten vor Gericht ausgetragen[435]. Mit den Neuregelungen und der Stärkung besonders von außergerichtlichen Mediationen soll die Streitkultur in Deutschland verbessert

433 BT-Drucks. 18/8058, S. 1.

434 BT-Drucks. 17/5335, S. 11.

435 BT-Drucks. 17/5335, S. 11; vgl. auch Kapitel. 1, B,I.

werden[436]. Es wird davon ausgegangen, dass die Mediation als Alternative zur Beilegung von Streitigkeiten erst dann wirklich ernst genommen wird, wenn sie auf einer legislatorischen Grundlage steht[437].

Hauptanliegen des Gesetzes ist es, die Vertraulichkeit des Mediationsverfahrens und die Vollstreckbarkeit von in der Mediation geschlossenen Vereinbarungen zu erleichtern. Zudem werden Voraussetzungen zu den Grundkenntnissen und Kernkompetenzen eines Mediators festgelegt sowie die Bezeichnung „zertifizierter Mediator“ gesetzlich verankert[438].

a) *Begriffsbestimmung und Aufgaben des Mediators*

In § 1 MediationsG werden die Begriffe „Mediation“ und „Mediator“ legaldefiniert.

Nach Abs. 1 S. 1 ist eine Mediation „[...] ein vertrauliches und strukturiertes Verfahren, bei dem die Parteien mit Hilfe eines oder mehrerer Mediatoren freiwillig und eigenverantwortlich eine einvernehmliche Beilegung ihres Konfliktes anstreben. [...]“.

Der Mediator muss eine unabhängige und neutrale Person ohne Entscheidungsbefugnis sein (§ 1 Abs. 2 MediationsG).

In § 2 MediationsG werden die wesentlichen Aufgaben und Pflichten des Mediators dargelegt. § 2 MediationsG konkretisiert die Verantwortung des Mediators für ein strukturiertes Verfahren. Hierfür werden auch einige Kernelemente des Europäischen Verhaltenskodexes aufgegriffen. Abs. 1 ist Ausdruck des Selbstbestimmungsrechts der Parteien im Mediationsverfahren – sie wählen den Mediator aus. Der Mediator muss sich vergewissern, dass die Parteien freiwillig an der Mediation teilnehmen (§ 2 Abs. 2 MediationsG). Der Mediator hat den Verfahrensrahmen zu beachten und die Einhaltung der Verfahrensregeln zu garantieren[439]. § 2 Abs. 3 S. 1 MediationsG sowie die §§ 1 Abs. 2, 3 MediationsG verpflichten ihn zur Neutralität. Zudem hat er die Parteien, die ohne fachliche Beratung an der Mediation teilnehmen zu ihrem Schutz nach § 2 Abs. 6 S. 2 MediationsG darauf hinzuweisen, dass die in der Mediation getroffenen Vereinbarungen durch Externe überprüft werden können.

b) *Offenbarungspflichten/Tätigkeitsbeschränkungen*

§ 3 Abs. 1 MediationsG dient der Sicherung der Neutralität und Unabhängigkeit des Mediators. Danach hat der Mediator alle Umstände offenzulegen, die seine Neutralität und Unabhängigkeit beeinträchtigen. Diese Gefahr besteht insbesondere dann, wenn er persönliche oder geschäftliche Beziehungen zu einer der Parteien unterhält[440]. § 3 Abs. 2 und 3 MediationsG enthalten weitere Einschränkungen.

---

436 BT-Drucks. 17/5335, S. 11.
437 *Wagner*, RabelsZ 74 (2010), 794 ff. (797).
438 BT-Drucks. 17/8058, S. 1.
439 BT-Drucks. 17/5335, S. 15.
440 BT-Drucks. 17/5335, S. 16.

Nach § 3 Abs. 5 MediationsG können die Parteien den Mediator um Auskunft über seinen fachlichen Hintergrund, seine Ausbildung und seine Erfahrungen auf dem Gebiet der Mediation bitten. Auf Verlangen der Parteien ist der Mediator verpflichtet, dahingehend Auskunft zu geben. Um eine informierte Auswahlentscheidung treffen zu können, muss die Qualifikation des Mediators für die Parteien transparent sein. Nur so können sie eine informierte Auswahlentscheidung treffen. Wie der Mediator die Parteien aufklärt, steht ihm frei. Dies kann beispielsweise durch Informationsbroschüren oder entsprechende Erläuterungen auf seiner Internetseite geschehen[441].

c) Aus- und Fortbildung

In § 5 MediationsG werden Regelungen zur Aus- und Fortbildung des Mediators getroffen.

Einigkeit besteht darüber, dass die eingesetzten Mediatoren über bestimmte Kernkompetenzen verfügen müssen, um eine Mediation kompetent durchführen zu können. Ihre Aus- und Fortbildung soll vor allem Kenntnisse über Grundlagen der Mediation, ihren Ablauf und Rahmenbedingungen, Verhandlungs- und Kommunikationstechniken, Konfliktkompetenz, das Recht der Mediation und die Rolle des Rechts in der Mediation sowie praktische Übungen, Rollenspiele und Supervisionen vermitteln (vgl. § 5 Abs. 1 Nr. 1 bis 5 MediationsG). Aus Gründen der Qualitätssicherung und Markttransparenz wird diese Präzisierung für notwendig gehalten[442]. In § 5 Abs. 2 und 3 MediationsG wird die Bezeichnung „zertifizierter Mediator“ gesetzlich verankert. Danach ist demnächst zwischen dem „Mediator“ und dem „zertifizierten Mediator“ zu unterscheiden. Im Zusammenspiel mit der nach § 6 MediationsG zu erlassenden Verordnung werden die Voraussetzungen für das Führen dieser Bezeichnung festgelegt. § 6 MediationsG ermächtigt das Bundesministerium der Justiz zum Erlass der Verordnung über die Aus- und Fortbildung von zertifizierten Mediatoren. 120 Zeitstunden werden zur Vermittlung der nötigen Ausbildungsinhalte für erforderlich gehalten[443]. Damit wird der Zugang zur Mediatorentätigkeit zwar nicht gesetzlich reglementiert. §§ 5 und 6 MediationsG sollen die Mediatoren jedoch dazu anhalten, ihre Aus- und Fortbildung in eigener Verantwortung fachgerecht durchzuführen und damit einen Beitrag zur Qualitätssicherung und Markttransparenz zu leisten.

d) Abschaffung der gerichtsinternen Mediation

Die gerichtsinterne Mediation wurde – anders als vorerst angenommen[444] – nicht auf eine einheitliche Gesetzesgrundlage gestellt, sondern abgeschafft. Die

441 BT-Drucks. 17/5335, S. 17.
442 BT-Drucks. 17/8058, S. 18.
443 BT-Drucks. 17/8058, S. 18 ff. Vgl. darin auch den erforderlichen Ausbildungsinhalt nach gegenwärtigem Erkenntnisstand, S. 19 f.
444 Vgl. den vorigen Gesetzesentwurf, BT-Drucks. 17/5335.

unterschiedlich praktizierten Modelle gerichtsinterner Mediation werden in ein bundesweit eingeführtes „Güterichtermodell“[445] überführt. Die bislang durchgeführte gerichtsinterne Mediation darf noch bis zum 1. August 2013 weiter betrieben werden, § 9 Abs. 1 MediationsG. § 278 Abs. 5 ZPO[446] wurde dahingehend geändert, dass das Gericht die Parteien für die Güteverhandlung sowie für weitere Güteversuche vor einen Güterichter als beauftragen oder ersuchten Richter verweisen kann. Mit § 278 Abs. 5 ZPO wurde das Güterichtermodell auf eine einheitliche Gesetzesgrundlage gestellt. Der Gesetzgeber gibt an, dass das Modell des Güterichters die mediativen Elemente der bisherigen gerichtlichen Mediation übernehme, sodass die durch die Richterschaft erfolgreich betriebenen Aktivitäten in diesem Bereich nicht verloren gingen[447]. Vielmehr würde die Kompetenz und Erfahrung der Richtermediatoren genutzt und fortentwickelt[448]. Die Abschaffung der gerichtlichen Mediation und deren Überführung in das Güterichtermodell sollen zu einer klaren Abgrenzung richterlicher Streitschlichtung und Mediation führen[449]. Der Güterichter sei zwar kein Mediator, sei jedoch nicht daran gehindert, die Techniken und Methoden der Mediation in einer Güteverhandlung anzuwenden. Zugleich sei es ihm in seiner Rolle als Güterichter – anders als dem früheren Richtermediator – erlaubt, rechtliche Bewertungen vorzunehmen und den Parteien eine Lösung für ihren Konflikt vorzuschlagen[450]. Ein weiterer Unterschied zum Richtermediator sei, dass er auch ohne Zustimmung der Parteien Einsicht in die Gerichtsakten nehmen und einen Vergleich protokollieren kann[451].

e) Vollstreckbarkeit von Mediationsvereinbarungen

Nach deutschem Recht besteht schon die Möglichkeit der Titulierung eines Mediationsvergleichs. Hierfür kommt beispielsweise der Anwaltsvergleich nach den §§ 796 a ff ZPO in Betracht. Dieser ist nach § 794 Abs. 1 Nr. 4b ZPO ein Vollstreckungstitel[452]. Des Weiteren ist die Möglichkeit vorhanden, sich eine vollstreckbare notarielle Urkunde nach § 794 I Nr. 5 ZPO ausstellen zu lassen. Eine Alternative hierzu besteht, wenn eine Mediation durch den ersuchenden Richter durchgeführt und das Ergebnis in einem Prozessvergleich aufgenommen wird, da hier § 794 Abs. 1 Nr. 1 ZPO anwendbar ist.

Genauso verhält es sich bei einer Mediationsvereinbarung, die vor einer anerkannten Gütestelle geschlossen wird, da auch hier § 794 Abs. 1 Nr. 1 ZPO

---

445 Das Güterichter-Modell wird bereits in Bayern und Thüringen praktiziert.
446 Diese Regelung findet sich nunmehr auch in anderen Vorschriften, vgl. bspw.§ 36 Abs. 5 FamFG.
447 BT-Drucks. 17/8058, S. 16.
448 BT-Drucks. 17/8058, S. 17.
449 BT-Drucks. 17/8058, S. 17.
450 BT-Drucks. 17/8058, S. 17 f.
451 BT-Drucks. 17/8058, S. 17.
452 *Lörcher/Lörcher*, HB Mediation, § 45, Rdnr. 19 ff.

Anwendung findet. Soweit der Mediator auch eine landesrechtlich anerkannte Gütestelle ist, kann dieser den Mediationsvergleich nach § 797 a Abs. 4 ZPO in Form eines Vollstreckungstitels ausfertigen[453]. Zur Ausweitung diese Regelungen wurde kein Bedarf gesehen.[454]

f) Verschwiegenheitspflicht

Ein allgemein geltendes Zeugnisverweigerungsrecht für Mediatoren gibt es in Deutschland nicht. Zwar gilt § 383 Abs. 1 Nr. 6 ZPO für als Mediatoren auftretende Rechtsanwälte, Notare und weitere wenige Berufsgruppen, ist jedoch auf andere Mediatoren, die nicht aus diesen Berufsgruppen stammen, nicht anwendbar.

§ 4 MediationsG sieht eine Verschwiegenheitspflicht für den Mediator und in die Durchführung des Mediationsverfahrens eingebundene Personen vor. Die innerhalb eines Mediationsverfahrens bekannt gewordenen Informationen dürfen nicht weitergegeben werden (§ 4 Abs. 1 MediationsG). Aus der Verschwiegenheitspflicht folgt zugleich ein Zeugnisverweigerungsrecht in der Zivilprozessordnung nach § 383 Abs. 1 Nr. 6 ZPO und allen auf sie verweisenden Verfahrensordnungen. § 4 MediationsG verdrängt damit als *lex specialis* die berufsrechtlichen Bestimmungen der Grundberufe der Mediatoren. Damit wird garantiert, dass der Vertraulichkeitsschutz bei allen Mediatoren gleich gesichert ist.[455] Mediatoren haben die Parteien über den Umfang ihrer Verschwiegenheitspflicht gemäß § 4 S. 4 MediationsG zu informieren.

g) Verjährungshemmung

Die Anforderungen der Verjährungshemmung erfüllt Deutschland mit seiner nationalen Regelung schon, indem es die Mediation als eine strukturierte Verhandlung im Sinne des § 203 S. 1 BGB einstuft. Während der Mediationsverhandlungen ist die Verjährungsfrist gehemmt. Nach erfolglosem Ablauf der Mediation tritt eine dreimonatige Ablaufhemmung nach § 203 S. 2 BGB ein. Nun kann der Gläubiger den Anspruch vor einem staatlichen Gericht geltend machen und führt damit wiederum die Ablaufhemmung gem. § 204 Abs. 1 Nr. 1, 11 BGB herbei. Weiterreichende Regelungen sieht der nationale Gesetzgeber nicht vor.

h) Weitere Regelungsbereiche

Das nationale MediationsG und die Änderungen in den bestehenden Gesetzen gehen inhaltlich über die zwingenden Anforderungen der EuMedRL hinaus. Entsprechend

---

453 *Sujecki*, EuZW 2010, 7 ff. (10).

454 Die vorher geplante Einführung eines § 796d ZPO (vgl. BT-Drucks. 17/5335) wurde im Gesetz nicht berücksichtigt.

455 BT-Drucks. 17/5335, S. 17. Dieses ist insbesondere für die Co-Mediation von Bedeutung. Hier ist es nur schwer vermittelbar, warum die Mediatoren aus unterschiedlichen Grundberufen verschiedenen Verschwiegenheitspflichten unterliegen sollen.

der Zielsetzung der Bundesregierung sollen die außergerichtliche Konfliktbeilegung und insbesondere die Mediation intensiv gefördert werden.

So soll in Zukunft bereits in der Klageschrift angegeben werden, ob eine Mediation vorausgegangen ist, § 253 Abs. 3 Nr. 1 ZPO. Zudem muss angegeben werden, warum solch ein Versuch unterlassen wurde. Dieselbe Regelung findet sich nunmehr auch in § 23 Abs. 1 S. 3 FamFG. Die in der Rechtspflege tätigen Berufsgruppen werden damit verpflichtet, über das gesamte Spektrum der verfügbaren Konfliktlösungsmodelle im konkreten Einzelfall zu informieren.

Durch die Einführung des § 278a ZPO sollen die Richter den Parteien verstärkt eine außergerichtliche Mediation vorschlagen können. Durch die Vorschrift soll die Möglichkeit einer außergerichtlichen Konfliktlösung auch bei bereits anhängigen Streitigkeiten verdeutlicht werden.

Auch in das FamFG wurde die Regelung des § 278a ZPO mit § 36a FamFG übertragen. Die Möglichkeit, den Beteiligten eine außergerichtliche Streitbeilegung vorzuschlagen, besteht durch die neu eingeführten § 36a FamFG und § 278a ZPO i.V.m. § 113 Abs. 2 FamFG für sämtliche Familiensachen.

Das Vorschlagsrecht des Richters zu einem Mediationsverfahren findet sich nunmehr auch im ArbGG, SGG, in der VwGO und FGO sowie im PatG und MarkenG.

Außerdem sollen nach § 7 MediationsG wissenschaftlich begleitete Modellprojekte ermöglicht werden, um in Zusammenarbeit mit den Ländern zu untersuchen, wie sich eine finanzielle Förderung der Mediation auswirken würde. Mit diesem Bestreben erhofft man sich, zahlreiche im Wege der Prozess- und Verfahrenshilfe finanzierte Gerichtsverfahren zu vermeiden, welche die Ausgaben der Länder stark belasten[456].

Nach § 8 MediationsG wird die Bundesregierung verpflichtet, die Auswirkungen des MediationsG auf die Entwicklung von Mediation in Deutschland und im Hinblick auf die Aus- und Fortbildung von Mediatoren zu evaluieren.

7. Kritik an der nationalen Umsetzung der EuMedRL

Die Umsetzung durch den nationalen Gesetzgeber ist begrüßenswert. Insbesondere die Zurückhaltung in der Gesetzgebung ist zu würdigen. Durch eine restriktive Regelungsdichte wird die Weiterentwicklung dieser Verfahrensart nicht gehemmt, sondern kann sich weiterhin frei entfalten. Zudem ist es lobenswert, dass sich der Gesetzgeber mit seinen Regelungen nicht nur auf grenzüberschreitende Streitigkeiten beschränkt hat, sondern die EuMedRL zum Anlass nahm, gleichzeitig eine national geltende Regelung einzuführen. Dadurch wird einer Rechtszersplitterung vorgebeugt und eine veränderte Rechts- und Streitkultur gefördert.

456 BT-Drucks. 17/5335, S. 18.

a) Vollstreckbarkeitserklärung

Das MediationsG enthält keinerlei Neureglungen zur Vollstreckbarkeit von Inhalten einer Mediationsvereinbarung. Die Medianten sind weiterhin auf die schon bestehenden Möglichkeiten der §§ 794 ff ZPO angewiesen. Bekannt ist allerdings, dass der Anwaltsvergleich (§§ 796a ff ZPO) nach § 794 Abs. 1 Nr. 4b ZPO zwar ein Vollstreckungstitel ist[457], jedoch auf Grund seiner Umständlichkeit und hohen Kosten selten zum Einsatz kommt[458]. Und auch die Möglichkeit, sich eine vollstreckbare notarielle Urkunde nach § 794 I Nr. 5 ZPO ausstellen zu lassen, wird aufgrund der hohen Kosten wenig genutzt[459]. Diese Möglichkeiten hätten ausgebaut werden können. Andererseits ist zweifelhaft, ob für eine Regelung zur Vollstreckbarkeit – wie sie im früheren Gesetzesentwurf vorgesehen war[460] – Bedarf bestanden hätte. Schließlich sind privatrechtliche Mediationsvergleiche allein aufgrund ihrer Einklagbarkeit schon vollstreckbar. Hinzu kommt, dass, wenn sich Parteien in einer Mediation einigen, die anschließende Vereinbarung in der Regel auch erfüllt wird. Es stellt den absoluten Ausnahmefall dar, dass eine Mediationsvereinbarung überhaupt einmal vollstreckt werden muss[461]. Das Untätigbleiben des Gesetzgebers zur Vollstreckbarkeit von Inhalten einer Mediationsvereinbarung ist damit positiv zu bewerten.

b) Verschwiegenheitspflicht

Ein Mediationsverfahren hat nur dann Aussicht auf einen erfolgreichen Abschluss, wenn die Konfliktparteien bereit sind, alle Tatsachen offen zu legen, die erheblich für die Entscheidungsfindung sind. Eine derartige Bereitschaft verlangt einen sicheren Rahmen, der nur dann gewährleistet ist, wenn Mediatoren zur Vertraulichkeit verpflichtet sind und ihnen bei einem Scheitern der Mediation ein Zeugnisverweigerungsrecht zur Seite steht. In der Vergangenheit fehlte ein derartiger sicherer Rahmen. Dieses besteht nun mit dem nationalen MediationsG.

Genauso wie bei der EuMedRL reicht jedoch auch im nationalen MediationsG das Verschwiegenheits- und Vertraulichkeitsgebot nicht weit genug, da es die absolute Vertraulichkeit des Verfahrens nicht gewährleistet. Weitaus bedeutender wäre es gewesen, ein allgemeines Verwertungs- und Beweiserhebungsverbot für bspw. den Vortrag der Gegenpartei und in der Mediation erlangte Dokumente etc. (Mediationsinterna) einzuführen. Dieses hätte durch eine Orientierung an Art. 10 des UNICITRAL „Model Law on Conciliation" und Art. 20 UNICITRAL „Conciliation Rules" geschehen können. Die Regelung des Art. 10 des UNICITRAL „Model Law on Conciliation" verpflichtet zur Verschwiegenheit bzgl. sämtlicher Informationen, die im Zusammenhang mit einem Mediationsverfahren stehen. Art. 20 UNICITRAL

457 *Lörcher/Lörcher*, HB Mediation, § 45, Rdnr. 19 ff.

458 *Wagner/Thole*, FS für Kropholler, 915 ff. (933); *Risse*, Wirtschaftsmediation, § 10, Rdnr. 104.

459 *Sujecki*, EuZW 2010, 7 ff. (10); *Hess*, 67. DJT, Bd. 1, F 111.

460 Vgl. BT-Drucks. 15/5335, Einführung eines § 796d ZPO.

461 *Risse/Bach*, SchiedsVZ 2011, 14 ff. (18)

„Conciliation Rules" ist etwas weiter gefasst, da er die Verschwiegenheitspflicht lediglich auf Tatsachenbehauptungen, Rechtsansichten und Zugeständnisse der Gegenpartei sowie Einigungsvorschläge des Schlichters bezieht. Der Forderung nach strengeren Vertraulichkeitsmaßstäben steht zwar der Einwand gegenüber, dass die Parteien diese auch privatautonom regeln können. Hierbei fällt allerdings ins Gewicht, dass durch eine gesetzliche Regelung Rechtssicherheit geschaffen und den Parteien Zeit und Kosten erspart würden.

c) Verjährungshemmung

Keine weiteren Festlegungen hinsichtlich der Verjährungshemmung zu tätigen, ist als positiv zu bewerten. Die bestehenden Regelungen sind hier nicht ergänzungswürdig. Insbesondere das Vorschreiben des Beginns der Verjährungshemmung durch den Gesetzgeber ist abzulehnen. Es wird in Vorschlag gebracht, diese an die Einigung der Parteien, eine Mediation durchzuführen, zu koppeln[462]. Problematisch ist hierbei jedoch, dass diese Regelung nur für ad-hoc-Mediationsverfahren geeignet wäre. Für solche Verfahren, die von den Parteien bereits in ihrem kommerziellen Hauptvertrag vereinbart wurden, passt dieser Ansatz hingegen nicht. Vielmehr wäre es in den Fällen sogar möglich, dass die Hemmung der Verjährung einsetzt, bevor der streitgegenständliche Anspruch überhaupt entstanden und geltend gemacht worden ist. Durch die Nichtregelung in diesem Bereich wird das Verfahren nicht verkompliziert und den Bedürfnissen der Parteien viel mehr entsprochen. Eventuelle Rechtsunsicherheiten sind hinzunehmen.

d) Mediationskostenhilfe

Die angestrebten Modellprojekte zur finanziellen Förderung der Mediation sind zu unterstützen und ein wichtiger Schritt in die richtige Richtung. Empirische Untersuchungen zur Mediationstauglichkeit von einzelnen Streitigkeiten sind anzustreben, um einen umfassenden Überblick über die Förderungsmöglichkeiten zu gewinnen.

Dass jedoch darüber hinaus keine flächendeckenden finanziellen Kosten- und Gebührenanreize für die außergerichtliche Mediation geschaffen werden, steht einer Förderung dieser Verfahrensart und deren Akzeptanz in der Bevölkerung entgegen. Dabei hätten diese Anreize sowohl positiv als auch negativ ausformuliert werden können:

Die Einführung einer Mediationskostenhilfe, als positiver Kostenanreiz, wäre hilfreich gewesen und hätte der Erfüllung des sozialstaatlichen Gebots des gleichwertigen Rechtsschutzes nach Art. 20 Abs. 1 i.V.m. Art. 3 Abs. 1 GG gedient. Zu klären wäre hierbei, wer die Erfolgsaussichten des Verfahrens prüft sowie Fehlanreize und Missbrauch verhindert[463]. Bedürftigen Rechtsuchenden muss auch in dem

462 *Eidenmüller/Prause*, NJW 2008, 2737 ff. (2741 f).
463 *Oehlerking*, Die Zukunft der Mediation in Deutschland, 55 ff. (61).

Fall außergerichtlicher Streitbeilegung staatliche Unterstützung gewährt werden – gerade unter der Prämisse, dass der Staat dieses Verfahren fördern möchte. Es ist nicht verständlich, dass einerseits der Nutzen der Mediation erkannt wird, die Anwendung gerichtlich sogar empfohlen werden kann, auf der anderen Seite jedoch die notwendige Finanzierungshilfe fehlt. Die Gewährung der Prozesskostenhilfe auf der anderen Seite lädt den weniger vermögenden Rechtsuchenden geradezu dazu ein, den Rechtsweg zu beschreiten, obwohl dieser – für den Fiskus – mit höheren Kosten verbunden ist als die außergerichtliche Streitbeilegung[464].

Durch die anhaltend schwierige finanzielle Lage der Bundesländer ist leider nicht damit zu rechnen, dass eine derartige umfassende Mediationskostenhilfe in näherer Zukunft eingeführt wird[465]. Dabei könnte man mit der Einführung Finanzmittel einsparen, sofern Mediationsverfahren die Gerichte entlasten und zu einer kostengünstigeren Konfliktlösung führen als Rechtsstreitigkeiten, die über mehrere Instanzen ausgefochten werden[466]. Die Erfahrungen der Rechtsschutzversicherungen sowie anderer Staaten bestätigen, dass sich der Schritt zur Mediationskostenhilfe lohnen könnte. Die Rechtschutzversicherungen haben in Modellprojekten die begrenzte Übernahme von Mediationskosten praktiziert. Nach Erfolg dieses Verfahrens wurde die Deckung von Mediationskosten zunehmend in das Leistungsprogramm der Versicherungen aufgenommen[467]. Auch Länder wie bspw. Österreich[468], Frankreich[469], England[470], die Niederlande[471] und die Schweiz[472] haben eine Förderung der Mediation eingeführt, ohne dass es zu einer unverhältnismäßigen Überbelastung der Staatskassen gekommen ist.

Die Förderung von Mediation könnte auch durch Kostenanreize geschaffen werden, die man den Parteien in Aussicht stellt, wenn eine Mediation scheitert. So könnten anfallende Gerichtskosten in einem späteren Prozess reduziert werden, um damit die Anerkennung des Bemühens um eine gütliche außergerichtliche Einigung zum Ausdruck zu bringen[473]. Die Minderung der Gerichtskosten könnte für die Parteien einen erheblichen Anreiz darstellen, den Versuch einer außergerichtlichen Mediation zu unternehmen.

Auch kostenmäßige Sanktionen, wie eine anteilige Kostenauferlegung an die im Zivilprozess obsiegende Partei, die einem Informationsgespräch über die

464 *Greger*, ZRP 2010, 209 ff. (212 f.).

465 Vielmehr ist es Ziel einiger Bundesländer – darunter auch Schleswig-Holstein –, auch den Anstieg der Ausgaben für die Prozesskostenhilfe schnell und dauerhaft zu begrenzen, siehe BR-Drucks. 37/10.

466 *Wagner*, RabelsZ 74 (2010), 794 ff. (836).

467 *Tögel/Rohloff*, ZRP 2009, 209 ff. (209).

468 *Roth/Gherdane*-Hopt/Steffek, Mediation, 105 ff. (129 ff).

469 *Deckert*-Hopt/Steffek, Mediation, 183 ff. (202).

470 *Scherpe/Vollers*-Hopt/Steffek, Mediation, 259 ff. (271 f., 313 f.).

471 *Schmiedel*-Hopt/Steffek, Mediation, 329 ff. (345).

472 § 218 ZPO (CH).

473 S. auch *Oehlerking*, Die Zukunft der Mediation in Deutschland, 55 ff. (61).

Möglichkeit einer Mediationsverfahrens ungerechtfertigterweise nicht nachgekommen ist, könnten Anreize schaffen.

e) *§ 253 Abs. 3 Nr. 1 ZPO, § 23 Abs. 1 S. 3 FamFG*

Die Vorschriften § 253 Abs. 3 Nr. 1 ZPO, § 23 Abs. 1 S. 3 FamFG werden keinen direkten Einfluss auf ein Mediationsverfahren haben. Die ausdrückliche Nennung der Mediation in den Verfahrensordnungen beinhaltet jedoch die Chance, dass das Verfahren regelmäßig als alternatives Modell zur Konfliktregelung bedacht und daraufhin auch verstärkt genutzt wird. Die Angabe, ob ein Mediationsverfahren vor dem Gerichtsverfahren stattfand, kann eine gewisse Schubkraft dahingehend entwickeln. Die Parteien werden über die Möglichkeit einer Mediation informiert und werden dazu angehalten, sich deren Inanspruchnahme zur Konfliktlösung zu überlegen. Durch die Pflicht zur Angabe, warum ein Mediationsverfahren nicht angestrebt wurde, werden die Parteien zusätzlich dazu bewegt, über diese Option nachzudenken.

f) *Zur Person des Mediators*

Die Person des Mediators, seine Aus- und Fortbildung, sind die wesentlichen Kriterien für eine qualitativ hochwertige Mediation, für ihr Ge- und Misslingen. Um sicherzustellen, dass die Mediation für die Parteien wirksam, unparteiisch und sachkundig durchgeführt wird, sind Regelungen, die für die Aus- und Fortbildung von Mediatoren gelten, nahezu unumgänglich. Regelungen zu den Mindestvoraussetzungen bzgl. der Ausbildungsinhalte, die Einführung einer Mindestausbildungsstundenanzahl und von Qualitätsmerkmalen dienen dazu, Mediation und den Mediator an sich im gesellschaftlichen Ansehen steigen zu lassen[474]. Da sich die Mediation jedoch noch im Wandel befindet, sollte kein zu strenges Anforderungsprofil geschaffen werden, um die Entwicklung weiter voran treiben zu können.

Durch § 3 Abs. 5 MediationsG wird lediglich eine Aufklärungspflicht des Mediators begründet, die potenziellen Medianten über seinen Ausbildungsstand und beruflichen Hintergrund zu informieren. Diese Angaben können womöglich für den Verbraucher hinsichtlich der Qualität der angebotenen Dienstleistung schwer einzuordnen sein.

Durch die Einführung der einheitlichen Bezeichnung „zertifizierter Mediator“ durch § 5 MediationsG, welche Mediatoren erlangen, die bestimmte Ausbildungskriterien erfüllen und fachliche Verfahrens- und Qualitätsstandards beachten, besteht jedoch eine geeignete Alternative, einen transparenten „Mediationsmarkt“ zu schaffen. Der Erwerb dieser Bezeichnung durch den Nachweis einer angemessenen Aus- und Fortbildung schützt die Bedürfnisse des Verbrauchers, ohne die Berufsfreiheit der Mediatoren unverhältnismäßig einzuschränken. Das Tragen der

474 Vgl. auch Ergebnisse der Befragung von Mediatoren bei *Engel/Hornuf*, SchiedsVZ 2012, 26 ff. (30 f.).

Bezeichnung „zertifizierter Mediator“ hat keine Auswirkung auf die Inanspruchnahme der „Mediatorenrechte“, wie bspw. das Zeugnisverweigerungsrecht, sondern bestätigt lediglich, dass der Mediator gewisse Qualitätsstandards erfüllt. Nachteil an der Einführung einer Bezeichnung „zertifizierter Mediator“ ist allerdings, dass sie eine neue Bürokratiehürde auslöst, da Zertifizierungsstellen geschaffen werden müssen, die die Voraussetzungen des Bewerbers prüfen und diesen Titel vergeben. Dies ist angesichts der Schaffung eines transparenten und qualitativ hochwertigen Mediationsmarktes allerdings hinzunehmen.

Eine darüber hinausgehende Reglementierung – wie gesetzliche Zugangsbeschränkungen zum Beruf des Mediators – ist abzulehnen. Vielmehr ist darauf zu vertrauen, dass die Parteien in ihrem eigenen Interesse zur Lösung ihres Konflikts eine fachlich kompetente und persönlich überzeugende Person als Mediator auswählen werden.

g) Abschaffung der gerichtsinternen Mediation

Die Abschaffung gerichtsinterner Mediation und deren Überführung in ein erweitertes Güterichtermodell sind hauptsächlich auf zwei Faktoren zurückzuführen. Zum einen soll durch die Abschaffung der gerichtsinternen Mediation die Entwicklung der außergerichtlichen vorangetrieben werden[475], die (noch) im Schatten der kostenfreien, gerichtsinternen Mediation steht. Ein weiterer Grund für die Abschaffung gerichtsinterner Mediation ist, eine Trennung zwischen richterlicher Streitvermittlung und Mediation als solcher vorzunehmen. Dadurch würde Rollenklarheit geschaffen[476].

Die langjährigen, bundesweit überaus positiven Erfahrungen mit der gerichtsinternen Mediation[477] lassen den Schritt zur Abschaffung des Verfahrens unverständlich erscheinen. Bei diesem Vorgehen wird insbesondere außer Acht gelassen, dass die gerichtsinterne Mediation zu schnellen und nachhaltigen Konfliktlösungen führt, die den Bürgern Kosten und einen Gang durch die Gerichtsinstanzen erspart. Diese Bedürfnisse der Bürger nach einer optimalen Konfliktlösung sollten bei den gesetzlichen Änderungen grundsätzlich im Fokus des Gesetzgebers stehen. Man könnte annehmen, dass mit der Abschaffung der gerichtinternen Mediation die Fallzahlen der außergerichtlichen Mediation gesteigert werden sollen[478]. Und scheinbar geht es neben dem Wunsch, die Mediation nach ihrem eigentlichen Kern – der außergerichtlichen Streitbeilegung – fördern zu wollen, auch darum, der gerichtsintern durchgeführten Mediation ihren Kostenvorteil gegenüber der außergerichtlichen zu nehmen. Zusätzlich zu den Gerichtsgebühren fallen für die gerichtsinterne Mediation nämlich keinen weiteren Kosten an. Außergerichtlich tätige Mediatoren sehen in

---

475 BT-Drucks. 17/8058, S. 17.

476 BT-Drucks. 17/8058, S. 17.

477 Vgl. zu den einzelnen Bundesländern *v. Bargen*, Gerichtsinterne Mediation, S. 70–114.

478 So *Francken*, NZA 2012, 249 ff. (252).

der gerichtsinternen Mediation eine staatlich subventionierte Konkurrenz und einen Eingriff in den Wettbewerb. Es macht den Eindruck, als wenn die Abschaffung der gerichtsinternen Mediation letztendlich auf diesen wirtschaftlichen Erwägungen beruht[479]. Dass Mediation in erster Linie ein Verfahren zur einvernehmlichen Streitbeilegung und erst nachfolgend ein wirtschaftliches Betätigungsfeld für bestimmte Berufsgruppen sein soll, wird dabei außer Acht gelassen[480].

Durch die Abschaffung der gerichtsinternen Mediation besteht die Befürchtung, dass sie innerhalb der Gerichte nicht mehr ausreichend zur Anwendung kommt. Aber wird die Mediation durch das MediationsG und durch die Abschaffung der gerichtsinternen Mediation tatsächlich aus den deutschen Gerichten verbannt? Ist nicht lediglich die Durchführung eines formal so bezeichneten Verfahrens vor Gericht nicht mehr möglich?[481] Es scheint vielmehr von der Richterschaft abzuhängen, wie sie mit der Einführung des Güterichtermodells umgeht und inwieweit sie die Mediation in dieses Modell aufnimmt. Durch die Anwendung der Methoden und Techniken der Mediation in der Güteverhandlung werden die Parteien weiterhin zur Eigenverantwortlichkeit animiert und ihre Autonomie bei der Lösungsfindung und dem Aufeinanderzubewegen wird gefördert. Damit ist zwar nicht sichergestellt, dass der Güterichter tatsächlich auf die mediativen Methoden und Techniken zurückgreift. Viele Richter sind allerdings der Meinung, dass es zu den Aufgaben der Gerichte gehöre, schlichtend tätig zu werden und einen Rechtsstreit nach Möglichkeit konsensual beizulegen, bevor sie ihn streitig entscheiden[482]. Und vor allem diejenigen Richter, die auch als Richtermediatoren tätig waren und daher um die Vorzüge des Verfahrens wissen, werden die Methoden und Techniken dieses Verfahrens aufgrund ihrer positiven Erfahrungen auch weiterhin anwenden.

Gefahr bei der Abschaffung gerichtsinterner Mediationsverfahren besteht allerdings insoweit, als hiermit die Weiterentwicklung und Etablierung von Mediation im Allgemeinen beeinträchtigt werden kann. Gerichtliche Mediation wird nach bundesweiten Erkenntnissen von den Parteien besonders gut angenommen. Sie ist damit ein Motor für die Schaffung dauernder Akzeptanz des Verfahrens und für eine moderne und nachhaltige Konfliktbewältigungskultur. Dieser Motor wird durch die Abschaffung des Verfahrens in den Gerichten gestoppt oder jedenfalls verlangsamt. Dass die Mediation in Gerichten durch das Güterichtermodell zurückgedrängt wird, ist durch die nunmehr bestehende Kombinationsmöglichkeit von Verfahrensmethoden in der Güteverhandlung anzunehmen. Das Vorgehen des Gesetzgebers könnte damit im Ergebnis auch der außergerichtlichen Mediation schaden.

479 *Francken*, NZA 2012, 249 ff. (252).

480 *Francken*, NZA 2012, 249 ff. (252).

481 So *Trossen*, ZRP 2012, 23 ff. (23), der annimmt, dass Mediation im Gericht angekommen sei und niemand sie dort wieder wegnehmen könne.

482 Pressemitteilung der Neuen Richtervereinigung vom 29. November 2011, einsehbar unter: http://www.nrv-net.de/main.php?id=161&presse_id=154 (Zugriff am 24. März 2012).

Die Skepsis außergerichtlich tätiger Mediation gegenüber der kostenfrei angebotenen gerichtsinternen Mediation ist nachvollziehbar. Schließlich ist sie durch den wirtschaftlichen Faktor eine beinahe unbezwingbare Konkurrenz zu der außergerichtlichen Mediation. Zudem steht die Justiz mit ihrer unentgeltlichen Dienstleistung von Mediation vor haushalts- und wettbewerbsrechtlichen Problemen[483]. Fraglich ist insoweit allerdings, ob der wirtschaftliche Faktor durch die Abschaffung der gerichtsinternen Mediation und ihrer Ersetzung durch das Güterichtermodell beseitigt wird. Schließlich ist die Tätigkeit des Güterichters wiederum für die Parteien kostenfrei. Das Problem ist mit der Abschaffung gerichtsinterner Mediation also nicht gelöst. Den wirtschaftlichen Bedenken gegen die gerichtsinterne Mediation hätte man allerdings durch die Einführung eines gerichtskostenrechtlichen Gebührentatbestandes begegnen können[484]. Durch dieses Vorgehen wäre jedenfalls in wirtschaftlicher Hinsicht ein konkurrenzloses Nebeneinander der beiden Mediationsformen erreicht. Der dann noch bestehenden Rivalität zwischen gerichtsinterner und außergerichtlicher Mediation aufgrund des Akzeptanzvorsprungs letzterer zu begegnen, indem man sie abschafft, ist die falsche Herangehensweise. Durch das MediationsG werden einheitliche Bestimmungen bzgl. des Verfahrens, der Person des Mediators, der Tätigkeitsbeschreibung und Verschwiegenheitspflicht sowie der Aus- und Fortbildung des Mediators zum zertifizierten Mediator geschaffen. Diese gleichlaufenden Mindeststandards sollten für eine Angleichung der verschiedenen Mediationsformen ausreichend sein. Die dann noch bestehende Konkurrenz zwischen den Formen ist hinzunehmen. Es sollte den Parteien überlassen sein, für welche Mediation sie sich entscheiden. Das Vorgeben durch den Gesetzgeber ist für die Förderung der Akzeptanz außergerichtlicher Mediation nicht zielführend. Sachdienlich wäre gewesen, die gerichtsinterne Mediation weiterhin beizubehalten, neben der außergerichtlichen Mediation. Für den Fall, dass eine Streitigkeit bei Gericht behandelt wird und für eine Mediation geeignet wäre, hätte es sich angeboten, diese auf Wunsch der Parteien je nach Umfang und Komplexität in eine gerichtliche oder außergerichtliche Mediation umzulenken[485]. Je umfangreicher der Streitgegenstand ausgestaltet ist, umso sachgerechter ist es, ihn in einer außergerichtlichen Mediation aufzuarbeiten. Sollte sich hingegen herausstellen, dass sich die Behandlung des Falles auf eine gerichtsinterne Mediationssitzung begrenzen lässt – im Rahmen einer gerichtlichen Mediation ist die Durchführung nur einer Mediationssitzung üblich –, wäre eine gerichtliche Mediation anzustrengen. Das Ausloten dieser Gegebenheiten ist Aufgabe der Parteianwälte und zuständigen Richter. Um das Vertrauen in die nichtrichterlich tätigen Mediatoren zu erweitern, hätte man zudem über eine verstärkte Einbeziehung nichtrichterlicher Mediatoren in die gerichtsintern durchgeführte Mediation nachdenken können. Es wäre nicht zwingend, dass ein Richtermediator die gerichtsinternen Mediationen durchführt.

483 *Francken*, NZA 2011, 1001 ff. (1005).
484 *Francken*, NZA 2011, 1001 ff. (1005).
485 So auch *Francken*, NZA 2012, 249 ff. (252).

h) *Abschließende Anmerkungen*

Abschließend ist zu konstatieren, dass das Mediationsgesetz eine liberale, entwicklungsoffene Ausrichtung hat und grundsätzlich zu begrüßen ist. Durch die Neuregelungen soll die Möglichkeit geschaffen werden, Konflikte möglichst frühzeitig durch Mediation zu lösen, idealerweise, bevor es zu einem Gerichtsverfahren kommt. Das MediationsG ist ein Schritt in diese Richtung. Die Regelungen zur Person des Mediators, seiner Aus- und Fortbildung sowie das Bestehenlassen der vorhandenen Vorschriften zur Vollstreckbarkeit und Verjährung sind anerkennungswert. Bedauerlicherweise sind keine weiterreichenden Regelungen zum Verschwiegenheits- und Vertraulichkeitsgebot in Form von allgemeinen Verwertungs- und Beweiserhebungsverboten geschaffen worden. Hier besteht weiterer Handlungsbedarf.

Fraglich ist zudem, ob das MediationsG nicht mehr einen deklarierenden Charakter innehat als dass es eine nachhaltige Veränderung herbeiführt. Um die außergerichtliche Streitbeilegung und insbesondere die Mediation im Bewusstsein der Bevölkerung zu verankern, wird dieses Gesetz dem Anschein nach nicht genügen. Noch weniger wird es einen durchgreifenden Wandel in der Streitkultur bewirken.

Das Gesetz kümmert sich nicht um die Kostenbarriere, sondern macht diesbezüglich eher vage Ankündigungen. Die Abschaffung der gerichtsinternen Mediation wird ihr Ziel, die Entwicklung der außergerichtlichen Mediation voranzutreiben, zudem nicht erreichen. Die Abschaffung ist hierfür kein adäquates Mittel. Die Aufklärung der Bevölkerung und die nachhaltige Integration der außergerichtlichen Streitbeilegung in das Bewusstsein der Menschen werden außerdem nicht ausreichend berücksichtigt. Dabei müssen sowohl die Parteien als auch die Rechtsanwender aus der Macht der Gewohnheit ausbrechen, um eine neue Streitkultur zu kultivieren. Hierfür ist es notwendig, dass die alternative Streitbeilegung als integraler Bestandteil unseres Rechtssystems anerkannt und präsentiert wird[486]. Dieses muss auf zwei Ebenen geschehen:

Zunächst muss in der Bevölkerung mehr Informationsarbeit geleistet werden – und zwar nicht nur durch die Verteilung von Faltblättern, auf denen über die Möglichkeit eines Mediationsverfahren informiert und seine Vorzüge dargestellt werden. Diese vorhandenen Informationsangebote werden nur von den Personen abgerufen, die konkret danach suchen. Es müssten breiter angelegte Aufklärungskampagnen über die Medien und Verbände eingesetzt werden, die eine Vielzahl von Menschen erreichen[487] und dies nicht erst dann, wenn man Rechtsuchender ist, sondern schon im Vorfeld. Wenn es zu einem Rechtsstreit gekommen ist, kann durch Aufklärung und Beratungsangebote der Rechtsanwälte und Gerichte die alternative Konfliktlösung frühzeitig und verstärkt in den Blickwinkel der Rechtsuchenden gerückt werden, sodass sich eine konkrete Wegweisung einstellen kann.

Zudem muss auf der Seite der Rechtsanwender ein Umdenken stattfinden. Die Anwaltschaft müsste dazu verpflichtet werden, ihre Mandanten über eine

486 *Greger*, ZKM 2010, 120 ff. (122 f).
487 Siehe auch *Greger*, ZRP 2010, 209 ff. (212).

außergerichtliche Streitbeilegung zu informieren und bei Eignung des Konflikts auf eine Inanspruchnahme dieser Beilegungsform hinzuwirken. § 253 Abs. 2 Nr. 1 ZPO und § 23 Abs. 1 S. 3 FamFG gehen nicht weit genug. Auf die Vor- und Nachteile der bestehenden Konfliktlösungsmöglichkeiten muss durch die Rechtsanwälte hingewiesen werden. Um eine nachhaltige Wirkung zu erzielen, könnte man der Anwaltschaft eine Dokumentationspflicht über dieses Bestreben auferlegen[488]. Und auch die Richterschaft muss dazu angehalten werden, vom vorgegebenen Weg des kontradiktorischen Verfahrens häufiger abzuweichen. Bedauerlicherweise wurde vom Gesetzgeber kaum auf die Schnittstellen zwischen kontradiktorischen und kooperativen Verfahren eingegangen, obwohl hier großer Reglungsbedarf besteht, um die außergerichtliche Streitbeilegung – insbesondere die Mediation – im Bewusstsein der Bevölkerung zu verankern und die Streitkultur nachhaltig zu verbessern. Bereits nach Zustellung der Klage wird das Verfahren automatisch auf eine Rechtsentscheidung ausgerichtet. Genau an diesem Punkt müsste angesetzt werden, indem man eine Vorstufe einbaut, auf deren Ebene man bei Eignung der Streitigkeit von einem kontradiktorischen Verfahren absehen kann und eine gerichtsnahe alternative Streitbeilegungsmethode anstrebt. Hierfür müssten in den Prozessordnungen Regelungen eingebaut werden, die eine differenzierte Konfliktbehandlung nahelegen und erleichtern, sodass jeder Konflikt einer optimalen Handhabung zugeführt werden kann[489]. Die Verweisungsmöglichkeiten des Gerichts auf eine Güteverhandlung und das Mittel, eine außergerichtliche Mediation vorzuschlagen, sind hierfür ungenügend. Die Möglichkeit des Richters, den Parteien eine außergerichtliche Streitbeilegung vorzuschlagen, bestand zudem bereits mit § 278 Abs. 5 S. 2 ZPO a.F. und wurde – wie gesehen – kaum wahrgenommen. Dies liegt nicht zuletzt daran, dass das Vorschlagrecht wiederum von der Einstellung des einzelnen Richters zur Mediation abhängt.

H. Chancen und Risiken eines Mediationsverfahrens

In diesem Abschnitt soll kurz auf die allgemeinen Chancen und Risiken eines Mediationsverfahrens, insbesondere im Vergleich zu einem Gerichtsverfahren, eingegangen werden. Diese Vor- und Nachteile werden hier nur ansatzweise auf eine Mediation im Arzthaftungsbereich übertragen und später für diesen Bereich gesondert beurteilt.[490]

488 So *Greger*, ZKM 2010, 120 ff. (123); *Greger*, ZRP 2010, 209 ff. (212).

489 *Greger*, ZRP 2010, 209 ff. (212), *Greger*, ZKM 2010, 120 ff. (124). Dies ist in anderen Rechtsordnungen geschehen und könnte als Vorbild dienen, vgl. bspw. für England: *Scherpe/Vollers*- Hopt/Steffek, Mediation, 257 ff. (263), für die Niederlande: *Schmiedel*-Hopt/Steffek, Mediation, 329 ff. (336).

490 Vgl. Kapitel 5–8.

I. Chancen

Mediation ist durch ihre Vorzüge in vielen Bereichen eine erstzunehmende Alternative zu den herkömmlichen Verfahren. Die Vorzüge bestehen besonders in der Höhe der bei einer Mediation anfallenden Kosten, ihrer Dauer und Flexibilität. Auch die Selbstbestimmtheit der Verfahrensbeteiligten, die Vertraulichkeit des Verfahrens und die Möglichkeit zum Erhalt sozialer Bindungen sind Chancen dieses Verfahrens.

1. Kosten- und Zeitersparnis

Als klassischer Vorteil ist die Zeit- und Kostenersparnis zu nennen.[491] Eine Mediation verspricht, als konfliktnahes und frühzeitiges Verfahren zumindest im Erfolgsfall schneller und kostengünstiger als ein Gerichtsprozess zu sein[492]. Zum einen entfällt die zeit- und kostenaufwändige Vorbereitung durch überbordende Schriftsätze. Zum anderen richtet sich die Vergütung des Mediators in der Regel nach dem aufgebrachten Zeitaufwand, welche von den Parteien unabhängig vom Verfahrensausgang gewöhnlich hälftig übernommen wird. Daneben steht der Mediator als privater Dienstleister den Parteien sofort zur Verfügung. Zudem bleibt infolge der selbst erzielten Einigung durch die Parteien eine Überprüfung durch die nächsthöhere Instanz aus[493]. Eine gerichtliche Auseinandersetzung kann über mehrere Instanzen geführt werden und beinhaltet zahlreiche Kostenrisiken. Eine erfolgreiche Mediation kann im Vergleich zu einem Gerichtsverfahren eine Zeitersparnis von einem Drittel bis zur Hälfte erbringen[494]. Mediationen können teilweise schon beendet werden, bevor an einem Gericht die mündliche Verhandlung terminiert wird[495]. Dieser Kosten- und Zeitvorteil besteht nicht nur objektiv, sondern wird Studien zufolge auch subjektiv von den Parteien wahrgenommen und bei der Entscheidung, ein Mediationsverfahren anzustrengen, grundlegend berücksichtigt[496]. Im Gegenzug ist jedoch anzumerken, dass eine erfolglose Mediation das gesamte Verfahren bei Anschluss eines Gerichtsprozesses um etwa ein Drittel verlängert[497].

---

491 Auf die voraussichtlichen Kosten und die Dauer eines Mediationsverfahrens im Arzthaftungsrecht wird in Kapitel 5, I nochmals detailliert eingegangen.

492 *Schneider*-Breidenbach/Henssler, Mediation für Juristen, 171 ff. (176 f.); *Steinbrück*, AnwBl 1999, 574 ff. (577 f.); *Strempel*, Streitschlichtung, 187 ff. (188); *Eisele*, Jura 2000, 657 ff. (661); *Berghuis-van der Wijk*-Blankenburg/Gottwald/Strempel, Alternativen in der Ziviljustiz, 65 ff. (85 f.); Allgemein für Europa: *Hopt/Steffek*, Mediation, S. 80 f.

493 *Risse*, NJW 2000, 1615 ff. (1618). Dieses kann gleichermaßen jedoch als Risiko eingestuft werden.

494 *Hopt/Steffek*, Mediation, S. 80.

495 *Risse*, Wirtschaftsmediation, § 14, Rdnr. 7.

496 *Hopt/Steffek*, Mediation, S. 80, 395.

497 *Hopt/Steffek*, Mediation, S. 80. Siehe hierzu noch unter Risiken des Scheiterns eines Mediationsverfahrens in diesem Kapitel unter H, II, 3.

2. *Flexibilität des Verfahrens*

Das Mediationsverfahren folgt, wie schon erläutert, keiner oder – unter Berücksichtigung der verschiedenen Phasen – einer sehr geringen Förmlichkeit. Es ist vielmehr frei gestaltbar durch die Parteien. Zudem besteht für die Medianten kein Einigungsdruck. Sie können die Mediation jederzeit ohne Einigung abbrechen und ggf. in ein streitiges Verfahren übergehen.

Durch die Flexibilität und die interessenorientierte Verfahrensweise der Mediation besteht die Möglichkeit, dass bei einer eindeutigen Beweislage der Streit in einem vereinfachten Verfahren erledigt werden kann. Bei komplexen Streitigkeiten kann die Flexibilität des Mediationsverfahrens gleichermaßen zum Zuge kommen. Bei einem Einigungswillen beider Parteien besteht die Möglichkeit, auf die letzte Sachverhaltsaufklärung zu verzichten und die unaufgeklärten Punkte durch gegenseitiges Nachgeben konsensuell zu lösen.

Die Lösungen können exakt auf die konkreten Probleme zugeschnitten werden[498]. Einigungen, die im Rahmen einer Mediation gefunden werden, beinhalten in Ermangelung einer Bindung an eine gesetzlich vorgegebene Rechtsfolge ein viel weiteres Lösungsspektrum als Gerichtsentscheidungen[499]. Auch die Einbindung außerrechtlicher Elemente in die Konfliktlösung, wie eine Entschuldigung, kommt in Betracht. Ein gesamtes Arsenal an Interessen wird somit in die Konfliktlösung integriert. So entstehen einzelfallorientierte, für beide Parteien akzeptable und flexible Lösungen.

Das Gerichtsverfahren hingegen folgt festen Regeln. Die Entscheidung orientiert sich nicht an den Interessen der einzelnen Verfahrensbeteiligten, sondern an der zu Grunde gelegten Rechtsordnung. Die Sichtweise des Richters ist normenorientiert und selektiv[500]. Das Umfeld des Konfliktes und der Konfliktparteien wird nur insoweit in die Entscheidung miteinbezogen, als es normenrelevant ist. Durchlebte Emotionen und das „erlittene Unrecht", was bei einem Konflikt zwischen Arzt und Patient häufig eine große Rolle spielt, werden zum großen Teil ausgeblendet. Dabei sind diese Faktoren vor allem für den Patienten von entscheidender Rolle. Typisches Kennzeichen eines Gerichtsurteils ist das „Alles-oder-Nichts-Prinzip"[501]. Flexible zukunftsorientierte Einzelfall-Lösungen stellen eher die Ausnahme dar. Die Reduktion des Streits auf einen bestimmten Streitgegenstand und damit auf sachliche juristische Aspekte stellt jedoch auch die wesentliche Stärke des Gerichtsverfahrens dar.

---

498 *Hager*, Konflikt und Konsens, S. 44.

499 *Löer*, ZZP 119 (2006), 199 ff. (201).

500 *Löer*, ZZP 119 (2006), 199 ff.(200); *Gottwald* spricht von einer „Verrechtlichung des Konflikts", *Gottwald*, Streitbeilegung ohne Urteil, S. 11 ff.

501 *„Nur scheinbar können sich zwei Rechtnormen widersprechen. Nur eine von ihnen kann letztendlich maßgebend sein. Ein Vertrag ist entweder geschlossen oder nicht, ein Verhalten ist entweder rechtswidrig oder nicht."*: *Röhl*, SchlHA 1979, 134 ff. (138); siehe dazu: *Luhmann*, Alternative Rechtsformen und Alternativen zum Recht, 99 ff. (101 ff.).

Der Emotionalisierung des Konflikts wird vorgebeugt. Dies kann für die Parteien durchaus einen entlastenden Effekt haben[502].

3. *Selbstbestimmtheit*

Die Tatsache, dass der Mediator im Gegensatz zum Richter lediglich eine begleitende Rolle einnimmt, führt dazu, dass die Parteien im Zentrum des Geschehens stehen. Sie delegieren die Entscheidung nicht an einen Richter, sondern generieren selbst die sie betreffende Lösung[503].

Die Betonung dieser Selbstbestimmtheit führt zu einem Aufbrechen des starren Positionendenkens, welches hingegen in einem Gerichtsverfahren durch die Klageanträge und den wechselseitigen Parteivortrag gefördert wird[504].

Zudem werden die Parteien nicht mehr nur als Träger bestimmter Rechte, sondern vielmehr als Träger bestimmter Interessen und Bedürfnisse erlebt. Der Konflikt wird nicht nur rechtlich analysiert, sondern in seiner Totalität und Realität betrachtet. Mediation blickt damit hinter die einzelnen Rechtspositionen[505]. Dadurch beschränkt sich aber die Lösungsfindung nicht nur auf die agierenden Parteien, sondern es besteht die Möglichkeit, dritte, an dem Konflikt mittelbar beteiligte Personen mit einzubeziehen. Der Spielraum für Konfliktlösungen ist wesentlich größer, da auch Umstände und Interessenlagen gewürdigt werden, die vor Gericht unerheblich wären[506]. Dadurch kann bei einer Einigung eine qualitativ hochwertigere, dem Gerichtsurteil überlegene Konfliktlösung erzielt werden[507]. Ein wesentlicher Grund für den Erfolg von Mediationsverfahren ist, dass es den Konfliktpartnern mit diesem Verfahren gelingt, ihren Konflikt so schnell und interessengerecht wie möglich beizulegen[508].

Die Person des Mediators unterstützt die Parteien in ihrer Selbstregulierung, indem er die Konfliktparteien zusammenbringt, Machtasymmetrien abbaut, Informationsdefizite behebt und Mängel der Artikulationsfähigkeit versucht, auszugleichen[509].

4. *Vertraulichkeit*

Mediation ist ein nichtöffentliches Verfahren, welches die Privatsphäre der Parteien umfassend schützt. Der Aspekt der Vertraulichkeit hat zur Folge, dass die Parteien

---

502 *Hager*, Konflikt und Konsens, S. 46; *Schöpflin*, JA 2000, 157 ff. (164); *Katzenmeier*, ZZP 115 (2002), 51 ff. (80).
503 *Hager*, Konflikt und Konsens, S. 41.
504 *Risse* NJW 2000, 1614 ff. (1618).
505 *Gottwald*, AnwBl 2000, 265 ff. (268).
506 *Strempel*, Streitschlichtung, 187 ff. (188).
507 *Katzenmeier*, ZZP 115 (2002), 51 ff. (73).
508 *Greger*, Die Zukunft der Mediation in Deutschland, 89 ff. (92).
509 *Hoffmann-Riem*, FS für Blankenburg, 649 ff. (659).

innerhalb eines Mediationsverfahrens losgelöst von der rechtlichen Komponente auch tatsächliche und persönliche Streitpunkte aufarbeiten können. Zudem haben sie in der vertraulichen Atmosphäre einer Mediation weniger Hemmungen, subjektive Empfindungen mitzuteilen. Durch die Vertraulichkeit wird zudem ein der Vergleichsbereitschaft zuträglicheres Klima geschaffen als in einem öffentlichen Gerichtsverfahren[510].

Das Gerichtsverfahren kann durch seine Öffentlichkeit die Privatsphäre der einzelnen Parteien nicht hinreichend schützen. Dies soll nicht heißen, dass es sich bei der Öffentlichkeit des Verfahrens um ein Negativum handelt. Vielmehr stellt § 169 GVG eine Errungenschaft der Aufklärung dar. Die Kontrolle gerichtlicher Verfahren durch das Volk ist ein grundlegendes Prinzip des Rechtsstaates[511]. Diese kann sich jedoch, wie in naher Vergangenheit ersichtlich, vor allem bei Arzt-Patient-Konflikten zu einer Medienöffentlichkeit entwickeln, welche für die Intimität des Patienten und den Ruf des Arztes schädlich sein kann.

5. *Erhalt sozialer Bindungen*

Mediationsverhandlungen beinhalten ein Versöhnungselement, welches zur Stabilisierung der Parteienbeziehung beiträgt. Durch die vertraulichen Verhandlungen kann die Versöhnung gefördert werden[512]. Dies hat unter anderem zur Folge, dass das Ziel der Mediation – eine dauerhafte Befriedigungswirkung herbeizuführen – erreicht werden kann.

Diese Faktoren bewirken darüber hinaus, dass die Parteien durch eine zukunftsorientierte Lösung weiterhin eine tragfähige Beziehung zueinander haben. Gleichwohl bietet sich eine Mediation auch dann an, wenn für die Beteiligten gleichsam eine *irgendwie* gestaltete gemeinsame Zukunft gegeben ist. Diese kann auch eine geordnete Beendigung ihrer Beziehung bedeuten[513].

Den Gerichtssaal hingegen verlässt eine Partei als „Verlierer“ und die andere als „Gewinner“. Nicht selten fühlt sich eine der Parteien daher gedemütigt. Die Parteibeziehung kann oftmals nach einem Gerichtsverfahren nicht aufrechterhalten werden[514].

6. *Hohe Zufriedenheit der Verfahrensbeteiligten*

Durch die aktive Beteiligung der Parteien und die Gelegenheit beider, ihre Sicht der Streitigkeit darzulegen, erhöht sich die Zufriedenheit der Medianten mit dem

---

510 *Katzenmeier*, ZZP 115 (2002), 51 ff. (73).

511 *Katzenmeier*, ZZP 115 (2002), 51 ff. (72 f).

512 *Hager*, Konflikt und Konsens, S. 45; *Stickelbrock*, JZ 2001, 633 ff. (642); *Tyler*, 66 Denver University Law Review (1989), 419 ff. (429).

513 *Ulrich/Vogt*, DS 2009, 263 ff. (265).

514 *Risse*, NJW 2000, 1614 ff. (1618 f.); *Löer*, ZZP 119 (2006), 199 ff. (200).

Verfahrensablauf und dessen Ergebnis.[515] Durch die interessenbezogene Verhandlungsatmosphäre wird eine ganzheitliche Konfliktbetrachtung möglich, aufgrund derer eine zukunftsorientierte Streitregelung vorgenommen werden kann. Auch die Ersparnis emotionaler und wirtschaftlicher Kosten fällt hierbei ins Gewicht[516].

Die Möglichkeit, eine Lösung des Konfliktes zu finden, die nichtrechtliche Faktoren miteinbezieht – wie bspw. subjektive Gerechtigkeitsvorstellungen – trägt darüber hinaus zu der hohen Akzeptanz des Verfahrens bei[517]. Dies kann zudem zu einer verstärkten Versöhnungswirkung und der erhöhten Bereitschaft bei den Medianten führen, die in der Mediation erzielten Ergebnisse umzusetzen[518].

II. Risiken

Nicht alle Konflikte können und sollen auch nicht durch Konsens gelöst werden. Durch die Stärkung der Mediation soll nicht eine Ersetzung traditioneller und bewährter Problembewältigungen angestrebt werden. Mediation darf nicht als Gegenpol zu tradierten Konfliktlösungen heroisiert werden. Sie birgt gleichwohl Risiken, wie bei einem bestehenden Machtungleichgewicht zwischen den Parteien oder wenn sie zur Lösung der Streitkonstellation nicht geeignet ist. Hinzu kommen die Gefahr ihres Scheiterns und die mögliche Notwendigkeit eines Gerichtsurteils.

1. *Machtungleichgewicht*

Wenn ein erhebliches, nicht kompensierbares Machtgefälle zwischen den Parteien besteht, scheint eine Mediation nicht geeignet[519]. Dieser Fall spricht gegen den Grundsatz der Mediation, eine kooperative, auf einem Konsens beruhende Konfliktlösung herbeizuführen. Vielmehr besteht die Gefahr, dass die unterlegende Partei ausgenutzt wird und ihr eine ihren Interessen nicht gerecht werdende Lösung aufgedrängt wird[520]. Von einer Mediation abzusehen ist allerdings erst dann, wenn die Verhandlungsparität so massiv gestört ist, dass der Mediator keinen hinreichenden Ausgleich mehr herbeiführen kann. In dem Fall sind die Parteien besser beraten, wenn sie den Konflikt vor einem Gericht austragen.

---

515 Vgl. nur *Strempel*, Streitschlichtung, 187 ff. (188); *Eisele*, Jura 2003, 656 ff. (661); *Breidenbach*, Mediation, 190 ff.; *Leiss*, SchiedsVZ 2007, 139 ff. (142 f.).

516 *Gamm/Patera*, IDR 2005, 59 ff. (63); *Spindler*, Gerichtsnahe Mediation in Niedersachsen, Rdnr. 355.

517 *Gottwald*, Streitbeilegung ohne Urteil, S. 162.

518 *Hammacher*, SchiedsVZ 2008, 30 ff. (30); *Leiss*, SchiedsVZ 2007, 139 ff.(144 f.); s. zur „Erfüllungsmoral" im internationalen Vergleich *Hopt/Steffek*, Mediation, S. 84, 390 ff.

519 *Breidenbach*, Mediation, S. 252.

520 *Ulrich/Vogt*, DS 2009, 263 ff. (265); *Hager*, Konflikt und Konsens, S. 89; *Hopt/Steffek*, Mediation, S. 86.

Machtungleichgewichte können durch verschiedene Faktoren bedingt sein. Die jeweilige Rechtslage kann für die einzelne Partei den voraussichtlichen Ausgang eines Gerichtverfahrens abschätzbar machen, sodass sie sich – wenn dieser Ausgang als positiv bewertet wird – in einer stärkeren Verhandlungsposition befindet[521]. Auch die Einstellung zum Risiko kann die Stärke der Verhandlungsposition der einzelnen Partei unterstützen. Je höher die Risikotoleranz bei der einzelnen Partei angelegt ist, desto größer ist deren Verhandlungsmacht[522]. Hinzu kommen die Bereitschaft einer Partei, Transaktionskosten[523] zu tragen, sowie die strategisch-taktischen Fähigkeiten der jeweiligen Partei[524]. Im Rahmen arzthaftungsrechtlicher Streitigkeiten werden diese Faktoren durch den bestehenden Wissensvorsprung des Arztes gegenüber dem Patienten ergänzt und einzelne davon sogar noch verstärkt. Gleichzeitig kann hier aber die Furcht des Arztes, durch ein streitiges Verfahren negative Konsequenzen in der Öffentlichkeit zu erfahren, den Patienten in eine stärkere Verhandlungsposition innerhalb der Mediation versetzen.

Dieses Machtungleichgewicht auszugleichen, ist – soweit möglich – durch den Mediator zu gewährleisten. Es muss sichergestellt sein, dass in den von beiden Parteien getroffenen Entscheidungen innerhalb der Mediation die Bedingungen freier Selbstbestimmung gegeben sind[525]. Das Machtungleichgewicht kann auch durch über das Verfahren hinweg entwickelte Sympathien bzw. Antipathien des Mediators entstehen[526]. Der Mediator darf sich in einem Mediationsverfahren in keinem Fall auf die eine oder andere Seite stellen und sich so mit einer Partei solidarisieren[527]. Dieses würde seine Neutralität in Frage stellen.

2. *Ungeeignetheit*

Eine Konsenslösung ist nicht immer die richtige Alternative der Streitbeilegung. Manche Streitgegenstände und -konstellationen eignen sich generell nicht für ein Mediationsverfahren. Hier kann eine Austragung des Konflikts vor Gericht sogar notwendig sein. Dies ist bspw. der Fall bei einer benötigten Leitentscheidung, in der allgemeinverbindlich Rechtsfragen geklärt werden sollen. Weiterhin kann eine eindeutige Entscheidung notwendig sein, in der kein Handlungs- bzw.

521 *Breidenbach*, Mediation, S. 104 f.

522 *Breidenbach*, Mediation, S. 106 f.

523 Transaktionskosten sind Kosten, die durch den Verlauf der Verhandlung entstehen sowohl in finanzieller als auch in emotionaler Hinsicht (Kosten für einen Rechtsanwalt, den Zeitaufwand sowie die psychische und emotionale Beanspruchung), vgl. *Breidenbach*, Mediation, S. 107.

524 *Breidenbach*, Mediation, S. 104 ff.

525 Die sich im Rahmen einer Mediation entfaltende Privatautonomie basiert nämlich auf dem Prinzip der Selbstbestimmung, vgl.: BVerfGE 81, 242 (254 f.).

526 *Hager*, Konflikt und Konsens, S. 89 f.

527 *Schneeweiß*, DRiZ 2002, 107 ff. (110).

Entscheidungsspielraum besteht, sondern die rechtliche Frage nur mit „Recht oder Unrecht", „Ja oder Nein" beantwortet werden kann[528].

Zudem darf den einzelnen Parteien eine versöhnliche Lösung des Problems nicht aufgedrängt werden[529]. Eine so erlangte Lösung des Konflikts kann leicht an Entrechtung grenzen und führt im Endeffekt dazu, dass der Konflikt weiter schwelt und womöglich nochmals ausbricht. Hierunter kann auch die Gegebenheit fallen, dass eine der Parteien oder sogar beide emotional schwer verletzt erscheinen und sichtlich nicht mehr zu einem Gespräch bereit sind[530]. Zwar ist Mediation insbesondere bei emotional eingekleideten Konflikten eine geeignete Verfahrensvariante, da in ihrem Ablauf auf das Gespräch und gegenseitiges Zuhören verstärkte Aufmerksamkeit gerichtet wird. Sie kann jedoch nicht endgültige Zerrüttungen und absolute Gesprächsverweigerung überwinden.

Schließlich fallen auch alltägliche Einmal-Konflikte wie Verkehrsunfälle aus dem Anwendungsbereich der Mediation heraus[531].

3. *Risiko des Scheiterns eines Mediationsverfahrens*

Wenn das Mediationsverfahren scheitert, verkehrt sich die Zeit- und Kostenersparnis sehr schnell ins Gegenteil. Dann muss anschließend noch ein Gerichtsverfahren angestrengt werden, was dazu führt, dass das gesamte Verfahren länger dauert und mit höheren Kosten verbunden ist. Es bleibt das frustrierende Gefühl, viele Stunden in eine einvernehmliche Konfliktlösung ohne Erfolg investiert zu haben.

Durch die Anrufung des Gerichtes wird die gegnerische Partei oftmals unter Druck gesetzt und verhandlungsbereiter gemacht[532]. Bei einer Mediation hingegen kann es vorkommen, dass sich die gegnerische Partei darauf einlässt, um Zeit zu gewinnen und um ihre Chancen und Risiken einzuschätzen. In diesen Fällen ist eine Mediation nicht zielführend.

Anzumerken ist jedoch, dass die gefundenen Teilergebnisse in einem Mediationsverfahren häufig auch in einem anschließenden Gerichtsverfahren verwendet werden, was dann ein konzentriertes und zügiges Vorgehen erlaubt. Somit können die erzielten Teilergebnisse die zukünftige Konfliktlösung erleichtern[533]. Das Risiko, welches mit dem Scheitern einer Mediation zusammenhängt, ist also immer differenziert zu betrachten.

528 *Hager*, Konflikt und Konsens, S. 57 f.
529 *Hager*, Konflikt und Konsens, S. 90.
530 *Ulrich/Vogt*, DS 2009, 263 ff. (265).
531 *Ulrich/Vogt*, DS 2009, 263 ff. (265).
532 *Stock*, Streitschlichtung, 113 ff. (119).
533 *Neuenhahn/Neuenhahn*, NJW 2005, 1244 ff. (1246).

4. *Orientierungsfunktion durch Urteile*

Zuletzt ist zu beachten, dass das zivilrechtliche Urteil eine Orientierungsfunktion für das Verhalten Dritter hat, da hierdurch abstrakte rechtliche Standards konkretisiert werden. Diese Orientierungsfunktion findet man auch dort wieder, wo richterliche Urteile als Grundlage für Vergleiche dienen. Die Anwendung des Rechts durch den Richter wird damit zum Motor des gesellschaftlichen Wandels und Fortschritts[534]. Diese Funktion kann durch Mediation nicht erfüllt werden[535]. Zum einen müssen sich Mediationsverhandlung und dessen Ergebnis nicht strikt am geltenden Recht orientieren. Des Weiteren trifft der Mediator keine streitige Entscheidung und muss dies folglich auch nicht begründen und der Öffentlichkeit zugänglich machen. Die Lösungsfindung innerhalb einer Mediation wird schon deshalb in der Regel nicht an die Öffentlichkeit gelangen, da das Verfahren vertraulich ist.

Die Prinzipien, auf denen ein Gerichtsverfahren beruht, sind auf dessen Funktion zurückzuführen. Es soll Rechtssicherheit und Rechtsklarheit gewähren. Daher muss es diesen Grundsätzen folgen. Dieser Nutzen von Gerichtsverfahren darf nicht durch Mediationsverfahren ausgehebelt werden. Mediation soll nur in den Fällen zum Zuge kommen, in denen sie ein Gerichtsverfahren ersetzen kann und darf. Soweit eine Entscheidung eines Gerichtes qualitativ besser erscheint, ist es zu bevorzugen.

Festzuhalten ist an dieser Stelle, dass es keine generelle Präferenz für gerichtliche oder außergerichtliche – im Besonderen mediative – Verfahren gibt. Der vorzugswürdige Weg muss einzelfallabhängig geprüft werden. In Fällen jedoch, in denen es um die reine Rechtanwendung und nicht um Rechtsfortbildung geht, sind gerichtliche Verfahren oftmals substituierbar. Wenn es hingegen um Rechtsfragen geht, die höchstrichterlich erst noch entschieden werden müssen, ist ein Gerichtsverfahren unumgänglich.

---

534 *Risse*, Alternative Streitbeilegung, 133 ff. (135).

535 *Wagner*, JZ 1998, 836 ff. (837 f.); vgl. auch Ausführungen von *Engel/Hornuf*, SchiedsVZ 2012, 27 ff. (26 f.).

Kapitel 3: Rechtliche Würdigung von ärztlichen Behandlungs- und Aufklärungsfehlern

A. Einführung

Beim Arzthaftungsrecht handelt es sich um eine komplexe, facettenreiche Rechtsmaterie, die immer mehr an Bedeutung gewinnt. Bei Betrachtung der geschichtlichen Entwicklung des Arzthaftungsrechts fällt auf, dass es sich erst in den letzten Jahrzehnten zu einem umfangreichen und selbstständigen Rechtsgebiet entwickelt hat.[536] Die Gerichte beschäftigten sich vor dem Zweiten Weltkrieg nur selten mit Streitigkeiten zwischen Arzt und Patient. Auch die Rechtswissenschaft schenkte diesem Themengebiet nur wenig Aufmerksamkeit[537]. Zwar stand es damals ebenfalls außer Zweifel, dass der Arzt für Schäden des Patienten, die durch einen schuldhaften Fehler verursacht wurden, rechtlich einzustehen hat. Doch wurden diese Fälle nicht zwangsläufig rechtlichen Normen und ihrer Ausgestaltung durch die Gerichte unterworfen. Sie gelangten häufig nicht einmal vor Gericht. Ärztliches Handeln und die Arzt-Patient-Beziehung wurden weit mehr von den Regeln ärztlicher Standesethik bestimmt[538].

Im Laufe der 1960er Jahre nahmen die Streitigkeiten zwischen Arzt und Patient langsam zu. Dies hatte nicht zuletzt seinen Ursprung in der Emanzipation der Patientenschaft – welche sich besonders durch das Selbstbestimmungsrecht des Patienten vollzog – und in dem Fortschritt in der Medizin.[539]

In diesem Kapitel werden die rechtlichen Grundlagen der Arzthaftung näher beleuchtet. Die Haftungstatbestände werden erläutert und die daraus resultierenden Rechtsfolgen dargestellt. Auf die Haftungsgründe sowie die Beweislastverteilung und Kausalität wird ausführlich eingegangen. Die Beschreibung der Konfliktstruktur einer Arzthaftungsauseinandersetzung sowie die Rolle Dritter in diesen Konflikten schließen das Kapitel ab.

536 Zur historischen Entwicklung des Arzthaftungsrechts von der Antike bis heute vgl. *Riegger*, Die historische Entwicklung der Arzthaftung (2007).
537 *Franzki*, MedR 1994, 171 ff. (172).
538 *Franzki*, MedR 1994, 171 ff. (172).
539 Siehe für die Gründe zunehmender Streitigkeiten im Arzt-Patient-Verhältnis schon Kapitel 1, B, IV, 2.

B. Überblick

„[...] der größte Teil der modernen Arzthaftung ist Rechtsprechungsrecht: typisierte Kasuistik der Zivilgerichte“[540]. Wie in den meisten Rechtssystemen der Welt existieren auch in Deutschland bislang keine spezialgesetzlichen Regelungen für die zivilrechtliche Arzthaftung. Die ärztliche Behandlung und die sich daraus ergebenden Rechte und Pflichten von Arzt und Patient unterliegen der ständigen Weiterentwicklung der medizinischen Wissenschaft. Bezüglich einer starren Normierung dieses Rechtsgebiets bestehen seit jeher Bedenken, da man damit der künftigen Entwicklung der medizinischen Wissenschaft und der ärztlichen Behandlung nicht gerecht würde[541].

Die zivilrechtlichen Grundlagen der ärztlichen Haftung ergeben sich aus dem BGB, insbesondere aus dem Vertragsrecht (§§ 611 ff BGB) und dem Recht der unerlaubten Handlung (§§ 823 ff BGB). Diese allgemeinen Normen des Vertrags- und Deliktsrechts erweisen sich als für die Arzthaftung flexible und valide Regelungen[542]. Die Rechtsprechung hat über die Jahre Grundsätze entwickelt, die auf die Besonderheiten der ärztlichen Behandlung und die sich daraus ergebenden Fragestellungen zugeschnitten sind. Diese wurden in der Vergangenheit ständig fortgebildet und ausdifferenziert. Vor allem die Rechtsstellung des Patienten wurde in der näheren Vergangenheit durch die Rechtsprechung wiederholt gestärkt mit dem vorrangigen Ziel, Waffengleichheit zwischen Arzt und Patient im Prozess herzustellen[543].

Auch die Legislative bemüht sich zunehmend um eine umfassendere Informiertheit des Patienten über seine Rechte und damit allgemein um eine Verbesserung seiner Stellung. Im Jahr 2003 wurde auf Initiative des Bundesministeriums der Justiz und des Bundesministeriums für Gesundheit eine Patientencharta – „Patientenrechte in Deutschland“ – zur Stärkung der Position der Patienten eingeführt. Sie stellt eine Bestandsaufnahme des geltenden Rechts dar. Das erhoffte Rechtsbewusstsein hat sich damit jedoch nicht eingestellt[544]. Mit dem am 26. Februar 2013 in Kraft getretenen Patientenrechtegesetz soll nunmehr eine umfassende Kodifikation auf den Weg gebracht werden. Um die Diskrepanz zwischen Normativität und Normalität zu überbrücken, wurden die Rechtsprechungsgrundsätze für den Patienten fixiert und für ihn nachvollziehbar gemacht[545]. Ziel des Gesetzes ist es, Transparenz und Rechtssicherheit hinsichtlich der bereits bestehenden umfangreichen Rechte von Patienten herzustellen, die tatsächliche Durchsetzung dieser Rechte zu erleichtern

---

540 *Isele*, Die juristische Problematik in der Medizin, Bd. 3, 11 ff. (12).

541 Saalfrank-*Dautert/Jorzig*, HB des Medizin- und Gesundheitsrechts, Bd. 1, § 2, Rdnr. 1; *Katzenmeier*, VersR 2002, 1066 ff. (1071); *Katzenmeier*, MedR 2011, 201 ff. (201).

542 *Katzenmeier*, MedR 2011, 201 ff. (201).

543 *Franzki*, MedR 1994, 171 ff. (178). Siehe ausführlicher hierzu in diesem Kapitel unter C, IV.

544 *Katzenmeier*, MedR 2011, 201 ff. (204).

545 *Katzenmeier*, MedR 2011, 201 ff. (204, 205).

und zugleich Patienten im Sinne einer verbesserten Gesundheitsversorgung zu schützen sowie insbesondere im Fall eines Behandlungsfehlers stärker zu unterstützen[546]. Um diese Ziele umzusetzen, ist in das BGB ein neuer Abschnitt zum „Behandlungsvertrag" (§§ 630a ff BGB) aufgenommen worden, in dem die Grundsätze der Arzthaftung und des Behandlungsrechts aufgeführt sind. Folgende Grundsätze wurden gesetzlich fixiert: Vertragstypische Pflichten beim Behandlungsvertrag (§ 630a BGB), Informationspflichten (§ 630c BGB), Voraussetzungen einer wirksamen Einwilligung (§ 630d BGB), Aufklärungspflichten (§ 630e BGB), die Pflicht zur Dokumentation der Behandlung (§ 630f BGB), das Einsichtnahmerecht in die Patientenakte (§ 630g BGB) und Beweislastregeln – insbesondere die Umkehr der Beweislast bei einem groben Behandlungsfehler (§ 630h BGB). Durch § 135a Abs. 2 Nr. 2 SGB V werden Klinken dazu verpflichtet, ein patientenorientiertes Beschwerdemanagement durchzuführen.[547] Auch präventive Maßnahmen wurden gefordert. Nach § 137 Abs. 1c SBG V sollen einrichtungsintern Risikomanagement- und Fehlermeldesysteme eingeführt werden, um Informationen über die Schwachstellen der Behandlungsabläufe zu erlangen. Dies soll dem Wohl und der Sicherheit der Patienten, aber auch dem Vertrauen zwischen Arzt und Patient dienen.

Obwohl das Patientenrechtegesetz zur Stabilisierung des Arzt-Patient-Verhältnisses geeignet scheint und dieses Vorhaben im Grundsatz begrüßenswert ist, wird befürchtet, dass die Normierung mehr zur Verunsicherung beiträgt, als diese auszuräumen, und dass sie die bestehende Gesetzesflut weiter erhöht[548]. Ob es zu Auslegungsfragen kommen und der Arzt zunehmend in eine defensive Rolle gedrängt wird, und ob das Gesetz dazu führt, dass der Arzt im Zweifel darauf besteht, nur (noch) nach den gesetzlichen Normierungen zu handeln, sind nur einige der im Raum stehenden Fragen. Eine nur geringfügige Verrechtlichung kann zahlreiche Fragen aufwerfen, eine sehr detaillierte Regelung hingegen kann zu einer Behinderung der Rechtsfortbildung führen. Hierbei ein ausgewogenes Verhältnis herzustellen, ist eine nur schwerlich zu bewältigende Aufgabe. Vereinheitlichungsbestrebungen auf europäischer Ebene führten bislang nicht zum Ziel[549]. Die weiteren

---

546 Referentenentwurf zum Patientenrechtegesetz, S. 1.

547 Zudem wurde angeregt, einen Patientenentschädigungsfond nach österreichischem Vorbild für besonders schwere ärztliche Behandlungsfehler auch in Deutschland zu errichten, vgl. die Aussage des stellvertretenden Vorsitzenden des CDU/CSU-Fraktion, *Johannes Singhammer*, Süddeutsche Zeitung vom 11.02.2012, S. 23. Ein derartiger Fond hätte aus Beiträgen von Ärzten, Versicherten und Haftpflichtversicherern finanziert werden können. Die Ärzteschaft lehnte dieses Vorhaben hingegen als populistische Forderung ab. Im Patientenrechtegesetz ist das Vorhaben nicht aufgenommen worden. Die weiteren Entwicklungen bleiben hier aber abzuwarten.

548 Siehe ausführlich hierzu *Katzenmeier*, MedR 2011, 201 ff. (204 ff., insb. 205).

549 Der Richtlinienvorschlag vom 9. November 1990 über die Haftung der Dienstleistungsberufe, welche sich damit auch auf den ärztlichen Tätigungsbereich erstreckte, wurde am 23. Juli 1994 aufgrund der überwiegenden Kritik zurückgezogen.

Entwicklungen – sowohl auf nationaler als auch auf europäischer Ebene – bleiben abzuwarten.

Um dem komplexen Sachgebiet der ärztlichen Haftung gerecht zu werden, haben die meisten Landgerichte Spezialkammern für Arzthaftungsstreitigkeiten eingerichtet. Auch Rechtsanwälte können eine auf den Rechtsbereich der Arzthaftung zugeschnittene Zusatzqualifikation „Fachanwalt für Medizinrecht" erwerben.

C. Rechtliche Grundlagen der zivilrechtlichen Arzthaftung

Der Arzt kann zum einen aus dem zwischen ihm und dem Patienten geschlossenen Behandlungsvertrag und zum anderen aus dem Recht der unerlaubten Handlung haften.[550] Die jeweiligen Haftungsansprüche bestehen nebeneinander (Anspruchskonkurrenz)[551].

I. Haftung des Arztes aus dem Behandlungsvertrag

1. Rechtsnatur

Die Grundlage der ärztlichen Behandlung ist der Behandlungsvertrag[552]. Dieser privatrechtliche Vertrag ist nach allgemeiner Auffassung im Grundsatz als Dienstvertrag nach den §§ 611 ff BGB ausgestaltet[553]. Es handelt sich hierbei um einen Vertrag über höhere Dienste, die der Patient dem Arzt aufgrund besonderen Vertrauens übertragen hat (§ 627 BGB)[554].

In der Mehrzahl der Fälle ist nicht der Erfolg der ärztlichen Maßnahme – wie die Genesung – geschuldet. Dies ist darauf zurückzuführen, dass der Organismus des Menschen aufgrund seiner Komplexität nicht voll beherrschbar ist, sodass ein

---

550 Der Arzt kann zudem als Geschäftsführer ohne Auftrag (§§ 677 ff. BGB) auftreten, wenn der Patient bspw. bewusstlos ist. Auf das dadurch entstandene gesetzliche Schuldverhältnis soll hier jedoch nicht weiter eingegangen werden. Vgl. hierzu bspw. *Katzenmeier*, Arzthaftung, S. 109 ff.

551 *Wenzel*, HB des FA Medizinrecht, S. 237.

552 Dieses gilt nach überwiegender Auffassung sowohl für das Vertragsverhältnis zwischen dem Privatpatienten und dem Arzt als auch zwischen dem gesetzlich krankenversicherten Patienten und dem zur Versorgung von GKV-Patienten gem. § 95 SGB V zugelassenden Vertragsarzt, vgl. BGHZ 76, 259 (261); 97, 273 (276); 100, 363 (367); BVerfG MedR 2005, 91 f. (91); BGH NJW 2005, 2069 ff. (2070); *Quaas/Zuck*, Medizinrecht, § 13, Rdnr. 4; *Deutsch/Spickhoff*, Medizinrecht, Rdnr. 79.

553 BGHZ 63, 306 (309); 76, 249 (261); 97, 273 (276); BGH NJW 1981, 610 ff. (611); 1981, 630 ff. (631); Laufs/Katzenmeier/*Lipp*, Arztrecht, S. 73; *Laufs/Kern*, HB des Arztrechts, § 38, Rdnr. 9; *Giesen*, Arzthaftungsrecht, Rdnr. 7; Palandt-*Weidenkaff*, Einf v § 611, Rdnr. 18; MüKo-*Müller-Glöge*, § 611, Rdnr. 79; MüKo-*Busche*, § 631, Rdnr. 238.

554 Palandt-*Weidenkaff*, § 627, Rdnr. 2.

Heilungserfolg nicht garantiert werden kann[555]. Eine Genesungsgarantie würde den Arzt mit einem unüberschaubaren Haftungsrisiko belasten und mit der Funktion des Arztvertrages nicht in Einklang zu bringen sein[556]. Vielmehr schuldet der Arzt im Rahmen seiner Behandlung die Anwendung der gebotenen Sorgfalt, die zum Zeitpunkt der Maßnahme der gültige Standard ist. Er hat im Rahmen seiner Tätigkeit bei Diagnose, Therapie, Beratung sowie Verordnung von Arznei-, Heil- und Hilfsmitteln eine den Regeln der ärztlichen Kunst entsprechende Behandlung durchzuführen[557]. Damit trifft ihn lediglich eine Einstandspflicht für vorwerfbare vertragliche (und deliktische) Fehlleistungen. Das Nichteintreten eines Behandlungserfolges oder das Misslingen eines Eingriffs ist ihm nur insoweit vorwerfbar, als ihn auch ein Verschulden trifft[558].

In außergewöhnlichen Fällen kann ein Behandlungsvertrag als Werkvertrag eingestuft werden, wenn nach Auslegung der ärztlichen Vertragserklärung der Erfolg einer bestimmten Verrichtung als Tätigkeitsergebnis geschuldet wird. Diese wird im Zweifel jedoch nicht in dem Sinne aufgefasst werden können[559].

In Fällen von kosmetischen Eingriffen ist es annehmbar, dass der Vertrag als Werkvertrag nach § 631 BGB ausformuliert ist, sodass der Arzt eine bestimmte Ergebnisqualität als Erfolg der Behandlung schuldet. Vereinzelt wird sogar vertreten, die Einstandspflicht des Arztes für den Erfolg der Behandlung sei offensichtlich[560]. Aber auch hier ist in erster Linie auf die sachverständige Ausführung des Eingriffs abzustellen. Eine generelle Zuordnung zum Werk- oder Dienstvertrag wird den tatsächlichen Lebenssachverhalten nicht gerecht[561]. Vielmehr sollte diese Frage nicht pauschal und allgemeingültig beurteilt werden. Interessengerechter ist es, im Einzelfall die geschuldete Leistung, den Vertragswillen sowie die zwischen den Parteien getroffene Abrede zu betrachten und anhand dessen zu einem vertretbaren Ergebnis zu kommen.

---

555 Ratzel/Luxenburger-*Griebau*, HB Medizinrecht, § 9, Rdnr. 1; *Weyers*, 52. DJT, Bd. 1, A 14; *Katzenmeier*, Arzthaftung, S. 99.

556 *Katzenmeier*, Arzthaftung, S. 99.

557 Prütting-*Bertram*, FAKomm-MedR, § 611, Rdnr. 3.

558 Laufs/*Kern*, HB des Arztrechts, § 38, Rdnr. 10.

559 MüKo-*Busche*, § 631, Rdnr. 238; Laufs/Katzenmeier/*Lipp*, Arztrecht, S. 74. Die genaue Zuordnung hat vor allem Bedeutung für den Honoraranspruch des Arztes bei Misslingen des Eingriffs. Bei einem Dienstvertrag kann die Vergütung auch dann verlangt werden, wenn die Leistung erbracht wurde, der Erfolg aber dennoch ausbleibt. Beim Werkvertrag hingegen steht und fällt der Anspruch auf Vergütung mit dem Erfolg der ärztlichen Bemühungen.

560 MüKo/*Busche*, § 631, Rdnr. 239; *Isele*, Die juristische Problematik in der Medizin, Bd. 3, 11 ff. (16); a.A.: OLG Köln VersR 1988, 1049 f.; Laufs/*Kern*, HB des Arztrechts, § 38, Rdnr. 11; *Wenzel*, HB des FA Medizinrecht, S. 239; Ratzel/Luxenburger-*Griebau*, HB Medizinrecht, § 9, Rdnr.2.

561 So auch *Rieger*, Lexikon des Arztrechts, Rdnr. 1000.

Das Werkvertragsrecht gilt jedenfalls für die Röntgendiagnostik und die Vornahme von Laboruntersuchungen[562]. Im zahnärztlichen Bereich, in welchem die werkvertragliche Einordnung besonders bei zahnprothetischen Behandlungen denkbar ist, ist lediglich die Herstellung der Prothese nach Werkvertragsrecht zu beurteilen, ihre Einsetzung wiederum nach Dienstvertragsrecht (Dienstvertrag mit werkvertraglichen Elementen)[563].

2. Abschluss und Beendigung des Behandlungsvertrages

Die klassische Form des Behandlungsvertrages ist der, der zwischen dem in eigener Praxis[564] niedergelassenen Arzt und dem Patienten abgeschlossen wird[565]. Durch das Begeben in die Sprechstunde und die Übernahme der Behandlung durch den Arzt kommt der Behandlungsvertrag in der Mehrzahl der Fälle stillschweigend zustande[566]. Für den Abschluss des Vertrages bestehen grundsätzlich keine Formvorschriften[567].

Der Behandlungsvertrag wird in der Regel nicht für eine bestimmte Zeit abgeschlossen. Das Vertragsverhältnis kann aus verschiedenen Gründen beendet werden, wie bspw. durch gegenseitiges Einverständnis, Zeitablauf, Übernahme der Behandlung durch einen anderen Arzt oder bei Tod einer der Vertragsparteien.[568] Die Vertragsbeziehung endet in der Regel auch bei Erfüllung bzw. Zweckerreichung – d.h. mit dem Abschluss der Behandlung[569]. Im Übrigen steht sowohl dem Patienten als auch dem Arzt ein einseitiges Kündigungsrecht zu. Die Kündigungsvorschriften der §§ 621, 622 BGB sind nicht auf den Behandlungsvertrag anwendbar, vgl. § 620

---

562 Palandt-*Sprau*, § 631, Rdnr. 18.; Saalfrank-*Dautert/Jorzig*, HB des Medizin- und Gesundheitsrechts, Bd. 1, § 2, Rdnr. 8.

563 BGHZ 63, 306 ff.; MüKo-*Busche*, § 631, Rdnr. 241 f.; *Wenzel*, HB des FA Medizinrecht, S. 240; Laufs/*Kern*, HB des Arztrechts, § 38, Rdnr. 13.

564 Für die Arbeit niedergelassener Ärzte sind Kooperationsformen möglich, wie Gemeinschaftspraxen, Praxisgemeinschaften, medizinische Kooperationsgemeinschaften, Praxisverbünde und medizinische Versorgungszentren. Vgl. hierzu Laufs/Kern-*Schlund*, HB des Arztrechts, § 18; Laufs/Katzenmeier/*Lipp*, Arztrecht, S. 61 ff.; *Katzenmeier*, Arzthaftung, S. 103 ff.

565 Zur Rolle der Krankenkassen hierbei vgl. *Hattemer*, Mediation bei Störungen des Arzt-Patient-Verhältnisses, S. 82.

566 Prütting-*Bertram* FAKomm-MedR, § 611, Rdnr. 2; *Quaas/Zuck*, Medizinrecht, § 13, Rdnr. 2; Ratzel/Luxenburger-*Griebau*, HB Medizinrecht, § 9, Rdnr. 7; *Wenzel*, HB des FA Medizinrecht, S. 240; *Deutsch/Spickhoff*, Medizinrecht, Rdnr. 94; Ehlers/Broglie-*v. Hirschfeld/Stampehl*, Arzthaftung, Rdnr. 60.

567 Ratzel/Luxenburger-*Griebau*, HB Medizinrecht, § 9, Rdnr. 7; siehe für Ausnahmefälle: *Wenzel*, HB des FA Medizinrecht, S. 240; zu den Besonderheiten bei geschäftsunfähigen bzw. beschränkt geschäftsfähigen Patienten vgl. bspw. Laufs/Katzenmeier/*Lipp*, Arztrecht, S. 66 ff.

568 *Quaas/Zuck*, Medizinrecht, § 13, Rdnr. 24; *Deutsch/Spickhoff*, Medizinrecht, Rdnr. 127.

569 Laufs/Katzenmeier/*Lipp*, Arztrecht, S. 74; *Deutsch/Spickhoff*, Medizinrecht, Rdnr. 127.

Abs. 2 BGB. § 627 BGB gestattet jedoch die Kündigung des Rechtsverhältnisses, das Dienste höherer Art aufgrund besonderen Vertrauens zum Gegenstand hat, jederzeit und ohne wichtigen Grund. Für den Patienten besteht dieses Kündigungsrecht uneingeschränkt, wohingegen der Arzt seine Dienste nur dann aufkündigen kann, wenn sich der Patient diese Dienste ohne Schaden rechtzeitig von anderer Seite beschaffen kann (vgl. § 627 Abs. 2 S. 1 BGB)[570]. Bei einer Kündigung zur Unzeit, etwa unmittelbar vor einem dringenden Eingriff, kann sich der Arzt jedoch schadensersatzpflichtig machen, § 627 Abs. 2 S. 2 BGB.

3. Vertragspflichten

Den Arzt trifft in jeder Phase der Behandlung eine Vielzahl von Haupt- und Nebenpflichten, die durch die Rechtsprechung ausgestaltet wurden. Die ärztliche Behandlungspflicht sticht hierbei hervor: In erster Linie hat der Arzt den Patienten eingehend zu untersuchen und aufgrund einer gestellten Diagnose eine Therapie anzuwenden, deren Ziel die Heilung bzw. Linderung des Leidens auf die angemessene einfachste, schnellste und schonendste Weise ist[571]. Zum Inhalt dieser Pflicht gehört es, dass der Arzt seine Behandlung nach dem Stand der medizinischen Wissenschaft zum Zeitpunkt der Maßnahme ausrichtet.

Neben der Pflicht zur kunstgerechten Behandlung gehört auch die Aufklärungspflicht zur Hauptpflicht des Arztes. Sie ist auf das Selbstbestimmungsrecht des Patienten aus Art. 1 Abs. 1 i.V.m. Art. 2 Abs. 1 GG zurückzuführen und stellt die Basis für die freie Entscheidung des Patienten dar, eine Behandlungsmaßnahme durchführen zu lassen oder zu unterlassen[572]. Der Arzt muss, bevor er einen ärztlichen Eingriff durchführt, von dem Patienten eine Einwilligung erlangen.[573]

Zu den vertraglichen Hauptpflichten gehören des Weiteren nach § 613 S. 1 BGB die persönliche Leistungserbringung sowie – bei Bedarf – die Überweisung des Patienten an einen Spezialisten oder in eine Spezialklinik, ferner das Hinzuziehen von Fachärzten als Konsiliarien sowie die sachgerechte Organisation des Behandlungsablaufs[574].

Zudem treffen den Arzt Verschwiegenheitspflichten nach § 203 StGB, welche sich auf die gesamte Rechtsbeziehung zwischen ihm und den Patienten erstrecken, d.h.

---

570 Laufs/Katzenmeier/*Lipp*, Arztrecht, S. 74 f.

571 *Deutsch/Spickhoff*, Medizinrecht, Rdnr. 114; *Quaas/Zuck*, Medizinrecht, §13, Rdnr. 28; Laufs/Katzenmeier/*Lipp*, Arztrecht, S. 75.

572 *Wenzel*, HB des FA Medizinrecht, S. 255; Ratzel/Luxenburger-*Griebau*, HB Medizinrecht, § 9, Rdnr. 34.

573 Durch eine sachgemäße Aufklärung und eine darauf basierende Einwilligung des Patienten kann sich der Arzt zudem dem Vorwurf einer durch den Eingriff eingetretenen Körperverletzung nach den §§ 223 ff. StGB entziehen.

574 *Deutsch/Spickhoff*, Medizinrecht, Rdnr. 114.

hinsichtlich aller Informationen, die der Arzt anlässlich der Behandlung erlangt[575]. Diese Verschwiegenheitspflichten resultieren aus dem besonderen Vertrauensverhältnis zwischen Arzt und Patient.[576]

Sowohl nach der ständigen Rechtsprechung als auch nach der Auffassung in der Literatur trifft den Arzt die Pflicht zur Dokumentation seiner Tätigkeit[577]. Sie dient der sachgerechten Behandlung des Patienten bzw. seinem Schutz und wird daher in seinem Interesse verlangt. Ein Dokumentationsfehler stellt jedoch keinen eigenständigen Haftungsgrund dar – ist insbesondere kein Behandlungsfehler –, kann jedoch Fehler (mit-)verursachen[578]. Fehler in diesem Bereich haben Auswirkungen im Beweisrecht und können zu Beweisnachteilen des Arztes führen[579]. Auf Verlangen des Patienten hat der Arzt ihm Einsicht in die ihn betreffenden Behandlungsunterlagen zu gewähren[580].

Der Behandlungsvertrag beinhaltet relativ wenige Pflichten für den Patienten. Vielmehr treffen diesen Obliegenheiten[581]. Als Hauptpflicht im Sinne des § 241 Abs. 1 BGB kommt für den (Privat-)Patienten die Vergütungspflicht in Betracht[582]. Als Nebenpflichten i.S.d. § 241 Abs. 2 BGB treffen den Patienten etwa die Pflichten, zu den vereinbarten Terminen pünktlich zu erscheinen und mit dem ärztlichen Personal sowie der Einrichtung angemessen umzugehen[583]. Als Obliegenheiten werden

---

575 Ratzel/Luxenburger-*Griebau*, HB Medizinrecht, § 9, Rdnr. 34; *Deutsch/Spickhoff*, Medizinrecht, Rdnr. 115; *Wenzel*, HB des FA Medizinrecht, S. 317.

576 Demzufolge steht dem Arzt vor Gericht ein Zeugnisverweigerungsrecht nach den §§ 383 Abs. 1 Nr. 6 ZPO, 53 Abs. 1 Nr. 3 StPO zu, welches durch das Beschlagnahmeverbot des § 97 StPO ergänzt wird.

577 BGHZ 72, 132 (137); 85, 327 (329); BGH VersR 1983, 983 f (983); NJW 1986, 2365 f.; NJW 1989, 2330 f.; OLG Schleswig GesR 2006, 376 ff.; *Weyers*, 52. DJT, Bd. 1, A 115 ff.; *Peter*, Das Recht auf Einsicht in Krankenunterlagen, S. 15; *Quaas/Zuck*, Medizinrecht, § 13, Rdnr. 30; *Wenzel*, HB des FA Medizinrecht, S. 313 f; Prütting-*Jaeger* FAKomm-MedR, § 280, Rdnr. 36 ff., *Deutsch/Spickhoff*, Medizinrecht, Rdnr. 115; Laufs/Katzenmeier/*Lipp*, Arztrecht, S. 76.

578 *Hansis/Hart*, Medizinische Behandlungsfehler, S. 9. Hiernach wurden in 20 % der gutachterlichen Bescheide gravierende Dokumentationsversäumnisse festgestellt, die einen schlechten Verlauf bzw. einen Fehlervorwurf (mit-)verursacht haben.

579 BGHZ 72, 132 ff.; 99, 391 ff.; BGH NJW 1988, 2949 ff.; Spickhoff-*Greiner*, Kommentar zum Medizinrecht, § 823 BGB, Rdnr. 123. Siehe hierzu in diesem Kapitel unter C, VI.

580 BGHZ 85, 327 ff.; Prütting-*Jaeger*, FAKomm-MedR, § 280, Rdnr. 37; *Deutsch/Spickhoff*, Medizinrecht, Rdnr. 115.

581 Laufs/*Kern*, HB des Arztrechts, § 74, Rdnr. 1.

582 BGH NJW 1977, 1103 f. (1104); Laufs/*Kern*, HB des Arztrechts, § 74, Rdnr. 1 f. Bei der Behandlung eines gesetzlich krankenversicherten Patienten tritt an die Stelle des vertraglichen der sozialrechtliche Vergütungsanspruch des Vertragsarztes gegen die Kassenärztliche Vereinigung (§ 85 Abs. 4 bis 4f SGB V).

583 Laufs/Katzenmeier/*Lipp*, Arztrecht, S. 78 ff.; Laufs/*Kern*, HB des Arztrechts, § 74, Rdnr. 2; Ratzel/Luxenburger-*Griebau*, HB Medizinrecht, § 9, Rdnr. 35.

ihn bspw. die gewissenhafte Befolgung von Verhaltensanweisungen des Arztes im Rahmen der medizinischen Versorgung, Untersuchungen und Behandlungen zu dulden sowie die erforderlichen Einwilligungen abzugeben, auferlegt[584].

4. *Haftung*

Um vertraglich gegen den Arzt vorgehen zu können, verlangt § 280 Abs. 1 BGB neben einem Schuldverhältnis – welches typischerweise in dem Behandlungsvertrag begründet ist – die rechtswidrige Pflichtverletzung – etwa einen Verstoß gegen den ärztlichen Standard (Behandlungsfehler) oder die nichterfolgte oder unzureichende Aufklärung des Patienten (Aufklärungsfehler). Das objektive Vertretenmüssen der Pflichtverletzung durch den Arzt bzw. seinen Erfüllungsgehilfen in Form von Vorsatz oder Fahrlässigkeit, einen Schaden an Körper oder Gesundheit sowie die Kausalität der Pflichtverletzung für den eingetretenen Schaden und die objektive Zurechenbarkeit des Schadens zur Pflichtverletzung sind weitere Voraussetzungen[585]. Ein evtl. Mitverschulden des Patienten nach § 254 BGB ist zwar möglich[586], spielt in der Rechtspraxis allerdings eine untergeordnete Rolle[587].

II. Haftung des Arztes aus unerlaubter Handlung (§§ 823 ff BGB)

Der Arzt kann bei einem Fehlverhalten zumeist sowohl aus vertraglichen als auch aus deliktischen Gründen in Anspruch genommen werden (dualistisches Haftungssystem)[588]. In beiden Fällen schuldet der Arzt die Beachtung der im Verkehr erforderlichen Sorgfalt, die sich nach dem zum Zeitpunkt der Behandlung geltenden medizinischen Standard bemisst[589]. Bei Nichtbeachtung dieses Sorgfaltsmaßstabs verletzt der Arzt daher regelmäßig Pflichten aus dem Behandlungsvertrag und begeht darüber hinaus eine unerlaubte Handlung[590].

Im Zuge der Schuldrechtsreform haben sich die beiden Haftungssysteme – auch hinsichtlich der Rechtsfolgenseite – weiter angenähert. Durch die Verlagerung des Schmerzensgeldanspruchs aus dem Deliktsrecht (§ 847 BGB a.F.) in das allgemeine Schuldrecht (§ 253 Abs. 2 BGB) sowie dem Gleichlauf der Verjährungsfristen von drei Jahren nach § 195 BGB, der nunmehr sowohl für vertragliche Pflichtverletzungen als auch für deliktische Ansprüche aus unerlaubter Handlung gilt, hat der

584 Laufs/*Kern*, HB des Arztrechts, § 74, Rdnr. 6.
585 *Spickhoff*, Kommentar zum Medizinrecht, §§ 278, 280, Rdnr. 3; *Deutsch/Spickhoff*, Medizinrecht, Rdnr. 170 ff.; Prütting-*Jaeger* FAKomm-MedR, § 280, Rdnr. 33.
586 MüKo-*Oetker*, § 254, Rdnr. 79 ff; *Katzenmeier*, Arzthaftung, S. 372 m.w.N.
587 MüKo-*Wagner*, § 823, Rdnr. 832.
588 *Wenzel*, HB des FA Medizinrecht, S. 237.
589 BGH VersR 1988, 1273 ff.; VersR 1995, 659 ff. (660); MedR 1995, 276 ff. (277); NJW 1999, 1778 f. (1779).
590 BGH VersR 1988, 1273 ff.

deliktische Haftungsanspruch einen großen Teil seiner eigenständigen Bedeutung einbüßen müssen[591]. Im Hinblick auf die Erfüllungsgehilfenhaftung nach § 278 BGB sowie die Beweislastumkehr in § 280 Abs. 1 S. 2 BGB erscheint die vertragliche Haftung zudem für den Patienten aussichtsreicher[592]. Die Entlastungsmöglichkeit, welche in § 831 Abs. 1 S. 2 BGB zu finden ist, besteht hier nicht.

Schwerpunktmäßig haftet der Arzt daher aus Vertragsrecht. Eine ausschließliche Haftung aus Delikt kommt jedoch bei Fehlen einer vertraglichen bzw. quasivertraglichen Rechtsbeziehung, bei Ansprüchen gegen den behandelnden Klinikarzt, der nicht Vertragspartner des Patienten geworden ist (totaler Krankenhausvertrag), oder bei Ansprüchen gegen den angestellten Praxisarzt in Betracht[593].

Die wichtigsten Tatbestände für die deliktische Haftung sind in § 823 Abs. 1 BGB enthalten. Anknüpfungspunkt für die deliktische Haftung ist die Übernahme der Behandlung durch den Arzt oder die Beteiligung an einer Behandlungsaufgabe. Der Arzt begründet durch die Übernahme der Behandlung eine Garantenstellung gegenüber dem Patienten[594]. Hieraus erwachsen für ihn die gesetzlichen Pflichten zum Schutz und Erhalt der Gesundheit des Patienten[595]. Die Rechtsgüter Leben, Körper und Gesundheit können durch eine fehlerhafte Behandlung verletzt werden.

Nach der Rechtsprechung ist aber auch eine gebotene, fachgerechte und fehlerfrei durchgeführte Operation tatbestandsmäßig als Eingriff in die körperliche Integrität einzustufen[596]. Er bedarf daher der Einwilligung des Patienten nach dessen ausreichender Aufklärung. Eine ohne Aufklärung oder ohne Einwilligung vorgenommene Behandlung verletzt zudem das Selbstbestimmungsrecht des Patienten, welches als sonstiges Recht von § 823 Abs. 1 BGB erfasst ist. Auch eine *lege artis* durchgeführte Operation kann daher zu deliktischen Ansprüchen gegen den Arzt führen[597].

Um einen Haftungsanspruch zu begründen, muss also eines der genannten individuellen Rechtsgüter verletzt sein, aus dem ein Schaden des Patienten hervorgeht, der kausal auf einen Fehler des Arztes zurückzuführen ist. Hierbei muss dem Arzt jedenfalls ein objektives Verschulden vorwerfbar sein. Zudem muss die Verletzung rechtswidrig geschehen.

---

591 *Spickhoff*, Kommentar zum Medizinrecht, §§ 278, 280 BGB, Rdnr. 1; *Wagner*, NJW 2002, 2049 ff. (2055).

592 *Wenzel*, HB des FA Medizinrecht, S. 237; *Deutsch/Spickhoff*, Medizinrecht, Rdnr. 165.

593 *Laufs/Kern*, HB des Arztrechts, § 103, Rdnr. 1; *Katzenmeier*, VersR 2002, 1066 ff. (1073); *Spickhoff*, NJW 2002, 2530 ff.; *Spickhoff*, Kommentar zum Medizinrecht, §§ 278, 280 BGB, Rdnr. 2; Saalfrank-*Dautert/Jorzig*, HB des Medizin- und Gesundheitsrechts, Bd. 1, § 2, Rdnr. 4.

594 Saalfrank-*Dautert/Jorzig*, HB des Medizin- und Gesundheitsrechts, Bd. 1, § 2, Rdnr. 19.

595 *Quaas/Zuck*, Medizinrecht, § 13, Rdnr. 63.

596 RGSt 25, 375; BGHSt 11, 111; 12, 379; 16, 309; 35, 246.

597 Vgl. BGH VersR 1972, 153 ff. (154); VersR 1959, 312 ff. (312).

Deliktische Schadensersatzansprüche können sich neben dem Grundtatbestand des § 823 Abs. 1 BGB auch aus den §§ 823 Abs. 2 i.V.m. 223, 222 StGB und § 831 Abs. 1 S. 1 BGB ergeben, auf deren Einzelheiten hier jedoch nicht weiter eingegangen werden soll.[598] Im Folgenden wird überwiegend die vertragliche Haftung des Arztes behandelt.

III. Rechtsfolgen ärztlicher Pflichtverletzung

Sowohl bei einer Haftung aus Vertrag als auch aus Delikt hat der Arzt (bzw. der Krankenhausträger) dem Patienten alle Nachteile für seine körperliche und gesundheitliche Befindlichkeit zu ersetzen, die ihm durch den schuldhaften ärztlichen Fehler zugefügt wurden[599]. Ersatzfähig sind sowohl materielle, wie etwa Heilungs-, Pflege- und Rehabilitationskosten, als auch ideelle Schäden nach den allgemeinen Vorgaben der §§ 249 ff BGB [600].

Zuvörderst kann der Patient Schadensersatz verlangen. Der zu ersetzende Schaden wird auch im Arzthaftungsrecht nach der Differenzhypothese beurteilt – also durch einen Vergleich der infolge des haftungsbegründenden Ereignisses eingetretenen Vermögenslage mit derjenigen, die ohne jenes Ereignis bestehen würde[601]. Schadensersatz ist nach § 249 S. 1 BGB grundsätzlich in Form von Naturalrestitution zu gewährleisten. Da eine Wiederherstellung des ursprünglichen Zustands bei Gesundheits- und Körperschäden oftmals ausscheidet, kann nach § 249 S. 2 BGB eine Entschädigung in Geld verlangt werden.[602] Zu beachten ist hierbei, dass eine Entschädigung in Geld nach § 249 Abs. 2 BGB bei Personenschäden in der Regel nur verlangt werden kann, soweit diese Kosten auch tatsächlich angefallen sind, um die Regelung des § 253 Abs. 1 BGB nicht zu umgehen[603]. In dem Fall, dass der Geschädigte den Schaden hinnimmt, kommt jedoch eine Entschädigung über § 253 Abs. 2 BGB in Betracht[604].

---

598 Siehe ausführlich hierzu bspw. Saalfrank-*Dautert/Jorzig*, HB des Medizin- und Gesundheitsrechts, Bd. 1, § 2, Rdnr. 24 ff. Zur deliktischen Haftung siehe ausführlich: Laufs/*Kern*, HB des Arztrechts, Kapitel 18.

599 BGHZ 106, 391 (398), BGH NJW 1989, 1533 ff. (1535); NJW 1990, 2928 ff. (2929); NJW 1991, 2346 f. (2347); NJW 1993, 2378 f. (2379); *Giesen*, Arzthaftungsrecht, Rdnr. 46. Hier wird lediglich auf die Ansprüche des betroffenen Patienten eingegangen. Siehe zu Ansprüchen Dritter aus den § 844, 845 BGB Terbille-*Müller*, AnwHB Medizinrecht, § 11, Rdnr. 244 ff.

600 *Laufs/Kern*, HB des Arztrechts, § 95, Rdnr. 1 ff. Die Kosten für die materiellen Schäden werden bei gesetzlich krankenversicherten Patienten in der Regel von der GKV übernommen, sodass die Ansprüche nach § 116 SGB X auf diese übergehen.

601 BGHZ 86, 128 (130).

602 Ebenfalls ist der Patient nicht verpflichtet, sich erneut dem schädigenden Arzt anzuvertrauen, vgl. BGH VersR 1995, 184.

603 Prütting-*Jaeger*, FAKomm-MedR, § 249, Rdnr. 72 ff.; BGH NJW 1986, 1538 f. (insb. 1539).

604 BGH NJW 1986, 1538 f. (1539).

Da in der Regel die Leistungen bzgl. der Heilbehandlungskosten durch die private oder gesetzliche Krankenkasse des Patienten erbracht werden, erfolgt eine *cessio legis* nach § 116 SGB X (bei gesetzlich Krankenversicherten) bzw. § 86 Abs. 1 VVG (bei privat Krankenversicherten). Der Geschädigte kann in diesem Fall nicht mehr über die Forderung verfügen, ihm verbleiben jedoch die nicht von der Versicherung übernommenen Schadenspositionen wie bspw. Zuzahlungen, Eigenbeteiligung, Fahrtkosten sowie Besuchskosten von nahen Angehörigen und Behandlungen, die über den Regelbedarf hinausgehen (wie die Kosten für Massagen und bestimmte Anwendungen im Rahmen einer Physiotherapie), soweit diese erforderlich sind (§§ 249 Abs. 2 S. 2, 254 Abs. 2, 242 BGB)[605].

Weiterhin kommt ein zu ersetzender Erwerbs- oder Verdienstausfallschaden nach den §§ 249 ff, 842, 843 BGB in Betracht[606] sowie materieller Schadensersatz für vermehrte Bedürfnisse nach § 843 Abs. 1 BGB[607].

Immaterielle Schäden sind, unabhängig davon, ob aus Vertrag oder Delikt gehaftet wird, nach § 253 Abs. 2 BGB auszugleichen, soweit eine Rechtsgutverletzung im Sinne der Vorschrift vorliegt (Schmerzensgeld). Hierfür müssen die Voraussetzungen eines Schadensersatzanspruches nach den §§ 611, 280 Abs. 1, 677 f, 280 Abs. 1 bzw. §§ 823 ff, 839 Abs. 1 BGB i.V.m. Art. 34 GG vorliegen. Die Höhe des zu leistenden Schmerzensgeldes richtet sich nach der Schwere der Verletzungen, dem dadurch bedingten Leiden, dessen Dauer, dem Ausmaß der Wahrnehmung der Beeinträchtigungen durch die Verletzten und dem Grad des Verschuldens des Arztes[608].

Bei einem Aufklärungsfehler können sowohl die Autonomie als auch die körperliche Integrität des Patienten verletzt sein[609]. Die Verletzung des allgemeinen Persönlichkeitsrechts ist zwar nicht ausdrücklich in die Aufzählung von § 253 Abs.2 BGB aufgenommen worden. Es wird jedoch allgemein angenommen, dass die dahingehende Verletzung einen Anspruch auf Geldentschädigung auslösen kann, da andernfalls die unter Einfluss der Wertentscheidung des Grundgesetzes erfolgte Ausbildung des zivilrechtlichen Persönlichkeitsschutzes lückenhaft und unzureichend wäre[610]. Grundsätzlich haftet der Arzt bei gegebenem Verschulden also für

605 Prütting-*Jaeger*, FAKomm-MedR, § 249, Rdnr. 2, 97 ff.; *Laufs/Kern*, HB des Arztrechts, § 95, Rdnr. 3.Vgl. hierzu ausführlich *Hattemer*, Mediation bei Störungen des Arzt-Patient-Verhältnisses, S. 107.

606 Terbille-*Müller*, HB Medizinrecht, § 11 Rdnr. 135 ff. Es ist eine konkrete Auswirkung im Vermögen notwendig, vgl. BGH NJW 1984, 1811 ff.

607 Hierunter fallen bspw. Kosten für der behindertengerechte Hausumbau sowie Rehabilitations- und Pflegekosten.

608 Prütting-*Jaeger*, FAKomm-MedR, § 253, Rdnr. 27; *Laufs/Kern*, HB des Arztrechts, § 95, Rdnr. 8 ff.

609 Vgl. bspw. BHGZ 29, 46 (49 f.), BGH NJW 1959, 811 ff.; BGHZ 29, 176, 179 f., BGH NJW 1959, 814 ff.

610 Ständige Rspr. seit BGHZ 26, 349; siehe auch BGHZ 30, 7; 35, 363; 39, 124; 128, 1 (15); vgl. auch BT-Drucks. 14/7752, S. 24 f.

alle Schadensfolgen[611] – sowohl für die an Körper und Gesundheit als auch für die am allgemeinen Persönlichkeitsrecht. Soweit der Eingriff im Falle eines Aufklärungsfehlers fachgerecht erfolgte, rechtfertigt das Aufklärungsversäumnis allein grundsätzlich – auch bei verbleibender Verletzung des Persönlichkeitsrechts – jedoch noch keinen Schmerzensgeldanspruch[612]. Eine Haftung für die Verletzung des allgemeinen Persönlichkeitsrechts kann nur eintreten, wenn es durch die mangelnde Aufklärung *auch* zu einem Gesundheitsschaden gekommen ist. Der Schaden muss mit demjenigen Interesse, welches die Verletzung des Körpers umfasst, kongruent sein[613]. Soweit der Eingriff im Falle eines Aufklärungsfehlers fachgerecht erfolgte, ergibt sich eine Ersatzpflicht des Arztes allenfalls bei schweren Eingriffen in das allgemeine Persönlichkeitsrecht. Dies kann etwa dann der Fall sein, wenn ansonsten der allgemeine Rechtschutz der Persönlichkeit nur unzureichend gewährleistet wäre[614]. In dem Fall erhält der Patient Schmerzensgeld.

Ein zivilrechtlich relevantes Fehlverhalten kann zudem berufsrechtliche und standesrechtliche, bei Kassenärzten weiterhin vertragsärztliche sowie bei verbeamteten Ärzten beamtenrechtliche Konsequenzen nach sich ziehen, worauf an dieser Stelle jedoch nicht näher eingegangen werden soll.[615]

IV. Spezialfall: Behandlung im Krankenhaus

Gegenüber der ambulanten ärztlichen Versorgung steht der Bereich des stationären Behandlungsverhältnisses im Krankenhaus, in Vorsorge- oder Reha-Einrichtungen sowie in Praxiskliniken. Hier besteht eine komplexere Vertragsgestaltung.[616] Da die meisten Fehlervorwürfe gegen Klinikärzte erhoben werden[617], soll im Folgenden kurz die Vertragsgestaltung bei Krankenhausbehandlungen dargestellt werden.[618]

---

611 Laufs/*Katzenmeier*/Lipp, Arztrecht, S. 125.

612 OLG Koblenz GesR 2004, 411 f.; OLG Dresden NJW 2004, 298 f.; OLG Naumburg GesR 2004, 494 ff. (497); *Deutsch*, NJW 1965, 1985 ff. (1989); zur a.A. vgl.: OLG Jena VersR 1998, 586 ff. (589) m.w.N.; kritisch: *Katzenmeier*, Arzthaftung, S. 118 ff.; *Laufs*, NJW 1969, 529 ff.; *Laufs*, NJW 1974, 2025 ff.

613 BGH NJW 2008, 2344 f. (2345); OLG Dresden NJW 2004, 298 f. (299); *Wenzel*, HB des FA Medizinrecht, S. 332.

614 OLG Dresden NJW 2004, 298 f (299); OLG Karlsruhe OLGR 1999, 83 (84); OLG Stuttgart VersR 1990, 432 f; vgl. auch: BAG NJW 1990, 67 f. (68); *Wenzel*, HB des FA Medizinrecht, S. 284 f.; *Laufs*/Kern, HB des Arztrechts, § 63, Rdnr. 2.

615 Vgl. hierzu: *Laufs*/Katzenmeier/Lipp, Arztrecht, S. 41; Wenzel-*Hoppe/Schiermer*, HB des FA Medizinrecht, Kap. 9, Rdnr. 36, 39 .

616 Zur Rolle der Krankenkassen hierbei vgl. *Hattemer*, Mediation bei Störungen des Arzt-Patient-Verhältnisses, S. 84.

617 *Weyers*, 52. DJT, Bd. 1, A 12; *Hansis/Hart*, Medizinische Behandlungsfehler, S. 8; *Eissler*, MedR 2004, 429 ff. (429).

618 Zum Sonderfall Krankenhausambulanz vgl.: *Deutsch/Spickhoff*, Medizinrecht, Rdnr. 84; *Quaas/Zuck*, Medizinrecht, § 13, Rdnr. 14 f. Ob ein „Arztvertrag“ oder „Klinikvertrag“ zustande kommt, hängt vom Einzelfall ab.

Auch im Krankenhaus wird ein schuldrechtlicher Behandlungsvertrag abgeschlossen[619]. Vertragspartner ist auf Seiten des Krankenhauses dessen jeweiliger Träger. Dies wird regelmäßig eine juristische Person des öffentlichen Rechts – wie etwa eine Gemeinde oder ein religiöser Orden – oder des privaten Rechts sein, bspw. in Form einer Krankenhaus-GmbH. Das Krankenhaus kann jedoch auch von einem Arzt oder Ärztekollektiv betrieben werden[620].

Man unterscheidet grundsätzlich zwischen drei typischen Vertragsformen: dem totalen Krankenhausvertrag, welcher den Regelfall darstellt, dem gespaltenen Krankenhausvertrag sowie dem totalen Krankenhausvertrag mit Arztzusatzvertrag.

Im ersten Fall – dem totalen Krankenhausvertrag – ist der Krankenhausträger alleiniger Vertragspartner des Patienten[621]. Er ist gegenüber dem Patienten zu der durch einen entsprechend qualifizierten (Fach-)Arzt durchgeführten Behandlung verpflichtet[622]. Daneben schuldet er ihm auch alle nichtärztlichen Leistungen – wie etwa pflegerische Maßnahmen – sowie Unterbringung und Verpflegung im Rahmen der stationären Versorgung[623]. Die Ärzte sind, soweit sie nicht Organe des Krankenhausträgers sind, Erfüllungsgehilfen oder Verrichtungsgehilfen. Für diese haftet der Träger nach §§ 31, 89, 278, 831 BGB.

Beim gespaltenen Krankenhausvertrag hingegen, welcher bei einem Aufenthalt in einem Belegkrankenhaus abgeschlossen wird, schuldet das Belegkrankenhaus lediglich Unterbringung und Verpflegung sowie die pflegerischen und medizinischen Maßnahmen außerhalb der ärztlichen Leistungen des Belegarztes. Der freiberuflich tätige Belegarzt wiederum übernimmt die ärztliche Behandlung und berechnet seine Dienste eigens[624]. Hierfür schließt der Patient mit dem Belegarzt einen Vertrag über die ärztliche Behandlung. Er ist zur ärztlichen Heilbehandlung verpflichtet und haftet für die ihm nachgeordneten Ärzte, welche als Erfüllungsgehilfen nach § 278 BGB auftreten[625].

Im dritten Fall – totaler Krankenhausvertrag mit Arztzusatzvertrag – kann der Patient ärztliche Leistungen durch zur eigenen Liquidation berechtigte leitende Ärzte wählen (ärztliche Wahlleistung)[626]. Hierdurch wird der Krankenhausarzt zur persönlichen Behandlung des Patienten verpflichtet[627]. Ob hierdurch der Arzt – genauso wie ein Belegarzt – hinsichtlich seiner ärztlichen Leistung alleiniger

619 *Quaas/Zuck*, Medizinrecht, § 13, Rdnr. 6.
620 *Quaas/Zuck*, Medizinrecht, § 13, Rdnr. 6.
621 *Wenzel*, HB des FA Medizinrecht, S. 465.
622 Laufs/Katzenmeier/*Lipp*, Arztrecht, S. 76. *Deutsch/Spickhoff*, Medizinrecht, Rdnr. 85; *Martis/Winkhart-Martis*, Arzthaftungsrecht, S. 651.
623 Laufs/Katzenmeier/*Lipp*, Arztrecht, S. 64, 76.
624 Laufs/Katzenmeier/*Lipp*, Arztrecht, S. 64; *Martis/Winkhart*, Arzthaftungsrecht, S. 662.
625 *Deutsch/Spickhoff*, Medizinrecht, Rdnr. 91; Laufs/Katzenmeier/*Lipp*, Arztrecht, S. 64.
626 Laufs/Katzenmeier/*Lipp*, Arztrecht, S. 65.
627 *Deutsch/Spickhoff*, Medizinrecht, Rdnr. 87.

Vertragspartner des Patienten wird oder ob er neben dem aus dem Krankenhausvertrag verpflichteten Krankenhausträger dem Krankenhausvertrag beitritt, sodass ein totaler Krankenhausvertrag mit Arztzusatzvertrag entsteht, richtet sich nach der Vereinbarung mit dem Patienten[628]. Nach der Rechtsprechung soll letzterer Fall die Regel sein, sodass mangels anderweitiger Abrede auch der Krankenhausträger die wahlärztliche Leistung schuldet und damit sowohl vertraglich als auch deliktisch für Fehler in diesem Bereich haftet[629].

V. Haftungsgründe

Das Reichsgericht stellte schon 1894 klar, dass es sich bei einem ärztlichen Heileingriff um eine tatbestandsmäßige Körperverletzung handelt[630]. Die ärztliche Maßnahme gilt nur dann als gerechtfertigt, soweit die vorgenommene Maßnahme dem Stand der medizinischen Erkenntnisse entspricht und der Patient vor dem Eingriff eine informierte Einwilligung abgegeben hat.

Privatrechtlich kann sich sowohl aus einer inadäquaten Behandlung (Behandlungsfehler) als auch aus einer unterlassenen oder unzureichenden Aufklärung (Aufklärungsfehler) eine Haftung des Arztes ergeben.

1. *Haftung für Behandlungsfehler*

a) Definition

Im Mittelpunkt der Arzthaftung steht der Begriff des Behandlungsfehlers[631]. Bis in die ersten Nachkriegsjahrzehnte verwandte die Rechtsprechung die Bezeichnung „Kunstfehler". Dieser war nicht eindeutig und allgemeingültig definiert. Das Reichsgericht lehnte sich mit seiner Definition an die Rudolf Virchows an, welcher den Kunstfehler als Verstoß gegen allgemein anerkannte Regeln der Heilkunst aus Mangel an gehöriger Aufmerksamkeit oder Vorsicht[632] beschrieb. Jedoch ging das Reichsgericht darüber hinaus, indem es die Möglichkeit eines Verschuldens und

---

628 Laufs/Katzenmeier/*Lipp*, Arztrecht, S. 65.

629 BGHZ 95, 63; 121, 107; 138, 91, BGH GesR 2006, 269 ff. (270). Die Rechtsprechung nimmt dies insbesondere vor dem Hintergrund an, dass der Patient, der sich für einen Arztzusatzvertrag entscheidet, regelmäßig nicht den Krankenhausträger entlasten, sondern eine Leistung hinzuerwerben und sich damit einen zusätzlichen Schuldner verschaffen möchte. Wenn dies nicht der Fall sein sollte, muss der Patient ausdrücklich darauf hingewiesen werden, vgl. BGHZ 121, 107.

630 RGSt 25, 375 (377 ff.).

631 *Ulsenheimer*, MedR 1992, 127 ff. (128).

632 *Virchow*, Kunstfehler der Ärzte, Aktenstücke des Reichstags des Norddeutschen Bundes, Anlage 3 zu Nr. 5, Berlin 1870, S. XII-XV, abgedruckt in *Eser*, Recht und Medizin, S. 43 ff (insb. S. 50 f.).

einer Haftung auch dort bejahte, wo sich noch keine Regeln der Heilkunst herausgebildet hatten[633].

Bezüglich des Inhalts des Kunstfehler-Begriffs bestand eine immense Vielfalt höchst unterschiedlicher Auffassungen. So herrschte bspw. Uneinigkeit darüber, ob dieser rein objektiv zu bestimmen ist oder ob Werturteile im Sinne eines Verschuldens darin einfließen. Manche nutzten diesen Begriff als Synonym für (grobe) Fahrlässigkeit[634].

Aufgrund dieser Unstimmigkeiten und angesichts der Tatsache, dass der Begriff des Kunstfehlers besonders unter der Ärzteschaft emotional stark belastet war, löste sich die Rechtsprechung mehr und mehr von der Bezeichnung und spricht heute vom „Behandlungsfehler“[635].

Der BGH beschrieb einen Behandlungsfehler in einem Urteil vom 10. März 1987 wie folgt: „Ob ein Arzt ein Behandlungsfehler anzulasten ist, der zu einer Gesundheitsschädigung des Patienten geführt hat, beantwortet sich ausschließlich danach, ob der Arzt unter Einsatz der von ihm zu fordernden medizinischen Kenntnisse und Erfahrungen im konkreten Fall vertretbare Entscheidungen über die diagnostische sowie therapeutische Maßnahme getroffen und diese sorgfältig durchgeführt hat.“[636] Kurz gesagt, liegt ein Behandlungsfehler bei einem nach dem Stand der Medizin unsachgemäßen Verhalten des Arztes vor[637]. Dies kann sowohl in einem Tun als auch in einem Unterlassen bestehen, in Fehlmaßnahmen und unrichtigen Dispositionen bei der Anamnese, Diagnose, Prophylaxe, Therapie und Nachsorge[638]. Es fallen zudem nicht nur Fehler bei der Behandlung selbst unter diese Kategorie, sondern auch diejenigen, welche im Behandlungsumfeld geschehen[639]. Damit folgt die Spruchpraxis einem weiten Behandlungsfehlerbegriff.

Dass aus einem Behandlungsmisserfolg nicht auf ein pflichtwidriges Verhalten des Arztes zu schließen ist, stellte schon das Reichsgericht klar, indem es ausführte: „Auch der geschickteste Arzt arbeitet nicht mit der Sicherheit einer Maschine. Trotz aller Fähigkeit und Sorgfalt des Operateurs kann ein Griff, ein Schnitt, ein Stich mißlingen, der regelmäßig auch dem betreffenden Arzt selbst gelingt.“[640] Der BGH wiederholte diesen Grundsatz mit Nachdruck, indem er darauf hinwies, dass

---

633 RG JW 1935, 115.

634 *Krähe*, Die Diskussion um den ärztlichen Behandlungsfehler in der Medizin des neunzehnten Jahrhunderts, S. 40 ff., 98 ff.; *Ulsenheimer*, MedR 1992, 127 ff. (128); *Deutsch/Spickhoff*, Medizinrecht, Rdnr. 157.

635 *Franzki*, MedR 1994, S. 171 ff. (173); *Dunz*, Zur Praxis der zivilrechtlichen Arzthaftung, S. 20 ff.

636 BGH NJW 1987, 2291 ff. (2292).

637 Laufs/*Katzenmeier*/Lipp, Arztrecht, S. 314; *Katzenmeier*, Arzthaftung, S. 276.

638 Laufs/*Katzenmeier*/Lipp, Arztrecht, S. 314 f.; *Katzenmeier*, Arzthaftung, S. 276; *Laufs/Kern*, HB des Arztrechts, § 97, Rdnr. 5.

639 *Giesen*, Arzthaftungsrecht, Rdnr. 99 ff.; *Katzenmeier*, Arzthaftung, S. 276; *Franke/Hart*, Charta der Patientenrechte, S. 34 ff.

640 RGZ 78, 432 (435).

wegen der Eigengesetzlichkeit und weitestgehenden Undurchschaubarkeit des menschlichen Organismus ein Fehlschlag oder Zwischenfall nicht ohne Weiteres ein Fehlverhalten oder Verschulden des Arztes indiziere[641]. Der Arzt schuldet bei der Behandlung nicht den Erfolg (Ergebnisqualität), sondern die gebotene Sorgfalt (Prozessqualität)[642]. Eine Haftung des Arztes kommt wiederum nur dann in Frage, wenn er durch die Unterschreitung des Qualitätsstandards eine Schädigung des Patienten verursacht[643].

b) Grundsätze

Sowohl vertraglich als auch deliktisch haftet der Arzt nach den Regeln des § 276 BGB, wonach er für Vorsatz – welcher im Arzthaftungsrecht in der Regel nicht vorliegt – und Fahrlässigkeit einzustehen hat. Der Sorgfaltsmaßstab für die Fahrlässigkeit nach § 276 Abs. 2 BGB richtet sich nach dem jeweiligen Behandlungsstandard. Der Standard ist nicht abschließend bestimmt, sondern enthält dynamische Komponenten, die von der Entwicklung des jeweiligen Fachgebiets abhängen[644]. Er ist somit eine offene, sich wandelnde Größe, die sich fortwährend weiterentwickelt und verändert. Der jeweilige Stand der medizinischen Wissenschaft – und nicht die Judikatur – setzt damit den gebotenen Sorgfaltsstandard fest[645].

Der Arzt schuldet nicht nur die übliche, sondern die zum Zeitpunkt der Behandlung berufsfachlich gebotene Sorgfalt[646]. Denn das, was üblich ist, stellt nicht zwangsläufig den medizinischen Standard dar[647]. Bei der Bemessung der erforderlichen Sorgfalt bezieht man sich auf die Handlungen, die von einem gewissenhaften und aufmerksamen Arzt des betroffenen Fachbereichs vorausgesetzt und erwartet werden können[648]. Der Maßstab für den ärztlichen Soll-Standard richtet sich nach dem Prinzip der sogenannten „Gruppenfahrlässigkeit". Diese bestimmt sich nach objektiv-typisierten Merkmalen, nach welchen es „auf die im

641 BGH NJW 1977, 1102 f. (1103).

642 *Fritze*/Mehrhoff, Die ärztliche Begutachtung, S. 99; Spickhoff-*Greiner*, Kommentar zum Medizinrecht, § 823 BGB, Rdnr. 5; *Quaas/Zuck*, Medizinrecht, § 13, Rdnr. 71.

643 Zu beachten sind hierbei jedoch die Bereiche, welche für Ärzte und Krankenhausträger als „voll beherrschbar" eingestuft werden. Hier wird aus einem negativen Erfolg im Sinne eines Vertragszieles eine Pflichtverletzung, vgl. *Spickhoff*, Kommentar zum Medizinrecht, §§ 278, 280 BGB, Rdnr. 5.

644 *Ulsenheimer*, MedR 1992, 127 ff. (128). Soweit sich noch kein Therapie-Standard durchgesetzt hat oder mehrere Behandlungsmethoden bestehen, existiert der Grundsatz der Methodenfreiheit.

645 BGH MedR 1995, 276 ff. (277); *Kern*, MedR 2004, 300 ff. (301); *Laufs/Kern*, HB des Arztrechts, § 97, Rdnr. 3.

646 BGHZ 8, 138 (140); *Laufs/Kern*, HB des Arztrechts, § 97, Rdnr. 13.

647 Saalfrank-*Dautert/Jorzig*, HB des Medizin- und Gesundheitsrechts, Bd. 1, § 2, Rdnr. 34.

648 Saalfrank-*Dautert/Jorzig*, HB des Medizin- und Gesundheitsrechts, Bd. 1, § 2, Rdnr. 34.

jeweiligen Verkehrskreis der Allgemein- oder Fachärzte vorausgesetzten Fähigkeiten, die dort zu erwartenden Kenntnisse und Fertigkeiten an[kommt]“[649]. Von einem Facharzt wird daher innerhalb seines Fachs ein anderer Sorgfaltsmaßstab verlangt als von einem Arzt für Allgemeinmedizin[650]. Die persönlichen Möglichkeiten des einzelnen Berufsangehörigen der jeweiligen Gruppe sind hingegen nicht ausschlaggebend[651], sodass die individuellen Eigenschaften und Fähigkeiten des Arztes bei der Begutachtung, ob ein Behandlungsfehler vorliegt, grundsätzlich außer Betracht bleiben[652].

Der jeweilige medizinische Standard muss dem handelnden Arzt subjektiv bekannt sein, um sich an dessen Maßstab zu orientieren. Hieraus folgt eine fortwährende Pflicht zur beruflichen Fortbildung, um diesen Standard zu kennen und zu beherrschen[653].

Anknüpfungspunkt der Arzthaftungsfrage ist immer die *ex ante* Betrachtung[654]. Die Frage muss lauten: Wie durfte der Arzt zu dem Zeitpunkt, als er sich für die Maßnahme entschied oder diese unterließ, die Sachlage beurteilen? Grundsätzlich dürfen später bekannt gewordene Umstände und nachfolgende wissenschaftliche Erkenntnisse nicht in die Bewertung *(ex post)* einbezogen werden.

In den letzten Jahren versuchen medizinische Fachgremien und Verbände zunehmend die ungeschriebenen wandelbaren Standards durch festgeschriebene Leitlinien zu ersetzen. Hiermit sollen normierte Handlungsanleitungen für die Ärzteschaft geschaffen werden, die mehr Rechtssicherheit versprechen, jedoch nur schematische Lösungsansätze bieten können[655]. Die haftungsrechtlichen Folgen bei einem Zuwiderhandeln sind noch nicht abschließend geklärt[656]. Einigkeit besteht dahingehend, dass ein Verstoß gegen Leitlinien nicht das Vorliegen eines Behandlungsfehlers indiziert[657]. Sie gelten als Wegweiser für den medizinischen

649 *Laufs/Kern*, HB des Arztrechts, § 97, Rdnr. 17.

650 BGH NJW 1991, 1535 ff.; NJW 1995, 776 ff. (777); BGH VersR 1987, 686 ff.; *Wenzel*, HB des FA Medizinrecht, S. 291.

651 Vgl. auch BGH NJW 1991, 1535 ff. (1537); NJW 1995, 776 ff. (777); NJW 2003, 2311 ff. (2313); BGH VersR 2009, 1405 f. (1406).

652 *Laufs/Kern*, HB des Arztrechts, § 97, Rdnr. 17; *Quaas/Zuck*, Medizinrecht, § 13, Rdnr. 72; *Fritze*/Mehrhoff, Die ärztliche Begutachtung, S. 99. In einem gewissen Maße fließen personelle, sachliche und apparative Gegebenheiten ein (so bspw. bei Spezialisten, Leitern von Universitätskliniken und Spezialkliniken), vgl. *Ulsenheimer*, MedR 1992, 127 ff. (129); Laufs/*Katzenmeier*/Lipp, Arztrecht, S. 320; Saalfrank-*Dautert/Jorzig*, HB des Medizin- und Gesundheitsrechts, Bd. 1, § 2, Rdnr. 34.

653 BGH NJW 1991, 1535 ff. (1537); *Laufs/Kern*, HB des Arztrechts, § 97, Rdnr. 16.

654 So schon *Ponsold*, Lehrbuch der gerichtlichen Medizin, S. 45.

655 *Laufs/Kern*, HB des Arztrechts, § 97, Rdnr. 18 ff.

656 *Martis/Winkhart-Martis*, Arzthaftpflichtrecht, S. 310 f.

657 OLG Hamm NJW 2000, 1801 ff., NJW-RR 2000, 401 f. (401), VersR 2000, 1373 f. (1373); OLG Stuttgart MedR 2002, 650 ff. (653); OLG Naumburg MedR 2002, 471 f.; *Jorzig/Feifel*, GesR 2004, 310 ff. (311, 313, 315); *Frahm*, GesR 2005, 529 ff. (531);

Standard[658] und sollen grundsätzlich befolgt werden[659]. Leitlinien können jedoch – etwa wenn sie veraltet sind – hinter dem aktuellen medizinischen Standard zurück bleiben[660]. Daher sind sie (zumeist) nicht mit dem medizinischen Standard identisch und bedürfen im Einzelfall bei ihrer Heranziehung einer Überprüfung. Sie sind nicht verbindlich[661].

Richtlinien hingegen, welche durch die Bundesausschüsse der Ärzte und Krankenkassen über die ärztliche Versorgung der gesetzlich versicherten Patienten ausgearbeitet werden, sind für den Behandler verbindlich, da sie einen gewissen Mindeststandard festschreiben, der im Rahmen eines Behandlungsverhältnisses nicht unterschritten werden darf[662].

Der apparative Standard wird erfüllt, soweit eine Grundausstattung vorhanden ist, die den modernen Anforderungen entsprechend den vorausgesetzten Behandlungsbedingungen gerecht wird. Falls eine neue apparative Technik bessere Heilungschancen durch ein für den Patienten risikoärmeres oder weniger belastendes Verfahren verspricht und dabei mit einer gewissen Häufigkeit und Anerkennung schon von anderen Behandlern eingesetzt wird, unterschreitet der jeweilige Arzt oder der jeweilige Krankenhausträger den apparativen Standard, wenn er dieses nicht anbietet[663].

c) *Fallgruppen*

Die Rechtsprechung hat Behandlungsfehlertypologien herausgearbeitet, welche die Verletzung des Sorgfaltsmaßstabs bei der ärztlichen Behandlung manifestieren. Aus der Fülle an Fallgruppen sollen an dieser Stelle nur die wichtigsten – d.h. die am häufigsten vorkommenden – angesprochen werden.

Zu den Fallgruppen gehören das Übernahmeverschulden, Diagnosefehler, Therapiefehler, der Einsatz apparativer Mittel, das Organisations- oder Koordinationsverschulden und die Sicherungsaufklärung.

Zunächst besteht die Pflicht des Arztes, eine ärztliche Behandlung nur bei gegebener Kompetenz und dem Vorhandensein der erforderlichen apparativen Mittel vorzunehmen. Bei Nichtvorliegen dieser Faktoren setzt er sich dem Vorwurf des

---

Müller, GesR 2004, 257 ff. (260); *Rehborn*, MDR 2000, 1101 ff. (1102 f); *Rehborn*, MDR 2002, 1281 ff., 1283; *Spickhoff*, NJW 2004, 1710 ff. (1714)

658 *Steffen/Pauge*, Arzthaftungsrecht, Rdnr. 150 a, 543 a.

659 *Schmidt-Recla*, GesR 2003, 138 ff. (140).

660 Spickhoff-*Greiner*, Kommentar zum Medizinrecht, § 823 BGB, Rdnr. 21; *Geiß/Greiner*, Arzthaftpflichtrecht, B I, Rdnr. 9a.

661 Rechtlich verbindlich sind Leitlinien nur, wenn sie rechtlich rezipiert oder transformiert werden, vgl.: Laufs/*Katzenmeier*/Lipp, Arztrecht, S. 317 f.; Spickhoff-*Greiner*, Kommentar zum Medizinrecht, § 823 BGB, Rdnr. 21.

662 Spickhoff-*Greiner*, Kommentar zum Medizinrecht, § 823 BGB, Rdnr. 21, *Bergmann*; GesR 2006, 337 ff. (337 f.).

663 BGH NJW 1989, 2321 ff. (2322); 1992, 754 ff. (755); Spickhoff-*Greiner*, Kommentar zum Medizinrecht, § 823 BGB, Rdnr. 14.

Übernahmeverschuldens aus[664]. Er hat in diesem Fall die Behandlung abzulehnen und den Patienten an einen Facharzt bzw. an eine Fachklinik zu überweisen[665]. Mit dieser Fallgruppe hängt insbesondere die Pflicht zur Fortbildung eng zusammen.

Diagnosefehler gehören nach Therapiefehlern zu den relevantesten Fehlerkategorien[666]. Sie sind auf eine Fehlinterpretation der erhobenen Befunde zurückzuführen[667]. Aufgrund der Unterschiedlichkeiten des menschlichen Organismus sowie den verschiedenen subjektiven Empfindungen und zu deutenden Symptomen des Einzelnen führen sie nur dann zu einer Haftung, „wenn sie aus Sicht eines gewissenhaften Arztes unter Berücksichtigung des ihm zustehenden Beurteilungsfreiraums und aus der ex-ante Sicht nicht vertretbar erscheinen."[668] Auch das OLG Schleswig urteilte, dass ein Diagnosefehler nur bei einer nicht mehr vertretbaren Fehlleistung im diagnostischen Bereich vorliegt[669]. Dies kann etwa dann der Fall sein, wenn Krankheitsbilder in nicht nachvollziehbarer Weise verkannt werden, elementare Kontrollbefunde unterbleiben oder nicht weiterverfolgt werden[670].

Ein Therapiefehler kann sowohl in einem Tun als auch in einem Unterlassen liegen. Die Nichtbehandlung, obwohl eine Therapie nötig wäre, ist damit als Therapiefehler zu bezeichnen[671]. Als Unterfall hiervon versteht man die verspätete Behandlung[672]. Übernimmt der Arzt die Behandlung, hat er hinsichtlich der Diagnostik- und Therapiemethode bei mehreren zur Verfügung stehenden gleichwertigen Methoden ein Auswahlermessen[673]. Die gewählte Therapie muss dem Stand der naturwissenschaftlichen Erkenntnisse und den fachärztlichen Erfahrungen entsprechen sowie sich in der Praxis bewährt haben[674]. Eine sachgerechte Therapiewahl erfolgt nach einer sorgfältigen Abwägung der Vor- und Nachteile der

---

664 BGH NJW 1989, 2321 ff., MedR 1989, 322 ff., VersR 1989, 851 f.; NJW 1993, 2989 ff.; 1994, 3008 ff.; OLG Hamm GesR 2005, 462 f.; Spickhoff-*Greiner*, Kommentar zum Medizinrecht, § 823 BGB, Rdnr. 23; *Quaas/Zuck*, Medizinrecht, § 13, Rdnr. 74; *Laufs/Kern*, HB des Arztrechts, § 97, Rdnr. 24; *Martis/Winkhart-Martis*, Arzthaftungsrecht, S. 309, 324 f.

665 *Weyland*, Gemeinschaftsrechtliche Vorgaben im Arzthaftungsrecht, S. 28.

666 *Schlösser*, MedR 2011, 227 ff. (227); *Quaas/Zuck*, Medizinrecht, § 13, Rdnr. 67.

667 Saalfrank-*Dautert/Jorzig*, HB des Medizin- und Gesundheitsrechts, Bd. 1, § 2, Rdnr. 43; *Quaas/Zuck*, Medizinrecht, § 13, Rdnr. 76.

668 *Quaas/Zuck*, Medizinrecht, § 13, Rdnr. 76; siehe auch ständige Rspr.: BGH NJW 1983, 333 ff.; NJW 1988, 1513 f.; NJW 1991, 2350 f. (2350); BGH GesR 2003, 352 f.; *Geiß/Greiner*, Arzthaftpflichtrecht, B I, Rdnr. 55; *Martis/Winkhart-Martis*, Arzthaftungsrecht, S. 312 ff. m.w.N.

669 OLG Schleswig GesR 2004, 178 ff. (178).

670 *Giesen*, Arzthaftungsrecht, Rdnr. 114.

671 Vgl. bspw. BGH NJW 1967, 1508 f. (1509).

672 *Deutsch/Spickhoff*, Medizinrecht, Rdnr. 186.

673 BGHZ 102, 17 (22); BGH NJW 1989, 1538 ff. (1539); MedR 1992, 214 ff. (215); Spickhoff-*Greiner*, Kommentar zum Medizinrecht, § 823 BGB, Rdnr. 37; *Wenzel*, HB des FA Medizinrecht, S. 305; *Laufs/Kern*, HB des Arztrechts, § 97, Rdnr. 36.

674 *Martis/Winkhart-Martis*, Arzthaftungsrecht, S. 322 f.

möglichen Methoden. Bei mehreren bestehenden Behandlungsalternativen hat der Arzt diejenige auszuwählen, welche für den Patienten das geringste Risiko mit sich bringt und am wenigsten schmerzhaft ist. Wählt der Arzt einen für den Patienten risikoreicheren Weg, hat der Behandlung eine besonders sorgfältige Abwägung vorauszugehen, welche eine sachliche Rechtfertigung zur Folge haben muss. Diese Rechtfertigung kann bspw. in den besonderen Sachzwängen des konkreten Falls oder besseren Heilungsprognosen liegen[675]. Auch bei der Nutzung veralteter, überholter Methoden und der Außerachtlassung bedeutender wissenschaftlicher Erkenntnisse bei der Methodenauswahl ist der Arzt dem Fahrlässigkeitsvorwurf ausgesetzt[676]. Dies gilt dann nicht, wenn sie technisch und methodisch gleichwertig sind[677]. Maßnahmen hingegen, die gegen gesicherte und anerkannte Standards verstoßen, sind als Therapiefehler einzustufen[678].

Bei dem Einsatz apparativer Mittel müssen zum einen die technischen Apparate dem Standard entsprechen und zum anderen muss der behandelnde Arzt mit den technischen Eigenheiten und Funktionsweisen vertraut sein[679]. Beim Einsatz des Mittels muss der reibungslose Ablauf in angemessenen Abständen kontrolliert werden[680].

Ein Organisations- und Koordinationsverschulden liegt vor, wenn die Pflicht zur sachgerechten Organisation und Koordinierung der Behandlungsabläufe verletzt wurde[681]. Diese Pflichten schließen die Einhaltung folgender – nicht abschließender – Standards ein: hygienische und apparative Standards, die Standards der Medikamentvorhaltung (d.h. bestimmte Medikamente müssen vorhanden sein) und der Geräte- und Verrichtungssicherheit sowie der personelle Ausstattungsstandard. Insbesondere beim ärztlichen und nichtärztlichen Personal muss sichergestellt sein, dass dieses die jeweilige fachliche Qualifikation aufweist und ausreichend überwacht und fortgebildet wird, was durch die zunehmende Arbeitsteilung im medizinischen Alltag unabdingbar ist[682]. Auch die Pflicht zur internen Ablauforganisation durch generelle Richtlinien und Weisungen fällt unter diese Kategorie. Klare Zuständigkeitsregelungen müssen vorhanden sein[683].

---

675 BGH NJW 1987, 2927 f.; NJW 2007, 2774 ff. (2774) OLG Frankfurt VersR 1998, 1378 ff.; OLG Köln VersR 1990, 856 ff.

676 *Laufs/Kern*, HB der Arztrechts, § 98, Rdnr. 22 ff.

677 OLG Frankfurt VersR 1991, 185 f.

678 Saalfrank-*Dautert/Jorzig*, HB des Medizin- und Gesundheitsrechts, Bd. 1, § 2, Rdnr. 46.

679 *Weyland*, Gemeinschaftsrechtliche Vorgaben im Arzthaftungsrecht, S. 31.

680 BGH NJW 1978, 584 f. (585).

681 S. hierzu ausführlich: Saalfrank-*Dautert/Jorzig*, HB des Medizin- und Gesundheitsrechts, Bd. 1, § 2, Rdnr. 48 ff.; *Martis/Winkhart-Martis*, Arzthaftungsrecht, S. 326 ff., 332.

682 BGH NJW 1981, 628 ff. (629); BGHZ 88, 248; 89, 263 (271 f.).

683 Vgl. Aufzählung und Ausführungen bei Spickhoff-*Greiner*, Kommentar zum Medizinrecht, § 823, Rdnr. 26 ff.

Die Sicherungsaufklärung beinhaltet die Pflicht des Arztes, den Patienten über alle Umstände zu informieren, die für den Heilungserfolg und für ein therapiegerechtes Verhalten nötig sind[684]. Sie umfasst Schutz- und Warnhinweise zur Mitwirkung an der Heilung und zur Vermeidung einer möglichen Selbstgefährdung. Hierzu gehören Hinweise auf die Dringlichkeit der indizierten Behandlung, die Ansteckungsgefahr von Mitmenschen, Informationen über die Einnahme und Nebenwirkung von verordneten Medikamenten, Hinweise auf das Erfordernis der Umstellung der Lebensgewohnheiten u.v.m.[685]. Die Sicherungsaufklärung ist nicht Aufklärung im rechtstechnischen Sinne[686]. Fehler in der therapeutischen Aufklärung, wenn etwa ein therapeutischer Hinweis nicht ergangen ist und es dadurch zu einem Schaden des Patienten kommt, gehören zum Behandlungsfehlerbegriff und nicht in die Kategorie der Aufklärungsfehler. Die Fehlergruppen können sich jedoch überschneiden[687].

2. *Aufklärungsfehler*

a) Definition und Grundsätze

Der Arzt darf den Patienten nur insoweit behandeln, als er diesen zuvor aufgeklärt hat. Wenn der Patient einem Eingriff in seine körperliche oder gesundheitliche Integrität nicht vor der Behandlung zugestimmt hat, ist diese Handlung von dem betreffenden Arzt als Verletzung der Autonomie und körperlichen oder gesundheitlichen Integrität einzustufen – gleich, ob der Eingriff fehlerbehaftet oder fehlerfrei durchgeführt wurde[688]. Die Rechtmäßigkeit ärztlichen Handelns ergibt sich damit nicht aus dessen Indiziertheit. Erst die Zustimmung des Patienten hat eine rechtfertigende Wirkung. Die Rechtsprechung begründet diese Auffassung mit dem Recht der körperlichen Unversehrtheit aus Art. 2 Abs. 2 GG und dem Aspekt des Selbstbestimmungsrechts des Patienten als Ausfluss des Rechts der Menschenwürde (Art. 1 i.V.m. 2 Abs. 1 GG)[689]. Nicht der Arzt, der einen bestimmten Eingriff und eine bestimmte Behandlungsform als sinnvoll erachtet, sondern der Patient entscheidet

---

684 *Geiß/Greiner*, Arzthaftpflichtrecht, B, Rdnr. 95 ff.; *Martis/Winkhart-Martis*, Arzthaftungsrecht, 323 f.; *Quaas/Zuck*, Medizinrecht, § 13, Rdnr. 79.

685 *Martis/Winkhart-Martis*, Arzthaftungsrecht, S. 323; *Laufs*/Kern, HB des Arztrechts, § 58, Rdnr. 1, 7 ff.; *Quaas/Zuck*, Medizinrecht, § 13, Rdnr. 79

686 Saalfrank-*Dautert/Jorzig*, HB des Medizin- und Gesundheitsrechts, Bd. 1, § 2, Rdnr. 47.

687 Spickhoff- *Greiner*, Kommentar zum Medizinrecht, § 823 BGB, Rdnr. 49; Saalfrank-*Dautert/Jorzig*, HB des Medizin- und Gesundheitsrechts, Bd. 1, § 2, Rdnr. 47. Diese Differenzierung ist aufgrund der Beweislast von besonderer Bedeutung, da der Patient bei einer unzureichenden Sicherungsaufklärung voll beweisbelastet ist, während eine sachgerecht durchgeführte Aufklärung vom Arzt zu beweisen ist.

688 OLG Brandenburg NJW-RR 2000, 398 ff. (399); *Katzenmeier*, Arzthaftung, S. 324.

689 Grundlegend: BGHZ 29, 46; s. unter vielen anderen auch: BGHZ 106, 391 (397 f.).

eigenverantwortlich nach einer umfassenden Aufklärung, ob er sich der Behandlung in der Form aussetzt („informed consent")[690].

Als Aufklärungsfehler wertet die neuere Rechtsprechung gleichwohl eine unterlassene, eine unzureichende und eine fehlerbehaftete Aufklärung durch den Arzt. In allen Fällen wird das Selbstbestimmungsrecht des Patienten aus Art. 1 i.V.m. 2 Abs. 1 GG verletzt (sog. Selbstbestimmungsaufklärung)[691]. Durch die Aufklärung des Patienten soll dieser zu einer informierten Risikoabwägung seiner Behandlung gelangen. Daher hat der Arzt über alle diagnostischen und therapeutischen Behandlungsmaßnahmen aufzuklären. D.h. er hat den ärztlichen Befund, die Art, Tragweite, Dringlichkeit des Eingriffs, die Schwere sowie den voraussichtlichen Verlauf und mögliche Folgen des Eingriffs darzulegen[692]. Zudem muss er die Nebenwirkungen aufzeigen, Risiken und deren Verlauf im Verhältnis zu den bestehenden Heilungschancen erläutern sowie über alternative Behandlungsweisen und den voraussichtlichen Gesundheitszustand ohne diese Maßnahme unterrichten[693]. Insbesondere Nutzen und Risiken der Maßnahme müssen für den Patienten abwägbar sein.

Der Umfang und die Intensität der Aufklärungspflicht sind nicht abstrakt festgelegt. Vielmehr gestalten sie sich nach der jeweiligen Sachlage[694], insbesondere nach der beruflichen und privaten Lebensführung des Patienten, dessen Verständnisvermögen sowie nach der Dringlichkeit des Eingriffs[695].

Aufklärungspflichtiger ist grundsätzlich der behandelnde Arzt[696]. Bei Beteiligung mehrerer Ärzte ist jeder für den von ihm vorgenommenen Eingriff aufklärungspflichtig[697]. Eine Einwilligung in eine Operation umfasst somit nicht die Einwilligung in die zuvor durchgeführte Narkose[698]. Aufklärungsadressat ist der

---

690 *Quaas/Zuck*, Medizinrecht, § 13, Rdnr. 82.

691 BVerfG NJW 2005, 1103 ff. (1104); MDR 2005, 559 f. (560); BGH VersR 2005, 836 f.; NJW 2005, 1718 ff.; OLG Brandenburg NJW-RR 2000, 398 ff. (399).

692 *Quaas/Zuck*, Medizinrecht, § 13, Rdnr. 84; *Fritze*/Mehrhoff, Die ärztliche Begutachtung, S. 98.

693 OLG Brandenburg NJW-RR 2000, 398 ff. (399); *Laufs*/Kern, HB des Arztrechts, § 59, Rdnr. 12; *Katzenmeier*, Arzthaftung S. 326.

694 BGH NJW 1976, 363 ff. (364); VersR 1981, 456 ff. (457 f.); *Giesen*, Arzthaftungsrecht, Rdnr. 257.

695 Bei besonderer Dringlichkeit des Eingriffs nimmt die Aufklärungslast proportional ab, vgl. *Geiß/Greiner*, Arzthaftpflichtrecht, C, Rdnr. 8; *Laufs*/Kern, HB des Arztrechts, § 59, Rdnr. 6.

696 BGH NJW 1984, 1807 ff.; MedR 1983, 30; *Laufs*/Kern, HB des Arztrecht, § 65, Rdnr. 5; *Giesen*, Arzthaftungsrecht, Rdnr. 287; *Francke/Hart*, Charta der Patientenrechte, S. 144. Lediglich aus Gründen der klinischen Organisation oder anderer spezifischen Behandlungsgegebenheiten kann die Aufklärungspflicht einem anderen Arzt übertragen werden. Diesen trifft später auch die Haftung bei vorhandenen Informationsdefiziten, vgl.: BGHZ 169, 364 (366); BGH NJW 1980, 1905 ff.; VersR 1990, 1010 ff.; Laufs/*Katzenmeier*/Lipp, Arztrecht, S. 119.

697 OLG Hamm VersR 1994, 815 f.

698 *Quaas/Zuck*, Medizinrecht, § 13, Rdnr. 87.

jeweilige erwachsene Patient persönlich bzw. bei minderjährigen oder willensunfähigen Patienten deren gesetzlicher Vertreter[699].

Die Aufklärung hat so rechtzeitig zu erfolgen, dass der Patient in die Lage versetzt wird, sein Selbstbestimmungsrecht angemessen ausüben zu können. Er muss eine hinreichende Abwägung vornehmen können[700]. Wann die Aufklärung genau zu erfolgen hat, hängt – genau so wie Umfang und Intensität der Aufklärung – vom jeweiligen Einzelfall ab.

Eine Aufklärungspflicht über einen unterlaufenen Behandlungsfehler gibt es grundsätzlich nicht.[701] Dies folgt aus dem Grundsatz „nemo tenetur", wonach niemand verpflichtet ist, sich durch Selbstanzeige einer Strafverfolgung (etwa aus § 229 StGB) auszusetzen. Über die Möglichkeit einer solchen Pflicht wird jedoch im Zuge des Patientenrechtegesetzes diskutiert.

Ein Aufklärungsfehler stellt eine Pflichtverletzung i.S.v. § 280 Abs. 1 BGB dar und kann daneben zu einer deliktischen Haftung aus den §§ 823 Abs. 1, 2, 831 Abs. 1, 839 Abs. 1 BGB führen. Der Patient hat mit seinem Aufklärungsfehleranliegen Aussicht auf Erfolg, wenn der eingetretene Gesundheitsschaden gerade auf der Behandlung beruht, die mangels ordnungsgemäßer Aufklärung rechtswidrig war, auch dann, wenn ein Behandlungsfehler nicht gegeben ist[702].

b) Fallgruppen

Von herausragender Bedeutung sind Fehler in der Diagnoseaufklärung (Information des Patienten über den medizinischen Befund und die sich daraus ergebenden Prognosen[703]) sowie in der therapeutischen Aufklärung (auch Verlaufsaufklärung genannt). Letztere betrifft besonders die Aufklärung über die angestrebte Behandlung – Art, Umfang und Durchführung des Eingriffs – und über echte

---

699 Siehe ausführlich hierzu *Wenzel*, HB des FA Medizinrecht, S. 275 ff.; Laufs/*Katzenmeier*/Lipp, Arztrecht, S. 119; Bei Minderjährigen ist im Rahmen der Einwilligungsfähigkeit des Patienten auf den konkreten Fall mit Blick auf die Bedeutung des Eingriffs abzustellen. Zudem ist bei Vorliegen der Zustimmung lediglich eines Elternteils der Eingriff grundsätzlich rechtswidrig.

700 BGH VersR 1994, 1235 ff.; NJW 1995, 2410 f.; *Rehborn*, MDR 1999, 1169 ff. (1171 f.); *Martis/Winkhart-Martis*, Arzthaftungsrecht, S. 197 ff.; *Fritze*/Mehrhoff, Die ärztliche Begutachtung, S 98.

701 Lediglich das Erfordernis der Sicherungsaufklärung kann die Pflicht des Arztes begründen, einen unterlaufenen Behandlungsfehler zu offenbaren, um schwerwiegende Folgen abzuwenden, vgl. *Quaas/Zuck*, Medizinrecht, § 13, Rdnr. 80.

702 *Teubel*, DÄBl 2010, 819 f. (819).

703 BVerfG NJW 2005, 1103 ff. (1104), MDR 2005, 559 f. (560); *Martis/Winkhart-Martis*, Arzthaftungsrecht, S. 91 ff.; *Geiß/Greiner*, Arzthaftpflichtrecht, C, Rdnr. 82; *Laufs*/Kern, HB des Arztrechts, § 59, Rdnr. 13; *Francke/Hart*, Charta der Patientenrechte, S. 120.

Behandlungsalternativen[704]. Echte Behandlungsalternativen liegen bspw. dann vor, wenn es einen weniger risikoreichen Eingriff mit besseren oder andersartigen Heilungschancen gibt. Bei gleichwertigen Alternativen ohne weitergehende Chancen und Risiken hingegen liegt das Auswahlermessen beim Arzt[705]. Auch über die postoperativen Gegebenheiten muss aufgeklärt werden[706].

Fehler in der Risikoaufklärung[707] – im Rahmen derer der Patient über die möglichen Gefahren und Komplikationen, welche bei dem Eingriff auftreten können, in Kenntnis gesetzt wird – sowie bei der wirtschaftlichen Beratung von Patienten schließen sich an[708]. Bei der Risikoaufklärung genügt es, wenn dem Patienten ein allgemeines Bild von Schwere und Richtung des konkreten Risikospektrums, vom Risiko „im Großen und Ganzen" vermittelt wird[709]. Ihm muss eine zutreffende Vorstellung der Schaden-Nutzen-Relation vermittelt werden[710]. Mit welcher Tiefe die Risikoaufklärung vorgenommen werden muss, hängt weitestgehend von der Zwischenfallhäufigkeit für die konkrete therapeutische Situation des befassenden Arztes in dem betreffenden Krankenhaus ab[711]. Fest steht, dass auch über seltene Risiken aufgeklärt werden muss, wenn sie für den Eingriff spezifisch sind und bei Verwirklichung weitreichende Folgen für das spätere Leben des Patienten haben[712].

Im Rahmen jeder Aufklärung ist es entscheidend, mit welcher Vorstellung des Patienten der Arzt rechnen kann[713].

VI. Beweislastverteilung und Kausalität

Fragen der Beweislast betreffen zum einen die Gegebenheit, welcher Partei die Aufklärung des Sachverhalts auferlegt wird. Zum anderen wird durch die Beweislastverteilung festgelegt, welcher Partei die Unaufklärbarkeit oder Ungewissheit bestimmter Punkte zum Nachteil gereicht. Für die Behandlungs- und Aufklärungsfehlerdarlegung gelten unterschiedliche Beweislasten[714].

---

704 *Greis/Greiner*, Arzthaftpflichtrecht, C, Rdnr. 18 f.; *Katzenmeier* Arzthaftung, S. 326. Die diesbezügliche Aufklärung kann auch im Rahmen der Risikoaufklärung erfolgen, welche sich in dem Fall mit der Verlaufsaufklärung überschneidet.

705 *Laufs*/Kern, HB des Arztrechts, § 60, Rdnr. 5 ff.

706 *Laufs*/Kern, HB des Arztrechts, § 59, Rdnr. 19.

707 Vgl. hierzu *Laufs*/Kern, HB des Arztrechts, § 59, Rdnr. 21 ff.

708 *Quaas/Zuck*, Medizinrecht, § 13, Rdnr. 68.

709 BGHZ 106, 391 (394); OLG Saarbrücken VersR 1977, 872 f. (872); *Schramm*, VersR 1991, 284 ff.

710 BGHZ 172, 254 (261), NJW 2007, 2774 ff. (2776), VersR 2007, 1273 ff. (1275); *Geiß/Greiner*, Arzthaftpflichtrecht, C, Rdnr. 43.

711 BGH NJW 1961, 2203 f.; NJW 1971, 1887 f.; NJW 1980, 1905 ff. (1907); *Steffen/Pauge*, Arzthaftungsrecht, Rdnr. 332.

712 *Laufs*/Kern, HB des Arztrechts, § 60, Rdnr. 3.

713 *Laufs*/Kern, HB des Arztrechts, § 59, Rdnr. 18.

714 *Laufs*/Kern, HB des Arztrechts, § 59, Rdnr. 3.

1. Behandlungsfehler

Wenn es sich bei dem vorgeworfenen Fehler um einen in der Behandlung handelt, hat der Patient diesen in der Regel nachzuweisen und darzutun[715]. Das Verschulden hingegen wird im vertraglichen Bereich nach § 280 Abs. 1 S. 2 BGB grundsätzlich vermutet. Im Bereich der Arzthaftung hatte der BGH eine Verschuldensvermutung nach § 282 BGB a.F. verneint[716]. Diese Einschätzung wurde an den besonderen Gegebenheiten beim Arztvertrag festgemacht, da der Arzt keine Wiederherstellung der Gesundheit, sondern die Behandlung nach dem medizinischen Standard schuldet. Bei einem Ausbleiben der Heilung könne man daher weder auf eine fehlerhafte Behandlung noch auf ein Verschulden des Arztes schließen[717]. Diese Auffassung wurde durch die Neufassung des § 280 Abs. 1 S. 1 nicht korrigiert[718]. Vielmehr wird zwischen innerer und äußerer Sorgfalt unterschieden, wobei von einem äußeren Sorgfaltspflichtverstoß – die Pflichtverletzung – auf die Verletzung der inneren Sorgfalt –das Verschulden – geschlossen wird[719]. Die schon damals bestehende Gegenmeinung stellt auch heute noch darauf ab, dass es keinen ersichtlichen Grund gebe, die Verschuldensvermutung für den Arztvertrag nicht anzuerkennen[720]. Gelinge dem Patienten der Nachweis eines objektiven Pflichtverstoßes, dann erscheine es sachgerecht, dem Arzt aufzuerlegen, sich zu exkulpieren. Der Rechtsstreit ist jedoch

---

715 OLG Brandenburg VersR 2001, 1241 ff. (1242); *Geiß/Greiner*, Arzthaftpflichtrecht, B, Rdnr. 200; *Jorzig*, MDR 2001, 481 ff. (481); *Müller*, MedR 2001, 487 ff. (489); *Müller*, NJW 1997, 3049 ff.

716 BGH NJW 1969, 553 f. (554), NJW 1980, 1333 f. (1333); NJW 1991, 1540 f. (1541); NJW 1999, 860 ff. (861); *Geiß/Greiner*, Arzthaftpflichtrecht, B, Rdnr. 214. In dieser Ansicht wurde die Rspr. vom überwiegenden Teil der Literatur unterstützt: Staudinger-*Schiemann*, Vorbem. zu §§ 249 ff., Rdnr. 94 m.w.N.; vgl. auch die Annahme, dass je nach Pflicht der Anteil dessen, was als Verschuldens vermutet wird, wächst oder sinkt: *Spickhoff*, Kommentar zum Medizinrecht, §§ 278, 280 BGB, Rdnr. 4. Die Verschuldensvermutung fand hingegen für die Bereiche Organisation, Pflege, Hygiene und Koordination Anwendung, da diese Bereiche als voll beherrschbar angesehen wurden, vgl. BGH NJW 1991, 1540 f. (1541); NJW 1995, 1618 f. (1618).

717 BGH NJW 1978, 1681 f. (1681); NJW 1991, 1540 f. (1541); *Bäune/Dahm*, MedR 2004, 645 ff. (652).

718 Prütting-*Jaeger*, FAKomm-MedR, § 280, Rdnr. 42.

719 BGH NJW 1986, 2757 f. (2758); NJW 1994, 2232 ff. (2233); OLG Celle NJW-RR 1997, 533.

720 *Katzenmeier*, VersR 2002, 1066 ff. (1067 ff.); Staudinger- *Otto*, § 280, Rdnr. F 46 m.w.N.; Palandt-*Grüneberg*, § 280, Rdnr. 42, vgl. zur alten Rechtslage Palandt-*Heinrichs*, 61. Aufl., 2002, § 282 BGB a.F., Rdnr. 18; *Spickhoff*, NJW 2002, 2530 ff. (2532 ff.); *Spindler/Rieckers*, JuS 2004, 272 ff. (274 f); *Bäune/Dahm*, MedR 2004, 645 ff. (652); *Zieglmeier*, JuS 2007, 701 ff. (704); Prütting-*Jaeger*, FAKomm-MedR, §280, Rdnr. 45 ff.

theoretischer Natur, da in der Praxis keine Entscheidungen bekannt sind, in denen eine Pflichtverletzung des Arztes bejaht, jedoch ein Verschulden verneint wurde[721].

Wenn das Vorliegen eines Behandlungsfehlers sowie des Verschuldens des Arztes bejaht wurde, muss in einem nächsten Schritt geprüft werden, ob dieser Fehler auch kausal für einen Körper- oder Gesundheitsschaden (Primärschaden) des Patienten war. Primärschäden sind Schäden, die als erster Verletzungserfolg geltend gemacht werden[722]. Diese Schäden und Nachteile für den Krankheitsverlauf können nicht nur iatrogen – durch ärztliche Einwirkung – und fehlerbedingt sein, sondern auch zwar iatrogen, jedoch nicht fehlerbedingt bzw. Folgen eines Grundleidens sein. Den haftungsbegründenden Kausalzusammenhang zwischen Behandlungsfehler und eingetretener Körperverletzung bzw. Gesundheitsschädigung i.S.d. conditio-sine-qua-non-Formel hat der Patient zu beweisen[723]. Es muss von ihm nachgewiesen werden, dass der Eintritt des Schadens bei Anwendung des im Zeitpunkt des Eingriffs geltenden Soll-Standards ausgeblieben wäre. Ausschlaggebend ist, ob der Schadensverlauf ohne den festgestellten Behandlungsfehler eingetreten wäre. Handelt es sich bei dem vorwerfbaren Verhalten um ein Unterlassen des Arztes, muss der Patient darlegen, dass der Schaden bei Vornahme der gebotenen Handlung gänzlich oder teilweise vermieden worden wäre[724]. Diese oftmals schwierig festzustellende Kausalität unterliegt dem strengen Beweismaß des § 286 ZPO[725]. Die Überzeugung erfordert hierbei jedoch keine „an Sicherheit grenzende Wahrscheinlichkeit". Nach dem BGH genügt „ein für das praktische Leben brauchbarer Grad von Gewissheit, der Zweifeln schweigen gebietet, ohne sie völlig auszuschließen"[726]. Auch eine Mitursache in einem Ursachenbündel reicht für die Kausalitätsbejahung aus[727].

---

721 Palandt-*Grüneberg*, § 280, Rdnr. 42; *Martis/Winkhart-Martis*, Arzthaftungsrecht, S. 385.

722 BGH VersR 1998, 1153 ff. (1154); OLG Hamm VersR 2002, 315 ff. (317).

723 BGH NJW 2005, 2072 f. (2073); OLG Düsseldorf OLGR 2004, 335 ff. (337); OLG Naumburg NJW-RR 2004, 315 f. (316). Zu der Kausalitätsproblematik vgl. *Deutsch/Spickhoff*, Medizinrecht, Rdnr. 428 ff.

724 *Geiß/Greiner*, Arzthaftpflichtrecht, B, Rdnr. 218; *Martis/Winkhart-Martis*, Arzthaftungsrecht, S. 333.

725 *Spickhoff*, NJW 2009, 1716 ff. (1721).

726 BGHZ 53, 245 (255), NJW 1970, 946 ff. (948); BGH NJW 1989, 2948 f. (2949); NJW 1994, 801 ff. (802).

727 *v. Pentz*, MedR 2011, 222 ff. (222). Doch auch dieser Nachweis mit dem geforderten Maß an Wahrscheinlichkeit ist für den Patienten nicht selten schwierig oder gar unmöglich. Wenn bspw. feststeht, dass die schwerwiegende Folge bei dem Patienten zu 40 % auf dem Behandlungsfehler beruht, so besteht nach deutschem Recht nicht die Möglichkeit, eine Haftung nach dem Grad der Verursachung festzusetzen. Diese Lösungsmöglichkeit existiert zwar in anderen Rechtsordnungen – unter dem Begriff „loss of a chance" oder „perte d´une chance" (entgangene Chance) – wird jedoch im deutschen Recht nicht praktiziert. Vgl. hierzu *Graziano*, ZEuP 2011, 171 ff.; *Taupitz/Jones*, Waffen-Gleichheit, 67 ff.

Weiterhin hat der Patient den Kausalzusammenhang zwischen der eingetretenen Körper- bzw. Gesundheitsschädigung als Primärschaden und den weiteren Gesundheits- und Vermögensschäden (Sekundärschaden) darzulegen (haftungsausfüllende Kausalität)[728]. So gehören ein etwaiger Verdienstausfall, Anschaffungskosten für Hilfsmittel etc. zu den Folgeschäden[729]. Für die haftungsausfüllende Kausalität genügt jedoch das Beweismaß der überwiegenden Wahrscheinlichkeit (§ 287 ZPO)[730].

2. Beweiserleichterungen im Rahmen von Behandlungsfehlervorwürfen

Beweiserleichterungen treffen den Patienten zum einen, soweit Dokumentationsversäumnisse vorliegen. Wurde ein Vorgang nicht dokumentiert, spricht vieles dafür, dass dieser nicht vorgenommen wurde[731]. In diesen Fällen kann für den Patienten im Rahmen einer Schädigung die Aufklärung des Geschehenen in unzumutbarer Weise erschwert sein, sodass ihm eine Beweiserleichterung zugute kommt, die sich bis zur Beweislastumkehr steigern kann[732]. Zu einer solchen Beweislastumkehr kann es jedoch nur kommen, wenn die Dokumentationslücke einen groben Behandlungsfehler indiziert, vgl. auch § 630h BGB[733]. Wichtig ist, dass Dokumentationsversäumnisse zwar den Nachweis des Vorliegens eines Behandlungsfehlers erleichtern können, jedoch nicht den der Ursächlichkeit für einen bestimmten Schaden[734].

Zum anderen kann die schuldhafte Verletzung der Pflicht, bestimmte Befunde bei einer bestimmten Lage eines Falls zu erheben und zu sichern (Befund-, Statussicherungspflicht), eine Beweislasterleichterung bis hin zur Beweislastumkehr ergeben[735]. Besonders dann, wenn durch diese Verletzung die Aufklärung eines wahrscheinlichen Kausalzusammenhangs zwischen Behandlungsfehler und Schaden erschwert oder vereitelt wird.

Bei der Beurteilung des Vorliegens eines Behandlungsfehlers wird zudem festgestellt, ob es sich um einen „einfachen" oder um einen „groben" Behandlungsfehler handelt. Diese Beurteilung hat ganz wesentliche Auswirkungen auf die Beweisverteilung: Wenn ein grober Behandlungsfehler vorliegt, wird für den Beweis der

---

728 *Martis/Winkhart-Martis*, Arzthaftungsrecht, S. 386.

729 Siehe hierzu schon in diesem Kapitel unter C, III.

730 BGH NJW 2008, 1381 ff. (1382); *Spickhoff*, NJW 2009, 1716 ff. (1721).

731 BGHZ 85, 212, VersR 1982, 1193 ff.; OLG Düsseldorf VersR 1986, 921 f.; OLG München NJW 1992, 2973.

732 BGHZ 99, 391; *Geiß/Greiner*, Arzthaftpflichtrecht, B, Rdnr. 202; *Martis/Winkhart-Martis*, Arzthaftungsrecht, S. 436 ff.

733 Geigel/*Wellner*, Der Haftpflichtprozess, Kap. 14, Rdnr. 266. Zum groben Behandlungsfehler sogleich.

734 Geigel/*Wellner*, Der Haftpflichtprozess, Kap. 14, Rdnr, 267.

735 Geigel/*Wellner*, Der Haftpflichtprozess, Kap. 14, Rdnr. 269.

Ursächlichkeit des Fehlers für den haftungsbegründenden Primärschaden die Beweislast grundsätzlich zugunsten des Patienten umgekehrt, § 630h BGB[736].

Eine einheitliche Definition für einen groben Behandlungsfehler besteht nicht. Ein Fehler wird jedoch dann als grob bezeichnet, „wenn der Arzt eindeutig gegen bewährte ärztliche Behandlungsregeln oder gesicherte medizinische Erkenntnisse verstoßen und dadurch einen Fehler begangen hat, der aus objektiver ärztlicher Sicht nicht mehr verständlich erscheint, weil ein solcher Fehler dem Arzt schlechterdings nicht unterlaufen darf".[737] Die Häufung mehrerer Fehler, die für sich gesehen nicht als grob gewertet werden, kann in ihrer Gesamtschau die Behandlung als grob fehlerhaft erscheinen lassen[738]. Es ist ausreichend, wenn der grobe Behandlungsfehler generell dazu geeignet ist, den konkreten Gesundheitsschaden herbeizuführen[739]. Auch wenn es möglich ist, dass der Behandlungsfehler den Schaden mitursächlich herbeigeführt hat, muss der Arzt darlegen, dass es an der Kausalität zwischen Pflichtverletzung und eingetretenem Primärschaden fehlt[740]. Lediglich in dem Fall, dass ein Kausalzusammenhang zwischen dem groben Behandlungsfehler und dem eingetretenen Primärschaden äußerst unwahrscheinlich ist, kommt es nicht zu einer Beweislastumkehr[741].

Auch bei einer Behandlungsvereitelung durch den Patienten, durch welche nicht mehr aufgeklärt werden kann, worauf die Schädigung zurückzuführen ist – auf das Verhalten des Patienten oder auf den groben Behandlungsfehler des Arztes[742] – oder beim Vorliegen einer überwiegenden Mitverursachung durch den Patienten[743], kann es bei der gesetzlichen Beweislastregelung ohne Umkehr bleiben. Eine Beweislastumkehr kommt auch dann nicht in Betracht, wenn sich das Risiko, welches

---

736 BGHZ 85, 212 (216 f.), NJW 1983, 333 ff. (334); NJW 1997, 794 ff. (795); NJW 1997, 796 ff., VersR 1997, 362 ff. (363); NJW 2004, 2011 ff. (2012 f.), VersR 2004, 909 ff. (911); *Martis/Winkhart*, Arzthaftungsrecht, S. 496; Auf die Beweislast für die haftungsausfüllende Kausalität wird diese Umkehr grundsätzlich nicht ausgedehnt, vgl. *Geiß/Greiner*, Arzthaftpflichtrecht, B, Rdnr. 262.

737 *Geiß/Greiner*, Arzthaftpflichtrecht, B, Rdnr. 252.

738 *v. Pentz*, MedR 2011, 222 ff. (224).

739 BGH NJW 2004, 2011 ff. (2012 f.); NJW 2005, 427 ff. (428), VersR 2005, 228 ff. (229).

740 BGH NJW 2005, 427 ff. (428); VersR 2004, 909 ff. (911); NJW 2000, 2741 f. (2742); OLG Naumburg NJW-RR 2002, 312 ff. (314). Lediglich in Fällen der abgrenzbaren Teilkausalität ist eine Beweislastumkehr bei einem groben Behandlungsfehler abzulehnen. In diesen Fällen tritt zu dem ärztlichen Versagen ein weiterer, dem Arzt nicht zurechenbarer Umstand hinzu, der zu dem Schaden führte, vgl. *Martis/Winkhart*, Arzthaftungsrecht, S. 510 f.

741 Vgl. nur BGHZ 129, 6 (12); BGH NJW 2005, 427 ff. (428), VersR 2005, 228 ff. (229); VersR 2004, 909 ff. (911), MedR 2004, 561 ff. (563), NJW 2004, 2011 ff. (2012).

742 BGH VersR 2005, 228 ff. (229), NJW 2005, 427 ff. (428), MDR 2005, 572 ff. (573); VersR 2004, 909 ff. (911), MDR 2004, 1055 f. (1056), NJW 2004, 2011 ff. (2012); KG, GesR 2005, 251.

743 OLG Karlsruhe OLGR 2001, 412; OLG München OLGR 2006, 90.

dem groben Behandlungsfehler zugrunde liegt, nicht verwirklicht hat[744] und es am Rechtswidrigkeits- oder Schutzzweckzusammenhang zwischen grobem Behandlungsfehler und eingetretenem Gesundheitsschaden fehlt[745].

Eine weitere Besonderheit besteht bei den voll beherrschbaren Gefahrenbereichen. Die Behandlerseite hat einen generellen Sicherheitsstandard bei der Behandlung gegen bekannte Risiken zu gewährleisten[746]. Bei Primärschäden des Patienten aus diesem Gefahrenbereich treffen ihn Beweiserleichterungen auf der Ebene der Fehlervermutung und des Verschuldens nach § 280 Abs. 1 S. 2 BGB[747]. Sobald feststeht, dass die Primärschädigung aus einem Bereich stammt, dessen Gefahren voll beherrschbar sind – was wiederum von Patientenseite nachgewiesen werden muss – muss die Behandlerseite die Vermutung der objektiven Pflichtverletzung bzw. des Verschuldens widerlegen[748].

3. Aufklärungsfehler

Bei einem Aufklärungsfehlervorwurf hingegen liegt die Beweislast bei dem Arzt, der die hinreichende Aufklärung und Einwilligung nachweisen muss[749]. Der Patient hat in diesem Fall darzulegen und zu beweisen, dass sein Gesundheitsschaden gerade auf der Behandlung beruht, die aufgrund der fehlenden oder mangelnden Aufklärung rechtswidrig war[750]. Er muss grundsätzlich belegen, dass die Aufklärung genau über das Risiko ausblieb, welches zu einem Körper- bzw. Gesundheitsschaden führte[751]. Ein Arzt, dem ein Aufklärungsfehler unterläuft, haftet in der Regel für alle damit ursächlich verbundenen Schadensfolgen[752]. Auch für weitere schwere Folgen, mit denen nicht ernsthaft gerechnet werden konnte[753]. Der notwendige Zurechnungszusammenhang besteht hier.

744 BGH NJW 2005, 427 ff. (428); VersR 2004, 909 ff. (911), MedR 2004, 561 ff. (562).

745 OLG Zweibrücken OLGR 2002, 470 ff. (473).

746 *Geiß/Greiner*, Arzthaftpflichtrecht, B, Rdnr. 238.

747 *Geiß/Greiner*, Arzthaftpflichtrecht, B, Rdnr. 239.

748 BGH NJW 1999, 1779 ff. (1780); NJW 1995, 1618 f. (1618). Zu den Fallgruppen vgl. *Martis/Winkhart-Martis*, Arzthaftungsrecht, S. 896 ff.

749 *Martis/Winkhart-Martis*, Arzthaftungsrecht, S. 263; *Laufs*/Kern, HB des Arztrechts, § 59, Rdnr. 3.

750 BGH NJW 1992, 754 ff. (755); NJW 1986, 1541 f.; OLG Hamburg VersR 2000, 190 f. (191); OLG Oldenburg VersR 2006, 517 f. (517); VersR 1997, 192 ff.; *Geiß/Greiner*, Arzthaftungsrecht, C, Rdnr. 147. Wenn nur in einen Teil der Behandlung nicht eingewilligt wurde, muss der Patient darlegen, dass der Schaden durch den nicht rechtmäßigen Teil des Eingriffs verursacht wurde, der nicht von der Einwilligung gedeckt war, vgl. OLG Dresden VersR 2002, 440 f. (441); OLG Karlsruhe GesR 2003, 239; OLG Koblenz MedR 2004, 690 ff., NJW-RR 2003, 1607 ff.

751 LG Frankfurt, GesR 2004, 67 ff.; *Martis/Winkhart-Martis*, Arzthaftungsrecht, S. 254.

752 *Geiß/Greiner*, Arzthaftpflichtrecht, C, Rdnr. 156.

753 BGH NJW 1989, 1533 ff.

Zu den umstrittensten dogmatischen Problemen im Aufklärungsfehlerbreich gehört indes die Frage, welche haftungsrechtlichen Folgen entstehen, wenn der Arzt zwar nicht hinreichend aufklärte, sich dann aber ein Risiko verwirklicht, welches entweder selbst nicht aufklärungsbedürftig ist oder über das aufgeklärt wurde[754]. Wenn sich ein ganz anderes, nicht aufklärungsbedürftiges Risiko verwirklicht, kann eine Haftung aufgrund des Fehlens eines zurechenbareren Schadens entfallen (fehlender Rechtswidrigkeitszusammenhang)[755]. Dies ist jedenfalls dann der Fall, wenn der Patient wenigstens eine Grundaufklärung erhalten hat, wodurch ihm ein zutreffender Eindruck von Art und Schwere des Eingriffs vermittelt wurde[756] (angemessenes Gefahrenbewusstsein[757]). Falls die Grundaufklärung nicht oder hinsichtlich der „Stoßrichtung" nur unzureichend erfolgte, ist der Eingriff hingegen insgesamt rechtswidrig und der haftungsrechtliche Zurechnungszusammenhang zu bejahen[758]. Eine Beschränkung der Haftung nur auf die Verwirklichung gerade des Risikos, über welches unzureichend aufgeklärt wurde, wird damit überwiegend abgelehnt[759]. Diese Haftungsfolgen werden insbesondere damit begründet, dass die Einwilligung des Patienten unteilbar sei und in einen Eingriff nur insgesamt eingewilligt werden könne. Die Voraussetzung einer ordnungsgemäßen Aufklärung sei eine insgesamt vollständige und zutreffende Aufklärung. Die Einwilligung sei damit auch nur insgesamt wirksam oder unwirksam[760].

---

754 BGHZ 96 (101), NJW 1984, 1395 ff. (1396); *Deutsch*, NJW 1984, 1802 ff.; BGH NJW 1989, 1533 ff. (1534), *Deutsch*, NJW 1989, 2313 f. (2313); BGH NJW 1991, 2346 f.; BGH NJW 1996, 777 ff. (779); BGHZ 144, 1, NJW 2000, 1784 ff.; *Steffen*, FS für Medicus, 637 ff.; *Giesen*, Arzthaftungsrecht, Rdnr. 294; *Laufs*/Kern, HB des Arztrechts, § 63, Rdnr. 5 ff.; *Geiß*/Greiner, Arzthaftpflichtrecht, Rdnr. 155 ff.; Laufs/*Katzenmeier*/Lipp, Arztrecht, S. 125ff.; *Schramm*, Der Schutzbereich der Norm im Arzthaftungsrecht, S. 212 ff.; *Gebauer*, Hypothetische Kausalität und Haftungsgrund, S. 341 ff.

755 BGH NJW 1989, 1533 ff.; NJW 2001, 2798; NJW 2000, 1784 ff. (1785); Laufs/*Katzenmeier*/Lipp, Arztrecht, V, B, Rdnr. 54.

756 BGH NJW 1991, 2346 f.; NJW 1996, 777 ff. (778 f.); MDR 1996, 367 ff. (368).

757 Laufs/*Katzenmeier*/Lipp, Arztrecht, S. 126.

758 BGH NJW 1996, 777 (778 f.); NJW 1991, 2346 f.; *Geiß/Greiner*, Arzthaftpflichtrecht, C, Rdnr. 157.

759 A.A.: OLG Karlsruhe NJW 1983, 2643 f., VersR 1983, 1084; OLG Karlsruhe MedR 2003, 104 ff. (105); *Laufs/Kern*, HB des Arztrechts, § 63, Rdnr. 5; *Deutsch*, NJW 1984, 1802; *Deutsch/Matthies*, Arzthaftungsrecht, S. 83. Siehe aber die dahingehende Feststellung, dass es bei Verwirklichung des Risikos, über das aufgeklärt wurde, keine Rolle spielt, ob bei der Aufklärung weitere Risiken hätten erwähnt werden müssen, die jedoch nicht eingetreten sind. Hier hat der Patient seine Einwilligung in Kenntnis des eingetretenen Risikos erteilt, vgl. BGHZ 144, 1 (7 f.); BGH NJW 2001, 2798, VersR 2001, 592 ff.; BGHZ 168, 103 (111), NJW 2006, 2477 ff. (2479); *Katzenmeier*, NJW 2006, 2738 ff.

760 BGHZ 90, 96 (101); *Geiß/Greiner*, Arzthaftpflichtrecht, C, Rdnr. 155.

Zu beachten ist der Einwand des pflichtgemäßen Alternativverhaltens, welcher von der Behandlerseite erbracht werden muss. Es besteht keine Haftung aus dem gegebenen Aufklärungsfehler, wenn der Patient bei vollständiger und richtiger Aufklärung dem Eingriff zugestimmt hätte (sog. hypothetische Einwilligung). Der fehlerfreie Eingriff ist dann nicht rechtswidrig[761]. Eine Haftung ist nur dann gegeben, wenn nachgewiesen werden kann, dass bei ordnungsgemäßer Aufklärung die Behandlungszustimmung nicht erteilt worden wäre. Gelingt dies nicht, scheidet eine Haftung aus[762]. Wenn der Patient hingegen nachweisen kann, dass er sich bei ordnungsgemäßer Einwilligung in einem Entscheidungskonflikt befunden hätte, ob er den Eingriff durchführen lassen soll, kann er sich dem Einwand der hypothetischen Einwilligung entziehen[763].

Von der hypothetischen Einwilligung ist die mutmaßliche Einwilligung zu unterscheiden. In (Not-)Fällen, in denen der Patient oder sein gesetzlicher Vertreter nicht rechtzeitig einwilligen können, wird diese Form der Einwilligung relevant[764]. Ein Eingriff ist hierbei nicht rechtswidrig, wenn man davon ausgehen kann, dass ein verständiger Patient in der konkreten Lage der vorgenommenen Behandlung zugestimmt hätte[765].

Der Arzt kann sich des Weiteren durch den Nachweis der hypothetischen Kausalität entlasten. Wenn es ihm gelingt zu beweisen, dass der Patient auch bei rechtmäßigem und fehlerfreiem ärztlichen Handeln einen Schaden erlitten hätte, kann er sich vor einem Haftungsanspruch bewahren[766].

VII. Verjährung

Die Verjährungsfrist beträgt einheitlich – sowohl für vertragliche als auch für deliktische Ansprüche – in der Regel drei Jahre (§ 195 BGB). Die Verjährungsfrist beginnt mit dem Schluss des Jahres zu laufen, in dem der Anspruch entstanden ist und – kumulativ – der Patient von den Umständen Kenntnis erlangt, die einen Anspruch gegen den Arzt begründen könnten bzw. er grob fahrlässig nicht davon Kenntnis erlangte (§ 199 Abs. 1 BGB).[767] D.h. er muss Kenntnis – oder grob

761 BGH VersR 2004, 1320 f.; OLG Stuttgart NJW-RR 2002, 1601 ff. (1602), VersR 2002, 1428 f. (1429).

762 *Geiß/Greiner*, Arzthaftpflichtrecht, C, Rdnr. 121.

763 BGHZ 90, 103 (111), NJW 1984, 1397 ff. (1399), VersR 1984, 465 ff. (467); BGH NJW 2007, 2771 ff. (2772 f), VersR 2007, 999 ff. (1000 f.); OLG Dresden NJW 2004, 298 f. (299); BGH NJW 1991, 2344 f. (2345); OLG Oldenburg VersR 2006, 517 f.; Spickhoff-*Wellner*, Kommentar zum Medizinrecht, § 823, Rdnr. 280.

764 Geigel/ *Wellner*, Der Haftpflichtprozess, Kap. 14, Rdnr. 222.

765 BGH NJW 1993, 2372 ff. (2374); NJW 1989, 1541 f. (1542); VersR 1985, 1187 f. (1188).

766 BGH NJW 2005, 2072 f., VersR 2005, 942 f.; NJW 2005, 1718 ff. (1719 f.), VersR 2005, 836 f.

767 Siehe ausführlich zur Verjährung von Behandlungs- und Aufklärungsfehlern *Geiß/Greiner*, Arzthaftpflichtrecht, D, Rdnr. 1 ff; *Martis/Winkhart-Martis*, Arzthaftungsrecht, S. 849 ff.

fahrlässige Unkenntnis – vom Schaden, der Person des Ersatzpflichtigen sowie von den Tatsachen haben, die eine Abweichung der Behandlung vom ärztlichen Standard ergibt. Bei einem Aufklärungsfehler ist zudem die Kenntnis der Umstände maßgeblich, aus denen sich die Aufklärungspflichtverletzung ergibt – also das Wissen darüber, dass der Arzt ein aufklärungspflichtiges Risiko nicht erwähnte oder verharmloste[768]. Unabhängig davon tritt bei Verletzung von Leben, Körper oder Gesundheit die Verjährung jedenfalls nach 30 Jahren ab der schädigenden Handlung ein (§ 199 Abs. 2 BGB).

D. Konfliktstruktur und dritte Beteiligte

I. Streitnatur und Streithäufigkeit

Die Inanspruchnahme des Arztes erfolgt in der Regel aus einem vorgeworfenen Behandlungs- oder Aufklärungsfehler. In erster Linie besteht Streit darüber, ob ein Behandlungs- bzw. Aufklärungsfehler vorliegt. Wenn die Haftung dem Grunde nach geklärt ist, entspringt auf zweiter Ebene häufig ein Streit über die Höhe des zu leistenden Schadensersatzes und des in Betracht kommenden Schmerzensgeldes.

Es lässt sich feststellen, dass Krankenhausärzte deutlich häufiger einer Haftung ausgesetzt sind als niedergelassene Ärzte, obwohl nahezu gleich viele Ärzte in Praxen und in Krankenhäusern arbeiten[769]. Die Schadenshäufigkeit hat in Klinken bezogen auf die versicherten Risiken um ca. 1/5 zugenommen. Der durchschnittliche Schadensaufwand hat sich in den 1990er Jahren um etwa 50 % erhöht[770]. Im Jahr 2009 verzeichneten die ärztlichen Gütestellen bundesweit in 6.002 Fällen den Antragsgegner im Krankenhausbereich, wohingegen etwa 2.486 Anträge auf Praxen entfielen[771]. Dies mag zum einen an der höheren Gefahrengeneigtheit durch die Komplexität der medizinischen Tätigkeit eines Arztes im Krankenhaus liegen.

768 BGH NJW 1976, 363 ff. (365); OLG Köln VersR 1988, 744 ff. (745); *Katzenmeier*, VersR 2002, 1066 ff. (1070).

769 *Weyers*, 52. DJT, Bd. 1, A 12; *Hansis/Hart*, Medizinische Behandlungsfehler, S. 8; *Eissler*, MedR 2004, 429 ff. (429).

770 *Heidermann*-Ehlers/Broglie Arzthaftungsrecht, Rdnr. 396.

771 Leistungsstatistik der ärztlichen Gütestellen für das Statistikjahr 2009: Die Anzahl der bestätigten Fehler lag im Statistikjahr 2009 im Krankenhausbereich bei 1.539 Fällen und in den Praxen bei 702 Fällen. Einsehbar unter: http://www.bundesaerztekammer.de/downloads/Gutachterkommission_Statistik_2009.pdf (Zugriff am 01. Mai 2013). Auch in den Statistikjahren 2007 und 2008 ergaben die Untersuchungen in etwa 70 % der Fälle Vorwürfe gegen Krankenhausträger und in 30 % der Fälle gegen niedergelassene Ärzte, vgl. hierzu unter http://www.bundesaerztekammer.de/downloads/Statistische_Erhebung_2008_edg.pdf (Zugriff am 01. Mai 2013). Siehe auch einzelne Tätigkeitsberichte der verschiedenen Gutachterkommissionen und Schlichtungsstellen, bspw.: Tätigkeitsbericht der Gutachterstelle der Sächsischen Ärztekammer, einsehbar unter: http://www.slaek.de/05wir/35kommiss/40schlist/pdf/2009.pdf (Zugriff am 24. März 2012).

Zudem haben die sich in Kliniken begebenden Patienten meist schwerwiegendere Krankheitsbilder als diejenigen Patienten, die eine Praxis aufsuchen. Zum anderen ist ein Krankenhausaufenthalt in den meisten Fällen anonymer als die oftmals regelmäßigen Besuche bei einem niedergelassenen Arzt, sodass die Hemmschwelle einer rechtlichen Inanspruchnahme des Krankenhausarztes deutlich niedriger anzusetzen ist. Außerdem ist nach einem oder während eines Krankenhausaufenthalt die Wahrnehmung des eigenen Gesundheitszustandes intensiver als im Rahmen einer ambulanten Behandlung – unabhängig davon, ob die Verschlechterung auf einen schicksalhaften Verlauf, die persönliche Wahrnehmung oder einen Behandlungsfehler zurückzuführen ist[772].

Eine überdurchschnittliche Schadenshäufigkeit ist bei den sogenannten „schneidenden Fächern" – der Chirurgie, Gynäkologie und Geburtshilfe – zu verzeichnen[773]. Auch die Orthopädie zählt zu den besonders risikoreichen Fachgebieten[774]. Dieses hat auch Auswirkungen auf die Schadenshöhe. Die Höhe des Schadensaufwands resultiert in der Gynäkologie und Geburtshilfe insbesondere daraus, dass in Fällen fehlgeschlagener Geburtsplanung, bei denen Unterhaltszahlungen verlangt werden können, und bei einem schuldhaften Behandlungsfehler während der Geburt, woraufhin das Kind schwerstwiegende Behinderungen davon trägt, die Schadenssummen horrend sind[775]. Der durchschnittliche Schadensaufwand pro gemeldeten Fall bei den Haftpflichtversicherern der Ärzte hat sich bspw. bei den Gynäkologen und Geburtenhelfern im Zeitraum von 1991–2003 versechsfacht[776]. 1999 lag die durchschnittliche Schadenssumme hier schon bei 100.000 €[777], im Jahr 2009 bei rund 200.000 €[778]. Allgemein ist von einem Anstieg der durchschnittlichen Schadenshöhen von 9.400 € im Jahr 1998 auf 21.100 € im Jahr 2008 auszugehen[779]. Unterrepräsentiert sind die konservativen Fächer, wie Innere Medizin, Dermatologie und Kinderheilkunde, obwohl diese Verteilung vermutlich nicht der tatsächlichen Fehler- oder Irrtumswahrscheinlichkeit entspricht[780]. Angemerkt sei an dieser Stelle jedoch noch, dass die aufgewandte Schadenshöhe nicht nur durch den jeweiligen

---

772 *Ewig*, HB Mediation, § 31, Rdnr. 17; *Leischner*, Streitbeilegung im Medizinischen Haftungsfällen, S. 214.

773 *Jahn/Kümper*, MedR 1993, 413 ff. (413); *Hansis/Hart*, Medizinische Behandlungsfehler, S. 7; *Scheppokrat/Neu*, VersR 2002, 397 ff. (398).

774 *v. Hirschfeld/Stampehl*-Ehlers/Broglie, Arzthaftungsrecht, Rdnr. 27. Siehe auch die Jahresstatistiken der ärztlichen Gütestellen für die Statistikjahre 2007 (S. 8), 2008 (S. 8), 2009 (S. 9) und 2010 (S. 9).

775 Laufs/Kern-*Schlund*, Arztrecht, § 21, Rdnr. 1. Vgl. bspw. das Urteil vom OLG Zweibrücken MedR 2009, 88 ff.

776 Angaben bei *Bergmann/Wever*, Die Arzthaftung, S. 2.

777 *Hansis/Hart*, Medizinische Behandlungsfehler, S. 7 mit dem Hinweis auf die DBV Winterthur Ergebnisstatistik aus dem Jahr 2000.

778 *Bergmann/Wever*, Die Arzthaftung, S. 2.

779 *Flintrop/Korzilius*, DÄBl 2010, 692 ff. (692).

780 *Hansis/Hart*, Medizinische Behandlungsfehler, S. 7 f.

Risikobereich des Fachgebiets bedingt ist, sondern auch mit den Besonderheiten dieser Haftpflichtsparte korreliert: Im Arzthaftungsbereich handelt es sich weitestgehend um Personenschäden mit dynamischen Schadensersatzpflichten sowie Schadensersatzpflichten aus abgeleitetem Recht der Sozialversicherungsträger[781].

II. Die Rolle des Sachverständigen

Die Beurteilung, ob der Arzt in dem konkreten Fall seiner Sorgfaltspflicht nachgekommen ist, ist eine Rechtsfrage[782]. Die Beantwortung medizinischer Fachfragen ist mit dieser Beurteilung untrennbar verknüpft. Sie ist jedoch für die mit dem Fall betrauten Juristen in den seltensten Fällen ohne Hinzuziehung eines medizinischen Sachverständigen möglich[783]. Der Sachverständige hat die Aufgabe, qualifizierte Sachkunde zu vermitteln, um so das fehlende Fachwissen des ihn Beauftragenden zur Beurteilung der Sachlage bereitzustellen[784].

Der Sachverständige kann sowohl im außergerichtlichen Bereich des Arzthaftungsrechts – etwa als Privatgutachter (§§ 317 ff BGB), im Verfahren des Medizinischen Dienstes der Krankenkassen (§§ 275 ff SGB V) und im Verfahren der ärztlichen Gütestellen – auftreten als auch – und dies stellt den Schwerpunkt der gutachterlichen Tätigkeit dar – im gerichtlichen Bereich tätig werden (§§ 402 ff ZPO)[785].

Besonders in arzthaftungsrechtlichen Prozessen ist das Gericht im erhöhten Maße zur Aufklärung des medizinischen Sachverhalts verpflichtet, um Waffengleichheit zwischen den Parteien herzustellen (§ 139 ZPO). Es liegt jedoch im Ermessen des Gerichtes, ob es zur Klärung der medizinischen Fragen einen Sachverständigen hinzuzieht (§ 144 ZPO)[786]. Dies wird jedoch in der Regel der Fall sein, da grundsätzlich lediglich ein medizinischer Sachverständiger die entscheidungserheblichen Gegebenheiten sachgemäß erfassen kann.[787] Der Sachverständige hat dem Richter allgemeine Erfahrungssätze und besondere Kenntnisse des jeweiligen Wissensgebietes zu vermitteln bzw. Schlussfolgerungen aus einem feststehenden Sachverhalt zu ziehen[788]. Im Falle eines in Frage stehenden Behandlungsfehlers

781 *Jahn/Kümper*, MedR 1993, 413 ff.(413f.).
782 *Ulsenheimer*, MedR 1992, 127 ff. (129).
783 Wenzel-*Rosenberger*, HB des FA Medizinrecht, S. 726.
784 Laufs/Kern-*Schlund*, HB des Arztrechts, § 116, Rdnr. 5; Laufs/*Katzenmeier*/Lipp, Arztrecht, S. 428. Siehe zu Auswahl, Aufgabe und Grenzen der ärztlichen Begutachtung: *Scheppokat/Neu*, VersR 2001, 23 ff.;*Stegers*, VersR 2000, 419 ff.
785 Laufs/*Katzenmeier*/Lipp, Arztrecht, S. 428.
786 BGH NJW 1995, 1619.
787 Will der Richter hingegen ohne Hinzuziehung eines medizinischen Sachverständigen die fachlichen Fragen beurteilen, so hat er dazulegen, dass er hierfür die nötige Sachkunde besitzt, vgl.: *Deutsch/Spickhoff*, Medizinrecht, S. 345. Sollte das Gericht von dem Gutachten eines medizinischen Sachverständigen abweichen, so hat es dieses zu begründen und zureichende medizinische Fachkenntnisse im Urteil darzulegen, vgl. *Geiß/Greiner*, Arzthaftpflichtrecht, E, Rdnr. 7.
788 OLG Koblenz MedR 2005, 473 f. (474).

hat der Sachverständige bspw. darzutun, ob Diagnose und Behandlung im Ansatz und in der Durchführung fehlerfrei waren oder ob die Therapiemethode zutreffend gewählt wurde[789].

Auch die Parteien eines Arzthaftungsprozesses – zumeist der Patient und der Arzt[790] – können Privatgutachten beibringen oder dem Gericht Gutachter vorschlagen[791].

Oftmals wird die Kritik geübt, mit der Entscheidung des Sachverständigen stehe und falle der Prozess, da der Richter sich – aufgrund der mangelnden Sachkunde – häufig dem Ergebnis der Beurteilung durch den Sachverständigen anschließe[792]. Der Richter überprüfe das Gutachten meist lediglich auf seine Plausibilität[793]. Die meisten Spruchkörper der Oberlandesgerichte und Landgerichte haben deshalb auch entsprechende Fachsenate bzw. -kammern gebildet, um ein Mindestmaß an Sachkunde zu gewährleisten. Dieser Qualitätssicherung wurde auch durch die Neufassung des § 348 ZPO und die Einführung des § 348 a ZPO Rechnung getragen[794][795].

---

789 *Deutsch/Spickhoff*, Medizinrecht, S. 349.

790 Zur Rolle des Haftpflichtversicherers des Arztes hierbei siehe in diesem Kapitel unter D, II.

791 *Deutsch/Spickhoff*, Medizinrecht, S. 345.

792 *Schnorr*, DRiZ 1995, 54 ff. m.w.N.; *Detter*, NStZ 1998, 57 ff. (59); *Kilian*, VersR 2003, 683 ff.; *Pieper/Breunung/Stahlmann*, Sachverständige im Zivilprozeß, S. 262 ff; *Ulsenheimer*, MedR 1992, 127 ff. (129 f).

793 *Ulsenheimer*, MedR 1992, 127 ff. (129).

794 Laufs/*Katzenmeier*/Lipp, Arztrecht, S. 431. Siehe ausführlich zur Rolle des Sachverständigen im gerichtlichen Arzthaftungsverfahren bspw.: *Geiß/Greiner*, Arzthaftpflichtrecht, E, Rdnr. 6 ff.; *Martis/Winkhart-Martis*, Arzthaftungsrecht, S. 684 ff.; *Laufs/Kern*, HB des Arztrechts, Kap. 21; Laufs/*Katzenmeier*/Lipp, S. 427 ff. In den 1970er Jahren wurde die Rolle des Sachverständigen im Prozess stark kritisiert. So urteilte der BGH damals noch, „[...] daß auch heute noch eine nicht geringe Zahl medizinischer Gutachter Schwierigkeiten hat, sich bei der Ausübung ihres Amtes von überholten und in diesem Zusammenhang der Rechtsordnung widersprechenden Standesregeln freizumachen. Dies gilt vor allem im Kunstfehlerprozeß. Das bedeutet nicht, daß deshalb einem solchen Gutachten grundsätzlich zu mißtrauen wäre. Wohl aber hat der Richter sorgfältig auf Anzeichen einer hieraus möglicherweise entspringenden – gewiß häufig nicht bewußten – Voreingenommenheit des Gutachters zu achten, und kann deshalb, soweit er sich daran nicht durch mangelnde eigene Sachkunde gehindert sehen muß, vor allem auch Urteile des Gutachters, die notwendig auf subjektiver Wertung beruhen, durch eigene korrigieren oder ersetzen.“, vgl. BGH NJW 1975, 1463 ff. (1464). Heute besteht die Kritik in dem Ausmaß nicht mehr.

795 Siehe zur besonderen Gewichtung der sachverständigen Begutachtung eines Arzthaftungsfalles noch eingehend unter Kapitel 5, G, I.

III. Die Rolle des Berufshaftpflichtversicherers

Die normativen Grundlagen der Berufshaftpflichtversicherung finden sich in den §§ 100 ff VVG und den allgemeinen Versicherungsbedingungen für die Haftpflichtversicherung (AHB), welche durch die besonderen Bedingungen und Risikobeschreibungen für die Haftpflichtversicherung der Ärzte (BBR-Ärzte) modifiziert werden[796]. Der Haftpflichtversicherer gewährt dem Versicherungsnehmer im Rahmen des versicherten Risikos für den Fall Versicherungsschutz, dass dieser wegen eines eingetretenen Schadensereignisses, welches einen Personen-, Sach- oder sich daraus ergebenden Vermögensschaden zur Folge hatte, von einem Dritten auf Schadensersatz in Anspruch genommen wird (§ 1 Ziff. 1 Allgemeine Versicherungsbedingungen für die Haftpflichtversicherung (AHB/Stand 2010)). Es ist die Aufgabe des Haftpflichtversicherers, berechtigte Ansprüche des Patienten zu befriedigen und unberechtigte Ansprüche abzuwehren[797] – sowohl im gerichtlichen als auch im außergerichtlichen Verfahren §101 Abs. 1 S. 1 VVG i.V.m. § 5 Ziff. 1 AHB (2010).

Die Berufshaftpflichtversicherung ist mittlerweile für jeden Arzt unverzichtbar. 30.000 bis 40.000 Haftpflichtansprüche werden jährlich bei Haftpflichtversicherern geltend gemacht[798], wovon rund 50–60 % der Ansprüche als unbegründet zurückgewiesen und 10 bis 30 % anerkannt werden. In den übrigen Fällen werden Vergleiche geschlossen[799]. Die jährlichen Haftpflichtprämien für Ärzte liegen je nach Fachbereich zwischen 500 € und 20.000 €[800].

Die Rolle des Haftpflichtversicherers wird in verschiedenen Situationen relevant: Zum einen sind Ärzte nach § 21 MBO-Ä (Stand 2011) und den entsprechenden Regelungen in den Berufsordnungen der (Landes-)Ärztekammern standesrechtlich – allerdings nicht bundesweit gesetzlich – dazu verpflichtet, sich hinreichend gegen Haftpflichtansprüche im Rahmen ihrer beruflichen Tätigkeit zu versichern.[801] Die Einführung von § 21 MBO-Ä war die Reaktion des Deutschen Ärztetages im Jahr 1976 auf die zunehmende Anzahl von Arzthaftpflichtprozessen[802]. Die Norm verpflichtet den Arzt zur Eigenvorsorge und stellt gleichzeitig zum Schutz des Patienten

---

796 Laufs/*Katzenmeier*/Lipp, Arztrecht, S. 353.

797 Der Anteil der unberechtigt geltend gemachten Ansprüche nimmt nach Angaben der Versicherer seit Jahren zu. So waren im Jahr 2001 etwa 54 % der geltend gemachten Ansprüche unberechtigt, vgl. *Weidinger*, MedR 2004, 289 ff. (289).

798 *Giesen*, Arzthaftungsrecht, Rdnr. 31.

799 Laufs/Kern-*Schlund*, Arztrecht, § 21, Rdnr. 1.

800 *Deutsch/Spickhoff*, Medizinrecht, Rdnr. 156.

801 Diese Regelungen in den Berufsordnungen der Landesärztekammern haben jedoch zur Folge, dass die Heilwesenshaftpflichtversicherung eine Pflichtversicherung nach den §§ 113 ff. VVG ist. Siehe hierzu § 113 Abs. 1 VVG, wonach eine Verpflichtung durch Rechtsvorschrift ausreicht, sodass eine Anordnung durch die Satzung einer öffentlich-rechtlichen Körperschaft – hierzu gehören auch die Berufsordnungen der Landesärztekammern – genügt, vgl. BT-Drucks. 16/3945, S. 87.

802 Spickhoff-*Scholz*, Kommentar zum Medizinrecht, § 21 MBO, Rdnr. 1.

sicher, dass ihm im Falle der Haftung ein solventer Schuldner gegenübersteht[803]. Landesgesetzliche Regelungen existieren in einigen Bundesländern[804], so auch in Schleswig-Holstein, vgl. § 30 Nr. 6 Heilberufekammergesetz Schleswig-Holstein.

Zum anderen ist die Rolle des Haftpflichtversicherers für den geschädigten Patienten von besonderer Relevanz. Der Patient erhält im Falle eines Gesundheitsschadens in der Regel Schutz durch seine eigene Versicherung. Unabhängig davon, ob er nach Maßgabe des Haftpflichtrechts einen Anspruch auf Ersatz seines Schadens hat, wird sein Bedarf – jedenfalls teilweise – durch den Sozialversicherungsträger, private Krankenversicherungen oder Beihilfeleistungen des öffentlichen Dienstherrn gedeckt[805]. Sollte allerdings der Fall eintreten, dass die Schäden des Patienten nur unzureichend durch den Vorsorgeträger gedeckt sind oder – etwa bei Geltendmachung immaterieller Schäden – überhaupt nicht, wird das Arzthaftpflichtrecht und damit die Rolle des Haftpflichtversicherers auch direkt für den Patienten relevant. Zudem kann ein Rückgriff des leistenden Krankenversicherers auf den Schädiger nach Maßgabe der §§ 116 I SGB X, 86 VVG möglich sein, sodass dieser sich beim Schädiger schadlos halten kann.

Der Haftpflichtversicherer bietet dem Arzt als Versicherungsnehmer einen umfassenden Schutz, da ihm neben einem Rechtsschutz- und Abwehranspruch und auch ein Freistellungs- und Zahlungsanspruch gewährt wird[806]. Der Haftpflichtversicherer übernimmt in einem gegebenen Haftungsfall den Ersatz des Körperschadens, also die Kosten, die für die Wiederherstellung der Gesundheit anfallen, sowie das zum Ausgleich eines vorliegenden immateriellen Schadens zu zahlende Schmerzensgeld[807]. Auch die unmittelbar und mittelbar aus der Personenschädigung folgenden Vermögensschäden sind von der Deckung erfasst[808]. Die Befriedigung der Ansprüche des Patienten erfolgt zum einen zur Befreiung des Arztes von den gegen ihn geltend gemachten Ansprüchen und zum anderen zur Erfüllung der

803 Spickhoff-*Scholz*, Kommentar zum Medizinrecht, § 21 MBO, Rdnr. 1; *Deutsch/Spickhoff*, Medizinrecht, Rdnr. 155.

804 Siehe bspw. Bremen (§ 28 Nr. 4 HeilBerG Bremen), Brandenburg (§ 31 Abs. 1 Nr. 4 HeilBerG Brandenburg), Hamburg (§ 27 Abs. 4 Hamburgisches Kammergesetz für Heilberufe), Nordrhein-Westfalen (§ 30 Nr. 4 HeilBerG NRW) und Sachsen-Anhalt (§ 19 Abs. 2 Nr. 4 KGHB-LSA).

805 Laufs/*Katzenmeier*/Lipp, Arztrecht, S. 354.

806 *Hattemer*, Mediation bei Störung des Arzt-Patient-Verhältnisses, S. 241.

807 Wenzel-*Katzenmeier/Brennecke*, HB des FA Medizinrecht, S. 514. Anders ist dieses hingegen im zahnärztlichen Bereich: Hier übernimmt der Haftpflichtversicherer lediglich den Schmerzensgeldanspruch, für den Schadensersatz muss der Zahnarzt aufkommen, da es sich bspw. bei den für die Nachbehandlung entstehenden Kosten um einen Erfüllungsschaden handelt, welcher nicht Gegenstand des Haftpflichtversicherungsschutzes ist. Vgl. hierzu bspw. Terbille-*Bücken*, AnwHB Versicherungsrecht, § 19, Rdnr. 27.

808 Siehe ausführlich: Wenzel-*Katzenmeier/Brennecke*, HB des FA Medizinrecht, S. 514 ff.

vertraglichen Pflicht gegenüber ihm[809]. Ein direkter Anspruch des Patienten gegen die Versicherung besteht allerdings in der Regel nicht.[810]

Nach § 104 VVG i.V.m. § 25 Ziff. 1 AHB (2010) obliegt es dem Arzt[811], den Versicherungsfall[812] unverzüglich – innerhalb einer Woche – nach Kenntnis bei seinem Haftpflichtversicherer schriftlich anzuzeigen, gleichgültig ob der Schaden vermutet wird oder tatsächlich eingetreten ist. Zudem treffen den Arzt nach § 25 Ziff. 2 AHB (2010) Schadensminderungspflichten. Er hat das Behandlungsgeschehen wahrheitsgemäß und vollständig zu schildern sowie eine Stellungnahme zu den erhobenen Vorwürfen abzugeben. Zudem muss der Arzt den Versicherer bei der Abwehr des Schadens, der Aufklärung des Schadensereignisses und der Regulierung unterstützen. Obliegenheiten kommen im Versicherungsrecht erhebliche Bedeutung zu. Diese hat der Versicherungsnehmer – vorliegend der Arzt – zu befolgen, um nicht den Verlust seines Versicherungsschutzes zu riskieren, vgl. § 26 AHB (2010)[813]. Beachtenswert ist, dass der Arzt nach früherer Versicherungspraxis – §§ 25 Ziff. 3, 26 Ziff. 2 AHB (2004) – grundsätzlich seinen Deckungsan-

---

809 *Leischner*, Streitbeilegung in medizinischen Haftungsfällen, S. 119.

810 Im Haftpflichtversicherungsrecht besteht das sog. Trennungsprinzip, welches das Haftpflichtverhältnis zwischen Schädiger und Geschädigtem sowie das Deckungsverhältnis zwischen Schädiger und Versicherer sowohl materiell als auch prozessual voneinander trennt, ständige Rspr. seit BGH VersR 1959, 256 ff. (257); siehe weiterhin: BGH VersR 1992, 568 ff. (569); VersR 1992, 1504 ff.; NJW 1993, 68 f. Dieses Prinzip wird durch die sog. Bindungswirkung durchbrochen, indem – soweit Voraussetzungsidentität besteht – die im Haftpflichtprozess getroffenen Feststellungen für das Deckungsverhältnis bindend sind, ständige Rspr. seit BGH VersR 1969, 413 ff. (414); siehe weiterhin BGH VersR 1992, 1504 ff. (1505); VersR 2007, 641 ff. (642); vgl. auch *Hattemer*, Mediation bei Störungen des Arzt-Patient-Verhältnisses, S. 241; Römer-*Langheid*, VVG-Komm., § 149, Rdnr. 12; siehe zu einem ausnahmsweise bestehenden Direktanspruch des Patienten gegen den Versicherer: § 115 Abs. 1 Nr. 2, 3 VVG sowie im Falle einer Abtretung des Befreiungsanspruchs gegen den Versicherer durch den Arzt an den Geschädigten bzw. dessen Erben, was nunmehr nicht durch vertragliche Abtretungsverbote unterbunden werden kann, § 108 Abs. 2 VVG.

811 Bei einer klinischen Behandlung obliegt diese Anzeige dem leitenden Arzt der Krankenhausabteilung und der Krankenhausverwaltung, vgl. *Franzki*, MedR 2000, 464 ff. (465).

812 Als Versicherungsfall wird jedes Schadensereignis eingestuft, welches Haftpflichtansprüche gegen den Arzt als Versicherungsnehmer zur Folge haben könnte, § 1 Ziff. 1 AHB.

813 Beckmann/Matusche-Beckmann-*Marlow*, Versicherungsrechts-Handbuch, § 13, Rdnr. 1. Siehe bspw. auch die „zehn Gebote" bei: *Jahn/Kümper*, MedR 1993, 413 ff. (414): Vom Versicherer aufgestellte Verhaltensregeln sind etwa kein Schuld- oder Haftungsanerkenntnis abzugeben, sich auf die Erklärung menschlicher Anteilnahme zu beschränken, keine Vermutungen hinsichtlich Kausalität und Verschulden anzustellen sowie grundsätzlich keine Krankenunterlagen im Original auszuhändigen.

spruch verlieren konnte, falls er ohne Zustimmung seines Versicherers einen Haftpflichtanspruch des Patienten anerkannte oder befriedigte[814]. § 105 VVG n.F. schaffte diese Regelung gänzlich ab. Nun kann der Versicherungsnehmer ohne die Zustimmung des Versicherers oder auch gegen dessen Willen einen Haftpflichtanspruch anerkennen und befriedigen. Der Versicherer ist gleichzeitig jedoch nur im Maße der wirklich bestehenden Anspruchsgrundlage zur Deckung des Anspruchs verpflichtet, vgl. § 5 Ziff. 1 AHB (2010)[815]. So hat der Haftpflichtversicherer im Falle des Nichtbestehens des geltend gemachten Anspruchs keine Zahlung zu leisten, sodass dem Arzt, wenn er den Patienten schon befriedigt hat, kein Erstattungsanspruch gegen seinen Versicherer zukommt. Daher wird es zu einer selbstständigen Anerkennung oder Befriedigung des geltend gemachten Anspruchs durch den Arzt in der Praxis nur selten kommen[816].

Die Haftpflichtversicherung ist nach Kenntnis eines (vermeintlichen) Schadensfalles als „Herrin des Verfahrens" anzusehen. Gerade aufgrund des kontinuierlich steigenden Schadensdurchschnitts (durchschnittlicher Schadensaufwand pro gemeldeten Schaden) ist den Versicherern an einem für sie positiven Verfahrensausgang gelegen. Die Untersuchung und die Regulierung des Falles gehören zu ihren Zuständigkeitsbereichen, sodass sie etwa alle ihr zur Regulierung des Schadens zweckmäßig erscheinenden Erklärungen im Namen des Arztes abgeben können, § 5 Ziff. 2 AHB (2010)[817]. Zudem kommt den Versicherern in einem Gerichtsverfahren das Prozessführungsrecht zu (§ 5 Ziff. 2 AHB (2010)), wobei sie jedoch nicht Partei des Prozesses werden[818]. Auch der Prozessanwalt wird vom Haftpflichtversicherer ausgewählt, welchem der Arzt sodann die Prozessvollmacht zu erteilen hat[819]. Der Versicherer hat das Recht, den Prozess auch gegen den Willen des Versicherungsnehmers zu beenden oder weiterzuführen. Der Arzt hat insoweit kein Mitspracherecht, obschon sich die Versicherung um eine einvernehmliche Prozessführung bemühen wird[820].

Dem Berufshaftpflichtversicherer kommt damit bei einem Konflikt zwischen Arzt und Patient im Rahmen von Behandlungs- oder Aufklärungsfehlervorwürfen eine tragende Rolle zu. Dies resultiert auch daraus, dass der Versicherer bei der gerichtlichen und außergerichtlichen Unterstützung des Arztes sämtliche Kosten

814 Prölss/Martin-*Lücke*, Versicherungsvertragsgesetz, § 105 VVG, Rdnr. 3; Wenzel-*Katzenmeier/Brennecke*, HB des FA Medizinrecht, S. 514 ff.
815 Prölss/Martin-*Lücke*, Versicherungsvertragsgesetz, § 105 VVG, Rdnr. 4 ff.; § 106, Rdnr. 8 ff.
816 Wenzel-*Lutterbeck*, HB des FA Medizinrecht, S. 580 f.
817 BGH VersR 2006, 1676 f. (1676); Wenzel-*Katzenmeier/Brennecke*, HB des FA Medizinrecht, S. 541 f.
818 Wenzel-*Katzenmeier/Brennecke*, HB des FA Medizinrecht, S. 545.
819 *Littbarski*, AHB-Komm., § 5, Rdnr. 77.
820 *Franzki*, MedR 2000, 464 ff. (465).

übernimmt, wie etwa die Kosten für den Rechtsanwalt und für die Erstellung eines außergerichtlichen Sachverständigengutachtens[821].

Diese Regelungen können das ohnehin angespannte Verhältnis zwischen Arzt und Patient nach einem Fehlervorwurf noch verstärken. Sie können zur Folge haben, dass der Kommunikationsfluss zwischen ihnen zum Erliegen kommt, da der Arzt durch zu weit gehende Zugeständnisse die Nichtdeckung durch den Versicherer oder gar den Verlust seines Versicherungsschutzes fürchtet. Dabei ist ein vertrauensvolles Gespräch mit dem Patienten nach einem Zwischenfall, in dem zutreffende tatsächliche Angaben zu dem Geschehenen gemacht werden, auch aus Sicht des Haftpflichtversicherers wünschenswert[822]. Im konkreten Fall kann es sogar notwendig sein, einen unterlaufenen Fehler einzuräumen, um eine indizierte Folgebehandlung einleiten zu können[823]. Hier muss zwischen Anerkennung einer Rechtspflicht und Mitteilung von wahrheitsgemäßen Sachverhalten differenziert werden[824], was im Einzelfall für den behandelnden Arzt jedoch schwierig sein kann.

Die nachgeordnete Rolle des Arztes im Konfliktfall ist der Arzt-Patient-Beziehung sowie der Beilegung der Streitigkeit häufig nicht zuträglich. Durch die übergeordnete Rolle des Haftpflichtversicherers kann der Eindruck entstehen, dass die eigentlichen Streitparteien nicht Patient und Arzt, sondern Patient und Haftpflichtversicherer sind[825].

IV. Die Rolle des Krankenversicherers

Der Krankenversicherer des Geschädigten kann nach Maßgabe der §§ 116 I SGB X, 86 VVG Rückgriff auf den Schädiger nehmen, soweit der zivilrechtliche Schadensersatzanspruch des Geschädigten auf ihn übergeht. Dies ist insoweit der Fall, als der Versicherer für bestimmte Schadenspositionen eintrittspflichtig ist, für welche der Krankenversicherer des Patienten aufgekommen ist[826]. Mit dieser Regelung werden Doppelleistungen an den Versicherten sowie eine Entlastung des Schädigers durch Sozialleistungen verhindert. Um diesen Anspruch geltend zu machen, muss der Versicherer den Rechtsweg beschreiten, den auch der Geschädigte beschritten hätte[827].

---

821 Vgl. § 101 Abs. 1 VVG und § 6 Abs. 3 der Verfahrensordnung der Schlichtungsstelle für Arzthaftpflichtfragen der norddeutschen Ärztekammern.

822 Wenzel-*Lutterbeck*, HB des FA Medizinrecht, S. 581; *Franzki*, MedR 2000, 464 ff. (464).

823 *Weidinger*, MedR 2004, 289 ff. (292).

824 Laufs/Kern-*Schlund*, HB des Arztrechts, § 21, Rdnr. 9.

825 *Meyer*, ZKM 2000, 123 ff. (124): *„Wer zahlt bestimmt [...].“* Zur Rolle der Haftpflichtversicherer siehe insb. noch unter Kapitel 5, G, III.

826 v. Wulffen-*Bieresborn*, SGB X, § 116, Rdnr. 1a; Diering/Timme/Waschull-*Breitkreuz*, SGB X, § 116, Rdnr. 1.

827 Diering/Timme/Waschull-*Breitkreuz*, SGB X, § 116, Rdnr. 2. Zu den weiteren Voraussetzungen eines Übergangs s. dortige Ausführungen und v. Wulffen-*Bieresborn*, SGB X, § 116, insb. Rdnr. 13.

Nach § 66 SBG V kann die Krankenkasse den Versicherten bei der Verfolgung von Schadensersatzansprüchen unterstützen, die bei der Inanspruchnahme von Versicherungsleistungen im Sinne der §§ 11 SGB X ff aus Behandlungsfehlern entstanden sind und nicht nach § 116 SGB X auf die Krankenkasse übergehen.

Aufgrund des Wissens- und Informationsgefälles zwischen Arzt und Patient sowie des Prozesskostenrisikos ist es für den geschädigten Patienten oftmals nicht leicht, Ansprüche aus einer fehlerhaften Behandlung alleine durchzusetzen[828]. Der Krankenversicherer ist daher häufig erster Ansprechpartner und Weichensteller für das weitere Vorgehen[829]. Die Unterstützung der Krankenkasse kann sowohl außergerichtlich als auch gerichtlich erfolgen[830]. Der Schadensersatzanspruch muss bei Inanspruchnahme der Versicherungsleistung entstanden sein[831]. Besondere Bedeutung hat diese Regelung im Rahmen der Geltendmachung von Schmerzensgeldansprüchen und Verdienstausfällen, da diese nach herrschender Meinung nicht auf die Krankenkasse übergehen[832]. Wenn in diesem Zusammenhang das Vorliegen von Behandlungsfehlern erkannt wird, kann der Krankenversicherer auch Ansprüche aus eigenem Recht geltend machen[833]. Die Unterstützung der Krankenkasse kann in verschiedener Hinsicht erfolgen: Sie kann sich auf die Beweisführung beziehen und in Gestalt von Auskünften erfolgen. Zudem kann die Versicherung auch eine unterstützende Rolle einnehmen, indem sie berät und begutachtet – etwa durch Hinzuziehung des Medizinischen Dienstes der Krankenkasse, der wiederum eine Begutachtung des Falles nach § 275 Abs. 3 Nr. 4 SGB V vornimmt[834]. Eine weitere Unterstützung der Patienten erfolgt durch die von den Spitzenverbänden der Krankenkassen geförderten Modellprojekte nach § 65 d SGB V (Förderung von unabhängigen Einrichtungen zur Patientenberatung). Auch hier soll über Behandlungsfehler informiert und beraten werden.[835]

---

828 Kruse/Hänlein-*Roß*, SBG V, § 66, Rdnr. 1.
829 *Hattemer*, Mediation bei Störungen des Arzt-Patient-Verhältnisses, S. 157.
830 Becker/Kingreen-*Lang*, SGB V, § 66, Rdnr. 1.
831 Hauck/Noft- *Flint*, SGB V, Bd. 3, § 66, Rdnr. 9.
832 Hauck/Noftz-*Flint*, SGB V, Bd. 3, § 66, Rdnr. 9; Becker/Kingreen-*Lang*, SGB V, § 66, Rdnr. 2; Kruse/Hänlein-*Roß*, SBG V, § 66, Rdnr. 4.
833 Becker/Kingreen-*Lang*, SGB V, § 66, Rdnr. 2.
834 Becker/Kingreen-*Lang*, SGB V, § 66, Rdnr. 4.
835 Siehe zu der Rolle der Krankenversicherer auch die Leitlinien für die Zusammenarbeit zwischen Krankenkassen/Pflegekassen und MDK bei drittversursachten Gesundheitsschäden, insb. bei Behandlungsfehlern und Pflegefehlern.

Kapitel 4: Vorhandene Streitbeilegungsmöglichkeiten im Arzthaftungsrecht

A. Einführung

Im Bereich der Arzt-Patient-Auseinandersetzungen haben sich bereits einige Streitbeilegungsmöglichkeiten etabliert. Neben dem Weg zum Gericht steht den Beteiligten zudem die Anrufung einer ärztlichen Gütestelle zur Verfügung. Auch der Medizinische Dienst der Krankenkassen kann bei Konflikten eine Hilfestellung bieten. In diesem Kapitel sollen die vorhandenen Streitbeilegungsmöglichkeiten mit ihren Chancen und Risiken vorgestellt werden. Neben den Gerichtsverfahren, dem Verfahren der ärztlichen Gütestellen und der Tätigkeit des Medizinischen Dienstes der Krankenkassen werden des Weiteren die anwaltlichen Vergleichsbemühungen sowie die Tätigkeit der Beschwerde- und Schlichtungsabteilungen der Landesärztekammern, des Beschwerdemanagements einzelner Kliniken und die Tätigkeit der Patientenberatungsstellen und Patienten-Ombudsleute beleuchtet.

B. Gerichtliche Streitbeilegung

Etwa 80–90 % der Arzthaftungssachen werden außergerichtlich erledigt. Nur ein Bruchteil der Verfahren gelangt noch zum Gericht[836]. Dass dieser Teil jedoch eine erhebliche Größe angenommen hat, wurde in Kapitel 1, B, IV erläutert.

I. Beteiligte eines Gerichtsverfahren

Verfahrensbeteiligte bei einer gerichtlichen Auseinandersetzung zwischen Arzt und Patient[837] sind in der Regel der Patient als Kläger, der behandelnde Arzt oder der Krankenhausträger als Beklagte sowie deren anwaltlichen Beistände. Die meisten Arzthaftungsprozesse werden vor dem Landgericht ausgetragen, sodass eine anwaltliche Vertretung Pflicht ist (§ 78 ZPO).

Da der anwaltliche Vertreter des Arztes nahezu ausschließlich von der Berufshaftpflichtversicherung des Arztes beauftragt wird und daher auch deren Interessen wahrnimmt, ist auch die Haftpflichtversicherung als Verfahrensbeteiligte einzustufen.

---

836 *Fischer*, SchlHA 2010, 301 ff. (301); Wenzel-*Weidinger*, HB des FA Medizinrecht, S. 588. Die DBV-Winterthur Versicherung gab sogar an, 93 % der Fälle außergerichtlich lösen zu können, vgl. *Weidinger*, MedR 2004, 289 ff. (289).

837 Auf die Prozesssituation des klagenden Krankenversicherers wird nicht weiter eingegangen.

Die Rolle des medizinischen Sachverständigen im Arzthaftungsprozess wurde schon erläutert[838]. Als Zeugen kommen an der Behandlung beteiligte Mitarbeiter, bei der Aufklärung anwesende Dritte, der nachbehandelnde Arzt u.v.m. in Betracht.

II. Dauer, Kosten und Erfolgsaussichten eines Gerichtsverfahrens

Die durchschnittliche Verfahrensdauer eines Arzthaftungsprozesses ist schwierig zu bestimmen. Es gibt nur vereinzelte Schätzungen und daher kaum verlässliches Zahlenmaterial. Nach einer Untersuchung von Weyers Ende der 1970er Jahre dauert ein Arzthaftungsprozess im Schnitt zwei bis drei Jahre[839]. Bei seinen Angaben warnt er jedoch vor Verallgemeinerungen, da es sich bei den untersuchten Fällen überwiegend um Verfahren handelt, die durch zwei oder drei Instanzen gingen[840]. Seehafer nahm in seinen Untersuchungen am Landgericht Bremen aus den Jahren 1977 bis 1987 eine durchschnittliche Verfahrensdauer von 20,7 Monaten an – unabhängig davon wann, wie und in welcher Instanz der Prozess abgeschlossen wurde[841]. Eine am Landgericht Hannover durchgeführte Studie kam zu dem Ergebnis, dass die Dauer eines Gerichtsverfahrens in den Jahren 1978 bis 1990 im Schnitt 14,1 Monate betrug, wenn ein Schlichtungsverfahren bei den ärztlichen Gütestellen vorausgegangen war[842]. Blieb dieses aus, so ging man durchschnittlich von 16,1 Monaten Verfahrensdauer aus[843]. Nach Schätzungen des Sachverständigenrats für die konzentrierte Aktion im Gesundheitswesen dauert ein Arzthaftungsverfahren in erster Instanz ein bis zwei Jahre und verlängert sich in der Berufungsinstanz um ein weiteres Jahr[844].

Durch diese Untersuchungen steht fest, dass Arzthaftungsprozesse sehr zeitintensiv sind und länger dauern als andere Verfahren[845]. Sogar eine Verfahrensdauer von über einem Jahrzehnt kann vorkommen[846].

Ein arzthaftungsrechtliches Gerichtsverfahren ist in der Regel sehr kostenaufwändig. Im Falle des Unterliegens besteht das Risiko, die Kosten des eigenen Anwalts, die Kosten des gegnerischen Anwalts, die Gerichtskosten sowie die Kosten für die Einholung des Sachverständigengutachtens tragen zu müssen. Wenn es zu keiner Einigung kommt, sondern ein Urteil gefällt wird, belaufen sich die Kosten für die anwaltliche Vertretung (§ 13 RVG) auf eine Verfahrensgebühr von 1,3 (RVG

---

838 Vgl. Kapitel 3, D, II.
839 *Weyers*, 52. DJT, Bd. 1, A 48.
840 *Weyers*, 52. DJT, Bd. 1, A 47.
841 *Seehafer*, Der Arzthaftungsprozeß in der Praxis, S. 142 ff.
842 *Müller-Vahl*, Gutachterkommissionen und Schlichtungsstellen, 43 ff. (44).
843 *Müller-Vahl*, Gutachterkommissionen und Schlichtungsstellen, 43 ff. (44).
844 BT-Drucks. 15/530, S. 170.
845 *Weyers*, 52. DJT, Bd. 1, A 48; *Laum*, ZKM 2003, 163 ff. (164); *Scheppokrat/Neu*, VersR 2002, 397 ff. (397); *Bodenburg/Matthies*, VersR 1982, 729 ff. (729).
846 *Weyers*, 52. DJT, Bd. 1, A 47.

Anlage I, VV Vorbem. 3.1 Abs. 2, Höhe der Gebühr: VV 3100) und eine Terminsgebühr von 1,2 (RVG Anlage I VV Vorbem. 3.1 Abs. 3, Höhe der Gebühr: VV 3104). Zudem wird in der Regel eine Auslagenpausschale gezahlt (VV 7002) sowie die Umsatzsteuer berechnet (VV 7008). Bei einem Unterliegen kommen die Gebühren des Anwalts der Gegenseite hinzu.

Die Gerichtskosten (§ 34 GKG) belaufen sich auf 3,0 Gebühren (GKG Anlage I, KV 1210).

Zudem wird der Rechtsanwalt auch für seine vorgerichtlichen Bemühungen (Geschäftsgebühr im Sinne der Regelgebühr von 1,3 (RVG Anlage I VV Vorbem. 2.3 Abs. 3, Höhe der Gebühr: VV 2300)) vergütet. Die Geschäftsgebühr wird bei einem sich anschließenden Gerichtsverfahren auf die Verfahrensgebühr zur Hälfte angerechnet, sodass sich diese um eine Gebühr von 0,65 verringert (Anrechnung VV Teil 3, Vorbem. 3 Abs. 4).

Bei einem Streitwert von 10.000 € kann im Falle des Unterliegens der Klägerseite allein für die Rechtsanwaltsvergütung und die Gerichtskosten eine Summe von rund 4.000 € zustande kommen. Hinzu kommen die Kosten für ein einzuholendes Sachverständigengutachten sowie Zeugen entsprechend dem JVEG (§ 1 Abs. 1 Nr. 3 JVEG) und sonstige gerichtliche Ausgaben. Die Kosten hat die unterliegende Partei nach § 91 Abs. 1 S. 1 ZPO zu tragen. Je nach Streitwert können die Kosten damit sehr hoch sein und sind aufgrund der Möglichkeit, den Instanzenzug auszuschöpfen, nur begrenzt kalkulierbar. Hinzu kommt eine starke emotionale Belastung der Prozessbeteiligten und der Verlust bzw. das Absinken der Vergleichsbereitschaft der Gegenseite, wenn es zu einem gerichtlichen Verfahren kommt[847].

Im Rahmen gerichtlicher Verfahren besteht für Parteien, deren wirtschaftlichen Verhältnisse es nicht erlauben, die Verfahrenskosten (vollständig) zu zahlen, die Möglichkeit, Prozesskostenhilfe nach den §§ 114 ff ZPO zu beantragen. Falls die Partei im Verfahren (teilweise) unterliegt, hat sie die Kosten des Gegners allerdings selbst zu tragen, §§ 123, 91 ff ZPO.

Kommt es hingegen bei gleichbleibendem Streitwert von 10.000 € zu einer Einigung zwischen den Parteien und einem Vergleichsschluss, erhöhen sich die Rechtsanwaltsgebühren (in diesem Fall bekommt der Rechtsanwalt eine zusätzliche Einigungsgebühr von 1,0 nach RVG Anlage I, VV Vorbem. 1, Höhe der Gebühr: VV 1003) unter gleichzeitiger Verringerung der Gerichtsverfahrenskosten (GKG Anlage I, KV 1210, 1211, Ziff. 3.) Die Summe beträgt in diesem Fall – bei Annahme der gegenseitigen Anwaltskostenaufhebung und ohne Hinzurechnung der Sachverständigenkosten – etwa 2.600 €.[848]

---

847 *Wenzel*, HB des FA Medizinrecht, S. 664.

848 Bei teilweisem Obsiegen sind die Kosten nach § 92 Abs. 1 ZPO gegenseitig aufzuheben oder verhältnismäßig zu teilen. Siehe auch § 98 ZPO für den Abschluss eines Vergleiches. Hier soll vorbehaltlich einer Parteivereinbarung eine Kostenaufhebung erfolgen.

Die Erfolgsaussichten eines Gerichtsverfahrens für die klagende Partei – hier also die Patientenseite – sind nicht in der Weise bekannt wie für die Verfahren vor den ärztlichen Gütestellen. Statistische Auswertungen konnten nicht gefunden werden. Der Rückgriff auf bereits erfolgte Untersuchungen von einzelnen Gerichten ist zwar möglich, doch lassen sich hieraus keine pauschalisierbaren, auf das ganze Bundesgebiet bezogenen Schlussfolgerungen ziehen. Hinzukommt, dass die Angaben teilweise sehr unterschiedlich ausfallen. Insgesamt betrachtet scheint die zivilrechtliche Verurteilungsquote der Ärzte abzunehmen[849]. Zugleich nimmt die Aussicht auf eine geldwerte Entschädigung für die Patienten auf dem Vergleichswege zu[850].

Nach Untersuchungen von Hanis und Hart wird in etwa 4 % der Fälle ein Behandlungsfehlervorwurf bejaht[851]. Untersuchungen von De Marrón[852] aus dem Jahr 2003 zufolge unterlagen Ärzte und Krankenhäuser in gegen sie geführten Haftungsprozessen in 15 bis 30 % der Fälle[853]. Die meisten Fälle seien durch streitiges Urteil entschieden worden, Klagerücknahmen gab es kaum, Vergleichsabschlüsse nahmen zu. Die wachsende Vergleichsbereitschaft bei den Ärzten wurde mit der stark gefürchteten Rufschädigung durch eine Verurteilung begründet. Besonders im Rahmen von Aufklärungsfehlern zeigten sich die Ärzte offen gegenüber einer Vergleichslösung, da diese Pflichtverletzung von Ärzten offenbar als „Schönheitsfehler" bewertet würde[854].

Gemäß jüngeren Untersuchungen am Landgericht Dortmund aus dem Jahr 2010 geht man von rund einem Drittel erfolgreicher Klagen aufgrund eines Behandlungs- oder Aufklärungsfehlers aus[855]. Klagen, die im vollen Umfang Erfolg haben, sind hierbei die Ausnahme. Auch Vergleichsabschlüsse werden der „Erfolgsrate" hinzugerechnet. Die meisten positiven Erledigungen für den Patienten kommen nicht durch ein Urteil, sondern aufgrund eines Vergleichsabschlusses zustande. Der Großteil der Klagen wird jedoch aufgrund des Nichtvorliegens eines Behandlungs- oder Aufklärungsfehlers oder der mangelnden Kausalität eines solchen Fehlers zurückgewiesen[856].

---

849 *Laufs*, NJW 1990, 1505 ff. (1505); *Radau*, Ersetzung der Arzthaftung durch Versicherungsschutz, S. 119. Für das Jahr 2006 weist die DBV-Winterthur-Statistik eine gerichtliche Vergleichsquote von 24 % aus, vgl. Wenzel-*Weidinger*, HB des FA Medizinrecht, Kap. 5, Rdnr. 152.

850 *De Marrón*, Alternative Streitschlichtung in Arzt- und Produkthaftungsfällen, S. 30 ff.

851 *Hansis/Hart*, Medizinische Behandlungsfehler, S. 6.

852 *De Marrón* führte im Jahr 2003 eine eigene bundesweite Erhebung an allen Oberlandes- und Landgerichten durch.

853 *De Marrón*, Alternative Streitschlichtung in Arzt- und Produkthaftungsfällen, S. 31.

854 *De Marrón*, Alternative Streitschlichtung in Arzt- und Produkthaftungsfällen, S. 31.

855 *Kothe-Pawel*, MedR 2010, 537 ff. für das LG Dortmund im Jahr 2009.

856 *Kothe-Pawel*, MedR 2010, 537 ff. (538); so auch die Untersuchungen von *Seehafer* am LG Bremen aus den Jahren 1977–1887, Der Arzthaftungsprozeß in der Praxis, S. 70 ff.

III. Vor- und Nachteile

Bei Vorliegen einer schwierigen Beweislage kann eine Abschätzung des Ausgangs des Prozesses schwer fallen. Dies hat für die Beteiligten zur Folge, dass sie u.a. ihr Kostenrisiko und die Dauer des Verfahrens nur schwer kalkulieren können. Da nur die vollständig obsiegende Partei alle Verfahrenskosten ersetzt bekommt (§§ 91 ff ZPO), kann ein sich hinziehender, komplizierter Arzthaftungsprozess ein enormes Kostenrisiko für die Parteien mit sich bringen. Zudem kann sich ein Gerichtsverfahren über eine sehr lange Zeitspanne erstrecken. Nicht selten dauert es Jahre. Die Ungewissheit, zum einen darüber, ob eine Haftung besteht und zum anderen, wie eine solche aussieht, stellt für die Beteiligten eine weitere Belastung dar[857] – zusätzlich zu dem emotionalen Druck, der ohnehin vorhanden ist. Die überlange Dauer des Gerichtsverfahrens kann dazu führen, dass sich die Abwicklung der im Zweifel bestehenden Schadensersatzforderungen lange hinauszögern kann. Dies kann für den geschädigten Patienten im Einzelfall erhebliche wirtschaftliche Nachteile mit sich bringen, da er oftmals erhöhte Aufwendungen aufgrund seines gesundheitlichen Befindens auf sich nehmen muss.

Ein Vorteil außergerichtlicher Streitbeilegung ist, dass nicht um jedes Detail kontrovers gestritten wird, sondern die Argumentation zumeist sachlich erfolgt[858]. In einem Gerichtsprozess hingegen kommt es zu einer Frontenbildung, bei der das gegenseitige Nachgeben kein verhandlungsförderndes Instrument mehr darstellt. Hier geht es vielmehr darum, der Gegenseite nichts zuzusprechen, sondern deren Argumentation zu entkräften und die Äußerungen der anderen Partei zu widerlegen oder jedenfalls zu neutralisieren, um ein für sich günstiges Urteil zu erlangen. Dies führt insbesondere im Arzt-Patient-Verhältnis zu einer Zerstörung der zuerst engen Beziehung.

Durch die Reduktion der Gegebenheiten auf einen subsumtionsfähigen Sachverhalt kann nicht in der Weise auf die menschliche Beziehung, die Hintergründe der Streitigkeit und die Privatsphäre des Patienten eingegangen werden, wie es ggf. notwendig wäre[859]. Die Unzufriedenheit mit dem gerichtlichen Verfahren hängt häufig damit zusammen, dass der Konflikt nicht mit den Parteien gemeinsam gelöst, sondern lediglich aus der objektiven Perspektive des Gerichts beurteilt wird. Die Angelegenheiten des Patienten, welche in einem Arzthaftungsprozess im Mittepunkt stehen, bedürfen allerdings einer sorgsamen Handhabung, um die Interessen des Patienten zu schützen. Dies ist im Rahmen eines Gerichtsprozesses kaum zu bewältigen, da es hier in erster Linie um das Bestehen oder Nichtbestehen von Ansprüchen geht[860].

Auch die Interessen des Arztes, der durch die Öffentlichkeit des Verfahrens nach §§ 169 ff GVG eine Rufschädigung befürchten muss, können in einem Zivilprozess

---

857 So auch *v. Hirschfeld/Strampehl*-Ehlers/Broglie, Arzthaftungsrecht, Rdnr. 211.
858 *v. Hirschfeld/Strampehl*-Ehlers/Broglie, Arzthaftungsrecht, Rdnr. 211.
859 *Leischner*, Streitbeilegung in medizinischen Haftungsfällen, S. 164.
860 *Leischner*, Streitbeilegung in medizinischen Haftungsfällen, S. 164.

nur unzureichend geschützt werden. Mit einem Gerichtsverfahren kann ein Verlust des Ansehens einhergehen, was besonders niedergelassene Ärzte aus ländlichen Gegenden und kleineren Klinken zu spüren bekommen.

Trotz dieser negativen Einschätzungen darf nicht außer Betracht gelassen werden, dass das Verfahren vor einem neutralen unabhängigen Richter der große Vorteil des Gerichtsverfahrens ist. Bei rechtlich unbeantworteten Fragen ist der Gang zum Gericht sogar unausweichlich. Durch die Erleichterungen für den Patienten im Zivilprozess, welche besonders durch die Beweislastregelungen erreicht werden, wird der Patient als medizinischer Laie zudem durch die Justiz unterstützt und in das Verfahren mehr einbezogen.

C. Außergerichtliche Streitbeilegung

Bevor es allerdings zu einem Gerichtsprozess kommt, werden von den Parteien – besonders durch ihre anwaltlichen Vertreter angeregt – außergerichtliche Lösungen angestrebt.

Die Gesamtzahl der Medizinhaftpflichtschäden, die außergerichtlich gelöst werden, ist nicht bekannt[861]. Nach den Angaben von Fachanwälten für Medizinrecht erledigen sie 80 % ihrer Mandate aus dem Arzthaftungsbereich außergerichtlich[862], sei es eigenständig durch Verhandlungen oder mit Hilfe der ärztlichen Gütestellen oder des Medizinischen Dienstes der Krankenkassen (MDK).

I. Außergerichtliche Streitbeilegung vor den Gutachterkommissionen und Schlichtungsstellen der Landesärztekammern

Nach eigenen Angaben der Bundesärztekammer gelangt gut ¼ der vermuteten Arzthaftungsfälle vor die ärztlichen Gütestellen, wobei in rund 90 % der eingegangenen Fälle die Entscheidungen der Stellen von den Parteien akzeptiert werden[863]. In etwa 30 % der Fälle wird das Vorliegen eines Behandlungs- bzw. Aufklärungsfehlers bejaht[864], dessen Kausalität für einen eingetretenen Schaden hingegen in rund 25 % der

861 *v. Hirschfeld/Strampehl*-Ehlers/Broglie, Arzthaftungsrecht, Rdnr. 206.

862 Vgl. bspw. *Fischer*, SchlHA 2010, 301 ff. (301).

863 Vgl. Wegweiser der Gutachterkommissionen und Schlichtungsstellen bei den Ärztekammern, S. 8, einsehbar unter: http://www.bundesaerztekammer.de/downloads/Wegweiser_Gutachterkommissionen_082011.pdf, Stand August 2011 (Zugriff am 3. April 2012).

864 Vgl. Leistungsstatistik der Gutachterkommissionen und Schlichtungsstellen für die Jahre 2009 und 2010: http://www.bundesaerztekammer.de/downloads/Gutachterkommission_Statistik_2009.pdf (Zugriff am 01. Mai 2013); http://www.bundesaerztekammer.de/downloads/Gesamtstatistik_2010.pdf (Zugriff am 01. Mai 2013).

Fälle[865]. Laut den Haftpflichtversicherern wird 1/3 der ärztlichen Haftpflichtfälle, die an sie herangetragen werden, vor den ärztlichen Gütestellen verhandelt[866].

1. Einführung

An allen Landesärztekammern sind Gutachterkommissionen oder Schlichtungsstellen zur Klärung und Befriedigung angezeigter ärztlicher Behandlungsfehler eingerichtet. Die Stellen sind bei den Ärztekammern angesiedelt, organisatorisch von diesen jedoch getrennt. Damit sind sie keine Einrichtungen der Kammern, sondern lediglich bei ihnen und damit bei der Berufsaufsicht angelegt[867]. Die erste Gutachter- und Schlichtungsstelle wurde 1975 in Bayern durch die dortige Landesärztekammer und den HUK-Verband gegründet. Dieser folgten sodann in den nachfolgenden Jahren vier Schlichtungsstellen und drei Gutachterkommissionen[868]. Grund für die Einrichtung dieser Stellen war die zunehmende Anzahl von Arzthaftungsstreitigkeiten und das wachsende Unbehagen mit den bestehenden Möglichkeiten, ärztliches Handeln überprüfen zu können[869]. Ziel war es, bei einer Auseinandersetzung eine rasche außergerichtliche Regelung zwischen Arzt und Patient herbeizuführen, indem man dem Patienten eine sachverständige Äußerung zur Verfügung stellt, die ihm die Nachprüfung eines Behandlungsfehlers erleichtert[870]. Heute bestehen bei den Ärzte- bzw. Bezirksärztekammern Baden-Württemberg, Nordrhein, Saarland und Westfalen-Lippe Gutachterkommissionen. Die Bayerischen und Sächsischen Ärztekammern haben jeweils eine Gutachterstelle und die Landesärztekammer Hessen hat eine Gutachter- und Schlichtungsstelle eingerichtet. Die Ärzte- bzw. Landesärztekammern Berlin, Brandenburg, Bremen, Hamburg, Mecklenburg-Vorpommern, Niedersachsen, Sachsen-Anhalt, Schleswig-Holstein und Thüringen haben sich zu einer Arbeitsgemeinschaft zusammengeschlossen und die Schlichtungsstelle der norddeutschen Ärztekammern zusammen mit dem HUK-Verband als Vertragspartner gebildet[871]. Auch Rheinland-Pfalz hat einen Schlichtungsausschuss zur Begutachtung ärztlicher Behandlungsfehler eingerichtet[872]. Alle Gutachterkommissionen und Schlichtungsstellen sind mit sachkundigen Medizinern und Juristen besetzt. Der

---

865 Vgl. Leistungsstatistik der Gutachterkommissionen und Schlichtungsstellen für das Jahr 2010.

866 *Weidinger*, MedR 2004, 289 ff. (289); Wenzel-*Weidinger*, HB des FA Medizinrecht, Kap. 5, Rdnr. 140.

867 *Stegers*, ZMGR 2006, 49 ff. (50); *Meurer*, Außergerichtliche Streitbeilegung in Arzthaftungssachen, S. 89.

868 *Doms*, NJW 1981, 2489 ff. (2489); *Kohnle*, DRiZ 1983, 140 ff. (140); *v. Hardenberg*-Ehlers/Broglie, Arzthaftungsrecht, Rdnr. 487.

869 Siehe u.a. *Weltrich*, DRiZ 1996, 473 ff. (473); *Bodenburg/Matthies*, VersR 1982, 729 ff. (729).

870 *Bodenburg/Matthies*, VersR 1982, 729 ff. (729).

871 *Bodenburg/Matthies*, VersR 1982, 729 ff. (729).

872 *v. Hardenberg*-Ehlers/Broglie, Arzthaftungsrecht, Rdnr. 488.

Schlichtungsausschuss in Rheinland-Pfalz hat neben zwei Ärzten und einem Jurist als einzige Einrichtung auch Patientenvertreter als Mitglieder. Die Mitglieder der Gremien sind ehrenamtlich tätig[873].

Gutachterkommissionen und Schlichtungsstellen unterscheiden sich folgendermaßen[874]: Die Gutachterkommissionen haben in der Regel[875] eine Besetzung von drei Mitgliedern, wobei der Vorsitzende als Jurist die Befähigung zum Richteramt haben muss. Die anderen beiden Mitglieder entstammen dem Arztberuf, während mindestens ein ärztliches Mitglied in dem gleichen Fachgebiet tätig ist wie der betroffene Arzt. Die Gutachterkommission beurteilt grundsätzlich lediglich den Sachverhalt – also das ärztliche Handeln als solches –, ohne zu einer Haftung dem Grunde nach Stellung zu nehmen. Die Begutachtung umfasst jedoch zugleich die Prüfung der Kausalität des Fehlers für einen Schaden. Damit geben die Gutachterkommissionen den Beteiligten eine „Richtschnur" für die Verfolgung eines vermeintlichen Schadensersatzanspruchs an die Hand. Ein Schlichtungsversuch hingegen wird nicht unternommen, kann jedoch auf Wunsch der Beteiligten erfolgen[876].

Die Besetzung der Schlichtungsstellen hingegen besteht in der Regel aus einem Arzt als Vorsitzenden und einem Jurist mit der Befähigung zum Richteramt sowie weiteren ärztlichen Mitgliedern. Im Gegensatz zur Tätigkeit der Gutachterkommissionen klären die Schlichtungsstellen nicht nur den Sachverhalt auf, sondern geben auf Grundlage eines Gutachtens, welches auch die Prüfung der Kausalität umfasst, zudem eine schriftliche Stellungnahme zur möglichen Behebung der Streitigkeit ab (Schlichtungsvorschlag[877]). Sie beurteilen damit die Haftungsfrage auch dem Grunde nach. In welcher Höhe die Regulierung erfolgen soll, bewerten die Stellen jedoch nicht[878].

Die Gutachter- und Schlichtungsstellen – wie in Hessen – stehen zwischen den Gutachterkommissionen und Schlichtungsstellen, sind jedoch in ihrer Praxis eher den Letzteren zuzuordnen[879].

Lediglich die Schlichtungsstellen und die Gutachter- und Schlichtungsstellen gehen auf Antrag neben Behandlungs- auch Aufklärungsfehlervorwürfen nach. Gutachterkommissionen, die zum Vorliegen eines aufklärungspflichtigen Sachverhalts Stellung nehmen könnten, sind diesem bislang nicht nachgekommen[880].

---

873 *Katzenmeier*, AnwBl. 2008, 819 ff. (820).

874 Vgl. Wegeweiser der Gutachterkommissionen und Schlichtungsstellen bei den Ärztekammern, S. 6.

875 Sowohl bei den Gutachterkommissionen als auch bei den Schlichtungsstellen bestehen bzgl. der Besatzungen und Verfahrensordnungen regionale Unterschiede. Hier soll lediglich ein grober Überblick gegeben werden.

876 *Bodenburg/Matthies*, VersR 1982, 729 ff. (729).

877 *Scheppokat/Neu*, VersR 2002, 397 ff. (398).

878 *Bodenburg/Matthies*, VersR 1982, 729 ff. (729).

879 *Deutsch/Spickhoff*, Medizinrecht, Rdnr. 568.

880 *Deutsch/Spickhoff*, Medizinrecht, Rdnr. 568.

Sowohl Gutachterkommissionen als auch Schlichtungsstellen haben sich Statuten oder Verfahrens- und Geschäftsordnungen zugrunde gelegt. Die rechtliche Grundlage für die Gutachterkommissionen ist ein Statut bzw. die Satzung der jeweiligen Ärztekammer. Die rechtliche Grundlage der Schlichtungsstellen basiert auf einem Vertrag zwischen den Kammern und dem HUK-Verband[881]. Nach § 1 der Verfahrensordnung der Schlichtungsstelle der norddeutschen Ärztekammern haben sich diese zu einer Arbeitsgemeinschaft zusammen getan, die als Gesellschaft des bürgerlichen Rechts ausgestaltet ist. Deren Zweck ist die gemeinsame Einrichtung und Betreibung einer Schlichtungsstelle für Arzthaftpflichtfragen, die sich zusammen mit dem HUK-Verband darum bemüht, Streitigkeiten in diesem Bereich außergerichtlich beizulegen.

2. Verfahrensablauf und -prinzipien

Das Verfahren vor den Gutachterkommissionen und Schlichtungsstellen läuft folgendermaßen ab[882]: Nachdem die sachliche und örtliche Zuständigkeit der Gutachterkommission bzw. Schlichtungsstelle festgestellt wurde, wird ein schriftlicher, formloser Antrag bei dieser Stelle eingereicht. Dieser kann von betroffenen Patienten oder Ärzten bzw. nach einigen Verfahrensordnungen durch die Krankenhausträger[883] und Versicherungen[884] eingereicht werden. Da die Beteiligung an dem Verfahren freiwillig ist, muss die andere Partei diesem zustimmen[885]. Zudem darf kein Verfahrenshindernis vorliegen, welches bspw. in einem anhängigen

881 *Bodenburg/Matthies*, VersR 1982, 729 ff. (729).

882 Vgl. Wegweiser der Gutachterkommissionen und Schlichtungsstellen bei den Ärztekammern, Grafik S. 7. Die Ausführungen orientieren sich im Einzelnen an der Verfahrensordnung der Schlichtungsstelle für Arzthaftpflichtfragen der norddeutschen Ärztekammern.

883 Vgl. hierzu *Meurer*, Außergerichtliche Streitbeilegung in Arzthaftungssachen, S. 33 f.: Die Beteiligung der Krankenhausträger stößt oftmals auf praktikable Schwierigkeiten, da die Untersuchungen zur Feststellung der Haftung dieser sehr umfangreich sein können. Zudem ist zu beachten, dass das Schlichtungsverfahren bei den Gütestellen personenbezogen ist und auf die Befriedung des Arzt-Patient-Verhältnisses abzielt und sich grundsätzlich nicht auf die Konfliktlösung zwischen Klinik und Patient bezieht.

884 Vgl. etwa § 2 Abs. 2 der Verfahrensordnung der Schlichtungsstelle für Arzthaftpflichtfragen der norddeutschen Ärztekammern. Art und Umfang der Beteiligung von Haftpflichtversicherern sind bei den Gütestellen unterschiedlich ausgestaltet. Sie reicht von der Antragsberechtigung, über das Recht zur vorigen Stellungnahme, einem Informationsrecht über die Durchführung des Verfahrens bis hin zu einem Äußerungsrecht der Versicherung, vgl. *Meurer*, Außergerichtliche Streitbeilegung in Arzthaftungssachen, S. 35.

885 Vgl. etwa § 2 Abs. 2 S. 4 der Verfahrensordnung der Schlichtungsstelle für Arzthaftpflichtfragen der norddeutschen Ärztekammern.

Gerichtsverfahren oder einem ergangenen rechtskräftigen Urteil zu sehen ist[886]. Nachdem diese Verfahrensvoraussetzungen gegeben sind, beginnen die Mitglieder der Gutachterkommission bzw. Schlichtungsstelle mit der Sachverhaltsaufklärung. Die Schlichtungsstelle bezieht sich hierbei nicht nur auf die vorgetragenen Angaben der Parteien, sondern stellt darüber hinaus eigene Ermittlungen zur umfassenden Aufklärung des medizinischen Sachverhalts an (Untersuchungsgrundsatz). Zunächst muss der behandelnde Arzt von seiner Schweigepflicht entbunden werden. Sodann werden die Krankenunterlagen als Begutachtungsgrundlage hinzugezogen, welche einem geeigneten, sachkundigen Gutachter übermittelt werden. Diesem wird ein Gutachtenauftrag erteilt. Es steht im Ermessen des beauftragten Spezialisten, den Fall anhand der vorhandenen Unterlagen zu begutachten oder den Patient darüber hinaus persönlich zu untersuchen[887]. Nachdem der Sachverständige der Kommission bzw. Schlichtungsstelle sein Gutachten übermittelt hat, wird unter den Mitgliedern das Gutachten medizinisch ausgewertet und auch juristisch darüber beraten. Die Mitgliederzusammensetzung kann je nach Kommission bzw. Schlichtungsstelle variieren, ungeachtet dessen ist in der Regel ein Arzt des betroffenen Fachgebiets anwesend[888]. Bei der Gutachterkommission ergeht hiernach ein gutachterlicher Bescheid. Die Schlichtungsstelle hingegen macht darüber hinaus einen Regulierungsvorschlag.

Das Verfahren vor der Gutachterkommission bzw. Schlichtungsstelle ist grundsätzlich schriftlich[889]. Eine mündliche Erörterung unter Zusammentreffen der Beteiligten kann im Einzelfall vorgesehen werden – erfolgt in der Praxis jedoch äußerst selten. Das Verfahren ist zudem kostenlos. Es wird in erster Linie durch die Kammerbeiträge der Ärzte finanziert. In einigen Verfahrensordnungen ist die Kostenbeteiligung der Haftpflichtversicherer geregelt[890].

Da es sich bei den Entscheidungen der Gutachterkommissionen und Schlichtungsstellen um Feststellungen oder Empfehlungen handelt, ist die Beschreitung des Rechtswegs nach dem Schlichtungsverfahren nicht ausgeschlossen[891].

---

886 Vgl. etwa § 2 Abs. 3 der Verfahrensordnung der Schlichtungsstelle für Arzthaftpflichtfragen der norddeutschen Ärztekammern.

887 *Bodenburg/Matthies*, VersR 1982, 729 ff. (729).

888 *Bodenburg/Matthies*, VersR 1982, 729 ff. (730).

889 Vgl. etwa § 5 der Verfahrensordnung der Schlichtungsstelle für Arzthaftpflichtfragen der norddeutschen Ärztekammern.

890 Siehe bspw. § 6 Abs. 3 der Verfahrensordnung der Schlichtungsstelle für Arzthaftpflichtfragen der norddeutschen Ärztekammern.

891 Vgl. etwa § 7 der Verfahrensordnung der Schlichtungsstelle für Arzthaftpflichtfragen der norddeutschen Ärztekammern. Zuzustimmen ist der Ansicht, dass die Anrufung einer Kommission oder Schlichtungsstelle nicht Voraussetzung für die Bewilligung von Prozesskostenhilfe in einem sich anschließenden Gerichtsverfahren ist. Schließlich wird die Entscheidung einer Gutachterkommission bzw. Schlichtungsstelle in der Praxis auch nicht einem Gerichtsurteil gleichgestellt,

Aus diesem Zusammenspiel ergeben sich die Verfahrensprinzipien der Freiwilligkeit, Gebührenfreiheit und Unverbindlichkeit.

Die Verjährung der Schadensersatzansprüche ist – wenn sich die Gegenpartei auf das Verfahren einlässt – während des Schlichtungsverfahrens gehemmt (§ 203 S. 1 BGB)[892]. Zudem tritt die Hemmung nach § 204 Abs.1 Nr. 4 BGB ein[893]. Die Hemmung greift jedoch nur gegenüber den Verfahrensbeteiligten, sodass genau geprüft werden muss, wer als Beteiligter in dem Verfahren in Betracht kommt[894]. Die Verjährungshemmung endet mit dem Zugang des Bescheids. Im Falle anschließender Regulierungsgespräche mit dem Versicherer endet die Hemmung jedoch erst, wenn dieser weitere Verhandlungen endgültig ablehnt[895].

Im Übrigen kann das Gutachten der Kommission bzw. Schlichtungsstelle bei einem sich anschließenden Zivilprozess als Urkundenbeweis herangezogen und verwertet werden[896].

3. Dauer / Kosten

Es wird von einer durchschnittlichen Verfahrensdauer von zehn bis zwölf Monaten ausgegangen[897]. Die norddeutsche Schlichtungsstelle gibt eine Verfahrensdauer von etwa 13 Monaten an, wobei starke Schwankungen sowohl nach oben als auch nach unten möglich sind[898]. Die Schlichtungsstelle Nordrhein führt für 70 % der

---

siehe auch: OLG Düsseldorf VersR 1989, 645; OLG Köln VersR 1987, 791, a.A. LG Aurich NJW 1986, 792 f.; LG Dortmund VersR 1988, 606.

892 *Laufs/Kern*, HB des Arztrechts, § 96, Rdnr. 14; *Deutsch/Spickhoff*, Medizinrecht, Rdnr. 583. Ein Antrag bei einer Gutachterkommission oder Schlichtungsstelle kann zudem ausschlaggebend für den Verjährungsbeginn sein, wenn sich aus diesem ergibt, dass der Patient von den die Haftung begründenden Tatsachen Kenntnis hat. Mit Ablauf des Jahres, in dem der Antrag gestellt wurde, beginnt die Verjährungsfrist zu laufen, vgl. *Weizel*, Gutachterkommissionen und Schlichtungsstellen für Arzthaftpflichtfragen, S. 102. Zur Problematik des unterschiedlichen Verjährungsbeginns bei der versetzten Geltendmachung von Behandlungs- und Aufklärungsfehlern vgl. Ausführungen bei *Meurer*, Außergerichtliche Streitbeilegung in Arzthaftungssachen, S. 76 m.w.N und S. 78 f.

893 Soergel-*Spickhoff*, § 823 Anh I, Rdnr. 272; Laufs/Kern-*Ulsenheimer*, HB des Arztrechts, § 113, Rdnr. 11.

894 *Deutsch/Spickhoff*, Medizinrecht, Rdnr. 583.

895 *Weizel*, Gutachterkommissionen und Schlichtungsstellen für Arzthaftpflichtfragen, S. 106.

896 BGH VersR 1987, 1091 f.; BGH NJW 1987, 2300 f.; OVG Münster, NJW 1999, 1802 f. (1803); OLG Köln VersR 1990, 311; Soergel-*Spickhoff*, § 823 Anh I, Rdnr. 268; Zöller-*Greger*, ZPO-Komm., § 402, Rdnr. 6d.

897 *Berner*, DÄBl. 1999, 2134 ff. (2136).

898 Vgl. Merkblatt der Schlichtungsstelle für Arzthaftpflichtfragen der norddeutschen Ärztekammern, einsehbar unter: http://www.norddeutsche-schlichtungsstelle.de/merkblatt0.html (Zugriff am 24. März 2012).

eingegangenen Fälle eine durchschnittliche Verfahrensdauer von 15 Monaten auf[899]. Allgemeingültige Aussagen über die Verfahrensdauer sind mithin nicht möglich, sie hängt vielmehr von der jeweiligen Stelle und dem jeweiligen Einzelfall ab.

Wie schon erwähnt, entstehen keine Verfahrenskosten für die beteiligten Patienten und Ärzte. Die angefallenen Sachverständigen- und Laborkosten werden von den jeweiligen Ärztekammern und teilweise von den Versicherungen getragen[900]. Von den (öffentlich-rechtlichen) Krankenhausträgern, die sich dem Schlichtungsverfahren unterworfen haben, und den beteiligten Versicherungen, die die Beantwortung der medizinischen und juristischen Fragen an die Schlichtungsstellen delegiert haben, wird eine Gebühr erhoben[901].

Die sonstigen notwendigen Auslagen trägt jede Partei selbst. Hierunter fallen auch die Kosten für den beauftragten Rechtsanwalt[902]. Inwieweit diese im Außenverhältnis – insbesondere im Verhältnis der Beteiligten untereinander – ersatzfähig sind, hängt im Wesentlichen vom Ausgang des Güteverfahrens und eines sich evtl. anschließenden Gerichtsverfahrens ab[903]. Bei einem negativen Bescheid der Gutachterkommission bzw. Schlichtungsstelle und mangelnder Akzeptanz durch die Beteiligten tragen die Beteiligten ihre Rechtsanwaltskosten selber.[904] Bei einem positiven Bescheid und einer Regulierung durch den Berufshaftpflichtversicherer werden die Rechtsanwaltskosten der Patientenseite als Folgeschäden im Sinne von § 249 Abs. 2 S. 1 BGB übernommen. Diese Kosten sind nach der Rechtsprechung als materieller Schaden erstattungsfähig, soweit es sich um „Kosten notwendiger vorprozessualer Rechtsverfolgung“ handelt[905].

Auch für den Fall, dass sich ein gerichtliches Verfahren anschließt und der Kläger mit seiner Klage obsiegt, sind die vorgerichtlichen Rechtsanwaltsgebühren als Folgeschäden i.R.d. materiell-rechtlichen Erstattungsanspruchs erstattungsfähig[906].

---

899 *Laum*, MedR 2011, 230 ff. (231).

900 *Doms*, NJW 1981, 2489 ff. (2492); siehe zu den einzelnen Konstellationen: *Meurer*, Außergerichtliche Streitbeilegung in Arzthaftungssachen, S. 35 f.

901 *Weidinger*, VW 2003, 674 ff. (674); *Deutsch/Spickhoff*, Medizinrecht, Rdnr. 574.

902 Vgl. etwa § 6 der Verfahrensordnung der Schlichtungsstelle für Arzthaftpflichtfragen der norddeutschen Ärztekammern.

903 *Meurer*, Außergerichtliche Streitbeilegung in Arzthaftungssachen, S. 44.

904 Bei einer bestehenden Rechtsschutzversicherung kommt jedoch eine Übernahme der Rechtsanwaltskosten durch den Versicherer in Betracht. Vgl. ausführlich hierzu: *Meurer*, Außergerichtliche Streitbeilegung in Arzthaftungssachen, S. 44 f. Rechtsschutzversicherungen lehnen die Kostentragung anwaltlicher Vertretung jedoch häufig ab, vgl. *v.Hirschfeld/Stampehl*-Ehlers/Broglie, Arzthaftungsrecht, Rdnr. 141.

905 LG Baden-Baden MedR 1987, 159; siehe auch Laufs/Kern-*Ulsenheimer*, HB des Arztrechts, § 113, Rdnr. 9.

906 *Meurer*, Außergerichtliche Streitbeilegung in Arzthaftungssachen, S. 47. Inwieweit diese Kosten in einem weit weniger aufwändigen Kostenfestsetzungsverfahren nach den §§ 103 ff. ZPO erstattungsfähig sind, wird nicht einheitlich beantwortet, da die Kosten nach VV 2300 RVG grundsätzlich nicht zu den im

In dem Fall, dass es zu einer Einigung kommt, entsteht daher bei Zugrundelegung eines Streitwertes von 10.000 € für die außergerichtliche Vertretung eine Summe von rund 1.640 €. Dieser Betrag kommt durch die Geschäftsgebühr von 1,3 (RVG Anlage I, VV 2300) und – bei Erfolg der Verhandlungen – die Einigungsgebühr von 1,5 (RVG Anlage 1 VV Vorbem. 1, 1000) zzgl. Mehrwertsteuer zustande.[907]

4. *Erfolgsaussichten*

Für das Statistikjahr 2010 ergeben sich 7.355 Sachentscheidungen. In rund 30 % der Fälle wurde ein Behandlungs- bzw. Aufklärungsfehler, in 25 % der Fälle auch dessen Kausalität für einen Schaden bejaht[908]. Rund 90 % der Arzt-Patient-Streitigkeiten werden nach eigenen Angaben der ärztlichen Gütestellen durch ihre Arbeit beigelegt[909]. Bei Feststellung eines Behandlungsfehlers und dessen Kausalität für einen Schaden würde dieser von den Haftpflichtversicherern zumeist außergerichtlich befriedigt[910]. Lediglich in rund 10 % der Fälle schließe sich ein Gerichtsverfahren an. Die Patienten würden häufig bei einem für sie negativ ausfallenden Gutachten von einer gerichtlichen Weiterverfolgung ihrer Interessen absehen. Wenn es doch noch zu einem Gerichtsverfahren käme, wäre hier häufig ein Streit über die Höhe der zu zahlenden Summe der Grund. In nur 1 % der Gerichtsverfahren würden abweichende Urteile zu den Feststellungen und Empfehlungen der ärztlichen Gütestellen getroffen[911].

5. *Vor- und Nachteile*

Als Vor- und Nachteile und damit als Chancen und Risiken eines Verfahrens vor den ärztlichen Gütestellen sind insbesondere folgende Faktoren zu werten:

Kostenfestsetzungsverfahren anzumeldenden Prozesskosten zählen. Die außergerichtlichen Kosten sollen jedoch als prozessualer Erstattungsanspruch nach § 91 ZPO im Einzelfall im Kostenfestsetzungsverfahren Berücksichtigung finden. Vgl. anschauliche Ausführungen bei *Meurer*, Außergerichtliche Streitbeilegung in Arzthaftungssachen, S. 47 ff. m.w.N.

907 Vgl. für die Kosten im Falle des Nichteinigens und einem sich anschließenden Gerichtsverfahrens in diesem Kapitel unter B, II; siehe auch *Meurer*, Außergerichtliche Streitbeilegung in Arzthaftungssachen, S. 44 ff.

908 Leistungsstatistik der Gutachterkommissionen und Schlichtungsstellen 2010, S. 5.

909 Vgl. Angaben für die Gutachterkommission Nordrhein bei *Laum*, MedR 2011, 230 ff. (231).

910 70–80 % der Bescheide und Empfehlungen werden von den Versicherungen akzeptiert, vgl. *Weizel*, Gutachterkommissionen und Schlichtungsstellen für Arzthaftpflichtfragen, S. 115 ff., 138 f. Die Anerkennungsquote der DBV-Winterthur lag sogar schon bei 91 %, vgl. *Weidinger*, MedR 2004, 289 ff. (289).

911 Vgl. Angaben bei *Laum*, MedR 2011, 230 ff. (231); *Katzenmeier*, AnwBl 2008, 819 ff. (822).

a) Niedrige Zugangsschwelle

Die außergerichtliche Streitbeilegung durch die ärztlichen Gütestellen zeichnet sich durch eine vergleichsweise niedrige Zugangsschwelle aus. Im Gegensatz zum Gerichtsverfahren, zu dem mehrere Zugangsbarrieren in sozialer, rechtlicher und wirtschaftlicher Hinsicht bestehen, ist die Anrufung einer Kommission oder Schlichtungsstelle relativ unproblematisch[912].

b) Kostenfreiheit und Hilfe aus der vorprozessualen Beweisnot

Ein besonders positiver Aspekt ist die Kostenfreiheit des Verfahrens. Auf diese Weise hat der Patient die Möglichkeit, ein qualifiziertes Gutachten seitens eines Mediziners zu erhalten. Wenn er bspw. bei der Verneinung eines Behandlungsfehlers von der Korrektheit des Gutachtens überzeugt ist, wird er dazu angehalten sein, nicht den kosten- und zeitintensiven Rechtsweg zu beschreiten. Im entgegengesetzten Fall – bei Bestätigung eines Behandlungsfehlers und dessen Kausalität für einen Schaden – reguliert der Haftpflichtversicherer des Arztes bzw. Krankenhausträgers bestenfalls den Schaden und es kommt gar nicht mehr zu einem Gerichtsverfahren. Für eine wirtschaftlich schwächer gestellte Partei eröffnet sich mit dem Verfahren der Stellen manchmal erst die Möglichkeit, dem Verdacht eines ärztlichen Fehlverhaltens nachzugehen[913]. Durch die Erstellung eines Fachgutachtens auf Grundlage der Krankenunterlagen, ärztlicher Befunde und Stellungnahmen wird für den Patienten eine günstige Position im Hinblick auf die weitere Vorgehensweise geschaffen. Er kann auf Grundlage des erstellten Fachgutachtens besser abwägen, ob er einen Gerichtsprozess riskieren soll oder nicht. Damit wird ihm eine kostenlose Hilfe in seiner vorprozessualen Beweisnot gewährt[914]. Auch für die hinzugezogenen Rechtsanwälte stellt dieses Schlichtungsverfahren eine Möglichkeit dar, die Chancen und Risiken ihrer Mandanten in einem potenziellen Gerichtsverfahren abzuschätzen. Selbst ein erfahrener Fachanwalt für Medizinrecht ist bei medizinischen Fragen zumeist auf ein sachkompetentes Urteil eines Arztes angewiesen. Die kostenfreie Einholung des Sachverständigengutachtens und die Möglichkeit einer darauf aufbauenden Beendigung des Verfahrens sind damit die erheblichen Vorteile des Verfahrens vor den ärztlichen Gütestellen.

c) Freiwilligkeit

Das Verfahren vor den ärztlichen Gütestellen ist freiwillig. Dass ein Arzt sich dem Schlichtungsverfahren entzieht, indem er diesem widerspricht oder eine passive Haltung einnimmt, kommt höchst selten vor[915]. Der Aspekt der Freiwilligkeit hat

912 Siehe allgemein zum Zugang zu Justizalternativen *Katzenmeier*, AnwBl 2008, 819 ff. (819).

913 *Francke/Hart*, Bürgerorientierung des Gesundheitswesens, 135 ff. (196).

914 Laufs/Kern-*Ulsenheimer*, HB des Arztrecht, § 113, Rdnr. 15.

915 *Bodenburg/Matthies*, VersR 1982, 729 ff. (730).

Auswirkungen auf die Kompromissbereitschaft der Verfahrensbeteiligten und ist damit als positiv hervorzuheben. Durch die beidseitige Zustimmung, ein Verfahren vor einer solchen Stelle durchzuführen, ist eine Basis gegeben, eine einvernehmliche Lösung für den Konflikt zu finden[916].

d) Unverbindlichkeit

Die Stellungnahmen und Bescheide der Stellen sind unverbindlich. Dadurch steht den Beteiligten nach dem Schlichtungsverfahren weiterhin die Möglichkeit offen, den Konflikt vor ein staatliches Gericht zu bringen.

e) Geringe Förmlichkeit

Im Unterschied zu einer Gerichtsverhandlung laufen die Verfahren vor den ärztlichen Gütestellen weniger formal ab. Positiv ist, dass die ärztlichen Gütestellen allein aufgrund des Schreibens des Patienten tätig werden, in dem er behauptet, durch eine ärztliche Maßnahme einen Schaden erlitten zu haben, und vermutet, dass dem Arzt hierfür ein ärztliches Verschulden zur Last gelegt werden kann. Hierbei ist also die Schlüssigkeitsschwelle hinsichtlich des Vorbringens im Gegensatz zum Gerichtsverfahren wesentlich herabgesetzt[917]. Das Verfahren vor den ärztlichen Gütestellen konzentriert sich sofort auf die Feststellung und Bewertung des Sachverhalts, der dem Behandlungsfehlervorwurf zugrunde liegt, ohne – wie im Arzthaftungsverfahren vor dem Zivilgericht – prozessuale Erfordernisse zu prüfen oder in eine komplizierte Beweisführung einzusteigen[918]. Auch die formalen prozessualen Risiken – wie das Risiko des Zurückweisens von Angriffs- und Verteidigungsmitteln bei verspätetem Vorbringen nach § 296 ZPO – bestehen in einem Schlichtungsverfahren nicht[919].

f) Vermeidung der Öffentlichkeit

Die Schlichtungsverfahren laufen fern der Öffentlichkeit ab. Der Patient sieht seine Intimsphäre jedenfalls teilweise gewahrt, der Arzt muss keinen „Imageverlust" befürchten. Die Verfahren bewahren den Arzt vor stigmatisierenden Prozessen.

g) Filterfunktion

Durch die Arbeit der ärztlichen Gütestellen können Gerichtsprozesse vermieden werden, die keine Aussicht auf Erfolg haben und daher eine zusätzliche Belastung der Gerichte darstellen. Es sind nur sehr selten die gleichen Fälle noch Gegenstand eines Gerichtsverfahrens, wenn zuvor ein Schlichtungsverfahren durchgeführt

916 *v. Hardenberg*-Ehlers/Broglie, Arzthaftungsrecht, Rdnr. 538.
917 *Bodenburg/Matthies*, VersR 1982, 729 ff. (730).
918 Siehe auch *Doms*, NJW 1981, 2489 ff. (2492).
919 *Doms*, NJW 1981, 2489 ff. (2492).

wurde[920]. Wenn es dazu kommt, handelt es sich häufig um einen Streit über die Höhe der zu zahlenden Entschädigung. Diese Feststellung bestätigt die Wirkung der Stellen als Filterebene. Wenn es nach einem Schlichtungsverfahren noch zu einem Gerichtsprozess kommt, weichen die Gerichte in nur 1 % der Fälle vom Votum der ärztlichen Gütestellen ab[921].

h) Zusammenwirken von Arzt und Jurist

Vorteilhaft ist, dass innerhalb eines Schlichtungsverfahrens – im Gegensatz zu einem Gerichtsverfahren[922] – mindestens ein Arzt und ein Jurist bei der Beratung und Entscheidung zusammenwirken und somit die im Raum stehenden Fragen sowohl medizinisch als auch juristisch bewertet werden[923]. Sie gewährleisten durch ihre Sachkunde und Sachnähe auf pragmatische Weise eine anspruchsvolle, fachgerechte und damit qualitativ hochwertige Prüfung des Falles. Mit der Qualität des Gutachtens steigt auch die Aussicht auf eine Regulierung des Schadens[924].

i) Hohe Akzeptanz der Empfehlungen und Bescheide

Die Bescheide und Empfehlungen der Stellen genießen eine hohe Akzeptanz bei den Beteiligten[925]. Haftpflichtversicherer geben an, dass etwa 31 % der an sie herangetragenen ärztlichen Haftpflichtfälle vor die ärztlichen Gütestellen gelangen[926]

---

920 *Bodenburg/Matthies*, VersR 1982, 729 ff. (730); *Neumann*, MedR 2003, 326 ff. (327). Nach Angaben von *Müller-Vahl* zu Untersuchungen am Landgericht Hannover wird nur in jedem siebten Fall der Bescheid der Schlichtungsstelle nicht akzeptiert und das Gericht angerufen, vgl. *Müller-Vahl*, Gutachterkommissionen und Schlichtungsstellen, 43 ff. (45), siehe auch eigene Angaben der ärztlichen Gütestellen, vgl. bspw. für die Gutachterkommission Nordrhein: *Laum*, MedR 2011, 230 ff. (231).

921 *Laum*, MedR 2011, 230 ff. (231); *Katzenmeier*, AnwBl 2008, 819 ff. (822 f.). Es kann der Eindruck einer gewissen präjudiziellen Wirkung entstehen, welchem jedoch nur durch die Gericht begegnet werden kann, vgl. sogleich unter 5, r.

922 Nahezu alle Landgerichte und Oberlandesgerichte haben spezielle Arzthaftungskammern bzw. -senate gebildet, die sich ausschließlich oder jedenfalls überwiegend mit Arzthaftungsstreitigkeiten auseinandersetzen. Damit haben sie zu hochwertigen Beurteilungen und Entscheidungen von Arzthaftungssachen beigetragen. Den umfassenden medizinischen Sachverstand eines Fachmanns kann man jedoch verständlicherweise nicht von den Richtern verlangen, sodass sie überwiegend zur Beantwortung medizinischer Fragen auf ein Sachverständigenurteil angewiesen sind.

923 Siehe auch *Kohnle*, DRiZ 1983, 140 ff. (141).

924 *Bodenburg/Matthies*, VersR 1982, 729 ff. (730).

925 *Weidinger*, MedR 2006, 571 ff. (572). Wobei anzumerken ist, dass allein der Antrag bei der ärztlichen Gütestelle in machen Fällen schon dazu führt, dass der Haftpflichtversicherer einen Regulierungsvorschlag unterbreitet, vgl. *Deutsch/Spickhoff*, Medizinrecht, Rdnr. 569.

926 Wenzel-*Weidinger*, HB des FA Medizinrecht, Kap. 5, Rdnr. 140.

und nur in 13 % der Fälle der Empfehlung der Stellen nicht gefolgt würde[927]. Nach eigenen Angaben der ärztlichen Gütestellen führen 90 % der begutachteten Fälle zu einer Befriedigung.

Diese Zahl ist jedoch stets vor dem Hintergrund zu betrachten, dass es nach der Begutachtung durch die Stellen noch zu Regulierungsverhandlungen mit den Versicherungen kommt, die nicht mehr von den Stellen begleitet werden. Ein positiver Verfahrensausgang vor den ärztlichen Gütestellen liefert keine Regulierungsgarantie der Versicherer[928]. Hier kann es zudem zu der Situation kommen, dass die Versicherung die Einschätzungen der ärztlichen Gütestelle zwar akzeptiert, dem Patienten jedoch einen deutlich niedrigeren Entschädigungsbetrag anbietet, als dieser berechtigterweise erwartet hat. Um es nicht noch auf einen langwierigen und belastenden Prozess ankommen zu lassen – der hingegen für den Versicherer kein großes Hindernis darstellt –, stimmen die Patienten oft dem Regulierungsangebot zu. Auch diese Fälle werden von der „Erfolgsquote" der Gutachterkommissionen und Schlichtungsstellen erfasst, haben jedoch nur wenig mit einer „Befriedungswirkung" für den Patienten zu tun.

j) Beitrag zur Qualitätssicherung und -verbesserung sowie Prävention

Durch das Sammeln und Veröffentlichen umfangreichen Datenmaterials über die von den ärztlichen Gütestellen geführten Verfahren unter detaillierten Angaben zu Antragstellungen, Bescheiden, Behandlungs- und Aufklärungsfehlerbejahungen bzw. -verneinungen, Fehleraufkommen in den einzelnen Fachbereichen usw. gewährleisten sie eine hohe Transparenz. Eine weitere hervorzuhebende Leistung ist die von den Stellen vorgenommene Auswertung der Verfahren, um einen Beitrag zur Qualitätssicherung und -verbesserung sowie Fortbildung zu leisten (Medical Error System MERS[929]). Durch das Zusammentragen der Daten wird zudem ein Beitrag zur Prävention ähnlicher Fehler in der Zukunft geleistet.

k) Finanzierung

Durch die teilweise Finanzierung der ärztlichen Gütestellen über die Ärztekammern und den jeweiligen Haftpflichtversicherer kann leicht der Eindruck mangelnder Unabhängigkeit entstehen. Eine Einflussnahme durch diese finanziellen Zuwendungen ist jedoch nicht belegbar[930]. Zudem ist dem Vorwurf entgegenzuhalten, dass eine kostendeckende Aufteilung der Aufwendungen zwischen Arzt und Patient eine Zugangshürde zu den Schlichtungsstellen schaffen würde. Des Weiteren ist das Schlichtungsverfahren für die Haftpflichtversicherer von Vorteil, da dort

---

927 Wenzel-*Weidinger*, HB des FA Medizinrecht, Kap. 5, Rdnr. 141.

928 Dies hat nicht zuletzt seine Ursache in den drastisch gestiegenen Leistungen, vgl. *v. Hirschfeld/Stampehl*-Ehlers/Broglie, Arzthaftung, Rdnr. 141.

929 Siehe hierzu *Meurer*, Außergerichtliche Streitbeilegung in Arzthaftungssachen, S. 57 f.

930 BT-Drucks. 13/11452, S. 13; Wenzel-*Laum*, HB des FA Medizinrecht, Kap. 6, Rdnr. 6.

unabhängig geprüft wird, inwieweit ein Fehler des Arztes vorliegt, für welchen die Versicherer später einstehen. Sie delegieren damit eine sie betreffende Aufklärung an diese Stellen. Aus diesem Blickwinkel betrachtet ist es eine schlüssige Folge, dass sie sich an den Verfahrenskosten beteiligen. Aus der rein finanziellen Teilhabe können keine Rückschlüsse auf eine etwaige Einflussnahme des Versicherers oder der Kammern auf die jeweilige Empfehlung bzw. Sachentscheidung gezogen werden[931].

l) Verfahrensdauer

Der Vorteil der relativ kurzen Verfahrensdauer eines Schlichtungsverfahrens vor den ärztlichen Gütestellen muss vor dem Hintergrund betrachtet werden, dass mit Abschluss des Schlichtungsverfahrens oder nach dem Bescheid der Gutachterkommission allenfalls der Haftungsgrund geklärt ist. Hieran schließen sich – bei Bestätigung eines kausal gewordenen Behandlungs- bzw. Aufklärungsfehlers – die Regulierungsverhandlungen mit den Versicherungen an. Denn die Schadensberechnung ist dadurch noch nicht erfolgt, die Anspruchshöhe noch nicht festgelegt. Im Jahr 1984 wurde die Regulierungszeit bei den Haftpflichtversicherern auf durchschnittlich sieben Monate geschätzt[932]. Heute geht man von neun Monaten Regulierungszeit aus[933]. Somit kann sich auch ein Schlichtungsverfahren, das vor den ärztlichen Gütestellen begonnen hat, insgesamt sehr hinziehen.

Die Bearbeitungsdauer der Stellen ist allerdings vor dem Hintergrund zu betrachten, dass sie mit der idealen Besetzung von Ärzten und Juristen ausgestattet sind. Durch diese Faktoren und dadurch, dass in nahezu allen Fällen ein formales Verfahren, ohne mündliche Verhandlungen durchgeführt wird, müsste die Bearbeitungszeit eines Falles erheblich kürzer ausfallen als bspw. die einer Spezialkammer eines Landgerichts. Wenn man von einer durchschnittlichen Verfahrensdauer vor den Schlichtungsstellen von 13 Monaten ausgeht und dieser die Dauer eines Gerichtsverfahrens vor einer Spezialkammer eines Landgerichts von zwölf bis zu 24 Monaten gegenüberstellt, schneiden die ärztlichen Gütestellen schlecht ab, besonders vor dem Hintergrund, dass sich an das Schlichtungsverfahren noch die Regulierungsverhandlungen mit den Versicherungen anschließen, welche bei einem Gerichtsverfahren mit eingeschlossen sind.[934] Die vergleichsweise lange Verfahrensdauer ist auf die große Anzahl der Anträge sowie die hohe Arbeitsbelastung der einzelnen Stellen zurückzuführen und wird durch die zögerliche Bearbeitung der Anfragen durch die Beteiligten und die vor- und nachbehandelnden Ärzte sowie die Dauer der Gutachtenerstattung durch die externen Gutachter verstärkt[935].

---

931 *Meurer*, Außergerichtliche Streitbeilegung in Arzthaftungssachen, S. 36.
932 *Matthies*, Schiedsinstanzen im Bereich der Arzthaftung, S. 194.
933 *Greiner/Henkel/Kranich*, Wer soll schlichten zwischen Arzt und Patient, S. 9.
934 *Eberhardt* geht schon 1986 davon aus, dass die durchschnittliche Verfahrensdauer bei einer hochqualifizierten Stelle bei maximal sechs Monaten liegen müsste: *Eberhardt*, NJW 1986, 747 ff. (749).
935 *Eberhardt*, NJW 1986, 747 ff. (749).

m) *Beschränkung auf Fachgutachten*

Der Konflikt zwischen Arzt und Patient wird im Rahmen eines Schlichtungsverfahrens vor den ärztlichen Gütestellen lediglich auf die medizinischen Komponenten reduziert. Dieses beugt einer Emotionalisierung des Konflikts vor oder dämmt eine bestehende Emotionalisierung ein. Damit wird der Konflikt einer weitestgehend neutralen Ebene zugeführt. Andererseits wird durch diese Vorgehensweise nicht die Totalität des Konflikts sichtbar und aufgearbeitet. In vielen Arzthaftungsstreitigkeiten ist der Auslöser der Streitigkeit nicht nur die Haftungsfrage. Oftmals stehen Emotionen, offen gebliebene Fragen und unzulängliche Kommunikation im Arzt-Patient-Verhältnis im Vordergrund, die später als Auslöser einer rechtlichen Auseinandersetzung wirken. Diese Problematik kann innerhalb eines Verfahrens vor den ärztlichen Gütestellen nicht aufgearbeitet werden. Eine andere Frage ist, ob dieses von den Schlichtungsstellen überhaupt zu leisten und von diesen gewollt ist. Als Grund ihrer Errichtung wird, neben der Förderung außergerichtlicher Streitbeilegung durch sachkompetente Begutachtung, der Entlastung der Gerichte und einem Beitrag zur Leistungsqualität des Ärztestandes, auch die Befriedung des Arzt-Patient-Verhältnisses angegeben[936]. Ob diese durch das förmlich durchgeführte Verfahren gewährleistet ist, ist zweifelhaft. Kürzlich wurde hierzu angemerkt, dass nicht die Erzielung von Kompromisslösungen und Vergleichen, sondern in erster Linie die sachverständige Aufklärung des Geschehens Aufgabe der ärztlichen Gütestellen sei[937].

n) *Geringer Einfluss der Parteien und kein rechtliches Gehör*

Die Einflussmöglichkeiten der Parteien auf das Verfahren sind gering. Zwar ist in einzelnen Verfahrensordnungen die Anhörung des Antragstellers als Möglichkeit vorgesehen, sie wird jedoch nur sehr selten wahrgenommen[938]. Die ausschließliche Schriftlichkeit des Verfahrens, ohne mündliche Verhandlung und Äußerungsmöglichkeiten der Beteiligten sowie ohne fortlaufende Information, verletzt das Recht auf rechtliches Gehör nach Art. 103 Abs. 1 GG[939]. Da Art. 103 Abs. 1 GG an Verfahren vor staatlichen Gerichten anknüpft, ist er nicht unmittelbar auf private Schlichtungsstellen anwendbar. Da es sich bei dem Recht auf rechtliches Gehör

---

936 *Weltrich*, DRiZ 1996, 473 ff. (473).

937 *Laum*, MedR 2011, 230 ff. (230).

938 *Weizel*, Gutachterkommissionen und Schlichtungsstellen für Arzthaftpflichtfragen, S. 30 ff.; *Stegers*, ZMGR 2006, 449 ff. (54); *Francke/Hart*, Charta der Patientenrechte, S. 214; *Francke/Hart*, Bürgerbeteiligung im Gesundheitswesen, S. 198; Eine mündliche Erörterung der Sache wird nur in Baden-Württemberg und Rheinland-Pfalz angestrebt, vgl. Wenzel-*Laum*, HB des FA Medizinrecht, S. 616.

939 Laufs/Kern-*Ulsenheimer*, HB des Arztrechts, § 113, Rdnr. 17; *Ratajczak*, Gutachterkommissionen und Schlichtungsstellen, 3 ff. (6 f.).

jedoch um einen zentralen Grundsatz unserer Rechtsordnung handelt, ist es auch in anderen rechtlich geregelten Verfahren – jedenfalls abgeschwächt – zu beachten[940].

Auch der Rechtsanwalt hat wenig Einfluss auf die Klärung des Sachverhalts. Wenn er nicht am Anfang des Schlichtungsverfahrens eine ausführliche Darstellung der Geschehnisse aus Sicht des Mandanten beibringt, werden diese Angaben nicht bei der Bewertung Berücksichtigung finden. Es kann sogar vorkommen, dass der Anwalt des Patienten keine Kenntnis davon erlangt, welche Unterlagen dem Sachverständigen vorgelegen haben[941]. Die fortwährende Information aller Beteiligten über den Gang des Verfahrens ist sowohl für den Arzt als auch für den Patienten ein bedeutendes Element, um den Prozess aktiv zu begleiten. Dies würde der Akzeptanz der Bescheide zuträglich sein[942]. Zudem ist die Widerspruchsmöglichkeit – welche schon in den meisten, aber noch nicht allen Statuten der Gütestellen aufgenommen wurde – geeignet, anschließende Gerichtsverfahren zu vermeiden[943].

Insbesondere durch eine mündliche Verhandlung bzw. Anhörung könnten eingehende Erkenntnisse über den Konflikt zwischen Arzt und Patient gewonnen werden, die einer Bereinigung des Konflikts und der Befriedung des Arzt-Patient-Verhältnisses zuträglich wären[944]. Dass der Patient keine Stellung zu medizinischen Fachfragen beziehen kann, ist verständlich. Im Bereich der tatsächlichen Sachverhaltsaufklärung ist das fehlende Mitwirkungsrecht allerdings ein gravierender Nachteil des Schlichtungsverfahrens. In der Umsetzung dieses Mitwirkungsrechts stößt die Forderung jedoch bei mehreren tausend Verfahren im Jahr auf einen enormen Arbeitsaufwand, der nur durch höhere personelle und sachliche Mittel zu bewältigen wäre[945]. Zudem würde es zu einer Verlängerung der Verfahrensdauer führen. Dass dieser Aufwand die Qualität der Entscheidungen noch steigern würde, ist nicht von der Hand zu weisen. Um eine Befriedung des Arzt-Patient-Verhältnisses herzustellen, wäre es wichtig, dass sich die Beteiligten zu den Geschehnissen äußern könnten. Ein Äußerungsrecht würde Missverständnissen vorbeugen und die Akzeptanz der Verfahren erhöhen[946]. Dieses Ziel ist durch ein ausschließlich schriftliches Verfahren nicht zu bewerkstelligen. Jedoch werden die ärztlichen Gütestellen aufgrund ihrer hohen Befriedigungsquote wenig Anlass zur verstärkten Einbeziehung der Beteiligten oder gar der Einführung einer mündlichen Verhandlung sehen.

---

940 BGHZ 85, 288 (291); Dreier-*Schulze-Fielitz*, GG-Kommentar, Bd. III, Art. 103 I, Rdnr. 18; Schmidt-Bleibtreu/Hofmann/Hopfauf-*Schmahl*, GG-Kommentar, Art. 103, Rdnr. 3; v. Münch/*Kunig*, GG-Komm. Bd. 3, Art. 103, Rdnr. 4.

941 *v. Hirschfeld/Stampehl*-Ehlers/Broglie, Arzthaftungsrecht, Rdnr. 146.

942 *Meurer*, Außergerichtliche Streitbeilegung in Arzthaftungssachen, S. 111 ff.

943 *Meurer*, Außergerichtliche Streitbeilegung in Arzthaftungssachen, S. 113 f.

944 So auch *Franzki*, Gutachterkommissionen und Schlichtungsstellen, 69 ff. (74); *Meurer*, Außergerichtliche Streitbeilegung in Arzthaftungssachen, S. 110 f.

945 Siehe auch *Stegers*, ZMGR 2006, 49 ff. (51); *Scheppokat/Neu*, VersR 2002, 397 ff. (399).

946 So auch *Weizel*, Gutachterkommissionen und Schlichtungsstellen für Arzthaftpflichtfragen, S. 28.

o) *Keine Stellungnahme zum Haftungsumfang*

Die fehlende Auseinandersetzung der Stellen mit dem Haftungsumfang ist als Mangel zu bewerten. Wenn es zu einer Bejahung des Haftungsgrundes kommt, ist damit noch nicht die Höhe des zu leistenden Ersatzes festgelegt. Diese Festlegung wird von den ärztlichen Gütestellen nicht getroffen. Die Schlichtungsstellen beschränken sich regelmäßig auf die Empfehlung einer Regulierung. Die Gutachterkommissionen beziehen hierzu keine Stellung. Der Patient ist bei der Aushandlung dieser Frage – die durch die teilweise komplizierte Schadensberechnung beinahe den gleichen Aufwand bewirkt wie die Feststellung eines Behandlungsfehlers und dessen Kausalität für den eingetretenen Schaden – auf sich gestellt und muss sein Recht gegenüber der Versicherung alleine durchsetzen. In etwa der Hälfte der Fälle, die vor die Stellen gelangen, wird er allerdings anwaltlich vertreten[947]. Diese Vertretung erstreckt sich meistens auch auf die sich anschließenden Verhandlungen.

p) *Vorwurf der Parteilichkeit*

Da die Gutachterkommissionen und Schlichtungsstellen überwiegend von Ärzten besetzt sind, wird häufig der Vorwurf der Parteilichkeit erhoben. Die Lösung von Standesvorstellungen und die Anwendung von Sachlichkeit und Objektivität sind bei der Arbeit einer ärztlichen Gütestelle unabdingbar. Hinzu kommt, dass sie – zwar ohne weisungsgebunden zu sein – bei den Landesärztekammern angesiedelt, auf die Logistik und das Personal der Kammer angewiesen sind und zum einen Teil durch diese und zum anderen Teil durch die Haftpflichtversicherer finanziert werden. Nach ihrem Erscheinungsbild gehören die Stellen damit augenscheinlich dem Anspruchsgegner an, sodass der Verdacht der Parteilichkeit, einer interessenbesetzten Instanz, nicht unverständlich ist[948]. Dem Hinweis, dass zwischen der Objektivität einzelner Kommissions-/Schlichtungsstellenmitglieder sowie Gutachter und der Objektivität der Stellen unterschieden werden muss[949], ist zuzustimmen. Gleichwohl macht dies keinen wesentlichen Unterschied, da die Akteure für die Stelle tätig werden und deren Beurteilungen und Empfehlungen auch dieser zugerechnet werden müssen.

Abgesehen davon, dass eine hochwertige gutachterliche Bewertung eines Falles nur durch medizinische Fachpersonen möglich ist, ist der Vorwurf der Parteilichkeit unsachgemäß, nicht belegbar und damit jedenfalls in seiner Pauschalität unhaltbar. In jeder rechtlichen Auseinandersetzung, die eine Bewertung fachlicher Standards voraussetzt, ist die Expertise eines Sachverständigen des jeweiligen Fachs unumgänglich[950]. Die Einflussnahme der Ärztekammern auf diese Stellen hat sich darüber

---

947 Wenzel-*Laum*, HB des FA Medizinrecht, S. 620.

948 *Eberhardt*, NJW 1986, 747 ff. (749).

949 *Katzenmeier*, AnwBl 2008, 819 ff. (821); *Meurer*, Außergerichtliche Streitbeilegung in Arzthaftungssachen, S. 88.

950 *Scheppokat/Neu*, VersR 2002, 397 ff. (399).

hinaus nicht feststellen lassen[951]. Vielmehr ist dieser Vorwurf eher auf subjektive Empfindungen als auf nachgewiesene Tatsachen zurückzuführen. Die ärztlichen Gütestellen haben zur bestmöglichen Sicherung der Objektivität Vorkehrungen getroffen wie die Weisungsunabhängigkeit der Mitglieder, die personelle Zusammensetzung der Gütestellen, die Offenlegung der Person des Gutachters sowie die sachverständige Prüfung der erstatteten Gutachten durch die Gesamtgremien[952]. Zudem ist durch die Einführung des § 29 Abs. 1 S. 2 MBO-Ä normativ festgelegt worden, dass Ärzte bei der Begutachtung der Behandlungsweise anderer Ärzte objektiv bleiben müssen. Heute ist man der Auffassung, dass falsch verstandene Kollegialität dem Berufsstand insgesamt Schaden zufügt, sodass Sachverständige vielfach einen strengen Maßstab bei der Begutachtung ihrer Kollegen anlegen[953].

Die Unparteilichkeit der Stellen kann zudem an der Anzahl der Bescheide zugunsten des Patienten festgemacht werden, die allein im Jahr 2010 bei etwa 25 % lag[954]. Besonders deutlich wird dieser Wert, wenn man sich vor Augen führt, dass die meisten Arzthaftungsklagen vor den Zivilgerichten zurückgewiesen werden.

Die Tatsache, dass die Stellen überwiegend ärztlich besetzt sind und damit bei einem Patienten die Besorgnis der Befangenheit hervorrufen, ist jedoch nicht von der Hand zu weisen. Zudem wird durch die Ansiedlung der Stellen bei den Landesärztekammern die Parteiferne – die neben einem Gericht auch von einer außergerichtlichen streitschlichtenden Instanz gefordert werden muss – nicht gewährleistet[955]. Die Partei des Patienten müsste, um die Unabhängigkeit und Unparteilichkeit der Stellen zu gewährleisten, gleichermaßen repräsentiert werden. Dieses könnte durch die stärkere Einbeziehung von Interessenvertretern der Patienten bewerkstelligt werden.

q) Kein Patientenvertreter

Die mangelnde Patientenvertretung in den Entscheidungsgremien der ärztlichen Gütestellen ist als weiterer Nachteil zu bewerten.[956] Die dauerhafte Aufnahme eines Patientenbeauftragten würde zu einer ausgewogenen Interessenvertretung in den Gremien führen, was sich insbesondere für den Patienten als Antragsteller

951 *Scheppokat/Neu*, VersR 2002, 397 ff. (400); Wenzel-*Laum*, HB des FA Medizinrecht, Kapitel 6, Rdnr. 6.

952 *Rumler-Detzel*, „Waffen-Gleichheit“, 101 ff. (102,106); *Weltrich*, Gutachterkommissionen und Schlichtungsstellen, 107 ff. (108); *Weltrich*, DRiZ 1996, 473 ff. (474); *Meurer*, Außergerichtliche Streitbeilegung in Arzthaftungssachen, S. 94 ff.

953 *Meurer*, Außergerichtliche Streitbeilegung in Arzthaftungssachen, S. 93.

954 Vgl. Leistungsstatistik der Gutachterkommissionen und Schlichtungsstellen 2010.

955 So auch *Ratajczak*, Gutachterkommissionen und Schlichtungsstellen, 3 ff. (7): *„Die Gutachterkommissionen sollen über behauptete Behandlungsfehler der Mitglieder der Landesärztekammer befinden, die die Gutachterkommission eingerichtet und auch die Mitglieder der Gutachterkommission bestellt hat.“*

956 Die Teilnahme des Patientenvertreters im Einzelfall als Verfahrensbevollmächtigter ist hingegen möglich.

positiv darstellen würde. Dieses wird – mit Ausnahme der Gutachterkommission Rheinland-Pfalz – jedoch entschieden abgelehnt[957]. Ein Grund für die Ablehnung eines ständigen Patientenvertreters ist die Ansicht, dass es sich bei den Stellen um *Sachverständigengremien* – bestehend aus Ärzten und Juristen – handle, die zur objektiven Beurteilung von Haftungsfällen berufen seien. Zudem sei bei Beteiligung eines Patientenvertreters das Risiko zu hoch, dass die Haftpflichtversicherer den Schaden nicht mehr ohne Weiteres gütlich regulieren aus Misstrauen vor interessengefärbten Feststellungen bzw. Empfehlungen[958]. Es wird sogar angeregt, dass bei Einführung eines Patientenvertreters konsequenterweise im Gegenzug ein institutionalisierter Vertreter der Ärzteschaft in die Entscheidungsgremien integriert werden müsse[959]. Als Alternative zu einem dauerhaften Patientenvertreter würde sich jedoch jedenfalls ein gleich gewertetes Vorschlagrecht der Kommissions- bzw. Schlichtungsmitglieder durch die Ärzte- und Patientenschaft anbieten[960].

r) *Präjudizwirkung*

Es ist anzunehmen, dass die Gutachten der ärztlichen Gütestellen eine faktische präjudizielle Wirkung auf die sich anschließenden Regulierungsverhandlungen mit den Versicherungen und in einem sich anschließenden Gerichtsverfahren haben können. Dies ist auf der einen Seite von den Stellen so gewollt, da sie ihre Arbeit ausführen, um Streitigkeiten zwischen Arzt und Patient außergerichtlich beizulegen und im Zweifelsfall unberechtigte Ansprüche gegen Ärzte zurückzuweisen. Wenn ein Behandlungs- bzw. Aufklärungsfehler oder dessen Kausalität von den Stellen verneint wird, ist es sehr unwahrscheinlich, dass der Patient in außergerichtlichen Regulierungsgesprächen mit der Versicherung einen Ausgleich erlangt. Somit besteht eine gewisse Bindungswirkung. Problematisch kann diese faktische Bindungswirkung allerdings in einem sich anschließenden Gerichtsverfahren werden. Das Gutachten der ärztlichen Gütestelle kann dann als Urkundenbeweis eingebracht werden[961]. In nur 1 % der Fälle weichen die Gerichte von den Voten der ärztlichen Gütestellen

957 Siehe bspw. *Laum/Beck*, Rh ÄBl 1/2001, 9 ff. (12 f.).

958 Vgl. bspw. *Weltrich*, DRiZ 1996, 472 ff. (472); *Laum/Beck*, DÄBl. 2001, 966 f. (967).

959 *Scheppokat/Neu*, VersR 2002, 397 ff. (400).

960 So auch *Stegers*, ZMGR 2006, 49 ff. (54 f.), welcher als Vorschlagsberechtigte der Patientenseite Vertreter der gesetzlichen und privaten Krankenkasse in Betracht zieht. Auch ein Vorschlagsrecht durch die medizinischen Fachgesellschaften oder die Anwaltschaft wird erwogen, vgl. *Francke/Hart*, Bürgerorientierung des Gesundheitswesens, 135 ff. (188), die darlegen, dass die Stellen aus der berufspolitischen und berufsrechtlichen Verankerung gelöst werden und auf eine allgemeine Basis gestellt werden sollten; siehe auch *Francke/Hart*, Bürgerorientierung des Gesundheitswesens, 135 ff. (209); *Kranich*, Bürgerorientierung des Gesundheitswesens, 305 ff. (344 f.); vgl. zudem Vorschläge bei *Meurer*, Außergerichtliche Streitbeilegung in Arzthaftungssachen, S. 116 ff.

961 BGH NJW 1987, 2300 f. (2301); OVG Münster NJW 1999, 1802 ff. (1803); OLG Köln VersR 1990, 311.

ab. Da zumeist keine umfassende rechtliche Prüfung und Würdigung der Fälle bei den ärztlichen Gütestellen erfolgt und beweisrechtliche Besonderheiten, die in einem Gerichtsverfahren gegeben sind, nicht in dem Maße berücksichtigt werden, kann die ausnahmelose Bestätigung der Voten dieser Stellen durch die Gerichte auch negativ gewertet werden. Im Zweifelsfall kann der Eindruck entstehen, dass das (negative) Gutachten der ärztlichen Gütestelle wesentlichen Einfluss auf die Entscheidung der Richter genommen hat. Auf der anderen Seite soll das Gutachten für den Richter eine Richtschnur darstellen, da es von einer hohen Fachkompetenz getragen ist und die darin enthaltene Beurteilung von großem Gewicht ist[962]. Die Gefahr besteht vielmehr nicht in der Präjudizwirkung, sondern eher in einer fehlerhaften juristischen Würdigung des Gutachtens[963]. Dieses Problem betrifft jedoch nicht die ärztlichen Gütestellen, sondern ist eine richterliche Herausforderung. Zudem kann bei Erforderlichkeit die Erstellung eines weiteren Gutachtens gemäß §§ 402 ff ZPO beantragt werden[964]. Damit wird einer – vermeintlich bestehenden – Präjudizwirkung entgegengewirkt.

6. *Bewertung: Wird durch die Tätigkeit der ärztlichen Gütestellen tatsächlich eine Befriedung des Arzt-Patient-Verhältnisses erreicht?*

Die Einrichtung der Gutachterkommissionen und Schlichtungsstellen ist insgesamt als besonders positiv zu bewerten. Das Ziel, durch ihre Arbeit die Gerichte zu entlasten und eine sachgerechte und fachkompetente Beurteilung eines Streitfalles zu erlangen, hat sich bewährt. Die Quoten der Stellen machen deren Stellenwert in der Praxis deutlich. Durch das unkomplizierte Verfahren wird insbesondere dem Patienten eine Möglichkeit eröffnet, bevor es zu einem Gerichtsverfahren kommt, eine unabhängige Stelle anzurufen und durch diese eine Einschätzung des Falles vornehmen zu lassen. So können aussichtslose Gerichtsverfahren vermieden werden. Das Verfahren vor den ärztlichen Gütestellen ist für den Patienten form- und vor allem kostenlos. Dieser wirtschaftliche Faktor ist gerade bei Arzthaftungsstreitigkeiten wertvoll, da sie zumeist mit einem erheblichen wirtschaftlichen Aufwand für den Patienten verbunden sind. Zudem ist der Patient regelmäßig als medizinischer Laie auf das Urteil eines Experten angewiesen.

Die Arbeit der ärztlichen Gütestellen ist sehr interessant vor dem Hintergrund, wie sich die durch die Stellen abgeschlossenen Verfahren weiterentwickelt haben. Hierbei ist vor allem wissenswert, ob sich ein Gerichtsprozess an das Schlichtungsverfahren anschließt. Insbesondere die Schlichtungsstelle in Norddeutschland verzeichnet für das Jahr 2002 eine Prozessvermeidungsquote von 90,9 %[965]. Die

---

962 *Meurer*, Außergerichtliche Streitbeilegung in Arzthaftungssachen, S. 84.
963 *Eberhardt*, NJW 1989, 747 ff. (750); *Meurer*, Außergerichtliche Streitbeilegung in Arzthaftungssachen, S. 84.
964 BGH NJW 1987, 2300 f. (2301); *Bürger*, MedR 1999, 100 ff. (104).
965 Vgl. unter: http://www.norddeutsche-schlichtungsstelle.de/evaluation.html (Zugriff am 24. März 2012); vgl. auch die Angaben von *Greiner/Henkel/Kranich* bei

Gutachterkommission Westfalen-Lippe[966] sowie die Gutachterkommission Nordrhein[967] folgen dieser außergerichtlichen Erfolgsquote in den Jahren 2005 und 2000 mit jeweils rund 87 %, sodass sich in etwa 13 % der eingegangenen Fälle eine Klage anschloss. Aus älteren Evaluationen ergibt sich auch für die Gutachterkommission Baden-Württemberg (im Jahr 1991) und die bayrische Schlichtungsstelle (im Zeitraum 1989/1990), dass sich nur etwa in 17 % bzw. 11 % der Fälle ein gerichtliches Verfahren angeschlossen hat[968]. Somit wird eine bemerkenswerte Anzahl der Arzt-Patient-Streitigkeiten mit Hilfe dieser Stellen endgültig außergerichtlich beigelegt. Die Gerichte werden damit also durch die Arbeit der ärztlichen Gütestellen entlastet. Hervorzuheben ist außerdem, dass Patienten auch bei positiven Bescheiden oftmals von einer Weiterverfolgung des Haftungsfalles absehen[969]. Dieses Verhalten lässt sich damit begründen, dass es vielen Patienten nicht um eine finanzielle Entschädigung, sondern um die Aufklärung über das Geschehene sowie die Verdeutlichung des Unrechts und des erlittenen Leids geht[970]. Insoweit kann man von einer Befriedung des Arzt-Patient-Verhältnisses ausgehen.

Die hohe Einigungsquote enthält allerdings keinerlei Rückschlüsse darauf, welche Art von Einigungen geschlossen werden. Inwieweit das Verfahren die Beziehung zwischen Arzt und Patient befriedet, ist darüberhinaus nicht beantwortet. Dabei ist die „Klimaverbesserung“ zwischen Ärzteschaft und Patienten ein erklärtes Ziel dieser Stellen[971].

Die Beweggründe der Patienten, bei einem negativen Bescheid nicht weiter gegen den Arzt zu prozessieren, liegen vermutlich in der Sorge um die Aussichtslosigkeit eines weiteren rechtlichen Vorgehens – auch wenn sich der Patient noch immer „im Recht fühlt“. Weitere Gründe resultieren aus dem hohen, nicht abschätzbaren Kostenrisiko eines Gerichtsverfahrens sowie der Frustration über den negativen Bescheid[972]. Nach einer Studie der Verbraucherzentrale Hamburg e.V. gaben 97 % der von negativen Bescheiden betroffenen Personen an, den Bescheid nicht akzeptieren zu wollen. Lediglich 11 % gingen hingegen noch gegen den Bescheid vor[973]. Mit diesem Ergebnis kann man zwar einerseits die Filterfunktion der Schlichtungsverfahren

---

positiven Bescheiden der Schlichtungsstelle: *Greiner/Henkel/Kranich,* Wer soll schlichten zwischen Arzt und Patient, S. 9.

966 *Koch,* Westfälisches ÄBl 09/08, S. 18 f.

967 *Laum/Beck/Smentkowski,* Rh ÄBl 12/2003, 10 ff.

968 *Weizel,* Gutachterkommissionen und Schlichtungsstellen für Arzthaftpflichtfragen, 118 ff.

969 *Weizel,* Gutachterkommissionen und Schlichtungsstellen für Arzthaftpflichtfragen, 118 ff.; *Scheppokat/Neu,* VersR 2002, 397 ff. (402); *Meurer,* Außergerichtliche Streitbeilegung in Arzthaftungssachen, S. 67.

970 *Mulcahy,* Mediating Medical Negligence Claims, S. 12.

971 *Scheppokat/Neu,* VersR 2002, 397 ff. (400).

972 *Greiner/Henkel/Kranich,* Wer soll schlichten zwischen Arzt und Patient, S. 10.

973 *Greiner/Henkel/Kranich,* Wer soll schlichten zwischen Arzt und Patient, S. 10.

hervorheben. Andererseits zeigt es die abschreckende Wirkung und die befürchtete Präjudizwirkung der Bescheide für die Patienten.

Wie sich die Regulierungsverhandlungen mit den Haftpflichtversicherern des Arztes nach einem für den Patienten positiven Bescheid gestalten, ist zudem nicht bekannt. Es besteht die Gefahr, dass sich Patienten durch die überlegene Position des Versicherers auf (unzureichende) Regulierungsangebote einlassen, um das belastende Verfahren abzuschließen. Auf einen angemessenen Ausgleich zwischen Arzt und Patient nehmen die ärztlichen Gütestellen keinen Einfluss mehr, obwohl diese Verhandlungen oftmals den gleichen Aufwand haben wie die Feststellung des kausalen Behandlungsfehlers.

75 % der von der Verbraucherzentrale Hamburg e.V. befragten Patienten gaben an, dass sie unzufrieden mit dem Verfahren vor der Schlichtungsstelle waren[974]. Auffällig ist hierbei, dass auch gut 1/3 derjenigen Patienten, die einen positiven Bescheid erhielten, das Verfahren kritisierten[975]. Am häufigsten wurde der Vorwurf der Voreingenommenheit und der Parteilichkeit erhoben. Oftmals wurde angegeben, dass den Ausführungen der Ärzte ein größeres Gewicht beigemessen wurde als den ihren[976]. Inwieweit diese Aussagen auf subjektive Empfindungen zurückzuführen sind, kann nicht beantwortet werden. Jedoch auch in dem Fall, dass es sich „lediglich" um die Wahrnehmungen der Patienten handelt, müssen diese Eindrücke ernst genommen werden. Hat der Patient das Empfinden, er wird nicht ausreichend und ernsthaft angehört, so können die ärztlichen Gütestellen den Anspruch einer Schlichtungsinstanz nicht erfüllen[977]. Um eine nachhaltige Befriedung des Arzt-Patient-Verhältnisses anzustreben und der Funktion einer Schlichtungs-Instanz, die nicht nur von „oben" entscheidet, gerecht zu werden, dürfen die Wahrnehmungen der Patienten nicht banalisiert werden.

Festzuhalten ist somit: Eine umfassende Befriedung des Arzt-Patient-Verhältnisses wird durch die Tätigkeit der ärztlichen Gütestellen nicht erreicht. Es wäre wünschenswert, wenn sich die ärztlichen Gütestellen mehr darum bemühen würden, die Parteien aktiver an dem Verfahren teilnehmen zu lassen, um damit eine höhere Befriedungswirkung für sie herzustellen. Die gleichberechtigte Partizipation aller Beteiligten würde diesem Ziel dienen, sodass sich ein Ausbau an dieser Stelle sicherlich lohnen würde.[978] Dieses Anliegen ist durch das formalisierte Verfahren der Stellen nicht umsetzbar. Im Grunde genommen sind sie Gutachterstellen, die auf den Streit zwischen Arzt und Patient nur in medizinischer Hinsicht eingehen und die damit verbundenen Emotionen außer Acht lassen. Das Verständnis von

---

974 *Greiner/Henkel/Kranich*, Wer soll schlichten zwischen Arzt und Patient, S. 12.

975 *Greiner/Henkel/Kranich*, Wer soll schlichten zwischen Arzt und Patient, S. 12.

976 *Greiner/Henkel/Kranich*, Wer soll schlichten zwischen Arzt und Patient, S. 12.

977 *Greiner/Henkel/Kranich*, Wer soll schlichten zwischen Arzt und Patient, S. 12.

978 In anderen Fachbereichen ist die paritätische Besetzung schon realisiert worden. Vgl. bspw. die arbeitsrechtlichen Einigungsverfahren, an denen Gewerkschaftsvertreter beteiligt sind. Im KFZ-Bereich vertritt der ADAC die Verbraucherinteressen, vgl. *Greiner/Henkel/Kranich,* Wer soll schlichten zwischen Arzt und Patient, S. 26.

einer Schlichtungsstelle, die zwischen den Parteien den Streit schlichtet, indem sie beide Seiten anhört und einen gemeinsamen Konsens findet, besteht hier nicht. Um eine nachhaltige Verbesserung der Arzt-Patient-Beziehung oder gar die Aufrechterhaltung dieser nach einem Behandlungs- bzw. Aufklärungsfehlervorwurf herbeizuführen, sollte ein persönliches Aufeinandertreffen der Parteien angestrebt werden. Durch eine personelle und sachliche Aufstockung bei den Stellen würde dies umsetzbar sein. Dieser zusätzliche wirtschaftliche Aufwand könnte sich im Nachhinein rentieren. Auch wirtschaftlich positive Auswirkungen für die Haftpflichtversicherer liegen nahe. Es spricht vieles dafür, dass persönliche Gespräche zu einer Steigerung des gegenseitigen Nachgebens beitragen können. Durch die Verständlichmachung des Geschehenen und den Ausdruck des Bedauerns seitens des Arztes – was für viele Patienten ein ausschlaggebender Faktor ist – würde für alle Seiten ein Gewinn erzielt werden. Selbst Patienten, die schon einmal in ein Schlichtungsverfahren involviert waren, geben als Verbesserungsvorschlag für die Schlichtungsstellen eine persönliche Anhörung der Patienten an[979]. Die Eignung eines solchen Vorgehens könnte durch ein Pilotprojekt untersucht werden.

Zudem sollten sich die Stellen darum bemühen, die Verfahrensdauer zu verkürzen. Diese kann nicht als Vorteil gegenüber einem Gerichtsverfahren gewertet werden, wenn sie bei höherer Sachkompetenz und einem vereinfachten Verfahren nahezu genauso viel Zeit in Anspruch nimmt wie die Spezialkammern. Dies sticht vor allem vor dem Hintergrund ins Auge, dass die Stellen keine Stellung beziehen zum Haftungsumfang.

Eine paritätische Schlichtungsstelle, die mit Interessenvertretern beider Parteien besetzt ist, würde den Vorwurf eines theoretischen Übergewichts der Ärzteseite entkräften. Die Beteiligung von Patientenvertretern oder jedenfalls die Einräumung eines Vorschlagsrechts für Interessenträger der Patientenseite hinsichtlich der Zusammensetzung der Gremien würde zudem die Attraktivität der Stellen stärken.

II. Sonstige außergerichtliche Streitbeilegungen

1. Medizinischer Dienst der Krankenkassen

Der Medizinische Dienst der Krankenkassen (MDK) ist als medizinischer Beratungs- und Begutachtungsdienst in der Verantwortung der Krankenkassen ausgestaltet[980]. Er ist in Form einer von den (Landes-) Verbänden getragenen Arbeitsgemeinschaft organisiert und eine rechtsfähige Körperschaft des öffentlichen Rechts (§ 278 SGB V). Eingeschaltet wird der MDK durch die Krankenkassen und er kann grundsätzlich nur aufgrund deren Auftrag tätig werden[981]. Er ist jedoch nicht deren Aufsicht und

979 *Greiner/Henkel/Kranich,* Wer soll schlichten zwischen Arzt und Patient, S. 13.

980 BT-Drucks. 11/2237, S. 230; Becker/Kingreen-*Sichert,* SGB V, § 275, Rdnr. 1.

981 Becker/Kingreen-*Sichert,* SGB V, § 275, Rdnr. 2; Hänlein-*Kruse,* SBG V, Vor §§ 275–283, Rdnr. 3.

Weisung unterstellt[982]. Dieses soll seine Unparteilichkeit stärken[983]. Zudem soll er die Versorgung des Versicherten durch allgemeine Qualitätssicherung verbessern[984].

Nach § 275 Abs. 3 Nr. 4 SGB V – welcher im Jahr 2007 eingefügt wurde – hat die Krankenkasse die Möglichkeit, nach pflichtgemäßen Ermessen den MDK zur Prüfung, ob einem Versicherungsnehmer durch einen Behandlungsfehler ein Schaden entstanden ist, einzuschalten (§ 66 SGB V). Ein Anspruch des Versicherten auf eine Begutachtung durch den MDK besteht mithin nicht[985]. Mit der Einführung des Patientenrechtesetz wurde § 66 SGB V jedoch stringenter ausgestaltet. Die Krankenkassen sollen grds. zur Unterstützung des Patienten bei einem Behandlungsfehlerverdacht verpflichtet sein, es sei denn es sprechen besondere Gründe dagegen. § 275 Abs. 5 SGB V garantiert die Unabhängigkeit der Ärzte, die zur Begutachtung und Beratung einbestellt werden. Die Finanzierung des Dienstes erfolgt – u.a. für die Begutachtung nach Abs. 3 – durch Umlage seitens der zusammengeschlossenen Krankenkassen. Das Tätigwerden des MDK erfordert jedoch regelmäßig einen höheren Kostenaufwand als das der ehrenamtlich tätig werdenden Mitglieder der ärztlichen Gütestellen[986].

Das Verfahren gestaltet sich im Wesentlichen folgendermaßen[987]: Der Patient wendet sich an seine Krankenkasse und informiert sie über einen von ihm vermuteten Behandlungsfehler. Nachdem Mitarbeiter der Krankenkasse eine erste Vorprüfung durchgeführt haben, werden bei entsprechendem Ausgang dieser Prüfung die ärztlichen Unterlagen dem MDK zur Begutachtung zugesandt. Hier wird nach Prüfung des Falles entweder eine kurze gutachterliche Stellungnahme oder, bei Bedarf, ein ausführliches wissenschaftlich begründetes Gutachten durch interne und bzw. oder externe Gutachter erstellt. Wenn bereits Fremdgutachten wie z.B. durch die ärztliche Gütestelle vorliegen – eine Doppelbegutachtung kommt des Öfteren vor[988] – wird ggf. hierzu Stellung bezogen. Bei Bedarf werden die Patientenanwälte durch die Gutachter beim weiteren Vorgehen unterstützt.

Im Jahr 1999 hat der MDK 9.678 Begutachtungen wegen vermuteter Behandlungsfehler in seiner Leistungsstatistik angeführt. In 24 % der Fälle erkannte der MDK einen Behandlungsfehler an[989]. Im Jahr 2011 hat der MDK 11.477 Erst-Gutachten erstattet, wobei wiederum in 24 % der Fälle ein Behandlungsfehler bestätigt wurde[990]. Die steigenden Auftragszahlen belegen die Bedeutung und zunehmende Akzeptanz der Begutachtungen durch den MDK – auch wenn dem MDK-Gutachter

982 BSG Urt. v. 28.09.2006, B 3 KR 23/05 R.
983 Hänlein-*Kruse*, SBG V, § 275, Rdnr. 1.
984 Gesetzesbegründung zum GRG, BT-Drucks. 11/3320, S.V.
985 Hänlein-*Kruse*, SBG V, Vor §§ 275–283, Rdnr. 5.
986 Wenzel-*Laum*, HB des FA Medizinrecht, S. 618.
987 Verfahrensablauf entnommen bei *Lemke*, Waffen-Gleichheit, 127 ff. (128 f).
988 Wenzel-*Laum*, HB des FA Medizinrecht, Kap. 6, Rdnr. 21.
989 *Hansis/Hart*, Medizinischer Behandlungsfehler, S. 6.
990 *Mayer/Rieger*, MDK forum 04/10, 17 f.

häufig die Nähe zu den Krankenkassen vorgehalten wird[991]. Der Einsatz des MDK erfolge nicht selbstlos[992]. Die eingesetzten Gutachter seien überwiegend angestellte Fachärzte und könnten daher nicht als unabhängig eingestuft werden[993]. Rechtsfragen würden zudem nicht berücksichtigt wie bspw. die Frage nach dem haftungsbegründenden Kausalzusammenhang zwischen Fehler und eingetretenem Schaden[994]. Wie bei den ärztlichen Gütestellen ist auch das Verfahren des MDKs auf die Erstellung von Fachgutachten beschränkt. Die Parteien und ihr Konflikt werden in das Verfahren nicht einbezogen.

Fest steht jedoch, dass der MDK durch seine Begutachtungen dazu beitragen kann, dass Gerichtsprozesse vermieden werden, insbesondere in den Fällen, in denen eine Klage nicht erfolgversprechend oder zu voreilig wäre. Hiermit wird der Patient – für welchen die Einholung des MDK-Gutachtens kostenlos ist – vor unnötiger finanzieller und psychischer Belastung bewahrt und die Gerichte werden entlastet[995]. Zudem ist die Hemmschwelle für den Patienten, sich bei einem vermuteten Behandlungsfehler zunächst seiner Krankenkasse anzuvertrauen, sehr herabgesetzt, was ihm die Inanspruchnahme erleichtert.

2. *Anwaltliche Vergleichsbemühungen*

Auch die anwaltlichen Vergleichsbemühungen fallen generell unter die außergerichtliche Streitbeilegung. Ihre Stellung ist in der Mitte zwischen der Tätigkeit der ärztlichen Gütestellen und des MDKs anzusiedeln, da sie als Vertreter der Parteien ggf. auf diese Institutionen bei ihren Bemühungen um eine außergerichtliche Streitbeilegung zurückgreifen. Rechtsanwälte geben an, dass sie 80 % ihrer Mandate außergerichtlich abschließen können, ohne auf den Gerichtsweg angewiesen zu sein. Dieses kann mit oder ohne Hilfe der ärztlichen Gütestellen oder des MDKs geschehen. Nach Schätzungen der Versicherungswirtschaft wird 1/3 der Haftungsfälle, die bei einem Patientenanwalt anfallen, ohne das Verfahren der ärztlichen Gütestellen und des MDK lediglich durch Verhandlungen mit dem Arzt und dessen

991 *Lemke*, Waffen-Gleichheit, 127 ff. (132). Vergleichbar ist hierzu die Nähe der ärztlichen Gütestellen zu den Haftpflichtversicherern. Dass sich auf dieser Grundlage jedoch sowohl bei den Gutachtern der Gütestellen als auch bei den MDK-Gutachtern nicht der Vorwurf der Parteilichkeit stützen lässt, wurde schon eingehend erläutert.

992 Vgl. bspw. Ausführungen des Sachverständigenrats für die konzertierte Aktion im Gesundheitswesen, Gutachten 2003 I in BT-Drucks. 15/530, S. 165.

993 *Meurer*, Außergerichtliche Streitbeilegung in Arzthaftungssachen, S. 150; *Hansis/Hansis*, Der ärztliche Behandlungsfehler, S. 93.

994 *Sikorski*, MedR 2001, 188 ff. (190); vgl. auch *Scheppokat/Neu*, VersR 2002, 397 ff. (400), welche zudem annehmen, dass die fachliche Erfahrung sowie die Vorbereitung der Verfahrensunterlagen und die Einbindung des juristischen Sachverstands beim MDK geringer ausgeprägt sind.

995 *Sikorski*, MedR 2001, 188 ff. (189).

Haftpflichtversicherer gelöst[996]. Diese außergerichtlichen Vergleiche werden in der Regel jedoch allein zwischen den Parteivertretern ausgehandelt. Die „Hauptfiguren" des Streites, Arzt und Patient, treffen bei diesen Gesprächen nach eigener Recherche regelmäßig nicht aufeinander. Dies kann in manchen Fällen von den Parteien so gewünscht sein, wenn es ihnen gerade darum geht, keinen persönlichen Kontakt zu der Gegenseite haben zu müssen. Das gegenseitige Verständnis füreinander und die Lösung der Konflikt in seiner Totalität wird dadurch allerdings nicht gefördert, obwohl dies in vielen Fällen ein Hauptanliegen der Parteien ist.

3. Beschwerde- und Schlichtungsabteilungen der Landesärztekammern

Die einzelnen Landesärztekammern haben Beschwerde- und Schlichtungsabteilungen eingerichtet, an welche sich Patienten wenden können, die mit der ärztlichen Behandlung nicht zufrieden sind[997]. Dieses Verfahren hilft dem Patienten allerdings nicht bei der Durchsetzung von Schadensersatzansprüchen. Die Verfolgung von Behandlungsfehlervorwürfen ist den Schlichtungsstellen vorbehalten[998]. Streitgegenstand sind überwiegend Abrechnungsprobleme[999]. Bei Bestätigung der Vorwürfe hat dies ggf. berufsrechtliche Sanktionen gegen den Arzt zur Folge. Da der Patient über die nach seiner Beschwerde erfolgenden Maßnahmen nicht informiert wird, ist auch die Genugtuungsfunktion gering[1000].

4. Beschwerdemanagement der Krankenhäuser

Krankenhäuser haben für Anliegen seitens ihrer Patienten Beschwerdestellen eingerichtet – u.a. in Form einer freiwilligen Selbstverpflichtung zum patientenorientierten Umgang mit Beschwerden[1001] – um die Anliegen sach- und zeitnah behandeln zu können.[1002] Zumeist handelt es sich dabei jedoch nicht um Beschwerden in juristischer, sondern in tatsächlicher Hinsicht. Im Beschwerdemanagement werden

996 Wenzel-*Laum*, HB des FA Medizinrecht, S. 619.
997 Siehe hierzu *Ewig*, HB Mediation, § 31, Rdnr. 47.
998 Vgl. bspw. Hinweis der Ärztekammer Hamburg: http://www.aerztekammer-hamburg.de/berufsrecht/index_berufsrecht.htm (Zugriff am 01. Mai 2013).
999 *Ewig*, HB Mediation, § 31, Rdnr. 47.
1000 *Ewig*, HB Mediation, § 31, Rdnr. 47.
1001 Siehe hierzu die Hamburger Erklärung, die von nahezu allen Hamburger Krankenhäusern unterzeichnet wurde und welche dazu beitragen soll, dass sich Patienten schon vor einem Klinikaufenthalt über den Ansprechpartner in einem möglichen Beschwerdefall informieren können, vgl. die Hamburger Erklärung unter http://www.hamburg.de/contentblob/2402660/data/hamburger-erklaerung.pdf (Zugriff am 24. März 2012), vgl. zu den unterzeichnenden Krankenhäusern: http://www.hkgev.de/kontakt-kliniken.html (Zugriff am 24. März 2012).
1002 In Hessen gibt es sogar einen Patientenfürsprecher, der Beschwerden und Anregungen einzelner Patienten prüft und deren Anliegen vertritt, vgl. § 7 des hessischen Krankenhausgesetzes.

bspw. Fälle behandelt, die allgemeine Patientenunzufriedenheit bzgl. des Umgangs, der Verpflegung oder dergleichen betreffen.

Juristische Streitigkeiten werden in den häufigsten Fällen von den Rechtsabteilungen der Kliniken behandelt. Diese geben, wenn sie den Streit durch ihre Justiziare nicht selbst beilegen können, geeignete Fälle an die Gutachterkommissionen und Schlichtungsstellen ab oder schlagen den gerichtlichen Weg ein.

Die Kliniken sind jedoch stets – sowohl bei sachlichen als auch bei juristischen Streitigkeiten – um eine einvernehmliche Lösung des Konflikts bemüht[1003]. Insbesondere im Beschwerdemanagement wird vermehrt auf die Mechanismen der Mediation zurückgegriffen. Für die Mitglieder des Beschwerdemanagements werden zunehmend Weiterbildungsmöglichkeiten in der Mediation angeboten[1004]. Auch hier steckt das Verfahren noch „in den Kinderschuhen", befindet sich jedoch auf einem guten Weg, sich zu etablieren.

Nach eigener Recherche wird in den Kliniken vereinzelt auch im Bereich der Arzthaftung – wenn ein Behandlungs- oder Aufklärungsfehler im Raum steht – auf mediative Techniken zurückgegriffen. Hierauf wird in Kapitel 7 näher eingegangen.

5. *Patientenberatungsstellen und Patientenombudsleute*

Auch die Patientenberatungsstellen sowie die Patientenombudsmänner und -frauen einiger Bundesländer sind eine Anlaufstelle für Patienten[1005].

Durch die Einrichtung von Verbraucher- und Patientenberatungsstellen soll die Förderung der Patientenautonomie erreicht werden, § 65 b SGB V. Seit dem 1. Januar 2011 sind Patientenberatungsstellen als Regelleistung aller Versicherten vorgesehen. Die Tätigkeit dieser Stellen besteht hauptsächlich in der Beratung von Patienten in gesundheitlichen Fragen und der dahin gehenden praktischen Unterstützung[1006]. Sie sind eindeutig der „Patientenseite" zuzuordnen. Da sie jedoch lediglich beratend tätig werden und für einen großen Teil des Gesundheitsbereichs zur Verfügung stehen, konnten keine expliziten Angaben ausgemacht werden, die sich auf ihr Zutun zur Befriedung des Arzt-Patient-Verhältnisses nach einem vermeintlichen Behandlungsfehler beziehen. Fokussiert auf medizinische Haftungsfragen sind u.a. folgende Verbände: Arbeitskreis Medizingeschädigter e.V. Bundesverband (AKMG)[1007],

1003 Entnommen aus Gesprächen mit Justiziaren der Rechtsabteilungen einzelner Kliniken.

1004 Angaben von einzelnen Mitgliedern des Netzwerkes Beschwerdemanagement.

1005 Vgl. zur der Vielzahl von Institutionen zur Patientenunterstützung *Kranich*, Bürgerorientierung des Gesundheitswesens, 305 ff. (311ff.).

1006 Vgl. zur unabhängigen Patientenberatung Deutschland (UPD): http://www.unabhaengige-patientenberatung.de/ (Zugriff am 24. März 2012).

1007 Vgl. http://www.akmg.de/ (Zugriff am 01. Mai 2013).

Deutscher Patienten Schutzverein e.V. (DPSB)[1008], die Alexandra-Lang-Stiftung für Patientenrechte[1009] und das Private Netzwerk Medizingeschädigter[1010].

Verbraucherzentralen, die einen Fachbereich Gesundheitswesen haben, werden ebenso beratend tätig. Auch die Beratung bei einem Behandlungsfehlerverdacht kann zum Angebot der Stellen gehören, wie sie bspw. die Verbraucherzentrale Hamburg e.V. zur Verfügung stellt[1011]. Hier besteht vorwiegend das Angebot juristischer Informationen, Beratung und Hilfe[1012]. Die Patienten werden nach Prüfung des Falles durch die Mitarbeiter der Verbraucherzentrale entsprechend an das Verfahren vor den ärztlichen Gütestellen oder ein gerichtliches Verfahren weiter verwiesen. Die ausführliche Beratung kann hierbei in Form von Gesprächen, stellvertretender Übernahme des Schriftverkehrs bis hin zur Vertretung vor der ärztlichen Schlichtungsstelle Norddeutschlands bestehen[1013]. Auch die Verbraucherzentralen sind damit der „Patientenseite" zuzuordnen.

Die Patientenombudsleute der Bundesländer[1014] werden insbesondere bei Konflikten zwischen Arzt und Patient tätig, setzen sich jedoch auch bei Problemen mit Krankenhäusern, Krankenkassen, Rehabilitationseinrichtungen und Apotheken für den Patienten ein, indem sie informieren, beraten und die Anliegen der Patienten vertreten. Sie werden hierbei als Vermittler tätig. Sie streben die Kooperation zwischen den Beteiligten an, um eine einvernehmliche Lösung zu finden.

Die Patientenombudsleute sind in Schleswig-Holstein als eingetragener Verein organisiert. Sein Vorstand und seine Mitglieder setzen sich aus Vertretern der Ärztekammer, Apothekerkammer und Kassenärztlichen Vereinigung Schleswig-Holstein sowie aus Vertretern von Krankenkassen, Krankenhäusern, sozialen Einrichtungen (z.B. Diakonisches Werk) und anderen Gruppierungen zusammen.

Die Tätigkeit der Patientenombudsleute ist vielschichtig und übergreifend. Sie setzen sich u.a. mit den Problemfeldern Kommunikation, Organisation, Abrechnungen und Verdacht auf einen Behandlungsfehler auseinander. Die Bereiche fehlerhafter Kommunikation und Behandlungsfehler nehmen dabei den größten Raum ein[1015]. Inwieweit diese Tätigkeit zu einer außergerichtlichen Streitbeilegung beiträgt, ist nicht bekannt. Der Verein der Patientenombudsleute stellt in

---

1008 Vgl. http://www.bag-notgemeinschaften.de/ (Zugriff am 01. Mai 2013).

1009 Vgl. http://www.alexandra-lang-stiftung.de/ (Zugriff am 01. Mai 2013).

1010 Vgl. http://geoffrey-mike.de/ (Zugriff am 01. Mai 2013).

1011 Vgl. http://www.vzhh.de/gesundheit/3460/beratungsangebote-gesundheit.aspx (Zugriff am 01. Mai 2013).

1012 *Kranich*, Bürgerorientierung des Gesundheitswesens, 305 ff. (320).

1013 *Kranich*, Bürgerorientierung des Gesundheitswesens, 305 ff. (321).

1014 Hier wird vorwiegend auf die Tätigkeit der Patientenombudsleute in Schleswig-Holstein eingegangen, s. unter: http://www.patientenombudsmann.de/ (Zugriff am 01. Mai 2013).

1015 Gesamtstatistik über die Arbeit der Ombudsleute in Schleswig-Holstein aus dem Jahr 2008 und 2009. Behandlungsfehlerverdachte nahmen 2008 21 % und 2009 16% der Arbeit der Ombudsleute ein.

seinem Jahresberichten lediglich einen Tätigkeitsbericht vor, wie viele Fälle aus welchem Problembereich behandelt wurden. Wie und mit welchem Ausgang diese bearbeitet wurden, wird daraus nicht ersichtlich. Nach eigener Recherche bei den Patientenombudsleuten in Schleswig-Holstein gelingt es den Ombudsleuten, manche Arzt-Patient-Konflikte, die zunächst auf einem vermeintlichen Behandlungsfehler beruhen, durch Beratung auszuräumen. Beratungen seien zumeist dann erfolgreich, wenn es sich bei der Streitigkeit um einen sogenannten „Randkonflikt" handele, bei dem Art und Weise des Umgangs mit dem Patient den Konflikt auslöste. Je nach Einzelfall würde auch mit dem Arzt in Kontakt getreten. Medizinische Gutachten hingegen werden zur Klärung von Haftungsfragen nicht eingeholt. Es ist jedoch jeweils ein Ombudsmann oder eine Ombudsfrau im Ausschuss des MDK der Ärztekammer Schleswig-Holstein beratend tätig. In geeigneten Konstellationen – bspw. bei medizinisch und juristisch komplizieren Fällen – werden die Betroffenen an die Schlichtungsstelle für ärztliche Haftpflichtfragen weitergeleitet. Für Ratsuchende besteht zudem das Serviceangebot einer kostenlosen rechtlichen Erstberatung durch eine Rechtsanwältin.

Mit ihrem Tätigwerden sind die Patientenombudsleute – die in Schleswig-Holstein vorwiegend aus theologischen Quellberufen stammen – eindeutig als Interessenvertreter der Patientenseite zuzuordnen. Sie verstehen sich hierbei als Unterstützer der Patienten und weisen, in dem Fall, dass sie dem Patienten selbst nicht weiterhelfen können, andere Wege auf, um den Konflikt zu lösen.

D. Fazit

Werden die vorhandenen Streitbeilegungsmöglichkeiten im Arzthaftungsrecht den Bedürfnissen der Parteien ausreichend gerecht? Diese Frage kann nicht eindeutig beantwortet werden. Wenn die Parteien lediglich die medizinischen Gegebenheiten fachlich bewerten lassen wollen, ist das Verfahren vor den ärztlichen Gütestellen eine geeignete Verfahrensart. Auch der MDK kann hierbei Hilfe leisten. Auf den Konflikt als solchen gehen diese Institutionen allerdings nicht ein. Wenn die Betroffenen den Konflikt als Ganzes aufarbeiten wollen, steht ihnen derzeit kein adäquates Verfahren zur Seite. Auch wenn ein Gericht sich hierum bemüht, steht fest, dass das Gerichtsverfahren für die Parteien in den häufigsten Fällen sowohl hinsichtlich des Prozesses als auch hinsichtlich der erzielten Ergebnisse nicht befriedigend verläuft. Sonstige Anlaufstellen, wie die Beschwerde- und Schlichtungsabteilungen der Landesärztekammern, das Beschwerdemanagement einzelner Kliniken sowie die Patientenberatungsstellen und Patientenombudsleute, sind zwar darum bemüht, den Patienten im Falle eines vermuteten Behandlungs- oder Aufklärungsfehlers Hilfe zu leisten. Ihrer Tätigkeit ist jedoch bei der Bewertung medizinischer und juristischer Fachfragen Grenzen gesetzt. Daher beschränkt sich ihre Unterstützung weitestgehend auf die Behandlung von Beschwerden in tatsächlicher Hinsicht und auf die Beratung und Weiterverweisung an die entsprechenden Verfahren vor den ärztlichen Gütestellen und Gerichten. Zusammenfassend lässt sich festhalten: Ein Verfahren, welches beide Anliegen behandelt – die Klärung der medizinischen Gegebenheiten sowie der sich daraus ergebenden juristischen Schlussfolgerungen und die Aufarbeitung des Konfliktes in seiner Totalität – wird derzeit nicht angeboten. In dieser Hinsicht werden die vorhandenen Streitbeilegungsmöglichkeiten im Arzthaftungsrecht den Bedürfnissen der Parteien also nicht ausreichend gerecht.

Kapitel 5: Theoretische Eignung von Mediation bei arzthaftungsrechtlichen Streitigkeiten

A. Einführung

Durch das Tätigwerden der Europäischen Union und die Umsetzung des nationalen Gesetzgebers, mit der eine einheitliche Regelung zur Mediation auch bei landesinternen Streitigkeiten geschaffen worden ist, wird die wachsende Bedeutung dieses Verfahrens als alternative Konfliktlösung deutlich. Auch die verstärkte Nachfrage und Inanspruchnahme der Mediation in anderen als ihren klassischen Anwendungsgebieten stellt ihren zunehmenden Einfluss heraus. Ob sie sich wirklich in jedem Bereich einsetzen lässt, ist damit nicht beantwortet. Ihre Einsetzbarkeit bei Arzthaftungsstreitigkeiten näher zu untersuchen, lohnt sich vor diesem Hintergrund und angesichts der Tatsache, dass die vorhandenen Streitbeilegungsmöglichkeiten im Arzthaftungsrecht nicht ausreichend befriedigen, in jedem Fall.

Anhand der Besonderheiten der Mediation und arzthaftungsrechtlicher Streitigkeiten wird im Folgenden die Geeignetheit des Mediationsverfahrens im Bereich der Arzthaftung untersucht. Die zentrale Frage lautet hierbei: Welchen Wert kann das Mediationsverfahren für Arzt und Patient sowie für die Berufshaftpflichtversicherer und Anwälte haben? Die Beantwortung dieser Frage wird durchgehend vor dem Hintergrund des besonderen Vertrauensverhältnisses zwischen Arzt und Patient und des gegebenen Sensibilitätsbereichs betrachtet. Ziel der Einsetzung von Mediation soll primär eine nachhaltige Verbesserung der Arzt-Patient-Beziehung sein. Die Entlastung der Gerichte durch die Hinwendung zu einer neuen Streitkultur kann gleichzeitig verwirklicht werden.

Die Einsetzbarkeit der Mediation in Arzthaftungssachen wird in diesem Kapitel anhand verschiedener Ansatzpunkte beleuchtet: Zunächst werden die Einstellung der Bevölkerung zur Mediation und der aktuelle Stand von Mediation im arzthaftungsrechtlichen Bereich erörtert. Im nächsten Schritt wird auf die Charakteristika der Störung des Arzt-Patient-Verhältnisses eingegangen, welche im Wesentlichen die Gründe und die Ziele der rechtlichen Auseinandersetzungen bestimmen. Der Wert eines Mediationsverfahrens für Arzt und Patient soll besonders durch die Darlegung der Prinzipien der Mediation herausgestellt werden.

Im Anschluss werden die Problemfelder von Mediation im Arzthaftungsrecht benannt, insbesondere die Rolle des Mediators wird dabei kritisch erläutert. Von großem Interesse ist zudem, welche Art von Konflikten für ein Mediationsverfahren geeignet erscheinen und welche hierfür nicht in Frage kommen. Exemplarisch wird ein Mediationsverfahren in einer Arzthaftungsstreitigkeit am Landgericht Kiel beschrieben, um anhand dieses praktischen Beispiels die Anwendbarkeit des Mediationsverfahrens im Arzthaftungsbereich zu ergründen.

Anschließend werden die Kosten und die Dauer eines Mediationsverfahrens mit denen eines Gerichts- oder Schlichtungsverfahrens vor den ärztlichen Gütestellen in Relation gesetzt.

B. Gibt es einen Bedarf an arzthaftungsrechtlichen Mediationen?

Von einem Rechtsstreit zwischen Arzt und Patient ist oftmals eine Vielzahl unterschiedlicher Interessenträger betroffen. Als mögliche Beteiligte kommen hier Patient, Arzt, Angehörige des Patienten, die Krankenversicherung des Patienten, die Haftpflichtversicherer des Arztes, Krankenhausträger u.v.m. in Betracht. Hier müssen die Interessen jedes Einzelnen gesondert ermittelt und eine multidimensionale Konfliktlösung angestrebt werden. Solche Konflikte haben in der Regel mehr Facetten als nur die rechtliche. Sie verweisen auf komplexe Problemlagen, die nur begrenzt von der rechtlichen Dimension erfasst und bearbeitet werden können. Die Aufklärung des Sachverhalts ist in arzthaftungsrechtlichen Fallkonstellationen praktisch kaum zu leisten. Das rechtsförmige Verfahren ist hier häufig sehr beschwerlich[1016]. Oftmals gibt es noch ungeklärte Rechtsfragen oder es besteht angesichts offener Tatbestände ein weiter Entscheidungsspielraum, welcher von den Parteien im Vorfeld nicht absehbar ist.

Von nicht zu unterschätzender Bedeutung ist neben der finanziellen und rechtlichen Seite eines Arzt-Patient-Konfliktes eine zweite Ebene, die von Empfindungen, Empathie und Enttäuschungen geprägt ist. Diese Ebene wird durch eine rein rechtliche Betrachtung nicht erfasst. Bei einer Verletzung der Gesundheit liegt zumeist eine Verletzung im doppelten Sinne vor[1017]: die körperliche sowie die emotionale.

Im Arzt-Patient-Verhältnis ist im Falle eines Behandlungs- oder Aufklärungsfehlervorwurfs das Vertrauen zwischen den Parteien erschüttert. Nicht selten werden bei einem geäußerten Behandlungsfehlerverdacht Informationen seitens der medizinischen Seite zurückgehalten, um keine Angriffsfläche zu bieten. In vielen Fällen scheitern Verhandlungen an den emotionalen Barrieren, die es den Parteien unmöglich machen, zu kommunizieren[1018].

Gerichtsverfahren im Bereich von Arzthaftungsstreitigkeiten werden von den Beteiligten als sehr zeit- und kostenaufwändig empfunden. Bemängelt werden die vermeintlich unzumutbare Sachverhaltsermittlung und die wenig kalkulierbaren Ergebnisse, die aus diesen Verhandlungen resultieren[1019]. Die steigende Anzahl der Arzthaftungsstreitigkeiten trägt zu einer nachhaltig gestörten Arzt-Patient-Beziehung

1016 *Hager*, Konflikt und Konsens, S. 55.
1017 *Breidenbach*, Mediation, S. 183.
1018 So auch *Haft*, Verhandlung und Mediation, S. 252.
1019 *Ulrich/Vogt*, DS 2009, 219 ff. (218).

bei. Sie führt unter den Patienten zu Misstrauen und innerhalb der Ärzteschaft zu einer Hinwendung zur defensive medicine (Defensivmedizin)[1020].

Zugleich haben die Gerichtsverfahren im Bereich der Arzthaftung oftmals keine befriedigende Wirkung für den Patienten. Neben den hohen Kosten und der langen Dauer justizförmiger Verfahren wirken sie nicht selten traumatisierend für ihn[1021].

Insoweit ist man sich einig: In vielen Arzthaftungsfällen bietet sich eine konsensorientierte Streitbeilegung an. Uneinigkeit besteht nur darüber, ob die bestehenden Verfahren ergänzungswürdig sind oder ob es womöglich gar kein Anwendungsfeld für Mediation im arzthaftungsrechtlichen Bereich gibt.

C. Allgemein: Einstellung der Gesellschaft zur Mediation

Nach einer seit 2010 jährlich durchgeführten Studie der Roland Rechtsschutz-Versicherungs-AG in Zusammenarbeit mit dem Institut für Demoskopie Allensbach[1022] möchte die Mehrheit der Bevölkerung – trotz hohen Vertrauens in die Gerichte und Gerichtsurteile[1023] – Gerichtsprozesse vermeiden[1024].

Bereits 65 % der Bevölkerung hat von dem Verfahren der Mediation als alternative Streitbeilegungsmöglichkeit Kenntnis genommen, was eine Steigerung von 8 % zum Vorjahr bedeutet[1025]. 46 % der Befragten nehmen an, dass durch Mediationsverfahren viele Streitigkeiten beigelegt werden können[1026]. 57 % der Befragten, die bereits von Mediationsverfahren gehört haben, vermuten einen positiven Effekt der Methode[1027]. Als vorteilhaft werden in diesem Verfahren besonders der geringe Aufwand für die Streitbeilegung, die Verfahrensmodalitäten und die verhältnismäßig kostengünstige Möglichkeit der Konfliktlösung angesehen[1028].

1020 *Taupitz*, MedR 1995, 475 ff. (475); *Kilian*, VersR 2000, 942 ff. (943 f.); *Laufs*, MedR 1986, 163 ff. (164).

1021 *Scheppokat/Neu*, VersR 2002, 397 ff. (397); *Katzenmeier*, NJW 2008, 1116 ff. (1116).

1022 Die Studie 2011 ist einsehbar unter: http://www.roland-konzern.de/media/downloads/roland_rechtsreport2011_kl.pdf (Zugriff am 01. Mai 2013); vgl. für das Jahr 2010: http://www.roland-konzern.de/media/downloads/roland_rechtsreport_web.pdf (Zugriff am 01. Mai 2013).

1023 Roland Rechtsreport 2011, S. 12 f.; 2010, S. 14 f., 37.

1024 40 % der Befragten empfinden den Gedanken in einen Gerichtsprozess verwickelt zu sein als sehr unangenehm, vgl. Roland Rechtsreport 2011, S. 34. Im Jahr 2010 geben etwa 51 % der Befragten an, sie würden ggf. nachgeben, auch wenn sie sich im Recht fühlen, um einen Prozess zu vermeiden, vgl. Roland Rechtsreport 2010, S. 31

1025 Roland Rechtsreport 2011, S. 38. Nach einer repräsentativen hingegen gaben 21 % derjenigen, denen der Begriff der Mediation zuvor schon begegnet war, an, sie hielten Mediation für eine Methode zur Schlichtung von Streitigkeiten. 3 % hielten sie für eine Methode einen Vergleich vor Gericht zu schließen.

1026 Roland Rechtsreport 2011, S. 40.

1027 Roland Rechtsreport 2011, S. 40.

1028 Roland Rechtsreport 2010, S. 43.

Nur ein gutes Drittel der Bevölkerung (34 %) steht diesem Verfahren skeptisch gegenüber[1029].

Vor die Wahl gestellt ob sie ein Gerichts- oder ein Mediationsverfahren anstrengen wollten, gaben 2010 44 % der Befragten an, sie würden sich für Letzteres entscheiden. Nur 20 % würden ein Gerichtsverfahren bevorzugen[1030].

Von besonderer Bedeutung ist die Annahme der Befragten, dass eine Mediation sich vor allem in den Fällen anbiete, wenn es sich um persönliche Streitigkeiten handele, wohingegen die Mehrzahl bei Konflikten, die konkrete finanzielle Belange zum Inhalt haben, dem Gerichtsverfahren den Vorzug geben.

Im Bereich der Arzthaftung geht es sowohl um sehr persönliche Streitigkeiten als auch um konkrete finanzielle Belange. Somit nehmen Konflikte aus diesem Bereich eine Mittelstellung ein. In diesem Zusammenhang muss man sich jedoch bewusst machen, dass es in der Vielzahl rechtlicher Auseinandersetzungen letztendlich um finanzielle Ausgleichzahlungen, Entschädigungen geht. Bei der Bewertung der Eignung einer Streitigkeit für die Mediation sollte man den Ausgangspunkt des Konfliktes betrachten. Dieser ist in arzthaftungsrechtlichen Konflikten – anders als bspw. bei verkehrsrechtlichen Streitigkeiten – dem persönlichen Bereich zuzuordnen.

D. Aktueller Stand arzthaftungsrechtlicher Mediationen in Deutschland

Zuvorderst sei erwähnt, dass die Mediation bei Arzt-Patient-Konflikten in Deutschland noch weitestgehend unbekannt ist. Vielmehr konzentrieren sich die hiesigen Akteure bei dieser Art von Streitigkeiten auf die vorhandenen und in vielfacher Hinsicht bewährten Verfahren.

Wie schon erwähnt, werden nach eigenen Angaben der Fachanwälte für Medizinrecht nahezu 80 % ihrer Arzthaftungsfälle einer gütlichen Streitbeilegung zugeführt. Dieses geschieht oftmals unter Hinzuziehung der ärztlichen Gütestellen sowie des MDKs. Eine kleine Anzahl von Fällen wird über den Patientenombudsmann gelöst.

Die verbleibenden Fälle werden als ultima ratio traditionell – vor einem Gericht – gelöst. Im Jahr 2010 lagen für den Arzthaftungsbereich die Erledigungszahlen der Amts- und Landgerichte in erster Instanz bundesweit bei 9.927 Verfahren[1031].

Zwar wird eine Diskussion über die Eignung der Mediation als alternative Konfliktlösungsmöglichkeit bei Arzthaftungssachen geführt. Diese ist jedoch eher theoretischer Natur, da nicht auf Erkenntnisse der – in geringer Zahl – durchgeführten Mediationen in diesem Bereich zurückgegriffen werden kann. Zuzugeben ist, dass eine eigene Bewertung der Thematik durch fehlende Erkenntnisse sehr schwierig ist. Dies kann jedoch nicht als Grund gegen eine Eignung des Verfahrens im

1029 Roland Rechtsreport 2011, S. 40.
1030 Roland Rechtsreport 2010, S. 45.
1031 Siehe hierzu ausführlich Kapitel 1, B, II, 2.

arzthaftungsrechtlichen Bereich angeführt werden. Es erschwert die Argumentation der Befürworter, sie kann die der Gegenredner jedoch nicht aufwiegen.

Erwähnenswert ist, dass das Bundesministerium der Justiz auf seiner Website unter „Anwendungsbereiche der Mediation" angibt, dass sie auch für Streitigkeiten zwischen Arzt und Patient geeignet sei und angewandt werde[1032]. Das Bundesministerium der Justiz und das Bundesministerium für Gesundheit haben mit dem Patientenrechtegesetz[1033] Kliniken nach § 135a Abs. 2 Nr. 2 SGB V dazu verpflichtet, ein patientenorientiertes Beschwerdemanagement durchzuführen. In dem dazu gehörenden Eckpunktepapier heißt es in einem Unterpunkt zum Beschwerdemanagement in den Kliniken, dass bei einfach gelagerten arzthaftungsrechtlichen Fällen eine Mediation zwischen den Beteiligten angestrebt werden soll[1034].

Die Suche nach tatsächlich durchgeführten Mediationen gestaltete sich sehr schwierig. Die Anzahl der realisierten Mediationen in diesem Bereich ist sehr gering. Vieles weist darauf hin, dass arzthaftungsrechtliche Mediationen derzeit eher in der Gestalt der gerichtsinternen Mediation bzw. nunmehr im Rahmen einer Güterichterverhandlung Anwendung finden. Richterliche Mediatoren machen sich vereinzelt für eine Anwendung von Mediation im Arzthaftungsrecht stark und haben hier schon einige Mediationen durchgeführt[1035]. Die Möglichkeit der Abgabe eines Verfahrens durch den Vorsitzenden Richter aus den arzthaftungsrechtlichen Kammern bzw. Senaten an die Mediationsabteilungen wird nur sehr zurückhaltend wahrgenommen. Hier sind die Einschätzungen der als Mediatoren tätigen Richter gegenüber der Mediation im Arzthaftungsbereich positiver als das Vertrauen der mit dem Arzthaftungsrecht betrauten Richter in die Eignung des Verfahrens für solche Streitigkeiten. Die Entscheidung über die Abgabe der geeigneten Verfahren liegt jedoch in den Händen dieser Richter, sodass deren mangelndes Vertrauen den Fortgang der Mediation in Arzthaftungssachen behindert.

Außergerichtliche Mediationen im Arzthaftungsbereich werden nur zögerlich, aber vermehrt angeboten. Diejenigen Mediatoren, die für Mediation im Arzthaftungsbereich werben, geben auf Nachfragen an, dass sie in diesem Bereich jedoch aufgrund der geringen Nachfrage noch keine aussagekräftigen Erfahrungen sammeln konnten.

Das Europäische Institut für Conflict Management e.V. (EUCON Institut) bietet seit November 2010 in Zusammenarbeit mit dem Paradigma-Institut aus München,

---

1032 Vgl. unter: http://www.bmj.de/cln_155/DE/Recht/Rechtspflege/MediationSchlichtungInternationaleKonflikteKindschaftssachen/_doc/mediation_was_ist_das.html (Zugriff am 01 Mai 2013).

1033 Siehe hierzu Kapitel 3, B.

1034 Vgl. Eckpunktepapier Patientenrechte in Deutschland, S. 3 f.

1035 Siehe Angaben eines vorsitzenden Richters am LG Berlin, nachzulesen unter: http://www.unabhaengige-patientenberatung.de/fileadmin/upd/bugs/dokumente/veranstaltungen/100303_2_Fachtag_Patientenberatung/6_UPD_Fachtag_2010_Kiep.pdf (Zugriff am 01. Mai 2013); http://www.gesund-magazin.de/artikel/medizinrecht-schmerzensgeld-kunstfehler-vor-gericht (Zugriff am 4. April 2012).

welches nach eigenen Angaben unparteiische medizinisch-wissenschaftliche Gutachten erstellt, ein Mediationsverfahren für den Bereich Arzthaftungsrecht an[1036]. Bedauerlicherweise ist bis zu diesem Zeitpunkt keine vom EUCON Institut in Zusammenarbeit mit dem Paradigma-Institut durchgeführte Mediation im arzthaftungsrechtlichen Bereich bekannt.

Zudem besteht seit Anfang 2010 das Angebot des NAV-Virchow-Bundes (Verband der niedergelassenen Ärzte Deutschlands) für seine Mitglieder, Mediationen im Streitfall durchzuführen[1037]. Die als Mediatorin ausgebildete Justiziarin des NAV-Virchow-Bundes bietet Mediationen sowohl für Streitigkeiten zwischen Ärzten in einer Kooperation – wie innerhalb einer Praxisgemeinschaft oder Gemeinschaftspraxis – oder bei innerbetrieblichen Konflikten zwischen Ärzten und Mitarbeitern als auch bei Konflikten zwischen Arzt und Patient an. Diese Bemühungen zeigen, dass die Mediation als geeignetes und modernes Streitbeilegungsmodell auch bei Vertretern dieser Berufssparte angekommen ist. Bedauerlicherweise kann jedoch auch der NAV-Virchow-Bund bis zu diesem Zeitpunkt noch keine Anfragen bzgl. Mediationen verzeichnen[1038].

Weitere praktische Tätigkeiten autonomer Mediatoren konnten nicht ausgemacht werden. Zwar werden teilweise Mediatorausbildungen auch für den Bereich des Gesundheitswesens und im Speziellen zwischen Arzt und Patient angeboten[1039], inwieweit sich diese jedoch auf die Praxis auswirken, ist nicht ermittelbar.

Das Pilotprojekt „Mediation im Medizinrecht“ der Ludwig-Maximilians-Universität untersucht von Dezember 2011 bis Juni 2012 inwieweit Mediation im Konfliktfall zwischen Arzt und Patienten zielführend sein kann[1040]. Am Centrum für Verhandlung und Mediation (CVM) soll dies anhand von mindestens 20 Arzthaftungsfällen erforscht werden. An der arzthaftungsrechtlichen Mediation sollen zwei ausgebildete Mediatoren, der jeweils betroffene Arzt und Patient, deren Anwälte sowie ein juristischer Vertreter der Haftpflichtversicherung des Arztes teilnehmen. Dass die Parteien anwaltlich oder durch Versicherungssachbearbeiter vertreten sind, ist hierbei Voraussetzung für die Teilnahme an dem Projekt. Für eine Mediation werden sowohl Gerichtsfälle als auch Streitigkeiten, die sich (noch) im außergerichtlichen Stadium befinden, herangezogen. Unterstützt – in finanzieller Hinsicht und bzgl. der

---

1036 Vgl. unter http://www.eucon-institut.de/eucon_fachgruppe_healthcare_mediation_arzthaftung.html (Zugriff am 01. Mai 2013).

1037 Vgl. unter http://www.nav-virchowbund.de/presse/pressearchiv.php?jahr=2010&show=87&PHPSESSID=cd5bc731bf1415e211d014e41ff21da7 (Zugriff am 01. Mai 2013).

1038 Persönliche Mitteilung der Justiziarin vom 18. Juli 2011.

1039 Vgl. bspw.: http://www.konfliktmanagement-im-gesundheitswesen.de/organisationsentwicklung/mediation-im-gesundheitswesen/index.html (Zugriff am 01. Mai 2013); http://www.fair-verhandeln.de/content/Transformative-Mediation (Zugriff am 01. Mai 2013).

1040 Vgl. Ausführungen zu dem Pilotprojekt unter http://www.mediation-im-medizinrecht.de/konzept.html (Zugriff am 01. Mai 2013).

Fallauswahl – wird dieses Projekt von der Rechtsanwaltskammer München, die Patientenbeauftragte des Bayerischen Gesundheitsministeriums, die Deutsche Chirurgische Gesellschaft, den Rückversicherer Swiss Re und einige Haftpflichtversicherer wie die Allianz, die Bayerische Versicherungskammer sowie die R+V Versicherung. Zu begrüßen ist die Unterstützung und Befürwortung des Pilotprojekts „Mediation im Medizinrecht" durch die Deutsche Gesellschaft für Chirurgie (DGCH). Es wird deutlich, dass auch die Ärzteschaft – in diesem Fall ein Fachbereich, der von einer relativ hohen Fehlerhäufigkeit betroffen ist – Mediation als ernsthafte Konfliktlösungsalternative annimmt. Besonders erfreulich ist der Zuspruch der Münchner Rechtsanwaltskammer und einiger Haftpflichtversicherer. Es bleibt abzuwarten, ob sich weitere Rechtsanwälte und Versicherer diesem Trend anschließen. Jedenfalls ist allein mit der Initiierung des Pilotprojekts und der Teilnahme der einzelnen Interessenvertreter daran ein großer Gewinn für Mediation im Arzthaftungsrecht erzielt worden. Es wäre wünschenswert, wenn dieser Vertrauensvorschuss erhalten bliebe.

Einige Kliniken geben an, Mediation im Bereich des Beschwerdemanagements anzuwenden. Hierbei handelt es sich jedoch vorwiegend um nichtrechtliche Gegebenheiten. Im Rahmen juristischer Auseinandersetzungen sei der Einsatz von Mediation – noch – die Ausnahme[1041].

Die ärztlichen Gütestellen der Landesärztekammern teilen mit, dass es Mediation als routinemäßig angebotene Methode zur Streitbeilegung von Arzt-Patient-Konflikten bei den Stellen nicht gäbe[1042]. Zwar hat die Gutachterkommission Westfalen-Lippe nach Auftrag durch die dortige Gesundheitskonferenz einige Mediationen in Arzt-Patient-Konflikten durchgeführt, diese blieben jedoch nach eigenen Angaben ohne Erfolg. Es konnte nicht einmal ein Anfangserfolg herbeigeführt werden, da die anberaumten Mediationstermine spätestens in den Verhandlungen von den Berufshaftpflichtversicherern blockiert wurden[1043]. Somit gab es keine Möglichkeit, das angespannte Arzt-Patient-Verhältnis durch eine mündliche Erörterung mit allen Beteiligten zu klären.

Der Gesamtverband der Deutschen Versicherungswirtschaft e.V.[1044] sowie ein Berufshaftpflichtversicherer mit vielen Arztkunden[1045] führen aus, dass es für den arzthaftungsrechtlichen Bereich keine Mediationsangebote gäbe und dass sie für dieses Unterfangen auch (noch) keine Notwenigkeit sähen.

1041 Persönliche Mitteilungen einzelner Kliniken. Vgl. hierzu ausführlich unter Kapitel 7, E, III.

1042 Vgl. *Scheppokat/Neu*, VersR 2002, 397 ff. (402).

1043 Persönliche Mitteilung eines Vertreters der Gutachterkommission vom 15. Dezember 2010.

1044 Persönliches Gespräch mit einem Vertreter der Abteilung Haftpflicht-, Unfall-, Rechtsschutz- und Kreditversicherung, Statistik vom 5. November 2010.

1045 Persönliche Mitteilung eines Vertreters einer Berufshaftpflichtversicherung vom 24. Mai 2011, vgl. auch: *Scheppokat/Neu*, VersR 2002, 397 ff. (402).

Ob sich ein Mediationsverfahren im Bereich der Arzthaftung wirklich eignet oder ob es tatsächlich keinen Anwendungsbereich für dieses Verfahren gibt, soll im weiteren Verlauf dargelegt werden.

E. Charakteristika der Störung des Arzt-Patient-Verhältnisses

Die Gründe für Konflikte zwischen Arzt und Patient sind Patientenunzufriedenheit, Arztfehler – innerhalb der Behandlung oder der Aufklärung – und iatrogene (behandlungsbedingte) Schäden[1046].

Eine Vielzahl der Patienten ist enttäuscht über die Kommunikation und Beratung der Ärzte. 81 % aller Patienten sind unzufrieden mit der Verständlichkeit, der Genauigkeit und dem Umfang der erhaltenen Informationen[1047].

Mängel in der Kommunikation spielen damit eine entscheidende Rolle und führen zu einer erhöhten Klagebereitschaft[1048]. Sie werden besonders negativ empfunden, wenn es zu einem (vermeintlichen) Behandlungs- bzw. Aufklärungsfehler gekommen ist. Studien aus den USA belegen, dass der Rechtsweg besonders häufig beschritten wird, wenn die Patienten frustriert darüber sind, keine überzeugende Erklärung für das Geschehene erhalten zu haben[1049]. Zu diesem Ergebnis kommt auch die ärztliche Schlichtungsstelle Norddeutschland, die angibt, dass einige Patienten das Verfahren nicht initiieren, um eine finanzielle Entschädigung zu erlangen, sondern um klären zu lassen, was wirklich geschah[1050].

Auch englische Untersuchungen bestätigen diese Annahmen. Sie zeigen, welches Ziel Patienten verfolgen, wenn sie einen Behandlungsfehlervorwurf gerichtlich geltend machen. Bezeichnend ist hierbei, dass es sich häufig um sogenannte „non-legal remedies“ handelt[1051]. So gibt etwa die Hälfte der Kläger an, dass ihr Ziel ein Schuldeingeständnis des Arztes, eine detaillierte Ermittlung des Geschehenen, ein Ausdruck des Bedauerns durch den Arzt oder die Verdeutlichung des erlittenen Leids ist. Nur etwa 33 % geht es darum, eine finanzielle Entschädigung zu erhalten.[1052]

1046 *Scheppokat/Neu*, VersR 2002, 397 ff. (402).

1047 *Vincent/Pincus/Scurr*, Quality in Health Care 1993, 77 ff., einzusehen unter: http://www.ncbi.nlm.nih.gov/pmc/articles/PMC1055088/pdf/qualhc00007-0005.pdf (Zugriff am 01. Mai 2013); *Scheppokat/Neu*, VersR 2002, 397 ff. (402 f.).

1048 Siehe hierzu auch die Studie in *Lester/Smith*, West J Med 1993, 158, 268 ff. Auffallend ist, dass die kommunikativen Kompetenzen von deutschen Ärzten im europäischen Vergleich besonders schlecht eingestuft werden. Nachweise bei *Dierks/Seidel/Horch/Schwartz*, Bürger- und Patientenorientierung im Gesundheitswesen, S. 15 f. Siehe zu der Arzt-Patient-Beziehung insb. S. 15 ff.

1049 *Kilian*, VersR 2002, 942 ff. (942).

1050 *Scheppokat/Neu*, VersR 2002, 397 ff. (402).

1051 *Mulcahy*, Mediating Medical Negligence Claims, S. 12.

1052 A.A.: *Meyer*, ZKM 2000, 123 ff. (124), der davon ausgeht, dass es den beschwerdeführenden Patienten in erster Linie um einen finanziellen Ausgleich geht.

Zu einem diese Vermutung unterstützenden Ergebnis kommt auch die Schlichtungsstelle der norddeutschen Ärztekammern[1053]. Sogar 11 % der Patienten, deren Ansprüche die Schlichtungsstelle für begründet hält, verfolgen diese nicht weiter und verzichten damit auf eine finanzielle Entschädigung. Die sog. „Tiefenstruktur" eines Konfliktes ist daher oftmals eine andere als vorerst angenommen[1054].

Das Verhalten des Gegenübers nach einem (vorgeworfenen) Behandlungs- bzw. Aufklärungsfehler wird von Patienten- und Arztseite sehr unterschiedlich wahrgenommen. Patienten kritisieren die von den Ärzten verursachten Informationslücken und mangelnde Sensibilität nach einem Fehlervorwurf. Viele Patienten sind über die oft zurückhaltende Art des Arztes nach der Äußerung eines Fehlerverdachts aufgebracht[1055]. Nach den subjektiven Empfindungen vieler Patienten schenken der Arzt und das medizinische Personal dem Patienten nach einem vermuteten Behandlungsfehler keine verstärkte Aufmerksamkeit, sondern distanzieren sich und reduzieren den Informationsfluss[1056]. Dabei wären viele dazu bereit, eine Komplikation oder einen schicksalhaften Krankheitsverlauf als gegeben anzunehmen, wenn der Arzt sie darüber eingehend und verständlich aufklären würde, für die Nachbehandlung Sorge tragen sowie Anteil an dem Wohlergehen des Patienten nehmen würde[1057]. Dass Ärzte viele Konflikte zwischen sich und Patienten auch im arzthaftungsrechtlichen Bereich, in dem es nicht nur um Kommunikationsschwierigkeiten geht, durch vertrauliche und gewissenhafte Gespräche vermeiden können, ist keine Neuigkeit.[1058] Ein funktionierendes und von Vertrauen sowie Respekt gekennzeichnetes Arzt-Patient-Verhältnis kann einen wichtigen Einfluss auf den Krankheitsverlauf und Behandlungserfolg nehmen. Eine gestörte Arzt-Patient-Beziehung allerdings,

---

1053 *Scheppokat/Neu*, VersR 2002, 397 ff. (402).

1054 Siehe hierzu *Montada/Kals*, Mediation, S. 70 ff.; vgl. zu dieser Annahme auch *Hattemer*, Mediation bei Störungen des Art-Patient-Verhältnisses, S. 117 ff.

1055 *Ewig*, HB Mediation, § 47, Rdnr. 71.

1056 *Ennis/Vincent*, Law and Policy 1994 (Vol. 16/Issue 2), 97 ff.

1057 *Ewig*, HB Mediation, § 47, Rdnr. 71.

1058 Vgl. in diesem Hinblick auch die verschiedenen Modelle der medizinischen Entscheidungsfindung: *„Paternalistisches Modell"* (der Arzt als Experte entscheidet und gibt dem Pateinten nur die gesetzlich vorgeschrieben Informationen), *„Informed-Decision-Making-Modell"* (der Patient entscheidet auf Grundlage seiner persönlichen Einschätzungen, der Arzt gibt lediglich alle notwendigen medizinischen Informationen), *„Shared-Desicion-Making-Modell"* (der Arzt und der Patient entscheiden gemeinsam (partizipiert), beide teilen sich alle hierfür notwendigen medizinischen und persönlichen Informationen mit), vgl. *Buddenberg*, Psychosoziale Medizin, S. 349. Um Konflikte zu vermeiden, sollte eine Hinwendung vom *Paternalistischen Modell* zum *Informed-Decision-Making-Modell*, bestenfalls sogar zum *Shared-Desicion-Making-Modell* stattfinden. Siehe hierzu auch die verschiedenen Gesprächsmethoden: direktiver und non-direktiver Gesprächsstil, vgl. *Greber/Kopp*, Medizinische Psychologie und Medizinische Soziologie, S. 326 f.

welche von schlechter Kommunikation geprägt ist, trägt zum Andauern und Eskalieren eines Konfliktes bis hin zur Klageerhebung bei.[1059]

Für den Arzt hat ein Behandlungsfehlervorwurf, insbesondere wenn er gerichtlich geltend gemacht wird, wegen der unerwünschten Publizität Auswirkungen auf die Motivation und das Arbeitsklima an seinem Arbeitsplatz. Untersuchungen zufolge fühlt sich ein Arzt, der mit einem Behandlungsfehlervorwurf konfrontiert wird, isoliert[1060]. Das liegt nicht zuletzt daran, dass in einem solchen Fall eine Distanzierung von allen Patienten erfolgt[1061]. Oftmals nehmen Ärzte einen Behandlungsfehlervorwurf als persönlichen Angriff wahr, welcher mit einem Selbstvertrauensverlust und der Ausübung von defensive medicine einhergeht[1062].

Diese Empfindungen werden in einem formalisierten außergerichtlichen Verfahren, bei dem die Betroffenen nicht aufeinander treffen, oder einem streitigen Gerichtsverfahren, welches zur Frontenverhärtung beiträgt, nicht aufgearbeitet. Sozialpsychologischen Untersuchungen zufolge geht es den Beteiligten einer Rechtsstreitigkeit jedoch weniger darum, was sie bekommen. Es kann für sie viel wichtiger sein, wie sie in dem Verfahren behandelt wurden[1063].

Vor diesem Hintergrund könnten dem ersten Anschein nach Arzt-Patient-Konflikte von ihrem Charakter her mediationstauglich sein. In jenem Verfahren kann man die genannten Anliegen bearbeiten und umsetzen. Mediation dient insbesondere dazu, Informationsflüsse in Gang zu setzen und bietet durch die nichtadversiale und vertrauliche Konfliktbearbeitung mehr Raum für Kommunikation zwischen Arzt und Patient.

F. Grundsätzliche Eignung von Arzthaftungsstreitigkeiten für eine Mediation – oder: Welchen Wert kann Mediation für Arzt und Patient haben?

I. Näheverhältnis

Als besonders mediationstauglich werden Verhältnisse – und daraus hervorgehende Streitigkeiten – angesehen, in denen das persönliche Vertrauens- und Abhängigkeitsverhältnis die rechtlichen Rahmenbedingungen überlagert[1064]. Die Arzt-Patient-Beziehung beinhaltet solch ein Näheverhältnis. In erster Linie ist diese Beziehung von zwischenmenschlichen und persönlichen Merkmalen, wie Vertrauen und

1059 Siehe auch *Hattemer*, Mediation bei Störungen des Arzt-Patient-Verhältnisses, S. 81.

1060 *Ennis/Vincent*, Law and Policy 1994 (Vol. 16/Issue 2), 97 ff. (103).

1061 *Ennis/Vincent*, Law and Policy 1994 (Vol. 16/Issue 2), 97 ff. (103).

1062 *Mulcahy*, Mediating Medical Negligence Claims, S. 9.

1063 Vgl. zum Gerichtsverfahren *Röhl*, ZfRSoz 1993, 1 ff., siehe insb. S. 30 m.w.N.; *Hoffmann*, Verfahrensgerechtigkeit, insb. S. 134 ff.; *Raiser*, Grundlagen der Rechtssoziologie, S. 217.

1064 *Kilian*, VersR 2000, 942 ff.(942).

Zuwendung, geprägt. Die rechtlichen Rahmenbedingungen sind besonders für den Patienten im Normalfall nicht relevant[1065]. Das Arzt-Patient-Verhältnis ist daher weit mehr als eine juristische Vertragsbeziehung[1066]. Das grundsätzliche Näheverhältnis, das durch einen vermeintlichen Behandlungs- oder Aufklärungsfehler erschüttert wird, ist von seiner Natur aus für Mediationen geeignet.

II. Vertraulichkeit

Die Vertraulichkeit der Mediationsverhandlungen hat sowohl für den Arzt als auch für den Patient erhebliche Vorteile. Für Ärzte haben Gerichtsverfahren oftmals eine Prangerwirkung, die die Personalisierung eines negativen Geschehens verdeutlichen. Zugleich können sie den wirtschaftlichen Ruin für den betroffenen Arzt darstellen[1067]. Nicht selten sind diese Verfahren beschämend für den beklagten Arzt und bedingen eine strafende Wirkung.

Mediationen hingegen finden fernab der Öffentlichkeit statt und können diesen Ansehensverlust vermeiden. Durch eine fach- und situationsgerechte Verhandlungsführung durch den Mediator wird der Arzt nicht in eine defensive Rolle gedrängt und muss keinen Autoritätsverlust fürchten[1068]. Vielmehr kann er durch die nichtadversiale Gesprächsführung sein Vorgehen offen schildern und erklären. Er kann sein Bedauern über das Geschehene zum Ausdruck bringen, ohne fürchten zu müssen, dass ihm dies im Nachhinein als Schuldeingeständnis ausgelegt wird. Besonders in Arzt-Patient-Streitigkeiten spielen Mitgefühl, Empathie und Vertrauen eine wichtige Rolle. Diese Faktoren können in einer Mediation berücksichtigt werden. Ein weiterer Vorteil für den betroffenen Arzt ist, dass er nach einer erfolgreichen Mediation auf Nachfrage anderer bei ihm in Behandlung befindliche Patienten die Auskunft geben kann, dass der Konflikt einvernehmlich beigelegt wurde. Dadurch wird die Vertrauensbasis zu anderen Patienten nicht belastet. Diese Aussage ist besonders für Ärzte in ländlichen Gegenden erstrebenswerter, als angeben zu müssen, dass man ein Gerichtsverfahren führt. Das Signalisieren der Kompromissbereitschaft und des Wunsches, eine einvernehmliche Lösung des Konfliktes herbeizuführen, kann einer Reputationseinbuße vorbeugen[1069].

Für den Patienten erleichtert es die Vertraulichkeit des Mediationsverfahrens, sein Leid und seine Enttäuschung offen zu äußern und dem Arzt auf Augenhöhe zu begegnen. Zudem wird durch die Nichtöffentlichkeit der Verhandlungen seine Privatsphäre geschützt.

1065 BVerfGE 52, 131 (169 f.), NJW 1979, 1925 ff. (1930).
1066 BVerfGE 52, 131 (169 f.), NJW 1979, 1925 ff. (1930).
1067 *Katzenmeier*, NJW 2008, 1116 ff. (1117).
1068 So auch *Kilian*, VersR 2000, 942 ff. (944); *Katzenmeier*, NJW 2008, 1116 ff. (1119).
1069 Siehe im Allgemeinen auch *Spindler*, Gerichtsnahe Mediation in Niedersachsen, Rdnr. 359.

III. Kommunikationsförderung

Durch das nicht förmliche Verfahren der Mediation und als Folge der vertraulichen Atmosphäre wird der Kommunikationsfluss zwischen den Parteien gefördert. Da die Aussagen, die innerhalb einer Mediation getroffen werden, nicht in einem späteren Gerichtsverfahren verwendet werden können, trauen sich beide Seiten mehr Zugeständnisse zu machen. Es besteht keine Konfrontationsstellung, wie es im Prozess der Fall ist. Der Sachverhalt wird durch diese Verhandlungsform – insbesondere für den Patienten – in eine nachvollziehbare Form gebracht. Es wird für beide Seiten, ein besseres Verständnis für das Geschehene geweckt, das Risiko der Frontenverhärtung wird reduziert[1070]. Dies resultiert auch aus der persönlichen Auseinandersetzung mit der Problematik durch die Parteien statt einer Lösung auf technischer Ebene[1071]. Die Verantwortung wird nicht auf die Prozessvertreter verlagert. Vielmehr wird selbstständig und eigenverantwortlich – mit Unterstützung des rechtlichen Beistands und unter Leitung des Mediators – versucht, eine Lösung zu finden.

IV. Transparenz und Aktivierung von Informationsflüssen

Im Vergleich zum Gerichtsverfahren und besonders im Vergleich zum Verfahren vor den ärztlichen Gütestellen ist hervorzuheben, dass eine Mediation für die Beteiligten und speziell für den Patienten als medizinischen Laien mehr Transparenz schafft. Das Schlichtungsverfahren und die Entscheidungsfindung der ärztlichen Gütestellen sind besonders für ihn schwer zu durchschauen. Dies liegt vor allem daran, dass es förmlich betrieben wird, ohne die aktive Einbeziehung der Beteiligten. Die Parteien werden nur selten und geringfügig in das Verfahren integriert. Vielmehr findet eine interne Begutachtung des Falles unter den Mitgliedern und Gutachtern statt. In einem Gerichtsverfahren sind Arzt und Patient zwar in der Regel anwesend, hier wird das Verfahren jedoch kontradiktorisch geführt. Zudem wird die Diskussion über die Behandlung und den vermeintlichen Behandlungs- bzw. Aufklärungsfehler, das medizinische Gutachten sowie dessen rechtliche Würdigung wiederum von medizinisch und juristisch Sachkundigen geführt. Besonders der Patient und seine Bedürfnisse – wie die Aufklärung über das Geschehene und dessen Verständlichmachung – bleiben sowohl im Verfahren vor den ärztlichen Gütestellen als auch im Gerichtsprozess weitestgehend außer Acht. Ein Mediationsverfahren hingegen – in dem die Parteien im Vordergrund stehen – bietet die Möglichkeit, durch die nicht-adversiale Verhandlungsführung mehr Transparenz zwischen den Beteiligten zu schaffen. Das ggf. vorliegende medizinische Gutachten kann für den Patienten in eine ihm verständliche Form transkribiert werden. Die Ergebnisse des Gutachtens werden in offener Weise erörtert. Jeder Partei wird die Möglichkeit zur Stellungnahme gegeben. In der mündlichen Erörterung besteht die Gelegenheit, dem Arzt und einem ggf. anwesenden Sachverständigen Fragen zu stellen. Durch

1070 So auch *Leischner*, Streitbeilegung in medizinischen Haftungsfällen, S. 222.
1071 *Scheppokat/Neu*, VersR 2002, 397 ff. (402).

diese Transparenz zwischen den Mediationsbeteiligten wird gleichzeitig der Informationsfluss aktiviert, sodass alle relevanten Umstände – auch solche, die für die rechtliche Würdigung des Sachverhaltes nicht ausschlaggebend sind – angesprochen werden können. Aufgrund der Transparenz und des Informationsflusses wird der Konflikt in seiner Totalität aufgearbeitet, was einer einvernehmlichen Lösung der Streitigkeit zuträglich ist. Mediation katalysiert damit durch ihre vertrauliche Atmosphäre Entscheidungsprozesse, da sie Bedingungen schafft, durch welche den Beteiligten medizinische, rechtliche und zwischenmenschliche Fragen transparent gemacht werden[1072].

V. Schutz des Patienten

Gerade vor dem Hintergrund, dass der Patient in einem arzthaftungsrechtlichen Streit zumeist unterliegt, erscheint Mediation bei Arzt-Patient-Streitigkeiten sinnvoll. Die meisten Klagen werden aufgrund des Nichtvorliegens eines Behandlungs- oder Aufklärungsfehlers oder aufgrund dessen mangelnder Kausalität für einen Schaden zurückgewiesen. Auch im Verfahren vor den ärztlichen Gütestellen wird „lediglich" in 25 % der Fälle ein Fehler des Arztes und dessen Kausalität bestätigt[1073]. Es kann jedoch auch in dem Fall, wenn eine Haftung des Arztes nicht gegeben ist, für den Patienten von Bedeutung sein, seine Anliegen offen darzulegen. Wenn man Arzt-Patient-Streitigkeiten vor ihrem Hintergrund betrachtet, erkennt man, dass diese durch Kommunikationsstörungen und Missverständnisse charakterisiert sind. In einer Mediation besteht die Möglichkeit, Gespräche und Verhandlungen über das Geschehene zu führen und damit den Streitfall zu lösen, der in einer Vielzahl von Fällen auf persönlichen Enttäuschungen und aus Sicht des Patienten unangemessenen Reaktionen des Arztes beruht. Diese Vorgehensweise ist in einem Verfahren vor den ärztlichen Gütestellen und in einem Gerichtsprozess nicht möglich, da sich diese Verfahren auf die rechtlichen und medizinischen Faktoren beschränken.

VI. Erhalt der Arzt-Patient-Beziehung

Mediation ermöglicht dem beteiligten Arzt und Patient, ihre an sich von Vertrauen und persönlicher Zuwendung geprägte Beziehung aufrechtzuerhalten und diese nach Abschluss des Konflikts fortzuführen. Durch ein Mediationsverfahren kann das gegenseitige Vertrauen, welches für eine Behandlung unabdingbar ist, wiederhergestellt und gefestigt werden.

Der Erhalt der sozialen Beziehung ist besonders bei Arzt-Patient-Verhältnissen von Bedeutung, die in einem besonderen Abhängigkeitsverhältnis stehen. Dieses kann bspw. in Behandlungsverhältnissen mit hoch spezialisierten Ärzten oder in

1072 *Weber*, Spektrum der Mediation, 19 ff. (20); *Leischner*, Streitbeilegung in medizinischen Haftungsfällen, S. 223.

1073 Vgl. Leistungsstatistik der ärztlichen Gütestellen 2010.

strukturschwachen Regionen der Fall sein[1074]. Hier besteht keine Auswahlmöglichkeit für den Patienten. Zudem kann ein Wechsel des Arztes aufgrund der Besonderheiten der Behandlung ausgeschlossen sein, so bspw. wenn die Behandlung auf einen längeren Zeitraum angelegt ist[1075]. Hinzu kommt, dass im Rahmen eines Klinikaufenthalts die freie Arztwahl eingeschränkt sein kann[1076]. Die Aufrechterhaltung der Arzt-Patient-Beziehung hat auch mittelbare positive Folgen für den Sozialversicherer, da hierdurch Kosten durch einen Arztwechsel und Doppelbehandlungen vermieden werden können.

Mediation kann wesentlich zur Verbesserung der Arzt-Patient-Beziehung beitragen[1077]. Unklarheiten und Missverständnisse in der medizinischen Behandlung können aufgeklärt werden. Der Patient wird dadurch mit Abläufen in der ärztlichen Praxis oder in der Klinik besser vertraut und der Arzt kann durch ein weiterreichendes Verständnis für sein Gegenüber die Bedürfnisse des Patienten mehr berücksichtigen[1078].

VII. Geringe Förmlichkeit und Flexibilität

Mediationsverfahren zeichnen sich zudem durch ihre geringe Förmlichkeit und Flexibilität aus. Die in einer Mediation ausgetroffenen Lösungen können exakt auf die konkreten Probleme zugeschnitten werden[1079]. Dies ist besonders in Arzthaftungsstreitigkeiten von Vorteil, da Gerichtsverfahren, die sich mit dieser Materie befassen, starren Regeln folgen. Das Umfeld des Konfliktes und der Konfliktparteien wird nur insoweit in die Entscheidung miteinbezogen, als es normenrelevant ist. Durchlebte Emotionen und das „erlittene Leid“, das bei einem Konflikt zwischen Arzt und Patient häufig eine große Rolle spielt, werden zum großen Teil ausgeblendet. Flexible zukunftsorientierte Einzelfall-Lösungen stellen eher die Ausnahme dar. Die Frage nach dem „Warum“ des Fehlers wird zumeist nicht gestellt. Dabei sind diese Faktoren vor allem für den Patienten von entscheidender Rolle.

Im Gegensatz zu den vorgegebenen Strukturen eines Gerichtsverfahrens gibt es „die einzig richtige“ Mediation nicht. Sie folgt keinen starren Regeln, sondern kann am einzelnen Fall orientiert angewandt werden. Sie ist stark von der Vorgehensweise

---

1074 *Katzenmeier*, NJW 2008, 1116 ff. (1117); *Kilian*, VersR 2000, 942 ff. (946).
1075 So bspw. bei chronischen Krankheiten und der Anfertigung von zahnärztlichen Prothesen, vgl. *Hattemer*, Mediation bei Störungen des Arzt-Patient-Verhältnisses, S. 126 f.
1076 *Hattemer*, Mediation bei Störungen des Arzt-Patient-Verhältnisses, S. 126.
1077 So auch: *Kalchschmid*, Patientenrechte und ihre Handhabung, 99 ff. (109).
1078 *Kalchschmid*, Patientenrechte und ihre Handhabung, 99 ff. (109).
1079 *Hager*, Konflikt und Konsens, S. 44.

des einzelnen Mediators geprägt, der unterschiedliche Arten und Stile[1080] nutzt sowie verschiedenen Mediationsphilosophien folgt[1081].

Die geringe Förmlichkeit und Flexibilität eines Mediationsverfahrens kann sich in zwei Konstellationen besonders auszeichnen: Bei einem eindeutigen Fehlverhalten des Arztes, welches zu einem Schaden bei dem Patienten geführt hat, ist es möglich, das Verfahren zeitnah und kostengünstig abzuschließen. Dies ist sowohl für den beteiligten Arzt als auch für den Patient von Vorteil.

Bei komplexen Streitigkeiten kann die Flexibilität des Mediationsverfahrens gleichermaßen zum Zuge kommen. In Arzthaftungsfällen treffen oftmals Schwierigkeiten bei der Sachverhaltsaufklärung und eine unklare Rechtslage zusammen. Diese Gegebenheiten können für die Parteien ein erhebliches Prozessrisiko darstellen. Im Rahmen einer Mediation besteht die Möglichkeit, über schwierig aufzuklärende Faktoren nicht in der Tiefe zu verhandeln, wie es vor Gericht üblich ist, sondern diese verhältnismäßig unter Berücksichtigung der einzelnen Interessen in eine am Wahrscheinlichkeitsgrad orientierte Lösung einzubinden. Das bedeutet, dass nicht jede Schadensposition dargelegt und geprüft werden muss, sondern dass diese vielmehr variabler gehandhabt werden können[1082]. Die Flexibilität, welche die Mediation hier bietet, wirkt sich bei Schwierigkeiten der Sachverhaltsaufklärung und einer unklaren Rechtslage für die Parteien sehr positiv aus. Bei einem Einigungswillen beider Parteien können die unaufgeklärten und oftmals auch unaufklärbaren Punkte durch gegenseitiges Nachgeben konsensuell gelöst werden. Durch die Reduzierung des Konfliktstoffes auf die von den Parteien erfassbaren Komponenten ist eine Einigung möglich[1083]. Innerhalb einer Mediation besteht die Möglichkeit, Unsicherheiten bestehen zu lassen[1084].

1080 Siehe hierzu *Risse*, Wirtschaftsmediation, § 1, Rdnr. 59 ff.; *Duve*-Henssler/Koch, Mediation in der Anwaltspraxis, § 5, Rdnr. 7 ff. Siehe speziell für arzthaftungsrechtliche Mediationen Kapitel 7, B.

1081 Siehe hierzu *Breidenbach*, Mediation, S. 114 ff., 119 ff., 185 ff., 212 ff.; *Besemer*, Mediation in der Praxis, S. 26 ff.

1082 Siehe auch *Hattemer*, Mediation bei Störungen des Arzt-Patient-Verhältnisses, S. 287 f.

1083 Siehe auch *Mulcahy*, Mediating Medical Negligence Claims, S. 44.

1084 *Hattemer*, Mediation bei Störungen des Arzt-Patient-Verhältnisses, S. 34. Kritiker bemängeln an solch einer Lösung, dass besonders in Arzthaftungsstreitigkeiten die Sachverhaltsaufklärung unumgänglich sei. Dieses hat nicht zuletzt seinen Ursprung in der Beteiligung der Berufshaftpflichtversicherung des Arztes an den Haftungsfällen, welche durch eine eindeutige Aussage zum Vorliegen einer Abweichung vom ärztlichen Standard eine Regulierung vornehmen oder nicht. Zuzustimmen ist dieser Ansicht bei einem völlig unvorhersehbaren Ausgang des Verfahrens aufgrund überwiegender Unaufklärbarkeit des Sachverhalts. Wenn jedoch nur einzelne Fragen offen sind, ist dieses vereinfachte Verfahren zu. präferieren Dieses müsste nach dem jeweiligen Sachverhalt einzelfallorientiert entschieden werden.

Zudem kann in einer Mediation, anders als in einem Gerichts- oder Schlichtungsverfahren, auf die Fragen, wie es zu dem Fehlverhalten kam und wie in Zukunft ein gleichgelagerter Fehler vermieden werden kann, eingegangen werden. Durch diese gezielten Fragen wird eine zukunftsorientierte Lösung angestrebt, die nicht nur in dem Vergangenen sucht. Damit wird ein Beitrag zur Qualitätsverbesserung der medizinischen Behandlung geleistet, sodass sich eine Präventivwirkung entfalten kann.

VIII. Nachhaltige Konfliktlösung

Lösungen, die innerhalb einer Mediation zwischen den Parteien erarbeitet und übereinstimmend angenommen werden, können adversiale Entscheidungen überlegen sein. Durch die gemeinsame Lösungsfindung stoßen sie auf mehr Akzeptanz bei den Beteiligten, über deren Anliegen nicht durch Dritte entschieden wurde. Es stellt sich ein erhöhter Zufriedenheitsgrad der Parteien mit dem Verfahren und dem Ergebnis ein[1085]. Die in einer Mediation erzielten Lösungen werden als gerechter und fairer empfunden[1086].

Zudem ist durch die Gesamtbetrachtung des Konfliktes, in der alle Streitursachen, Empfindungen, Vorstellungen, Interessen und Wünsche der Beteiligten Berücksichtigung oder jedenfalls vorab Gehör gefunden haben, eine einvernehmliche Lösung der Streitigkeit wahrscheinlicher als in einem kontradiktorischen Verfahren. Dabei wird die rechtliche Komponente in gleicher Weise einbezogen wie der Konflikt als solcher. Es sollen alle Aspekte, auch solche die gemeinhin als für den Rechtsstreit unbedeutend abgetan werden, in das Lösungsspektrum aufgenommen werden. Diese Gesamtanalyse der Gegebenheiten ist besonders in einem Arzt-Patient-Konflikt von Bedeutung. Wie schon die Charakteristika der Arzt-Patient-Streitigkeiten offen gelegt haben, haben bei diesen Konflikten viele „non-legal-remedies" große Bedeutung. Mängel in der Kommunikation und daraus resultierende Missverständnisse sind einer der ausschlaggebenden Beweggründe für rechtliche Auseinandersetzungen zwischen den Beteiligten. Die persönlichen Gründe des Patienten, die dazu führen, gegen den Arzt vorzugehen, können in einer Mediation dargelegt werden. Eine überzeugende Erklärung für das Geschehene, ein Ausdruck des Bedauerns auf Seiten des Arztes und das Verständnis und die Wertschätzung der Arbeit des Behandelnden durch den Patienten auf der anderen Seite können in einer Mediation angestrebt werden. Damit wird zu einer Aufarbeitung des Konflikts in seiner Totalität beigetragen[1087]. Die Möglichkeit, eine Gesamtbetrachtung des Konfliktes vorzunehmen, besteht innerhalb eines Schlichtungsverfahrens vor den ärztlichen Gütestellen nicht. Nach Bewertung des Geschehenen wird eine rechtliche und medizinische Einschätzung vorgenommen, ohne die vorhandenen Spielräume auszunutzen.

1085 *Spindler*, Gerichtsnahe Mediation in Niedersachsen, Rdnr. 609 ff.

1086 *Spindler*, Gerichtsnahe Mediation in Niedersachsen, Rdnr. 589 ff., 609 ff.

1087 Siehe auch Ausführungen bei *Mulcahy*, Mediating Medical Negligence Claims, S. 44.

Nachdem in einer Mediation die Gegebenheiten, die jedenfalls teilweise zum Entstehen des Konfliktes beitrugen, aufgearbeitet wurden und damit die subjektive Wahrnehmung des Konfliktes dargelegt wurde, besteht wieder mehr Raum, die rechtliche und medizinische Komponente der Streitigkeit sachlich zu erörtern und zu einer einvernehmlichen Lösung zu kommen. Somit hat die Mediation neben dem psychologischen Aspekt den Vorteil, dass nach Darlegung der subjektiven Wahrnehmung sowohl durch den Patienten als auch durch den Arzt eine objektive Diskussion über die Rechtsfolgenseite geführt werden kann[1088]. Mediation führt dadurch zu einer Versachlichung des Konfliktes und einem Abbau von Emotionen[1089]. Die Verständigungsmöglichkeit zwischen den Beteiligten wird damit erhöht.

Durch die Flexibilität des Mediationsverfahrens können unter Ausschöpfung aller Lösungsmöglichkeiten auf den jeweiligen Einzelfall zugeschnittene mitunter unkonventionelle Lösungen gefunden werden[1090], was durch die autonome Verfahrensweise der ärztlichen Gütestellen und Gerichte nicht möglich ist. Wie beschrieben geht es vielen Patienten nicht (ausschließlich) um einen finanziellen Ausgleich. Häufig ist es ihnen wichtig, dass der Fehler des Arztes nicht ein weiteres Mal passiert. Sie wollen mit ihrem Vorgehen gegen den Arzt eine präventive Wirkung erzielen. In einen Mediationsvergleich können Klauseln aufgenommen werden, die der Präventionswirkung zuträglich sind, etwa solche, die den Arzt dazu verpflichten, eine Fortbildung in dem Bereich des Fehleraufkommens zu absolvieren oder die Organisation in seiner Praxis bzw. auf der Krankenhausstation zu optimieren. Gleichzeitig besteht im Rahmen einer Mediationslösung die Bereitschaft des Behandelnden, Aspekte aufzunehmen wie die Vermittlung von Spezialisten[1091], die Zusicherung einer über die Leistung der Krankenversicherung hinausgehenden Behandlung[1092], Informationen über neue Therapieformen etc. Dies erweitert die Bandbreite der gefundenen Einigung und trägt zu einer erhöhten Zufriedenheit der Beteiligten bei. Der Arzt hingegen kann durch die Aufnahme einer Klausel darauf hinwirken, dass der Fehlervorwurf nicht weiter vorgetragen wird, um einen damit einhergehenden Ansehensverlust zu vermeiden. Durch solche Klauseln bewirkt man, dass die Streitigkeit „zur Ruhe" kommt und endgültig beigelegt werden kann, da beide Beteiligten ihre Anliegen und Emotionen vollständig beachtet sehen. Durch die endgültige Beilegung des Konfliktes haben die Parteien keine Folgeprozesse über mehrere Instanzen zu befürchten und können sicher gehen, dass eine dauerhafte Lösung gefunden wurde.

1088 So auch *Kilian*, VersR 2000, 942 ff. (947).
1089 So auch *Kilian*, VersR 2000, 942 ff. (947).
1090 *Kalchschmid*, Patientenrechte und ihre Handhabung, 99 ff. (109).
1091 *Hattemer*, Mediation bei Störungen des Arzt-Patient-Verhältnisses, S. 295.
1092 *Kalchschmidt*, Patientenrechte, 99 ff. (107).

IX. Der Wert einer Entschuldigung

Der Schlüssel einer Konfliktlösung liegt oftmals in der Äußerung einer Entschuldigung[1093]. Wenn man sich vor Augen führt, dass eine Vielzahl der Patienten beim rechtlichen Vorgehen gegen den Arzt den Wunsch haben, einen Ausdruck des Bedauerns zu erwirken, wird deutlich, welchen Stellenwert eine Mediation bei diesem Begehren einnimmt. Im Rahmen einer vertraulichen Mediationssitzung, die nicht auf konfrontative Weise geführt wird, ist es leichter für den Arzt, eine Entschuldigung – frei von einem Schuldeingeständnis – zu äußern. Durch diesen Ausdruck des Bedauerns kann eine zeitnahe Lösung des Konflikts erwirkt werden, da damit vor allem für den Patienten deutlich wird, dass es sich bei dem Arzt nicht um seinen Gegner handelt.

X. Leichter Zugang

Für Medizingeschädigte bestehen häufig hohe Zugangsbarrieren zum Arzthaftungsprozess. Diese Barrieren befinden sich sowohl auf der sozialen – im Verhältnis zum Gericht und zum Arzt – als auch auf der rechtlichen Seite[1094]. Für Patienten gestaltet sich der Weg zu einer arzthaftungsrechtlichen Klage sehr beschwerlich, da er als Laie sowohl die Komplexität der Rechtsmaterie als auch die medizinischen Gegebenheiten kaum überschauen kann. Darüber hinaus sind die Erfolgs- und Kostenrisiken nur schwer kalkulierbar[1095]. Durch diese Barrieren fühlt sich der Patient von vornherein in einer schwächeren Position, die ihn im Zweifel davon abhält, rechtliche Schritte zur Aufklärung des Geschehenen einzuleiten. Der finanzielle, aber auch der emotionale Aufwand lässt manchen Medizingeschädigten vom Prozessieren absehen.

Mediationsverfahren haben hingegen sehr geringe Zugangsbarrieren. Der Schritt, außergerichtlich gegen den Behandler vorzugehen, erscheint leichter, als ein förmliches Verfahren anzustrengen, bei welchem jegliche Risiken nicht abschätzbar sind. Hinzu kommt, dass den Beteiligten nach einer Mediation noch immer der Weg zum Gericht offen steht.

G. Problemfelder arzthaftungsrechtlicher Mediationen

Die Etablierung von Mediation im Arzthaftungsrecht ist mit Schwierigkeiten verbunden. In Ermangelung fachkundiger Mediatoren besteht ein Hinderungsgrund für arzthaftungsrechtliche Mediationen, der derzeit eine der größten zu überwindenden Schwierigkeiten darstellt. Problemfelder ergeben sich jedoch auch in weiteren Bereichen, wie bei der Rolle des Berufshaftpflichtversicherers in dem Verfahren oder bei hochkomplexen Streitigkeiten und zunehmenden Streitwerthöhen.

1093 *Haft*, BB 1998, Beilage 10, 15 ff. (18).
1094 *Katzenmeier*, NJW 2008, 1116 ff. (1116).
1095 *Katzenmeier*, NJW 2008, 1116 ff. (1116).

I. Die Rolle des Mediators und dessen Qualifikation

Verlauf und Ausgang von Mediationen hängen ganz wesentlich von der Person des Mediators ab. Bei der Auswahl des Mediators ist von den Parteien ein hoher Maßstab anzulegen. Wünschenswert und auch notwendig wäre ein in zweifacher Hinsicht bestehendes Expertenwissen des Mediators[1096]. Er müsste idealiter sowohl medizinisches als auch medizinrechtliches – im Besonderen arzthaftungsrechtliches – Fachwissen vorweisen[1097]. Zwar muss er nicht selbst Arzt sein, um einen Konflikt zwischen Arzt und Patient beurteilen zu können. Ein angemessenes Maß an Fachwissen würde jedoch nicht nur die Kommunikation zwischen Mediator und Medianten erleichtern, sondern auch zur Akzeptanz des Verfahrens und zum Vertrauen der Medianten gegenüber dem Mediator im Mediationsverfahren beitragen[1098]. Hinzu kommt, dass es ein unangemessener Zeitaufwand wäre, der sich gezwungenermaßen auch in einem hohen Kostenaufwand niederschlagen würde, wenn sich der Mediator vor einer arzthaftungsrechtlichen Mediation in das gesamte Arzthaftungsrecht und medizinische Fachvokabular einarbeiten müsste[1099].

Solch eine qualifizierte Fachperson zu finden, die alle drei Qualifikationen – Mediatorenausbildung, Fachwissen im Arzthaftungsrecht, medizinische Kenntnisse – in einer Person vereint, ist nahezu ausgeschlossen. Zwar gibt es sowohl Juristen, die auch eine medizinische Ausbildung absolviert haben, als auch juristisch fachkundige Mediziner. Diese stellen jedoch eher die Ausnahme als den Regelfall dar. Fachanwälte im Medizinrecht, die hauptsächlich mit Arzthaftungsfällen konfrontiert sind, haben sich bei einer mehrjährigen Tätigkeit zwar medizinische Kenntnisse angeeignet, sind aber in erster Linie Juristen und im Zweifelsfall auf das Urteil eines medizinischen Sachverständigen angewiesen. Eine darüber hinausgehende Kombination dieser Ausbildungen mit einer Mediatorentätigkeit hat höchsten Seltenheitswert. Um diese personelle Hürde zu überwinden, sind zwei Konstellationen denkbar:

1. Medizinischer Sachverständiger als Mediator

Medizinische Sachverständige kommen als Mediatoren in Betracht. Dem Grunde nach sind diese nicht minder als andere Berufsgruppen für die Tätigkeit des Mediators geeignet[1100]. Durch ihre Fachnähe bringen sie jedenfalls in medizinischer

1096 Siehe auch *Kilian*, VersR 2000, 942 ff. (946).

1097 Die Anforderungen an den Mediator bzgl. seiner Kompetenzen in dem jeweiligen Themenbereich des Konfliktes werden unterschiedlich bewertet. Sie reichen von der Meinung, der Mediator benötige keine Fachkompetenzen bis hin zur zwingenden Voraussetzung von Fachkenntnissen, vgl. *Flucher*/Kochendörfer/v. Minckwitz/Viering, Mediation im Bauwesen, 3 ff. (11).

1098 Siehe auch *Ulrich/Vogt*, DS 2009, 305 ff. (306).

1099 Siehe auch *Ulrich/Vogt*, DS 2009, 305 ff. (306).

1100 Siehe auch *Ulrich/Vogt*, DS 2009, 305 ff. (307); *Flucher*/Kochendörfer/v. Minckwitz/Viering, Mediation im Bauwesen, 3 ff (8); ablehnend hingegen: *Wacker*, ZRP 2009, 239 ff. (242).

Hinsicht beste Voraussetzungen für eine arzthaftungsrechtliche Mediation mit. Die Auswertung und Darstellung eines ggf. notwendigen Gutachtens kann ein sachverständiger Mediator vornehmen. Überlegenswert ist hierbei, den sachverständigen Mediator nicht zugleich als Ersteller des Gutachtens einzusetzen, sondern dass Gutachter und Mediator personenverschieden sind. Dies stärkt zum einen seine Unabhängigkeit. Zum anderen wird eine Art „Kontrollinstanz" für das erstellte Gutachten geschaffen. In einfacher gelagerten Fällen kann durch den Sachverstand des Mediators auf die Einholung eines Sachverständigengutachtens und die Hinzuziehung eines zusätzlichen außenstehenden Experten verzichtet werden[1101].

Allerdings ergeben sich bei der Einsetzung eines Sachverständigen als Mediator hauptsächlich zwei Problembereiche:

Zum einen ist es für den Sachverständigen aus seiner gewohnten Tätigkeit heraus üblich, bei einer medizinischen Fragestellung eine Lösung herauszuarbeiten[1102]. Innerhalb einer Mediation darf er als Mediator den Parteien allerdings nicht aufgrund seiner Bewertung des Falles eine Lösung ihres Konflikts vorgeben. Diese sollen die Konfliktparteien selber erarbeiten. Fraglich erscheint insoweit, ob ein Sachverständiger als alleiniger Mediator regelungs- und ergebnisoffen ist.[1103]

Zum anderen ist ein medizinischer Sachverständiger nicht im Bereich des Arzthaftungsrechts ausgebildet. Dieser Faktor ist jedoch für die Akzeptanz und das Gelingen von arzthaftungsrechtlichen Mediationen unabdingbar.

Ein Sachverständigen-Mediator ist daher als alleiniger Mediator nicht vorzugswürdig.

2. Co-Mediation

Möglich ist jedoch, dass ein Mediator, der sich in seinem juristischen Quellberuf vorwiegend mit medizinrechtlichen Fragen auseinandersetzt, einen zweiten fachkundigen Mediator – bspw. einen Arzt aus dem betroffenen Fachbereich oder einen medizinischen Sachverständigen – hinzuzieht und damit eine Co-Mediation anbietet[1104]. Ein fachkundig besetztes Mediatorenteam ist für eine qualitativ hochwertige Mediation und für die Förderung der Akzeptanz durch interdisziplinäres Wissen unumgänglich. Zudem wird dem Wissensgefälle zwischen Arzt und Patient durch einen fachkundig besetzten Mediatorenapparat vorgebeugt. Kritikpunkte bei Hinzuziehung eines spezialisierten Co-Mediators sind wiederum die notwendige Regelungs- und Ergebnisoffenheit des Co-Mediators sowie der erhöhte Kostenfaktor.

1101 *Flucher*/Kochendörfer/v. Minckwitz/Viering, Mediation im Bauwesen, 3 ff. (8).

1102 Dieser Arbeitsethos kann Sachverständigen auch in einem Gerichtsverfahren Probleme bereiten, vgl. bspw. OLG Celle DS 2007, 389 f.

1103 Ein weiteres Dilemma kann sich für den sachverständigen Mediator aus den Anforderungen aus dem Grundsatz der Informiertheit und dem Prinzip der Neutralität ergeben, vgl. hierzu *Hattemer*, Mediation bei Störungen des Arzt-Patient-Verhältnisses, S. 31.

1104 Siehe hierzu auch *Kilian*, VersR 2000, 942 ff. (946).

Bei fehlender Regelungs- und Ergebnisoffenheit des Co-Mediators besteht bei dieser Form der Mediation nunmehr die Möglichkeit, dass sie durch den „Hauptmediator" – aus einem juristischen Quellberuf stammend – ausgeglichen wird. Im Extremfall kann der Hauptmediator auf den Ausschluss des Co-Mediators hinwirken.

Auch der Kostenfaktor wird durch die fachkundige Besetzung des Mediatorenapparats relativiert. Zwar steigen mit der Anzahl der zu Vergütenden die Kosten insgesamt[1105]. Diese Kosten können jedoch durch eine qualitativ hochwertige und zeitnahe Lösung des Konflikts aufgewogen werden.

Zudem kann die Einbindung des Co-Mediators in verschiedenen Abstufungen erfolgen. Um einzelfallgerechte Mediationen vorzunehmen, ist im Vorfeld von dem Mediator abzuwägen, inwieweit eine Co-Mediation und in welcher Form sie notwendig ist.

In einfacher gelagerten Fällen ist die Fachkunde in der Tiefe mitunter entbehrlich und somit die Hinzuziehung eines Co-Mediators entbehrlich. Mögliche Fallkonstellationen wären Streitigkeiten, in denen nicht die rechtliche und medizinische Bewertung des Falles im Vordergrund steht, sondern kommunikative Missverständnisse. Auch Streitigkeiten, in denen es nicht (mehr) um die Frage der Haftung dem Grunde nach geht, sondern über die Haftung der Höhe nach verhandelt wird, sind denkbar.

Kommt der Mediator hingegen zu der Erkenntnis, dass die Hinzuziehung eines Co-Mediators notwendig ist, sind folgende Formen der interdisziplinären Zusammenarbeit denkbar[1106]:

a) Generelle Co-Mediation[1107]

Im Rahmen einer generellen Co-Mediation arbeitet das Mediatorenteam – ein Mediator aus einem juristischen Quellberuf sowie ein Co-Mediator aus einem medizinischen Quellberuf – während des gesamten Mediationsverfahrens zusammen. Sie sind beide bei allen Sitzungen anwesend, unabhängig von deren inhaltlichen Schwerpunkten[1108]. Diese Vorgehensweise bietet sich besonders dann an, wenn die dauernde Anwesenheit des medizinisch versierten Co-Mediators für etwaige Nachfragen und Erläuterungen nützlich ist und zum Erfolg der Mediation beiträgt – so bspw. bei medizinisch komplexen Problemstellungen.

1105 Siehe auch: *Paul/Schwartz*-Henssler/Koch, Mediation in der Anwaltspraxis, § 8, Rdnr. 24.

1106 Das Thema der Co-Mediation – auch „Team-Mediation" genannt – wurde im deutschsprachigen Raum noch nicht umfassend untersucht. Vgl. aber zur Zusammenarbeit von Rechtsanwälten und Psychologen in Trennungs- und Scheidungsmediationen: *Bernhardt/Winograd*, HB Mediation, § 36; *Paul/Schwartz*-Henssler/Koch, Mediation in der Anwaltspraxis, § 8.

1107 Auch „Permanente Co-Mediation" genannt, vgl. *Paul/Schwartz*-Henssler/Koch, Mediation in der Anwaltspraxis, § 8, Rdnr. 4 f.

1108 *Bernhardt/Winograd*, HB Mediation, § 36, Rdnr. 8.

b) Sequentielle Co-Mediation

Es können zudem sequentielle Co-Mediationen[1109] durchgeführt werden. In diesem Fall werden zunächst die medizinischen und darauffolgend die rechtlichen Fragestellungen erörtert und einer Lösung zuträglich gemacht.

c) Temporäre Co-Mediationen

Eine temporäre Co-Mediation zeichnet sich dadurch aus, dass ein zweiter Mediator lediglich zeitlich und inhaltlich begrenzt an der Mediation beteiligt wird[1110]. In arzthaftungsrechtlichen Mediationen ist eine modifizierte Form möglich, indem die Mediation generell von einem juristischen Mediator durchgeführt wird und nur bei Bedarf – bspw. bei Uneinigkeit oder Unverständlichkeit bzgl. eines vorliegenden Gutachtens oder bei komplexeren medizinischen Problemstellungen – ein Co-Mediator aus einem medizinischen Quellberuf zeitlich und inhaltlich begrenzt in das Verfahren einbezogen wird. Diese Einbeziehung kann sich bspw. auf eine Phase oder auf ein Thema innerhalb der Mediation beschränken[1111].

Nicht in allen Fällen und auch nicht bei jeder Auslegung eines Sachverständigengutachtens ist die Anwesenheit eines Co-Mediators notwendig. Einzuschätzen, wann die Hinzuziehung notwendig ist, ist Aufgabe des „Hauptmediators". Er hat durch seine Erfahrungen in arzthaftungsrechtlichen Streitigkeiten herauszufiltern, in welchen Fallkonstellationen das Fachwissen und die medizinische Hilfestellung eines Co-Mediators für den Verlauf einer Mediation und das Befinden der Medianten nützlich sind.

d) Stellungnahme

Insbesondere bei komplexen Sachlagen ist es unabdingbar, dass im Mediationsteam ein medizinischer Sachverständiger zur Stelle ist, der mit seinen Fachkenntnissen dabei Hilfe leistet, eine Tatsachengrundlage zu schaffen von der ausgehend ein Lösungskonzept erarbeitet werden kann[1112].

Sequentielle Co-Mediationen erscheinen für arzthaftungsrechtliche Mediationen aus Kosten-, Zeit und Praktikabilitätsgründen nicht praxistauglich. Es würde das Verfahren zwischen Arzt und Patient nur unnötig verkomplizieren und verlängern. Vielmehr erfordern Arzthaftungskonflikte flexible Mediationsmethoden.

1109 Vgl. für diese Form der Mediation in Trennungs- und Scheidungsmediationen: *Bernhardt/Winograd*, HB Mediation, § 36, Rdnr. 11 ff.

1110 *Bernhardt/Winograd*, HB Mediation, § 36, Rdnr. 14, auch „Alternierende Mediation" genannt, vgl. *Paul/Schwartz*-Henssler/Koch, Mediation in der Anwaltspraxis, § 8, Rdnr. 6.

1111 *Paul/Schwartz*-Henssler/Koch, Mediation in der Anwaltspraxis, § 8, Rdnr. 6, siehe hier auch zum situativen Einsatz.

1112 Siehe auch *Kilian*, VersR 2000, 942 ff. (946).

Sowohl die generelle als auch die temporäre Co-Mediation erscheinen hierfür als valide Methoden. Lediglich einem dieser Modelle den Vorzug zu geben, ist nicht sachdienlich. Der Hauptmediator sollte zwischen den Verfahren je nach Fallgestaltung wählen können. Erscheint ihm die dauerhafte Anwesenheit des Co-Mediators notwendig und nützlich, so setzt er sich bei den Medianten für die Durchführung einer generellen Co-Mediation ein. Schätzt er die Situation hingegen dahingehend ein, dass eine temporäre Anwesenheit eines Co-Mediators auf Abruf hilfreich und ausreichend wäre, so schlägt er den Medianten diesen Weg vor.

Dass medizinisch tätige Personen eine Ausbildung zum Mediator absolviert haben, ist die Ausnahme. Die Mediatorenausbildung ist für den medizinrechtlich tätigen Juristen eher in Erwägung zu ziehen als für Mediziner. Daher sollte aus Praktikabilitätsgründen nicht darauf bestanden werden, dass der hinzugezogene Experte eine Mediatorenausbildung genossen hat, auch wenn dies wünschenswert ist. Da die Leistung der arzthaftungsrechtlichen Mediation vom Hauptmediator übernommen wird, kann es ausreichend sein, dass der hinzugezogene Spezialist angemessene Kenntnisse in der mediativen Vorgehensweise mit bringt und mediative Elemente in seinen Ausführungen anwendet.[1113] Des Weiteren sollte der hinzugezogene Co-Mediator personenverschieden von dem Sachverständigen sein, der das medizinische Gutachten erstellt hat. Nicht nur die Unabhängigkeit des Co-Mediators wird dadurch gestärkt. Die Einbeziehung eines zweiten Spezialisten in die Mediation, der nicht die Aufgabe des Sachverständigen übernimmt, hat auch insoweit den Vorteil, dass eine zweite Meinung eingeholt werden kann. Der zweite Spezialist kann, ohne Gutachter des Falles zu sein, eine weitere und andere Blickweise auf den Fall haben. Die Parteien haben durch ihn eine zweite Fachkompetenz als Kontrollinstanz zur Verfügung. Wenn zwei Spezialisten über den Fall und dessen Auswirkungen konsistent sein müssen, besteht für die Parteien ein höheres Befriedigungs- und Akzeptanzpotential. Wichtig ist zudem, dass die Einzelheiten der Zusammenarbeit zwischen den Co-Mediatoren zweifelsfrei geregelt sind, um Konfliktpotential zwischen den Mediatoren wie bspw. bzgl. Kompetenz- und Abrechnungsfragen zu vermeiden[1114].

II. Die Zulässigkeit rechtlicher Einschätzungen durch den Mediator

Im Rahmen einer arzthaftungsrechtlichen Mediation ist demnach die Verbindung von mediatorischer und juristischer Kompetenz hilfreich und wünschenswert. Inwieweit der (Anwalts-) Mediator in die Entscheidungsfindung der Parteien durch

1113 Wenn der hinzugezogene Fachkundige keine Mediatorenausbildung absolviert hat, handelt es sich um eine Spezial-Mediation, die jedoch unter den gleichen Voraussetzungen geführt wird wie die dargestellten verschiedenen Co-Mediationen.

1114 *Friedrichsmeier*, HB Mediation, 1. Aufl./2002, § 21, Rdnr. 45; *Paul/Schwartz*-Henssler/Koch, Mediation in der Anwaltspraxis, § 8, Rdnr. 25 f.

rechtliche Einschätzungen eingreifen darf, wird sehr unterschiedlich bewertet. Die Auffassungen reichen von einer sehr zurückhaltenden Position[1115], über die Annahme eines bei Notwendigkeit bestehenden Ausnahmecharakters[1116] bis hin zur generellen Zulässigkeit je nach Besonderheit des Fachbereiches[1117]. Die Mediation in ihrer „reinsten Form" ist die umfassende Moderation[1118], in der der Mediator lediglich eine moderierende Rolle einnimmt. Das andere Extrem ist eine Mediation, in der auch die inhaltliche Einflussnahme im Rahmen einer Sachbeurteilung erfolgen kann. Hier kann auch eine rechtliche Beurteilung der Sachlage vorgenommen werden[1119]. Die Grenzen zwischen den Formen sind fließend. Welcher Typus angewandt wird, wird von der jeweiligen Parteivereinbarung bestimmt, welche in erster Linie durch die Art des Konfliktes und den Willen der Parteien bedingt ist.

Zugegeben, es wird durch die überwiegende Ablehnung der Hilfeleistung bei der Beantwortung rechtlicher Fragen eine hohe Rollenklarheit erreicht.[1120] Der völlige Ausschluss rechtlicher Einschätzungen des Falles durch den Mediator erscheint allerdings zu weitreichend und kann das Verfahren – vor allem in Arzt-Patient-Streitigkeiten – für die Medianten schwerfälliger und teurer machen[1121]. Durch die besondere Komplexität des Arzthaftungsrechts sollte der Mediator in der Lage sein und die Bereitschaft haben, auch bei der Klärung von Rechtsfragen den nötigen Sachverstand aufzuweisen. Zwar steht den Medianten im Falle der Begleitung durch einen rechtlichen Beistand die Fachkompetenz ihres Rechtsanwalts zur Verfügung. Die zusätzliche Hilfestellung und Bewertung rechtlicher Fragen durch den Mediator kann für sie jedoch durch dessen Neutralität und Unabhängigkeit von hoher Bedeutung sein. Es kann sogar eine dahingehende Erwartungshaltung bei den Parteien bestehen.

Bei der Frage nach der Zulässigkeit rechtlicher Einschätzungen durch den Mediator, sollte man sich Sinn und Zweck der Mediation – eine einvernehmliche Lösung des Konfliktes durch die Parteien anzustreben – vor Augen halten. Unter Berücksichtigung dieses Ziels ist die für die Parteien zuträglichste Vorgehensweise auszuwählen. Die Mediation soll ein Verfahren zur qualitativ hochwertigen Konfliktlösung für

---

1115 Diese Position wird überwiegend in der Lit. vertreten, vgl. *Leiss*, SchiedsVZ 2007, 139 ff. (141).

1116 *Eidenmüller*-Henssler/Koch, Mediation in der Anwaltspraxis, § 2, Rdnr. 82

1117 *Haft*, BB 1998, Beilage 10, 15 ff. (16).

1118 *Hattemer*, Mediation bei Störungen des Arzt-Patient-Verhältnisses, S. 46.

1119 Vgl. zu den einzelnen Formen: *Duve*, Mediation und Vergleich im Prozess, S. 225 ff; *Duve*/Eidenmüller/Hacke, Mediation in der Wirtschaft, S. 75, 79; *Duve*-Henssler/Koch, Mediation in der Anwaltspraxis, § 5, Rdnr. 7 ff.; *Risse*, Wirtschaftsmediation, § 11, Rdnr. 35 ff.

1120 Siehe bei *Duve*, Mediation und Vergleich im Prozess, S. 234, *Gottwald*-Henssler/Koch, Mediation in der Anwaltspraxis, § 7, Rdnr. 54 ff. Vgl. auch BT-Drucks. 17/5335, S. 10, wonach eine konkrete rechtliche Beratung über die dem Konflikt zugrundeliegenden Rechtsfragen nicht erfolgen darf.

1121 *Schmidt*, Die Zukunft der Mediation in Deutschland, 121 ff. (130).

die Parteien sein. Nach diesem Kriterium muss entschieden werden, inwieweit der Mediator in den Lösungsfindungsprozess einbezogen wird. Wenn es sich im Einzelfall so darstellt, dass eine rechtliche Einschätzung des Streits durch den Mediator förderlich ist und damit Lösungswege aufgezeigt werden können, sollte dieses Vorgehen nicht daran scheitern, dass es „der Natur der Mediation" widerspricht. Das Tätigwerden des Mediators darf nicht so weit gehen, dass er den Streit für die Parteien entscheidet. Dieses würde in der Tat dem Wesen einer Mediation entgegenstehen. Dennoch sollte es den Parteien überlassen sein, sich im Rahmen der Mediation dazu zu äußern, bis zu welchem Grad der Mediator aktiv – auch durch rechtliche Einschätzungen – auf den Einigungsprozess einwirken soll.

Sobald ein Schlichtungsvorschlag des Mediators unterbreitet wird und der Bereich einer „klassischen Mediation" verlassen wird, sollte dieses von dem Mediator allerdings deutlich gemacht werden. In dem Fall kann eine Verfahrenskombination mit einer *Early Neutral Evaluation* vorliegen[1122].

Somit kann abschließend festgestellt werden: Um die Rollenklarheit beizubehalten, bietet es sich an, solange wie möglich durch aktives Zuhören und durch gezielte Fragen die Medianten selbst zu einer Lösungsfindung zu bewegen sowie nur im Ausnahmefall und auf ausdrücklichen Wunsch der Parteien eine rechtliche Bewertung vorzunehmen.[1123]

III. Kein Verhandlungsspielraum und keine Selbstbestimmtheit der Parteien

Eine Lösung des Konflikts über ein Mediationsverfahren kann nur dann entstehen, wenn für die Parteien ein Verhandlungsspielraum existiert und ihre Selbstbestimmtheit gegeben ist[1124]. Hinsichtlich arzthaftungsrechtlicher Mediationen wird zu bedenken gegeben, dass durch die Abhängigkeit des Patienten von einem Sachverständigenurteil und die des Arztes von den Einschätzungen seiner Berufshaftpflichtversicherung[1125] der Verhandlungsspielraum und die Selbstbestimmtheit der Parteien derart beschnitten seien, dass für Mediationen wenig Raum bliebe[1126]. Einige Mediationskritiker gehen zudem davon aus, dass die Einholung eines Sachverständigengutachtens innerhalb eines Mediationsverfahrens nicht praktikabel sei. Das Sachverständigenurteil sei jedoch unabdingbar, da es sich bei dem festzustellenden Behandlungsstandard, der als Maßstab zu dienen habe, nicht um eine nach subjektiven Gerechtigkeitsvorstellungen bestimmbare Größe handle[1127]. Dieser

1122 Vgl. hierzu Kapitel 2, B, IV.
1123 So auch *Hattemer*, Mediation bei Störungen des Arzt-Patient-Verhältnisses, S. 49.
1124 *Hager*, Konflikt und Konsens, S. 61.
1125 Auf die Rolle des Berufshaftpflichtversicherers und die eingeschränkte Dispositionsbefugnis des Arztes wird aufgrund der Relevanz in diesem Kapitel unter G, V gesondert eingegangen.
1126 Vgl. für viele: *Scheppokat/Neu*, VersR 2002, 397 ff. (403).
1127 *Meyer*, ZKM 2000, 123 ff. (124).

Standard könne nicht konsensual – wie in einer Mediation üblich – festgelegt werden. Auch das Aushandeln einer Entschädigung entbehre einer sozialen Partnerschaft, vielmehr käme es hier auf taktisches Geschick an[1128]. Aus diesen Gründen würden arzthaftungsrechtliche Mediationen von vornherein ausscheiden.

Vor allem die Feststellung, dass in einem Mediationsverfahren die Einholung eines Sachverständigengutachtens nicht praktikabel sei, ist fragwürdig.[1129] Zur Sachverhaltsaufklärung kommen im Rahmen dieses Verfahrens sogar nicht nur der Sachverständigenbeweis in Betracht – obwohl es sich bei diesem vermutlich um das wichtigste Instrument handelt[1130] –, sondern gleichwohl Beweismittel, die auch in einem Prozess eingebracht werden können[1131]. Da keine abschließende und verbindliche Beweiswürdigung durch einen Richter vorgenommen wird – vielmehr obliegen Auswahl und Verwertung der Beweismittel den Parteien –, handelt es sich zwar nicht um eine echte Beweiserhebung[1132]. Eine Mediation, die das Ziel einer konsensualen Einigung hat, entbehrt damit aber keiner rechtlichen Grundsätze. Es geht nicht darum, lediglich aus sozialer Partnerschaft und gegenseitigem Nachgeben mit Hilfe besonderer Kommunikationstechniken eine Lösung nach subjektiven Gerechtigkeitsvorstellungen zu formen. Vielmehr kann auch hier auf der Grundlage eines eingebrachten fachgerechten Sachverständigengutachtens ein Lösungsweg gefunden werden, der für beide Parteien akzeptabel ist.

Auch der notwendige Verhandlungsspielraum und die Selbstbestimmtheit der Parteien sind in einem Arzthaftungskonflikt nicht pauschal ausgeschlossen. Nicht alle Arzthaftungsfragen und Gutachten sind so eindeutig, dass sie lediglich einen Lösungsweg offenbaren. Zwar ist dies möglich und auch wünschenswert.[1133] Aber auch über den Inhalt eines Sachverständigengutachtens und die daraus resultierenden Folgen können unterschiedliche Meinungen bestehen. Zwischen der Festlegung der Haftungsfrage und einer abschließenden Klärung der Streitigkeit besteht oftmals

---

1128 *Meyer*, ZKM 2000, 123 ff. (124).

1129 In einer Mediation muss man nicht auf ein Sachverständigenurteil verzichten. Siehe auch: *Seltrecht*, ZKM 2004, 210 ff. (211); vgl. für das Bauwesen: *Riemann*-Flucher/Kochendörfer/v. Minckwitz/Viering, Mediation im Bauwesen, 191 ff. (198).

1130 *Risse*, Wirtschaftsmediation, § 8, Rdnr. 11 ff.

1131 Wie u.a. der Augenscheinbeweis nach den §§ 371 ff. ZPO, der Zeugenbeweis (§§ 373 ff. ZPO) und der Urkundenbeweis gemäß §§ 415 ff. ZPO.

1132 *Hattemer*, Mediation bei Störung des Arzt-Patient-Verhältnisses, S. 35.

1133 Aber auch die Vermutung, dass bei Vorliegen eines Gutachtens, welches die Haftung des Arztes annehmen lässt, kein Raum mehr für eine konsensuale Konfliktregelung vorhanden ist und der Verhandlungsspielraum sowie die Entscheidungsgewalt der Parteien auf Null reduziert wird, ist schwer nachvollziehbar, so bspw. *Meyer*, ZKM 2000, 123 ff. (124), der dieses jedenfalls für Mediationen im Rahmen eines Täter-Opfer-Ausgleichs annimmt. Auch im Anschluss an die Feststellung der Haftung dem Grunde nach können sich die Parteien auf eine einvernehmliche Beilegung der Streitigkeit verständigen und sei es „lediglich" auf die Höhe des zu leistenden Ersatzes. Vgl. hierzu den in diesem Kapitel unter H, V erläuterten Mediationsfall am Landgericht Kiel.

viel Verhandlungsspielraum. Womit ist sonst die steigende Anzahl von Arzt-Patient-Konflikten und -Prozessen zu erklären? Wenn die Haftungsfrage mit Hilfe eines Sachverständigengutachtens so eindeutig und abschließend geklärt würde, dürfte es Arzt-Patient-Konflikte in dieser Größenordnung nicht geben.

Allein die Tatsache, dass ein Sachverständigengutachten eingeholt werden muss, ist zudem kein Indikator dafür, dass die Parteien nicht eigenverantwortlich und damit selbstbestimmt darüber entscheiden können, wie sie mit dessen Inhalt und Fazit umgehen. Die Aufarbeitung und Erläuterung des Gutachtens können in einer Mediation geleistet werden. Das daraus gewonnene Resümee ist die Grundlage für die Lösung des Konfliktes zwischen Arzt und Patient. In einer Mediation herrschen für die Beteiligten günstigere Bedingungen zur Vermittlung des Behandlungsablaufs und der Ergebnisse des Gutachtens, als dieses in dem schriftlichen Verfahren vor den ärztlichen Gütestellen und in der Konfrontationssituation vor Gericht der Fall ist[1134]. Zudem kann ggf. noch über andere – nicht wirtschaftliche – Aspekte in der Sitzung verhandelt werden. Dadurch, dass alle Interessenträger, die Parteianwälte sowie rechtlich und medizinisch ausgebildeten Mediatoren der Mediation beiwohnen, kann die Diskussion über die Lösungsoptionen auf einem hohen Niveau geführt werden. Die Parteien kommen durch die Teilnahme derart spezialisierter Fachpersonen und ihrer ständigen Einbeziehung in das Verfahren in den Genuss, eine sach- und fallgerechte Lösung des Konfliktes und einen angemessenen Ausgleich herbeiführen zu können. Diese Personenkonstellation und Eigenverantwortlichkeit treffen sie im Anschluss an das Verfahren der ärztlichen Gütestellen oder in einem gerichtlichen Verfahren nicht an. All diese Faktoren unterstützen und fördern somit die Selbstbestimmtheit der Parteien.

Der Verhandlungsspielraum und die Selbstbestimmtheit können den Parteien einer arzthaftungsrechtlichen Auseinandersetzung damit nicht generell abgesprochen werden, sodass sich die Mediationsuntauglichkeit nicht daran festmachen lässt.

IV. Die Bestimmung des Gutachters

Eine weitere Schwierigkeit kann sich aus der Bestimmung des Gutachters ergeben, welcher den medizinischen Fall bewerten soll.

Es wird mitunter vorkommen, dass schon ein Gutachten angefertigt wurde. Ersteller können die ärztlichen Gütestellen, der MDK oder auch Privatgutachter sein. Das vorhandene Gutachten kann in eine Mediation eingebracht und kritisch erörtert werden.

Wenn noch kein Gutachten erstellt wurde, kommen diese Stellen für die Anfertigung in Betracht. Anzumerken ist hierbei, dass die Einholung eines Gutachtens der ärztlichen Gütestellen[1135] bisweilen sehr viel Zeit in Anspruch nehmen kann. Ein

---

1134 *Seltrecht*, ZKM 2004, 210 ff. (211).

1135 Gutachten der ärztlichen Gütestellen können im Wege des Urkundenbeweises in das spätere Gerichtsverfahren eingebracht werden, vgl. BGH VersR 1987, 1091 f.; BGH NJW 1987, 2300 f.; OVG Münster, NJW 1999, 1802 f. (1803); OLG Köln VersR

Privatgutachten[1136] wiederum kann durch die Beauftragung des Gutachters durch nur eine Partei für die andere den Anschein der Parteilichkeit haben. Angemerkt sei hierzu, dass der Privatgutachter selbst ein Interesse daran hat, ein lediglich auf Fachkenntnissen gestütztes Gutachten zu erbringen, ohne eine Partei unsachgemäß zu bevorzugen. Zudem hat das BVerfG darauf hingewiesen, dass ein von einer Partei eingebrachtes Privatgutachten als qualifizierter Parteivortrag durch das Gericht entsprechend beachtet, ernsthaft erwogen und in die Entscheidungsfindung miteinbezogen werden muss[1137]. Damit werden die Bedeutung und der Stellenwert des Privatgutachtens deutlich. Zwar sind die Beteiligten einer Mediation nicht in gleicher Weise an die Vorgaben des BVerfG gebunden wie staatliche Gerichte, sie können sich von diesen Bewertungen jedoch nicht freisprechen und haben sie zu beachten.

Ein weiterer Lösungsweg ist es, einen von beiden Parteien bestimmten Gutachter mit der Bewertung des Falles zu beauftragen und damit eine Person als Gutachter festzulegen, die in gleicher Weise von Arzt und Patient bestellt wurde. Zwar handelt es sich auch hierbei im Hinblick auf die Bindungswirkung um ein Privatgutachten. Dem Vorwurf der Interessenvertretung würde allerdings vorgebeugt und beide Parteien würden gleichermaßen einbezogen. Diese Auswahl könnte auch von dem allparteilichen, neutralen Mediator getroffen werden. Den Parteien könnte im Vorfeld zu der Mediation ein befristetes Widerspruchsrecht eingeräumt werden, wenn die Auswahl durch den Mediator nicht mit ihren Vorstellungen übereinstimmt. Zudem muss gewährleistet sein, dass der Sachverständige in keinerlei Beziehung zu den Parteien steht, um eine Befangenheit auszuschließen.

Einer gemeinsamen Auswahl des Gutachters durch beide Parteien oder durch den Mediator, der als Interessenvertreter beider auftritt, ist aus den genannten Gründen der Vorzug zu geben.

Eine dahingehende Vereinbarung der Parteien, dass das Gutachten für sie verbindliche Wirkung haben soll, ist möglich und würde die Streitfrage endgültig klären (Schiedsgutachten[1138]). Inwieweit diese Folgen von den Parteien gewollt sind und von den Haftpflichtversicherern mitgetragen werden, ist allerdings zweifelhaft.

1990, 311; Soergel-*Spickhoff*, § 823 Anh I, Rdnr. 268; Zöller-*Greger*, ZPO-Komm., § 402, Rdnr. 6d.

1136 Das Privatgutachten gilt in einem späteren Gerichtsverfahren als qualifizierter Parteivortrag und kann daher nur als Privaturkunde in das Verfahren eingeführt werden, vgl. Zöller-*Greger*, § 402, Rdnr. 2 f.; *Lüke*, Zivilprozessrecht, Rdnr. 304

1137 BVerfG NJW 1997, 122 f.

1138 Vgl. zum Schiedsgutachten Kapitel 2, A, II, 4.

V. Die Rolle des Berufshaftpflichtversicherers – oder: Keine vollumfängliche Dispositionsbefugnis des Arztes

Berufshaftpflichtversicherern kommt innerhalb von Arzthaftungsstreitigkeiten eine entscheidende Rolle zu, die sich als Schlüsselposition bezeichnen lässt.[1139] Die Versicherung ist nach Kenntnis eines (vermeintlichen) Schadensfalles als „Herrin des Verfahrens" anzusehen. Die Untersuchung und die Regulierung des Falles fallen in ihren Zuständigkeitsbereich[1140]. Der Arzt kann de facto ohne Absprache mit seiner Haftpflichtversicherung keine verbindlichen Erklärungen gegenüber dem Patienten abgeben, ohne befürchten zu müssen, dass die Versicherung diesem Vorgehen nicht zustimmt und ggf. keine Deckung besteht. Die Versicherer der Ärzte bestimmen somit auch ganz wesentlich über Erfolg oder Misserfolg einer arzthaftungsrechtlichen Mediation. Der Arzt hat nicht die Möglichkeit, sich frei zu äußern. Der Streitgegenstand steht nicht vollumfänglich in seiner Dispositionsbefugnis. Diese Faktoren erschweren ein Mediationsverfahren. Hinzu kommt, dass für den Versicherer wirtschaftliche Aspekte im Vordergrund stehen. Die mediativen Vorzüge, welche für den Arzt und Patienten eine wichtige Rolle spielen, sind für ihn allenfalls zweitrangig. Die Aufarbeitung des Konfliktes in seiner Totalität, in der man sich auch mit den nicht-rechtlichen Faktoren befasst, die zu einer Streitigkeit führten, ist für die Haftpflichtversicherer nicht erforderlich oder gar überflüssig. Speziell für den Patienten kann es mitunter unerträglich sein, lediglich mit dem Versicherungsträger seines Arztes über einen wirtschaftlichen Ausgleich zu verhandeln, während andere Aspekte völlig ausgeblendet werden.

Durch ihre primär wirtschaftlichen Interessen haben die Versicherer die Befürchtung, dass in einer Mediation für sie nachteilige Entscheidungen durch die Medianten getroffen werden könnten. Diesen Bedenken ist durch eine Mitwirkung der Versicherer an dem Verfahren zu begegnen[1141], die folgendermaßen ausgestaltet sein könnte:

An der eigentlichen Mediationssitzung nehmen als Medianten grundsätzlich nur der Arzt (ggf. auch der Krankenhausträger), der Patient und deren rechtlichen Beistände teil.[1142] Mit dem Haftpflichtversicherer wird bei Bedarf – wenn bspw. gänzlich divergierende Ansichten zwischen Arzt und Patient bestehen oder über einen

1139 Vgl. schon Kapitel 3, D, III.

1140 BGH VersR 2006, 1676 f (1676); Wenzel-*Katzenmeier/Brennecke*, HB des FA Medizinrecht, S. 541 f.

1141 Zur der Notwendigkeit der Beteiligung des Versicherers an der Mediation siehe auch *Duve*-Henssler/Koch, Mediation in der Anwaltspraxis, § 5, Rdnr. 40, 90.

1142 Es kann allerdings notwendig sein, dass eine Vielzahl von Personen zu beteiligen ist. Neben dem Arzt, dem Patienten, ggf. dessen Angehörigen – insbesondere bei Minderjährigen der Sorgerechtsinhaber – kommen zudem Regressberechtigte wie der Arbeitgeber oder Sozialversicherungsträger, ggf. Krankenhausträger, andere Ärzte (bspw. bei Praxisgemeinschaften, Gemeinschaftspraxen, Medizinischen Versorgungszentren oder im Rahmen eines Klinikkonfliktes der leitende Arzt) und

hohen Streitwert verhandelt wird – während des gesamten Mediationsverfahrens Rücksprache gehalten. Nur in besonderen Fällen ist der zuständige Sachbearbeiter des Versicherers bei der Mediation anwesend. Bis zu einem gewissen Grad kann der Arzt mit seinem rechtlichen Berater eigenverantwortlich Einigungen herbeiführen. Der grobe Verhandlungs- und Einigungsspielraum wird im Vorfeld mit dem Versicherer besprochen. Dem Haftpflichtversicherer wird nach Abschluss der Mediation ein zweiwöchiges „Vetorecht" eingeräumt. Innerhalb dieser Frist kann er der getroffenen Einigung widersprechen.[1143] Im Falle eines Widerspruchs wird ein weiterer Mediationstermin anberaumt oder bei starken Differenzen in das streitige Verfahren übergegangen. Durch diese Vorgehensweise bewirkt man, dass die Hauptpersonen der Streitigkeit – also Arzt und Patient – in den Mittelpunkt des Verfahrens gerückt werden, ohne den Haftpflichtversicherer, dem zweifelsohne eine gewichtige Hauptrolle in der Streitigkeit zukommt, auszuschließen.

VI. Ist die Überwindung von Informationsasymmetrien durch Mediation möglich?

Eine weitere Schwierigkeit besteht in der Überwindung von Informationsasymmetrien zwischen Arzt und Patient[1144]. Der Arzt hat aufgrund seiner Fachkenntnisse und Einsichtsmöglichkeiten einen Informationsvorsprung gegenüber dem Patienten. Dieser hat wiederum Auswirkungen auf das Machtgefälle zwischen Arzt und Patient. Die Überwindung dieser Asymmetrien hängt ganz wesentlich von der Person des Mediators ab. Er soll die Parteien in ihrer Selbstregulierung unterstützen, indem er Machtasymmetrien abbaut, Informationsdefizite behebt und Mängel der Artikulationsfähigkeit versucht, auszugleichen[1145]. Durch einen fachlich besetzten Mediatorenkörper sowie die Einholung und Auswertung eines Sachverständigengutachtens liegen beste Voraussetzungen dafür vor, dass die Informationsasymmetrien aufgehoben oder die Informationsstände der Medianten einander jedenfalls angenähert werden.[1146] Auch den rechtlichen Beiständen kommt beim Ausgleich der bestehenden Asymmetrien eine erhebliche Bedeutung zu.

Zu beachten ist allerdings, dass ein etwaiges bestehendes Machtungleichgewicht zwischen den Parteien nur bis zu einem gewissen Grad durch den Mediator bzw. den Mediatorenkörper ausgeglichen werden kann und soll[1147]. Der Mediator ist stets beiden Parteien gleichermaßen verpflichtet. Bei der Unterstützung der schwächeren

---

nichtärztliches Personal als Beteiligte in Betracht. Die Form der Beteiligung dieser Personen ist je nach Relevanz einzelfallabhängig.

1143 Die Einräumung eines Vetorechts für den Haftpflichtversicherer wird auch von der Zahnärztlichen Schlichtungsstelle Schleswig-Holstein bevorzugt.

1144 Siehe auch *Kilian*, VersR 2002, 942 ff. (945).

1145 *Hoffmann-Riem*, FS für Blankenburg, 649 ff. (659).

1146 Siehe allgemein zum Ausgleich struktureller Unterlegenheit: *Duve*-Henssler/Koch, Mediation in der Anwaltspraxis, § 5, Rdnr. 41.

1147 *Spindler*, Gerichtsnahe Mediation in Niedersachsen, Rdnr. 358.

Partei muss er darauf bedacht sein, nicht in einen Konflikt mit seiner Rolle als neutraler Dritter zu gelangen[1148]. Hieraus resultiert die Herausforderung des Mediators, eine Balance zwischen neutralen, beiden Parteien gleich verpflichteten Dritten und Unterstützer des wissensrückständigen Patienten herzustellen. Die Grundsätze der Informiertheit der Parteien und der Neutralität des Mediators müssen gleichermaßen beachtet werden[1149].

Diese Herausforderung zu meistern, ist grundsätzlich möglich.[1150]

VII. Konsens-Fähigkeit und Konsens-Wille: Die Notwendigkeit der Vergleichsbereitschaft von Arzt und Patient

Um ein Mediationsverfahren zu beginnen und es zu einem erfolgreichen Abschluss zu bringen, muss bei den Beteiligten sowohl Konsens-Fähigkeit als auch Konsens-Wille gegeben sein. Ziel einer Mediation ist es, eine einvernehmliche Lösung der Streitigkeit durch gegenseitiges Nachgeben unter gleichzeitigem Zugewinnen zu erlangen. Die Vergleichsbereitschaft beider Parteien ist eine unabdingbare Voraussetzung für den Erfolg einer Mediation. Im Rahmen arzthaftungsrechtlicher Streitigkeiten trifft man allerdings häufig auf extrem verhärtete Fronten zwischen Arzt und Patient. Diese Verhärtung ist durch das Ausmaß der Streitigkeit bedingt, wie durch ihre Dauer, den Streitgegenstand und streitauslösende Umstände. Arzt-Patient-Streitigkeiten sind für beide Seiten bei einem medizinischen Fehlverhalten mit gravierenden Schäden sehr emotional. Die Frontenverhärtung geht zuweilen auch auf ein unangemessenes Verhalten des Mediziners, unrealistische und gelegentlich unhaltbare Forderungen des Patienten sowie Zurückweisungen von Gesprächsangeboten zurück.

Wenn beide Parteien auf dem Standpunkt stehen, dass kein Raum für einen Vergleich gegeben ist, so existiert kaum ein Anwendungsbereich für eine Mediation. Vor allem die präsumtiv beklagte Partei wird sich in dem Fall nur schwer davon überzeugen lassen, an dem Verfahren teilzunehmen.[1151] Die Vergleichsbereitschaft

---

1148 *Spindler*, Gerichtsnahe Mediation in Niedersachsen, Rdnr. 358.

1149 So auch *Hattemer*, Mediation bei Störungen des Arzt-Patient-Verhältnisses, S. 31.

1150 So auch *Hattemer*, Mediation bei Störungen des Arzt-Patient-Verhältnisses, S. 44. Das Vertrauen der Parteien, ihrer rechtlichen Beistände sowie der beteiligten Haftpflichtversicherer in die Fachkompetenz des Mediationsteams und in die Möglichkeit durch das Verfahren die Informationsasymmetrien überwinden zu können, scheint die eigentliche Hürde arzthaftungsrechtlicher Mediationen zu sein. Die gleichzeitig bestehende Akzeptanzhürde gegenüber arzthaftungsrechtlichen Mediationen schmälert das Verfahren als vollwertigen Konfliktlösungsmechanismus (so auch *Kilian*, VersR 2002, 942 ff. (945)). Vgl. zu dieser Problematik und Lösungsoptionen ausführlich unter Kapitel 6.

1151 So bspw. wenn der Arzt davon überzeugt ist, keinen Fehler begangen zu haben und diese Annahme auf ein schon bestehendes Gutachten gestützt wird. Der Arzt und der Haftpflichtversicherer werden dann nicht gewillt sein, einen Vergleich mit

kann sich jedoch auch erst im Rahmen der Verhandlungen innerhalb einer Mediation herausstellen, nachdem die Parteien ihre Chancen und Risiken abgewogen haben und die Streitigkeit von einem objektiveren Standpunkt aus betrachten können. Inwieweit diese Möglichkeit besteht, ist von den Anwälten und dem Mediator einzelfallabhängig zu beurteilen. Allein aufgrund einer Frontenverhärtung ist die Mediationstauglichkeit von Arzthaftungsstreitigkeiten somit nicht abzulehnen.

VIII. Aufrechterhaltung der Parteibeziehung: Notwendig und erwünscht?

Häufig wird der Einwand geäußert, dass bei einer Streitigkeit zwischen Arzt und Patient beide Seiten gar nicht an einer noch über den Streit hinausgehenden Beziehung interessiert seien. Nach einem Behandlungs- und Aufklärungsfehlervorwurf würde keine gemeinsame Basis mehr für ein Behandlungsverhältnis bestehen[1152]. Auch dann, wenn es sich bei der Behandlung um eine einmalige handelte, wie bei einer Operation im Rahmen eines Krankenhausaufenthaltes, würde die Aufrechterhaltung der Parteibeziehung von den Beteiligten nicht angestrebt. Dies ist jedoch ein erklärtes Ziel der Mediation[1153].

Aus der Tatsache, dass Mediationen sich besonders dann anbieten, wenn eine Beziehung zukünftig weitergeführt werden soll, kann nicht im Umkehrschluss angenommen werden, dass Beziehungen, über welche hinaus keine gemeinsame Zukunft zwischen den Parteien gegeben ist, nicht für das Verfahren geeignet seien[1154]. Auch wenn eine fortwährende Beziehung die Mediationstauglichkeit begünstigt, wird diese nicht durch die zuletzt genannte Konstellation geschmälert[1155]. Diese Annahme würde den Anwendungsbereich von Mediation mehr als nötig einengen[1156].

---

dem Patienten zu schließen. In einem solchen Fall kann eine Mediation bei Bedarf lediglich dazu dienen, dem Patienten das Gutachten verständlich zu erklären und ihm Raum für seine Kritik zu bieten. Auf Wunsch kann ein weiteres Gutachten eingeholt werden, um jegliche Zweifel auszuräumen. Dies würde allerdings eine zusätzliche finanzielle Belastung darstellen. Zudem erscheint es fraglich, ob sich Arzt und Haftpflichtversicherer in solchen Fällen überhaupt auf eine Mediation einlassen. Es ist vorstellbar, dass sie es in dieser Situation im Zweifel auf eine gerichtliche Auseinandersetzung ankommen lassen. Vgl. auch *Kilian*, VersR 2000, 942 ff. (945). Gleichzeitig wird angenommen, dass insbesondere dann, wenn der Arzt vergleichsbereit ist, eine Mediation zielführend ist, vgl. *Mulcahy*, Mediating Medical Negligence Claims, S. 44.

1152 So bspw. *Meyer*, ZKM 2000, 123 ff. (124).

1153 *Meyer*, ZKM 2000, 123 ff. (124); *Feix*, Die Verankerung der einvernehmlichen Streitbeilegung im Zivilprozess, S. 203.

1154 *Duve*-Henssler/Koch, Mediation in der Anwaltspraxis, § 5, Rdnr. 74, 105; *Hattemer*, Mediation bei Störung des Arzt-Patient-Verhältnisses, S. 42 f.

1155 *Duve*-Henssler/Koch, Mediation in der Anwaltspraxis, § 5, Rdnr. 105; *Hager*, Konflikt und Konsens, S. 45.

1156 *Duve*-Henssler/Koch, Mediation in der Anwaltspraxis, § 5, Rdnr. 74.

Mediation bietet sich auch dann an, wenn für die Beteiligten gleichsam „eine irgendwie gemeinsame Zukunft“ angestrebt wird. Diese kann auch in eine geordnete und bereinigte Beendigung ihrer Beziehung münden[1157]. Die Zukunftsorientiertheit kann darüberhinaus bspw. in dem Wunsch des Patienten bestehen, dass die Art des Fehlers in der nachfolgenden Zeit vermieden wird. Womöglich hat er nach einem geordneten Auseinandergehen mit dem Arzt sein Vertrauen in die ärztlichen Tätigkeiten zurückgewonnen, da er eine Erklärung für das Geschehene erhalten hat. Er kann ein Behandlungsverhältnis mit einem anderen Mediziner eingehen. Für den Arzt kann die Zukunftsorientiertheit in dem Begehren liegen, dass keine „negative Presse“ für ihn entsteht[1158].

IX. Hochkomplexe Streitigkeiten und zunehmende Streitwerthöhen

Fraglich ist, ob hochkomplexe Streitigkeiten aus dem Arzthaftungsbereich, die um gravierende medizinische Sachprobleme kreisen, mediationstauglich sind. Da Mediation auf eine friedliche Beilegung der Streitigkeit durch ihre Parteien ausgerichtet ist, könnte dieses Konfliktlösungsmodell für Arzthaftungsstreitigkeiten nicht adäquat sein. Gerade im Rahmen von Behandlungs- und Aufklärungsfehlern geht es um die Aus- und Bewertung komplizierter medizinischer und juristischer Sachverhalte und Fragestellungen. Inwieweit kann dieses von den Medianten einer arzthaftungsrechtlichen Mediation geleistet werden? Sollte Mediation zwischen Arzt und Patient sich vielmehr auf Konflikte beschränken, die die Beziehungs- und nicht die Sachebene betreffen, in denen die Kommunikationsproblematik im Vordergrund steht?[1159]

Hochkomplexe Streitigkeiten gehen oftmals mit einer zunehmenden Streitwerthöhe einher. Es besteht die Annahme, dass die Bereitschaft, einen Fall in einer Mediation zu lösen, mit zunehmender Höhe der geltend gemachten Ansprüche abnimmt[1160]. Dies kann u.a. damit zusammenhängen, dass bei hohen Streitwerten die Sachverhaltsaufklärung umso genauer vorgenommen wird. In der Regel werden mehrere medizinische Gutachten eingeholt, die konträre Einschätzungen des Falles beinhalten können. Um diese komplexen Streitigkeiten einer Tatsachengrundlage zugänglich zu machen, ist es nachvollziehbar, dass die verfahrenstechnische Ordnung eines Gerichtsverfahrens für unabdingbar gehalten wird[1161]. Zudem

1157 *Ulrich/Vogt*, DS 2009, 263 ff. (265).

1158 Vgl. im Allgemeinen hierzu *Duve*-Henssler/Koch, Mediation in der Anwaltspraxis, § 5, Rdnr. 71 ff.

1159 So etwa *Scheppokat/Neu*, VersR 2002, 397 ff. (403).

1160 *Kilian*, VersR 2000, 942 ff. (945). Im Rahmen des NSH-Pilotprojektes wurde angenommen, dass sich Streitigkeiten mit niedrigen bis mittelhohen Forderungen für eine Mediation eignen, vgl.: *Mulcahy*, Mediating Medical Negligence Claims, S. 44.

1161 *Kilian*, VersR 2000, 942 ff. (945). Siehe auch Angaben bei *Mulcahy*, Mediating Medical Negligence Claims, S. 51.

ist anzunehmen, dass die Beteiligten in diesen Konstellationen die Entscheidung lieber auf einen Dritten delegieren möchten, um nicht selbst die Verantwortung für die Konfliktlösung in dieser Größenordnung tragen zu müssen. Dies gilt vor allem für abgeltende Regelungen, in denen sämtliche, auch zukünftige Ansprüche mit dem vereinbarten Ausgleich als endgültig abgefunden gelten. Im Rahmen von Abfindungsvergleichen verbunden mit der Kapitalisierung von Renten[1162] werden auf Grundlage einer unsicheren Tatsachen- und Rechtslage endgültige Regelungen getroffen[1163]. Allein die Ermittlung dieser Beträge stellt die Akteure vor eine enorme Herausforderung.[1164] Die Delegation der Entscheidung auf den Richter scheint den Beteiligten im Rahmen solcher Fälle unvermeidbar[1165].

Konflikte mit einem hohen Streitwert gehen wiederum häufig mit einer starken Emotionalisierung einher und stellen für alle Beteiligten psychisch, physisch und wirtschaftlich eine hohe Belastung dar.[1166] Die Ungeeignetheit von Mediation kann sich auch in diesen Fällen herausstellen. Die Barrieren zwischen den Konfliktbeteiligten können dann so hoch sein, dass ein kontradiktorisches Verfahren unumgänglich ist.

Fest steht damit: Es gibt Arzthaftungsfälle, in denen Patienten aufgrund eines behandlungsbedingten Fehlers Gesundheitsschäden erleiden, von denen viele tiefgreifende Auswirkungen auf das Leben der Betroffenen und ihrer Familien haben[1167]. Hiervon sind nicht alle arzthaftungsrechtlichen Streitigkeiten mediationsgeeignet. Viele Patienten wollen sich aufgrund des zugefügten Leids nicht mehr mit einem Arzt in einer Mediation verständigen. Zudem kann es vorkommen, dass das Delegieren der Entscheidung auf einen Dritten entlastender wirkt, als eigenständig eine Lösung innerhalb einer Mediation erarbeiten zu müssen.

1162 Vgl. hierzu *Jaeger*, VersR 2006, 597 ff.

1163 *Hattemer*, Mediation bei Störungen des Arzt-Patient-Verhältnisses, S. 288 f.

1164 Eine mögliche Fallkonstellation wäre folgende Annahme: Bei der Behandlung eines jungen Menschen, der eine hohe Lebenserwartung hat, unterläuft ein kausaler Behandlungsfehler, der zu einem Schaden führt. Durch diesen Vorfall wird er erwerbsunfähig und muss rund um die Uhr medizinisch versorgt, womöglich auch beatmet werden. Nachdem seine Eltern diese Arbeit nicht mehr leisten können, erfolgt eine dauerhafte stationäre Behandlung. Dadurch entstehen hohe Kosten. Zusätzlich werden Abgaben an die Rentenversicherung – bspw. durch die Krankenkasse – geleistet, die von dem Haftpflichtversicherer rückerstattet werden müssen. Durch diese hier lediglich beispielhaft und nicht abschließend angeführten Kosten können Beträge in Millionenhöhe entstehen.

1165 *Katzenmeier* hält die Beurteilung der Höhe einer Entschädigung im Bereich von Dauerschäden und zukünftig entstehenden Schadenspositionen u.U. für mediationsgeeignet, vgl. *Katzenmeier*, NJW 2008, 1116 ff. (1119); *Katzenmeier*, MedR 2001, 201 ff. (215).

1166 Ein Beispiel: Die Geburt eines behinderten Kindes nach einem vom Arzt schuldhaft verursachten Sauerstoffmangels.

1167 *Scheppokat/Neu*, VersR 2002, 397 ff. (403).

Welche Fälle sich für eine Aufarbeitung in einer Mediation eignen oder nicht, lässt sich jedoch nicht generell feststellen. Aufgrund ihrer Komplexität lassen sich Arzthaftungsstreitigkeiten jedenfalls nicht von vornherein als für die Mediation ungeeignet einstufen. Dies muss je nach Einzelfall gesondert beurteilt werden und hängt häufig nicht nur mit der Ursache und der Größenordnung des Konfliktes zusammen, sondern auch mit dem Charakter und der Beziehung der Beteiligten untereinander sowie dem Streitverlauf.

Durch einen qualifiziert besetzten Mediatorenkörper sind auch komplexe Arzthaftungsstreitigkeiten einer Mediation zugänglich[1168]. Auch emotional stark belastende Schädigungen können eine Mediation für die Patienten attraktiv machen, da die Emotionalität hohe Berücksichtigung findet[1169]. Mediation wird in diesem Zusammenhang häufig unterschätzt. Die Anwendbarkeit des Verfahrens sollte man nicht auf Konflikte, die sich lediglich auf der Beziehungsebene abspielen, beschränken. Tatsächlich ist das Mediatorenteam im Rahmen hochkomplexer Fälle, die schwierige medizinische Fachfragen beinhalten, sehr gefordert. Die streitigen Fragen sind jedoch durch das innerhalb der Mediation eingeholte medizinische Sachverständigengutachten und dessen Aufarbeitung lösbar. Es ist Aufgabe der Parteianwälte und des Mediators, abzuschätzen, welche Streitigkeit sich für eine Mediation eignet. Auch ein zunächst für die Mediation aussichtlos erscheinender Fall mit einem Dauerschaden und zukünftig entstehenden Schadenspositionen kann sich als mediationsgeeignet herausstellen[1170]. Über die Ausgestaltung dieser Ansprüche besteht wieder ein breiter Verhandlungsspielraum, und den durch das Geschehene und das Verfahren stark belastenden Beteiligten wird in der Mediation ein vertraulicher Raum zur Lösungsfindung gegeben.

Die Frage, die sich aufdrängt, ist vielmehr, ob die Beteiligten im Rahmen hochkomplexer Haftungsfälle die Bereitschaft haben, diese in einer Mediation zu lösen. Damit steht die Einsetzbarkeit von arzthaftungsrechtlichen Mediationen ein weiteres Mal nicht vor dem Problem ihrer diesbezüglichen Geignetheit, sondern vor einer Akzeptanzhürde.[1171]

X. Gefahr der Privatisierung des Rechts und der Streitbeilegung

In Deutschland existieren keine spezialgesetzlichen Regelungen für die zivilrechtliche Arzthaftung. Das Arzthaftungsrecht hat sich über die Jahre hinweg durch die

---

1168 Siehe zu der Mediationsgeeignetheit von komplexen Streitverhalten *Breidenbach*, Mediation, 251; Speziell für die Eignung von komplexen Arzthaftungssachen für eine Mediation auch *Hattemer*, Mediation bei Störungen des Arzt-Patient-Verhältnisses, S. 258, 288 ff.

1169 Siehe auch *Hattemer*, Mediation bei Störungen des Arzt-Patient-Verhältnisses, S. 319.

1170 Vgl. *Katzenmeier*, NJW 2008, 1116 ff. (1119); *Katzenmeier*, MedR 2001, 201 ff. (215).

1171 Vgl. hierzu später unter Kapitel 6.

Rechtsprechung ausgebildet, die anhand der Besonderheiten der ärztlichen Behandlung und der sich daraus ergebenden Fragestellungen Grundsätze entwickelt hat. Diese werden ständig modifiziert und ausdifferenziert. Daher ist es besonders in dieser Rechtsmaterie von herausragender Bedeutung, dass das Recht – orientiert an den kontinuierlichen Veränderungen aufgrund des medizinischen Fortschritts – fortlaufend weiter entwickelt wird. Durch das Fernhalten der medizinischen Haftungsfälle von der Judikative besteht die Gefahr, dass es zu einem Stillstand der Rechtsfortbildung und einer Privatisierung des Rechts kommt.[1172] Könnte durch die Einführung von arzthaftungsrechtlichen Mediationen diese Gefahr realisiert werden?

Der wesentliche Vorteil von Mediation liegt in der Möglichkeit, Einigungen zu finden, die von justiziablen Ansprüchen losgelöst sind. Dies bringt ihr einen Mehrwert gegenüber gerichtlichen Verfahren ein. Gleichwohl befindet sich die Mediation nicht in einem rechtsfreien Raum. Sie bewegt sich „im Schatten des Rechts“[1173], indem das Recht der Mediation den Gerechtigkeitsmaßstab vorgibt und die Vergleichsbasis bereithält[1174]. Mediation bedient sich der rechtlichen Grundsätze gemessen an dem jeweiligen Streitgegenstand[1175]. Somit wird das Recht je nach seiner Bedeutung für den einzelnen Konflikt auch mehr oder weniger in der Mediation relevant. Vor allem in arzthaftungsrechtlichen Mediationen findet es – da Arzt-Patient-Streitigkeiten besonders durch das Recht geprägt sind[1176] – verstärkt Anwendung. Ebenso aufgrund der Tatsache, dass eine umfassende Informiertheit der Medianten die Kenntnis der Rechtslage und Rechtwirklichkeit voraussetzt, muss das Recht auch innerhalb einer Mediation genutzt werden. Die rechtlichen Beurteilungen sind damit – vor allem bei Arzthaftungsmediationen – von großer Bedeutung.

Die Gefahr der Privatisierung *des* Rechts und der Vergleichsabschlüsse losgelöst *vom* Recht besteht durch Mediationen daher nur bedingt. Der Anwendungsbereich von Mediation sollte durch diese Annahme nicht unnötig begrenzt werden. Mediation kann vielmehr als Ausdruck der Privatautonomie der Parteien bezeichnet werden, die ihre Bedeutung nicht nur in Vertragsabschlüssen findet, sondern zudem in der selbstständigen Lösung und Beilegung von Konflikten. Den Parteien wird eine Reprivatisierung ihrer Konflikte ermöglicht[1177]. Diese Reprivatisierung birgt für sie jedoch auch eine Gefahr: Es kann sich ein Konflikt zwischen der Selbstbestimmung der Parteien und dem damit einhergehenden Risiko der Selbstverantwortung

1172 Zu der Gefahr, dass Konflikte nicht mehr einer streitigen Entscheidung zugeführt werden und dem daraus resultierenden Stillstand der Rechtsfortbildung: *Risse*, Alternative Streitbeilegung, 133 ff. (insb. 143).

1173 *Mnookin/Kornhauser*, 88 Yale Journal (1979), 950 ff.

1174 *Bartoszky*, Anwaltsberuf im Wandel, S. 153; *Streck*, AnwBl 2000, 335 ff. (337); *Tochtermann*, JuS 2005, 131 ff. (132).

1175 *v. Schlieffen/Ponschab/Rüssel/Harms*, Mediation, S. 47; *Risse*, Wirtschaftsmediation, § 8, Rdnr. 74.

1176 Vgl. Kapitel 3.

1177 *Pfeiffer*, ZRP 1992, 338 ff. (345).

ergeben. Zwischen diesen Faktoren muss ein Ausgleich gefunden werden. Dieser Ausgleich besteht zum einen darin, dass Grundsatzentscheidungen durch die Judikative getroffen werden müssen und daher für eine Mediation von vornherein nicht geeignet, sogar unangebracht sind. Zum anderen muss ein ausgewogenes Verhältnis zwischen der Anzahl der Mediations- und der Gerichtsverfahren bestehen. Nicht die Vielzahl arzthaftungsrechtlicher Streitigkeiten sollte in einer Mediation gelöst werden – was ohnehin derzeit aufgrund des mangelnden adäquaten Angebots nicht möglich ist –, sondern nur die dafür geeigneten[1178]. Um dieses Vorhaben umzusetzen, wird in Vorschlag gebracht, eine an § 8 Abs. 2 VomVO angelehnte Regelung auch für ein entsprechendes Mediationsangebot zu schaffen[1179]. Diese Regelung für den Versicherungsombudsmann beinhaltet, dass er die Befassung mit einer Beschwerde ablehnen soll, wenn diese eine entscheidungserhebliche, streitige und höchstrichterlich noch nicht entschiedene Frage betrifft, um deren rechtliche Lösung der Autorität der Gerichte zu überlassen. Zudem wird durch eine anwaltliche Begleitung der arzthaftungsrechtlichen Mediation sichergestellt, dass der Parteianwalt seinen Mandanten über die rechtlichen Komponenten seiner Streitigkeit unterrichtet und bei Bedarf auf ein gerichtliches Verfahren ausweicht.[1180]

XI. Gefahr des Scheiterns einer Mediation

Eine Mediation sollte immer ergebnisoffen begonnen werden und mit Vergleichs*bereitschaft*, jedoch ohne jeglichen Einigungs*druck* für die Beteiligten durchgeführt werden. Somit ist es auch möglich, dass die Mediation scheitert. Im Falle des Scheiterns besteht die Gefahr, dass sich das gesamte Verfahren durch das sich nun vermutlich anschließende Gerichtsverfahren verlängert und hinsichtlich der Kosten intensiviert. Des Weiteren kann bei den Beteiligten die Befürchtung entstehen, dass die gegnerische Partei aus der Mediation gewonnene und für sich vorteilhafte Aspekte in einem anschließenden Verfahren entgegen der Vertraulichkeitsabrede verwendet.

Den Gefahren, die sich aus dem Scheitern einer Mediation ergeben können, sind jedoch die möglichen Nutzen gegenüberzustellen: Durch die Mediation kann trotz letztlichen Scheiterns eine weitergehende Eskalation verhindert worden sein. Es ist möglich, dass die sachliche Ebene für das anschließende Gerichtsverfahren geschaffen, der Streitstoff begrenzt, Teillösungen ggf. schon gefunden sowie Erkenntnisse für die Zukunft ausgemacht wurden. Diese Vorzüge können sich auf die sich anschließende Konfliktlösung positiv auswirken, sodass das sich anschließende Verfahren schnell und effizient zum Ende gebracht werden kann.

1178 Siehe hierzu auch *Hoffmann-Riem*, ZRP 1997, 190 ff. (191); *Hoffmann-Riem*, JZ 1999, 421 ff. (422).

1179 *Hattemer*, Mediation bei Störungen des Arzt-Patient-Verhältnisses, S. 278 f.

1180 Siehe auch *Engel/Hornuf*, SchiedsVZ 2012, 26 ff. (28).

XII. Akzeptanzproblem der Mediation

Durch zahlreiche Gespräche mit Mediatoren, Mediationsverbänden, Rechtsanwälten, Richtern, Vertretern der Haftpflichtversicherer und weiteren Interessenvertretern aus dem Ärzte- und Patientenbereich habe ich versucht, mir einen Überblick über die Bereitschaft der einzelnen Interessengruppen zu verschaffen. Die Frage lautete durchgehend: Inwieweit wird Mediation im Arzthaftungsrecht angewandt und wird ihr jedenfalls eine Chance als alternatives Konfliktlösungsmodell im Arzthaftungsrecht gegeben? Die daraus gewonnenen Erkenntnisse waren ernüchternd. Mediation im Arzthaftungsrecht stößt sowohl bei im Medizinrecht tätigen Rechtsanwälten und Richtern als auch bei den Haftpflichtversicherern auf ein Akzeptanzproblem. Da der den Arzt vertretende Rechtsanwalt vom Berufshaftpflichtversicherer ausgewählt und damit faktisch (auch) als deren Vertreter tätig wird, ist es besonders schwer, diese von einer Mediation zu überzeugen.

Ohne die sich mit dem Arzthaftungsrecht befassenden Personen ist eine Umsetzung des Verfahrens in diesem Bereich jedoch unmöglich. Da besonders den Fachanwälten und Richtern sowie den Haftpflichtversicherern die tragende Rolle hierfür zukommt, soll auf das Problem der praktischen Umsetzung von Mediation im Arzthaftungsrecht in Kapitel 6 umfassend eingegangen werden.

XIII. Zwischenergebnis

Es ist zu konstatieren: Nicht alle Arzthaftungsfälle sind mediationstauglich. Vielmehr müssen sie einige Voraussetzungen mit sich bringen, um dem Verfahren zugänglich zu sein. Bei der Behandlung hochkomplexer Streitigkeiten, die häufig mit hohen Streitwerthöhen korrelieren, kann ein kontradiktorisches Verfahren vorzuziehen sein. Die Beurteilung dieser Notwendigkeit ist einzelfallabhängig und von den jeweiligen Rechtsanwälten und Mediatoren vorzunhemen. Unabdingbare Voraussetzung für eine arzthaftungsrechtliche Mediation ist ein fachlich besetzter Mediatorenkörper, der im Stande ist, die Informationsasymmetrien zwischen Arzt und Patient abzubauen. Weitere Erfordernisse sind ein gegebener Verhandlungsspielraum und die Vergleichsbereitschaft der Parteien. Hinzu kommt die notwendige Beteiligung des Berufshaftpflichtversicherers, die in verschiedenen Abstufungen möglich ist. Die Auswahl des Gutachters durch die Parteien muss gewährleistet und rechtliche Einschätzungen durch den Mediator müssen bis zu einem angemessenen Grad und auf Wunsch der Parteien zulässig sein. Die möglichen Gefahren arzthaftungsrechtlicher Mediationen – die Gefahr der Privatisierung des Rechts und die Gefahr des Scheiterns der Mediation – sind gegeben, jedoch beherrschbar.

H. Welche arzthaftungsrechtlichen Fälle eignen sich theoretisch für eine Mediation?

Nicht jede Arzthaftungsstreitigkeit ist mediationstauglich. Vielmehr muss eine Sondierung geeigneter Mediationsfälle durchgeführt werden, um den schnellsten und effektivsten Weg zur Konfliktlösung aufnehmen zu können. Eine Typologisierung mediationsgeeigneter Arzthaftungsstreitigkeiten ist schwierig. Daher soll hier lediglich eine schematische Zuordnung erfolgen, die mehr als Vorschlag denn als endgültige Einordnung verstanden werden soll. Es ist Aufgabe der sich mit Arzt-Patient-Konflikten befassenden Personen – insbesondere Parteianwälte, Richter und Mediatoren – die Geeignetheit des jeweiligen Einzelfalles abzuschätzen und ihn der adäquaten Streitbeilegungsmethode zuzuführen[1181].

I. Differenzierung nach dem Behandlungsort

Konflikte zwischen Arzt und Patient entstehen sowohl innerhalb eines Behandlungsverhältnisses bei einem niedergelassenen Arzt als auch im Rahmen eines (stationären) Aufenthalts im Krankenhaus.

Eine Streitigkeit zwischen einem niedergelassenen Arzt und einem seiner Patienten ist mediationsgeeignet. Da zwischen den Beteiligten ein Vertrauensverhältnis besteht, welches sich womöglich über Jahre entwickelt hat, erscheint diese Beziehung in einem Streitfall für eine Mediation geradezu opportun. Das Verhältnis zwischen Arzt und Patient beinhaltet mitunter nicht nur die medizinische Versorgung. Der niedergelassene Arzt ist auch Ansprechpartner für nicht-medizinische Anliegen. Wenn es innerhalb dieser Beziehung aufgrund eines (vermeintlichen) Fehlers des Arztes zu einem Zerwürfnis kommt, ist zumeist beiden Parteien daran gelegen, eine einvernehmliche Einigung zu erzielen und kein streitiges Verfahren durchzuführen.

Der Klinikarzt hingegen trifft auf den Patienten in der Mehrzahl der Fälle lediglich während dessen Krankenhausaufenthalt. Im Rahmen dieser Behandlung besteht eine größere Distanz zwischen den Beteiligten. Das Vertrauensverhältnis ist nicht so ausgeprägt wie bei einer dauerhaften Behandlung. Häufig trifft der Patient im Rahmen eines Klinikaufenthalts auf mehrere Behandler, was die Anonymität zwischen den Beteiligten verstärkt. Zudem kann das zahlenmäßige Überwiegen der Konfliktbeteiligten auf Behandlerseite dazu beitragen, dass ein großes Machtungleichgewicht entsteht. Ob aus diesen Faktoren im Umkehrschluss gefolgert werden kann, dass die Konflikte, welche im Rahmen eines Klinikaufenthalts entstehen, weniger mediationstauglich sind, ist allerdings fraglich[1182]. Schließlich machen die Komplexität der Behandlung und der Wunsch des Patienten nach Zuwendung auch dieses Verhältnis hochsensibel[1183]. Inwieweit eine Aufarbeitung des Konflikts in einer vertraulichen Mediation von den Beteiligten gewünscht und diesem Verfahren zugänglich ist, hängt daher wiederum vom jeweiligen Einzelfall ab. Die Mediationsgeeignetheit kann nicht ausschließlich an dem Behandlungsort festgemacht werden.

1181 Siehe auch *Katzenmeier*, NJW 2008, 1116 ff. (1120).
1182 So *Leischner*, Streitbeilegung in medizinischen Haftungsfällen, S. 214.
1183 *Leischner*, Streitbeilegung in medizinischen Haftungsfällen, S. 214.

II. Differenzierung nach dem Anspruchsziel

Als weiterer Anknüpfungspunkt für die Einschätzung der Mediationsgeeignetheit eines Falles wird das Anspruchsziel des Patienten herangezogen[1184]. Was möchte der Patient mit seinem Vorgehen gegen den Arzt erreichen? Geht es ihm um einen Schadensersatzanspruch oder Schmerzensgeld? Möchte er in erster Linie eine Erklärung bzw. Entschuldigung seitens des Arztes erzielen?

1. Das Bestehen eines Schadensersatzanspruchs – die Klärung der Haftungsfrage

Die Klärung der Arzthaftungsfrage im Rahmen einer Mediation steht vor hohen Herausforderungen. Schwierigkeiten ergeben sich insbesondere aus der Rolle des Berufshaftpflichtversicherers des Arztes, dem nötigen Sachverständigengutachten zur Sachverhaltsaufklärung sowie dem Wissensgefälle zwischen den Parteien[1185]. Dass diese Hürden überwindbar sind, wurde schon dargelegt. Inwieweit sich Streitigkeiten über das Bestehen eines Schadensersatzanspruchs für eine Mediation eignen, lässt sich nicht anhand des Anspruchsziels festmachen, sondern muss je nach Fallgegebenheit abgewogen werden. Es kann vorkommen, dass bei hochkomplexen medizinischen Fragen ein Mediationsverfahren als ungeeignet eingestuft werden muss. Um diese komplexen Streitigkeiten einer Tatsachengrundlage zugänglich zu machen, ist es nicht unverständlich, dass das Verfahren vor den ärztlichen Gütestellen und den Gerichten vorgezogen wird. Zudem ist hier oftmals bei einem eindeutigen Sachverständigengutachten kein Verhandlungsspielraum gegeben, der für eine Mediation notwendig ist. Auch in der Haftungsfrage können jedoch kritische Punkte offen bleiben, sodass wieder Raum für eine Mediation besteht.

2. Die Höhe des Schadensersatzanspruchs und des Schmerzensgeldes

Wenn nach Klärung der Haftungsfrage Uneinigkeit über die Höhe des zu leistenden Schadensersatzes besteht, kann eine Mediation hilfreich sein[1186]. Auch Streitigkeiten über Schmerzensgeldforderungen sind insoweit mediationstauglich, als über die Höhe eines zu leistenden Schmerzensgeldes ein Verhandlungsspielraum gegeben ist. An dieser Stelle kann eine Mediation ansetzen, um die Parteien zu einem Konsens zu führen, ohne ein langwieriges Gerichtsverfahren anstrengen zu müssen. In der Praxis fallen Verhandlungen über den Haftungsgrund und -höhe oftmals zusammen und werden miteinander vermengt. Dies ist insbesondere dann der Fall, wenn die einzelnen Schadenspositionen noch nicht abschließend festgestellt werden können.

1184 Vgl. *Katzenmeier*, NJW 2008, 1116 ff. (1117 ff.).

1185 *Katzenmeier*, NJW 2008, 1116 ff. (1117 f.).

1186 So auch *Katzenmeier*, NJW 2008, 1116 ff. (1119); *Hattemer*, Mediation bei Störungen des Arzt-Patient-Verhältnisses, S. 317.

In solch einer Konstellation werden nicht selten Risikovergleiche geschlossen, bei denen jede Partei die Prozessrisiken für sich abwägt und sich dann auf eine – im Zweifel – geringere bzw. höhere Haftungssumme einigt, um nicht langwierig zu prozessieren[1187]. Diese Verhandlungen sind im Ganzen wiederum als mediationstauglich einzustufen, da Bestehen und Höhe einzelner Schadenspositionen flexibel gehandhabt werden können.

3. *Einfordern einer Erklärung und Entschuldigung*

Häufig bestehen zwischen Arzt und Patienten Kommunikationsdefizite. Der Kommunikationsfluss wird nicht selten seitens des Patienten eingestellt, wenn ihm innerhalb seiner Behandlung etwas missfiel.[1188] Aber auch der Arzt zieht sich oftmals nach geäußerter Kritik zurück.

Für die Fälle, in denen es dem Patienten in erster Linie darum geht, von dem Arzt eine Erklärung über das Geschehene zu erlangen und ggf. eine Entschuldigung zu erzielen, ist Mediation grundsätzlich geeignet[1189]. Dies sind häufig Begebenheiten, in denen die Empörung über den Umgang im Vordergrund steht, und in denen es um relativ geringe Schäden geht. Der Aufwand, den Vorfall in einem Schlichtungsverfahren vor den ärztlichen Gütestellen oder in einem Gerichtsverfahren aufzuarbeiten, wäre unverhältnismäßig. Mediation kann hier ein gelungener Ansatzpunkt sein, da sie als außergerichtliche Streitbeilegungsmöglichkeit das Ziel hat, die Kommunikation zwischen den Beteiligten wieder herzustellen und Informationsflüsse in Gang zu setzen. Aufgrund ihrer Vertraulichkeit ist es für die Parteien einfacher, einander nachzugeben und einen Ausdruck des Bedauerns kundzutun.

III. Differenzierung nach der Fehlerkategorie: Behandlungsfehler / Aufklärungsfehler

Ein weiterer Anknüpfungspunkt für die Bestimmung der Mediationstauglichkeit wäre, sie an Streitigkeiten über Behandlungs- oder Aufklärungsfehler festzumachen.

1187 Hinweis eines Fachanwalts im Medizinrecht.

1188 Besonders deutlich wird dies an folgendem Arzt-Patient-Konflikt, der letztendlich im Gericht ausgetragen wurde: Der streitige Fall hatte eine offene Arztrechnung zum Inhalt, die die Patientin nicht zahlen wollte, da die Behandlung aus ihrer Sichtweise nicht ordnungsgemäß durchgeführt wurde. Sie wehrte alle Gesprächsversuche des Arztes ab. Der Anspruch wurde dem Arzt im Rahmen des Gerichtsverfahrens zugesprochen. Nach der Verhandlung stellte sich heraus, dass die Patientin lediglich gegen den Arzt vorgegangen war, da ihr von dem Krankenpfleger bei der Einnahme ihrer Mahlzeit nicht geholfen wurde, obwohl ihr rechter Arm bandagiert war. (Persönliche Mitteilung des betroffenen Arztes).

1189 So auch *Katzenmeier*, NJW 2008, 1116 ff. (1119); a.A.: *Meyer*, ZKM 2000, 123 ff. (125), welcher annimmt, dass hierfür keine Mediation erforderlich sei. Vielmehr ließen sich diese Schwierigkeiten durch ein persönliches Gespräch lösen.

Infrage stehende Behandlungsfehler können aufgrund ihrer Komplexität im Rahmen ihrer Aufklärung und ihres Nachweises gelegentlich nur unter Einschränkungen in einer Mediation aufgearbeitet werden.

Vermeintliche Aufklärungsfehler haben eine andere Grundlage. Hier wird nicht über die Behandlung an sich gestritten, sondern darüber, ob ein eingetretener Gesundheitsschaden gerade auf der Behandlung beruht, die mangels ordnungsgemäßer Aufklärung rechtswidrig war, auch dann, wenn ein Behandlungsfehler nicht gegeben ist. Die ordnungsgemäße Aufklärung steht im Mittelpunkt der Betrachtung. Wenn Uneinigkeit darüber besteht, ob die erforderliche Aufklärung erfolgte oder nicht erfolgte – was grundsätzlich von dem Arzt nachzuweisen ist – geben Arzt und Patient oftmals unterschiedliche Sichtweisen wieder.

Inwieweit sich Aufklärungsfehler für eine Mediation eignen, kann nicht allgemeingültig festgelegt werden. Im Rahmen von Aufklärungsfehlern ist eine Vielzahl von Konstellationen denkbar. Fest steht, dass die Beurteilung, ob ein Aufklärungsfehler vorliegt, häufig stark verrechtlicht ist. Aus diesem Grund kann eine Gerichtsentscheidung unvermeidbar sein[1190]. Dass sich bei der Klärung von Aufklärungsfehlern jedoch auch eine Mediation anbieten kann, ergibt sich einerseits aus der oftmals starken emotionalen Betroffenheit des Patienten darüber, dass der Arzt eigenmächtig über seinen Willen und sein Wissen hinweg gehandelt habe. Ein Eingriff in das Selbstbestimmungsrecht des Patienten wiegt häufig schwer und ist für die Betroffenen nicht nachvollziehbar. Auf der anderen Seite können diese Streitigkeiten auch für den Arzt sehr belastend sein, wollte er doch für den Patienten nur das Beste und hat er in seinem Berufsalltag ohnehin einer Vielzahl von Anforderungen gerecht zu werden. An eine ordnungsgemäße Aufklärung werden hohe Ansprüche gelegt, welche vielfach schwierig zu überschauen sind. Diese Schwierigkeiten können durch den Arzt in einer Mediation verdeutlicht werden.

IV. Hochemotionalisierte Konflikte im Arzthaftungsbereich

Gerichtliche Auseinandersetzungen können den Konflikt nur in begrenzter Hinsicht aufarbeiten. Wenn eine Lösung über das Rechtsproblem hinaus gefunden werden soll, bietet ein Mediationsverfahren hohes Potenzial. Wie schon dargelegt, überlagern in Medizinhaftungsfällen häufig emotionale Komponenten die rechtlichen. Emotionale Faktoren können in eine Mediation mit einbezogen werden. Medizinische Haftungsfälle behandeln nahezu immer ein schlichtweg existenzielles Rechtsgut: das Leben oder die Gesundheit. Wenn in diesen Bereichen Fehler unterlaufen, ist der Konflikt von vornherein stark von Emotionen geprägt. Nicht nur die Verletzung des Rechtsguts als solches spielt hierbei eine Rolle. So trägt bspw. auch das Verhalten des medizinischen Personals nach einem Fehler zu der Emotionalisierung des Konfliktes bei. Menschen, die emotional verletzt sind, werden ihre Bedürfnisse

1190 Siehe auch *Hattemer*, Mediation bei Störungen des Arzt-Patient-Verhältnisses, S. 320.

nicht in einem Verfahren vor den ärztlichen Gütestellen und auch nicht in einem gerichtlichen Verfahren befriedigen können. Gerade in Arzthaftungsfällen wäre eine Aufarbeitung des Konfliktes jedoch der Schlüssel zu einer Lösung und zur Befriedung der Arzt-Patient-Beziehung. Diese Aufarbeitung kann ein professionalisiertes Mediationsverfahren, das sowohl auf die medizinischen und juristischen Fragen als auch auf die emotionale Problematik des Konflikts eingeht, bieten. Fälle, deren rechtlicher Gegenstand eine besondere emotionale Komponente für den (oder die) Betroffenen birgt, sind bspw. Auseinandersetzungen, in denen der Tod des Patienten, eine Fehlgeburt oder eine fehlgeschlagene Sterilisation im Mittelpunkt stehen[1191]. Vielen Patienten geht es im Rahmen dieser Streitigkeiten neben der rechtlichen Würdigung des Geschehenen darum, dem Arzt das erlittene Leid zu verdeutlichen, persönliches Verständnis und eine Betroffenheit über die zugefügte Situation zu erlangen[1192]. So sind bspw. Verfahren, die einen Unterhaltsanspruch eines zunächst „nicht gewollten" Kindes betreffen, sehr sensible Rechtsstreitigkeiten. Kommt es aufgrund einer fehlgeschlagenen Sterilisation zu einer Schwangerschaft, entstehen nicht selten rechtlichen Auseinandersetzungen zwischen dem Arzt und den Eltern. Diese Verfahren haben häufig einen „bitteren Beigeschmack", insbesondere für das Kind. Wenn man diese Streitigkeiten innerhalb einer Mediation einer Lösung zuführen würde, hätte dies für alle Beteiligten eine entlastende Wirkung. In der vertraulichen Atmosphäre einer Mediation, die als Ziel eine einvernehmliche Lösung des Konfliktes hat, würde man dieses Thema angemessen verhandeln können.[1193]

V. Das Mediationsverfahren am Landgericht Kiel

An dieser Stelle soll ein am Landgericht Kiel durchgeführtes Mediationsverfahren in einer Arzthaftungssache beschrieben werden, an dem ich dankenswerterweise teilnehmen durfte.

In der streitigen Sache ging es um die Behandlung eines sechsjährigen Jungen. Entgegen der vorherigen Vereinbarung und der vorliegenden Einwilligung nahm die behandelnde (niedergelassene) Ärztin eine umfangreichere Operation vor. Daraufhin klagte der Vater des Kindes in dessen Namen gegen die Ärztin auf Schmerzensgeld nach §§ 280 Abs. 1, 611, 249, 253 BGB bzw. §§ 823 Abs. 1 i.V.m. 249, 253 BGB in Höhe von € 7.500.

Der Mediationsverhandlung ging ein Vergleichsvorschlag der Kammer in Höhe von € 2.000 voraus, welcher jedoch von der Klägerseite abgelehnt wurde. Nach

1191 Vgl. auch *Kilian*, VersR 2000, 942 ff. (946); *Mulcahy*, Mediating Medical Negligence Claims, S. 44.

1192 *Wolf*, Betrifft JUSTIZ Nr. 101, 244 ff. (246); *Kilian*, VersR 2000, 942 ff. (946); Angaben betroffener Patienten und in Fachkammern bzw. Fachsenaten tätiger Richter.

1193 Zudem könnten die Eltern dem Kind erklären, dass man sich nicht um den für ihn aufzuwendenden Unterhalt gerichtlich gestritten hat, sondern in gütlicher Weise einen Ausgleich fand.

eingehenden Gesprächen mit der Mediationsabteilung des Landgerichts Kiel wurde der Fall in eine Mediationsverhandlung überführt.

Zu Beginn stellte der Richtermediator den Beteiligten das Mediationsverfahren sowie dessen Prinzipien vor und erklärte, worauf es bei einer Mediation ankomme. Er hob besonders hervor, dass es sich um ein freiwilliges und vertrauliches Verfahren handele. Die Parteien könnten ohne zu erwartende Nachteile offen über das Geschehene reden und ihre Sicht der Dinge darstellen. Sodann machte er deutlich, dass er in dieser Sitzung nicht als Richter auftrete, sondern als Mediator, welcher eine begleitende Stellung einnehme. Die Hauptakteure seien die Parteien.

Der Beklagtenvertreter machte schon am Anfang der Mediationssitzung deutlich, dass es sich bei der nun folgenden Mediation um einen Ausnahmefall handle und der Haftpflichtversicherer – mit dem er vorher Rücksprache gehalten hatte – ausnahmsweise in diese Vorgehensweise einwilligte. Mediationsverhandlungen im Bereich der Arzthaftung seien nicht üblich. Er begründete die Zustimmung damit, dass im gegebenen Fall die Haftung dem Grunde nach gegeben sei. Man streite sich lediglich über die Zahlung des Schmerzensgeldes; Erstens darum, ob dieses überhaupt zu zahlen sei, und zweitens – soweit dieses der Fall sei – um die Höhe.

Auffällig und sehr erfreulich war, dass die Parteien sehr höflich miteinander umgingen. Der Vater des Klägers brachte mehrmals zum Ausdruck, dass er die Behandelnde nicht persönlich angreifen wolle und dass er nach wie vor denke, dass sie eine gute Ärztin sei. Die Ärztin erklärte eingehend ihr Bedauern über ihr Vorgehen und machte dem Vater klar, dass sie nicht ihren medizinischen Sachverstand über die Entscheidung der Eltern stellen wollte. Sie sah ein, dass sie sich über die Einwilligung der Eltern hinweg gesetzt hatte und dass diese Vorgehensweise nicht rechtmäßig war. Dieser Umgang miteinander schuf eine angenehme Atmosphäre. Es wurde von dem Mediator und auch von den Parteivertretern angemerkt, dass dieses keine Selbstverständlichkeit sei und oftmals anders erlebt würde.

Der Vater des Klägers machte einen sehr verschlossenen Eindruck. Er stellte klar, dass es – da das Geschehene nicht rückgängig zu machen sei – nur noch um eine Frage der Höhe des zu zahlenden Geldbetrages gehe, um jedenfalls eine gewisse Genugtuungsfunktion für seinen Sohn zu erhalten. Der Ausdruck des Bedauerns und die Erklärungen der Ärztin ließen ihn nicht von der Forderung absehen.

Die Gegenseite erkannte zwar an, dass der Eingriff aufgrund der fehlenden Einwilligung rechtwidrig war, versuchte die andere Partei jedoch davon zu überzeugen, dass der so durchgeführte Eingriff medizinisch indiziert war. Man müsse daher auch die positiven Aspekte des Vorgehens der Ärztin sehen und in die Beurteilung über die Schmerzensgeldforderung oder bei deren Bemessung miteinbeziehen.

Es fiel auf, dass auf Klägerseite fast ausschließlich der Vater des Klägers zu Wort kam und selten der Parteivertreter. Auf Beklagtenseite sprach – nach der anfänglichen Erklärung der Ärztin – beinahe ausschließlich der Rechtsanwalt. Dies lässt sich unter anderem damit erklären, dass der Rechtsanwalt von der Haftpflichtversicherung des Arztes beauftragt wurde und damit vordergründig die (wirtschaftlichen) Interessen des Versicherers vertrat.

Der Beklagtenanwalt nahm eine eher „kämpferische" Position ein, durch die er verdeutlichte, dass eine Einigung nur bis zu einem bestimmten Geldbetrag möglich sei. Dieses Auftreten verstärkte die ablehnende Haltung des Vaters. Ein Aufweichen dieser Positionen wurde erst, nachdem eine Einigung erzielt wurde, erreicht.

Der Mediator trat zurückhaltend auf. Er bemühte sich jedoch, besonders den überwiegenden Redeanteil des Beklagtenvertreters durch das wiederholte Miteinbeziehen des Vaters des Klägers durch Nachfragen und Erklärungen auszugleichen und beide Seiten gleichermaßen an den Verhandlungen teilhaben zu lassen.

Nach Rücksprache des Beklagtenvertreters mit dem Haftpflichtversicherer kam man nach etwa 1 ½ Stunden Verhandlung zu einem Vergleich. Der Kläger erhielt € 2.750 Schmerzensgeld und verzichtete im Gegenzug auf alle gegenwärtigen und zukünftigen Ansprüche gegen die Ärztin. Dieses Ergebnis wurde nach verschiedenen Angeboten sowohl der Kläger- als auch der Beklagtenseite sowie unter beiderseitiger Abwägung der Chancen und Risiken in einem sich anschließenden Prozess erzielt.

Besonders kam es den Parteien jedoch darauf an, die Sache zu einem einvernehmlichen Abschluss zu bringen und nicht zu einem späteren Zeitpunkt nochmals das Gericht anrufen zu müssen, um eine streitige Entscheidung zu erlangen. Beide Parteien wollten den Streit zeitnah beilegen.

Nachdem die Einigung erzielt wurde, war ein deutlich aufgeschlossenerer Ton zwischen den Beteiligten spürbar. Es schien so, als hätte durch die Einigung die Anspannung der Beteiligten abgenommen. Auf Nachfragen im Anschluss an die Mediation gaben beide an, dass sie sich in der Atmosphäre wohl gefühlt haben und es die richtige Entscheidung war, einer Mediation zuzustimmen.

Der Vater des Klägers betonte jedoch, dass es bei der Entscheidung, ein Mediationsverfahren anzustrengen, für ihn wichtig war, dass die rechtlichen Fragen abgeschlossen waren und es lediglich noch darum ging, ob und in welcher Höhe ein Schmerzensgeld gezahlt wird.

Die Beklagte war mit dem Ausgang des Verfahrens zufrieden und hob hervor, dass das Verhandeln an einem Tisch, an dem sie offen mit dem Vater des Kindes auf Augenhöhe sprechen konnte, sehr angenehm war. Der Beklagtenvertreter betonte, dass seiner Ansicht nach solch eine Einigung vor einem Richter in einem streitigen Gerichtsverfahren nicht erzielt worden wäre, da beide Parteien nicht solche Zugeständnisse machen würde, sondern sich als Gegner sehen.

Er gab jedoch gleichzeitig zu bedenken, ob eine Mediation auch bei einem Streit der Haftung dem Grunde nach geeignet sei.

Dass es sich bei dem Mediator nicht um einen arzthaftungsrechtlichen Fachmediator und auch nicht um eine medizinische Fachperson handelte, war hier ohne Relevanz. Da es im vorliegenden Fall nicht um offene medizinische oder medizinrechtliche Fragen ging – die Sach- und Rechtslage war weitestgehend unstrittig – wurde kein Fachwissen benötigt.

Im Großen und Ganzen ist die Mediationsverhandlung am Landgericht Kiel als Erfolg zu bezeichnen. Sicherlich sind daraus keine Schlüsse dahingehend zu ziehen, dass Mediation im Arzthaftungsrecht in jedem Fall erfolgsversprechend ist. Vielmehr ist auf den konkreten Einzelfall abzustellen.

Aus dem mediierten Fall lässt sich ableiten, dass, wenn es sich um einen Streit über die Höhe eines Schadensersatz- oder Schmerzensgeldanspruch handelt, eine Mediation eine geeignete Alternative zum Gerichtsverfahren darstellen kann. Zwar hätte eine Einigung über die Haftung der Höhe nach auch in Vergleichsgesprächen vor einem ersuchten Richter erzielt werden können. Die Parteien hätten sich in dem Fall jedoch voraussichtlich nicht in absehbarer Zeit und vor allem nicht in solch vorteilhafter Atmosphäre verständigen können. Im Gerichtsverfahren überwiegt – im Gegensatz zum Mediationsverfahren – der adversiale Aspekt.

VI. Im Vergleich: Dauer und Kosten von Gerichts-, Schlichtungs- und Mediationsverfahren

Gerichtsverfahren im Arzthaftungsrecht sind sehr zeit- und kostenintensiv. Vor allem der Rechtsanwalt des Patienten muss seinem Mandanten im Vorfeld deutlich machen, dass ein angestrebtes Gerichtsverfahren ein langwieriges Prozedere nach sich zieht. Allein aus diesen Gründen gewinnt die Mediation an Reiz.

Die Angaben über Dauer und Kosten eines Mediationsverfahrens variieren und sind auf kleine Vergleichsgruppen oder spezifische Arten von Streitigkeiten beschränkt. Oftmals werden Rückschlüsse lediglich auf die Angaben erfahrener Mediatoren oder auf Angaben von an einer Mediation teilnehmenden Parteien zurückgeführt[1194]. Daher lässt sich keine allgemein gültige Aussage treffen.

Angaben über die Dauer eines Mediationsverfahrens reichen von „eine außergerichtlich durchgeführte Mediation dauert im Schnitt ein bis zwei Sitzungen“[1195] bis „die Sitzungen können bei komplexeren Konflikten ein bis zwei volle Tage in Anspruch nehmen“[1196]. Als Zeitspanne werden auch zwei Wochen und bis zu drei Monate genannt[1197]. Im Bereich der früheren gerichtsinterner Mediation ging man überwiegend von einem Sitzungstermin aus, der zweieinhalb bis drei Stunden in Anspruch nehmen konnte[1198].

Zwischen Einleitung und Abschluss des Verfahrens vergehen selten mehr als wenige Wochen[1199]. Mediationen werden teilweise schon beendet, bevor an einem Gericht auch nur die mündliche Verhandlung terminiert wurde[1200]. Eine erfolgreiche Mediation kann im Vergleich zu einem Gerichtsverfahren sogar eine Zeitersparnis von einem Drittel bis zur Hälfte erbringen[1201].

1194 *Hopt/Steffek*, Mediation, S. 81.
1195 *Heussen*, HB Mediation, § 17, Rdnr. 9.
1196 *Neuenhahn/Neuenhahn*, NJW 2005, 1244 ff. (1246).
1197 *Hopt/Steffek*, Mediation, S. 81 m.w.N.
1198 *Hopt/Steffek*, Mediation, S. 81 m.w.N.
1199 *Hacke*, SchiedsVZ 2004, 80 ff. (83).
1200 *Risse*, Wirtschaftsmediation, § 14, Rdnr. 7.
1201 *Hopt/Steffek*, Mediation, S. 80.

Ein großer Vorteil von Mediationsverfahren ist, dass der Mediator den streitenden Parteien unmittelbar zur Verfügung steht. Somit kann zeitnah nach Entstehung des Konfliktes eine Lösung der Streitigkeit angestrebt werden. Der Mediator wird unmittelbar nach Anrufung durch die Beteiligten tätig, wohingegen bei den Verfahren vor den ärztlichen Gütestellen oder Gerichten eine längere Zeitdauer vergehen kann, bis der Fall behandelt wird. Einer weiteren Traumatisierung des Patienten durch ein sich über Jahre hinziehendes Gerichtsverfahren wird durch das zeitnahe und rasche Mediationsverfahren vorgebeugt. Die Perpetuierung des schädigenden Ereignisses wird vermieden[1202]. Im Gegensatz zu Schlichtungsverfahren vor den ärztlichen Gütestellen ist zudem hervorzuheben, dass in einer Mediation der Konflikt zeitnah endgültig beigelegt werden kann. Im Falle einer Einigung wird am Ende der Mediationssitzungen ein vollstreckbarer Vergleich geschlossen. In diesem werden alle streitigen Punkte aufgenommen und endgültig geklärt. Somit schließen sich an dieses Verfahren keine Regulierungsverhandlungen mit den Haftpflichtversicherern mehr an, was nach einem Schlichtungsverfahren vor den ärztlichen Gütestellen der Fall ist.

Diese Überlegungen sind bei der Berechnung der Dauer eines arzthaftungsrechtlichen Mediationsverfahrens mit einzubeziehen. Gleichzeitig muss bedacht werden, dass beim Erfordernis eines Sachverständigengutachtens eine Vorlaufphase notwendig ist – bedingt durch die Anrufung eines Sachverständigen, die Erstellung des Gutachtens und dessen Bereitstellung –, bis es zu der eigentlichen Mediationsverhandlung kommen kann. Sitzungen, die im Vorfeld abgehalten werden, können beim Erfordernis eines Sachverständigengutachtens lediglich die Erläuterung administrativer Bedingungen sowie den Versuch, nicht-rechtliche Streitpunkte auszuräumen, zum Inhalt haben. Durch diese Vorgehensweise ist jedoch für die nächste Mediationssitzung viel gewonnen, da sich die Beteiligten beinahe ausschließlich mit der Auswertung des Gutachtens auseinandersetzen können und damit ein rasches Fortschreiten in der Konfliktlösung gefördert wird.

Vereinzelt kann es sinnvoll sein, den Mediationssitzungen ein Zeitlimit zu setzen, um die Beteiligten zur aktiven und konstruktiven Teilnahme an einer Lösungsfindung zu motivieren. Ein angemessenes Zeitlimit kann verhindern, dass sich die Parteien auf gegenseitige Schuldzuweisungen und Anschuldigungen versteifen. Zudem beugt sie einer Erschöpfung der Konfliktparteien vor. Es wird ein gewisser Verhandlungsdruck aufgebaut. Kritikern von Mediation im Allgemeinen und im arzthaftungsrechtlichen Bereich im Speziellen wird damit deutlich gemacht, dass das Verfahren nicht bis zum Letzten ausgereizt wird, sondern bei Erfolglosigkeit zeitnah in ein streitiges Verfahren übergegangen werden kann und auch soll[1203]. Es steht fortlaufend die Lösung des konkreten Falls im Vordergrund.

Die Dauer des Mediationsverfahrens kann sich mit steigender Höhe des Streitwertes verlängern. Dabei kommt es auf den Einzelfall an und es hängt davon ab,

1202 *Kilian*, VersR 2000, 942 ff. (947).

1203 *De Marrón*, Alternative Streitschlichtung in Arzt- und Produkthaftungsfällen, S. 88.

wie viel für die einzelne Partei auf dem Spiel steht[1204]. Dies kann allerdings nicht so sehr ins Gewicht fallen, wenn man sich bewusst macht, dass diese Gefahr auch bei den übrigen Streitbeilegungsmethoden besteht.

Der persönliche Aufwand der Parteien, die persönlich und aktiv an der Mediation teilnehmen, ist für beide ein Zeit- sowie ein Kostenfaktor. Hinzu kommt, dass der Arzt ohnehin schwer verfügbar ist. Insbesondere auf dessen Seite entstehen aufgrund des Arbeitszeitausfalls versteckte Kosten. Anzumerken ist jedoch auch hier, dass ein Gerichtsverfahren durch die persönliche Teilnahme der Parteien die Faktoren im gleichen Maße beinhaltet.

Auch die Kosten eines Mediationsverfahrens variieren je nach Fachgebiet und Schwierigkeitsgrad des jeweiligen Falles. Für – autonom tätige – Mediatoren gibt es keine Gebührenordnung. Es wird in der Regel ein zeitbezogenes Tätigkeitshonorar verabredet, welches sich an die orts- und anwaltsübliche Vergütung anlehnt[1205]. Der als Rechtsanwalt tätige Mediator kann hierbei auf § 34 RVG zurückgreifen, welcher jedoch keine konkreten Angaben zur Abrechnung macht. Wenn keine Gebührenvereinbarung nach § 34 Abs. 1 S. 1 RVG getroffen worden ist, erhält der Rechtsanwalt nach § 34 Abs. 1 S. 2 RVG Gebühren nach den Vorschriften des bürgerlichen Rechts, also die übliche Vergütung nach § 612 Abs. 2 BGB. Eine Vergütung im Wert von zwischen 150 € bis 300 € wird als angemessen angesehen[1206], wobei eine Spanne zwischen 150 € bis 600 € je nach Erfahrung und Kompetenzprofil des Mediators als realistisch angesehen wird[1207]. Zudem kann der Rechtsanwaltsmediator im Falle einer Einigung am Ende der Mediation eine Einigungsgebühr/Vergleichsgebühr von 1,5 verlangen (RVG Anlage I VV Vorbem. 1, 1000).[1208]

Ebenso sind die anwaltlichen Vertreter im Rahmen der Mediation zu vergüten. Auch außergerichtlich wird die Vergütung meistens nach dem Streitwert bemessen, wobei ebenfalls eine Honorarvereinbarung über Stundensätze oder Pauschalvergütungen möglich ist[1209]. Letztere bieten sich für die Parteien besonders bei hohen Streitwerten und niedrigem Aufwand an, wohingegen im umgekehrten Fall – bei

---

1204 *De Marrón*, Alternative Streitschlichtung in Arzt- und Produkthaftungsfällen, S. 86.

1205 *Horst*, HB Mediation, § 47, Rdnr. 64.

1206 AG Lübeck, Urt. v. 29.09.2006 – C 1853/06.

1207 *Horst*, HB Mediation, § 47, Rdnr. 65.

1208 Für nicht-anwaltliche Mediatoren, auf die das RVG nicht anwendbar ist, empfiehlt es sich eine Vergütungsvereinbarung abzuschließen, die ein zeitbezogendes Tätigkeitshonorar und ein zusätzliches Einigungshonorar umfasst, vgl. *Horst*, HB Mediation, § 47, Rdnr. 88).

1209 *Seybold*, Mediation und gerichtliches Verfahren, S. 111; *Hattemer*, Mediation bei Störungen des Arzt-Patient-Verhältnisses, S. 307. Ausnahmsweise ist eine Erfolgshonorarvereinbarung zulässig, vgl. hierzu BVerfGE 117, 163 ff., BVerfG NJW 2007, 979 ff.

niedrigen Streitwerten – eine Vergütung, die sich nach dem Streitwert bemisst, vorteilhafter ist[1210].

Den weiteren Ausführungen wird eine Vergütung nach Streitwert zugrunde gelegt. Abgesehen von den Verfahren vor einer durch die Landesjustizverwaltung eingerichteten oder anerkannten Gütestelle nach § 794 Abs. 1 Nr. 1 ZPO oder in Fällen des § 15 a Abs. 3 EGZPO oder bei Verfahren vor sonstigen gesetzlich eingerichteten Einigungsstellen, Gütestellen oder Schiedsstellen, bei denen eine Gebühr von 1,5 anfällt (RVG Anlage I, VV Vorbem. 2.3, Abs. 3, 2303 Ziff. 1)[1211], kann der Rechtsanwalt in den sonstigen Fällen eine Geschäftsgebühr von 1,3 (RVG Anlage I, VV Vorbem. 2.3, Abs. 3, 2300) und bei Erfolg der Mediation eine Einigungsgebühr von 1,5 verlangen (RVG Anlage I, VV Vorbem. 1, 1000).

Im Rahmen einer außergerichtlich durchgeführten Mediation entsteht im Falle einer Einigung bei einem Streitwert von 10.000 € für die Parteien – unter Zugrundelegung eines Mediatorhonorars von 300 €, einer zusätzlichen Einigungsgebühr des Rechtsanwaltsmediators sowie der Vergütung des eigenen Rechtsanwalts – jeweils eine Summe von rund 2.400 €[1212]. Hinzu können die Kosten für ein einzuholendes Sachverständigengutachten kommen sowie die Kosten für das Beschaffen und Kopieren von Dokumenten – wie bspw. der Behandlungsunterlagen – und zusätzliche Kosten für den eigenen Verdienstausfall und das Anmieten von Sitzungsräumen.

Bei Scheitern der Mediation entfallen die Einigungsgebühren – sowohl die des Mediators als auch die der Parteianwälte. Bedacht werden muss in diesem Fall jedoch, dass durch das sich ggf. anschließende Gerichtsverfahren die Kosten insgesamt in die Höhe gehen. Indes ist zu beachten, dass auch durch eine gescheiterte Mediation der Konflikt strukturiert wird, Teillösungen gefunden werden können und eine nicht zu unterschätzende Vorarbeit geleistet wurde, die für das sich anschließende Gerichtsverfahren genutzt werden kann[1213].

Bei einer gerichtsinternen Mediation, die nunmehr im Rahmen einer Güteverhandlung durchgeführt wird, fallen für den mediierenden Richter keine zusätzlichen Kosten an[1214]. Zudem entstehen für die Parteianwälte keine zusätzlichen Gebühren, da die Mediation als unselbständiger Teil des Prozesses angesehen wird, sodass die anwaltliche Tätigkeit mit der Verfahrens- und Terminsgebühr abgegolten ist.[1215] Sollte es hier zu einer Einigung kommen, erhalten die Rechtsanwälte eine Einigungsgebühr (§§ 2, 13 RVG i.V.m. RVG Anlage I, VV Vorbem. 1, 1003) unter

1210 *Kilian*, VersR 2000, 942 ff. (947); *Hattemer*, Mediation bei Störungen des Arzt-Patient-Verhältnisses, S. 307.

1211 Vgl. hier jedoch auch die Anrechnungsmöglichkeit einer ggf. entstandenen außergerichtlichen Geschäftsgebühr.

1212 Bei Zugrundelegung einer Verteilung nach Kopfteilen und Tragung der eigenen Auslagen.

1213 *Duve/Eidenmüller/Hacke*, Mediation in der Wirtschaft, S. 299.

1214 *v. Bargen*, Gerichtsinterne Mediation, S. 336.

1215 Die beteiligten Rechtsanwälte erleiden keinen Gebührennachteil, vgl. *v. Bargen*, Gerichtsinterne Mediation, S. 338 f.

gleichzeitiger Senkung der Gerichtskosten. Die Kosten decken sich mit der in einem Gerichtsverfahren erzielten Einigung. So ergeben sich bei einem Streitwert von 10.000 € Kosten von ca. 2.600 €. Im Rahmen einer gerichtlichen Mediation ist es möglich, Prozesskostenhilfe nach den §§ 114 ff ZPO zu erlangen. Diese deckt dann auch die Kosten der anwaltlichen Vertretung.

Die Möglichkeit einer Mediationskostenhilfe für außergerichtliche Mediationen besteht derzeit (noch) nicht vollumfänglich. Im Zuge des Mediationsgesetzes werden allerdings Modellprojekte zur Förderung von Mediation, in dessen Rahmen auch eine finanzielle Förderung angeboten werden soll, angeregt, vgl. § 7 MediationsG. Es bleibt abzuwarten, inwieweit sich eine Förderung bewährt und ob sie ausgeweitet wird.[1216]

Anzumerken ist, dass die internen Kosten eines Mediationsverfahrens wesentlich geringer ausfallen als bei einem Gerichtsverfahren. Dieses folgt teilweise daraus, dass nicht für jede strittige vorgetragene Tatsache ein Beweismittel eingebracht werden muss, und resultiert auch aus der Gegebenheit, dass der Sachverhalt dem Mediator nicht in der Präzision vorgetragen werden muss wie einem Richter[1217].

Es hat sich jedoch herausgestellt, dass Mediationsverfahren nicht pauschal kostengünstiger sind als gerichtliche Verfahren. Da sich die Kosten eines gerichtlichen Verfahrens im Wesentlichen nach der Streitwerthöhe bestimmen und die eines Mediationsverfahrens vorwiegend nach der Dauer der Streitaustragung und dem jeweiligen Streitwert, erscheint ein Gerichtsverfahren bei einer Auseinandersetzung mit einem niedrigen Streitwert und langer Verfahrensdauer vorteilhafter, während eine Mediation jedenfalls im Hinblick auf die Verfahrenskosten bei einem hohen Streitwert und einer zügigen Beilegung in Betracht kommt[1218]. Die Dauer eines Mediationsverfahrens hängt von vielen Faktoren ab: Zum einen vom Engagement der Parteien und ihrer Rechtsanwälte, von der Einigungs- sowie Risikobereitschaft

1216 Zwar existiert für mittellose Parteien im außergerichtlichen Bereich die Möglichkeit, bei Vorliegen der Voraussetzungen des § 1 BerHG Beratungshilfe in Anspruch zu nehmen, worunter die Kosten für einen Rechtsanwalt und in der Regel auch die Kosten für ein Mediationsverfahren fallen, § 2 BerHG. Es besteht allerdings die Wahrscheinlichkeit, dass der Rechtanwalt die Beratung aus einem wichtigen Grund i.S.v. § 49 a Abs. 1 S. 2 BRAO ablehnt, da die Höhe der durch die Beratungshilfe gewährten Gebühr außer Verhältnis zum Haftungsrisiko und dem Umfang seiner Tätigkeit steht, weil in Arzthaftungsfällen häufig ein hoher Schaden geltend gemacht wird. Zudem werden von der Beratungshilfe die Kosten für den Mediator und die Kosten für ein einzuholendes Sachverständigengutachten nicht übernommen, vgl. *Hattemer*, Mediation bei Störung des Arzt-Patient-Verhältnisses, S. 311.

1217 *Horst*, HB Mediation, § 47, Rdnr. 4.

1218 *Seybold*, Mediation und gerichtliches Verfahren, S. 111; *Hattemer*, Mediation bei Störung des Arzt-Patient-Verhältnisses, S. 308; *Duve, Eidenmüller* und *Hacke* nehmen an, dass eine Mediation ab einem Streitwert von 5.000 € im Vergleich zum Gerichtsverfahren günstiger sei, vgl. *Duve/Eidenmüller/Hacke*, Mediation in der Wirtschaft, S. 298.

der Parteien, von der Eilbedürftigkeit der Sache sowie der wirtschaftlichen Lage der Medianten[1219]. Kostspielige Mehrfachbegutachtungen können durch ein kooperatives Vorgehen vermieden werden[1220]. Zudem wird durch die endgültige Beilegung der Streitigkeit vermieden, eine Überprüfung durch mehrere Gerichtsinstanzen vorzunehmen[1221]. Weiterhin sollte beachtet werden, dass die sog. „Konfliktfolgekosten" durch eine Mediation gering gehalten werden können. Bei Konfliktfolgekosten handelt es sich um Kosten, die durch eine suboptimale Konfliktbehandlung entstehen können. Durch eine vom Patienten als unangemessen empfundene Behandlung oder durch das Verzögern der Regulierung durch den Versicherer können die Kosten in die Höhe steigen[1222]. Diese Konfliktfolgekosten können sich in erhöhten Behandlungskosten, höheren Schadensersatz- und Schmerzensgeldansprüchen äußern[1223]. Hinzu kommen Kosten für den Versicherer durch erforderliche Rückstellungen[1224]. Mediation hat das Potenzial, diese Konfliktfolgekosten gering zu halten oder gar nicht erst entstehen zu lassen, indem sie eine weitere Eskalation verhindert sowie den Konflikt rasch, umfänglich und dauerhaft beilegt[1225]. Des Weiteren wird die emotionale Belastung für beide Parteien – sowohl für den Patient als auch für den Arzt – gering gehalten. Auch wenn dieses Verfahren von allen Beteiligten einen erhöhten Aufwand erfordert, dürfen diese Faktoren bei der Bemessung der Kosten einer Mediation und im Vergleich zu einem Gerichtsverfahren nicht unbeachtet bleiben. Der Gesamtkostenaufwand für eine Mediation dürfte damit geringer ausfallen als in einem gerichtlichen Verfahren[1226].

An dieser Stelle sei kurz darauf hingewiesen, dass sich eine Vielzahl der Rechtsschutzversicherungen für Mediation einsetzt und die Kosten eines Mediationsverfahrens – jedenfalls teilweise – übernimmt[1227].

Da das Verfahren vor den ärztlichen Gütestellen allerdings für die Parteien kostenfrei ist – für die Parteien fallen lediglich die Ausgaben für einen parteilichen Vertreter sowie sonstige notwendige Auslagen an – ist dieses im Vergleich zur

---

1219 *Seybold*, Mediation und gerichtliches Verfahren, S. 82.

1220 *Hattemer*, Mediation bei Störung des Arzt-Patient-Verhältnisses, S. 308 f.

1221 *Hattemer*, Mediation bei Störung des Arzt-Patient-Verhältnisses, S. 309.

1222 *Hattemer*, Mediation bei Störung des Arzt-Patient-Verhältnisses, S. 112 f., 312 f.

1223 Vgl. bspw. die Entscheidung des LG Saarbrücken in ZfS 2001, 255 ff. Es kann durch unangemessenes Verhalten sogar zu einer sog. posttraumatischen Belastungsstörung kommen, vgl. *Hattemer*, Mediation bei Störung des Arzt-Patient-Verhältnisses, S. 113.

1224 *Hattemer*, Mediation bei Störung des Arzt-Patient-Verhältnisses, S. 313.

1225 *Hattemer*, Mediation bei Störung des Arzt-Patient-Verhältnisses, S. 313.

1226 Zu diesem Ergebnis kommt auch *Hattemer*, Mediation bei Störung des Arzt-Patient-Verhältnisses, S. 313 f.

1227 Vgl. hierzu bspw. die unverbindliche Musterklausel des GDV für Mediationsverfahren; im Allgemeinen: *Tögel/Rohlff*, ZRP 2009, 209 ff.; *Hellberg/Wendt*, ZKM 2010, 21 ff. (22); *Mähler/Mähler*, ZRP 2011, 29 f. (30).

Mediation als das günstigere Verfahren einzustufen. Auch hier gilt es jedoch, die soeben genannten Faktoren in die Kalkulation einzubeziehen.

Die Kostenhöhe ist zwar ein wesentliches und nachvollziehbares Merkmal für und gegen die Entscheidung, eine Mediation anzustreben, sie sollte jedoch nicht der einzige Beweggrund für oder gegen das Verfahren sein. In erster Line sollte es darum gehen, eine hochwertige Konfliktbeilegungsmethode zu wählen, welche für den jeweiligen Konflikt die sinnvollste ist und die das Potenzial hat, eine nachhaltige Befriedung des Parteienverhältnisses herzustellen. Mit einer zügigen und kostengünstigen Konfliktlösung, die qualitative Abstriche machen muss, um dieses Ziel zu erreichen, ist im Ergebnis niemandem geholfen.

Kapitel 6: Praktische Durchführbarkeit von Mediationen bei arzthaftungsrechtlichen Streitigkeiten

A. Einführung

Mediationen im Arzthaftungsrecht wurden bislang kaum durchgeführt. Daher erscheint es sinnvoll, anhand der Erfahrungen und Interessen von an Arzthaftungsfällen beteiligten Akteuren herauszufinden, ob sich das Verfahren in der Praxis umsetzen lässt.

Zunächst werden Tatsachen zur praktischen Durchführbarkeit von Mediationen im Arzthaftungsrecht thematisiert. Hierbei werden die kritischen Stimmen – die besonders durch die von mir geführten Gespräche und Schriftwechsel festgestellt wurden – dargestellt und differenzierend gewürdigt. Anschließend wird erörtert, wie die Akzeptanz und das Vertrauen gegenüber Mediation gestärkt werden kann. Aufgrund der großen Bedeutung der Berufshaftpflichtversicherer, Rechtsanwälte und Richter für die Etablierung arzthaftungsrechtlicher Mediationen soll in einem gesonderten Punkt erörtert werden, welchen Wert das Verfahren speziell für diese Akteure haben kann. Eine Zusammenfassung der Konfliktmerkmale und -strukturen, die auf eine Mediationstauglichkeit der Streitigkeit hinweisen, schließt das Kapitel ab.

B. Praktische Umsetzungschancen

Durch persönliche Gespräche und Schriftwechsel mit Mediatoren, Mediationsverbänden, Rechtsanwälten, Richtern, Vertretern der Berufshaftpflichtversicherer, Vertretern einzelner Kliniken und weiteren Interessenvertretern aus dem Ärzte- und Patientenbereich habe ich mir einen Überblick über die Bereitschaft der einzelnen Interessengruppen verschafft, inwieweit sie Mediation im Arzthaftungsrecht anwenden oder ihr jedenfalls eine Chance als alternatives Konfliktlösungsmodell im Arzthaftungsrecht geben würden[1228]. Die daraus gewonnenen Erkenntnisse waren

1228 Anzahl der befragten Personen: 52. Die meisten Gesprächs- und Schriftwechselpartner waren Rechtsanwälte (12), Richter (10), Mediatoren (11) und Angehörige der Rechtsabteilungen bzw. Beschwerdemanagements der Kliniken (8). Hinzu kommen die Einschätzungen von Vertretern einzelner Berufshaftpflichtversicherer (4), von Vorsitzenden ärztlicher Gütestellen (2), von Interessenvertretern von Ärzten und Patienten (3) sowie von Vertretern einzelner Krankenversicherer (2). Die Gespräche und Schriftwechsel wurden hauptsächlich in dem Zeitraum von September 2010 bis August 2011 getätigt. Aus Gründen der Anonymität werden die Namen der Gesprächs- und Schriftwechselpartner nicht aufgeführt.

bedauerlicherweise ernüchternd. Häufig wird Mediation von ihren Kritikern zurückgewiesen als „ideologisch inspirierter Versuch, ein Versöhnungsideal hoffähig zu machen, weltliches Christentum zu verbreiten oder sozialtherapeutisches Engagement an den Tag zu legen“[1229].

Befürworter und Kritiker von arzthaftungsrechtlichen Mediationen können zwei Gruppen zugeteilt werden: Befürworter sind Mediatoren, sowohl autonom tätig werdende als auch richterliche Mediatoren. Die Quellberufe der autonomen Mediatoren sind nicht überwiegend juristische. Sie stammen zudem aus dem medizinischen Bereich – wie Ärzte und Personen, die in der Krankenpflege und im Krankenhausmanagement arbeiten. Zudem befürworten einige Rechtsanwälte, die überwiegend als Parteivertreter auf Patientenseite tätig sind, und einige Kliniken Mediation im Arzthaftungsrecht. Des Weiteren zeigen sich verschiedene Interessenvertreter – u.a. aus dem medizinischen Bereich wie der NAV-Virchow-Bund (Verband der niedergelassenen Ärzte in Deutschland e.V.) – arzthaftungsrechtlichen Mediationen gegenüber aufgeschlossen.

Kritiker sind zumeist Rechtsanwälte, Richter der Kammern bzw. Senate, die für das Arzthaftungsrecht zuständig sind, und die Vertreter der Haftpflichtversicherer der Ärzte sowie die ärztlichen Gütestellen.

Die Argumente der Kritiker lassen sich nicht darauf stützen, dass sie Mediationen im Arzthaftungsrecht beiwohnten und sie aufgrund der daraus gezogenen Erfahrungen ablehnen. Sie begründen ihre Ansichten allein durch ihre Erkenntnisse als im Medizinrecht tätige Versicherer, Anwälte und Richter. Jedoch können auch die Befürworter ihre Annahme der Geeignetheit von arzthaftungsrechtlichen Mediationen zumeist nicht oder auf nur geringe praktische Erfahrungen zurückführen. Mediationen im Arzthaftungsbereich hat es bis zu diesem Zeitpunkt nur vereinzelt gegeben. Wenn sie allerdings realisiert wurden, führten sie nach Schätzungen von zwei im Arzthaftungsrecht tätigen Mediatoren in 70 bis 80 % der Fälle zum Erfolg.

Sowohl auf Befürworter- als auch auf Kritikerseite sind die Ansichten damit überwiegend theoretischer Natur. Es wird zu bedenken gegeben, dass der Nutzen arzthaftungsrechtlicher Mediationen lediglich dann stichhaltig und fachgerecht bewertet werden kann, wenn das Verfahren in dem Bereich praktisch erprobt würde. Durch die ablehnende Haltung der Rechtsanwälte und Berufshaftpflichtversicherer sowie das restriktive Abgabeverhalten der Richter aus den jeweiligen Kammern und Senaten bzgl. mediationsgeeigneter Fälle wird die Erprobung des Verfahrens erschwert. Der Steuerungsmechanismus liegt aber gerade bei diesen Interessenvertretern.

I. Stimmen der Praktiker

Die Einschätzungen der an Arzthaftungsfällen in unterschiedlicher Weise beteiligten Personen haben für die Beurteilung von Mediation im Arzthaftungsrecht sowie

1229 Vgl. Angabe bei *Moltmann-Willisch/Kraus/v. Hammerstein*, ZRP 2011, 58 f (59).

für die Herausarbeitung der Möglichkeiten ihrer Umsetzung einen unschätzbaren Wert. Diese Personen arbeiten letztendlich an den Haftungsfällen und setzen die Verfahren um. Daher soll an dieser Stelle genau aufgeführt werden, welche Interessengruppen aus welchen Gründen das Verfahren entweder befürworten oder ablehnen. Anhand dieser Erkenntnisse soll festgestellt werden, ob die Einwände unüberwindbare Hürden für die Etablierung von arzthaftungsrechtlichen Mediationen sind und ob das Verfahren für die ablehnenden Interessengruppen attraktiver gestaltet werden kann.

1. *Mediationsbefürworter*

Befürworter arzthaftungsrechtlicher Mediationen[1230] sind autonom tätige Mediatoren, richterliche Mediatoren und eine geringe Anzahl von Rechtsanwälten, die auf Patientenseite tätig sind. Jedoch auch Interessenvertreter aus dem medizinischen Bereich wie der NAV-Virchow-Bund und einzelne Kliniken sind arzthaftungsrechtlichen Mediationen gegenüber aufgeschlossen.

a) Aus welchen Gründen wird Mediation im Arzthaftungsrecht befürwortet?

Die Gründe der Befürworter, warum Mediation grundsätzlich für Arzthaftungsstreitigkeiten geeignet ist, decken sich im Wesentlichen mit den in Kapitel 5 unter F angeführten Kriterien.

Hervorzuheben sind hierbei folgende Annahmen:

- die Vertrauensbeziehung zwischen Arzt und Patient,
- die Vertraulichkeit der Mediationssitzungen,
- die Überlagerung von Arzthaftungsstreitigkeiten durch die subjektiven Wahrnehmungen der Parteien, insbesondere der des Patienten,
- das subjektive Schmerzempfinden des Patienten könne be- und geachtet werden,
- die Möglichkeit der Eindämmung des Eskalationsrisikos,
- die Chance auf eine hochwertige Lösung der Konflikts,
- die nachhaltige Befriedung des Arzt-Patient-Verhältnisses,
- geringere Kosten und kürzere Dauer im Vergleich zum Gerichtsverfahren.

b) In welchen Konstellationen lohnt sich Mediation?

Den Ausführungen der Mediationsbefürworter zufolge würden sich besonders folgende Konstellationen für eine Mediation anbieten:

- Streitigkeiten, in denen Patienten mit einem hohen Leidensdruck in physischer und / oder emotionaler Hinsicht belastet seien,
- Streitigkeiten, in denen die Haftung dem Grunde nach geklärt oder das Prozessrisiko für beide Parteien abschätzbar sei. Hierunter fielen auch Gerichtsverfahren

1230 Im Folgenden lediglich als Mediationsbefürworter bezeichnet.

in der zweiten Instanz. Die Vergleichsbereitschaft und der Schlichtungsspielraum sei hier höher als in Verfahren der ersten Instanz, in denen es vielmehr um die Sachverhaltsaufklärung gehe,
- Streitigkeiten, in denen Kommunikationsdefizite im Vordergrund stünden und in denen es um relativ geringe Schäden gehe,
- Streitigkeiten zwischen niedergelassenen Ärzten und Patienten, da hier oftmals das Behandlungsverhältnis schon über Jahre existiere und ein intensives Vertrauensverhältnis bestehe,
- Zahnärztliche Haftungsfälle, da hier speziell auf Seiten des Zahnarztes hohe Bereitschaft vorhanden sei, zu einer gütlichen Einigung zu kommen. Diese Bereitschaft sei durch die Besonderheit zahnärztlicher Haftungsfälle bedingt: Die Berufshaftpflichtversicherung des Arztes kommt lediglich für das zu zahlende Schmerzensgeld auf. Den Schadensersatz hat der Zahnarzt selbst zu leisten[1231], da es sich bspw. bei den für die Nachbehandlung entstehenden Kosten um einen Erfüllungsschaden handelt. Aufgrund des eigenen Kostenanteils sei die Vergleichsbereitschaft auf Seiten der Zahnärzte daher hoch.

c) *Praktische Erfahrungen der Anwender*

Mediatoren, die Mediation in Arzthaftungsfällen schon angewandt haben, geben an, dass in diesen Streitigkeiten die subjektiven Wahrnehmungen des Konflikts durch die Parteien den Streitgegenstand an sich überlagern. Besonders für den Patient sei eine sachliche Herangehensweise an den Konflikt aufgrund seiner subjektiven Empfindungen problematisch. Mediationen seien in diesem Bereich geeignet, um diese Wahrnehmungen auszusprechen und zu reflektieren. Dadurch würde die sachliche Ebene zwischen den Parteien wieder hergestellt und es bestehe Raum für eine von den subjektiven Wahrnehmungen losgelöste Beilegung der Streitigkeit. Vor allem der Patient habe das Gefühl, gehört und ernst genommen zu werden. Für ihn spiele es eine gewichtige Rolle, dass er dem Arzt „sein Leid klagen könne"[1232]. Diese Möglichkeit bleibe dem Patienten bei Inanspruchnahme der herkömmlichen Streitbeilegungsmöglichkeiten verschlossen.

Mediatoren berichten, dass Patienten nahezu in jedem Fall dazu bereit seien, den Konflikt durch eine Mediation aufzuarbeiten. Es sei zumeist die Behandlerseite – einschließlich der Haftpflichtversicherer –, die diese Möglichkeit ausschließe.

Richterliche Mediatoren schildern die Erfahrung, dass mehr Arzthaftungssachen an die Güterichter abgegeben würden, wenn in den Spezialkammern bzw. -senaten Richter tätig sind, die auch als Mediatoren eingesetzt werden. In dem Fall scheint die Akzeptanzhürde gegenüber dem Verfahren niedriger zu sein.

Trotzdem besteht der Eindruck, dass die Etablierung von arzthaftungsrechtlichen Mediationen im Gericht leichter ist. Dies liege zum einen an dem ohnehin

1231 Terbille-*Bücken*, AnwHB Versicherungsrecht, § 19, Rdnr. 27
1232 Siehe auch Angaben eines australischen Kronanwalts in *Wolf*, Betrifft JUSTIZ Nr. 101, 244 ff.

bestehenden (Akzeptanz)Vorsprung der gerichtlichen im Vergleich zur außergerichtlichen Mediation. Zum anderen resultiere dies nach Angaben eines richterlichen Mediators daraus, dass Sachverständigengutachten in der Mehrzahl der gerichtlich durchgeführten Mediationen nicht mehr eingeholt würden, da diese schon durch Vorgutachten oder ein vorangegangenes Feststellungsurteil vorhanden seien. In dem Mediationsverfahren sei dann die Sachverhaltsaufklärung nicht mehr in dem Maße zu betreiben. Es könne sich schnell auf die Herausstellung der einzelnen Interessen und Lösungsoptionen konzentriert werden.

Zudem wird angenommen, dass speziell zahnärztliche Haftungsfälle mediierbar seien, da hier zum einen durch das Auseinanderfallen der Zahlungspflichten bzgl. des Schadensersatzes und des Schmerzensgeldes[1233] den Zahnärzten besonders daran gelegen sei, eine gütliche Einigung zu erzielen. Hieraus würden zum anderen die Selbstbestimmtheit des Zahnarztes und dessen jedenfalls partielle Unabhängigkeit von der Versicherung resultieren, sodass er freier in den Verhandlungen sei und ggf. dazu bereit sei, Zugeständnisse zu machen. Hinzu käme, dass Zahnärzte in den meisten Fällen Praxen betreiben, sodass im Zweifel zwischen ihnen und den Patienten jahrelange Behandlungsverhältnisse bestünden. Durch die regelmäßigen Zahnarztbesuche seien diese besonders intensiv. Vor allem dem niedergelassenen Zahnarzt sei daran gelegen, eine endgültige und für beide Seiten befriedigende Lösung des Konflikts herbeizuführen, um seine Reputation nicht zu schädigen. Darüber hinaus sei die Schlichtung in zahnärztlichen Haftungssachen aus dem Grunde einfacher, da es sich um ein weniger sensibles Rechtsgut handle als in humanmedizinischen Haftungsfällen. Zwar würde eine Beeinträchtigung auch zu einer gesundheitlichen und emotionalen Betroffenheit des Patienten führen, jedoch sei dieses Rechtsgut nach allgemeiner Auffassung ersetzbar. Da die Zahnheilkunde im stärkeren Maße als die Humanmedizin kommerzialisiert sei – Zusatzleistungen sind in diesem Bereich die Regel – sei die Emotionalisierung des Konfliktes hier in einem abgestuften Verhältnis zu sehen.

Alle Mediationsbefürworter sehen in der Rolle der Haftpflichtversicherer die entscheidende Hürde für Mediationen im Arzthaftungsrecht. Die Versicherer hätten den Wert von Mediation in diesem Bereich noch nicht erkannt. Dabei müssten sie durch die Beteiligung eines Sachbearbeiters bzw. Rechtsanwalts an der Mediationssitzung oder der Einräumung eines Vetorechts nicht befürchten, dass eine für sie nachteilige Einigung ausgehandelt wird. Es wird angenommen, dass weitaus mehr Mediationsverfahren im Arzthaftungsrecht durchgeführt würden, wenn die Haftpflichtversicherer ihr Misstrauen gegenüber diesem Verfahren überwinden würden. Die Tatsache, dass die überwiegende Anzahl arzthaftungsrechtlicher Mediationen erfolgreich verliefe, unterstütze die Annahme, dass das Arzthaftungsrecht in ausgewählten Fällen mediationstauglich sei. Sie könne in diesem Bereich wirkungsvoll und erfolgreich sein, wenn die Akteure dem Verfahren offen gegenüber stünden.

1233 Terbille-*Bücken*, AnwHB Versicherungsrecht, § 19, Rdnr. 27.

Eine Weiterentwicklung dieses Verfahrens würde daher (noch) durch die Ablehnung der Versicherer behindert.

2. *Mediationskritiker*

Kritiker von Mediation im Arzthaftungsrecht[1234] sind im Medizinrecht tätige Rechtsanwälte, insbesondere Rechtsanwälte die auf Seiten der Behandelnden tätig sind, Richter der Spezialkammern und -senate, die für Arzthaftungsfälle zuständig sind, die Berufshaftpflichtversicherer der Ärzte sowie die ärztlichen Gütestellen. Auch ein Vertreter aus dem Krankenversicherungsbereich lehnt dieses Verfahren ab.

a) Aus welchen Gründen wird Mediation im Arzthaftungsrecht abgelehnt?

Auffallend war, dass sich die Gründe, aufgrund derer die Kritiker Mediation ablehnen, weitgehend mit den schon ausgemachten theoretischen Problemfeldern arzthaftungsrechtlicher Mediationen (Kapitel 5, G) decken. Als Ablehnungsgründe werden insbesondere angegeben:

- es bestehe kein Anwendungsbereich und keine Notwendigkeit für arzthaftungsrechtliche Mediationen aufgrund der Tätigkeit der ärztlichen Gütestellen und des vorgerichtlichen Tätigwerden der Parteianwälte. Hinzu kämen das Bemühen der Haftpflichtversicherer um eine außergerichtliche Einigung – und deren Erfolg – sowie die Vergleichsgespräche in einem späteren Gerichtsverfahren. Im Rahmen dieser Verfahren würden auch mediationsgeeignete Fallkonstellationen – deren Existenz alleine schon angezweifelt wird – erledigt, sodass keinerlei Anwendungsbereich bestünde,
- das Ziel, die Gerichte zu entlasten, könne durch einen weiteren Ausbau der schon vorhandenen Filtermöglichkeiten im Arzthaftungsrecht womöglich schneller und einfacher erreicht werden[1235]. Sowohl die Arbeit der ärztlichen Gütestellen als auch das vorgerichtliche Tätigwerden durch die Parteianwälte und Berufshaftpflichtversicherer würden einen erheblichen Teil dazu beitragen, dass Verfahren von den Gerichten ferngehalten würden. Wenn man dem Patienten ein weiteres Verfahren zur Verfügung stellen möchte, um lediglich eine Gerichts- und Kostenentlastung zu erzielen, würde man – so die Vermutung – ihn mit diesem unter den schon bestehenden außergerichtlichen Angeboten mehr verunsichern als Hilfe leisten,
- Mediation eigne sich ihrer Natur nach nicht für Arzthaftungsfälle und sei nicht zielführend,
- das Wissens- und damit das Machtgefälle zwischen Arzt und Patient,

1234 Im Folgenden als Mediationskritiker bezeichnet. Die Kritik bezieht sich ausdrücklich nur auf Mediationen im Arzthaftungsrecht.

1235 Vgl. auch die Annahme von *De Marrón*, Alternative Streitschlichtung in Arzt- und Produkthaftungsfällen, S. 131.

- die Frontenverhärtung zwischen Arzt und Patient, die keinen Raum für Mediation ließe,
- die vorwiegend monetären Beweggründe der Patienten,
- die Qualifikation des Mediators[1236],
- die Notwendigkeit eines Sachverständigengutachtens und die Ungeeignetheit von Mediation für die Klärung sachlicher Fragen,
- kein vorhandener, jedoch für Mediationen unabdingbarer Verhandlungsspielraum über die Haftungsfrage: Verfahren würden mit dem Ergebnis des Gutachtens entschieden,
- die Rolle des Berufshaftpflichtversicherers: Es bestehe keine Dispositionsbefugnis des Arztes. Eigentliche Verfahrensbeteiligte seien der Versicherer und der Patient, der Arzt sei faktisch weitestgehend ausgeschlossen,
- für die Verhandlungen über oftmals hohe Streitwerte in Arzthaftungsfällen sei eine Mediation untauglich,
- die Beteiligung von Rechtsanwälten: Durch das Selbstverständnis der Rechtsanwälte würde die Durchführung von Mediation erschwert.

b) Praktische Erfahrungen

Mediationskritiker stützen diese Annahmen auf ihre Erfahrungen durch den Umgang mit Arzthaftungsfällen. Fachanwälte geben an, dass sie einen Großteil der Haftungsfälle außergerichtlich lösen können – ohne Anwendung von Mediation. Durch die eigenen vorgerichtlichen Bemühungen würden 80 % der an sie herangetragenen Fälle von den Gerichten ferngehalten. Dieses geschehe oftmals mit Hilfe der Gutachten der ärztlichen Gütestellen oder des MDK. In den verbleibenden Haftungsstreitigkeiten sei der Gang zum Gericht unumgänglich. Die Haftpflichtversicherer machen ähnliche Angaben: 93 % aller eingehenden Fälle würden außergerichtlich im Einvernehmen aller Beteiligten gelöst[1237]. Der Anwendungsbereich für Mediation sei damit so gut wie nicht vorhanden. Auf diese Annahme stützt sich die Mehrzahl der Mediationskritiker.

Die Ablehnung des Verfahrens beruhe jedoch auch darauf, dass die Inhalte von Arzthaftungsfällen im krassen Gegensatz zu der Vorgehensweise in einer Mediation stünden. In diesen Streitigkeiten gehe es vorrangig um die Klärung medizinischer Fachfragen und deren rechtliche Konsequenzen. Zudem würden die Verhandlungen über einen finanziellen Ausgleich ein weiteres Kernstück von Haftungsfällen bilden. Bei der Beurteilung dieser Fragen gehe es vorrangig um fachliches und taktisches Verhandeln zwischen den Parteien bzw. – aufgrund der Komplexität der Materie – zwischen ihren Rechtsanwälten, losgelöst von der eigentlichen Arzt-Patient-Beziehung. Im Bereich der Verhandlungen über die Höhe des zu leistenden Schadensersatzes bzw. Schmerzensgeldes würden die rechtlichen Beistände

1236 Auch im Allgemeinen bestehen erhebliche Zweifel an der Befähigung von Mediatoren, vgl. hierzu *Engel/Hornuf*, SchiedsVZ 2012, 26 ff. (30 f.).

1237 Vgl. *Weidinger*, MedR 2004, 289 ff. (289).

miteinander „feilschen“ („Basar-Methode“[1238]), bis sie sich durch gegenseitiges Nachgeben auf eine (noch) für beide Seiten akzeptable Summe einigen können. Innerhalb dieses Aushandelns bleibe keine Raum und auch keine Notwendigkeit für eine Mediation.

Hinzu komme, dass sobald eine rechtliche Auseinandersetzung zwischen Arzt und Patient im Raum stehe, von dem Zeitpunkt an der Patient und die Haftpflichtversicherung des Arztes Hauptakteure des Streites seien. Der Arzt selbst habe keine eigene Verhandlungsautonomie, sodass das Ziel einer arzthaftungsrechtlichen Mediation – eine Befriedung des Arzt-Patient-Verhältnisses – nicht realisierbar sei. Die soziale Beziehung zwischen Arzt und Patient stehe nicht im Vordergrund, da der Haftpflichtversicherer eine professionell-sachliche Lösung anstrebe, die nicht von Emotionen überlagert werden solle.

Zuletzt sei ausschlaggebend, dass vielen Patienten nicht daran gelegen sei, nach einem Behandlungsfehlervorfall die Arzt-Patient-Beziehung fortzuführen. Da dieses eines der Hauptanliegen von Mediation sei, sei das Verfahren nicht zielführend.

c) Gibt es nach Ansicht der Mediationskritiker verbleibende Anwendungsgebiete für Mediation in Arzt-Patient-Konflikten?

Nahezu alle Mediationskritiker nehmen an, dass im Arzt-Patient-Verhältnis erhebliche Kommunikationsstörungen entstehen können, die bisweilen auch zu rechtlichen Auseinandersetzungen zwischen den Parteien führen. Der Ansatzpunkt für eine Mediation sei ihrer Meinung nach jedoch dann zu spät, wenn es zu einem rechtlichen Konflikt zwischen Arzt und Patient gekommen sei. Mediation müsse früher ansetzen, wenn noch keine streitige Auseinandersetzung vorliege. In dem Fall könne das Verfahren Kommunikationsdefizite ausräumen und zur Aufrechterhaltung der Arzt-Patient-Beziehung beitragen.

Viele Kritiker gehen in der Einschränkung noch weiter. Um die Tauglichkeit von Mediation einzuschätzen, trennen sie den Inhalt einer Arzt-Patient-Streitigkeit in eine Behandlungs- bzw. Aufklärungsfehlerebene und eine Kommunikationsdefizitebene. Lediglich Letztere wird als mediationstauglich eingestuft.

Eine weitere Einsatzmöglichkeit für Mediation sei, mediative Elemente in richterliche Vergleichsgespräche einzuführen[1239] oder Mediation bei den Verfahren vor den ärztlichen Gütestellen einzusetzen. Letzteres biete sich besonders dann an, wenn das Sachverständigengutachten zu keinem eindeutigen Ergebnis komme und damit Verhandlungsspielraum für die Parteien vorhanden sei. Zudem bestehe ein Anwendungsbereich für Mediation im Rahmen von Gebührenforderungsstreitigkeiten[1240].

1238 Zu dieser Verhandlungsmethode vgl. bspw. *Hohmann*, FPR 2004, 168 ff. (171); *Wilhelm*, HB Mediation, § 26, Rdnr. 55 ff.

1239 Vorschlag mehrerer Richter (auch als Mediatoren tätige Richter) und Rechtsanwälte.

1240 Dass dies zutreffend ist, wurde mir vom AG Kiel bestätigt, an dem schon Mediationen in diesem Bereich durchgeführt wurden. Siehe dahingehende Ausführungen

Auffallend ist, dass einige Mediationskritiker dem Verfahren zwar offen gegenüber stehen, jedoch annehmen, dass die Mediationskultur in Deutschland noch nicht so weit vorangeschritten sei, als dass sie sich in jedem Fachgebiet als Alternative bzw. Ergänzung etablieren könne.

II. Stellungnahme

Bei Gegenüberstellung der Annahmen und Argumente der Mediationsbefürworter und Mediationskritiker lassen sich durchaus einige Schnittstellen ausmachen.

So gehen beide Gruppen davon aus, dass im Arzt-Patient-Verhältnis häufig Kommunikationsdefizite bestehen, die zu einer streitigen Auseinandersetzung der Parteien führen können. Beide Lager stimmen überwiegend darin überein, dass diese Kommunikationsdefizite in einer Mediation lösbar sein können[1241]. Konflikte, die sich auf der Kommunikationsebene abspielen, sind nach Ansicht der Mediationskritiker jedoch dann nicht mehr mediierbar, sobald darüber hinaus eine Rechtsstreitigkeit besteht.

Es hat den Anschein, dass die Mediationskritiker einen Arzthaftungsfall lediglich aus einer medizinisch-rechtlichen Perspektive betrachten und die Befürworter den Konflikt als Ganzes beurteilen. Letztere kommen daher zu dem Schluss, dass Mediationen in Arzthaftungsfällen nützlich sind.

Festzuhalten ist jedenfalls, dass Mediationskritikern und -befürwortern in vielerlei Hinsicht zuzustimmen ist. Wichtig ist es jedoch, hervorzuheben, dass sowohl eine pauschale Befürwortung als auch eine generelle Ablehnung arzthaftungsrechtlicher Mediationen nicht überzeugen kann. Durch diese Feststellung lassen sich folgende Annahmen der Mediationskritiker widerlegen:

- Die Annahme, dass es keinen Anwendungsbereich für Mediation im Arzthaftungsbereich gebe, basiert meines Erachtens auf dem Misstrauen der Praktiker gegenüber diesem Verfahren. Mit der Mediation im Arzthaftungsrecht soll ein Verfahren geschaffen werden, dass einer nachhaltigen Befriedung der Arzt-Patient-Beziehung zuträglich ist. Die Aussage, die bestehenden Verfahren seien hierfür ausreichend und befriedigend, kann nicht bestätigt werden.[1242] Mit dieser Feststellung soll keinesfalls die Bedeutung und Notwendigkeit der bestehenden Konfliktbeilegungsmöglichkeiten geschmälert, sondern der Bedarf von anderweitigen Konfliktlösungsmodellen wie der Mediation herausgestellt werden. Vorhandene Verfahren werden damit nicht ausgeschlossen oder ersetzt. Die Behauptung, dass Mediation im Arzthaftungsrecht keinen Anwendungsbereich

auch bei *Hattemer*, Mediation bei Störungen des Arzt-Patient-Verhältnisses, S. 121 f.

1241 Siehe auch den Sachverständigenrat für die konzertierte Aktion im Gesundheitswesen, Gutachten 2003 I, in BT-Drucks. 15/530, S. 155.

1242 Vgl. hierzu schon Kapitel 1, B, 3, Kapitel 3 und Kapitel 4.

finde, weckt eher den Verdacht, dass Praktiker ihr keinen Anwendungsbereich geben wollen.

- Die Aussage, Mediation würde sich ihrer Natur nach nicht für Arzthaftungsfälle eignen, ist eine pauschale Festlegung, der so nicht gefolgt werden kann. Mediation erweckt bedauerlicherweise bei vielen Rechtsanwendern (noch) den Eindruck einer nicht vollwertigen Konfliktlösungsmethode neben den herkömmlichen Streitbeilegungsmöglichkeiten. Dieses mag zum einen an dem verhältnismäßig großen Mediationsangebot – bzgl. Ausbildungs- und Einsatzmöglichkeiten – liegen, das zu Verunsicherungen führt. Mediation wird oftmals als moderne Konfliktbewältigungsmethode für jede Art von Auseinandersetzung herangezogen – sei es in rechtlichen Streitigkeiten, unternehmensinternen oder schulischen Angelegenheiten. Mit dieser Breite an Einsatzmöglichkeiten und bisweilen auch unüberlegten Durchführungen von Mediationen büßt sie an Glaubwürdigkeit ein. Zum anderen besteht unter vielen Rechtsanwendern Misstrauen gegenüber einer Verfahrensart, die auf eine kooperative und auf einen Konsens ausgelegte Verhandlungsführung setzt, da das kontradiktorische Verfahren noch immer die Regel darstellt.
- Zur Annahme, die Frontenverhärtung zwischen Arzt und Patient ließe keinen Raum für Mediation, gilt Folgendes: Grundsätzlich ist es ein erklärtes Ziel von Mediation, durch ihre nicht-adversive Atmosphäre und Vorgehensweise verhärtete Fronten zwischen den Parteien aufzuweichen. Daher kann die Frontenverhärtung zwischen Arzt und Patient – die im Übrigen auch in anderen, von Mediation bereits erfassten Rechtsgebieten zwischen den Parteien besteht – nicht als Ablehnungsgrund herangezogen werden. Trotzdem ist nicht jede Streitigkeit für eine Mediation geeignet. Der Streit zwischen den Parteien kann eine Eskalationsstufe erreicht haben, auf der eine Mediation nicht mehr das zielführende Verfahren ist. Dies kann auch in Arzthaftungsstreitigkeiten der Fall sein und muss im Einzelnen geprüft werden. Zusammenfassend ist jedoch festzuhalten, dass die Frontenverhärtung zwischen Arzt und Patient nicht als Ablehnungsgrund gewertet werden kann.
- Die Vermutung, Patienten würden vorwiegend monetäre Gründe verfolgen, ist abzulhenen: Wie schon in Kapitel 5, E. dargelegt, geht es vielen Patienten nicht ausschließlich um einen finanziellen Ausgleich. Ihr Begehren wird jedoch häufig durch eine finanzielle Forderung ausgedrückt, so wie es in der Mehrzahl juristischer Auseinandersetzungen gezwungenermaßen der Fall ist. Verfolgt der Patient durch das Vorgehen gegen den Arzt lediglich wirtschaftliche Ziele, ist eine Mediation nicht zweckmäßig. Da aber in der Mehrzahl auch „non-legal-remedies", wie eine detaillierte Ermittlung des Geschehenen, ein Ausdruck des Bedauerns durch den Arzt oder die Verdeutlichung des erlittenen Leids verfolgt werden[1243], sind arzthaftungsrechtliche Mediationen sinnvoll. Der Wunsch (auch)

1243 *Mulcahy*, Mediating Medical Negligence Claims, S. 12.

nach einer wirtschaftlichen Kompensation kann daher nicht als Ablehnungsgrund gegen arzthaftungsrechtliche Mediationen herangezogen werden.

- Zudem wird die Notwendigkeit eines Sachverständigengutachtens und die Ungeeignetheit von Mediation zur Klärung sachlicher Fragen angeführt: Wie schon erläutert (vgl. Kapitel 5, G, III.), ist die Einholung eines Sachverständigengutachtens oder – im Falle seines Vorhandenseins – dessen Auswertung auch im Rahmen einer Mediation möglich. Die Annahme der Kritiker scheint darauf zu basieren, dass in Mediationsverhandlungen nur selten ein Sachverständigengutachten eingeholt wird[1244]. Daraus sollte allerdings nicht auf die Unmöglichkeit der Einholung geschlossen werden.
- Mediationskritiker nehmen zudem an, dass kein – für die Mediation jedoch unabdingbarer – Verhandlungsspielraum für die Haftungsfrage bestehe, da das Verfahren mit dem Ergebnis des Gutachtens entschieden würde: Hierbei handelt es sich um eine pauschale Festlegung. Auch nach der Einholung eines Sachverständigengutachtens können Meinungsverschiedenheiten über dessen Auslegung bestehen. Zudem besteht Verhandlungsspielraum über die Höhe des ggf. zu zahlenden Ausgleichs[1245]. Die Frage ist vielmehr, ob der Haftpflichtversicherer sich auf Verhandlungen einlässt, oder aufgrund des Ergebnisses des Gutachtens alle weiteren Verhandlungen blockiert.
- Nach Ansicht der Mediationskritiker ist eine Mediation für die Verhandlungen über hohe Streitwerte untauglich: Wie bereits in Kapitel 5, G, IX erläutert, kann auch dieser Vermutung nicht gefolgt werden. Es ist anzunehmen, dass die Mediationsgeeignetheit hochkomplexer Streitigkeiten, mit denen eine zunehmende Streitwerthöhe einhergeht, nicht die Regel darstellt. Jedoch ist eine einzelfallorientierte Sondierung der Fälle unerlässlich.
  - o Die Beurteilung einer mediationstauglichen Streitigkeit anhand der strengen Einteilung in Streitigkeiten auf Behandlungs- bzw. Aufklärungsfehlerebene und Kommunikationsebene ist zu starr. Meiner Auffassung nach handelt es sich dabei nicht zwingend um voneinander unabhängige Bereiche. Jeder Konflikt wird grundsätzlich auf zwei Ebenen ausgetragen: zum einen auf der inhaltlichen (sachlichen) Ebene und zum anderen auf der Ebene der Beziehung zwischen den Beteiligten. Daher finden auch arzthaftungsrechtliche Konflikte nicht nur auf der einen oder anderen, sondern auf einer gemeinsamen Ebene statt, indem die Defizite kombiniert sind oder sich gegenseitig bedingen. Insbesondere Streitigkeiten auf der Fehlerebene werden oftmals durch Kommunikationsdefizite verursacht. Eine strikte Zuordnung ist daher nicht möglich.

Zutreffend sind hingegen folgende Annahmen der Mediationskritiker:

- Zuzustimmen ist der Meinung, dass eine arzthaftungsrechtliche Mediation durch einen qualifizierten Mediator geführt werden sollte. Auf das Erfordernis

1244 *Spindler*, Gerichtsnahe Mediation in Niedersachsen, Rdnr. 376.
1245 Vgl. hierzu ausführlich unter Kapitel 5, G, III.

wurde in Kapitel 5, G, I ausführlich eingegangen. Insbesondere außergerichtlich durchgeführte Mediationen bedürfen eines Mediators, der jedenfalls in arzthaftungsrechtlicher Hinsicht über qualifiziertes Wissen verfügt. Das medizinische Expertenwissen kann bei Bedarf durch die Hinzuziehung eines medizinisch-fachkundigen Co-Mediator eingebracht werden.[1246] Diese Art von arzthaftungsrechtlichen Mediationen wird bis dato nur vereinzelt angeboten[1247]. Um Mediation im Arzthaftungsrecht zu etablieren und ihre Akzeptanz zu fördern, müsste das fachlich hochwertige Angebot ausgeweitet werden.
- Die Forderung nach einem qualifiziert besetzten Mediatorenkörper ergibt sich richtigerweise auch aus dem bestehenden Wissensgefälle zwischen Arzt und Patient. Durch das Wissensgefälle entsteht ein Machtgefälle, das nur durch einen qualifiziert besetzten Mediatorenkörper ausgeglichen werden kann.
- Durch die bedeutende Rolle der Berufshaftpflichtversicherer in Arzthaftungsstreitigkeiten kommt dem Arzt keine Dispositionsbefugnis innerhalb des Verfahrens zu. Aufgrund der übergeordneten Stellung des Versicherers wird der Arzt ohne Rücksprache mit diesem keine Zugeständnisse gegenüber dem Patienten machen. Der Patient und sein rechtlicher Beistand verhandeln daher de facto mit einem Vertreter der Haftpflichtversicherung über den Behandlungs- bzw. Aufklärungsfehlervorwurf und die daraus resultierenden Folgen. Es kommt vor, dass sich der Arzt gänzlich aus den Verhandlungen zurückzieht und das gesamte Verfahren dem Haftpflichtversicherer überlässt. Dies kann für den Patienten mitunter bedauerlich sein, da er dem Arzt dann nicht sein Leid verdeutlichen kann.
- Zudem besteht eine Hürde für arzthaftungsrechtliche Mediationen durch die Rechtsanwälte. Sie haben bei dem Anstoßen dieses Verfahrens eine Schlüsselposition inne. Durch das Selbstverständnis und Misstrauen der Rechtsanwälte gegenüber Mediationsverfahren wird deren Etablierung erschwert.

Dem Erfordernis einer qualifizierten Mediation ist mit Hilfe eines fachkundigen Mediatorenkörpers sowie, bei Bedarf, durch die Einholung eines Sachverständigengutachtens zu entsprechen. Einige Mediationskritiker erweckten den Eindruck, dass sie bei Vorliegen eines adäquaten und qualitativ hochwertigen Mediationsangebots dieses womöglich in Anspruch nehmen würden. Die Schwierigkeit der Etablierung arzthaftungsrechtlicher Mediation liegt also darin, ein kompetentes Mediationsangebot zu schaffen sowie die Akzeptanz und das Vertrauen der Haftpflichtversicherer, Rechtsanwälte und Richter zu erlangen.

1246 Nach Angaben eines in einer Klinik tätigen Mediators ist ein fachkundiger Mediator nicht unerlässlich, ein gewisses Expertenwissen jedoch von Vorteil.
1247 Vgl. bspw. das Angebot von EUCON.

C. Stärkung der Akzeptanz von Mediation

Mediation müsste mehr noch als schon geschehen zu einem achtbaren Instrument in der Konfliktlösung gemacht werden. Um die Akzeptanz von Mediation und das Vertrauen in dieses Verfahren zu stärken, sind spezielle Rahmenbedingungen unerlässlich.[1248] Nur das Angebot qualitativ hochwertiger Mediationsverfahren und die Transparenz hinsichtlich der Ausbildungsstandards des Mediators kann dieses Ziel näher bringen. Das Angebot und die Beschreibung von Mediation müssen deutlicher werden[1249], um Rechtssicherheit zu schaffen, Verunsicherungen vorzubeugen und um sie als eine gleichwertige Konfliktlösungsmethode zu etablieren. Die begriffliche Präzision und Trennschärfe von anderen Verfahren ist noch nicht ausreichend verbreitet.[1250] Es ist erstrebenswert, die Erkenntnis in das Bewusstsein der Bevölkerung zu rücken, dass es zwischen Konfliktvermeidung – durch die Aufgabe eines weiteren Vorgehens – und der Anspruchsdurchsetzung durch die Anrufung eines Gerichts weitere Formen der Konfliktbewältigung gibt – so z.B. die Mediation[1251]. Sie würde ihr Potenzial besonders dann voll entfalten, wenn sie institutionell in das System der Streitbeilegungsmethoden verankert würde[1252].

Mit dem nationalen Mediationsgesetz wird ein entscheidender Schritt in Richtung einer nachhaltigen Etablierung von Mediation in die Konfliktbeilegungsmethoden getan. Mediation wird in das öffentliche Bewusstsein gerückt und auf eine einheitliche Grundlage gestellt. Dabei hat sich der Gesetzgeber darauf beschränkt, geringe gesetzliche Normierungen vorzunehmen, um die Weiterentwicklung von Mediation nicht zu gefährden.

In § 5 Abs. 2 und 3 MediationsG wird nunmehr die Bezeichnung „zertifizierter Mediator" gesetzlich verankert. § 5 MediationsG soll die Mediatoren dazu anhalten, ihre Aus- und Fortbildung in eigener Verantwortung fachgerecht durchzuführen und damit einen Beitrag zur Qualitätssicherung und Markttransparenz zu leisten.

Um hochwertige Mediationen im Arzthaftungsbereich anbieten zu können, müsste man bei den Anforderungen an den Mediator jedoch noch weiter gehen. Dies würde zuvorderst bedeuten, dass ausgebildete und zertifizierte Mediatoren neben ihrer Aus- und Fortbildung im mediativen Bereich auch arzthaftungsrechtliche

1248 Siehe hierzu auch die Forschungsergebnisse in anderen Ländern bei *Hopt/Steffek*, Mediation, S. 79 f. Zur Institutionalisierung arzthaftungsrechtlicher Mediationen s. ausführlich unter Kapitel 7, E.

1249 Siehe hierzu auch *Hattemer*, Mediation bei Störungen des Arzt-Patient-Verhältnisses, S. 29.

1250 Siehe für Wirtschaftskonflikte: *Nestler/Hammes/Gläßer/Kirchhoff/Breidenbach*, Commercial Dispute Resolution, S. 22. Studie abrufbar unter: http://www.europa-uni.de/de/forschung/institut/institut_ikm/publikationen/Studie_Commcercial_Dispute_Resolution_2005.pdf (Zugriff am 01. Mai 2013).

1251 *Breidenbach*, Mediation, S. 246; *Schmidt*, Die Zukunft der Mediation in Deutschland, 121 ff. (122 f.).

1252 *Hopt/Steffek*, Mediation, S. 79.

Kenntnisse vorweisen müssten. Nur so können die Akzeptanz und das Vertrauen von Arzt und Patient sowie – aufgrund ihrer Bedeutung – der Haftpflichtversicherer, Rechtsanwälte und Richter erlangt werden. Es muss gewährleistet sein, dass bei Bedarf ein Co-Mediator aus einem medizinischen Quellberuf zur Verfügung steht, der medizinische Fachfragen beantworten und das ggf. einzuholende Sachverständigengutachten erörtern kann. Der Nachweis einer qualitativ hochwertigen Ausbildung und der erforderlichen juristischen Kenntnisse schaffen durch nach außen sichtbare Qualitätsstandards Vertrauen[1253].

Auch wirtschaftliche Aspekte können die Akzeptanz und das Vertrauen in Mediation fördern. Arzthaftungsrechtliche Mediationen sollten im Regelfall geringere Kosten verursachen und innerhalb einer kürzeren Dauer abgeschlossen sein, um einen Vorteil gegenüber den Schlichtungsverfahren der ärztlichen Gütestellen und der Gerichtsverfahren bieten zu können. Hieran anknüpfend, sollten im Rahmen der Durchführung von Mediationen größere Entlastungen für die Parteien geschaffen werden, indem eine vergleichbare Regelung wie die staatliche Prozesskostenhilfe in Erwägung gezogen[1254] und die Aufnahmen von Mediation in das Leistungsspektrum aller Rechtsschutzversicherer sichergestellt werden. Durch diese wirtschaftlichen Anreize würde das Mediationsverfahren, welches qualitativ hochwertige Lösungen hervorbringt und für Arzt und Patient ein befriedigendes Verfahren darstellt, für die Beteiligten noch attraktiver gemacht.

Um die Aufmerksamkeit für Mediationsverfahren im Arzthaftungsrecht zu erlangen, würde es sich zudem anbieten, Mediation in die bestehenden Verfahren einzugliedern sowie in vorhandenen Strukturen und Institutionen zu etablieren. Damit wird eine effiziente Nutzung gefördert sowie die Sicherung von Qualitätsstandards gewährleistet. Auf diese Möglichkeit wird in Kapitel 7, E eingegangen.

Als weiterer Ansatzpunkt, Mediation nachhaltig in die Konfliktbeilegungsmöglichkeiten zu integrieren, wird die obligatorisch durchzuführende Mediation in Vorschlag gebracht.[1255] Die Einführung eines obligatorischen Mediationsversuchs bei Arzthaftungskonflikten ist jedoch aus verschiedenen Gründen bedenklich[1256]: So greift auch in Arzt-Patient-Streitigkeiten die Annahme, dass eine angeordnete Mediation im krassen Widerspruch zu dem leitenden Prinzip außergerichtlicher Streitbeilegung und insbesondere der Mediation steht: der Freiwilligkeit. Zudem bringt eine angeordnete Mediation die Gefahr mit sich, dass nicht nur konsensgeeignete Arzthaftungskonflikte dem Verfahren zugeordnet werden, sondern alle Streitigkeiten zunächst dieses Verfahren als weitere Instanz durchlaufen müssen. Dies birgt wiederum das Risiko einer allgemeinen Ablehnung des Verfahrens und

---

1253 Siehe auch *Hellberg/Wendt*, ZKM 2010, 21 ff. (23).

1254 Forschungsvorhaben zu den Auswirkungen einer finanziellen Förderung der Mediation werden mit dem MediationsG auf den Weg gebracht, vgl. § 7 MediationsG.

1255 Siehe hierzu im Allgemeinen schon Kapitel 2, G, II, 2.

1256 Zur obligatorischen Mediation in Arzthaftungssachen in den USA vgl. die Ausführungen in Kapitel 8. Eingehend hierzu *De Marrón*, Alternative Streitschlichtung in Arzt- und Produkthaftungsfällen, S. 298 ff.

eines Akzeptanzverlustes. Allein schon aus diesen Gründen sollte vielmehr auf die Rechtsanwälte als Schnittstelle zur außergerichtlichen Streitbeilegung gesetzt werden. Diese informieren die Mandanten über Mediation und wirken in geeigneten Fällen darauf hin, dass das Verfahren von den Mandanten angenommen wird. § 253 Abs. 3 ZPO n.F. ist hierfür eine Hilfestellung, da nunmehr in der Klageschrift angegeben werden soll, ob der Versuch einer Mediation dem Gerichtsverfahren vorausgegangen ist. Eine qualitativ hochwertige Information der Parteien über die Möglichkeit von Mediation sowie das Näherbringen der Verfahrensmodalitäten und von deren Vorzügen scheint mehr dazu geeignet zu sein, Mediation als gleichwertige Konfliktlösung zu etablieren als die Einführung obligatorischer Mediationsverfahren[1257]. Ein Umdenken hinsichtlich der Streitkultur braucht allerdings Zeit und Geduld, vor allem, da sich ein Umdenken an der praktischen Umsetzung und den daraus gewonnenen Erkenntnissen orientiert und nicht an der bloß theoretischen Zustimmung[1258].

Im weiteren Verlauf wird verstärkt auf die Rolle der Berufshaftpflichtversicherer, Rechtsanwälte und Richter eingegangen, da sie eine entscheidende Schnittstelle für eine Änderung der Streitbehandlungskultur darstellen.

D. Welchen Wert kann Mediation für Haftpflichtversicherungen und Rechtsanwälte sowie die Richterschaft haben?

Aufgrund der überragenden Rolle der Haftpflichtversicherungen und Rechtsanwälte im Rahmen arzthaftungsrechtlicher Mediationen – sowohl hinsichtlich ihrer Etablierung als auch ihrer Erfolgsaussichten – soll in diesem Abschnitt näher beleuchtet werden, warum diese dem Verfahren nicht offen gegenüberstehen. Dabei soll besonders darauf eingegangen werden, welchen Wert Mediation speziell für diese Interessenträger haben kann. Zwar gilt es, Mediation noch hochwertiger und durch die Schaffung von mehr Transparenz vertrauenswürdiger zu gestalten – was in erster Linie Aufgabe der Mediatoren und Mediationsverbände, des Gesetzgebers und der Exekutive ist. Es darf jedoch nicht außer Acht gelassen werden, dass Mediation sich nur dann weiter entwickeln und zu einer ernsten Alternative zum Rechtsstreit werden kann, wenn die „Spielmacher" – wie im Fall von Arzthaftungsstreitigkeiten die Haftpflichtversicherer und Rechtsanwälte – sich diesem Verfahren nicht verschließen und durch deren Erprobung und Inanspruchnahme in geeigneten Fällen dazu beitragen, dass sich dieses Verfahren etablieren kann. Besonders

1257 Siehe hierzu auch *Hattemer*, Mediation bei Störungen des Arzt-Patient-Verhältnisses, S. 198 ff., die auf eine Gesamtevaluation der Kostenregelungen hinweist (vgl. insb. S. 199, 202).

1258 *Hattemer*, Mediation bei Störungen des Arzt-Patient-Verhältnisses, S. 202.

Rechtsanwälte als die ersten Ansprechpartner für die Mandanten müssen für das Verfahren der Mediation gewonnen werden, um ihre Verbreitung sicherzustellen[1259].

Auch der Richterschaft kommt im Bereich der gerichtsnahen und gerichtlichen Mediation eine Schlüsselfunktion zu. Sie können Mediationen in diesem Bereich durch die Abgabe mediationsgeeigneter Fälle an externe Mediatoren und die Mediationsabteilungen ihrer Gerichte fördern. Richter, die in den Fachsenaten bzw. Fachkammern für Arzthaftungsstreitigkeiten tätig sind, stehen arzthaftungsrechtlichen Mediationen jedoch zumeist nicht aufgeschlossen gegenüber[1260]. Daher soll auch kurz darauf eingegangen werden, welche Anreizstrukturen für diese bestehen und – bei Bedarf – geschaffen werden müssen.

I. Haftpflichtversicherungen

Haftpflichtversicherungen werden mitunter als „Herrin des Arzthaftungsverfahren" angesehen. Daher sind sie beim Fortschritt von Mediation im Arzthaftungsrecht als unverzichtbares Element anzusehen. Im Endeffekt zahlt der Versicherer für den kausalen Fehler des Arztes. Nicht zuletzt deshalb hat er ein maßgebliches Mitspracherecht bzgl. des einzuschlagenden Verfahrens.

Allerdings konnte beobachtet werden, dass Haftpflichtversicherungen im Allgemeinen dem Mediationsverfahren skeptisch gegenüber stehen. Dies hängt ganz wesentlich von der Vorgehensweise der Haftpflichtversicherer ab. Im Rahmen des Versicherungsschutzes wird zunächst die Prüfung der Haftungsfrage vorgenommen. Darauf aufbauend werden unberechtigte Ansprüche abgewehrt oder wird der Versicherungsnehmer von berechtigten Ansprüchen freigestellt. Es wird „schlicht" eine rechtliche Prüfung der Sachlage vorgenommen, ohne Einbeziehung der Schädiger-Geschädigter-Beziehung. Wenn keine Verständigung zwischen dem potentiell Geschädigten und der Versicherung erreicht wird, lässt sie es in der Regel auf eine streitige Auseinandersetzung ankommen. Mediationsverfahren sind hierbei systemfremd[1261]. Für eine auf dem Willen der Parteien beruhende Einigung bleibt aufgrund des gesetzlichen Leitbildes der Haftpflichtversicherer wenig Raum[1262].

1259 Siehe auch *Hopt/Steffek*, Mediation, S. 83; *Neuenhahn/Neuenhahn*, NJW 2005, 1244 ff.; *Hammacher*, SchiedsVZ 2008, 30 ff.

1260 Diese Feststellung basiert auf eigenen Beobachtungen und Gesprächen mit Richtern einzelner Fachsenate bzw. Fachkammern (insb. in Schleswig-Holstein).

1261 *Hellberg*, SchlHA 2009, 37 f. (38), der annimmt, dass sich Haftpflichtstreitigkeiten dem Anschein nach nur bedingt für eine Mediation eignen. Sollte dieses allerdings der Fall sein, sind seiner Meinung nach spezielle Anforderungen an das Mediationsverfahren zu stellen.

1262 *Hellberg/Wendt*, ZKM 2010, 21 ff. (23); Allem Anschein nach setzt sich die Branche mittlerweile jedoch mit den Vorteilen der Mediation intensiv auseinander, *Hellberg/Wendt*, ZKM 2010, 21 ff. (23).

Der sich aus einer Mediation ergebende Mehrwert wird von der Branche und besonders von den Berufshaftpflichtversicherern der Ärzte unterschätzt[1263]. Diese Versicherer geben an, dass sie den Großteil der gemeldeten Fälle eigenständig außergerichtlich lösen[1264]. Eine mögliche Verbesserung der schon erzielten Ergebnisse wird daher nicht angenommen. Zum Teil wird schon deshalb kein Anwendungsbereich für das Verfahren in ihrem Bereich gesehen.

Zudem ist anzunehmen, dass die Branche durch die Abgabe von Haftungsfällen in ein Mediationsverfahren für sich nachteilige Abschlüsse befürchtet. Diese Besorgnis basiert im Wesentlichen auf zwei Annahmen: Zum einen ist bei den Verhandlungen üblicherweise kein Vertreter der Versicherung zugegen. Zum anderen wird eine Mediation unter dem Gesichtspunkt des gegenseitigen Nachgebens und des Aufgebens starrer Positionen geführt, sodass die Besorgnis eines für den Versicherer nachteiligen Ergebnisses besteht.

Des Weiteren erblicken die Versicherer in der Mediation keine vertrauenswürdige Methode zur Lösung von Arzthaftungsstreitigkeiten. Das Mediationsverfahren wird oftmals noch als weiches Verfahren angesehen, welches dem Arzthaftungsrecht nicht gewachsen ist. Die Überwindung dieser Akzeptanzhürde ist eine der größten Schwierigkeiten, welche Mediation leisten muss. Dies kann nur durch das Angebot professioneller Mediationen – in mediativer, rechtlicher und medizinischer Hinsicht – bewerkstelligt werden. Erschwerend kommt hinzu, dass im Unternehmensbereich der Haftpflichtversicherungen nicht die gleichen Vorzüge von Mediation eingestellt werden können wie für Unternehmen, die Wirtschaftskonflikten ausgesetzt sind. Zwar handelt es sich auch bei den Versicherungen um Wirtschaftsunternehmen. Die sie betreffenden Konflikte aus dem Arzthaftungsrecht tragen sie allerdings in erster Linie nicht mit ihren Kunden – den Ärzten – aus, sondern im Verhältnis zu Dritten, zu denen sie keine vertragliche Bindung pflegen und auf deren konsensorientierte Zusammenarbeit bzw. zukünftige Geschäftsbeziehung sie nicht angewiesen sind. An dieser Stelle sei jedoch schon angemerkt, dass sich die Art und Weise der Konfliktbearbeitung und Schadensregulierung auch mittelbar auf das Verhältnis zu dem Versicherungsnehmer – zu dem Arzt – auswirkt, da dieser an einer schnellen und fairen Regulierung des Schadens interessiert ist, sei es um das Verhältnis zu dem Patienten nicht unnötig über die Schädigung hinaus zu belasten oder um den Konflikt für sich selbst endgültig abschließen zu können.

Neben dem Angebot professioneller Mediationen gibt es jedoch noch weitere Punkte, welche die Akzeptanzbarriere sowie das Misstrauen der Versicherer

---

1263 Feststellung, die durch eigene Beobachtungen und Gespräche mit Vertretern von Haftpflichtversicherungen gemacht wurde. Vgl. auch die Einschätzung im Bauwesen von *Hammacher/Erzigkeit/Sage*, So funktioniert Mediation im Planen + Bauen, S. 191. Siehe im Allgemeinen zum Einsatz von Mediation in Unternehmen die Studie von *Nestler/Hammes/Gläßer/Kirchhoff/Breidenbach* aus dem Jahr 2005, *Nestler/Hammes/Gläßer/Kirchhoff/Breidenbach,* Commercial Dispute Resolution, S. 7, 9.

1264 *Weidinger*, MedR 2004, 289 ff. (289).

gegenüber diesem Verfahren abbauen können und aufgrund derer das Verfahren für sie lohnenswert ist. Aus folgenden Gründen ist der Einsatz von arzthaftungsrechtlichen Mediationen für Haftpflichtversicherer attraktiv:

1. *Wirtschaftliche Aspekte*

Mediation kann längerfristig zu einer Kostensenkung führen. Für die Haftpflichtversicherer ist es in erster Linie ausschlaggebend, die Kosten gering zu halten. Als Wirtschaftsunternehmen sind sie zunächst auf Gewinnerzielung und nicht auf eine ethische Verantwortung ausgerichtet[1265]. Daher ist für die Versicherer die Beantwortung der Frage, ob sie eine Leistung an den Patienten erbringen müssen, vorrangig. Erst in einem zweiten Schritt ist es für sie von Bedeutung, ob das Verhältnis zwischen Arzt und Patient durch die Streitschlichtung befriedet wird. Daher streben die Versicherungen in der Mehrzahl ihrer Haftungsfälle ein formalisiertes Verfahren und die Einholung eines Gutachtens an, auf dessen Grundlage sie dann eine Leistung erbringen oder gerade nicht. Der Nutzen eines Mediationsverfahrens und der ggf. erzielten Befriedung des Arzt-Patient-Verhältnisses für ihr Unternehmen wird unterdessen nicht gesehen.

Verständlicherweise kann der Versicherer sich nicht von der monetären Sichtweise lösen. Es ist seine Pflicht, die Schwere des Haftungsfalles sowie die wirtschaftlichen Faktoren abzuwägen und aufgrund dieser Bewertung zu einem Ergebnis zu kommen, welches innerhalb des wirtschaftlich Möglichen liegt. Es ist allerdings eine Fehlannahme, wenn man davon ausgeht, die monetäre Herangehensweise an die Streitigkeit schließe ein Mediationsverfahren aus. Eine Mediation kann – insbesondere im Vergleich zum Gerichtsverfahren – bei zeitnaher Anberaumung unter einer kürzeren Verfahrensdauer die Verfahrenskosten senken und alle Beteiligten vor einem langwierigen Prozess bewahren. Die Sachverhaltsermittlung, welche durch die Schadensbearbeitung der Sachbearbeiter bewerkstelligt wird, stellt bei Haftungsfällen einen erheblichen Zeit- und Kostenfaktor dar.[1266] Die Vorgehensweise der Versicherer könnte durch den Einsatz von Mediation effizienter werden[1267]. Durch die sinnvolle und abgewandelte Verwendung der Verhandlungsstruktur einer Mediation in versicherungsrechtlichen Regulierungsverhandlungen wird das Vertrauen der Parteien gestärkt und der Informationsaustausch vorangetrieben.[1268] Hinzu kommt, dass Mediationsverfahren von den Beteiligten als fair empfunden werden. Dies resultiert u.a. daraus, dass sie an der Lösungsfindung mitarbeiten und die Möglichkeit haben, selbstbestimmt den Konflikt zu einem endgültigen Ende zu

---

1265 *Hattemer*, Mediation bei Störungen des Arzt-Patient-Verhältnisses, S. 257.

1266 Vgl. für Schadensbearbeitungen durch Versicherer im Allgemeinen: *Wilhelm*, Verhandlung im Schadensfall, S. 65 f. Abrufbar unter: http://tobias-lib.uni-tuebingen.de/volltexte/2003/729/pdf/diss_complete_mai2003.pdf (Zugriff am 01. Mai 2013).

1267 Zu dem Potenzial von Mediation für Versicherer siehe auch unter Kapitel 7, E, II.

1268 Im Allgemeinen: *Wilhelm*, HB Mediation, § 26, Rdnr. 88.

bringen[1269]. In dem Fall sind die Parteien sogar bereit, Eigeninteressen zurückzustellen. Von dem bewussten Einsatz eines fairen Verfahrens können Versicherer profitieren, indem für die Parteien rational nachvollziehbare Ergebnisse erzielt werden und damit die Verhandlungseffizienz erhöht wird[1270].

Hinzu kommt, dass durch die Flexibilität eines Mediationsverfahrens Unsicherheiten im Rahmen der Sachverhaltsaufklärung unter einer gleichzeitig umfassenden Interessenberücksichtigung offen bleiben können – wie z.B. durch das Streichen einer strittigen Position unter gleichzeitigem Anheben einer anderen unstreitigen.[1271] Dies kann mittelbar zu einer Kostenreduzierung für den Versicherer führen[1272].

Zudem sollte ihr möglicher präventiver Nutzen beachtet werden, welcher schließlich zu einer wirtschaftlichen Entlastung der Versicherung führt.[1273] Die Befriedung des Arzt-Patient-Verhältnisses kann dazu beitragen, dass die Quote der Arzt-Patient-Streitigkeiten über längere Zeit gesenkt wird. In einem Mediationsverfahren, in dem sich die Parteien auf Augenhöhe begegnen, ist der Arzt offener gegenüber Kritik als in einem streitigen Prozess oder in den Verfahren, in denen die Parteien gar nicht aufeinander treffen. Durch die Verständigung der Parteien fällt es dem Arzt leichter, die Sichtweise seines Gegenübers ernst zu nehmen und einen Nutzen aus diesen Angaben für die Zukunft zu ziehen. Die Erhöhung der Kommunikationsbereitschaft des Arztes kann in einem späteren Konflikt – auch bei Vorliegen eines Behandlungs- bzw. Aufklärungsfehlers – streitschlichtend wirken, sodass einer rechtlichen Kontroverse vorgebeugt wird. Zudem kann durch einen erfolgreichen Mediationsverlauf die Aufmerksamkeit des Arztes im Rahmen späterer Behandlungen erhöht werden. Somit können in der Folgezeit Fehler vermieden werden, ohne in die Defensivmedizin ausweichen zu müssen. Denn die Defensivmedizin

1269 Weitere Faktoren für das Empfinden von Verfahrensfairness sind: Vertrauen gegenüber dem Verfahrensleiter und dem Gegenüber, soziale Anerkennung des Verfahrensleiters gegenüber den sozialen Positionen sowie Neutralität des Verfahrensleisters, *Wilhelm*, HB Mediation, § 24, Rdnr. 94 ff. mit dem Hinweis auf die Studien von *Lind* und *Tyler*.

1270 *Wilhelm*, HB Mediation, § 24, Rdnr. 101.

1271 Es kommt vor, dass auch nach Einholung eines Gutachtens die Haftung dem Grunde nach infolge der Unwägbarkeiten des Geschehenen nicht ausreichend und abschließend geklärt werden kann. In solchen Fallkonstellationen können sich langwierige, teure Gerichtsprozesse anschließen, die letztendlich für beide Seiten zeit- und kostenintensiv, aufreibend und womöglich erfolglos verlaufen. In diesem Fall würde es sich anbieten, dass sich die Parteien nach Abwägung ihrer Prozessrisiken in die flexibel ausgestaltete Mediation begeben. Im Rahmen dieser kann eine Basis erarbeitet werden, auf welcher anschließend ein Vergleich abgeschlossen wird. Sowohl für die Haftpflichtversicherung als auch für den Patienten entstünden keine Kosten für einen langwierigen Prozess. Flexible und interessengerechte Lösungen sind möglich.

1272 Siehe auch *von Hirschfeld/Stamphel*-Ehlers/Broglie, Arzthaftungsrecht, Rdnr. 234.

1273 Vgl. hierzu eingehend *Dauer/Marcus*, Law And Contemporary Problems 1997, Vol. 60: No. 1, 185 ff. (insb. S. 191).

sichert den Arzt zwar dahingehend ab, dass er keine Klage befürchten muss, verringert jedoch nicht die Gefahr eines Fehlers. Auf lange Sicht können daher aus Mediationen präventive Vorteile gezogen werden, welche letztendlich auch den Haftpflichtversicherern zugute kämen.

Zudem wird durch einen konstruktiven Umgang mit Arzthaftungsstreitigkeiten innerhalb einer Mediation einer weiteren Schädigung und Traumatisierung des Patienten entgegengewirkt[1274]. Weiterführende Schäden, die durch einen unangemessenen Umgang mit dem Betroffenen nach einem Schadensvorfall entstehen, führen letztendlich bei der Versicherung zu einer erhöhten wirtschaftlichen Belastung. Die Ausgleichsforderungen des Patienten können sich dadurch steigern. Eine frühzeitige Mediation kann dazu führen, dass diese Problematik nicht noch hinzukommt.

Die vorwiegend monetäre Sichtweise der Versicherer trägt dazu bei, dass diese Branche mitunter einen schwierigen Stand in der Gesellschaft habt. Der Mensch, der hinter dem Leiden steht, welches ihm durch eine Fehlbehandlung zugefügt wurde, wird hierbei selten berücksichtigt. Diese Feststellung ist insbesondere vor dem Hintergrund widersprüchlich, dass es speziell bei der Humanmedizin und im Rahmen der Behandlung eines Patienten ganz besonders um den Menschen als Individuum geht. Hier sind die intimsten und wichtigsten Rechtsgüter einer Person betroffen. Ein konstruktiver Umgang mit Konflikten kann einen wichtigen Wettbewerbsfaktor beinhalten, da sich die Regulierungspraxis mittelbar auf den Ruf des Versicherers auswirkt. Zudem ist durch den Ausschluss der Öffentlichkeit gewährleistet, dass keine rufschädigende Wirkung für das Unternehmen entsteht[1275].

Dies sind alles Vorteile für die Versicherungsbranche, denen sich diese nicht verschließen sollte.

2. Die Bedeutung von Mediation für eine moderne Unternehmensführung – oder: Das Bild der Versicherer in der Öffentlichkeit

Das Arzthaftungsrecht befinde sich „in der Krise“, wie kürzlich noch in der Zeitschrift MedR deklariert wurde[1276]. Für die Berufshaftpflichtversicherungen der Ärzte wird dies besonders durch die stetig ansteigenden Schadenssummen deutlich. Zudem nimmt die Anzahl der Arzthaftungsprozesse vor Gericht und die mediale Aufmerksamkeit bzgl. Ärztefehlern und Arzthaftungsklagen zu[1277]. Die Ausgaben der ärztlichen Berufshaftpflichtversicherungen für die Beilegung von Arzt-Patient-Auseinandersetzungen sind damit immens.

1274 *Hattemer*, Mediation bei Störungen des Arzt-Patient-Verhältnisses, S. 260.

1275 Siehe auch *Leiss*, Zur Effizienz außergerichtlicher Verfahren im Wirtschaftsrecht, S. 143.

1276 *Katzenmeier*, MedR 2011, 201 ff.

1277 Siehe bspw. „Focus“ Ausgabe November 2010, Titelthema: „Der Kunstfehler-Report – Wenn Ärzte Fehler machen“.

Die gesamte deutsche Versicherungsbranche hat einen schweren Stand in der Gesellschaft. Zwar sind die einzelnen Versicherungssparten unverzichtbar – insbesondere die der Arzthaftung – tragen jedoch innerhalb der Bevölkerung oft zu Verunsicherung bei. Durch eine Hinwendung zu neuen Konfliktlösungsmodellen könnte die Versicherungswirtschaft zu einem verbesserten „Image" ihrerseits in der Bevölkerung beitragen. Im Bereich der Rechtsschutzversicherungen hat die Branche Mediation schon als Alternative in der Konfliktlösung aufgenommen und sie unterstützt dieses Verfahren sehr. Bei den Berufshaftpflichtversicherern ist dieser Trend hingegen (noch) nicht zu feststellbar.

Außergerichtliche Streitbeilegung und im Speziellen die Mediation sind in aller Munde. Vor allem die Bestrebungen, ein Mediationsgesetz auf den Weg zu bringen, machen die Aktualität und die gesteigerte Aufmerksamkeit in der Bevölkerung für dieses Thema deutlich. Wenn noch vor einigen Jahren nur selten jemand etwas mit dem Begriff „Mediation" verbinden konnte, sind heute das Verständnis von Mediation und die Akzeptanz dieses Verfahrens merklich angestiegen.[1278]

Die Versicherungen können sich diesen Trend zunutze machen. Durch die Hinwendung zur konsensualen Streitbeilegung und Loslösung von tradierten Verfahrensarten würden sie vermitteln, für jeden Konflikt einzelfallgerecht ein Verfahren auszuwählen. Durch die Aufnahme eines Verfahrens in ihr Leistungsspektrum, das nicht adversiv, sondern konsensorientiert aufgebaut ist, machen sie deutlich, dass sie nicht nur wirtschaftlichen Nutzen ziehen wollen, sondern auch moralisch und ethisch Verantwortung übernehmen.[1279] Mit einer Einführung von Mediation im Arzthaftungsrecht sollen die einzelnen Verfahren – eigene Verhandlungen des Versicherers, Schlichtungsverfahren vor den ärztlichen Gütestellen, gerichtliche Verfahren – nicht miteinander konkurrieren, sondern vielmehr mit ihren spezifischen Vorteilen modular eingesetzt werden können.

Einer Studie zufolge hat die Aufnahme von Mediation in das Leistungsspektrum außergerichtlicher Beilegungsangebote einen wesentlichen Einfluss auf die Bereitschaft der Nutzung des Verfahrens in einem späteren Konflikt[1280]. Mit einer strukturellen Verankerung von Mediation als außergerichtlichem Verfahren würde eine größere Wirkung bei der praktischen Umsetzung erfolgen. Durch die Aufnahme von Konfliktbearbeitungspräferenzen in die offizielle Unternehmensphilosophie vermitteln die Versicherer Offenheit gegenüber modernen Beilegungsmöglichkeiten und eine am Einzelfall ausgerichtete Vorgehensweise. Hinzu kommt, dass durch die

1278 Siehe unter Kapitel 5, C. Vgl. Roland Rechtsreport 2011, S. 33 ff.

1279 Siehe allgemein zur Wichtigkeit der Unternehmensethik: *Küpper*, Unternehmensethik (2011); *Bruton*, Unternehmensstrategie und Verantwortung (2011); *Pech*, Bedeutung der Wirtschaftsethik für die marktorientierte Unternehmensführung (2007); *Köhler Emmert*, Unternehmensethik (2006); *Boldt*, Ethikregeln als verbindlicher Verhaltensmaßstab für die Arbeitsverhältnisse in deutschen Unternehmen (2008).

1280 In der Studie geht es vorrangig um Wirtschaftskonflikte, vgl. *Nestler/Hammes/Gläßer/Kirchhoff/Breidenbach*, Commercial Dispute Resolution, S. 12.

stärkere Nutzung von Mediation der Versicherer selbstbestimmt eine Lösung des Konfliktes erarbeiten kann, was eine Intensivierung seiner (Handlungs)Autonomie in der Konfliktbeilegung impliziert.

Um die Akzeptanz innerhalb des Unternehmens gegenüber diesem Verfahren zu stärken, wäre es erforderlich, dass die Unternehmensführung eine Vorbildfunktion in diesem Bereich übernimmt, indem sie ihren Mitarbeitern das Bewusstsein vermittelt, neue Wege der Konfliktlösung zu verfolgen und bei Geeignetheit auch umsetzen zu wollen. Da letztlich die Sachbearbeiter den konkreten Fall bearbeiten und die Weichen für die Streitbeilegungsmethode stellen, ist eine aktive Einbindung dieser unabdingbar, um eine Identifikation mit der Vorgehensweise einer Mediation zu erreichen und deren Umsetzung zu gewährleisten[1281].

II. Rechtsanwälte

Patienten lassen sich bei dem Verdacht auf einen Behandlungs- oder Aufklärungsfehler zumeist anwaltlich vertreten. Daher kommt den Anwälten eine zentrale Rolle im Bereich der Förderung von Mediation zu, die man sogar als „Schlüsselposition" bezeichnen kann. Nach meiner Einschätzung ist die Haltung der Rechtsanwälte ein schwerwiegenderer Grund für die Behinderung arzthaftungsrechtlicher Mediationen als die genannten Sachgründe, wie die Notwendigkeit professioneller Mediatorenkörper etc. Sie leiten die Verfahren in bestimmte Richtungen.[1282] Wenn der Rechtsanwalt außergerichtlichen Streitbeilegungen und im Speziellen Mediation nicht aufgeschlossen gegenübersteht, wird sich auch der Mandant selten auf ein Mediationsverfahren einlassen[1283]. Er wird ohne den Hinweis und das Hinwirken des Rechtsanwalts im Zweifel nicht einmal auf den Gedanken kommen, dass Mediation für seinen Fall geeignet sein könnte. Im Verhältnis Mandant-Anwalt besteht damit eine asymmetrische Informationsverteilung[1284].

Bzgl. Mediationen im Arzthaftungsrecht sind die Rechtsanwälte nach eigenen Beobachtungen die schärfsten Kritiker.[1285] Dabei absolvieren viele Rechtsanwälte

---

1281 So auch für Konfliktmanagement *im* Unternehmen: *Ponschab/Dendorfer*, HB Mediation, § 24, Rdnr. 77.

1282 Siehe zur Funktion der Rechtsanwälte für die Etablierung von Mediation auch: *Hommerich/Kriele*, Marketing für Mediation, insb. S. 15; *Bartoszky*, Anwaltsberuf im Wandel, S. 138; *Ponschab*-Breidenbach/Henssler, Mediation für Juristen, 93 ff. (98).

1283 Siehe auch *Kilian*, VersR 2000, 942 ff. (946).

1284 *Spindler*, Gerichtsnahe Mediation in Niedersachsen, Rdnr. 240.

1285 Erfreulicherweise hat sich der Verband der Freien Berufe Berlin (VFB) dafür ausgesprochen, die Mediation auch auf das Medizinrecht auszuweiten. Gerade Arzthaftungsprozesse könnten durch eine vernünftige Mediation zu einer Befriedung zwischen Patient und Arzt beitragen, Nachweis bei http://beck-aktuell.beck.de/news/berliner-freiberufler-fordern-beibehaltung-der-richterlichen-mediation (Zugriff am 01. Mai 2013). Ob sich dieser Trend weiter ausweitet bleibt abzuwarten.

anderer Fachbereiche die Zusatzausbildung zum Mediator. Zudem hält das Verfahren immer mehr Einzug in die universitäre Juristenausbildung, wie durch das Erlangen von Schlüsselqualifikationen und im Rahmen der Schwerpunktausbildung. Dennoch bleiben viele Rechtsanwender dem Verfahren gegenüber skeptisch. Die Erkenntnis, dass auch Mediation zu den möglichen Streitbeilegungsverfahren gehört, wird noch eine Weile dauern. Dieser Ausgangspunkt erschwert zweifelsfrei die Förderung und Akzeptanz von Mediation im Arzthaftungsrecht.

Nach einer statistischen Untersuchung aus dem Jahr 1990 werden rund 71 % der an Rechtsanwälte herangetragenen Fälle außergerichtlich gelöst[1286]. Rechtsanwälte, die sich auf Medizinrecht spezialisiert haben, geben sogar an, dass sie 80 bis 90 % ihrer Mandate – bspw. durch einen Vergleich – außergerichtlich lösen. Zu den außergerichtlichen Lösungen gehören kaum solche, die innerhalb einer Mediation gefunden wurden. Daher sehen Rechtsanwälte keinen Anlass, einen Mediator als neutralen Dritten einzuschalten. Ohne diese Lösungen in ihrem Wert schmälern zu wollen, sei hier angemerkt, dass es sich bei dem Aushandeln eines Vergleichs zwischen den Parteianwälten oder dem Patientenanwalt und der Versicherung des Arztes strukturell um etwas anderes handelt, als wenn gemeinsam mit den Parteien in einem Mediationsverfahren eine Lösung gefunden wird[1287]. Zum einen wird es dem Rechtsanwalt durch seine Funktion des einseitigen Parteivertreters erschwert, als neutraler Dritter aufzutreten[1288]. Als Interessenvertreter seines Mandanten kann er im Gegensatz zu einem Mediator nicht unparteiisch agieren. Zum anderen hat eine Einigung, die innerhalb eines Mediationsverfahrens gefunden wurde, eine andere Bedeutung für die Beteiligten. Durch die selbsterarbeitete Lösung des Konflikts hat diese einen höheren Stellenwert und eine nachhaltigere Wirkung für sie als ein von den Anwälten ausgehandelter Kompromiss[1289]. Überdies kann die Relativierung der Streitigkeit durch den Ausschluss der Parteien im Rahmen der Vergleichsgespräche unter Rechtsanwälten nicht erzielt werden.

Gleichwohl lehnen im Medizinrecht tätige Rechtsanwälte Mediationsverfahren im Arzthaftungsbereich größtenteils ab. Es gilt nun, die Gründe hierfür zu erforschen, um den Wert von Mediationen in diesem Bereich für die Rechtsanwälte auszumachen.

1286 *Wasilewski*, Streitverhütung durch Anwälte, S. 36. Aus *Wasilewskis* Untersuchungen geht zudem hervor, dass eine außergerichtliche Lösung zumeist gefunden wird, wenn nur eine der Parteien anwaltlich vertreten wird. Anderenfalls – wenn beide Parteien anwaltlich vertreten werden – werden 75 % der Streitfälle vor Gericht ausgetragen und nur 25 % außergerichtlich, vgl. *Wasilewski*, Streitverhütung durch Anwälte, S. 55, 72.

1287 *Breidenbach*, Mediation, S. 299; *Hohmann*, FPR 2004, 168 ff. (175); siehe bspw. die konträre Ansicht von *Egermann*, AnwBl 2003, 271 ff.

1288 *Hacke*, SchiedsVZ 2004, 80 ff. (82).

1289 *Hammacher/Erzigkeit/Sage*, So funktioniert Mediation im Planen + Bauen, S. 184.

1. *Fehlende Sachkompetenz der Mediatoren*

Rechtsanwälte haben kein Vertrauen in die Sachkompetenz der Mediatoren bzgl. arzthaftungsrechtlicher Konflikte. Mediatoren behandeln bis heute eher die „klassischen Mediationsgebiete“, wie das Familien- und Erbrecht, Wirtschaftsstreitigkeiten etc. Ausgebildete Mediatoren, die sich auf Streitigkeiten aus dem Arzthaftungsrecht spezialisiert haben, gibt es kaum. Aufgrund der fehlenden Professionalisierung lehnen Rechtsanwälte Mediation im Arzthaftungsbereich ab. Dies zeigt ein weiteres Mal, dass Mediationen in diesem Rechtsgebiet nur wahrgenommen und eingesetzt werden, wenn sachkompetente Mediationen angeboten würden.

2. *Kein Vertrauen in das Mediationsverfahren*

Die meisten Rechtsanwälte gehen noch immer davon aus, dass es sich bei einer Mediation um „eine Gesprächsrunde“ handelt, in der keine juristisch fachgerechten Lösungen gefunden werden. Vielmehr würden psychologische Gespräche geführt, welche die Emotionen der Beteiligten in den Vordergrund stellen. Mediation sei ein viel zu sanftes Verfahren für den starren und strengen Bereich der Arzthaftung, in dem es um die Bewertung medizinischer und rechtlicher Fakten ginge. Diese seien nicht in dem Sinne diskutierbar, wie in einer Mediation vorgesehen.

Dass die Klärung von Fachfragen auch in einer Mediation möglich ist, wurde bereits eingehend erläutert. Diese Annahmen gehen vermutlich auch damit einher, dass kaum professionelle Mediationen im Arzthaftungsbereich angeboten werden.

Die Rechtsanwender sollten sich allerdings von dieser einseitigen Vorstellung von Mediation lösen. Durch die Weiterentwicklung dieses Verfahrens kann ein Konfliktlösungsmodell bereitgestellt werden, das Arzt und Patient bei der Beilegung ihrer Streitigkeit hilfreich sein kann. Die Ablehnung dieser Beilegungsmethode durch die Rechtsanwälte ist nicht zukunftsorientiert. Dass man Mediation in diesem Bereich noch nicht angewandt hat, erscheint gelegentlich als vorgeschobener Grund, um von den altbewährten Verhaltensweisen und Verfahren nicht abrücken zu müssen. Doch das Ziel der Parteien ist die Beilegung ihrer Streitigkeit. So ist für sie alles nützlich, was sie diesem Ziel näher bringt[1290]. Es soll der Weg gewählt werden, der für den konkreten Streit als der aussichtsreichste erscheint und der eine nachhaltige Lösung für die Parteien ermöglichen kann. Dieser kann auch in einer Mediation gefunden werden.

3. *Abgabe der Verhandlungsführung*

Ferner scheint die Abgabe der Verhandlungsführung an den Mediator eine gewichtige Rolle bei der Ablehnung von Mediation zu spielen[1291]. Insbesondere der rechtliche

---

1290 Siehe hierzu auch Ausführungen bei *Hammacher/Erzigkeit/Sage*, So funktioniert Mediation im Planen + Bauen, S. 36

1291 Siehe auch *Hohmann*, FPR 2004, 168 ff. (175).

Beistand derjenigen Partei, welcher (scheinbar) der stärkere Part in der Streitigkeit zukommt – sei es aufgrund eines Wissensvorsprungs oder aufgrund einer wirtschaftlichen Überlegenheit – ist einer Mediation gegenüber nicht aufgeschlossen. Zum einen müsste er die Verhandlungsführung abgeben. Zum anderen befürchtet er, die starke Position aufzugeben. Hinzu kommt die Sorge mancher Rechtsanwälte, durch die Einschaltung eines Mediators ihren Mandanten in künftigen Fällen an diesen zu verlieren[1292]. Vor allem diese Befürchtung ist unbegründet. Im Rahmen arzthaftungsrechtlicher Streitigkeiten nimmt der Rechtsanwalt die zentrale Stellung für den Mandanten ein. Besonders der Patient ist bei diesen hochkomplexen Konflikten auf das Wissen seines Rechtsberaters angewiesen und wird – wenn eine Mediation zufriedenstellend verlaufen ist – auf ihn zurückkommen. Schließlich hat dieser den Weg dahin bereitet.

Da viele Rechtsanwälte, die im Fachbereich des Medizinrechts und besonders mit Arzthaftungsstreitigkeiten befasst sind, zumeist noch keine Mediation in diesem Bereich erprobt haben, sind sie diesem Verfahren gegenüber skeptisch. Man muss jedoch Mediation miterlebt haben, um ihre Chancen und den daraus resultierenden Mehrgewinn wertschätzen zu können[1293].

4. *Rechtsanwälte als Vertreter bestimmter Interessengruppen*

Rechtsanwälte, die im Medizinrecht tätig sind, sind meist ausschließlich auf „Patientenseite" oder auf „Ärzteseite" tätig. Diese Tatsache ergibt sich u.a. aus der Erwartung der Haftpflichtversicherer, dass ein für sie auftretender Rechtsanwalt – jedenfalls in dem Fall, dass er des Öfteren arzthaftungsrechtliche Mandate übernimmt – lediglich einer Interessenseite zuzuordnen ist und nicht „auf beiden Seiten" agiert. Dieses Phänomen hat auch in anderen Rechtsgebieten den Nachteil, dass die Bereitschaft der Anwälte, sich auf eine Mediation einzulassen, geringer ausgeprägt ist. Rechtsanwälte, die derart spezialisiert sind, sehen sich über ihre anwaltliche Tätigkeit hinaus als Vertreter der Interessen bestimmter gesellschaftlicher Gruppen, sodass das Verständnis für die Gegenseite geringer ausgeprägt ist und sich lediglich auf ökonomische Aspekte beschränkt[1294].

Hinzu kommt, dass der den Arzt vertretende Rechtsanwalt vom Berufshaftpflichtversicherer ausgewählt wird und damit faktisch als dessen Vertreter tätig wird. Wenn der Versicherer Mediation nicht offen gegenübersteht, tut dies auch der Rechtsanwalt zumeist nicht – schließlich vertritt er (auch) die Interessen des Versicherers.

1292 *Jost/Neumann*, ZKM 2009, 164 ff. (165); vgl. auch *Offermann-Burckart*, FPR 2010, 431 ff. (432 f.), welche vermutet, dass die Gefahr, den Mandanten an den erfolgreich agierenden Parteianwalt der Gegenseite zu verlieren, größer ist.

1293 Vgl. auch *Jost/Neumann*, ZKM 2009, 164 ff. (164).

1294 *Kilian*, VersR 2000, 942 ff. (945).

5. *Furcht vor Verantwortungsübernahme*

Es ist möglich, dass Rechtsanwälte bzgl. der Einsetzung von Mediation aufgrund der ihnen auferlegten Verantwortung zögern. Komplexe Arzthaftungsstreitigkeiten, die existentielle Rechtsgüter zum Inhalt haben, können sich schwierig gestalten. Bei Entscheidungen, die innerhalb einer Mediation getroffen werden, kann der Anwalt sich nicht auf die Vorgehensweise des Richters berufen, sondern muss – insbesondere gegenüber seinem Mandanten und im Falle der Vertretung des Arztes auch gegenüber der Berufshaftpflichtversicherung – die Verantwortung für die entstandene Konfliktlösung übernehmen. Englische Untersuchungen unterstützen diese Annahme, wonach es in einer Mehrzahl von Arzthaftungsfällen für Rechtsanwälte naheliegender erscheine, Entscheidungen zu delegieren, anstatt Verantwortung für diese in einer Mediation zu übernehmen[1295].

Verstärkt wird diese Haltung, wenn ein Rechtsanwalt ein arzthaftungsrechtliches Mandat übernimmt, ohne in diesem Bereich ausreichende Erfahrungen gesammelt zu haben oder sogar in Ermangelung einer entsprechenden Ausbildung zum Fachanwalt im Medizinrecht. Dies muss in einem Verfahren zwar nicht zum Nachteil gereichen, kann jedoch das Wissens- und damit das Machtgefälle zwischen den beteiligten Rechtsanwälten deutlich verstärken. Dieser Umstand wirkt sich bereits in den herkömmlichen Streitbeilegungsmöglichkeiten von Arzthaftungsfällen negativ aus, kann allerdings im Bereich gerichtlicher Verfahren, in denen der Richter die Verhandlungsführung übernimmt, in den Hintergrund rücken. Im Rahmen einer arzthaftungsrechtlichen Mediation wird dieses Kompetenzdefizit allerdings offensichtlich und wirkt destruktiv. Um ein ausgeglichenes und kompetentes Verfahren gewährleisten zu können, wäre es wünschenswert, dass die beteiligten Rechtsanwälte eine entsprechende Ausbildung im Arzthaftungsrecht genossen haben. Erfahrungen mit medizinischen Fachfragen sollten jedenfalls teilweise vorhanden sein. Wünschenswert wäre es zudem, wenn Rechtsanwälte an Weiterbildungen zur Vermittlung von Mediationskompetenzen teilgenommen haben, in denen Zusatzkenntnisse über Kommunikationstechniken, Verhandlungsmethoden, Analyseinstrumente – besonders im Bereich der Prozesskostenanalyse – vermittelt werden[1296]. Die Anwendung dieser Zusatzkenntnisse ist nicht nur auf Mediationsverfahren beschränkt, sondern kann darüber hinaus auch in der allgemeinen Mandantentätigkeit nutzbringend und effizienzerhöhend angewandt werden[1297]. Jedoch sei angemerkt, dass es selbst für den Fall, dass der Rechtsanwalt diese Qualifikationen mitbringt, bei komplexen medizinischen Streitigkeiten unabdingbar ist, dass ein fachkundig besetzter Mediatorenkörper die Mediation leitet[1298].

1295 So die Erkenntnisse im Rahmen des englischen Pilotprojektes zu arzthaftungsrechtlichen Mediationen: *Mulcahy*, Mediating Medical Negligence Claims, S. 50.

1296 *Neuenhahn/Neuenhahn*, NJW 2005, 1244 ff. (1247).

1297 *Neuenhahn/Neuenhahn*, NJW 2005, 1244 ff. (1247).

1298 Vgl. auch *Kilian*, VersR 2000, 942 ff .(946).

6. *Traditionelles Rollenverständnis des Rechtsanwalts*

Im Rahmen einer Mediation sollen die Medianten die Möglichkeit haben, ihre Meinung zu äußern und zu vertreten sowie eigene Entscheidungen zu treffen. Der Rechtsanwalt soll hierbei eine zurückhaltende Position einnehmen[1299].

In der juristischen Ausbildung hingegen wird primär kontradiktorisches Denken vermittelt, in den Medien überwiegt das Bild des Anwalts als Kämpfer für Parteiinteressen[1300]. Im Gerichtssaal ist es für den Anwalt wichtig, in der Weise aufzutreten, dass er den entscheidungsbefugten Richter von seinem Standpunkt überzeugt[1301]. Er nimmt eine „kämpferische Haltung" ein, um das bestmögliche Urteil für seinen Mandanten zu erlangen. Auch im Rahmen der vorgerichtlichen Vergleichsabschlüsse sind Rechtsanwälte – sobald die Parteien an den Verhandlungen teilnehmen – geneigt, Positionendenken durchzusetzen und eine adversive Stellung gegenüber der anderen Partei einzunehmen. Eine adversive Haltung des Rechtsanwalts wird von dem Mandanten möglicherweise auch erwartet, da er den Rechtsanwalt mit der Wahrnehmung seiner Interessen beauftragt und dieser ihm zu seinem Recht verhelfen soll[1302].

Die Gewohnheiten eines Rechtsanwalts, die besonders im streitigen Verfahren zu Tage treten, sind einer gemeinsamen Lösungsfindung nicht zuträglich. In einer Mediation wird durch das Einnehmen einer offensiven Haltung der Fortgang der Verhandlungen mehr blockiert als aufgelöst. Es kommt zu einer Verhärtung der Fronten, eine Gegebenheit, die durch eine Mediation gerade vermieden werden soll.

Einer englischen Studie zufolge sind die Parteien weniger dazu bereit, an einer Mediation teilzunehmen, wenn beide anwaltlich vertreten werden[1303]. Hinzu kommt die Vorstellung, dass ein Rechtsanwalt, der eine Mediation vorschlägt, damit eingesteht, die Position seines Mandanten sei schwach und angreifbar[1304].

1299 Vgl. auch Angaben bei *Thouvenin*, Das künftige Berufsbild des Anwalts in Europa, 111 ff. (130).

1300 *Friedrichsmeier*, HB Mediation, 1. Aufl./2002, § 21, Rdnr. 1 f; *Schmidt*, Die Zukunft der Mediation in Deutschland, 121 ff. (125); *Bartoszky*, Anwaltsberuf im Wandel, S. 75 f, 146; *Streck*, AnwBl 2000, 335 ff. Anzumerken ist allerdings, dass sich das Berufsverständnis der deutschen Rechtsanwälte wandelt. Viele Anwälte sehen sich schon jetzt nicht mehr in erster Linie als Prozessvertreter, sondern gleichfalls als Berater und Konfliktvermeider.

1301 *Kilian*, VersR 2000, 942 ff. (946).

1302 Vielfach tritt der Mandant erst dann an einen Rechtsanwalt heran, wenn er einen Prozess führen möchte. Er zieht womöglich eine Kontaktierung nicht auch schon für außergerichtliche Schlichtungsmöglichkeiten in Betracht, vgl. *Bartoszky*, Anwaltsberuf im Wandel, S. 147.

1303 Vgl. dahingehende Ausführungen bei: *Nesic*, Bond Law Review Vol. 13 (2001), Iss. 2, Art. 10, 1 ff. (13); ähnliche Erkenntnisse bei *Wasilewski*, Streitverhütung durch Anwälte, S. 55, 72.

1304 *Jost/Neumann*, ZKM 2009, 164 ff. (165); *Duve*-Henssler/Koch, Mediation in der Anwaltspraxis, § 5, Rdnr. 101; *Duve/Eidenmüller/Hacke*, Mediation in der Wirtschaft,

Vergleichsbereitschaft wird als Schwäche ausgelegt. Diese Vorstellung haben (noch) viele Rechtsanwender und kann diejenigen, welche Mediationsverfahren im Arzthaftungsrecht als erstrebenswert bewerten, vor dem Verfahren zurückschrecken lassen. Der Mehrwert, der durch die Durchführung einer Mediation auch für den Rechtsanwalt erzielt werden kann, wird indes nicht gesehen. So kann sich dieser durch die Übertragung des Prozesses auf den Mediator viel mehr auf die Interessen seines Mandanten konzentrieren und ihm diese durch den Einsatz gezielter Argumente näher bringen[1305]. Damit bleibt der Inhalt seiner Rolle derselbe. Lediglich die Ausführung ändert sich, da der Mandant aktiv in die Konfliktbehandlung einbezogen wird.

Da besonders arzthaftungsrechtliche Streitigkeiten von zwei extremen Faktoren geprägt sind – zum einen von der Frage des Vorliegens eines kausalen Behandlungs- bzw. Aufklärungsfehlers und zum anderen durch emotionale und zwischenmenschliche Umstände – ist ein Zusammentreffen der Parteien und ein geführtes Gespräch, welches beide Seiten ausreichend berücksichtigt und einbezieht, zielführend. Die „kämpferische Haltung" eines Rechtsanwalts kann bei der Realisierung dieser Ziele nicht konstruktiv, sondern eher kontraproduktiv wirken.

Noch einmal: Durch die Stärkung der Mediation soll nicht eine Ersetzung traditioneller und bewährter Problembewältigungen angestrebt werden. Ziel ist vielmehr eine An- und Bereicherung der bestehenden Möglichkeiten. Im Mittelpunkt eines jeden Konfliktes stehen die Parteien[1306]. Alles, was den Mandanten seinem Ziel – eine schnelle nervenschonende Lösung des Konflikts – näher bringt, ist für ihn nützlich. Und das Interesse des Mandanten kann im Zweifel auch darin liegen, nicht das juristisch Machbare zu versuchen. Für ihn kann es wichtig sein, „[...] den Streit nicht eskalieren zu lassen, die Möglichkeit der Kommunikation und Kooperation mit dem „Gegner" zu erhalten und zu einer von allen Seiten als richtig im Sinne von „gerecht" empfundenen Lösung zu gelangen. [...]"[1307]. Bei der Auswahl der hierfür am besten geeigneten Verfahrensart muss nicht nur die Rechtsanwaltschaft selbst ihr traditionelles Rollenverständnis überdenken, sondern auch die Allgemeinheit. Alle sollten offen für neue Streitbeilegungsmöglichkeiten sein – unabhängig vom jeweiligen Rechtsgebiet. Es muss eine Hinwendung von den aggressiven Verhandlungstechniken zu einem kooperativen Ansatz erlernt und angenommen werden. Außergerichtliche Streitbeilegung ist eine der zentralen Berufsfunktionen des Anwalts und sollte im Sinne des Mandanteninteresses umgesetzt werden[1308]. Unter einer einzelfallgerechten Abwägung sollte der Rechtsanwalt zu dem Entschluss

---

S. 328; so auch noch in den 1990er Jahren in Australien: *Wolf*, Betrifft JUSTIZ Nr. 101, 244 ff. (244).

1305 *Hammacher*, SchiedsVZ 2008, 30 ff. (31).

1306 Siehe hierzu auch *Risse*, Alternative Streitbeilegung, 133 ff. (148f) mit dem Hinweis auf den Aufsatz der amerikanischen Professorin *Menkel-Meadow*: „Whose dispute is it anyway?".

1307 *Offermann-Burckart*, FPR 2010, 431 ff. (433).

1308 *Wasilewski*, Streitverhütung durch Rechtsanwälte, 72.

gelangen, bei Geeignetheit einer anderen Methode der Konfliktlösung diese jedenfalls in Erwägung zu ziehen[1309]. Ein angemessenes Verhältnis zwischen vermittelnder und offensiver Verhandlungsführung wäre ein erstrebenswertes Ziel.[1310]

7. Änderung des § 253 Abs. 3 Nr. 1 ZPO

Durch die Gesetzesänderungen im Zuge der Förderung von Mediation soll gemäß § 253 Abs. 3 Nr. 1 ZPO schon in der Klageschrift angegeben werden, ob eine Mediation vorangegangen ist und welche Gründe dem Verfahren entgegenstehen. Daher muss der Rechtsanwalt seinen Mandanten über die Möglichkeit aufklären und ihren Nutzen darlegen.[1311] Dieses stellt für Rechtanwälte einen Anreiz dar, Mediation jedenfalls in Erwägung ziehen. Ob sich diese Regelung auf das Vorantreiben arzthaftungsrechtlicher Mediationen auswirkt, ist fraglich. Rechtsanwälte werden durch § 253 Abs. 3 Nr. 1 ZPO nicht dazu verpflichtet, das Verfahren bei Geeignetheit anzuregen. Hinzu kommt, dass aufgrund der Unüblichkeit, Mediationen in diesem Fachbereich anzuwenden, Richter aller Wahrscheinlichkeit auch nicht nachdrücklich darauf hinweisen. Die Errichtung einer Instanz, die eine ausreichende Information des unerfahrenen Mandanten bzgl. Mediation durch den Parteianwalt sicherstellt, wäre wünschenswert gewesen. Geeignet wäre hierfür, eine – jedenfalls zeitweise – Verpflichtung für Parteianwälte zur Dokumentation der fallbezogenen Unterrichtung über das Potenzial der Mediation einzuführen[1312]. Diese Verpflichtung könnte wieder aufgehoben werden, sobald sich Mediation als gleichwertige Konfliktlösungsmethode etabliert hat. Die Chancen, die mit solch einer Verpflichtung einhergehen, wurden mit dem neuen MediationsG leider verpasst. Nichtsdestotrotz ist die Regelung des § 253 Abs. 3 Nr. 1 ZPO geeignet, dem einzelnen Rechtsanwalt einen Gedankenanstoß zu geben.

8. Reputationsgewinn durch erhöhte Mandantenzufriedenheit

Untersuchungen zufolge sind Mandanten, die an einem Mediationsverfahren teilgenommen haben, besonders zufrieden[1313]. Nicht nur die Ersparnis finanzieller und emotionaler Kosten fallen ins Gewicht, auch das Verfahren als solches

---

1309 Siehe auch *Neuenhahn/Neuenhahn*, NJW 2005, 1244 ff. (1246).

1310 Die Furcht vor wirtschaftlichen Nachteilen für sie selbst (vgl. Ausführungen bei *Hohmann*, FPR 2004, 168 ff. (175)) ist unbegründet, siehe *Neuenhahn/Neuenhahn*, NJW 2005, 1244 ff. (1247); *v. Bargen*, Gerichtsinterne Mediation, S. 339.

1311 Der Rechtsanwalt ist ohnehin schon dazu verpflichtet, die Zweckmäßigkeit des Vorgehens in die Überlegungen und in den Rat mit einzubeziehen (BGH VersR 1975, 540 ff. (541)) und den Mandanten auf den sichersten Weg hinweisen (BGH NJW 2000, 3560 ff. (3561)); *Slobodenjuk*, NJW 2006, 113 ff. (115 f.).

1312 *Engel/Hornuf*, SchiedVZ 2012, 26 ff. (29).

1313 *Tyler*, 66 Denver University Law Review (1989), 419 ff. (429).

und die erzeilten Ergebnisse stellen einen gewichtigen Faktor dar[1314]. Diesen Umstand können Rechtsanwälte auch im Arzthaftungsrecht für sich nutzen und so auf eine zukünftige Mandatierung und Weiterempfehlung hoffen[1315]. Sie können durch ihr Beisein und wesentliches Zutun eine erfolgreiche Mediationsverhandlung kreieren[1316]. Durch ihre Anwesenheit und Unterstützung verringern sie das Machtungleichgewicht zwischen den Medianten und tragen zu einer dauerhaften Vereinbarung bei. Vielfach wird betont, dass durch konstruktive Mitarbeit der Parteianwälte erst eine Einigung in der Mediation gefunden werden kann[1317]. Auch von den Rechtsanwälten selbst wird die im Rahmen einer Mediation gefundene einvernehmliche Konfliktlösung befriedigender als eine streitige Auseinandersetzung empfunden[1318]. Hinzu kommt, dass der anwaltliche Arbeitsauswand im Rahmen eines begleiteten Mediationsverfahrens in der Regel geringer ausfällt. Die Verfahrensdauer ist kürzer, die Anzahl der zu verfassenden Schriftsätze ist geringer, die zu stellenden und begründenden Anträge fallen sogar weg[1319]. Im Gegensatz zu anderen Mediationsverfahren fällt im Rahmen arzthaftungsrechtlicher Mediationen der Umfang der anwaltlichen Vorbereitung und Mitwirkung zwar größer aus – dies ergibt sich schon aus der regelmäßig vorliegenden Komplexität der Haftungsfälle. Der Arbeitsaufwand kann den Umfang eines gerichtlichen Verfahrens jedoch nicht erreichen.

Um diese Vorteile für sich nutzen zu können, müssen Rechtsanwälte jedoch im Rahmen einer Mediation dazu bereit sein, sich von ihrer traditionellen Rolle – bspw. die Verhandlungsführung zu übernehmen – zu lösen[1320].

1314 *Gamm/Patera*, IDR 2005, 59 ff. (63); *Tyler*, 66 Denver University Law Review (1989), 419 ff. (429). Vgl. schon Kapitel 2, H, I, 6.

1315 *Neuenhahn/Neuenhahn*, NJW 2005, 1244 ff. (1247); siehe auch *Duve*-Henssler/Koch, Mediation in der Anwaltspraxis, § 5, Rdnr. 101; nach den Untersuchungen *Spindlers* zur gerichtsinternen Mediation ist die Reputation nicht dazu geeignet, positive oder negative Anreize für den Anwalt zu bewirken. Rechtsanwälte erhofften sich durch die Empfehlung einer Mediation zwar keinen Ansehensgewinn bzw. -verlust, sie würden allerdings aufgrund der Mandantenzufriedenheit auch zukünftig eine Mediation in geeigneten Fällen empfehlen. Letztendlich wird im Ergebnis jedoch durch die erhöhte Mandantenzufriedenheit automatisch ein Reputationsgewinn erzielt, sodass sich jedenfalls mittelbar positive Anreize für den Rechtsanwalt ergeben, vgl. *Spindler*, Gerichtsnahe Mediation in Niedersachsen, Rdnr. 492 ff.

1316 *Gottwald*-Henssler/Koch, Mediation in der Anwaltspraxis, § 7, Rdnr. 61, Fn. 85 m.w.N.

1317 *Gottwald*-Henssler/Koch, Mediation in der Anwaltspraxis, § 7, Rdnr. 61.

1318 *Neuenhahn/Neuenhahn*, NJW 2005, 1244 ff. (1247).

1319 *Offermann-Burckart*, FPR 2010, 431 ff. (433).

1320 Siehe auch *Mähler/Mähler*, ZRP 2011, 29 f. (29).

9. *Fachanwälte aus dem Medizinrecht als Mediatoren und die Anwendung der ADR-Methode „Collaborative Law"*

Für Fachanwälte aus dem Medizinrecht könnte sich durch die Einführung von arzthaftungsrechtlichen Mediationen ein neues Betätigungsfeld ergeben. Durch die Ausbildung zum Mediator und eine auf Arzthaftungssachen ausgerichtete Spezialisierung können sie selbst dazu beitragen, fachgerechte Mediationen in diesem Bereich anzubieten. Auch die Erprobung von Collaborative Law-Verfahren kann sich vor diesem Hintergrund lohnen. Die aus den USA stammende ADR-Methode „Collaborative Law" findet zunehmend auch in der deutschen Streitkultur Anklang[1321]. Dabei handelt es sich um eine Art „Mediation ohne Mediator"[1322], welche dem Ablauf einer Mediation angeglichen ist[1323]. In einem Collaborative Law-Verfahren verhandeln die Anwälte, die in der Regel eine Ausbildung zum Mediator absolviert haben[1324], mit den Mandanten alleine – ohne Hinzuziehung eines neutralen Dritten. Ziel des Verfahrens ist ein interessenorientierter Kompromiss[1325]. Es unterscheidet sich von vorgerichtlichen Vergleichsbemühungen, indem sich die Rechtsanwälte dazu verpflichten, im Falle eines sich anschließenden Gerichtsverfahrens nicht als Parteivertreter aufzutreten (Disqualifikationsklausel)[1326]. An das Tätigwerden der Anwälte werden hohe Anforderungen gestellt: Sie müssen zum einen dahingehend bemüht sein, die Parteien möglichst früh zusammenzubringen, um einen Austausch über ihre Interessen, Bedürfnisse und Prioritäten zu gewährleisten[1327]. Zum anderen haben sie ihre Rechtskenntnisse zugunsten ihrer Klienten anzuwenden, Stärken und Schwächen einzelner Vorschläge zu prüfen und eigene zu entwickeln[1328]. Beide Parteien haben jeweils ihren Rechtsanwalt damit als Verhandlungsleiter und Berater auf ihrer Seite. Die Beteiligten einigen sich dahingehend, auf der Verfahrensebene einen Konsens zu finden, indem die Anwälte als Berater im Team zusammenarbeiten, jedoch auf der Inhaltsebene lediglich für ihre jeweiligen Mandanten tätig werden, indem sie die jeweiligen Interessen und Bedürfnisse herausarbeiten, rechtliche Fragen einbeziehen etc.[1329]. Ähnlichkeiten zur Mediation weist das Verfahren insbesondere dadurch auf, dass die Entscheidungsverantwortlichkeit bei den

1321 Vgl. zu diesem Verfahren und seinen Ausprägungen *Bruhn*, NJOZ 2008, 1726 ff.; *Mähler/Mähler*, ZKM 2009, 70 ff.; *Engel*, ZKM 2010, 112 ff. ; *Engel*, ZKM 2007, 68 ff. (70 f.).

1322 *Engel*, ZKM 2007, 68 ff. (70).

1323 *Mähler/Mähler*, ZKM 2009, 70 ff. (72).

1324 *Mähler/Mähler*, ZKM 2009, 70 ff. (72); *Bruhn*, NJOZ 2008, 1726 ff. (1726).

1325 *Engel*, ZKM 2007, 68 ff. (70); *Leiss*, Zur Effizienz außergerichtlicher Verfahren im Wirtschaftsrecht, S. 150.

1326 *Engel*, ZKM 2010, 112 ff. (113); *Leiss*, Zur Effizienz außergerichtlicher Verfahren im Wirtschaftsrecht, S. 150.

1327 *Leiss*, Zur Effizienz außergerichtlicher Verfahren im Wirtschaftsrecht, S. 151.

1328 *Leiss*, Zur Effizienz außergerichtlicher Verfahren im Wirtschaftsrecht, S. 151.

1329 *Mähler/Mähler*, ZKM 2009, 70 ff. (72).

Konfliktparteien liegt und dass das Verfahren durch seine Vertraulichkeit geschützt ist[1330]. Für Arzthaftungsstreitigkeiten ist Collaborative Law besonders interessant, da die Möglichkeit besteht, ein interdisziplinäres Team zusammenzustellen und dies den Parteien als Berater zur Seite zu stellen[1331]. In dem Fall handelt es sich begrifflich um eine „Collaborative Practice", die überwiegend in Scheidungskonflikten gewählt wird, da dann therapeutisch geschulte Personen als allparteiliche Coachs und weitere Fachkräfte, wie Steuerberater und Vertreter der Kindesinteressen, hinzugezogen werden[1332]. In Arzthaftungsfällen könnten dies Sachverständige als fachliche Spezialisten sein, die den Parteien gleichermaßen verpflichtet sind. Hervorzuheben ist hierbei, dass die Parteien, die den Verfahrensablauf selbst bestimmen und daher auch die (zeitlich begrenzte) Einbeziehung von fachlichen Spezialisten festlegen[1333], die Verfahrenskosten selbst steuern können[1334]. Weiterhin ist es möglich, Vertreter von Drittinteressen einzubeziehen.

Für Fachanwälte im Medizinrecht könnte dieses Verfahren interessant sein, da sie die Steuerung des Verfahrens nicht – wie in einer Mediation – auf einen Dritten übertragen, sondern ihre rechtlichen Fachkenntnisse einfließen lassen unter gleichzeitigem Herausarbeiten der über die rechtliche Komponente hinausgehenden Bedürfnisse ihrer Mandanten. Ihre Funktion in dem Collaborative Law-Verfahren nimmt daher an Komplexität und Bedeutung zu[1335]. Die Parteien würden wie in einer Mediation jedoch aktiv einbezogen, was einer Aufarbeitung des Arzt-Patient-Konfliktes und einer dauerhaften Befriedung ihres Verhältnisses zuträglich wäre.

Ins Gewicht fällt hierbei jedoch, dass sich die Kosten durch die Hinzuziehung von Spezialisten und Drittbetroffenen – wie auch in einer Mediation – erhöhen. Hinzu kommt, dass durch das festgelegte Ziel, eine Einigung zu erlangen, ein gewisser Einigungsdruck für die Parteien aufgebaut wird – dies schon allein deshalb, weil erhebliche Kosten bei einem Scheitern des Verfahrens durch die Beendigung des anwaltlichen Mandats entstehen und ein neuer Anwalt für ein sich anschließendes Verfahren beauftragt werden muss. Der vorherige, in den Fall eingearbeitete Rechtsanwalt darf aufgrund der Disqualifikationsklausel nicht mehr tätig werden. Im Vergleich zur Mediation fällt ins Gewicht, dass innerhalb dieser die Verfahrensleitung durch den Mediator übernommen wird. Für den Rechtsanwalt kann dieses Vorgehen entlastend wirken, da er nicht als „Puffer" für die Aggressionen der Medianten fungiert. Diese Rolle übernimmt der Mediator[1336].

1330 *Mähler/Mähler*, ZKM 2009, 70 ff. (72).

1331 *Hattemer*, Mediation bei Störungen des Arzt-Patient-Verhältnisses, S. 57 ff. In den USA wird das Verfahren im Bereich Healthcare bereits angewandt, vgl.: http://www.collaborativepractice.com/_t.asp?M=2&T=Civil (Zugriff am 01. Mai 2013).

1332 *Bruhn*, NJOZ 2008, 1726 ff. (1727).

1333 *Engel*, ZKM 2010, 112 ff. (113).

1334 *Bruhn*, NJOZ 2008, 1726 ff. (1727). Abgerechnet wird in der Regel nach Zeitaufwand, vgl.: *Mähler/Mähler*, ZKM 2009, 70 ff. (73).

1335 *Engel*, ZKM 2010, 112 ff. (115).

1336 *Engel*, ZKM 2007, 68 ff. (71).

Eine weitere Schwierigkeit besteht – jedenfalls heute noch – in der Umsetzung eines Collaborative Law- bzw. Collaborative Practice-Verfahrens, wofür wiederum Rechtsanwälte benötigt werden, die auch eine Mediatorenausbildung absolviert haben. Dass diese im Bereich Medizin-/Arzthaftungsrecht die Ausnahme darstellen, wurde bereits dargelegt[1337].

Es ist anzunehmen, dass sich derzeit das Verfahren Collaborative Law bzw. Collaborative Practice im Arzthaftungsbereich (noch) nicht durchsetzen wird. Es birgt jedoch Potenziale, insbesondere für entsprechende Fachanwälte. Ihre schon geleistete außergerichtliche Tätigkeit könnte in geeigneten Fällen durch die Anwendung des Verfahrens ergänzt werden, ohne auf Dritte zurückgreifen zu müssen, was ein Autonomieerhalt für sie selbst sowie eine rasche und mandantenorientierte Beilegung der Streitigkeit bedeuten würde.

III. Richterschaft

Auch den Richtern kommt im Bereich der gerichtsnahen und gerichtlichen Mediation eine Schlüsselfunktion zu. Sie können Mediationen in Arzthaftungssachen durch ihre Abgabe von geeigneten Fällen an die Mediationsabteilungen ihrer Gerichte fördern. Wenn Richter dem Verfahren gegenüber nicht offen sind, schlägt sich dies in ihrem Abgabeverhalten geeigneter Mediationsfälle nieder. Aus diesem Grund wird folgend kurz auf die möglichen Gründe des restriktiven Abgabeverhaltens und darüber hinaus auf denkbare Anreizstrukturen eingegangen.

1. Richterliche Unabhängigkeit

Dem Richter wird sowohl eine sachliche – von Weisungen und Empfehlungen der Exekutive und Legislative nach Art. 97 Abs. 1, Art. 20 Abs. 3 GG – als auch eine persönliche Unabhängigkeit nach Art. 97 Abs. 2 GG zugesprochen. Diese Regelung kann dazu beitragen, dass geeignete Fälle nicht an die Mediationsabteilungen abgegeben werden, da die Richter der Spezialkammern/-senate dies aus ihrer eigenen Initiative heraus tun.

2. Gefahr des Kompetenzverlustes durch die Abgabe der Entscheidungsgewalt

Es ist vorstellbar, dass Richter in der Weitergabe von Fällen an Richtermediatoren bzw. Güterichter die Gefahr eines Kompetenzverlustes erblicken[1338]. Schließlich geben sie ihre Entscheidungsgewalt ab. Dieser Befürchtung ist entgegenzusetzen, dass die Rollen des entscheidenden Richters und des vermittelnden Mediators

1337 Vgl. zu der Problematik, dass sich Rechtanwälte im Rahmen eines *Collaborative Law-Verfahrens* bzgl. ihrer Arbeitsweise umstellen müssen: *Bruhn*, NJOZ 2008, 1726 ff. (1729 f.).

1338 *Spindler*, Gerichtsnahe Mediation in Niedersachsen, Rdnr. 200.

unterschiedliche Ausrichtungen haben. Der Mediator entscheidet keine Streitigkeit, diese Befugnis kommt ihm nicht zu. Von diesem Standpunkt aus betrachtet, werden dem Richter keine Kompetenzen genommen, wenn er einen Fall an einen Richtermediator bzw. Güterichter abgibt. Ihm wird vielmehr die Möglichkeit gegeben, mediationsgeeignete Fälle abzugeben und sich auf die übrigen Streitfälle zu konzentrieren. Dies führt für ihn zu einer Arbeitszeitersparnis und erhöht gleichzeitig die Qualität der Justizdienstleistung, da die Streitfälle ihrer aussichtsreichsten Konfliktlösungsoption zugeführt und schneller bearbeitet werden[1339].

3. *Befürchtung eines Ansehensverlustes bei den Kollegen*

Richter könnten befürchten, dass sie durch die Abgabe von Fällen ihre Kompetenz vor den Kollegen in Frage stellen[1340]. Durch die Weiterleitung mediationsgeeigneter Fälle signalisiert der Richter jedoch vielmehr seine Fachkompetenz. Damit verdeutlicht er, dass er anhand der Ausgestaltung der Streitigkeit eine Auswahl vornehmen kann, welche Verfahrensart am besten auf den Konflikt zugeschnitten ist. Der Richter macht damit deutlich, dass es auch in der Judikative in erster Linie um die Parteien und ihre Belange geht und nicht um die Bewahrung der eigenen Rolle als Entscheider.

4. *Akzeptanzschwierigkeiten von arzthaftungsrechtlichen Mediationen aufgrund der besonderen Fachkompetenz der Richter in den Fachsenaten und -kammern*

Da Richter, die in den speziellen Fachsenaten und -kammern für Arzthaftungssachen tätig sind, eine hohe Fachkompetenz bzgl. Medizinhaftungsfällen und im Besonderen bzgl. Arzthaftungssachen aufweisen, geben sie Arzthaftungsfälle – wenn überhaupt – nur zurückhaltend an Richtermediatoren bzw. Güterichter ab. Sie nehmen an, dass diese Fälle am kompetentesten von ihren Kammern bzw. Senaten behandelt werden und die richterlichen Vergleichsbemühungen als Instrumentarium einvernehmlicher Streitbeilegung ausreichend sind. Richtermediatoren bzw. Güterichter kommen – wenn sie nicht in den Fachkammern/-senaten tätig sind – nur selten mit Arzthaftungsstreitigkeiten in Berührung. Aufgrund der besonderen Fachkompetenzen der mit Arzthaftungsfällen befassten Richter stößt Mediation bei vielen auf eine Akzeptanzhürde. Nach Angaben eines Richtermediators, der gleichzeitig in einer Fachkammer für Arzthaftungssachen tätig ist, trägt der Einsatz von mediierenden Richtern in den jeweiligen Kammern bzw. Senaten zu einem höheren Abgabeverhalten an die Mediationsabteilungen bei. Wer die Vorzüge von

1339 Die Bearbeitungszeit eines Verfahrens vor dem Landgericht ist bei einer Mediation rund fünfmal so schnell, wie dies im normalen streitigen Verfahren der Fall ist, vgl. *Spindler*, Gerichtsnahe Mediation in Niedersachsen, Rdnr. 422, siehe auch Rdnr. 193 ff.; 401 ff.

1340 *Spindler*, Gerichtsnahe Mediation in Niedersachsen, Rdnr. 201.

Mediation kennen gelernt hat, kann sie schätzen und ist dazu bereit, in geeigneten Fällen eine Mediation vorzuschlagen. Um die arzthaftungsrechtliche Mediation im Rahmen von Güteverhandlungen weiter voran zu treiben, wäre es daher sinnvoll, mehr mediierende Richter in den jeweiligen Kammern/Senaten einzusetzen bzw. auszubilden, die um die Vorzüge von Mediationsverfahren wissen.

5. Erarbeitung eines Kriterienkatalogs

Um Unsicherheiten vorzubeugen, würde es sich anbieten, einen Kriterienkatalog zu erarbeiten, der Indizien und Hinweise enthält, welche (Arzthaftungs-)Fälle sich für eine Mediation eignen und wann mediierende Richter bei Zweifeln hinzugezogen werden sollen[1341]. Durch dieses Vorgehen würde man eine effiziente und rasche Bearbeitung jedes einzelnen Konfliktfalles gewährleisten.

E. Fazit

Deutlich wurde durch die von mir geführten Gespräche und Beobachtungen, dass sich ein Regelwerk, welche konkreten Arzthaftungsstreitigkeiten sich für eine Mediation eignen und welche nicht, nicht ausmachen lässt. Welche Fälle tatsächlich für eine Mediation geeignet sind, hängt von den Einschätzungen der sich mit Arzt-Patient-Konflikten befassenden Rechtsanwälte, Richter, Mediatoren und Institutionen zusammen. Ihren Feststellungen kommt eine tragende Funktion hinsichtlich der Entwicklung der Streitkultur im Arzt-Patient-Bereich sowie hinsichtlich der Etablierung arzthaftungsrechtlicher Mediationen zu. Jedoch zeichnen sich gewisse Konfliktmerkmale ab, welche darauf hinweisen, einer Streitigkeit mehr oder weniger Mediationstauglichkeit zuzuschreiben.[1342] Im Zusammenspiel mit der schon in Kapitel 5, H herausgearbeiteten Zuordnung lassen sich folgende Erkenntnisse festhalten:

Unverzichtbare Elemente sind:

- die Zustimmung beider Parteien,
- kein absoluter Ausschluss eines Konsenswillens und der Vergleichsbereitschaft,
- partielle Beteiligung des Berufshaftpflichtversicherers des Arztes (Einverständnis, Rücksprachemöglichkeit während des Mediationsverfahrens, Vetorecht oder bei Bedarf die unmittelbare Beteiligung an den Mediationssitzungen),
- Toleranz der beteiligten Anwälte gegenüber dem Verfahren. Durch ihr Verhalten und ihre Einstellung gegenüber Mediation können sie das eingeschlagene Verfahren in eine bestimmte Richtung lenken. Bei völliger Ablehnung von Mediation ist ihr Erfolg derart behindert, dass sie womöglich scheitern wird,

1341 Vorschlag bei *Spindler*, Gerichtsnahe Mediation in Niedersachsen, Rdnr. 207.

1342 *Hattemer* wählt für eine Mediation passende Fallkonstellationen hingegen nicht nach Eignungskriterien, sondern nach Ausschlusskriterien aus, vgl. *Hattemer*, Mediation bei Störungen des Arzt-Patient-Verhältnisses, S. 325f.

- die Anwesenheit des betroffenen Arztes in der Mediation, um den Austausch zwischen den Parteien zu gewährleisten und dem Ziel – der Befriedung des Arzt-Patient-Verhältnisses – näher zu kommen[1343].

Zudem lassen sich folgende Hypothesen treffen:

- Konflikte, die auf Kommunikationsstörungen beruhen und diese als einzige Konfliktursache haben, darüber hinaus jedoch nicht auf einen wirtschaftlichen Ausgleich abzielen, sind für eine Mediation prädestiniert[1344].
- Mediationsgeeignet sind Konflikte, in denen ein Zusammentreffen von Arzt und Patient in einer vertraulichen Atmosphäre gewünscht ist, um sich auszutauschen, um ggf. eine Erklärung für Vergangenes zu erhalten.
- Zahnärztliche Haftungsfälle scheinen aufgrund ihrer Eigenart sehr mediationstauglich.
- Haftungsstreitigkeiten zwischen niedergelassenen Ärzten und Patienten sind aufgrund des intensiven Näheverhältnisses sehr mediationsgeeignet.
- Wenn Sachverständigengutachten eingeholt wurden und die Beweiserhebung weitestgehend abgeschlossen ist, scheint mehr Bereitschaft der Parteien zu bestehen, sich auf eine Mediation einzulassen[1345], da dann eine Tatsachengrundlage geschaffen wurde, auf deren Basis eine Einigung gefunden werden kann[1346]. Diese Gegebenheit besteht auch dann, wenn es sich um ein gerichtliches Verfahren in zweiter Instanz handelt oder ein Feststellungsurteil gegeben ist.
- Eine zeitnahe Anberaumung der Mediation erscheint sinnvoller, als eine erhöhte Eskalationsstufe der Streitigkeit abzuwarten.
- Bei vorherrschender Kommunikationsproblematik ist Mediation geeigneter als bei einer Arzthaftungsstreitigkeit, die sich vordergründig auf der Sachebene abspielt, jenseits von zwischenmenschlichen Differenzen.
- Konflikte, die auch emotionale Aspekte beinhalten, die über den eigentlichen Streitgegenstand hinausgehen, und einer erweiterten Behandlung als derjenigen in den herkömmlichen Verfahren bedürfen, sind in einer Mediation befriedigend lösbar.
- Die Klärung relativ klarer medizinischer Sachprobleme ist einfacher in einer Mediation zu bewältigen als die Aufarbeitung hochkomplexer medizinscher Fachfragen[1347]. Bei einfacher gelagerten Arzthaftungsfällen kommt hinzu, dass die Anstrengung eines Schlichtungsverfahrens vor den ärztlichen Gütestellen bzw. eines Gerichtsverfahrens mit einem im Zweifel unangemessenen Aufwand verbunden ist. Diese Fälle können in dem vereinfachten Verfahren einer Mediation zeitnah und flexibel abgewickelt werden.

1343 Zu den negativen Auswirkungen bei Abwesenheit des Arztes vgl. auch *Kilian*, VersR 2000, 942 ff. (945 f.); *Wolf*, Betrifft JUSTIZ Nr. 101, 244 ff. (245 f.).

1344 Diese Konflikte fallen jedoch streng gesehen nicht mehr unter die Rubrik „Arzthaftungsstreitigkeiten".

1345 Siehe auch *Kilian*, VersR 2000, 942 ff. (945).

1346 Siehe auch *Leischner*, Streitbeilegung in medizinischen Haftungsfällen, S. 217.

1347 Siehe auch *Mulcahy*, Mediating Medical Negligence Claims, S. 44.

- In Fällen, in denen die Haftung dem Grunde nach eindeutig gegeben bzw. nicht gegeben ist, ist eine Mediation sinnvoll und zielführend[1348]. Dies gilt auch für komplexe Streitigkeiten, da in einer Mediation mit einem fachkompetenten Mediatorenkörper die komplexen Fragen für die Parteien in verständlicher Weise aufgearbeitet werden können.
- In einfach gelagerten Fällen scheint es angemessen zu sein, von der Einholung eines Sachverständigengutachtens abzusehen und lediglich eine Fachperson in die Mediation einzuladen – bspw. einen Arzt des betroffenen Fachgebiets als Co-Mediator oder als hinzugezogenen Dritten. Auf diese Weise werden die Kosten, die durch die Beauftragung eines Sachverständigen verursacht werden, reduziert, ohne auf die Expertise einer Fachperson verzichten zu müssen. Da dieselbe Handhabung bei der zahnärztlichen Schlichtungsstelle in Schleswig-Holstein praktiziert wird und diese von den Haftpflichtversicherern angenommen wird, ist davon auszugehen, dass sie auch in humanmedizinischen Haftungsfällen akzeptiert wird.

1348 *Katzenmeier*, NJW 2008, 1116 ff. (1119); *De Marrón*, Alternative Streitbeilegung in Arzt- und Produkthaftpflichtfällen, S. 314 f. Siehe hierzu noch Kapitel 7, D, I, Phase 5.

Kapitel 7: Umsetzungsmöglichkeiten

A. Einführung

Nachdem in Kapitel 5 und 6 die theoretische Eignung und praktische Durchführbarkeit von arzthaftungsrechtlichen Mediationen ausgelotet wurden, soll nun auf ihre Umsetzungsmöglichkeiten eingegangen werden. Hierfür wird zunächst erläutert, ob Mediationen im Arzthaftungsrecht neue Methoden erfordern. Die Rolle des Parteianwalts im Rahmen der Vorbereitung arzthaftungsrechtlicher Mediationen wird im nächsten Schritt beleuchtet. Sodann wird der mögliche Aufbau eines solchen Verfahrens unter besonderer Berücksichtigung des Parteianwalts skizziert. Die Möglichkeiten einer Institutionalisierung arzthaftungsrechtlicher Mediationsverfahren schließen das Kapitel ab.

B. Erfordert Mediation im Arzthaftungsrecht neue Mediationsmethoden?

Im Rahmen einer arzthaftungsrechtlichen Mediation bestehen im Wesentlichen vier Besonderheiten, welche der Mediator würdigen sowie in seine Vorgehensweise einbeziehen muss:

Zum einen hat der Mediator seinen Fokus auf die Klärung der Missverständnisse zwischen Arzt und Patient zu legen und den Kommunikationsfluss zwischen den Parteien zu fördern.

Zugleich muss er während des gesamten Verfahrens darauf achten, dass der Patient durch seinen Wissensrückstand nicht in eine untergeordnete Rolle gedrängt wird und ihm dadurch eine fremdbestimmte Lösung auferlegt wird. Somit hat der Mediator dafür einzutreten, dass ein bestehendes Machtungleichgewicht zwischen den Parteien abgebaut wird.

Mit dieser Aufgabe ist die Erörterung des ggf. eingeholten bzw. einzuholenden Sachverständigengutachtens eng verknüpft. Der Mediator bzw. Co-Mediator hat eine verständliche Wiedergabe der Ergebnisse sicherzustellen, sodass insbesondere der Patient ihm als medizinischer Laie folgen kann. Hieraus resultiert die Herausforderung des Mediators, eine Balance zwischen neutralem, beiden Parteien gleich verpflichteten Dritten und Unterstützer des wissensrückständigen Patienten, zwischen den Anforderungen an den Grundsatz der Informiertheit der Parteien und dem Prinzip der Neutralität herzustellen[1349].

Zuletzt kann es von beiden Parteien gewünscht sein, dass der Mediator eine rechtliche Einschätzung der Gegebenheiten abgibt, damit sie ihre Chancen und Risiken und die möglichen Einigungsoptionen abwägen können. Auch an dieser

1349 So auch *Hattemer*, Mediation bei Störungen des Arzt-Patient-Verhältnisses, S. 31.

Stelle muss sich der Mediator fortwährend über seine Rolle als neutraler Dritter bewusst sein, der den Parteien keine Lösung ihres Konflikts aufgedrängen darf.

Aus dem Zusammenspiel dieser Aspekte entstehen hohe Herausforderungen für den Mediator und seine Rolle in dem Verfahren sowie bei der Auswahl der geeigneten Mediationsmethode bzw. des geeigneten Mediationsstils. Es stellt sich die Frage: Erfordern die Besonderheiten arzthaftungsrechtlicher Streitigkeiten den Einsatz neuer oder jedenfalls wechselnder Mediationsmethoden?

In den ersten Phasen der Mediation bietet sich eine moderierende Mediation an.[1350] Durch entsprechende Fragen wirkt der Mediator auf einem indirekten Weg als Moderator eines Verhandlungs- und Kommunikationsprozesses. Er hält sich jedoch weitgehend im Hintergrund und lässt die Parteien zunächst selbstständig den Dialog führen. Diese Methode bietet sich an, um die Differenzen und Missverständnisse zwischen den Parteien offenzulegen und um den Informationsfluss in Gang zu setzen.

Auch in dem Fall, dass sich ein Machtungleichgewicht zwischen den Parteien aufgrund des überlegenen Wissens und Verständnisses des Arztes herauskristallisiert, sollte der Mediator in seiner moderierenden Rolle bleiben. An dieser Stelle ist es jedoch wichtig, durch gezieltes Nachfragen und eine kontinuierliche Einbeziehung des Patienten, diesen zu einer aktiven Teilnahme zu motivieren. Der Mediator kann bei Bedarf auch eine erklärende Rolle gegenüber dem Patienten einnehmen. Die Erklärungen sollten allerdings ohne wertende Aspekte erfolgen. In diesem Moment ist auch der rechtliche Beistand des Patienten gefragt. Er sollte aufmerksam an den Verhandlungen teilnehmen und darauf achten, dass der Patient nicht in eine untergeordnete Rolle gedrängt wird und seine Interessen und Bedürfnisse gehört werden.

Auch wenn das Sachverständigengutachten erörtert und ausgewertet wird, sollte der Mediator bei der moderierenden Methode bleiben. Er – bzw. bei Anwesenheit eines Co-Mediators auch dieser – sollen zwar dabei helfen, dass das Gutachten für beide Parteien und besonders für den Patienten verständlich ist, jedoch (noch) keine Bewertung vornehmen. Im Rahmen der Auswertung ist von ihm darauf zu achten, dass die Parteien über das Ergebnis des Gutachtens diskutieren und Schlüsse daraus ziehen.

Ein Wechsel des Mediators in die evaluierende Mediation – die eine inhaltliche Einflussnahme durch rechtliche und medizinische Bewertungen einschließt[1351] – bietet sich erst an, wenn in die Phasen der Entwicklung von Lösungsoptionen und deren Bewertung übergegangen wird.[1352] An dieser Stelle kann es von den Medianten gewünscht sein, dass eine rechtliche bzw. medizinische Einschätzung des Falles

1350 Der moderierende Ansatz ist die klassische und überwiegend bevorzugte Vorgehensweise. Vgl. *Leiss*, SchiedsVZ 2007, 139 ff. (141). Siehe zu den unterschiedlichen Mediationsstilen: *Duve*-Henssler/Koch, Mediation in der Anwaltspraxis, § 5, Rdnr. 7 ff.

1351 *Gottwald*-Henssler/Koch, Mediation in der Anwaltspraxis, § 7, Rdnr. 54; zur Kritik siehe die Ausführungen bei *Duve*, Mediation und Vergleich im Prozeß, S. 234 ff.

1352 Zur Zulässigkeit dieses Vorgehens vgl. schon Kapitel 5, G, II.

vorgenommen wird.[1353] Ein unparteiisch ergehender Hinweis auf die Stärken und Schwächen des Falles kann unter Umständen sehr hilfreich für die Parteien sein. Besonders in arzthaftungsrechtlichen Streitigkeiten kann dieses Vorgehen notwendig sein, da es für den Patienten als medizinischen Laien schwierig ist, die Chancen und Risiken der Streitigkeit richtig einzuschätzen. Hierfür steht ihm zwar auch sein Rechtsanwalt zur Verfügung. Die Einschätzung durch den neutralen Dritten kann allerdings zu einer noch stärkeren Verdeutlichung der Lösungsoptionen führen.

Im Rahmen einer evaluativ geführten Mediation ist die Gefahr gegeben, dass der Mediator durch die Preisgabe seiner Einschätzungen seine Stellung als neutraler Dritter riskiert. Daher muss im Einzelfall genau überlegt sein, inwieweit sich der Mediator darauf einlässt. Die Evaluation des medizinischen Gutachtens sowie der sich daraus ergebenden Resultate sollte durch den ggf. als Co-Mediator hinzugezogenen medizinischen Fachmann übernommen werden.

Zusammenfassend ist damit festzustellen, dass arzthaftungsrechtliche Mediationen zwar keine neuen Methoden erfordern, jedoch sehr konträre Zielrichtungen gleichzeitig verfolgen müssen: Zum einen die Aufarbeitung des Arzt-Patient-Konfliktes und zum anderen die medizinische Einschätzung des Geschehenen und die daran anknüpfenden rechtlichen Auswirkungen und Lösungsoptionen. Der Mediator und sein Co-Mediator müssen daher hohes verhandlungstechnisches Geschick vorweisen, um diese Bereiche sach- und personengerecht aufarbeiten zu können. Welche Mediationsmethode konkret in einem arzthaftungsrechtlichen Fall gewählt wird, ist nicht allgemein gültig festlegbar, sondern hängt vielmehr von der Art des Konfliktes, der Eskalationsstufe, der Abstraktheit der medizinischen und rechtlichen Gegebenheiten, den Medianten und der Ausbildung des jeweiligen Mediators ab[1354].

C. Die Rolle des Parteianwalts im Rahmen der Vorbereitung einer arzthaftungsrechtlichen Mediation

Dem Rechtsanwalt kommt auch im Rahmen von arzthaftungsrechtlichen Mediationsverfahren eine tragende Rolle zu[1355]. Vielfach wird eine erfolgreiche Mediation erst durch einen kundigen Rechtsanwalt im Rahmen der Vorbereitung und Durchführung des Verfahrens ermöglicht[1356]. Da es sich bei Arzthaftungsstreitigkeiten oftmals um komplexe Sachverhalte handelt, ist eine eingehende Vorbereitung des

1353 In solch einem Fall kann auch eine Verfahrenskombination mit einer *Early Neutral Evaluation* vorliegen, indem auf Wunsch der Beteiligten durch den Mediator eine Einschätzung zum möglichen Prozessverlauf bekannt geben wird (Prognose). Vgl. *Breidenbach*, Mediation, S. 16. Vgl. hierzu Kapitel 2, B, IV und Kapitel 5, G, II.

1354 So auch teilweise *Hattemer*, Mediation bei Störungen des Arzt-Patient-Verhältnisses, S. 48.

1355 Die Erörterungen orientieren sich größtenteils an den Ausführungen von *Hacke* zur anwaltlichen Beratung in Wirtschaftsmediationen, vgl. *Hacke*, SchiedsVZ 2004, 80 ff. (84 ff.).

1356 *Gottwald*-Henssler/Koch, Mediation in der Anwaltspraxis, § 7, Rdnr. 61 f.

Streitstoffes – sowohl in inhaltlicher als auch in organisatorischer Hinsicht – unumgänglich. In der Vorbereitung des Verfahrens ist eine umfassende Analyse der Sachverhaltselemente und der emotionalen Befindlichkeiten zu erheben. Je nach Fallgestaltung kann es erforderlich sein, dass sowohl der rechtliche Beistand des Arztes als auch des Patienten eine schriftliche Zusammenfassung des Sachverhalts vorab an den Mediator sendet.

Die verfolgten Ziele, Verhandlungs- und Einigungsoptionen sollen mit dem Mandanten schon vor der Mediationssitzung erörtert werden[1357]. Auch bestehende Alternativen im Falle einer Nichteinigung dürfen nicht ausgeblendet, sondern müssen von den Parteianwälten mit ihren Mandanten bewertet werden. Der mögliche Ausgang einer streitigen Auseinandersetzung und die daraus entstehenden Chancen und Risiken[1358] sollen abgewogen werden[1359]. Vor allem in Arzthaftungsstreitigkeiten ist der Patient auf die rechtliche Expertise seines Vertreters angewiesen.[1360] An sich unterscheiden sich diese Vorbereitungsgespräche nicht von der gewohnten Fallbesprechung mit dem Mandanten. Jedoch ist die Zielrichtung der Gespräche eine andere, da sie nicht auf eine offensive Auseinandersetzung ausgerichtet ist.

Zudem ist frühzeitig zu klären, welche Personen an der Mediation teilnehmen sollen. Neben dem Arzt und dem Patienten als Hauptbeteiligten ist es für Letzteren unter Umständen wünschenswert, von einem Angehörigen begleitet zu werden. Zudem kann es förderlich oder sogar notwendig sein, ärztliche Vorgesetzte und Kollegen, pflegerisches Personal, den Krankenhausträger, Regeressberechtigte und den Berufshaftpflichtversicherer des Arztes in die Mediation zu bitten.[1361]

Außerdem bietet sich an, die Rollenverteilung zwischen Mandant und Anwalt in der Mediation festzulegen. Der Rechtsanwalt muss seinem Mandanten vor Augen führen, dass er in der Mediation zurückhaltender agieren wird als in anderen Verfahren. Er sollte seinem Mandaten jedoch die Wahl lassen, anfangs die Schilderung des Sachverhalts selbständig zu übernehmen oder vorerst auf eine direkte Kommunikation zu verzichten und dem Rechtsanwalt den Einstieg in das Verfahren zu überlassen[1362]. Dies ist eine Einzelfallentscheidung und hängt im Wesentlichen mit der Eskalationsstufe der Streitigkeit sowie der Gesprächsbereitschaft der Parteien zusammen. Die sich fortführende Rolle des Rechtsanwalts innerhalb der Mediation

---

1357 *Hacke*, SchiedsVZ 2004, 80 ff. (84).

1358 Es ist eine Analyse der „Nichteinigungsalternative" (Best Alternative To a Negotiated Agreement, BATNA) vorzunehmen. D.h. es werden die Alternativen für ein Scheitern der Verhandlungen ermittelt. Vgl. hierzu *Fisher/Ury/Patton*, Das Harvard-Konzept, S. 139 ff.; *Eidenmüller*-Henssler/Koch, Mediation in der Anwaltspraxis, § 2, Rdnr. 58, 64.

1359 *Hacke*, SchiedsVZ 2004, 80 ff. (85).

1360 Allein, um vorrangig einzuhaltende Fristen zu wahren, alle an den Konflikt beteiligten Personen auszumachen etc.

1361 Nach dem neuen MediationsG ist es nach § 2 Abs. 4 MediationsG erforderlich, dass alle Parteien der Einbeziehung Dritter in das Verfahren zustimmen.

1362 *Hacke*, SchiedsVZ 2004, 80 ff. (85).

wird in diesem Kapitel unter D erläutert. Schon jetzt sei angemerkt, dass dem Parteianwalt eine tragende und herausfordernde Rolle im Rahmen der Mediation zukommt. Sie ist durchgehend von dem Wechsel zwischen einer aktiven und passiven Teilnahme gekennzeichnet[1363].

D. Das arzthaftungsrechtliche Mediationsverfahren

Bevor nun eine mögliche arzthaftungsrechtliche Mediation skizziert wird, sei darauf hingewiesen, dass aufgrund der Besonderheiten arzthaftungsrechtlicher Streitigkeiten von dem üblichen Phasen-Modell abgewichen wird. Die ohnehin nicht streng zu befolgenden Stufen eines Mediationsverfahrens können nicht in der Weise auf arzthaftungsrechtliche Konflikte angewandt werden. Dies resultiert vor allem aus der überragenden Bedeutung des ggf. einzuholenden medizinischen Fachgutachtens. Diesem kommt auch in einer Mediation eine zentrale Rolle zu. Da es sich bei der Mehrzahl der Arzthaftungsfälle um im Raum stehende Behandlungsfehler handelt, ist der hier skizzierte Aufbau auf diese Art von Streitigkeit ausgelegt.

Durch das frühzeitige Anstrengen einer Mediation wird die zeitnahe Aufarbeitung des Konfliktes gewährleistet. Diese Art der Mediation ist zwar die umfassendste, jedoch letztendlich auch die schnellste. Zudem kann durch die Einschaltung eines Mediators in einer frühen Konfliktphase einer sich aufbauenden Frontenverhärtung, die sehr häufig bei einem Schlichtungsantrag bei einer ärztlichen Gütestelle schon vorzufinden ist[1364], entgegengewirkt werden.[1365] Auch die psychische Belastung der Beteiligten wird durch eine frühzeitige Mediation erträglicher. Eine außergerichtlich durchgeführte arzthaftungsrechtliche Mediation kann je nach der Fallkomplexität, der Betroffenheit der Parteien, dem Vorgehen der rechtlichen Beistände und den Gegebenheiten der Streitigkeit mehrere Mediationssitzungen erforderlich machen.[1366] Im Rahmen gerichtlichen Mediationen kann eine Sitzung ausreichend sein.

1363 *Neuenhahn/Neuenhahn*, NJW 2005, 1244 ff. (1247). Zur Notwendigkeit der Anwesenheit von parteiischen rechtlichen Beratern innerhalb arzthaftungsrechtlicher Mediationen siehe auch *Hattemer*, Mediation bei Störungen des Arzt-Patient-Verhältnisses, S. 34.

1364 *Scheppokat/Neu*, VersR 2002, 397 ff. (403).

1365 Für die möglichst frühe Anberaumung einer Mediation, um eine weitere Eskalation und eine unnötige Sachverhaltsaufklärung zu vermeiden, spricht sich auch Hattemer aus, *Hattemer*, Mediation bei Störung des Arzt-Patient-Verhältnisses, S. 34.

1366 Auf die Vorzüge einer Kurz-Zeit-Mediation wird in diesem Kapitel gesondert unter D, III eingegangen.

I. Möglicher Aufbau eines arzthaftungsrechtlichen Mediationsverfahrens unter besonderer Berücksichtigung der Rolle des Parteivertreters

Phase 1: Vorbereitung

Nachdem mindestens eine Partei (oder dessen rechtlicher Beistand) an den medizinrechtlich fachkundigen Mediator herangetreten ist und dieser in einer Vorprüfung den Fall auf seine Mediationstauglichkeit begutachtet hat, kontaktiert er die andere Partei und erfragt ihr Einverständnis zur Durchführung eines Mediationsverfahrens. Nachdem diese ihr Einverständnis kundgegeben hat, ist es besonders in Arzthaftungsfällen unumgänglich, dass dem Mediator mehr Zeit zu einer nun umfassenden Überprüfung der Mediationstauglichkeit des Falles eingeräumt wird.

Bei arzthaftungsrechtlichen Streitigkeiten handelt es sich um einen komplexen Sachbereich mit vielen medizinischen und juristischen Fragestellungen. Zudem ist von dem Streit regelmäßig eine Mehrzahl von Interessenträgern betroffen. Aus diesen Gründen ist eine intensive Vorbereitungsphase durch den Mediator unumgänglich. In dieser Zeit sollen Informationsgespräche mit dem Beteiligten geführt werden. Es bedarf einer gründlichen Analyse der zu beteiligenden Personen, der jeweiligen Erwartungen und Befürchtungen, des Konfliktstatus‘ sowie eines möglichen Verfahrensverlaufs[1367]. Der Mediator muss entscheiden, inwieweit eine Co-Mediation unter Hinzuziehung eines Co-Mediators[1368] nötig ist. Zudem tritt er zu diesem Zeitpunkt auch mit dem Berufshaftpflichtversicherer in Kontakt, damit dieser von Anfang an in das Verfahren involviert ist. Auf Grundlage seiner Prüfung und nach Rücksprache mit den Medianten und ihren rechtlichen Beiständen wird bei Bedarf – was in vielen Fällen erforderlich sein wird – ein externes Sachverständigengutachten eingeholt, welches den Fall medizinisch wertet.[1369] Es kann vorkommen, dass dieses schon vorhanden ist. In dem Fall legt der Mediator das Gutachten frühzeitig dem Co-Mediator vor. Dieser soll sich intensiv mit dem Gutachten auseinandersetzen, um in einem anschließenden Mediationsverfahren den Teilnehmern – insbesondere dem Patient – das Gutachten umfänglich und verständlich darzulegen. Wenn sich im Vorfeld divergierende Meinungen zu dem Fall zwischen dem bestellten Sachverständigen und dem angerufenen Co-Mediator ergeben, kann in schwerwiegenden Fällen ein weiteres Gutachten eingeholt werden. Mit dieser Vorgehensweise wird einer einseitigen Begutachtung vorgebeugt.

Bei hochemotionalisierten und unversöhnlichen Streitparteien kann es angebracht sein, vorhergehende Einzelgespräche mit den Parteien zu führen. Ein frühzeitiges Aufeinandertreffen der Parteien kann unter Umständen sogar kontraproduktiv

1367 Siehe hierzu *Kessen/Troja*, HB Mediation, § 13, Rdnr. 11.

1368 Wenn im Folgenden vom „Co-Mediator“ gesprochen wird, soll mit diesem Begriff auch der medizinische Experte mit Mediationskenntnissen gemeint sein.

1369 Zur Bestimmung des Gutachters vgl. Kapitel 5, G, IV.

wirken[1370]. Durch diese Einzelgespräche können die Parteien dazu ermutigt werden, ihre subjektive Betrachtung des Geschehenen durch die Einbeziehung weiterer rationaler Gesichtspunkte zu objektivieren. An dieser Stelle muss der Mediator verstärkt darauf achten, neutral und unvoreingenommen aufzutreten, um sich nicht dem Vorwurf der Parteilichkeit ausgesetzt zu sehen.

Zudem hat er alle Beteiligten in die Mediation einzubeziehen. Dies sind oftmals eine Vielzahl von Personen wie der Arzt, der Patient, ggf. dessen Angehörige – insbesondere bei Minderjährigen der Sorgerechtsinhaber – Regressberechtigte wie der Arbeitgeber oder Sozialversicherungsträger[1371], Berufshaftpflichtversicherer, ggf. Krankenhausträger, andere Ärzte (bspw. bei Praxisgemeinschaften, Gemeinschaftspraxen, Medizinischen Versorgungszentren oder im Rahmen eines Klinikkonfliktes der leitende Arzt) und nichtärztliches Personal. Die Berücksichtigung aller Beteiligten ist zum einen wichtig, um deren Akzeptanz zu erlangen. Die Einbeziehung ist jedoch auch insoweit von Bedeutung, als die Verjährungshemmung lediglich inter partes wirkt, also nur zwischen denjenigen Personen eintritt, welche an dem Mediationsverfahren teilnehmen[1372]. Wenn nicht alle relevanten Personen an der Mediation teilnehmen, ist jedenfalls ein Verzicht auf die Einrede der Verjährung nach § 202 Abs. 2 BGB einzuholen. Eine gewichtige Rolle spielen hier die Berufshaftpflichtversicherer. Es ist darauf zu achten, dass der Anspruch im Haftungsverhältnis (Schädiger und Geschädigter) – gegenüber dem Versicherer besteht regelmäßig kein Direktanspruch[1373] – nicht verjährt. Verhandlungen mit dem Versicherer hemmen allerdings grundsätzlich die Verjährung gegenüber allen, für die eine Einstandspflicht besteht[1374]. Nach dem neuen MediationsG ist es nach § 2 Abs. 4 erforderlich, dass alle Parteien der Einbeziehung Dritter in das Verfahren zustimmen.

1370 So bei *Dauer/Marcus*, Law And Contemporary Problems, Vol. 60: No. 1, 185 ff. (208).

1371 Krankenversicherer sollen zum einen nach § 66 SGB V ihre Versicherten bei der Verfolgung eines Verdachts auf einen Behandlungsfehler unterstützen. Zum anderen haben sie an einer interessengerechten Konfliktlösung ein eigenes Interesse, um die weiteren Behandlungskosten möglichst gering zu halten. Bei Forderungsübergang – § 116 SGB X – sind sie sogar selbst von der in einer Mediation erzielten einvernehmlichen Lösung betroffen. Daher ist eine Beteiligung des Krankenversicherers nicht von vorneherein auszuschließen, wenn auch nicht zwingend geboten. Dieses sollte vielmehr nach dem jeweiligen Einzelfall entschieden werden.

1372 Sodass bei Verhandlungen mit dem Arzt nicht gleichzeitig eine Verjährungshemmung im Verhältnis zu dem ggf. zusätzlich haftenden Krankenhausträger eintritt, vgl. OLG Oldenburg VersR 2007, 1277 f.

1373 Dieser besteht nur in Ausnahmefällen (vgl. § 115 Abs. 1 Nr. 2, 3 VVG) oder wenn der Versicherungsnehmer seinen Befreiungsanspruch gegen den Versicherer an den Geschädigten oder dessen Erben abtritt. Siehe hierzu schon Kapitel 3, D, III.

1374 *Hattemer*, Mediation bei Störungen des Arzt-Patient-Verhältnisses, S. 221.

Phase 2: Eröffnung des Mediationsverfahrens, Erfassen des Konflikts

Zunächst werden in der Eröffnungsphase die Prinzipien der Mediation und einige „Gesprächsregeln" festgelegt. Fragen der Beteiligten zum Verfahren werden beantwortet sowie der Mediationsvertrag mit dem Mediator und ein Vertrag mit den ggf. hinzugezogenen Dritten – wie Sachverständige etc. – insbesondere bzgl. ihrer Vergütung und der Vertraulichkeit unterzeichnet. Hier sei darauf hingewiesen, dass eine explizite Vertraulichkeitsabrede besonders mit den hinzugezogenen Dritten zu treffen ist.

Es ist wichtig, dass beim ersten gemeinsamen Zusammentreffen jeder Beteiligte die Gelegenheit zur Äußerung erhält. Die Erwartungen und Befürchtungen jedes Einzelnen sollen gehört werden. Nur bei Bedarf übernimmt diesen Part der Parteivertreter, der gleichzeitig sicherstellt, dass alle Fragen des Mandanten beantwortet werden und die Erörterung für ihn verständlich war[1375]. Mit diesem Vorgehen gibt der Anwalt seinem Mandanten Sicherheit und Vertrauen in das Verfahren.

In einem dritten Schritt geht es darum, die streitigen Themen zwischen den Medianten zu sammeln und aufzuschreiben (Themensammlung). Die Beteiligten haben nacheinander die Gelegenheit, ihrem Gegenüber ihre Sichtweise der Geschehnisse darzulegen. Auch die nicht-rechtlichen Komponenten können angesprochen werden. Durch diese Vorgehensweise hat der Mediator die Möglichkeit, die Erwartungen der Parteien aufzugreifen sowie die Vorwürfe und Bedenken beider Medianten positiv umzuformulieren, sodass beiden die Anliegen ihres Gegenübers begreiflich gemacht werden.

Zur Strukturierung des Konfliktes ist es zu diesem Zeitpunkt wichtig, Streitiges und Unstreitiges voneinander zu trennen. Damit wird auch für die Medianten der Konflikt klarer und objektiviert. Auf diese Weise wird der Streit zwischen Arzt und Patient jedenfalls partiell entemotionalisiert. Nachdem sie ihre Sichtweise darlegen konnten, besteht mehr Raum für eine konstruktive Mitarbeit an einer Lösung des Konflikts, die nicht mehr in der Weise von emotionalen Komponenten überlagert ist. Es ist Aufgabe des Mediators, die Forderungen, Vorwürfe, Beschwerden und Schuldzuweisungen in Themen umzuwandeln und dadurch eine bewertungsneutrale Problembeschreibung herbeizuführen[1376].

Die anwesenden Rechtsanwälte der Parteien sollen eine zurückhaltende Stellung einnehmen. In dieser Phase geht es vordergründig um die Bedürfnisse der Parteien. Die Rechtsanwälte sollen sich nur dann in die Erörterungen einbringen, wenn für den Mandanten wichtige Themenkomplexe unberücksichtigt bleiben. Während der Dauer des Mediationsverfahrens ist es ihre Aufgabe, den Mandanten über seine Rechte und Ansprüche aufzuklären und ihn über die mögliche Vorgehensweise zu informieren. Der Parteianwalt hat die schwierige Aufgabe, auf der einen Seite nicht zu sehr in den Gesprächsverlauf einzugreifen und auf der anderen Seite gleichzeitig

1375 *Hacke*, SchiedsVZ 2004, 80 ff. (86).
1376 *Kessen/Troja*, HB Mediation, § 13, Rdnr. 21.

das Verfahren aufmerksam zu begleiten und einzuschreiten, sobald ihm die Mandanteninteressen gefährdet erscheinen[1377]. Er muss die Balance zwischen anwaltlicher Zurückhaltung und Initiative finden[1378].

Phase 3: Konfliktbearbeitung, Interessenklärung

In der dritten Phase findet die Interessenklärung statt. Diese Phase stellt in der Regel das Herzstück der Mediation dar. Die Parteien sollen von den sich gegenseitig ausschließenden Ansprüchen und Positionen gelöst werden und die tiefer liegenden Interessen und Bedürfnisse gemeinsam ergründen[1379]. Die Aufgabe des Mediators besteht darin, den Parteien zu vermitteln, dass Forderung und dahinterstehendes Interesse durchaus unterschiedlich ausfallen können. Während eine Konfliktpartei zunächst für die gegnerische Forderung wenig Verständnis hat, kann die Erklärung des dahinterstehenden Wunsches zu einer Entspannung des Konflikts führen.

Dies kann in arzthaftungsrechtlichen Streitigkeiten besonders anhand der Motivationsgründe der Patienten, gegen den Behandelnden vorzugehen, verfolgt werden. Häufig steht nicht nur das Vorliegen oder Nichtvorliegen eines kausalen Behandlungs- oder Aufklärungsfehlers im Raum, sondern u.U. auch die Unzufriedenheit über den Umgang des Arztes mit dem Patienten nach der Äußerung eines Fehlerverdachts, der Wunsch nach einer Erklärung über das Geschehene, nach einem Ausdruck des Bedauerns durch den Arzt u.v.m.[1380] Die unzureichende Kommunikation ist oftmals der ausschlaggebende Grund für eine rechtliche Auseinandersetzung. Auch der Arzt hat jedoch Gründe für sein Verhalten nach einem im Raum stehenden Behandlungsfehler, für seine Unnachgiebigkeit gegenüber den Forderungen des Patienten.[1381] Das Herausarbeiten dieser Faktoren und Motivationen kann in der Phase der Interessenklärung bewerkstelligt werden. Die Beteiligten sollen die Gelegenheit erhalten, ihre Interessen, die hinter den Vorwürfen und geltend gemachten Ansprüchen liegen, darzulegen und von dem starren Positionen-Denken abzurücken. So kann der Patient sein erlittenes Leid verdeutlichen. Für den Arzt besteht die Möglichkeit, wiederzugeben, warum die Behandlung den schicksalhaften Verlauf nahm. Hier bietet sich auch die Gelegenheit, solche Erklärungen gegenüber dem Konfliktpartner abzugeben wie einen Ausdruck des Bedauerns und die Schilderung der Arbeitsweise und Arbeitssituation des Arztes. Der Mediator fördert dieses Vorgehen durch aktives Zuhören und Paraphrasieren. Es sollen sowohl die Anliegen

---

1377 Vgl. auch *Hacke*, SchiedsVZ 2004. 80 ff. (86).

1378 *Hacke*, SchiedsVZ 2004, 80 ff. (87).

1379 *Kessen/Troja*, HB Mediation, § 13, Rdnr. 26.

1380 Die Schadensersatz- und Schmerzensgeldforderungen sind mehrfach nur ein Ausdruck der Enttäuschung des Patienten.

1381 Hinter der ablehnenden Haltung des Arztes stehen oftmals Gründe, die vom Streitgegenstand unabhängig sind, wie die persönliche Kränkung, welche er erleidet bei einem Behandlungs- oder Aufklärungsfehlervorwurf sowie die fehlende Anerkennung und das mangelnde Verständnis seitens des Patienten.

auf der Sachebene – liegt ein kausaler Behandlungs- bzw. Aufklärungsfehler vor? – als auch auf der Beziehungsebene – welche Differenzen und Begehren bestehen darüber hinaus? – herausgearbeitet werden[1382]. Aussagen auf der Sach- und der Beziehungsebene sind häufig verworren. Die Parteien können diese Aussagen nicht mehr voneinander trennen, was zu einem Herabsinken der Einigungsbereitschaft führt. Diese Ebenen müssen, so gut es geht, entflochten werden[1383].

In dieser Phase darf alles geäußert werden. Eine Bewertung unterbleibt zunächst[1384].

Die anwaltlichen Vertreter der Parteien sollen auch hier nicht die Verhandlungsführung übernehmen, sondern ihre Mandanten lediglich unterstützen. Falls der Mandant ihrer Meinung nach zu sehr in seiner Rolle zurückgedrängt wird, können sie seinen Anliegen Gehör verschaffen oder durch eine nachvollziehbare Argumentation die Wünsche des Mandanten ausdrücken. Hierbei ist jedoch darauf zu achten, dass der Rechtsanwalt keine offensive Haltung einnimmt, um das Gelingen der Mediation nicht zu gefährden.

Phase 4: Erörterung des Sachverständigengutachtens

Aufgrund der entscheidenden Rolle des Sachverständigengutachtens – der Arzt und dessen Versicherer werden sich im Zweifel nicht ohne dessen Einholung auf eine Einigung mit finanziellem Ausgleich für den Patienten einlassen – wird im nächsten Schritt das Gutachten erörtert. Die Erörterung soll erst an dieser Stelle erfolgen, da durch die vorangehende Vorgehensweise darauf hingewirkt wird, dass die Beteiligten nun objektiver über den sie belastenden Konflikt urteilen können. Nachdem die Gelegenheit bestand, die emotionale Belastung und die subjektive Wahrnehmung des Konflikts auszudrücken, existiert wieder mehr Raum, die medizinischen und rechtlichen Komponenten der Streitigkeit sachlich zu erörtern und den Streit damit einer einvernehmlichen Lösung zuzuführen.

Bei Bedarf übernimmt diesen Teil der Gesprächsführung der Co-Mediator, der aus einem medizinischen Quellberuf – bestenfalls aus dem betreffenden Fachgebiet – stammt. Ihm kommt die Aufgabe zu, dem Patienten das Gutachten und dessen Folgen in eine allgemein verständliche Sprache zu transkribieren. Hierbei ist von beiden Mediatoren verstärkt auf das Machtgleichgewicht der Beteiligten zu achten. Der Patient hat als Laie die schwächere Position inne und ist daher verstärkt auf die Fähigkeiten der Mediatoren angewiesen. Sie müssen, ohne eine zu sehr unterstützende Rolle für den Patienten einzunehmen, ein Gespräch zwischen Arzt und Patient auf Augenhöhe ermöglichen.

1382 Siehe auch *Kessen/Troja*, HB Mediation, § 13, Rdnr. 36

1383 *Kessen/Troja*, HB Mediation, § 13, Rdnr. 37 f.

1384 Siehe auch *Hacke*, SchiedsVZ 2004, 80 ff. (82).

Zu diesem Zeitpunkt kann eine kurze Unterbrechung des Verfahrens für die Beteiligten erforderlich sein, um eine Beratung über das Gutachten und dessen Folgen mit den jeweiligen Fachanwälten vorzunehmen.

Phase 5: Selbstständige Entwicklung von Lösungsoptionen

An dieser Stelle ist es wichtig, hervorzuheben, dass die Mediatoren lediglich darzulegen haben, zu welchem Ergebnis der Gutachter gekommen ist. Die Parteien sollen nun selbst Lösungsoptionen entwickeln und über die in Betracht kommenden Ansätze diskutieren. Diese Möglichkeiten können zur Verdeutlichung nochmals sichtbar für alle Beteiligten aufgeschrieben werden. Nur auf Nachfragen dürfen die Mediatoren Hilfestellungen geben, welche Lösungswege (auch rechtlich) möglich sind. Ein Wechsel von der moderierenden in die evaluative Mediation kann sich unter Umständen anbieten[1385]. Die Mediatoren dürfen in keinem Fall die Lösung des Konfliktes vorgeben. Dies gilt auch für den Fall, dass durch ein eindeutiges Sachverständigengutachten eine Haftung des Arztes klar bejaht oder verneint wird. Eine Rücksprache zwischen den Parteien und ihren jeweiligen Rechtsanwälten über die einzelnen Lösungsoptionen kann zu diesem Zeitpunkt nochmals angebracht sein. Die parteilichen Vertreter sollen ihre Mandanten über rechtliche Gestaltungsspielräume und -grenzen informieren, sie auf die bestehenden Einigungsmöglichkeiten aufmerksam machen sowie etwaige Chancen und Risiken eines sich anschließenden streitigen Verfahrens dartun. Es gilt nun auszuloten, welche Einigungsoptionen aufgrund des Fazits aus dem Gutachten bestehen und wo die Grenzen eines Kompromisses liegen. Es wird eine vollständige Kosten-Nutzen-Analyse vorgenommen und die Nichteinigungsalternative in die Beurteilung des weiteren Vorgehens miteinbezogen.

Im Falle eines negativ ausfallenden Gutachtens – ein kausaler Behandlungsfehler liegt nicht vor – werden der Arzt und dessen Versicherung nicht gewillt sein, eine Zahlung an den Patienten zu leisten. Wenn beide Parteien dieses Ergebnis akzeptieren, kann der Streit damit endgültig beigelegt werden. Vorteilhaft ist hierbei, dass der Patient – auch wenn er keine finanzielle Entschädigung enthält – die Gelegenheit hatte, seine Sichtweise darzulegen. Er kann seine nicht-monetären Anliegen, wie bspw. den Wunsch nach einer verbesserten Arzt-Patient-Kommunikation oder einer Modifizierung von Arbeitsabläufen, einbringen und hat durch die vertrauliche und schützende Atmosphäre einer Mediationssitzung die Chance, die Aufmerksamkeit des Arztes zu erhalten. Der Arzt kann seinen Ausdruck des Bedauerns über den schicksalhaften Verlauf äußern, ohne befürchten zu müssen, damit ein Schuldeingeständnis zu tätigen. Zudem kann er den Patient bei der weiteren Vorgehensweise und dem Umgang mit den erlittenen Schäden beraten.

1385 Zur Zulässigkeit rechtlicher Einschätzungen durch den (Anwalts-)Mediator vgl. Kap. 5, G, II.

Akzeptiert der Patient hingegen das aus dem Gutachten resultierende Ergebnis nicht, besteht die Gelegenheit, über die einzelnen Punkte ausführlich zu diskutieren. An dieser Stelle ist die Einbindung des Co-Mediators erneut von Bedeutung. Er kann dem Patienten durch seine Personenverschiedenheit vom Gutachter, aber dem gleichzeitig vorhandenen Fachwissen auf Wunsch seine Einschätzung des Falles abgeben und ihm realistische Lösungswege aufzeigen. Falls der Patient weiterhin das Ergebnis des Gutachtens ablehnt, ist die Mediation gescheitert. Es steht dem Patienten offen, ein Gerichtsverfahren anzustrengen.

Sollte hingegen ein für den Patienten positiv ausfallendes Gutachten vorliegen, welches einen kausalen Behandlungs- bzw. Aufklärungsfehler des Arztes bejaht, besteht für die Beteiligten – bei Akzeptanz des Vorliegens der Haftung dem Grunde nach – Gelegenheit, Lösungsoptionen zu ermitteln. Hierbei kann es von Vorteil sein, wenn ein Vertreter der Haftpflichtversicherung anwesend ist, damit auch dieser Lösungsansätze einbringen kann. Dies kann auch durch eine ständige Rücksprache mit einem Vertreter gewährleistet sein. In einfacher gelagerten Fällen ist es auch möglich, dem Versicherer nach einer Einigung zwischen den Parteien ein zweiwöchiges Vetorecht einzuräumen. Innerhalb dieser Frist kann er die Einigung prüfen und sie ggf. revidieren. In den meisten Fällen kann der Parteianwalt des Arztes einschätzen, inwieweit der Versicherer mit der Einigung einverstanden ist.

Wenn die Haftung dem Grunde nach geklärt ist, besteht in einer Vielzahl von Arzthaftungsfällen anschließend Uneinigkeit über die Höhe des zu leistenden Schadensersatzes bzw. Schmerzensgeldes. Da das Aushandeln der Höhe eines finanziellen Ausgleichs insbesondere den Patienten vor eine schwierige Aufgabe stellt, ist es vorteilhaft, wenn diese Regulierungsverhandlungen innerhalb der Mediation durchgeführt werden. Durch die Anwesenheit des Arztes, ggf. eines Vertreters der Haftpflichtversicherung sowie des medizinrechtlich sachkundigen Mediators und des medizinisch ausgebildeten Co-Mediators bestehen günstige Voraussetzungen, eine sachgerechte und für beide Seiten akzeptable Lösung zu finden. Der Patient kann als Laie durch das Beiwohnen von Experten sicher gehen, dass seine Bedürfnisse ausreichend berücksichtigt werden. Alle Beteiligten können davon ausgehen, dass die Streitigkeit nun endgültig beigelegt wird und kein kostenintensives Gerichtsverfahren mehr auf sie zukommt.

Dem Patienten wird in einer Vielzahl von Fällen daran gelegen sein, nicht nur einen finanziellen Ausgleich zu erzielen, sondern auch die Rahmenbedingungen darzulegen, die zu einer rechtlichen Auseinandersetzung beigetragen haben. Es besteht die Möglichkeit, auch diese Anliegen und Wünsche in das Repertoire der Lösungsoptionen aufzunehmen. So kann der Patient bspw. Angaben machen, welche Art von Veränderungen in der Arzt-Patient-Beziehung oder in den Arbeitsabläufen der jeweiligen Praxis bzw. Station für ihn begrüßenswert wären.

Besonders das Erarbeiten von Einigungsoptionen durch die Parteien stellt für die Rechtsanwälte – welchen in der Regel die gestaltende Rolle zukommt – eine

Herausforderung dar[1386]. Sie dürfen nicht zielstrebig auf Lösungen zusteuern, Optionen unmittelbar bewerten und ausblenden sowie sich mit dem Anwalt der anderen Partei ohne Hinzuziehung ihrer Mandanten auf einen Vergleich verständigen[1387]. Sie müssen offen für eine Vielzahl von Lösungsoptionen sein.

Phase 6: Bewertung und Auswahl der Optionen

Im nächsten Schritt gilt es, die gefundenen Lösungsoptionen zu bewerten und eine für alle Parteien – auch für den Haftpflichtversicherer – akzeptable Lösung herauszufiltern und sich darauf zu verständigen. Den Parteien soll genügend Zeit zum Abwägen der Optionen gegeben werden. In Ausnahmefällen kann es hilfreich sein, eine Unterbrechung der Sitzung zu fordern, um in Ruhe und unter Abwägung der Optionen zu einer für den Einzelnen akzeptablen Lösung zu kommen.

Am Ende dieser Phase sollen sich die Medianten auf eine Lösungsoption geeinigt haben. Es kann der Fall eintreten, dass eine unkonventionelle Lösung des Konflikts gefunden wurde.[1388]

Bei der Bewertung und Auswahl einer Lösungsoption kommt dem jeweiligen Parteianwalt die entscheidende Aufgabe zu. Er hat diese kritisch zu beurteilen und darauf zu achten, dass die Interessen seines Mandanten hinreichend Berücksichtigung finden. Er muss dem Mandanten vor Augen führen, auf welche Rechte er verzichtet, welche Rechte er gewinnt und welches Resultat sich für ihn ergibt[1389]. Es muss erneut abgewogen werden, mit welcher Wahrscheinlichkeit die Chancen einer streitigen Auseinandersetzung dem Mandanten eine vorteilhaftere Position verschaffen würden. Der Mandant muss sich hier vollumfänglich auf die Einschätzung seines rechtlichen Beistandes verlassen können. In die Vorzüge eines streitigen Verfahrens müssen jedoch die immateriellen Faktoren – wie Dauer, Anspannung, emotionale Belastung – miteinbezogen und dem Mandanten verdeutlicht werden. Dem Patientenmandanten mag die sichere Zahlung einer vergleichsweise geringen Summe lieber sein als die ungewisse Chance auf einen höheren Geldbetrag in einem gerichtlichen Verfahren. An dieser Stelle bieten sich Einzelgespräche zwischen Mandant und Rechtsanwalt an.

Phase 7: Eine abschließende Mediationsvereinbarung

Am Ende des Mediationsverfahrens soll die zwischen den Parteien ausgemachte Einigung schriftlich fixiert werden. So kommt es zum formalen Abschluss des Verfahrens durch die Festlegung der Verhandlungsergebnisse in einer

---

1386 Siehe auch *Neuenhahn/Neuenhahn*, NJW 2005, 1244 ff. (1247).

1387 *Hacke*, SchiedsVZ 2004, 80 ff. (86).

1388 Siehe zu dem Spektrum der unkonventionellen Lösungsoptionen schon in Kapitel 5, F, VIII.

1389 *Offermann-Burckart*, FPR 2010, 431 ff. (435).

Mediationsvereinbarung[1390]. Forderungsübergänge auf den Sozialversicherungsträger sind zu beachten. Insbesondere dann, wenn der Haftpflichtversicherer nicht an der Mediation teilgenommen hat, sollte das Ergebnisprotokoll auch die Schritte zur Lösungsfindung kurz wiedergeben[1391]. Dies schafft Transparenz und kann die Akzeptanz des Haftpflichtversicherers gegenüber der Einigung steigern.[1392]

II. Beschreibung und kritische Würdigung der Vorgehensweise des EUCON-Instituts

Das Europäische Institut für Conflict Management e.V. (EUCON Institut) bietet seit November 2010 in Zusammenarbeit mit dem Paradigma-Institut, welches nach eigenen Angaben unparteiische medizinisch-wissenschaftliche Gutachten erstellt, ein Mediationsverfahren für den Bereich Arzthaftungsrecht an[1393]. Das EUCON Institut ist das einzige Institut, das seine Vorgehensweise bei einer Mediation im Arzthaftungsrecht öffentlich bekannt gibt. Daher soll diese kurz dargestellt und kritisch gewürdigt werden.

Das Mediationsverfahren wird in Kombination mit einem Allparteiengutachten (dort „early neutral medical evaluation" genannt) als „effiziente Alternative zum Gerichtsverfahren" angeboten. Für den Ablauf der Mediation ist das EUCON Institut verantwortlich, für das Erstellen des Allparteiengutachtens das Paradigma-Institut.

Nach Angabe des EUCON Instituts begleitet der Gutachter zusammen mit dem Mediator das gesamte Verfahren. Eine Besonderheit des Allparteiengutachtens liege darin, dass es zu Beginn des Mediationsverfahrens nicht endgültig abgeschlossen ist, sondern während des gesamten Verfahrens fortgeführt und ergänzt werden kann.

Der Ablauf des Mediationsverfahrens soll sich folgendermaßen gestalten:

1. Antrag einer Partei
2. Einholung des Einverständnisses der anderen Partei sowie Zustimmung der Parteien zur umfassenden Begutachtung (Frist: zwei Wochen)
3. Vorschlag von drei Mediatoren und Ranking durch die Parteien; gleichzeitiges Einfordern von Unterlagen sowie des Sachverhalts aus der Sicht der Parteien (Frist: zwei Wochen)
4. Erstellung des Allparteiengutachtens (ca. sechs Wochen nach Eingang der kompletten medizinischen Unterlagen), Durchlauf der Kontrollinstanzen (Vieraugenprinzip[1394]), Versendung der Allparteiengutachten an die Parteien

---

1390 *Hager*, Konflikt und Konsens, S. 76.

1391 Siehe im Allgemeinen dazu: *Ulrich/Vogt*, DS 2009, 217 ff. (223).

1392 Siehe zur Vollstreckbarkeit schon Kapitel 2, G, III, 7, a.

1393 Vgl. unter: http://www.eucon-institut.de/eucon_fachgruppe_healthcare_mediation_arzthaftung.html (Zugriff am 01. Mai 2013).

1394 Vermutlich ist damit beabsichtigt, dass mehrere Personen das erstellte Allparteiengutachten kontrollieren, bevor es an die Parteien gesandt wird. Offen bleibt hierbei, welcher Personenkreis als Kontrollinstanz eingesetzt wird.

5. Erster Termin (ca. zwei Wochen nach Versendung des Gutachtens)
6. Weitere zeitnahe Termine soweit erforderlich
7. Qualitätskontrolle durch Feedback der Parteien und Mediatoren. Es wird eine Verfahrensdauer von ca. vier Monaten angestrebt.

Inwieweit das EUCON Institut Mediationen im arzthaftungsrechtlichen Bereich bis zu diesem Zeitpunkt durchgeführt hat, ist nicht bekannt[1395]. Das Angebot eines Allparteiengutachtens erscheint begrüßenswert. In diesem Fall fühlen sich die Parteien durch die faktische gemeinsame Beauftragung eines Gutachters gleichstark in das Verfahren einbezogen. Zudem wird dem parteilichen Anklang, welcher oftmals durch ein Parteigutachten erwirkt wird, vorgebeugt. Missverständlich erscheint der Hinweis des *EUCON Instituts*, dass das Allparteiengutachten während des gesamten Mediationsverfahrens fortgeführt und ergänzt werden kann. Bei der Begutachtung eines medizinischen Haftungsfalles sollte der Gutachter zu einem glaubwürdigen Ergebnis kommen, ohne einen bestehenden Abänderungsvorbehalt. Dies wird von dem Institut sicherlich damit nicht bezweckt sein. Es bedarf jedoch einer Klarstellung, um die Akzeptanz des Verfahrens zu fördern. Zudem wird zu bedenken gegeben, ob eine Gesamtverfahrensdauer von vier Monaten als realistisch für die oft sehr komplexen Arzthaftungsfälle anzusehen ist. Des Weiteren sollte überdacht werden, ob das Beiwohnen des Gutachters während des gesamten Mediationsverfahrens sinnvoll ist oder ob nicht eher in Erwägung gezogen werden sollte, einen von dem Gutachter personenverschiedenen medizinischen Fachmann an dem Verfahren als Ansprechpartner zu beteiligen. Dieser könnte durch seine Unvoreingenommenheit und seinen Sachverstand das Gutachten kritisch würdigen und den Parteien ratgebend zur Seite stehen.

III. Das Konzept der Kurz-Zeit-Mediation: präzise, kondensiert und von begrenzter Dauer

„Die Kurz-Zeit-Mediation ist die verdichtete Form einer Lang-Zeit-Mediation."[1396] Sie ist eine autonome und effiziente Form der Konfliktbearbeitung, die sich auf die Durchführung einer einzigen Sitzung mit den Konfliktparteien konzentriert, ohne dabei das Wesen einer Mediation aufzugeben[1397]. Diese Form der Mediation wird häufig bei gerichtlichen Mediationen angewandt, die im Schnitt zwei bis drei Stunden dauern. Auch Anwaltsmediatoren praktizieren Kurz-Zeit-Mediationen zunehmend[1398].

Sie bietet sich insbesondere dann an, wenn der Konflikt zügig bearbeitet werden muss, viele Konfliktparteien in den Streit involviert sind und damit nur eine Mediationssitzung möglich ist, die finanziellen Mittel begrenzt sind oder der

1395 Anfangs war die Nachfrage nach eigenen Angaben jedenfalls kaum vorhanden.
1396 *Fritz/Krabbe*, NVwZ 2011, 396 ff. (397).
1397 *Fritz/Krabbe*, NJW 2011, 3204 ff. (3204 f).
1398 *Fritz/Krabbe*, NJW 2011, 3204 ff. (3205).

Gesundheitszustand einer Konfliktpartei ein rasches Vorgehen erfordert[1399]. Gleichwohl kann eine Kurz-Zeit-Mediation bei überschaubaren Konfliktsituationen und personell begrenzten Streitigkeiten geeignet sein[1400].

Auch für Arzthaftungsstreitigkeiten kann diese Form der Mediation attraktiv sein. Besonders in folgenden Fällen:

- ein sachverständiges Gutachten liegt schon vor,
- der Streitgegenstand ist überschaubar,
- die Parteien haben nicht die Bereitschaft, eine langwierige Mediation durchzuführen,
- die Vielzahl der Konfliktbeteiligten – Arzt, Patient, ggf. Angehörige, Regressberechtigte wie der Arbeitgeber oder Sozialversicherungsträger, Berufshaftpflichtversicherer, Krankenhausträger, andere Ärzte und nichtärztliches Personal – verbieten eine Lang-Zeit-Mediation oder
- es sind nur begrenzt finanzielle Mittel vorhanden.

Um ein zügiges Vorgehen bei der Konfliktbearbeitung gewährleisten zu können, wird zumeist auf eine tiefgreifende Analyse des Streitstoffes verzichtet. Es findet eine Konzentration auf die für die Betroffenen bestpassende Lösung statt[1401]. Daher ist es notwendig, Zeit und Ziele der Mediation im Vorfeld eingehend zu erörtern[1402]. Der Vorbereitungsphase kommt daher eine entscheidende Bedeutung zu. Vor allem bei komplexen Streitigkeiten – wie bei Arzthaftungssachen – kann davon ausgegangen werden, dass die Vorbereitungsphase eine längere Dauer einnimmt als die Mediation selbst.[1403] Eine intensive Vorbereitung und Auseinandersetzung des Mediators mit dem Konfliktstoff ist auch deshalb so wichtig, um den Parteien in dem Mediationsverfahren einen strukturierten Ablauf und eine kompetente Verhandlungsführung bieten zu können. Diese Form der Mediation verlangt von dem Mediator genügend Praxis und Erfahrung[1404]. Sprachliche Klarheit, ein sorgfältiger Einsatz von Methoden und Techniken, ein gutes Zeitmanagement sowie ein hohes Maß an Präsenz und Aufmerksamkeit sind dabei unabdingbare Faktoren[1405]. Dieser effektive und kreative Umgang mit Phasen, Methoden und Techniken des Mediationsverfahrens könnte Mediation auch für die – im Medizinrecht tätige – Anwaltschaft zunehmend attraktiver machen

1399 *Fritz/Krabbe*, NJW 2011, 3204 ff. (3204).

1400 *Fritz/Krabbe*, NVwZ 2011, 396 ff. (399).

1401 *Fritz/Krabbe*, NJW 2011, 3204 ff. (3204).

1402 *Fritz/Krabbe*, NJW 2011, 3204 ff. (3205). Nach *Krabbe* und *Fritz* kann es sinnvoll sein, vorab an die Parteien folgende vier Fragen zu stellen: „1. Wie ist es zu dem Konflikt gekommen? 2. Was ist Ihnen persönlich wichtig? 3. Was ist Ihnen besonders wichtig? 4. Gibt es weitere Umstände, die Sie für besonders erwähnenswert halten?“, vgl. *Fritz/Krabbe*, NVwZ 2011, 396 ff., Fn. 19.

1403 Vgl. eingehend zur Vorbereitungsphase *Fritz/Krabbe*, NJW 2011, 3204 ff. (3205 f).

1404 *Fritz/Krabbe*, NJW 2011, 3204 ff. (3206); *Fritz/Krabbe*, NVwZ 2011, 396 ff. (397).

1405 *Fritz/Krabbe*, NJW 2011, 3204 ff. (3206).

und durch sie als Alternative zu einer gerichtlichen Auseinandersetzung eingesetzt werden[1406].

E. Einbindung von Mediation in bestehende arzthaftungsrechtliche Streitbeilegungsmöglichkeiten – Sollte man Mediationsverfahren institutionalisieren?

Mediation hat gute Aussichten wahrgenommen und genutzt zu werden, wenn sie in das System von bestehenden Konfliktmanagements aufgenommen wird[1407]. Als Teil eines bestehenden systematischen Konfliktmanagements, welches bereits die Akzeptanz der Parteien erlangt hat, würde der Verunsicherung durch die Vielfalt des autonomen Mediationsangebots vorgebeugt.

Durch die Einbindung arzthaftungsrechtlicher Mediationen in vorhandene Strukturen besteht die Möglichkeit, ihre Kosten gering zu halten, da sie auf mehrere Institutionen je nach Beteiligung – wie die Landesärztekammern, Haftpflichtversicherer und Krankenkassen – verteilt werden können. Zudem senden die jeweiligen Institutionen durch die glaubhafte Vermittlung, in Streitfall zunächst eine außergerichtliche Lösung anzustreben, das Signal eines kompetenten Umgangs mit Konflikten aus. Einen weiteren Vorteil bietet eine Institutionalisierung dadurch, dass fachkundige Personen in diesen Institutionen bereits verfügbar sind, deren Kenntnisse „lediglich" um Mediationskenntnisse erweitert werden müssten.

Herausforderungen bringt sie insoweit mit sich, als die Stellen unabhängig und neutral agieren sowie die Selbstbestimmtheit der Parteien als vorrangig beachten müssen.

I. Einbindung bei den Verfahren vor den ärztlichen Gütestellen

Eine Einbindung von Mediation bei den ärztlichen Gütestellen ist sowohl während als auch nach deren Verfahren möglich.

Über die Möglichkeit der Integration von Mediation in die Verfahren vor den ärztlichen Gütestellen bestehen unterschiedliche Ansichten. Durch den Kontakt mit mehreren im Medizinrecht tätigen Rechtsanwälten konnte ich in Erfahrung bringen, dass diese einer Einbindung von Mediation bei den ärztlichen Gütestellen offen gegenüber stehen. Die Stellen verbuchen eine hohe Akzeptanz und großes Vertrauen sowohl bei den Parteien und ihren rechtlichen Beiständen als auch bei den Haftpflichtversicherern. Vor allem bei Letzteren könnte die Einbindung von Mediation in das Verfahren der ärztlichen Gütestellen auf Zuspruch stoßen, da dann eine Institution die Mediation durchführt bzw. initiiert, welcher sie durch ihre andauernde Inanspruchnahme das Vertrauen ausgedrückt haben. Die Akzeptanzhürde wäre demnach niedriger angesetzt. Mitarbeiter der ärztlichen Gütestelle hingegen

1406 *Fritz/Krabbe*, NJW 2011, 3204 ff. (3204).
1407 *Duve/Eidenmüller/Hacke*, Mediation in der Wirtschaft, S. 325.

stehen dem Verfahren im Allgemeinen und besonders im Rahmen ihrer Institution skeptisch gegenüber[1408].

1. *Während des Verfahrens der ärztlichen Gütestelle*

Es besteht die Möglichkeit Mediation, bei geeigneten Fällen durch die ärztlichen Gütestellen durchführen zu lassen. Hierfür müsste nach Eingang des Antrags durch einen hauseigenen Mediator bzw. Mitarbeiter mit mediativen Kenntnissen – bspw. der Vorsitzende der ärztlichen Gütestelle – geprüft werden, ob der jeweilige Fall Besonderheiten aufweist, die auf die Mediationseignung hindeuten. Um die Mediationstauglichkeit auszumachen, könnten auch Fragebögen als Selbsttest an die Antragsteller zu Beginn des Verfahrens geschickt werden. Ein Mediationsverfahren kann sich allerdings auch noch nach Erstellung eines Gutachtens ergeben.

Eine Gutachterkommission hat bereits Erfahrungen mit der Durchführung von Mediation gemacht. Diese sind bedauerlicherweise enttäuschend. Der Vorsitzende der Gutachterkommission gibt in einem Bericht über drei mediations*ähnliche* mündliche Verhandlungen von Arzthaftungssachen an, dass diese speziell ausgewählten Fälle mit schwierigen Fragen zwischen Arzt und Patient weder den Beteiligten noch der Kommission erkennbare Vorteile gebracht hätten. Vielmehr würden der erhöhte Organisations-, Arbeits- und Zeitaufwand für die Kommission und die Parteien die Vorzüge einer mündlichen Verhandlung überragen. Er nimmt an, dass die Einführung regelmäßiger mündlicher Verhandlungen die Arbeit der Gutachterkommission funktionsunfähig machen würde[1409]. Ein weiteres Hindernis sieht der Gutachterkommissionsvorsitzende in der Rolle der Haftpflichtversicherer, welche die Termine spätestens in den Verhandlungen blockieren würden[1410]. Nichtsdestotrotz ist er der Ansicht, dass Mediation im Gesundheitswesen ein wünschenswertes Instrument zur Beilegung von Arzt-Patient-Streitigkeiten sein könne.

In der Literatur wird die Annahme geäußert, dass durch eine Vorauswahl geeigneter Fälle eine mündliche Verhandlung mit *mediativen Elementen* in das Verfahren vor den ärztlichen Gütestellen integriert werden könne[1411]. Es wird vorgeschlagen, dass bei Mediationsgeeignetheit eines Falles nach dem Austausch der ersten Stellungnahmen ein allparteilicher Dritter – gegebenenfalls unter Hinzuziehung eines medizinischen Sachverständigen – ein Gespräch zwischen dem Patienten und dem Arzt anregt und bei Zustimmung zeitnah durchführt[1412]. Auch wenn nur ein kleiner Teil der Streitfälle zwischen Arzt und Patient durch dieses Verfahren beigelegt werden könnte, bestehe für die Stellen mehr Raum, sich auf die schwierigen Konflikte zu konzentrieren. Hinzu käme, dass bei Durchführung dieser Methode eine Befassung

1408 Vgl. bspw. *Scheppokat/Neu*, VersR 2002, 397 ff. (402).
1409 Vgl. Angaben bei *Scheppokat/Neu*, VersR 2002, 397 ff. (403).
1410 Persönliche Mitteilung vom 15. Dezember 2010.
1411 *Meurer*, Außergerichtliche Streitbeilegung in Arzthaftungssachen, S. 162; vgl. auch *Ewig*, HB Mediation, § 31, Rdnr. 65.
1412 *Ewig*, HB Mediation, § 31, Rdnr. 65.

der gesamten ärztlichen Gütestelle mit dem jeweiligen Fall nicht nötig wäre, sodass weniger Personal zum Einsatz käme. Damit würde der Zeit- und Kostenaufwand eingedämmt und nicht – wie von Kritikern befürchtet – exorbitant hoch sein.

Bei einer Integration von Mediation bei den ärztlichen Gütestellen treten allerdings tatsächliche Probleme, wie die der Erreichbarkeit auf. So hat die Schlichtungsstelle für Arzthaftpflichtfragen der gesamten norddeutschen Ärztekammern ihren Sitz in Hannover. Die Stelle verbucht einen großen Geschäftsanfall und ist aufgrund ihrer Zuständigkeit für die gesamten norddeutschen Ärztekammern für viele Parteien schlecht erreichbar. Parteien bspw. aus dem schleswig-holsteinischen Flensburg oder brandenburgischen Cottbus müssten, um an einer mündlichen Verhandlung teilnehmen zu können, eine lange Anreisezeit auf sich nehmen.

Dieser Schwierigkeit könnte aber wie folgt begegnet werden:

- Es könnte für die Reiskosten aufgekommen werden.
- Die ärztliche Gütestelle könnte einen Mediator ihrer Institution entsenden, um die Mediation beim Sitz der zuständigen Ärztekammer durchzuführen. Die betroffenen Parteien – Arzt und Patient – werden in der Regel in dem jeweiligen Bundesland leben, sodass ihnen die Anreise zumutbar ist.
- Bei den einzelnen Kammern könnten Mediatoren ausgebildet werden. Die ärztlichen Gütestellen könnten somit geeignete Fälle an diese abgeben, sodass dem Einwand des nicht zu bewältigenden personellen und zeitlichen Aufwands begegnet würde.

2. Nach dem Verfahren der ärztlichen Gütestelle

Nach dem Verfahren der ärztlichen Gütestelle sind zwei Situationen denkbar, in denen sich eine Mediation anbieten würde:

a) Kein eindeutiges Gutachten

Bei einem nicht eindeutigen Gutachten ließe sich das Verfahren vor den ärztlichen Gütestellen um eine zusätzliche Mediationsphase erweitern. Durch das vorangegangene Gutachten liegt eine – wenn auch nicht eindeutige – fachliche Grundeinschätzung vor. Kritiker, die annehmen, dass Arzt und Haftpflichtversicherung es in diesem Fall eher auf einen Gerichtsprozess ankommen lassen, übersehen, dass eine Mediation in dem Fall effizienter und zielführender ist als ein Gerichtsverfahren. Die Streitigkeit kann zügig und endgültig beigelegt werden, anders als in einem Gerichtsverfahren, in dem die Beteiligten ihre Prozessrisiken – und damit auch Prozesskosten – nicht abschätzen können und womöglich jahrelang prozessieren. Die Kosten-Nutzen-Relation sollte besonders von der Haftpflichtversicherung sorgfältig geprüft werden.

b) *Streit über das Gutachten und dessen Folgen*

Es kann jedoch auch der Fall eintreten, dass eine oder beide Parteien das Gutachten nicht akzeptieren möchten. Auch hier kann eine Mediation durch die ärztlichen Gütestellen oder einen dritten davon unabhängigen Mediator zur Erzielung eines Kompromisses und, um weitere Kosten für die erneute Einholung eines Gutachtens zu sparen, zielführend sein.

c) *Problem*

Ob die ärztlichen Gütestellen diesen Vorschlag umsetzen, ist fraglich. Dieses hängt zum einen damit zusammen, dass die organisatorische Umsetzung eine abschreckende Wirkung hat. Ein erhöhter Organisations-, Arbeits- und Zeitaufwand ist allerdings nicht in dem befürchteten Ausmaß zu erwarten, da es sich nur um ausgewählte Fälle handelt und zudem die anderen Mitarbeiter durch deren Abgabe entlastet würden.

Ein weiterer Ablehnungsgrund könnte allerdings sein, dass die Stellen eine hohe Einigungsquote mit den von ihnen durchgeführten Verfahren verzeichnen, sodass sie wenig Anlass sehen, Mediationsverfahren in ihr Leistungsspektrum aufzunehmen[1413]. Um diese Art von Mediation auf den Weg bringen zu können, ist es notwendig, dass die ärztlichen Gütestellen dem Verfahren offen gegenüberstehen. Sie müssten das Verfahren als Chance ansehen, Lösungen zwischen Arzt und Patient herbeizuführen, die einer nachhaltigen Befriedung dieser Beziehung zuträglich sind. Ob diese Chance erkannt wird, ist zweifelhaft. Und ob die jeweilige ärztliche Gütestelle die geschilderten Fälle noch als einvernehmlich lösbar oder gar schon als gescheitert ansehen, ist ein weiterer wesentlicher Entscheidungspunkt für oder gegen eine Mediation.

3. *Ausgestaltung der gutachterlichen Bescheide als Schiedsgutachten in Verbindung mit einer Mediation*

Es wird vorgeschalgen, die Bescheide der ärztlichen Gütestellen, welche bisher keinen verbindlichen Charakter haben und damit die Parteien sowie die Richter in einem sich ggf. anschließenden Gerichtsverfahren nicht binden, als Schiedsgutachten auszugestalten[1414]. Unabhängig davon wird aufgrund der begrenzten Entscheidung, die in einem Schiedsgutachten getroffen wird, eine Verbindung des Verfahrens mit der Mediation in Betracht gezogen[1415] – ein sog. hybrides Verfahren[1416]. Durch eine solche Verbindung bestünde die Möglichkeit einer kumulativen

---

1413 So auch *De Marrón*, Alternative Streitschlichtung in Arzt- und Produkthaftungsfällen, S. 135.

1414 *Wagner*, JZ 1998, 836 ff. (841).

1415 *Risse*, Wirtschaftsmediation, § 1 Rdnr. 21.

1416 Hybride Verfahren sind die Kombination aus verschiedenen Verfahren (Mischformen).

Anwendung von Schiedsgutachten durch die ärztliche Gütestelle mit dem Verfahren der Mediation[1417]. Eine Kombination dieser Verfahren könnte folgendermaßen ausgestaltet sein: Vor oder am Anfang eines Mediationsverfahrens wird ein Gutachten der ärztlichen Schlichtungsstellen eingeholt, dessen Ergebnis für die Parteien als verbindlich eingestuft wird. Die Sitzungen folgen den unter D, I erörterten Phasen einer arzthaftungsrechtlichen Mediation. Das Gutachten wird bei Bedarf durch einen fachkundigen Dritten oder einen medizinischen Co-Mediator erörtert. Einziger Unterschied wäre, dass es sich bei dem Gutachten der ärztlichen Gütestelle um eine verbindliche Festlegung für die Parteien handelt. Durch eine Kombination des Schiedsgutachtens mit der auf Arzthaftungskonflikte zugeschnittenen Mediation wird dem Umstand Rechnung getragen, dass die Parteien nicht das Gefühl erhalten, ihnen würde eine Lösung aufgezwungen, sondern dass ihnen diese in der Mediation angemessen vermittelt wird. Zudem wird ein endgültiger, zeitnaher Abschluss des Konfliktes zwischen Arzt und Patient ermöglicht[1418].

Trotz dieser Vorzüge bleibt allerdings zu beachten, dass es in asymmetrischen Konflikten – wie in Arzt-Patient-Streitigkeiten – von besonderer Bedeutung ist, dass die Überprüfbarkeit eines Gutachtens vollumfänglich möglich ist[1419]. Zudem kommt den Gutachten der ärztlichen Gütestellen ohnehin eine hohe faktische Bindungswirkung zu. Des Weiteren haben die Gutachten eine hohe Akzeptanzquote[1420]. Aus diesen Gründen scheint eine Ausgestaltung der Bescheide als Schiedsgutachten nicht zwingend notwendig. Eine Kombination der Verfahren vor den ärztlichen Gütestellen und der Mediation ist auch ohne den verbindlichen Charakter der Bescheide möglich und vielversprechend.

II. Mediatoren bei den Berufshaftpflichtversicherern

Eine weitere Gelegenheit arzthaftungsrechtliche Mediationen zu etablieren, ist, sie durch die Berufshaftpflichtversicherer anzubieten. Da den Haftpflichtversicherern eine tragende Rolle in arzthaftungsrechtlichen Konflikten zukommt, man sie sogar als die eigentliche Streitpartei anstelle des Arztes ansehen kann[1421], könnte eine Integration von Mediation in das Regulierungsverfahren der Versicherungen ein entscheidender Fortschritt sein. Dem Haftpflichtversicherer kommt eine zentrale Funktion hinsichtlich des Gelingens oder Misslingens einer arzthaftungsrechtlichen Mediation zu. Das Bekenntnis, in Konflikten zunächst eine außergerichtliche Lösung mit Hilfe einer Mediation anzustreben, ist dazu geeignet, die Glaubwürdigkeit des Unternehmens zu untermauern und kann zu einem erhöhten Einsatz des Verfahrens

1417 Siehe hierzu *Hattemer*, Mediation bei Störungen des Arzt-Patient-Verhältnisses, S. 20 f.

1418 Siehe auch *Hattemer*, Mediation bei Störungen des Arzt-Patient-Verhältnisses, S. 21.

1419 *Hattemer*, Mediation bei Störungen des Arzt-Patient-Verhältnisses, S. 21.

1420 Siehe hierzu unter Kapitel 4, C, I, 5, i.

1421 Siehe schon Ausführungen in Kapitel 3, D, III.

beitragen[1422]. Einer Befragung von Versicherungen im Allgemeinen zufolge verfügen lediglich 14 % der Schadenssachbearbeiter über Mediationserfahrungen[1423]. Sachbearbeiter mit Mediationserfahrungen stehen dem Verfahren offener und positiver gegenüber als Sachbearbeiter ohne dahingehende Erfahrungen. Letztere haben eine skeptische bis ablehnende Haltung gegenüber Mediation[1424]. Da die Sachbearbeiter mit den Fällen direkt befasst sind, können diese den Einsatz von Mediation besonders lenken. Durch die Ausbildung eigener Mediatoren und eine besondere Schulung der Sachbearbeiter zum Herausfiltern arzthaftungsrechtlicher Streitigkeiten, die für eine Mediation geeignet sind, könnten sich die Versicherer das schnelle und kostengünstige Verfahren zunutze machen. Durch die Sensibilisierung der Sachbearbeiter hinsichtlich der Mediationsgeeignetheit von Arzthaftungsfällen kann der Patient bzw. dessen rechtlicher Beistand auf das Verfahren hingewiesen werden und eine Mediation durch einen eigenen oder externen Mediator angeboten werden. Durch die Hinzuziehung eines externen Mediators würde dem Wunsch nach der inhaltlichen und institutionellen Unabhängigkeit des Mediators entsprochen. Im Falle einer Integration von Mediatoren bei den Berufshaftpflichtversicherern – was aus Praktikabilitätsgründen naheliegend ist – handelt es sich hingegen faktisch um eine Besetzung auf „Seiten der Ärzte". Die Zugehörigkeit zu einem bestimmten „Lager" sollte jedoch nicht von vornherein die Unabhängigkeit und Neutralität des Mediators in Abrede stellen. Zudem sollte bei dem Erfordernis eines neutralen Mediators darauf Wert gelegt werden, dass der Mediator bei Kenntnis aller Umstände durch die Parteien als neutraler, unparteilicher Dritter akzeptiert wird[1425]. Die Parteien sind die Hauptakteure in diesem Verfahren und von ihrer Akzeptanz hängt die Durchführung und der Erfolg einer Mediation ab und nicht von den theoretischen Bedenken, die gegen einen unternehmensinternen Mediator bestehen. Der Patient erhält den klaren Vorteil, dass eine zeitnahe Erledigung der Streitigkeit abzusehen ist und durch die Initiierung seitens des Versicherers die Einigung Bestand hat und nicht im Nachhinein durch diesen widerrufen wird. Da der Mediator durch den Versicherer gestellt wird, entstehen für den Patienten keine weiteren Kosten und er hat noch immer die Möglichkeit, das Verfahren zu beenden, wenn er an der Neutralität des Mediators Zweifel hegt oder keine Einigung erzielt werden kann.

Die Unabhängigkeit und Neutralität des Mediators sollte dadurch gefördert werden, dass im Falle eines hauseigenen Mediators dieser personenverschieden von den jeweiligen Sachbearbeitern ist.

1422 *Nestler/Hammes/Gläßer/Kirchhoff/Breidenbach,* Commercial Dispute Resolution, S. 12.

1423 *Wilhelm,* Verhandeln im Schadensfall, S. 58.

1424 *Wilhelm,* Verhandeln im Schadensfall, S. 59.

1425 *Ponschab/Dendorfer,* HB Mediation, § 24, Rdnr. 66.

III. Einbindung im Beschwerdemanagement der Kliniken

Viele Haftungsstreitigkeiten entstehen im Rahmen einer stationären Behandlung im Krankenhaus. In diesem Fall ist nicht nur der Arzt betroffen, sondern auch der Krankenhausträger, welcher im Regelfall alleiniger Vertragspartner des Patienten ist (totaler Krankenhausvertrag) und welcher für den Arzt nach den §§ 31, 89, 278, 831 BGB haftet[1426]. Hinzu kommen die Grundsätze der beschränkten Arbeitnehmerhaftung, des innerbetrieblichen Schadensausgleichs[1427] und das Organisationsverschulden. Der Krankenhausträger spielt daher im Rahmen eines Haftungsfalles innerhalb der Klinik eine gewichtige Rolle. Da dieser jedoch in erster Linie monetäre Ziele verfolgt und ihn das Arzt-Patient-Verhältnis erst zweitrangig tangiert, könnte es sich schwierig gestalten, den Träger von einer Mediation zu überzeugen. Dass eine Aufarbeitung des Konfliktes zwischen Arzt und Patient jedenfalls mittelbar auch positive Auswirkungen für die Klinik als Ganzes hat, soll im weiteren Verlauf anhand der Bedeutung eines professionellen und patientenorientierten Konfliktmanagements erläutert werden. Zudem könnte sich die Akzeptanz der Krankenhausträger gegenüber Mediationsverfahren steigern, wenn diese in die Klinikstrukturen integriert würden, da die Klinik in dem Fall die Streitigkeit intern – d.h. durch ihre Abteilungen – mit dem Patienten versuchen würde zu lösen. Somit müsste sie keinen Autonomieverlust befürchten.

1. Einsetzbarkeit

Die Integration von Mediation bei den Rechtsabteilungen bzw. dem Beschwerdemanagement hätte zum einen den Vorteil, dass der Streit patienten-, zeit- und sachnah durch fachlich kompetente Personen aufgearbeitet würde. Zum anderen würde der offene Umgang mit Arzthaftungsstreitigkeiten dem Ansehen der Kliniken zuträglich sein. Mit der Anwendung moderner Streitbeilegungsmethoden sowie der patienten-, fach- und zeitnahen Aufarbeitung von Konflikten demonstrieren Kliniken, dass sie Patientenanliegen ernst nehmen und ihnen Respekt zollen. Sie zeigen damit, dass das Aufkommen von medizinischen Fehlern kein Tabu-Thema ist und sie selbstkritisch sowie offen mit diesem Bereich umgehen. Von den wirtschaftlichen Vorteilen, die eine zeitnahe Aufarbeitung der Streitigkeiten durch die Klinik selbst mit sich bringt, ganz zu schweigen.[1428]

1426 Siehe hierzu schon Kapitel 3, C, IV.

1427 Vgl. hierzu BAG NJW 1998, 1810 ff.

1428 Mit der Hamburger Erklärung ist ein wesentliches Signal in Richtung Zugänglichkeit zu den Beschwerdemöglichkeiten, zügiger Bearbeitung, Unabhängigkeit der mit den Beschwerden befassten Personen und Transparenz gesetzt worden. Da im Rahmen der Erklärung auch Bestrebungen verfolgt werden, die Beschwerdekultur in den einzelnen Häusern kontinuierlich zu optimieren (Nr. 6 der Hamburger Erklärung) würde sich eine Aufnahme von Mediation in die Konfliktbeilegungsmethoden anbieten.

Wie schon erläutert, sollte der Mediator neben seiner mediativen Ausbildung idealiter sowohl arzthaftungsrechtliche als auch medizinische Fachkenntnisse haben. Fachlich gesehen wäre damit eine Ansiedlung von Mediatoren bei den Rechtsabteilungen folgerichtig, da dadurch jedenfalls die benötigten juristischen Fachkenntnisse gegeben wären. Die Ausbildung von Justitiaren im Bereich der Mediation wäre damit wünschenswert. Sie könnten durch ihr Wissen und ihre Erfahrung mediationsgeeignete Fälle ausmachen. Das medizinische Know-how kann durch einen Arzt, der nicht mit dem Behandelnden identisch ist, eingebracht werden. Um sicher zu gehen, dass dieser den Fall unparteilich und unvoreingenommen begutachtet, würde es sich anbieten, dass er sich einem Verhaltenskodex unterwirft, der ihn zur Neutralität verpflichtet.

Mit Bedacht wird auch die Ansiedlung von arzthaftungsrechtlichen Mediationsverfahren im Beschwerdemanagement der Krankenhäuser in Erwägung ge- und im Zweifel sogar der Einrichtung bei den Rechtsabteilungen vorgezogen. Zum einen ist das Beschwerdemanagement einzelner Kliniken schon jetzt fähig, diese Art von Mediationsverfahren durchzuführen, da viele Mitarbeiter dieser Abteilungen eine diesbezügliche Ausbildung erfahren haben.[1429] Bei einigen Beschwerdemanagern handelt es sich sogar um Ärzte, die zwar nicht (mehr) praktisch tätig sind, jedoch im Rahmen ihrer Beschäftigung bei der Beschwerdestelle ihr medizinisches Wissen und ihre Erfahrung weiterhin einsetzen. Wenn diese Faktoren mit einer Mediatorenausbildung gekoppelt sind, bestehen günstige Voraussetzungen auch für die Durchführung haftungsrechtlicher Mediationen.

Zum anderen ist bei der Entscheidung, Mediationsverfahren im Beschwerdemanagement oder in den Rechtsabteilungen anzusiedeln, ein weiterer Aspekt zu beachten: Beide Gremien sind als Interessenvertreter des Krankenhausträgers anzusehen und damit in gewisser Weise parteiisch. Da das Beschwerdemanagement jedoch von seiner Ausrichtung her einen Ausgleich zwischen den Beteiligten erreichen will und im großen Maße daran interessiert ist, Patienten zufriedenzustellen, scheint es – besonders aus Sicht des Patienten – eine neutralere Stellung zu haben als die Rechtsabteilungen. Rechtsabteilungen sind in erster Linie damit beschäftigt, Ansprüche gegen den Klinikträger zu prüfen und ggf. abzuwehren. Damit sind sie in einem Arzthaftungsverfahren eindeutige Interessenvertreter der Klinik. Im Rahmen einer Mediation könnte an diesem Punkt eine Interessenkollision bestehen. Sie wären zum einen zur Neutralität verpflichtet und zum anderen dafür zuständig, die Interessen der Klinik wahrzunehmen. Diese Aspekte erschweren die Integration von Mediation in den Rechtsabteilungen.

Um die unabdingbaren juristischen Kenntnisse der Mediatoren des Beschwerdemanagements zu gewährleisten, wäre es allerdings notwendig, einen Juristen der

S. zur Hamburger Erklärung: http://www.hamburg.de/conte ntblob/2402660/data/hamburger-erklaerung.pdf (Zugriff am 24. März 2012).

1429 Persönliche Mitteilungen einzelner Kliniken und des Netzwerkes Beschwerdemanagement.

Klinik im Beschwerdemanagement abzustellen, welcher von der Rechtsabteilung unabhängig und lediglich für die Angelegenheiten des Beschwerdemanagements tätig ist. Wenn dies einen zu hohen organisatorischen Aufwand beansprucht, sollte der Mediator einen externen fachkundigen Medizinrechtler bei Bedarf hinzuzuziehen – entweder in Form einer Stellungnahme oder durch die Anberaumung einer Co-Mediation. Das medizinische Know-how kann bei einem nicht-medizinischen Quellberuf des Mediators wiederum durch einen Arzt, der nicht mit dem Behandelnden identisch ist, eingebracht werden.

Vor einer Mediation muss mit dem betroffenen Patienten allerdings erörtert werden, ob dieser den (Klinik-)Mediator als unparteiischen, neutralen Dritten akzeptiert und ihm sein Vertrauen schenkt. Auch an dieser Stelle gilt, dass die Durchführung und der Erfolg einer Mediation von der Akzeptanz der Beteiligten abhängt und nicht von den theoretischen Bedenken, die gegen einen klinikinternen Mediator bestehen. Wenn insbesondere der Patient ihn als neutralen Mediator akzeptiert, ist die Tatsache, dass es sich um einen Klinikmitarbeiter handelt, zweitrangig.

Da Kliniken sich durch eine Betriebshaftpflichtversicherung vor Haftungsansprüchen schützen, kommt den Versicherern wiederum eine tragende Rolle in den Arzthaftungsverfahren zu. Auch im Rahmen einer Klinik-Mediation muss die Beteiligung eines Vertreters der privaten Betriebshaftpflichtversicherung des Krankenhauses oder des kommunalen Versicherungsträgers (in Schleswig-Holstein wäre dies bei Krankenhäusern in kommunaler Trägerschaft bspw. ein Vertreter des Kommunalen Schadensausgleichs (KSA)) im Einzelfall abgewogen werden.[1430] In einer Vielzahl von Fällen kann ein eingeräumtes Vetorecht in Form eines Widerrufrechts im Anschluss an die Einigung ausreichend sein. In schwerer wiegenden Haftungsfällen kann es sich allerdings anbieten, eine abgewandelte Form von arzthaftungsrechtlichen Mediationen anzubieten. Eine stufenweise Einbeziehung aller involvierten Interessenträger kann hierbei förderlich sein – auch um eine zügige Bearbeitung der Streitigkeit zu gewährleisten. Hierfür ist eine separate Aufarbeitung der Beschwerde und der Schadensersatz- und Schmerzensgeldansprüche vorzunehmen (Trennung der Beziehungs- und Sachebene). Dabei wäre die Mediation als ergänzendes Verfahren für Erstere einzusetzen. Der herausragenden Rolle des Betriebshaftpflichtversicherers könnte dadurch Rechnung getragen werden, dass das Beschwerdemanagement als eine Art „Mittelpol" agiert. Es nimmt die Anliegen des Patienten entgegen und prüft, welche Ziele dieser verfolgt. Hierfür kann das Beschwerdemanagement ein frühes Gespräch mit dem Patient anberaumen, in dem dieser seine Vorwürfe und ggf. bestehende Wünsche darlegen kann. Wenn die Frage nach einem finanziellen Ausgleich im Raum steht, wird dies an die Rechtsabteilung weitergeleitet, welche sodann Rücksprache mit dem Versicherer hält und ihm ggf. die Unterlagen zur Prüfung übermittelt. Das Beschwerdemanagement beschäftigt sich im weiteren Verlauf lediglich mit der Aufarbeitung der Umstände, die den geltend gemachten Anspruch

1430 In der Regel ist der behandelnde Arzt über die Betriebshaftpflichtversicherung der Klinik für den Bereich seiner Dienstaufgaben mit abgesichert, vgl. § 102 VVG.

umgeben. Nachdem der Versicherer und die Rechtsabteilung zu einem Ergebnis gekommen sind – ggf. nach Einholung eines Gutachtens – leiten sie dieses an das Beschwerdemanagement weiter. Der Klinik-Mediator regt einen Mediationstermin an, in dem die Anliegen des Patienten behandelt werden und das Ergebnis sowie die Lösungsoption des Versicherers bzw. der Rechtsabteilung aufgearbeitet und besprochen werden. Die separate Behandlung der außerrechtlichen Bedürfnisse kann deeskalierend für die weiteren Verhandlungen wirken, sodass dann wiederum auf einer Sachebene verhandelt werden kann. Außerdem wird sichergestellt, dass eine zeitnahe Aufarbeitung des Falles gewährleistet wird. Der Patient hat im Rahmen der Mediation die Möglichkeit, mit dem behandelnden Arzt zu sprechen, Fragen zu stellen und die Einschätzungen der Versicherung und der Rechtsabteilung verständlich dargelegt zu bekommen. Wenn er mit dem Ergebnis nicht zufrieden ist, besteht die Möglichkeit, in ein streitiges Verfahren überzugehen.

Die Ansiedlung von Mediation bei den Kliniken hat den großen Vorteil der zeitnahen Aufarbeitung des Falles durch fachkundige Personen. Einer Klinik stehen die Kenntnisse der relevanten Fachpersonen unmittelbar zur Verfügung, was auch für den Patienten einen klaren Vorteil darstellt. Aufgrund der Durchführung der Mediationen durch die Kliniken besteht der Eindruck der Parteilichkeit. Die Kliniken werden allerdings darauf bedacht sein, dass sie gerechte und neutrale – sie nicht bevorteilende – Verfahren anbieten, allein aus dem Grund, keinen Ansehensverlust in der Öffentlichkeit zu erleiden und um zum Ausdruck zu bringen, dass bei einem vermeintlichen Fehler zeitnah reagiert und einzelfallgerecht gehandelt wird. Hinzu kommt, dass durch eine Integration der Mediationsmethode in den Kliniken als gleichwertige Streitbeilegungsmöglichkeit den Ärzten eine erhöhte Einflussnahme auf die Ausgestaltung eingeräumt wird, was wiederum deren Akzeptanz gegenüber dem Verfahren, ihre Motivation, sich an solch einem Verfahren zu beteiligen sowie dessen Erfolgsaussichten verbessern kann[1431].

Beachtlich ist, dass Mediation bei Integration im Beschwerdemanagement nicht nur in Haftungsfällen zur Anwendung kommen kann, sondern zudem bei Fällen von Patientenunzufriedenheit und stationsinternen Streitigkeiten unter den Angestellten[1432]. Dies stellt für den Träger der Klinik einen Mehrwert für das gesamte Gesundheitswesen ihres Hauses dar.

Das Verfahren der Mediation wird vereinzelt schon als Konfliktlösungsmöglichkeit durch das Beschwerdemanagement der Kliniken angewandt. Es kommt besonders bei Kommunikationsschwierigkeiten zum Einsatz, wird in manchen Kliniken jedoch auch bei Arzthaftungssachen angeregt und vereinzelt durchgeführt. Durch

1431 Vgl. zu dieser Erkenntnis bei Mediation in Unternehmen: *Ponschab/Dendorfer*, HB Mediation § 24, Rdnr. 73.

1432 Zur Mediation in Pflege- und Gesundheitsberufen unter den Angestellten und Führungskräften siehe *Poser/Schlüter*, Mediation für Pflege- und Gesundheitsberufe (mit einem Praxisbeispiel aus der Altenhilfe, S. 149 ff. sowie Mediation in Organisationen zum Umgang mit Konflikten und deren Bewältigung sowie Nutzen, S. 197 ff.); siehe auch *Kaiser*, ZKM 2000, 168 ff.

die Ansiedlung des Verfahrens im Beschwerdemanagement, dem in der Regel keine Juristen angehören, ist eine Ausdehnung von Mediation auch auf den Arzthaftungsbereich sehr anspruchsvoll und für die Akteure schwierig. Die Erweiterung des Verfahrens sollte jedoch angeregt und weiterverfolgt werden. Da es in vielen Fällen noch an der Bereitschaft fehlt, das Verfahren anzunehmen und einzuführen, ist eine vorsichtige Herangehensweise wünschenswert, um das Vertrauen der Akteure zu erlangen[1433]. Durch die Offenheit einzelner Kliniken gegenüber dieser Verfahrensmethode auch im Arzthaftungsrecht besteht jedenfalls schon das Potenzial und die reale Chance, dass sich das Verfahren weiter ausdehnen wird.

2. *Präventive Wirkung von Mediation*

Die zeitnahe Aufarbeitung eines Konflikts, der im Zuge einer Behandlung im Krankenhaus entstanden ist, durch einen Klinik-Mediator kann nicht nur für die Konfliktbeteiligten von Vorteil sein. Vielmehr leistet die Mediation in dem Fall auch einen Beitrag zur Qualitäts- und Strukturverbesserung in der jeweiligen Klinik[1434]. Mediation kann im medizinischen Bereich präventiv wirken, da durch ihre erfolgreiche Durchführung weitere fehlerhafte Behandlungen verhindert werden können. Es besteht die Chance, aus einem vorerst negativen Ereignis einen positiven Nutzen für die Zukunft zu ziehen. Vor allem dann, wenn eine Einigung in einer Mediation gefunden wird. In diesem Fall gehen die Beteiligten mit einem erhöhten Zufriedenheitsgefühl aus den Verhandlungen heraus und können den dort erfahrenen und diskutierten Missständen leichter entgegenwirken, als wenn der Konflikt in einer streitigen Verhandlung vor Gericht entschieden wurde. Innerhalb der Mediation bleibt mehr Raum, um auf diese Missstände hinzuweisen und Verbesserungen anzuregen. Zudem finden die Anliegen in einem konsensualen Verfahren mehr Gehör. Damit besteht die Möglichkeit, dass Organisationsabläufe überprüft und Arbeitsbedingungen modifiziert werden können[1435]. Dies ist in dem formalisierten Gerichtsverfahren hingegen in der Form nicht möglich und würde von den Klinikvertretern auch nicht in der Weise angenommen. Klinken können durch das interne Erfassen von Behandlungsfehlern, Beschwerden, rechtlichen Inanspruchnahmen, der jeweils eingeschlagenen Verfahren und deren Ausgängen sowie durch eine professionelle Verwertung dieser Ergebnisse ein eigenes Qualitäts- und Risikomanagement entwickeln, das der Vermeidung künftiger Fehler zuträglich ist und das dabei hilft, in künftigen Fällen das am geeignetsten erscheinende Verfahren auszuwählen.

Des Weiteren können durch Mediation die Kommunikationsfähigkeiten und die -bereitschaft der Ärzte gefördert werden. Eine gestörte Arzt-Patient-Beziehung, welche von schlechter Kommunikation geprägt ist, trägt zum Andauern und Eskalieren

---

1433 S. auch *Kaiser*, ZKM 2000, 168 ff. (173).

1434 *Dauer/Marcus*, Law And Comtemporary Problems 1997, Vol. 60: No. 1; 185 ff.; *Kalchschschmid*, Patientenrechte, 99 ff. (105).

1435 So geschehen, vgl.: *Kalchschschmid*, Patientenrechte, 99 ff. (105).

eines Konfliktes bis hin zur Klageerhebung bei[1436]. Ein funktionierendes und von Vertrauen sowie Respekt gekennzeichnetes Arzt-Patient-Verhältnis kann hingegen einen wichtigen Einfluss auf den Krankheitsverlauf und Behandlungserfolg haben. Der präventive Nutzen von Mediation sollte bei der Beantwortung der Frage nach ihrer Etablierung in den Kliniken daher nicht übersehen werden.

IV. Gerichtsnahe Mediation im Arzthaftungsrecht

Auch eine Förderung der gerichtsnahen Mediation in Arzthaftungsfällen würde sich anbieten[1437]. Wie schon in Kapitel 6, D, III. dargelegt, kommt der Richterschaft im Bereich der Förderung von arzthaftungsrechtlichen Mediationen eine Schlüsselfunktion zu. Besonders durch die Besetzung der Spezialkammern und -senate mit mehr Richtern, die auch als Mediator ausgebildet sind, kann die gerichtliche Mediation – nunmehr im Rahmen des Güterichtermodells – im arzthaftungsrechtlichen Bereich vorangetrieben werden. Mediierende Richter kennen die Vorzüge der Mediation und können durch ihre Spezialisierung im Arzthaftungsrecht ihnen geeignet erscheinende Fallkonstellationen an die Güterichter abgeben.

Klarer Vorteil gerichtlicher Mediationen im Arzthaftungsrecht ist, dass sie zügig durchgeführt werden können, da sie auf ein gerichtliches Verfahren aufbauen. Die Sachverhaltsaufhellung, wie sie der externe Mediator vornehmen muss, ist hier in weiten Zügen schon erfolgt. Die Einholung von Sachverständigengutachten ist in den meisten Fällen abkömmlich[1438].

Zudem ist im Rahmen eines Gerichtsverfahrens eine Eskalationsstufe erreicht, auf der die Fronten zunehmend verhärtet sind und die Parteien oftmals eine endgültige Klärung ihres Konfliktes anstreben. Die Parteien sind in diesem Stadium häufig am Rande ihrer Belastbarkeit. In diesem Zeitpunkt können sie aber ihre Prozessrisiken besser abwägen und erhalten in einer Mediation die Möglichkeit, den Streit doch noch zu einem gütlichen Ende zu bringen. Der mediierende Richter hat hier durch den ihm entgegengebrachten Respekt einen Vertrauensvorschuss gegenüber den sonstigen Mediatoren. Hinzu kommen seine Kompetenz und die kostenneutrale Dienstleistung des Staates im Bereich der Güteverhandlung.

Auch die Förderung integrierter Mediationen[1439] kann sich für arzthaftungsrechtliche Streitigkeiten, die in das Stadium eines Gerichtsprozesses gelangt sind, lohnen.

1436 *Hattemer*, Mediation bei Störungen des Arzt-Patient-Verhältnisses, S. 81.

1437 *Hattemer* regt in diesem Zusammenhang auch eine Mediation in Kombination mit dem selbstständigen Beweisverfahren nach den §§ 485 ff. ZPO an, vgl. eingehender hierzu: *Hattemer*, Mediation bei Störungen des Arzt-Patient-Verhältnisses, S. 143 f., 322.

1438 Angaben eines Richtermediators, welcher regelmäßig arzthaftungsrechtliche Mediationen durchführt.

1439 Siehe zur Entstehung und Verwirklichung von integrierter Mediation im Gerichtsverfahren das Altenkirchener Modell, die Cochemer Praxis, das Justizprojekt „Integrierte Mediation in Familiensachen“ im Bezirk des OLG Koblenz,

Die Effizienz dieses Verfahrens wurde erforscht.[1440] Im Rahmen einer integrierten Mediation wird die Mediation wie ein hybrides Verfahren in den streitigen Prozess einbezogen, um eine konsensuale Streitbeilegung zu erzielen[1441]. Im Gegensatz zur gerichtlichen Mediation erhält der erkennende Richter die Möglichkeit das streitige Verfahren um eine integrierte, in dem Verfahren angewandte Mediation anzureichern. Der entsprechend geschulte Richter wendet damit mediative Elemente innerhalb des laufenden Gerichtsverfahrens an[1442]. Damit wird der Übergang zu einer kooperativen Konfliktlösung vereinfacht und das Gerichtsverfahren bedarfsgerecht ausgestaltet[1443]. Indem man die integrierte Mediation in das streitige Verfahren etabliert, passt sie sich dem Konfliktverlauf an[1444]. Das zugrunde liegende Verfahren wird damit als Chance für die Mediation gesehen. Die Verfahren sollen sich wechselseitig ergänzen[1445]. Mit diesem Ansatz wird nicht nur die Gestaltungsmöglichkeit des Richters unterstrichen. Auch die Bedürfnisse der Parteien werden bestmöglich berücksichtigt.

Die Vorzüge der integrierten Mediation sind für Arzthaftungsfälle in mehrfacher Hinsicht nutzbar. Zum einen gibt der vorsitzende Richter den betreffenden Fall nicht an einen dritten Güterichter ab. Dies führt zu einer erhöhten Akzeptanz und zu größeren Umsetzungschancen arzthaftungsrechtlicher Mediationen. Zum anderen kann die Fachkompetenz des Richters einer Spezialkammer bzw. eines Spezialsenats für Arzthaftungssachen in der integrierten Mediation genutzt werden. Hinzu kommt, dass mit der Integration der Mediation in das laufende Verfahren keine Verzögerung der Streitbehandlung einhergeht, sondern vielmehr ein Zeitgewinn. Durch das Aufbauen auf das anhängige Verfahren können die schon erzielten Erkenntnisse in der Mediation genutzt werden. Auch das Einarbeiten eines weiteren, außenstehenden Mediators ist nicht erforderlich. Der Vertrauensvorsprung eines mediierenden Richters bei den Parteien ist zudem gegeben.[1446] Hinsichtlich des nahtlosen Übergangs vom streitigen in das mediative Verfahren sei allerdings angemerkt, dass der zeitlichen Zäsur zwischen Gerichts- und Mediationsverfahren – wie sie bei der früheren gerichtsinterner Mediation üblich war – entscheidende Bedeutung zukommen kann. Die – auch zeitliche – Trennung von konfrontativer und

---

vgl. Kurzdarstellung bei *Trossen*, HB Mediation, § 40, Rdnr. 29 ff. Es besteht allerdings nicht nur die Möglichkeit, integrierte Mediation im Gerichtsverfahren anzuwenden, sondern auch beim Rechtsanwalt, betrieblichen Berater, Gutachter, Jugendamt etc., vgl. *Trossen*, HB Mediation, § 40, Rdnr. 35.

1440 Vgl. hierzu: http://www.in-mediation.eu/evaluation-integrierte-mediation (Zugriff am 01. Mai 2013).

1441 *Trossen*, HB Mediation, § 40, Rdnr. 10.

1442 *Sick*, ZRP 2007, 203 f. (203).

1443 *Trossen*, HB Mediation, § 40, Rdnr. 10.

1444 *Trossen*, HB Mediation, § 40, Rdnr. 28.

1445 *Trossen*, HB Mediation, § 40, Rdnr. 40.

1446 Zum Ablauf einer integrierten Mediation vgl. Ausführungen bei *Trossen*, HB Mediation, § 40, Rdnr. 37 ff., insb. Rdnr. 43 ff.

kooperativer Verfahrensmethodik gibt den Parteien die Chance, ihre Positionen zu überdenken und ggf. sogar aufzugeben[1447]. Da eine Gerichtssitzung zeitlich begrenzt ist, besteht für die Beteiligten daneben im Rahmen einer integrierten Mediation der Druck, zügig eine Lösung zu finden. Der Einsatz einer in das Gerichtsverfahren integrierten Mediation muss von dem erkennenden Richter daher von Fall zu Fall abgewogen werden. Die Entscheidung für oder gegen das Verfahren hängt zum großen Teil vom jeweiligen Konfliktstoff, dem Auftreten der Beteiligten und dem Zugang zu diesen ab. Eine Chance für Arzthaftungsfälle ist sie jedoch durchaus.

V. Unabhängige Patientenberatungsstellen als „Fallmanager“

Die Einrichtung anbieterunabhängiger Patientenvertretungen wurde schon häufig vorgeschlagen, insbesondere im Zusammenhang mit dem Begutachtungsverfahren in Arzthaftungssachen[1448]. So weit – die ärztlichen Gütestellen aus dem Umfeld der Ärztekammern zu lösen und zu „neutralisieren und pluralisieren“[1449]– müsste man jedoch nicht gehen, abgesehen davon, dass enorme Umsetzungsschwierigkeiten hierbei bestünden. Um eine flächendeckende Beratung und Bearbeitung von Patientenanliegen bereit zu stellen, ist jedoch eine unabhängige Institution als eine Art „Fallmanager“[1450] notwendig.

Die bundesweit tätigen 21 unabhängigen Patientenberatungsstellen unterstützen Patienten schon in der Durchsetzung ihrer Rechte. Es besteht vorwiegend das Angebot juristischer Information, Beratung und Hilfe[1451]. Die Patienten werden nach Prüfung des Falles durch die Mitarbeiter dieser Institutionen entsprechend weiterverwiesen an das Verfahren vor den ärztlichen Gütestellen oder ein gerichtliches Verfahren. Sie verzeichnen große Erfolge und hohe Zufriedenheitswerte der Patienten[1452]. Es wäre allerdings wünschenswert, wenn eine Ausweitung der Empfehlungen stattfände. Damit würde sichergestellt, dass das jeweils sinnvollste Verfahren angestoßen wird und gleichzeitig die einzelnen Stellen entlastet würden. Die Patientenberatungsstellen könnten durch mehr Öffentlichkeitsarbeit darauf hinwirken, dass Patienten auf sie als „Fallmanager“ aufmerksam werden. Ihre Arbeit als

1447 *Sick*, ZRP 2007, 203 f. (203).

1448 Vgl. bspw. Ausführungen des Sachverständigenrats für die konzertierte Aktion im Gesundheitswesen, Gutachten 2003 I in BT-Drucks. 15/530, S. 173; Auszug aus der Sonderkonferenz für das Gesundheitswesen, MedR 1997, 460; *Katzenmeier*, MedR 1997, 498 ff. (500).

1449 Vgl. *Meurer*, Außergerichtliche Streitbeilegung in Arzthaftungssachen, S. 151 f. mit weiteren Nennungen.

1450 Der Begriff stammt von dem niedersächsischen Modellprojekt „Gerichtsnahe Mediation in Niedersachsen“, in dem Richter eine Vorauswahl nach Mediationseignung vornehmen sollten, siehe *Spindler*, Gerichtsnahe Mediation in Niedersachsen, Rdnr. 191 ff., 145 ff., Rdnr. 401 ff.

1451 *Kranich*, Bürgerorientierung des Gesundheitswesens, 305 ff. (320).

1452 RDG 2008, 175.

„Vorinstanz“ müsste ausgeweitet werden, indem sie die jeweiligen Patientenanliegen auf ihre Zielrichtung und die für sie am geeignetsten erscheinende Verfahrensart überprüfen und die Patienten dann an die jeweilige Institution – Rechtsanwalt, Mediator, ärztliche Gütestelle, Patientenombudsmann etc. – weiterempfehlen. Das Analysieren der Beweggründe und Ziele der Patienten ist zwar eine schwierige und verantwortungsvolle Aufgabe, kann jedoch zur optimalen Auswahl der Streitbeilegungsmethode beitragen. Die Stellen könnten dadurch die Vernetzung der bestehenden Institutionen untereinander fördern und dem Patienten eine Richtschnur an die Hand geben.

Kapitel 8: Ein Blick ins Ausland

Um den Wert von Mediation im Arzthaftungsrecht hervorzuheben, sollen an dieser Stelle die Erfahrungen anderer Länder in Bezug auf arzthaftungsrechtliche Mediationen skizziert werden. Auf einen umfassenden Rechtsvergleich – der insbesondere die Unterschiede der Rechtssysteme hervorhebt – soll hier verzichtet werden. Die Ausführungen müssen jedoch immer vor dem Hintergrund der Verschiedenartigkeit der Rechtssysteme und Streitkulturen betrachtet werden.

Mediation im Gesundheitswesen wird in vielen Ländern schon zunehmend angewandt. Sowohl in den USA und Großbritannien als auch in Australien gehört Mediation zu einer etablierten Konfliktbeilegungsmethode, sodass hier auch erste Vorstöße in Richtung Mediation im Gesundheitswesen und im Speziellen zwischen Arzt und Patient bei Haftungsauseinandersetzungen gewagt wurden. Auch an Deutschland direkt angrenzende Nationen wie Österreich und die Schweiz bemühen sich um eine Einbindung von Mediation in Konflikte im Gesundheitswesen.

In Österreich setzt sich besonders die seit 1990 eingerichtete Patientenanwaltschaft der Bundesländer[1453] (in manchen Bundesländern als Patientenvertretung bezeichnet[1454]) für das Verfahren ein. In Ausführung von § 11e B-KAG steht diese zur Prüfung allfälliger Beschwerden und zur Wahrnehmung von Patienteninteressen zur Verfügung[1455]. Ihr Zuständigkeitsbereich reicht je nach Bundesland von den Krankenanstalten, über die Pflegeeinrichtungen und mobilen Dienste bis hin zu Auseinandersetzungen mit niedergelassenen Ärzten, Rettungsdiensten, anderen Gesundheitsberufsangehörigen – wie Hebammen und Psychotherapeuten – und Apothekern[1456]. Der Patientenanwalt ist an keine Weisungen gebunden und zur Verschwiegenheit verpflichtet[1457]. Die Überprüfung und Hilfe bei der Durchsetzung von Ansprüchen auf dem außergerichtlichen Weg gehören mittlerweile zu einem wesentlichen Bestandteil ihrer Tätigkeit[1458]. Die Durchführung von Mediationen

---

1453 Siehe hierzu bspw. die Wiener Pflege-, Patientinnen- und Patientenanwaltschaft unter: http://www.wien.gv.at/gesundheit/wppa/ (Zugriff am 24. März 2012). Diese führt die Mediation besonders bei Konflikten zwischen niedergelassenen Ärzten und Patienten durch, vgl. Angaben bei *Leischner*, Streitbeilegung in medizinischen Haftungsfällen, S. 217.

1454 *Leischner*, Streitbeilegung in medizinischen Haftungsfällen, S. 166, Fn. 859.

1455 B-KAG-Novelle (Bundes-Krankenanstaltengesetz) von 1993, *Leischner*, Streitbeilegung in medizinischen Haftungsfällen, S. 167. Vgl. zu den Bestrebungen der Patientenanwaltschaft hinsichtlich Mediation *Kalchschmidt*, Patientenrechte, 99 ff.; *Kletecka-Pulker*/Fuchs, Wege zur patientenorientierten Medizin, 220 ff. (233).

1456 *Leischner*, Streitbeilegung in medizinischen Haftungsfällen, S. 167.

1457 *Kalchschmidt*, Patientenrechte, 99 ff. (104).

1458 *Kalchschmidt*, Patientenrechte, 99 ff. (104).

gilt hierbei jedoch noch als Ausnahme[1459]. Ein dahingehendes Tätigwerden der Patientenanwaltschaft wird auch aufgrund ihrer patientenseitigen Position und der sich daraus ergebenden Parteilichkeit kritisch gesehen[1460]. Ob sie sich in Österreich als gleichwertige Konfliktlösung in Haftungsauseinandersetzungen zwischen Arzt und Patienten etablieren kann, ist daher bis heute nicht geklärt.

In der Schweiz ist die Einbindung von Mediation in Konflikte im Gesundheitswesen dagegen schon vermehrt zu beobachten[1461]. In vielen Kantonen können sich unzufriedene Patienten bereits an spezielle Stellen für Gesundheitsmediationen wenden[1462]. Der Wert des Verfahrens wird hier für das gesamte Gesundheitswesen gesehen[1463] – sowohl für innerbetriebliche Auseinandersetzungen, Kontroversen zwischen Institutionen und Organisationen, Gesundheitsbehörden und Leistungserbringern, Krankenhäusern und Krankenkassen, als auch für Streitigkeiten zwischen Ärzten und Patienten und für die stetige Verbesserung dieser Beziehung. Auch in Haftungsfällen wird das Verfahren erfolgreich angewandt[1464].

Die frühen Bestrebungen in den USA und Großbritannien verliefen nicht durchgehend wunschgemäß, wohingegen in jüngerer Zeit eine zunehmende Etablierung festgestellt werden kann. Die USA bemühten sich schon sehr früh um außergerichtliche Streitbeilegung in Arzthaftungsauseinandersetzungen – insbesondere um die Mediation.[1465] In Wisconsin führte man in den 1980er Jahren ein obligatorisches

---

1459 *Leischner*, Streitbeilegung in medizinischen Haftungsfällen, S. 213.

1460 *Leischner*, Streitbeilegung in medizinischen Haftungsfällen, S. 221 f.; *Jahn*, Außergerichtliche Konfliktlösung im Gesundheitswesen, S. 58 ff. Siehe hier auch die weitgehende ablehnende Haltung gegenüber Mediation bei im Raum stehenden Behandlungsfehler: *Jahn*, Außergerichtliche Konfliktlösung im Gesundheitswesen, S. 59.

1461 Siehe bspw. *Schweiter*, SÄZ 2003; 84: Nr. 32/33, 1698 ff.; *Gasche*, SÄZ 2007; 88: Nr. 26, 1150 f.; Angaben von *Reto Pampaluchi*, der sich als Erster in der Schweiz auf Mediation bei Konflikten im Gesundheitswesen spezialisiert hat, vgl. Interview in der Informationsschrift der Ärztekasse, „check up" Nr. 21, Juli 2003, einsehbar unter: http://www.aerztekasse.ch/de/cm_data/check-up_21_2003.pdf (Zugriff am 01. Mai 2013); siehe auch *Pampaluchi/Bono-Hörler*, Competence 07–08/2002, 37 ff., einsehbar unter: http://www.bonolaw.ch/PDFs/Konflikte-erfolgreich-loesen.pdf (Zugriff am 10. Januar 2012); *Studer*, VSAO-Journal, Nr. 4/2004, 7 ff. (8), einsehbar unter: http://www2.v1150 ff.sao.ch/fileupload/16122004134846_file.pdf (Zugriff am 10. Januar 2012).

1462 *Gasche*, SÄZ 2007; 88: Nr. 26, 1150 f. (1050).

1463 *Gasche*, SÄZ 2007; 88: Nr. 26, 1150 f.; *Studer*, VSAO-Journal, Nr. 4/2004, 7 ff. (8); siehe auch Angaben von *Pampaluchi*, einsehbar unter: http://www.aerztekasse.ch/de/cm_data/check-up_21_2003.pdf (Zugriff am 01. Mai 2013).

1464 *Studer*, VSAO-Journal, Nr. 4/2004, 7 ff. (8).

1465 Siehe zu den Reformen in den USA und der Einführung von ADR-Maßnahmen im Bereich von medical-malpractice-Fällen bspw.: *Metzloff*, Alaska Law Review Vol. 9:2 1992, 429 ff., insb. 437 ff.; siehe auch: *De Marrón*, Alternative Streitschlichtung in Arzt- und Produkthaftungsfällen, S. 283 ff.

vorgerichtliches Mediationsverfahren für Arzthaftungsstreitigkeiten ein, das sog. „Mandatory Mediation Panel System" (MMPS), dessen Team aus drei Mitgliedern – einem Anwalt als Vorsitzenden, einem Mediziner als unabhängigem Sachverständigen sowie einem Laien – besteht[1466]. Eine Beweisaufnahme – wie die Befragung von Zeugen und andere Beweiserhebungen – erfolgt nicht[1467]. Die Begutachtung durch das Team ist für die Parteien nicht bindend[1468]. Als problematisch ist allerdings die Tatsache anzusehen, dass der vorsitzende Rechtsanwalt lediglich eine dreistündige Einführung in die Mediation erhält und die anderen MMPS-Mitglieder keinerlei besonderen mediativen Kenntnisse vorweisen müssen[1469]. Das vorgeschaltete Mediationsverfahren brachte in den ersten zwei Jahren lediglich 9 % der Streitigkeiten zu einer endgültigen Erledigung[1470]. Es ist anzunehmen, dass der verpflichtende Charakter sowie die mangelhafte Ausbildung des MMPS-Teams zu dieser ernüchternden Rate beitrugen. Der verpflichtende Charakter mag nicht nur Auswirkung auf die Bereitschaft der Beteiligten haben, eine konsensuale Lösung ihrer Streitigkeit anzustreben, sondern ist auch in der Hinsicht zweifelhaft, dass wiederum ohne Vorauswahl hinsichtlich der Mediationstauglichkeit eines Falles, sämtliche Konflikte unter die Verpflichtung fallen.[1471] Trotzdem gab die Hälfte der Beteiligten an, dass durch das Mediationsverfahren ein sinnvoller Zweck, wie die Fokussierung auf den Streitgegenstand und den Schaden, erfüllt wurde[1472].

In Michigan ist seit 1987 ein Mediationsverfahren in Arzthaftungsfällen vorgeschrieben. Das „Mediation Panel" besteht hier aus drei Juristen und zwei Medizinern, welche von den Parteien gewählt werden können[1473]. Das Verfahren ist jedoch eher einem Kommissionsverfahren angeglichen als einer Mediation. Die Mitglieder des „Mediation Panel" fällen eine Entscheidung über den Schadensersatz, welche für die Parteien nicht bindend ist. Ihnen steht weiterhin der Weg zu den Gerichten offen. Diese werden jedoch nur in 10 % der Fälle noch angerufen[1474].

Durch ein Pilotprojekt in North Carolina im Jahr 1991 wurde den Richtern die Möglichkeit eröffnet, in zivilrechtlichen Fällen, welche in den Zuständigkeitsbereich

---

1466 *De Marrón*, Alternative Streitschlichtung in Arzt- und Produkthaftungsfällen, S. 298.

1467 *Kilian*, VersR 2000, 942 ff. (944) m.w.N.

1468 *De Marrón*, Alternative Streitschlichtung in Arzt- und Produkthaftungsfällen, S. 298.

1469 *De Marrón*, Alternative Streitschlichtung in Arzt- und Produkthaftungsfällen, S. 298.

1470 *Kilian*, VersR 2000, 942 ff. (944). Siehe auch unter: http://www.wicourts.gov/courts/offices/mmp.htm (Zugriff am 01. Mai 2013).

1471 Siehe zu dieser Problematik i.R.v. § 15a EGZPO schon Kapitel 2, G, II, 2.

1472 *Kilian*, VersR 2000, 942 ff. (944).

1473 *De Marrón*, Alternative Streitschlichtung in Arzt- und Produkthaftungsfällen, S. 299.

1474 *De Marrón*, Alternative Streitschlichtung in Arzt- und Produkthaftungsfällen, S. 299 m.w.N.

des Superior Court fielen, die Parteien zur Durchführung einer „Mediation Settlement Conference“ (MSC) zu verpflichten[1475]. So wurde auch für viele Arzthaftungssachen die Durchführung einer Mediation festgelegt, welche in ¼ der Fälle sogar erfolgreich verliefen[1476]. Der anordnende Charakter von arzthaftungsrechtlichen Mediationen scheint jedoch ein gewichtiger Faktor für den nur mäßigen Erfolg mancher Pilotprojekte zu sein. Die Möglichkeit der Gerichte, durch ihre Alternative Dispute Resolution-Programme Haftungsklagen in eine Mediation zu verweisen, besteht jedoch weiterhin[1477].

Erfreulicherweise hat das Engagement, den Wert von Mediation in diesem Bereich zu erforschen – wie die Auswirkungen auf das Qualitäts- und Risikenmanagement – und sie als gleichwertige Alternative zu etablieren, jedoch nicht abgenommen.[1478] Das professionelle Angebot arzthaftungsrechtlicher Mediationen – auch durch autonome Mediatoren und Mediationsverbände[1479] – wird bis heute ausgedehnt. Von einzelnen durchgeführten Mediationen kann man gegenwärtig häufiger lesen. Ein 2004 durchgeführtes Pilotprojekt der Stadt New York im Bereich von Mediationen bei Haftungsklagen gegen Krankenhäuser verlief im Ergebnis erfolgreich[1480]. Von 29 Fällen, die an der Studie beteiligt werden sollten, wurde in 24 Fällen der Durchführung zugestimmt. Letztendlich wurden 19 Fälle mediiert und in 13 eine Einigung erzielt. Die Beteiligten empfanden die Mediation als fair,

---

1475 *De Marrón*, Alternative Streitschlichtung in Arzt- und Produkthaftungsfällen, S. 300 m.w.N.

1476 *De Marrón*, Alternative Streitschlichtung in Arzt- und Produkthaftungsfällen, S. 300 m.w.N.

1477 *Metzloff/Peeples/Harris*, Law and Contemporary Problems 60, no. 1&2 (1997), 107 ff., einsehbar unter: http://www.law.duke.edu/shell/cite.pl?60+Law+&+Contemp.+Probs.+107+%28Winter+1997%29 (Zugriff am 10. Januar 2012).

1478 In den 1990er Jahren gab es weitere Projekte zur Mediation im Arzthaftungsbereich, wie Untersuchungen, inwieweit Mediation neben der Lösung von Haftungsstreitigkeiten einen präventiven Effekt hinsichtlich des Fehleraufkommens erzielen und einen Beitrag zur Verbesserung des Qualitätsmanagements leisten kann, vgl. *Dauer/Marcus*, Law and Contemporary Problems 60, No. 1 (1997), 185 ff.; *Hyman/Liebman/Schechter/Sage*, Journal of Health Politics, Policy and Law 2010, 35 (5), 797 ff., weitere Angaben bei *De Marrón*, Alternative Streitschlichtung in Arzt- und Produkthaftungsfällen, S. 299 ff.

1479 Siehe bspw. zur *Medical Mediation Group*: http://cshmediation.com/MedicalMediationGroup.shtml (Zugriff am 01. Mai 2013) und eine Liste der Mediatoren, die im Bereich Mediation zwischen Arzt und Patient ihre Dienste anbieten allein für New York unter: http://www.mediation.com/findmediator/medical-malpractice-mediation/new-york.aspx; http://www.mccammongroup.com/articles/medical-malpractice-mediation.asp (Zugriff am 10. Januar 2012).

1480 *The New York City´s Pilot Project for Mediating Malpractice Cases: Hyman/Schechter*, Health Affairs, 25, no. 5 (2006), 1394 ff., einsehbar unter: http://content.healthaffairs.org/content/25/5/1394.full (Zugriff am 01. Mai 2013).

zufriedenstellend und ihren Interessen entsprechend[1481]. Aus der Studie ergab sich, dass eine Mediation eine Entschuldigung fördern kann[1482]. Zudem gaben die Verteidiger an, dass sie zur Vorbereitung des Falles für die Mediation lediglich 1/10 der Zeit benötigten im Vergleich zur Vorbereitung eines Gerichtsprozesses[1483]. Auch eine im Jahr 2006/2007 durchgeführte Studie zu Mediationen im Arzthaftungsbereich konnte eine Einigungsquote von rund 71 % verzeichnen[1484]. Die Teilnahme an den Mediationen war freiwillig. Die Rechtsanwälte der potenziellen Beklagtenseite standen dem Verfahren jedoch häufig sehr skeptisch gegenüber[1485]. Bedauerlicherweise waren bei diesen Mediationen die betroffenen Ärzte nicht zugegen, wodurch in erster Linie dem Patienten, jedoch auch dem Arzt selbst die Möglichkeit erschwert wird, Geschehenes zu verstehen, zu akzeptieren und die Beziehung zueinander aufrechtzuerhalten oder jedenfalls geordnet zu beenden[1486].

Den Ausführungen zufolge lässt sich allerdings erkennen, dass die USA im Bereich arzthaftungsrechtlicher Mediationen schon weiter vorangeschritten sind als Deutschland. Sie haben jedoch gleichwohl noch mit Akzeptanzproblemen zu kämpfen.[1487]

Auch Großbritannien wandte sich in den 1990er Jahren der Mediation im Arzthaftungsbereich zu.[1488] Ein Grund für das Interesse an der Einführung von Mediation im arzthaftungsrechtlichen Bereich ist, dass die Kosten der staatlichen Rechtshilfe für arzthaftungsrechtliche Schadensersatzklagen Einkommensschwacher den britischen Justizhaushalt extrem belasten[1489]. Das vom National Health Service (NHS) realisierte Pilotprojet wurde jedoch als Fehlschlag bezeichnet[1490].

Ziel war die Entwicklung eines breitflächig einzuführenden Modells[1491]. Das Projekt wurde im Jahr 1995 in zwei Regionen verwirklicht[1492]. Die Durchführung von 40 Verfahren war beabsichtigt, wovon letztendlich nur zwölf dieses Stadium erreichten.

1481 *Hyman/Schechter*, Health Affairs, 25, no. 5 (2006), 1394 ff. (1398).

1482 *Hyman/Schechter*, Health Affairs, 25, no. 5 (2006), 1394 ff. (1395).

1483 *Hyman/Schechter*, Health Affairs, 25, no. 5 (2006), 1394 ff. (1399).

1484 *Hyman/Liebman/Schechter/Sage*, Journal of Health Politics, Policy and Law 2010, 35 (5), 797 ff. (807).

1485 *Hyman/Liebman/Schechter/Sage*, Journal of Health Politics, Policy and Law 2010, 35 (5), 797 ff. (813 f.).

1486 *Hyman/Liebman/Schechter/Sage*, Journal of Health Politics, Policy and Law 2010, 35 (5), 797 ff. (816 f., 825).

1487 Siehe bspw. auch die Ausführungen eines Arztes: http://www.experts.com/Articles/ADR-As-An-Alternative-To-Medical-Malpractice-Litigation--By-Perry-Hookman-MD (Zugriff am 10. Januar 2012).

1488 Siehe eingehend zum Pilotprojekt: *Mulcahy*, Mediating Medical Negligence Claims: An option for the future?.

1489 *Kilian*, VersR 2000, 942 ff. (945); *Mulcahy*, Mediating Medical Negligence Claims, S. 20f.

1490 *Kilian*, VersR 2000, 942 ff. (945).

1491 *Kilian*, VersR 2000, 942 ff. (945).

1492 *Mulcahy*, Mediating Medical Negligence Claims, S. 22.

Als Grund hierfür wurde in erster Linie die fehlende Akzeptanz von Mediation in Arzthaftungssachen angeführt, die sich in der mangelnden Bereitschaft – und oftmals auch mangelnden Qualifikation[1493] – von Rechtsanwälten[1494] und Betroffenen auf medizinischer Seite äußerte[1495] sowie die im Vergleich zum Gerichtsprozess oftmals höheren Kosten eines solchen Verfahrens[1496]. Auch wenn die Durchführung von lediglich zwölf Mediationen nicht repräsentativ ist und eine Generalisierung ausschließt, sei jedoch angemerkt, dass in elf der mediierten Fälle eine Einigung erzielt wurde[1497]. Bedauerlicherweise waren nicht immer die betroffenen Ärzte bei der Mediation zugegen[1498].

Am weitesten fortgeschritten ist die Entwicklung von arzthaftungsrechtlichen Mediationen in Australien. Hier ist sie ein voll etabliertes Instrumentarium zur Beilegung von Haftungsstreitigkeiten.[1499] Vor allem die Haftpflichtversicherer würden es begrüßen, wenn Behandlungsfehlerfälle in einer Mediation verhandelt werden[1500]. Nach Schätzungen werden in Australien sogar 70 % der medizinrechtlichen Streitigkeiten in einer Mediation beigelegt[1501]. Hauptgrund dieser hohen Quote sei zweifelsohne das Kostenrisiko eines Gerichtsverfahrens[1502]. Bei den Mediationssitzungen seien regelmäßig der Patient, die Rechtsanwälte und die Versicherer anwesend. Der betroffene Arzt hingegen sei meistens nicht zugegen[1503]. Dies schmälert die erwünschte Befriedungswirkung zwischen Arzt und Patient. Nach australischen Erfahrungen ist es für den Patienten wichtig, dass er dem Arzt sein erfahrenes Leid mitteilen kann. Besonders in Medizinschadensfällen sei den Parteien daran gelegen, über das Geschehene zu reden[1504]. Eine erfolgreiche Mediation hänge zum großen Teil von einer Entschuldigung des Arztes ab. Der Aussprache zwischen Arzt und Patient komme ein hoher Wert zu[1505]. Da jedoch der Versicherer bei einem schuldhaften Fehlverhalten für den Arzt einsteht, wird er als Hauptpartei in dem Verfahren angesehen. Diese Rolle habe er auch in einem Mediationsverfahren inne. Trotz dieser Gegebenheit ist die Mediation im Arzthaftungsrecht in Australien sehr erfolgreich. Es werden bspw. folgende Fallgruppen mediiert: Fälle, in denen

---

1493 *Mulcahy*, Mediating Medical Negligence Claims, S. 50, 64 ff.
1494 *Mulcahy*, Mediating Medical Negligence Claims, S. 59.
1495 *Kilian*, VersR 2000, 942 ff. (945).
1496 *Mulcahy*, Mediating Medical Negligence Claims, S. 98 f.
1497 *Mulcahy*, Mediating Medical Negligence Claims, S. 31.
1498 *Mulcahy*, Mediating Medical Negligence Claims, S. 61.
1499 Vgl. zum Potential von Mediation in Arzt-Patient-Konflikten: *Bogdanoski*, (2009) 20 ADRJ 77, 77 ff.
1500 Angaben des australischen Kronanwalts *Ian Hanger* bei *Wolf*, Betrifft JUSTIZ Nr. 101, 244 ff. (244).
1501 *Wolf*, Betrifft JUSTIZ Nr. 101, 244 ff. (245).
1502 *Wolf*, Betrifft JUSTIZ Nr. 101, 244 ff. (245).
1503 *Wolf*, Betrifft JUSTIZ Nr. 101, 244 ff. (245 f).
1504 *Wolf*, Betrifft JUSTIZ Nr. 101, 244 ff. (247).
1505 *Wolf*, Betrifft JUSTIZ Nr. 101, 244 ff. (247).

eine Fehldiagnose gestellt wurde und in denen eine wirksame Einwilligung in den Eingriff fehlt. Zudem Streitigkeiten, in denen es um die Gehirnschädigungen eines Kindes bei der Geburt geht sowie Fälle in denen sich der Patient nach einer Operation Infektionen zugezogen hat. Auch solche Fälle, in denen es Patienten scheinbar nur um einen wirtschaftlichen Vorteil geht, gelangen in eine Mediation[1506].

Die Unterschiedlichkeit der mediierten Fälle macht deutlich, dass sich kein Regelwerk für die Eignung von Fällen für eine Mediation erkennen lässt. Vielmehr scheint die Mediationsgeeignetheit einzelfallabhängig zu sein.

Die Bemühungen der USA, Großbritannien, Australien, Osterreich und der Schweiz Mediation auch bei Arzt-Patient-Konflikten nutzbar zu machen, bringen die zunehmende Bedeutung des Verfahrens zum Ausdruck. Auch in diesen Ländern – mit Ausnahme von Australien – leiden arzthaftungsrechtliche Mediationen noch unter Akzeptanzschwierigkeiten. Die weiteren Bestrebungen und erste Erfolgsnachrichten im Bereich der Anwendung von arzthaftungsrechtlichen Mediationen lassen allerdings hoffen, dass sich das Verfahren in diesem Bereich weiterentwickelt und sich bei kontinuierlicher Weiterverfolgung zu einer vollwertigen Alternative zu den etablieren Streitbeilegungsmöglichkeiten ausprägt.

1506 *Wolf*, Betrifft JUSTIZ Nr. 101, 244 ff. (244).

Kapitel 9: Fazit

Kann Mediation auch Einzug in das Arzthaftungsrecht halten? Die Antwort lautet eindeutig: Ja. Sie hat das Potenzial einer gleichwertigen Streitbeilegungsmöglichkeit neben den gerichtlichen Verfahren und den Verfahren der ärztlichen Gütestellen. Sie kann langwierige Prozesse vermeiden oder – in Form der gerichtlichen Mediation – jedenfalls abkürzen und darüber hinaus zu befriedigenden, im Zweifel sogar zu interessengerechteren Ergebnissen führen. Inwieweit sie für den Einzelfall als Streitbeilegungsmethode gewählt werden soll, hängt zum einen von den jeweiligen Konfliktmerkmalen, ihren Parteien sowie der Person und Qualifikation des Mediators ab. Zum anderen und gleichbedeutend für den Einsatz von Mediation ist jedoch die Bereitschaft der Berufshaftpflichtversicherer, Rechtsanwälte und Richter, arzthaftungsrechtlichen Mediationen eine Chance zu geben.

Das erste Kapitel beschäftigte sich mit der Frage: Benötigen wir auch für den Arzthaftungsbereich alternative Konfliktbeilegungsmethoden? Diese Frage ist zu bejahen. Auch wenn es überspitzt ist, im Zusammenhang mit dem Prozessaufkommen an deutschen Gerichten allgemein von einer „Prozessflut" zu sprechen, sieht sich die Justiz einer zunehmenden Überlastung ausgesetzt. Gerade im Bereich der Arzthaftung ist von einer steigenden Inanspruchnahme des Rechtsweges auszugehen. Allein bei einem Blick auf das vergangene Jahrzehnt wird dies deutlich. Wurden für das Berichtsjahr 2004 im Arzthaftungsbereich noch 7.659 erstinstanzliche Erledigungen an den Amts- und Landgerichten festgehalten, waren es im Jahr 2010 schon 9.927 Verfahren. Auch die Anzahl der bei den Gutachterkommissionen und Schlichtungsstellen der Landesärztekammern eingehenden Anträge hält sich auf einem hohen Niveau. Besonders im Arzthaftungsbereich ist eine Verrechtlichung der Arzt-Patient-Beziehung, eine Spezialisierung, Technisierung und Verwissenschaftlichung der Medizin und eine weiterhin andauernde Emanzipation der Patientenschaft zu verzeichnen. Schon aus diesen Gründen birgt diese Beziehung zunehmend Konfliktpotenzial. Gerichtsverfahren werden von den Beteiligten besonders in Arzthaftungssachen als zu lang, teuer und aufwendig sowie unverständlich, unpersönlich und unberechenbar beurteilt. Das Verfahren vor den ärztliche Gütestellen ist als rein gutachterliches Verfahren zwar unverzichtbar, kann jedoch auf die Arzt-Patient-Beziehung nicht nachhaltig einwirken. Die bestehenden Konfliktbeilegungsmöglichkeiten im Arzthaftungsbereich sind ergänzungswürdig. Das Mediationsverfahren ist in den letzten Jahrzehnten mehr und mehr in das Bewusstsein der Akteure gelangt und kommt damit als Ergänzung und Alternative zum Gerichtsverfahren und dem Verfahren der ärztlichen Gütestellen in Betracht.

Der Frage, inwieweit die Mediation diese Lücke schließen kann, wurde in Kapitel zwei in einem ersten Schritt nachgegangen. Mit der Darstellung ihrer Ziele und Prinzipien, ihrem flexiblen Verfahrensablauf sowie ihren unterschiedlichen Ausformungen und Anwendungsbereichen wird ihre Relevanz und Verbreitung deutlich. Mittlerweile wurde mit dem MediationsG eine rechtliche Grundlage für das Verfahren geschaffen. Diese soll dazu beitragen, Mediation im Bewusstsein der Bevölkerung und der in der Rechtspflege tätigen Berufsgruppen stärker zu verankern, Qualitätsstandards zu setzen und die Weiterentwicklung des Verfahrens zu fördern. Reicht das Gesetz zur Verfolgung dieser Ziele aus? Das MediationsG ist dazu geeignet, Mediation stärker in das Spektrum der Konfliktlösungsmöglichkeiten einzubinden, genügt allein jedoch nicht, das Vertrauen und die Akzeptanz der Rechtsanwender und der Bevölkerung nachhaltig zu erwerben. Die Regelungen zur Person des Mediators, seiner Aus- und Fortbildung sowie das Bestehenlassen der vorhandenen Vorschriften zur Vollstreckbarkeit und Verjährung sind begrüßenswert, Normierungen eines Verschwiegenheits- und Vertraulichkeitsgebots in Form von allgemeinen Verwertungs- und Beweiserhebungsverboten fehlen indes. Kostenbarrieren bleiben bestehen, während die gerichtsinterne Mediation abgeschafft wird. Einen Wandel in der Streitkultur wird das Gesetz allem Anschein nach nicht bewirken. Hierfür wären der Ausbau der Informationsarbeit sowie die verstärkte Eingliederung von Mediation in die bestehenden Verfahren, vorhandenen Strukturen und Institutionen ein aussichtsreicher Ansatzpunkt gewesen. Damit würde ihre effiziente Nutzung gefördert sowie die Sicherung von Qualitätsstandards gewährleistet.

Das dritte Kapitel ging der Frage nach, wie das Arzthaftungsrecht und arzthaftungsrechtliche Streitigkeiten ausgestaltet sind. Für diese Materien bestehen keine spezialgesetzlichen Regelungen. Ihre Grundlagen ergeben sich vielmehr aus dem BGB, insbesondere aus dem Vertragsrecht (§§ 611 ff BGB) und dem Recht der unerlaubten Handlung (§§ 823 ff BGB). Für die relevantesten Haftungsgründe – Behandlungs- und Aufklärungsfehler – hat die Rechtsprechung Fallgruppen entwickelt, welche zwingende Grundsätze manifestieren und die Einordnung eines ärztlichen (Fehl-)Verhaltens erleichtern sollen. Zudem sind die von der Judikative ausgearbeiteten Regelungen zur Beweislast und Kausalität von besonderer Bedeutung. Die Kenntnisse dieser Eigentümlichkeiten des Arzthaftungsrechts, der Stellung von Arzt und Patient in einer Haftungsauseinandersetzung und deren Schwierigkeiten im Bereich des Beweisrechts sind für die Rechtsanwender und damit auch für die Mediatoren einer arzthaftungsrechtlichen Mediation notwendig.

Im Rahmen der Struktur und Häufigkeit von Arzt-Patient-Streitigkeiten ist auffallend, dass Klinikärzte im Vergleich zu niedergelassenen Ärzten häufiger von Patienten aufgrund eines vermeintlichen Fehlervorkommens in Anspruch genommen werden. Zudem sind Fachbereiche wie die Chirurgie, Gynäkologie und Geburtshilfe sowie die Orthopädie im Rahmen der Schadenshäufigkeit besonders vertreten. Insgesamt ist von einem Anstieg der durchschnittlichen Schadenshöhen auszugehen. In Arzthaftungsauseinandersetzungen ist (gezwungenermaßen) eine Vielzahl von Interessenträgern involviert, deren Beteiligung auch im Rahmen arzthaftungsrechtlicher Mediationen verstärkt berücksichtigt werden muss. Insbesondere dem medizinischen Sachverständigen, dem Berufshaftpflichtversicherer des Arztes und dem Krankenversicherer des Patienten kommen bedeutende Rollen zu. Bei einer Konfliktbeteiligung von Klinikärzten und Ärzten, die in einer Kooperation tätig sind, sind zudem die Träger des Hauses sowie weitere Ärzte und nichtärztliches Personal einzubeziehen. Die Tatsache, dass von einer Arzthaftungsstreitigkeit neben dem betroffenen Arzt und Patient weitere Interessenträger tangiert sind, hat zur Folge, dass die eigentlichen Konfliktparteien regelmäßig nicht allein und selbstbestimmt verhandeln können. Diese Faktoren verkomplizieren die Konflikte und müssen auch bei der Initiierung einer Mediation bedacht werden.

In Kapitel vier wurde anhand der Darstellung der gegebenen Streitbeilegungsmöglichkeiten im Arzthaftungsrecht aufgezeigt, warum sowohl die gerichtlichen als auch die außergerichtlichen Verfahren im Arzthaftungsrecht ergänzungswürdig sind. Eine umfassende Befriedung des Arzt-Patient-Verhältnisses wird durch die Tätigkeit der Gerichte und der ärztlichen Gütestellen nicht erreicht. Gerichtsverfahren sind für die Beteiligten zeit- und kostenintensiv und können die Bedürfnisse der Beteiligten nur selektiv, soweit es sich dabei um entscheidungserhebliche Tatsachen handelt, aufarbeiten. Das kontradiktorische Gerichtsverfahren verstärkt die Frontenbildung zwischen den Parteien und kann für den Patienten nicht selten traumatisierend wirken. Das Schlichtungsverfahren der ärztlichen Gütestellen vermag die Bedürfnisse der Parteien in einer Arzthaftungsauseinandersetzung gleichwohl nicht vollumfänglich zu befriedigen. Zwar ist das form- und kostenlose Verfahren dazu geeignet, Gerichtsverfahren zu vermeiden und den Parteien eine objektive Einschätzung des Behandlungsfalles zu bieten. Die Aufarbeitung des Konfliktes als Ganzes wird von diesen Stellen allerdings nicht geleistet – allein aufgrund des Umstandes, dass sie sich auf die Erarbeitung von Fachgutachten beschränken und die Verfahren ausschließlich schriftlich abgewickelt werden. Schon aus diesen Gründen können sie zur Befriedung des Arzt-Patient-Verhältnisses nur teilweise beitragen. Die Unterstützung der Patienten durch die sonstigen Stellen – wie der Beschwerde- und Schlichtungsabteilungen der Landesärztekammern, des Beschwerdemanagements einzelner Kliniken sowie der Patientenberatungsstellen und Patientenombudsleute – beschränkt sich weitestgehend auf die Behandlung von Beschwerden in tatsächlicher Hinsicht und auf die Beratung sowie Weiterverweisung an die ärztlichen Gütestellen und Gerichte. Ein Verfahren, das sowohl die Klärung der medizinischen Gegebenheiten und der sich daraus ergebenden juristischen Schlussfolgerungen als auch die Aufarbeitung des Konfliktes in seiner Totalität bereitstellt, wird derzeit nicht angeboten.

Hieran anknüpfend stellt sich die Frage, ob Mediation im Arzthaftungsrecht eine Ergänzung zu den herkömmlichen Verfahren darstellen kann. Da Mediation in diesem Bereich noch nicht ausreichend erprobt wurde, wurde der Beantwortung dieser Frage zum einen dadurch nachgegangen, ob sie theoretisch für Arzthaftungsstreitigkeiten in Frage kommt und zum anderen, ob die von Arzthaftungsstreitigkeiten betroffenen Personen, vor allem Ärzte und Patienten, Versicherer, Rechtsanwälte und Richter, gewillt sind, ihr einen Anwendungsbereich zu geben.

Sowohl anhand der Charakteristika von Arzt-Patient-Konflikten als auch anhand der Prinzipien von Mediation lässt sich festmachen, dass das Verfahren für diese Art von Streitigkeiten, und insbesondere auch für Arzthaftungskonflikte, eine geeignete Verfahrensalternative darstellt (Kapitel 5).

Arzt-Patient-Konflikte zeichnen sich häufig dadurch aus, dass nach einem Fehlervorwurf seitens des Patienten der gesamte Kommunikationsfluss zwischen den Parteien zum Erliegen kommt. Die Berufshaftpflichtversicherung, die nach einem vermeintlichen Arztfehler die weiteren Verhandlungen übernimmt, trägt durch ihre sehr sachliche Herangehensweise an den Haftungsfall zu einer zunehmenden Frontenverhärtung bei. Des Weiteren wird aufgrund der ausschließlichen Bearbeitung des Falles durch die rechtlichen Beistände sowie die Versicherer bewirkt, dass die eigentlichen Streitparteien – Arzt und Patient – an der Konfliktlösung nicht beteiligt werden. Diese Gegebenheiten stehen im krassen Widerspruch zu dem ansonsten von Vertrauen und Respekt gekennzeichneten Arzt-Patient-Verhältnis. Hinzu kommt, dass Patienten mit ihrem Vorgehen gegen den Arzt häufig sogenannte „non-legal remedies" verfolgen, wie ein Schuldeingeständnis, eine detaillierte Ermittlung des Geschehenen, einen Ausdruck des Bedauerns oder die Verdeutlichung des erlittenen Leids. Diese Faktoren werden von den herkömmlichen Verfahren nicht ausreichend berücksichtigt.

Im Rahmen einer arzthaftungsrechtlichen Mediation besteht hingegen nicht nur die Möglichkeit, diese Bedürfnisse des Patienten offenzulegen, sondern darüber hinaus wird durch ihre nicht-adversive Verhandlungsmethoden dazu beigetragen, dass Arzt und Patient sich über die nicht-rechtlichen Komponenten verständigen. Mediation kann auf die Besonderheiten der jeweiligen Arzt-Patient-Beziehung eingehen. Vor allem aufgrund ihrer Vertraulichkeit und der Möglichkeit, die Beziehung für die Zukunft aufrechtzuerhalten oder jedenfalls geordnet zu beenden, ist sie als Alternative bei dieser Art von Streitigkeiten in Erwägung zu ziehen. Dadurch, dass Mediationsverfahren sich durch eine geringe Förmlichkeit und hohe Flexibilität auszeichnen, werden hochwertige Konfliktlösungen ermöglicht, die für beide Parteien – insbesondere auch für den Patienten als medizinischen Laien – nachvollziehbar sind. Vor allem für komplexe Arzthaftungsstreitigkeiten fällt ins Gewicht, dass im Rahmen einer Mediation die Chance besteht, Unsicherheiten bestehen zu lassen. So können bei einem Einigungswillen beider Parteien die unaufgeklärten und oftmals auch unaufklärbaren Punkte durch gegenseitiges Nachgeben konsensuell gelöst werden. Ein Mehrwert von Mediationsverhandlungen besteht zudem in der Gelegenheit, einen präventiven Nutzen für das Qualitäts- und Risikomanagement zu ziehen.

Zugleich hat sich die Annahme, dass es sich bei einer Mediation im Vergleich zu den herkömmlichen Streitbeilegungsverfahren im Arzthaftungsrecht um das kostengünstigere Verfahren handelt, nicht bestätigt. Vielmehr hängt die Kostenspanne einer arzthaftungsrechtlichen Mediation von den Gegebenheiten des Einzelfalls ab, bspw. ob noch Sachverständigengutachten eingeholt werden müssen oder wie viele Mediationssitzungen mit welcher Besetzung erforderlich sind. Im Vergleich zum Gerichtsverfahren ist letzteres bei einer Auseinandersetzung mit einem niedrigen Streitwert und langer Verfahrensdauer vorteilhafter, während eine Mediation jedenfalls im Hinblick auf die Verfahrenskosten bei einem hohen Streitwert und einer zügigen Beilegung kostengünstiger ist. Die Kostenfreiheit des Schlichtungsverfahrens vor den ärztlichen Gütestellen ist bislang unübertroffen. Bei der Kostenberechnung eines Mediationsverfahrens ist jedoch zu berücksichtigen, dass bei einer erfolgreichen Mediation die Streitigkeit endgültig und umfassend beigelegt wird, Konfliktfolgekosten im Idealfall gar nicht entstehen oder jedenfalls gering gehalten werden und die emotionale Belastung für die Parteien geringer ausfällt als bspw. in einem gerichtlichen Verfahren. Hinzu kommt, dass eine arzthaftungsrechtliche Mediation regelmäßig weniger Zeit beansprucht.

Voraussetzung für eine Mediation im Arzthaftungsbereich ist, dass ein fachkompetentes Mediationsangebot besteht. Dieses existiert derzeit noch nicht. Der Mediator sollte aufgrund der Komplexität des Arzthaftungsrechts einen juristischen Quellberuf haben, mit einer Spezialisierung oder jedenfalls hinreichenden Erfahrungen im Arzthaftungsrecht. Rechtliche Einschätzungen durch den Mediator sollten auf Wunsch der Medianten vor dem Hintergrund der schwierigen Rechtsmaterie in einem angemessenen Grad gestattet sein. Idealiter sollte neben dem Hauptmediator ein Co-Mediator aus einem medizinischen Quellberuf, bestenfalls aus dem betroffenen Fachgebiet, in der Mediation verfügbar sein. Durch seine Anwesenheit werden die Erörterung des Sachverständigengutachtens und die Beantwortung medizinischer Rückfragen sichergestellt. Der Co-Mediator sollte allerdings personenverschieden von dem ggf. hinzugezogenen Sachverständigen, der eine Begutachtung des Falles vorgenommen hat, sein.

Weitere Voraussetzungen und gleichzeitige Grenzen arzthaftungsrechtlicher Mediationen bestehen in der Notwendigkeit eines Verhandlungsspielraums und der Vergleichsbereitschaft der Parteien sowie in der zwingend erforderlichen Zustimmung des Berufshaftpflichtversicherers des Arztes zur Durchführung einer Mediation. Ohne Verhandlungsspielraum besteht kein Anwendungsbereich für Mediation. Der Verhandlungsspielraum wird wesentlich durch das Ergebnis des Sachverständigengutachtens und durch die Vergleichsbereitschaft des Haftpflichtversicherers bestimmt. Vor allem bei einer ablehnenden Haltung des Versicherers besteht für Mediation durch die Gebundenheit des Arztes an die Entscheidung seines Versicherers wenig Raum. Die Haftpflichtversicherer sollten deshalb an der Mediation beteiligt werden – sei es durch die Einräumung eines Vetorechts gegen den im Rahmen einer Mediation geschlossenen Vergleich oder durch eine stetige Rücksprache während des Verfahrens bzw. die unmittelbare Beteiligung des zuständigen Sachbearbeiters an dem Verfahren. Auch bei hochkomplexen Arzthaftungsstreitigkeiten ist die Geeignetheit von Mediation nicht ohne Weiteres anzunehmen, sondern bedarf einer einzelfallorientierten Überprüfung. Um komplexe Streitigkeiten einer Tatsachengrundlage zugänglich zu machen, kann die verfahrenstechnische Ordnung eines Gerichtsverfahrens unabdingbar sein. Zudem möchten die Beteiligten in diesen Konstellationen die Entscheidung häufig auf einen Dritten delegieren, anstatt sie selbst zu erarbeiten.

Die Vorzüge von Mediation im Arzthaftungsbereich können nicht darüber hinwegtäuschen, dass das Verfahren in diesem Rechtgebiet (noch) vor einer großen Akzeptanzhürde steht, die ihre praktischen Umsetzungschancen deutlich schmälert. Vor allem im Fachbereich des Arzthaftungsrechts ist Mediation den Rechtsanwendern noch nicht genügend präsent, um als ernsthafte Methode in Betracht gezogen zu werden. Die Anzahl der Kritiker von arzthaftungsrechtlichen Mediationen – zumeist Rechtsanwälte, Richter und Berufshaftpflichtversicherer – überwiegt die der Befürworter (Kapitel 6). Befürworter arzthaftungsrechtlicher Mediationen sind vor allem Mediatoren – sowohl außergerichtlich als auch richterlich tätig werdende – sowie eine geringe Anzahl von Rechtsanwälten. Während diese die intime Vertrauensbeziehung zwischen Arzt und Patient, die Vertraulichkeit der Mediationssitzungen, die Überlagerung von Arzthaftungsstreitigkeiten durch die subjektiven Wahrnehmungen der Parteien und die Möglichkeit der Eindämmung des Eskalationsrisikos durch Mediation als Gründe für das Verfahren annehmen, lehnen die Mediationskritiker das Verfahren insbesondere aufgrund der Annahme ab, dass Mediation sich ihrer Natur nach nicht für Arzthaftungssachen eigne. Das Wissens- und damit das Machtgefälle zwischen Arzt und Patient sowie die Frontenverhärtung zwischen den Parteien ließen keinen Raum für Mediation. Hinzu kommt, dass Kritiker keine Notwendigkeit für die Einführung eines weiteren Verfahrens sehen, da das vorgerichtliche Tätigwerden der Rechtsanwälte und Versicherer, die Arbeit der ärztlichen Gütestellen sowie die der Gerichte für die Behandlung von Arzthaftungsstreitigkeiten ausreichend seien.

Aus den Angaben der Rechtsanwender – sowohl der Mediationsbefürworter als auch -kritiker – konnte vor allem eine Schlussfolgerung gezogen werden: Die generellen Aussagen auf der einen Seite, Mediation eigne sich für die Beilegung von Arzthaftungsstreitigkeiten, und auf der anderen Seite, Mediation eigne sich nicht dafür, verbieten sich. Für arzthaftungsrechtliche Mediationen gilt: Die Notwendigkeit der am Einzelfall orientierten Abwägung, welche Streitigkeit für eine Mediation in Frage kommt, erscheint für alle Arzthaftungsfälle geboten.[1507] Mediationen bieten sich zwar besonders an, wenn neben der medizinischen und juristischen Aufarbeitung des Haftungsfalles weitere davon unabhängige Streitkomponenten hinzukommen. Aber nicht jede Streitigkeit ist einem Konsens zuführbar. Gerichtsprozesse und Schlichtungsverfahren können notwendig sein.

Dort, wo die herkömmlichen Verfahren nicht notwendig sind und die Parteien nicht befriedigen, ist die Einführung von Mediation im Arzthaftungsbereich zu unterstützen. Sie kann ein Verfahren bieten, welches die Streitigkeit sowohl in medizinischer und juristischer Hinsicht behandelt als auch den Konflikt als Ganzes analysiert, ohne die Kosten und Dauer exorbitant steigen zu lassen. Da den Rechtsanwälten, Richtern und Versicherern eine bedeutende Rolle bei der Umsetzung von Mediation im Arzthaftungsrecht zukommt, gilt es, die Akzeptanz und das Vertrauen eben dieser Akteure gegenüber Mediationsverfahren zu erlangen, ihrer Skepsis dadurch zu begegnen, die Bedenken zu kennen, ernst zu nehmen und zu prüfen, um darauf basierend Vertrauen in das Verfahren aufzubauen.

Die Akzeptanz der Haftpflichtversicherer gegenüber Mediation kann durch ihre Beteiligung an dem Verfahren gestärkt werden. Durch dieses Vorgehen wird zudem

1507 Vgl. allerdings Kapitel 6, E zu den Konfliktmerkmalen, welche darauf hinweisen, einer Streitigkeit mehr oder weniger Mediationstauglichkeit zuzuschreiben.

bewirkt, dass sie keine für sich nachteiligen Abschlüsse zu befürchten haben. Zudem können wirtschaftliche Aspekte das Verfahren für die Versicherer attraktiv machen. Es ist anzunehmen, dass Mediation im Vergleich zum Gerichtsverfahren bei zeitnaher Anberaumung und kürzerer Dauer die Verfahrenskosten insgesamt senken kann. Auch der präventive Nutzen des Verfahrens, indem die Chance besteht, die Quote von Arzt-Patient-Konflikten zu senken und das Qualitäts- und Fehlermanagement zu stärken, ist für die Versicherer von großer Relevanz. Darüber hinaus kann der konstruktive Umgang mit Konflikten einen wichtigen Wettbewerbsfaktor darstellen.

Auch für Rechtsanwälte im Medizinrecht können die Vorzüge der Mediation einen Gewinn darstellen. Zwar wird im Rahmen einer Mediation die Verfahrensleitung auf den Mediator übertragen und die Mandanten werden zu mehr Eigenverantwortlichkeit animiert. Damit geben die Rechtsanwälte jedoch nicht ihre Verantwortung gegenüber ihren Mandanten und dem Verlauf der Verhandlungen ab. Vielmehr kommt ihnen aufgrund der Komplexität von Arzthaftungsfällen sowohl bei der Vorbereitung als auch bei der Durchführung einer arzthaftungsrechtlichen Mediation eine gewichtige Rolle zu. Sie ermöglichen oftmals erst eine erfolgreiche Mediation. Des Weiteren sind die Beteiligten einer Mediation – sowohl die Medianten an sich als auch die Rechtsanwälte – Untersuchungen zufolge besonders zufrieden mit dem Verfahren und den dort gefundenen Lösungen. Durch die Einführung von arzthaftungsrechtlichen Mediationen kann sich zudem ein neues Betätigungsfeld für Rechtanwälte aus dem Medizinrecht ergeben. Durch die Ausbildung zum Mediator und eine auf Arzthaftungssachen ausgerichtete Spezialisierung können sie selbst dazu beitragen, fachgerechte Mediationen in diesem Bereich anzubieten. Auch die Erprobung von Collaborative Law-Verfahren lohnt sich vor diesem Hintergrund.

Mediationen im Rahmen von Güteverhandlungen können durch die verstärkte Einsetzung von mediierenden Richtern in den für Arzthaftungssachen zuständigen Kammern bzw. Senaten forciert werden. Auch die Förderung integrierter Mediationen stellt für das Etablieren arzthaftungsrechtlicher Mediation eine wertvolle Chance dar. Da in diesem Fall die Mediation in den streitigen Prozess einbezogen wird, hat sie gute Aussichten, durch die Richter umgesetzt zu werden.

Kapitel sieben widmete sich der Frage, welche Umsetzungsmöglichkeiten für arzthaftungsrechtliche Mediationen bestehen, ob sie neue Mediationsmethoden erfordern und inwieweit sie in sich in die bestehenden Konfliktlösungssysteme eingliedern lassen. Hierbei stellte sich heraus, dass arzthaftungsrechtliche Mediationen zwar keine neuen Methoden, jedoch eine flexiblen Wechsel zwischen moderierender und evaluierender Mediation erfordern. Dies stellt insbesondere den Mediator vor eine große Herausforderung. Zudem ist eine intensive Vorbereitung der Mediation – sowohl durch die Mediatoren als auch durch die begleitenden Rechtanwälte – unerlässlich. Kurz-Zeit-Mediationen können sich aufgrund ihrer Dauer, geringen Kosten sowie höchstmöglichen Flexibilität für Arzthaftungsstreitigkeiten anbieten, in welchen ein Sachverständigengutachten bereits vorliegt, der Streitgegenstand überschaubar und eine Vielzahl von Konfliktbeteiligten gegeben ist.

Durch eine Institutionalisierung von arzthaftungsrechtlichen Mediationen wäre ein weiterer Schritt hin zur Stärkung des Verfahrens als gleichwertige Streitbeilegungsmethode getan. Eine Institutionalisierung bewirkt nicht nur eine erhöhte Glaubwürdigkeit und Akzeptanz gegenüber dem Verfahren sowie die Geringhaltung der Kosten, sondern kann zudem seine regelmäßige Inanspruchnahme vorantreiben. Durch eine Einbindung von Mediation bei den ärztlichen Gütestellen, den Berufshaftpflichtversicherern und Kliniken wird außerdem sichergestellt, dass der Konflikt zeitnah und fachkompetent aufgearbeitet wird. Die Berufshaftpflichtversicherer und Kliniken müssen allerdings Vorkehrungen treffen, um dem Eindruck der Parteilichkeit entgegenzutreten. Dann kann sich auch der Nutzen eines präventiven Effektes auf zukünftige Konflikte und das Fehler- sowie Risikomanagement einstellen. Vorteilhaft an einer Institutionalisierung ist zudem, dass sich die jeweilige Institution nicht ihrer Autonomie bei der Konfliktbearbeitung beraubt fühlt. Die Patientenberatungsstellen können als unabhängige Fallmanager Patienten in der Wahl der Streitbeilegungsmöglichkeit unterstützen und so mittelbar die Institutionalisierung von arzthaftungsrechtlichen Mediationen vorantreiben.

Für alle arzthaftungsrechtlichen Mediationen – sei es in Form außergerichtlicher oder gerichtlicher Mediationen, sei es bei einer Einbindung in bestehende Verfahren oder Institutionen – gilt zu beachten: Das jeweilige Verfahren muss sich dem Konflikt anpassen und nicht der Konflikt dem bevorzugten Verfahren. Das einzelfallorientierte Vorgehen in Auswahl und Methodik des Verfahrens sowie die Möglichkeit, einen Wechsel der Verfahrensart oder -ausprägung vornehmen zu können, ist besonders für Arzthaftungsfälle wünschenswert.

Die Erfahrungen anderer Länder bei der Etablierung von Mediation im Gesundheitswesen und im Speziellen bei Arzt-Patient-Streitigkeiten, verstärken die Annahme, dass auch bei uns in Deutschland eine Förderung dieses Verfahrens lohnenswert sein könnte. Zwar bestehen auch in diesen Staaten, mit Ausnahme von Australien, noch Akzeptanzprobleme. Die weiteren Bestrebungen und erste Erfolgsnachrichten im Bereich der Anwendung von arzthaftungsrechtlichen Mediationen lassen allerdings hoffen, dass sich das Verfahren weiterentwickelt und dass es sich bei kontinuierlicher Verfolgung zu einer vollwertigen Alternative zu den etablierten Streitbeilegungsmöglichkeiten ausprägt.

Für Deutschland wäre es lohnenswert, sich diesen Bestrebungen anzuschließen und damit Offenheit gegenüber dem Wandel der Streitkultur und gegenüber der Förderung von Mediation in jeglichen Fachgebieten zu demonstrieren. Die Chance ist da, sie sollte genutzt werden.

Die Reihe RECHT UND MEDIZIN wird von den Professoren Deutsch (Göttingen), Kern (Leipzig), Laufs (†) (Heidelberg), Lilie (Halle a.d. Saale), Schreiber (Hannover) und Spickhoff (München) herausgegeben. Ihre Aufgabe ist es, Monographien und Dissertationen auf dem Gebiet des Medizinrechts zu veröffentlichen. Dieses Gebiet, das an Bedeutung noch zunehmen wird, umfasst auf der juristischen Seite sowohl zivilrechtliche als auch straf- und öffentlich-rechtliche Fragestellungen. Die Fragen können von der juristischen oder von der medizinischen Seite aus untersucht werden. Übergreifendes Ziel ist es, den medizinrechtlichen Fragen nicht etwa ein gängiges juristisches Denkschema überzuwerfen, sondern die besonderen Probleme der Regelung medizinischer Sachverhalte eigenständig aufzufassen und darzustellen.

Manuskriptzusendungen an die Herausgeber bitte per Brief- bzw. Paketpost. Die Adressen der Herausgeber sind:

Prof. Dr. Dr. h.c. Erwin Deutsch (Zivilrecht und Rechtsvergleichung)
Höltystraße 8
37085 Göttingen

Prof. Dr. Bernd-Rüdiger Kern (Zivilrecht, Rechtsgeschichte und Arztrecht)
Universität Leipzig
Juristenfakultät / Lehrstuhl für Bürgerliches Recht, Rechtsgeschichte
und Arztrecht
Burgstraße 27
04109 Leipzig

Prof. Dr. Hans Lilie (Strafrecht, Strafprozessrecht und Medizinrecht)
Martin-Luther-Universität Halle-Wittenberg
Juristische Fakultät: Strafrecht
Universitätsplatz 6
06108 Halle a.d. Saale
hans.lilie@jura.uni-halle.de

Prof. Dr. Dr. h.c. Hans-Ludwig Schreiber (Strafrecht und Rechtstheorie)
Grazer Str. 14
30519 Hannover

Prof. Dr. Andreas Spickhoff (Zivil- und Zivilprozessrecht, Internationales und
Vergleichendes Medizinrecht; federführender Reihenherausgeber)
Lehrstuhl für Bürgerliches Recht und Medizinrecht
Forschungsstelle für Medizinrecht
Juristische Fakultät
Ludwigstraße 29/I
80539 München

RECHT UND MEDIZIN

Band 1 Erwin Deutsch: Das Recht der klinischen Forschung am Menschen. Zulässigkeit und Folgen der Versuche am Menschen, dargestellt im Vergleich zu dem amerikanischen Beispiel und den internationalen Regelungen. 1979.

Band 2 Thomas Carstens: Das Recht der Organtransplantation. Stand und Tendenzen des deutschen Rechts im Vergleich zu ausländischen Gesetzen. 1979.

Band 3 Moritz Linzbach: Informed Consent. Die Aufklärungspflicht des Arztes im amerikanischen und im deutschen Recht. 1980.

Band 4 Volker Henschel: Aufgabe und Tätigkeit der Schlichtungs- und Gutachterstellen für Arzthaftpflichtstreitigkeiten. 1980.

Band 5 Hans Lilie: Ärztliche Dokumentation und Informationsrechte des Patienten. Eine arztrechtliche Studie zum deutschen und amerikanischen Recht. 1980.

Band 6 Peter Mengert: Rechtsmedizinische Probleme in der Psychotherapie. 1981.

Band 7 Hazel G.S. Marinero: Arzneimittelhaftung in den USA und Deutschland. 1982.

Band 8 Wolfram Eberbach. Die zivilrechtliche Beurteilung der *Humanforschung*. 1982.

Band 9 Wolfgang Deuchler: Die Haftung des Arztes für die unerwünschte Geburt eines Kindes ("wrongful birth"). Eine rechtsvergleichende Darstellung des amerikanischen und deutschen Rechts. 1984.

Band 10 Hermann Schünemann: Die Rechte am menschlichen Körper. 1985.

Band 11 Joachim Sick: Beweisrecht im Arzthaftpflichtprozeß. 1986.

Band 12 Michael Pap: Extrakorporale Befruchtung und Embryotransfer aus arztrechtlicher Sicht; insbesondere: Der Schutz des werdenden Lebens in vitro. 1987.

Band 13 Sabine Rickmann: Zur Wirksamkeit von Patiententestamenten im Bereich des Strafrechts. 1987.

Band 14 Joachim Czwalinna: Ethik-Kommissionen - Forschungslegitimation durch Verfahren. 1987.

Band 15 Günter Schirmer: Status und Schutz des frühen Embryos bei der *In-vitro*-Fertilisation. Rechtslage und Diskussionsstand in Deutschland im Vergleich zu den Ländern des angloamerikanischen Rechtskreises. 1987.

Band 16 Sabine Dönicke: Strafrechtliche Aspekte der Katastrophenmedizin. 1987.

Band 17 Erwin Bernat: Rechtsfragen medizinisch assistierter Zeugung. 1989.

Band 18 Hartmut Schulz: Haftung für Infektionen. 1988.

Band 19 Herbert Harrer: Zivilrechtliche Haftung bei durchkreuzter Familienplanung. 1989.

Band 20 Reiner Füllmich: Der Tod im Krankenhaus und das Selbstbestimmungsrecht des Patienten. Über das Recht des nicht entscheidungsfähigen Patienten, künstlich lebensverlängernde Maßnahmen abzulehnen. 1990.

Band 21 Franziska Knothe: Staatshaftung bei der Zulassung von Arzneimitteln. 1990.

Band 22 Bettina Merz: Die medizinische, ethische und juristische Problematik artifizieller menschlicher Fortpflanzung. Artifizielle Insemination, In-vitro-Fertilisation mit Embryotransfer und die Forschung an frühen menschlichen Embryonen. 1991.

Band 23 Ferdinand van Oosten: The Doctrine of Informed Consent in Medical Law. 1991.

Band 24 Stephan Cramer: Genom- und Genanalyse. Rechtliche Implikationen einer "Prädiktiven Medizin". 1991.

Band 25 Knut Schulte: Das standesrechtliche Werbeverbot für Ärzte unter Berücksichtigung wettbewerbs- und kartellrechtlicher Bestimmungen. 1992.

Band 26 Young-Kyu Park: Das System des Arzthaftungsrechts. Zur dogmatischen Klarstellung und sachgerechten Verteilung des Haftungsrisikos. 1992.

Band 27 Angela Könning-Feil: Das Internationale Arzthaftungsrecht. Eine kollisionsrechtliche Darstellung auf sachrechtsvergleichender Grundlage. 1992.

Band 28 Jutta Krüger: Der Hamburger Barmbek/Bernbeck-Fall. Rechtstatsächliche Abwicklung und haftungsrechtliche Aspekte eines medizinischen Serienschadens. 1993.

Band 29 Alexandra Goeldel: Leihmutterschaft – eine rechtsvergleichende Studie. 1994.

Band 30 Thomas Brandes: Die Haftung für Organisationspflichtverletzung. 1994.

Band 31 Winfried Grabsch: Die Strafbarkeit der Offenbarung höchstpersönlicher Daten des ungeborenen Menschen. 1994.

Band 32 Jochen Markus: Die Einwilligungsfähigkeit im amerikanischen Recht. Mit einem einleitenden Überblick über den deutschen Diskussionsstand. 1995.

Band 33 Meltem Göben: Arzneimittelhaftung und Gentechnikhaftung als Beispiele modernen Risikoausgleichs mit rechtsvergleichenden Ausblicken zum türkischen und schweizerischen Recht. 1995.

Band 34 Regine Kiesecker: Die Schwangerschaft einer Toten. Strafrecht an der Grenze von Leben und Tod – Der Erlanger und der Stuttgarter Baby-Fall. 1996.

Band 35 Doris Voll: Die Einwilligung im Arztrecht. Eine Untersuchung zu den straf-, zivil- und verfassungsrechtlichen Grundlagen, insbesondere bei Sterilisation und Transplantation unter Berücksichtigung des Betreuungsgesetzes. 1996.

Band 36 Jens-M. Kuhlmann: Einwilligung in die Heilbehandlung alter Menschen. 1996.

Band 37 Hans-Jürgen Grambow: Die Haftung bei Gesundheitsschäden infolge medizinischer Betreuung in der DDR. 1997.

Band 38 Julia Röver: Einflußmöglichkeiten des Patienten im Vorfeld einer medizinischen Behandlung. Antezipierte Erklärung und Stellvertretung in Gesundheitsangelegenheiten. 1997.

Band 39 Jens Göben: Das Mitverschulden des Patienten im Arzthaftungsrecht. 1998.

Band 40 Hans-Jürgen Roßner: Begrenzung der Aufklärungspflicht des Arztes bei Kollision mit anderen ärztlichen Pflichten. Eine medizinrechtliche Studie mit vergleichenden Betrachtungen des nordamerikanischen Rechts. 1998.

Band 41 Meike Stock: Der Probandenschutz bei der medizinischen Forschung am Menschen. Unter besonderer Berücksichtigung der gesetzlich nicht geregelten Bereiche. 1998.

Band 42 Susanne Marian: Die Rechtsstellung des Samenspenders bei der Insemination / IVF. 1998.

Band 43 Maria Kasche: Verlust von Heilungschancen. Eine rechtsvergleichende Untersuchung. 1999.

Band 44 Almut Wilkening: Der Hamburger Sonderweg im System der öffentlich-rechtlichen Ethik-Kommissionen Deutschlands. 2000.

Band 45 Jonela Hoxhaj: Quo vadis Medizintechnikhaftung? Arzt-, Krankenhaus- und Herstellerhaftung für den Einsatz von Medizinprodukten. 2000.

Band 46 Birgit Reuter: Die gesetzliche Regelung der aktiven ärztlichen Sterbehilfe des Königreichs der Niederlande – ein Modell für die Bundesrepublik Deutschland? 2001. 2. durchgesehene Auflage 2002.

Band 47 Klaus Vosteen: Rationierung im Gesundheitswesen und Patientenschutz. Zu den rechtlichen Grenzen von Rationierungsmaßnahmen und den rechtlichen Anforderungen an staatliche Vorhaltung und Steuerung im Gesundheitswesen. 2001.

Band 48 Bong-Seok Kang: Haftungsprobleme in der Gentechnologie. Zum sachgerechten Schadensausgleich. 2001.

Band 49 Heike Wachenhausen: Medizinische Versuche und klinische Prüfung an Einwilligungsunfähigen. 2001.

Band 50 Thomas Hasenbein: Einziehung privatärztlicher Honorarforderungen durch Inkassounternehmen. 2002.

Band 51 Oliver Nowak: Leitlinien in der Medizin. Eine haftungsrechtliche Betrachtung. 2002.

Band 52 Christina Herrig: Die Gewebetransplantation nach dem Transplantationsgesetz. Entnahme – Lagerung – Verwendung unter besonderer Berücksichtigung der Hornhauttransplantation. 2002.

Band 53 Matthias Nagel: Passive Euthanasie. Probleme beim Behandlungsabbruch bei Patienten mit apallischem Syndrom. 2002.

Band 54 Miriam Ina Saati: Früheuthanasie. 2002.

Band 55 Susanne Schneider: Rechtliche Aspekte der Präimplantations- und Präfertilisationsdiagnostik. 2002.

Band 56 Uta Oelert: Allokation von Organen in der Transplantationsmedizin. 2002.

Band 57 Jens Muschner: Die haftungsrechtliche Stellung ausländischer Patienten und Medizinalpersonen in Fällen sprachbedingter Mißverständnisse. 2002.

Band 58 Rüdiger Wolfrum / Peter-Tobias Stoll / Stephanie Franck: Die Gewährleistung freier Forschung an und mit Genen und das Interesse an der wirtschaftlichen Nutzung ihrer Ergebnisse. 2002.

Band 59 Frank Hiersche: Die rechtliche Position der Hebamme bei der Geburt. Vertikale oder horizontale Arbeitsteilung. 2003.

Band 60 Hartmut Schädlich: Grenzüberschreitende Telemedizin-Anwendungen: Ärztliche Berufserlaubnis und Internationales Arzthaftungsrecht. Eine vergleichende Darstellung des deutschen und US-amerikanischen Rechts. 2003.

Band 61 Stefanie Diettrich: Organentnahme und Rechtfertigung durch Notstand? Zugleich eine Untersuchung zum Konkurrenzverhältnis von speziellen Rechtfertigungsgründen und rechtfertigendem Notstand gem. § 34 StGB. 2003.

Band 62 Anne Elisabeth Stange: Gibt es psychiatrische Diagnostikansätze, um den Begriff der schweren anderen seelischen Abartigkeit in §§ 20, 21 StGB auszufüllen? 2003.

Band 63 Christiane Schief: Die Zulässigkeit postnataler prädiktiver Gentests. Die Biomedizin-Konvention des Europarats und die deutsche Rechtslage. 2003.

Band 64 Maike C. Erbsen: Praxisnetze und das Berufsrecht der Ärzte. Der Praxisverbund als neue Kooperationsform in der ärztlichen Berufsordnung. 2003.

Band 65 Markus Schreiber: Die gesetzliche Regelung der Lebendspende von Organen in der Bundesrepublik Deutschland. 2004.

Band 66 Thela Wernstedt: Sterbehilfe in Europa. 2002.

Band 67 Axel Thias: Möglichkeiten und Grenzen eines selbstbestimmten Sterbens durch Einschränkung und Abbruch medizinischer Behandlung. Eine Untersuchung aus straf- und betreuungsrechtlicher Perspektive unter besonderer Berücksichtigung der Problematik des apallischen Syndroms. 2004.

Band 68 Jutta Müller: Ärzte und Pflegende, die keine Organe spenden wollen. Transplantatmangel muss nicht sein. 2004.

Band 69 Ihna Link: Schwangerschaftsabbruch bei Minderjährigen. Eine vergleichende Untersuchung des deutschen und englischen Rechts. 2004.

Band 70 Susann Tiebe: Strafrechtlicher Patientenschutz. Die Bedeutung des Strafrechts für die individuellen Patientenrechte. 2005.

Band 71 Jörg Gstöttner: Der Schutz von Patientenrechten durch verfahrensmäßige und institutionelle Vorkehrungen sowie den Erlass einer Charta der Patientenrechte. 2005.

Band 72 Oliver Jürgens: Die Beschränkung der strafrechtlichen Haftung für ärztliche Behandlungsfehler. 2005.

Band 73 Stephanie Gropp: Schutzkonzepte des werdenden Lebens. 2005.

Band 74 Clemens Winter: Robotik in der Medizin. Eine strafrechtliche Untersuchung. 2005.

Band 75 Barbara Eck: Die Zulässigkeit medizinischer Forschung mit einwilligungsunfähigen Personen und ihre verfassungsrechtlichen Grenzen. Eine Untersuchung der Rechtslage in Deutschland und rechtsvergleichenden Elementen. 2005.

Band 76 Anastassios Kantianis: Palliativmedizin als Sterbebegleitung nach deutschem und griechischem Recht. 2005.

Band 77 Ulrike Morr: Zulässigkeit von Biobanken aus verfassungsrechtlicher Sicht. 2005.

Band 78 Nora Markus: Die Zulässigkeit der Sectio auf Wunsch. Eine medizinische, ethische und rechtliche Betrachtung. 2006.

Band 79 Michael Benedikt Nagel: Die ärztliche Behandlung Neugeborener – Früheuthanasie. 2006.

Band 80 Regina Leitner: Sterbehilfe im deutsch-spanischen Rechtsvergleich. 2006.

Band 81 Martin Berger: Embryonenschutz und Klonen beim Menschen – Neuartige Therapiekonzepte zwischen Ethik und Recht. Ansätze zur Entwicklung eines neuen Regelungsmodells für die Bundesrepublik Deutschland. 2007.

Band 82 Amelia Kuschel: Der ärztlich assistierte Suizid. Straftat oder Akt der Nächstenliebe? 2007.

Band 83 Hans-Ludwig Schreiber / Hans Lilie / Henning Rosenau / Makoto Tadaki / Un Jong Pak (Hrsg.): Globalisierung der Biopolitik, des Biorechts und der Bioethik? Das Leben an seinem Anfang und an seinem Ende. 2007.

Band 84 Ralf Clement: Der Rechtsschutz der potentiellen Organempfänger nach dem Transplantationsgesetz. Zur rechtlichen Einordnung der verteilungsrelevanten Regelungen zwischen öffentlichem und privatem Recht. 2007.

Band 85 Sabine Lebert: Humanes Überschußgewebe – Möglichkeit der Verwendung für die Forschung? Analyse der rechtlichen, ethischen und biomedizinischen Voraussetzungen im Ländervergleich. 2007.

Band 86 Dietrich Wagner: Der gentechnische Eingriff in die menschliche Keimbahn. Rechtlich-ethische Bewertung. Nationale und internationale Regelungen im Vergleich. 2007.

Band 87 Britta Vogt: Methoden der künstlichen Befruchtung: „Dreierregel“ versus „Single Embryo Transfer“. Konflikt zwischen Rechtslage und Fortschritt der Reproduktionsmedizin in Deutschland im Vergleich mit sieben europäischen Ländern. 2008.

Band 88 Sebastian Rosenberg: Die postmortale Organtransplantation. Eine „gemeinschaftliche Aufgabe“ nach § 11 Abs. 1 S. 1 Transplantationsgesetz. Kompetenzen und Haftungsrisiken im Rahmen der Organspende. 2008.

Band 89 Julia Susanne Sundmacher: Die unterlassene Befunderhebung des Arztes. Eine Auseinandersetzung mit der Rechtsprechung des BGH. 2008.

Band 90 Martin Schwee: Die zulassungsüberschreitende Verordnung von Fertigarzneimitteln (Off-Label-Use). Eine Untersuchung vorwiegend im Bereich des Rechts der Gesetzlichen Krankenversicherung unter besonderer Berücksichtigung der sozialgerichtlichen Rechtsprechung. 2008.

Band 91 Jorge Guerra González: Xenotransplantation: Prävention des xenogenen Infektionsrisikos. Eine Untersuchung zum deutschen und spanischen Recht. 2008.

Band 92 Ulrike Beitz: Zur Reformbedürftigkeit des Embryonenschutzgesetzes. Eine medizinisch-ethisch-rechtliche Analyse anhand moderner Fortpflanzungstechniken. 2009.

Band 93 Dunja Lautenschläger: Der Status ausländischer Personen im deutschen Transplantationssystem. 2009.

Band 94 Annekatrin Habicht: Sterbehilfe – Wandel in der Terminologie. Eine integrative Betrachtung aus der Sicht von Medizin, Ethik und Recht. 2009.

Band 95 Ann-Kathrin Hirschmüller: Internationales Verbot des Humanklonens. Die Verhandlungen in der UNO. 2009.

Band 96 Henrike John: Die genetische Veränderung des Erbgutes menschlicher Embryonen. Chancen und Grenzen im deutschen und amerikanischen Recht. 2009.

Band 97 Christof Stock: Die Indikation in der Wunschmedizin. Ein medizinrechtlicher Beitrag zur ethischen Diskussion über „Enhancement". 2009.

Band 98 Jochen Böning: Kontrolle im Transplantationsgesetz. Aufgaben und Grenzen der Überwachungs- und der Prüfungskommission nach den §§ 11 und 12 TPG. 2009.

Band 99 Stefanie Schulte: Die Rechtsgüter des strafbewehrten Organhandelsverbotes. Zum Spannungsfeld von Selbstbestimmungsrecht und staatlichem Paternalismus. 2009.

Band 100 Dorothea Maria Tachezy: Mutmaßliche Einwilligung und Notkompetenz in der präklinischen Notfallmedizin. Rechtfertigungsfragen und Haftungsfolgen im Notarzt- und Rettungsdienst. 2009.

Band 101 Annette Hergeth: Rechtliche Anforderungen an das IT-Outsourcing im Gesundheitswesen. 2009.

Band 102 Jussi Raafael Mameghani: Der mutmaßliche Wille als Kriterium für den ärztlichen Behandlungsabbruch bei entscheidungsunfähigen Patienten und sein Verhältnis zum Betreuungsrecht. 2009.

Band 103 Ocka Anna Böhnke: Die Kommerzialisierung der Gewebespende. Eine Erörterung des Resourcenmangels in der Transplantationsmedizin unter besonderer Berücksichtigung der Widerspruchslösung. 2010.

Band 104 Bernd-Rüdiger Kern / Hans Lilie (Hrsg.): Jurisprudenz zwischen Medizin und Kultur. Festschrift zum 70. Geburtstag von Gerfried Fischer. 2010.

Band 105 Ehsan Mohammadi-Kangarani: Die Richtlinien der Organverteilung im Transplantationsgesetz – verfassungsgemäß? 2011.

Band 106 Leonie Hübner: Umfang und Grenzen des strafrechtlichen Schutzes des Arztgeheimnisses nach § 203 StGB. 2011.

Band 107 Dörte Busch: Eigentum und Verfügungsbefugnisse am menschlichen Körper und seinen Teilen. 2012.

Band 108 Kathrin Decker: Der Abbruch intensivmedizinischer Maßnahmen in den Ländern Österreich und Deutschland. 2012.

Band 109 Sung-Ku Yoon: Der Unterhalt für ein Kind als Schaden. Eine rechtsvergleichende Darstellung zur deutschen und südkoreanischen Rechtslage hinsichtlich der Arzthaftung für neugeborenes Leben. 2012.

Band 110 Kerstin Bohne: Delegation ärztlicher Tätigkeiten. 2012.

Band 111 Moritz Ulrich: Durchbrechungen der Allokationskriterien des § 12 Abs. 3 TPG. Das „old for old"-Programm. 2012.

Band 112 Chonghan Oh: Die Strafbarkeit der Erforschung des menschlichen Embryos durch Klontechniken. 2013.

Band 113 Sebastian T. Vogel: Organentnahmen bei hirntoten Schwangeren. Oder: Sterbehilfe am Lebensanfang? 2013.

Band 114 Jung-Ho Lee: Die aktuellen juristischen Entwicklungen in der PID und Stammzellforschung in Deutschland. Eine Analyse der BGH-Entscheidung zur PID, Gesetzesnovellierung des ESchG und EuGH-Entscheidung zur Grundrechtsfähigkeit des Embryo in vitro. 2013.

Band 115 Claudia Beetz: Stellvertretung als Instrument der Sicherung und Stärkung der Patientenautonomie. Ein Beitrag zur Komplementarität von Zivil- und Sozialrecht. 2013.

Band 116 Hans-Ludwig Schreiber: Schriften zur Rechtsphilosophie, zum Strafrecht und zum Medizin- und Biorecht. Herausgegeben von Hans Lilie und Henning Rosenau. 2013.

Band 117 Sebastian Müller: Die Aufklärung des Organspendeempfängers über Herkunft und Qualität des zu transplantierenden Organs. Ärztliche Pflichten im Spannungsfeld zwischen Standardbehandlung und Neulandmedizin. 2013.

Band 118 Bernd-Rüdiger Kern (Hrsg.): Das Gendiagnostikgesetz – Rechtsfragen der Humangenetik. 2013.

Band 119 Martina Resch: Die empfängergerichtete Organspende. Im Kontext der bedingten Einwilligung in die Organentnahme. 2014.

Band 120 Anja Houben: Die Rechtsformen des Universitätsklinikums. 2014.

Band 121 Nina Gott: Schnittstellen zwischen Organ- und Gewebespende. 2014.

Band 122 Hyung Sun Kim: Haftung wegen Bruchs der ärztlichen Schweigepflicht in Deutschland und in Korea. Eine vergleichende Untersuchung. 2015.

Band 123 Kerstin Badorff: Abrechnungsbetrug von ambulanten Pflegediensten und Vertragsärzten. Eine Untersuchung unter Berücksichtigung der streng formalen Betrachtungsweise des Sozialversicherungsrechts. 2016.

Band 124 Catharina Herzog: Mediation im Gesundheitswesen. Außergerichtliche Streitbeilegung bei Arzthaftungskonflikten. 2016.

www.peterlang.com

www.ingramcontent.com/pod-product-compliance
Ingram Content Group UK Ltd.
Pitfield, Milton Keynes, MK11 3LW, UK
UKHW021833290926
8980IPUK00004B/431

9 783631 669600